Dictionnaire
Mozart

DICTIONNAIRE
MOZART

sous la direction de

H.C. Robbins Landon

Traduit par Dennis Collins

MUSIQUES ET MUSICIENS
Collection dirigée par Odile CAIL

Mozart, Wolfgang Hildesheimer.
Lulu, Alban Berg. *Tome I* : Livret intégral bilingue. *Tome II* : Commentaires de Pierre Boulez, Patrice Chéreau, Friedrich Cerha. Préface de Rolf Liebermann. Photos de la mise en scène.
Essai sur la vraie manière de jouer des instruments à clavier, Carl Philippe Emanuel Bach.
Béjart par Béjart, Maquette Pierre Faucheux. Photos Colette Masson. Conception Jean-Louis Rousseau.
Mahler, Alma Mahler : Mémoires et correspondance.
Le Paysage sonore, Murray Schafer.
Chemin vers la nouvelle musique, Anton Wetern.
Journal à une amie, Anton Webern.
Alban Berg, Mosco Carner.
Entretiens avec Jonathan Cott, Karlheinz Stockhausen.
Hector Berlioz : Cauchemars et passions. Textes réunis et présentés par Gérard Condé.
Balanchine, Bernard Taper.
Ma vie, Karl Böhm.
Diaghilev, Richard Buckle.
L'Improvision musicale, Denis Levaillant.
Ravel, H.-H. Stuckenschmidt.
Les Sonates de Beethoven, Jörg Demus et Paul Badura-Skoda.
Bayreuth et Wagner, Cent ans d'images 1876-1976. André Tubeuf.
Monteverdi, Leo Schrade.
Stravinsky, Études et témoignages.
Domenico Scarlatti, Ralph Kirkpatrick.
La Danse, Anthony Crickmay.
Schumann : les Chants de l'ombre, Philippe André.
Schubert, Frieder Reininghaus.
Wilhelm Furtwängler, Elisabeth Furtwängler.
Correspondance, Arnold Scoenberg.
Traité d'harmonie, Arnold Schoeneberg.
Entretiens avec Jonathan Cott, Glenn Gould.
Entretiens avec Luciano Berio, Rossana Dalmonte.
Les fondements de la musique tonale, Célestin Deliège.
Puccini, Mosco Carner.
Verdi : Autobiographie à travers la correspondance, Aldo Oberdorfer.
Béjart au travail, Sylvie de Nussac et Pablo Reinoso.
Le Clavier bien tempéré, Ralph Kirkpatrick.
Beethoven, Maynard Solomon.
Croque-notes, Gerard Hoffnung.
Carl Maria von Weber : la vie d'un musicien. Textes réunis et présentés par Gérard Condé.
Pratique élémentaire de la musique, Paul Hindemith.
Le Silence et sa réponse, François Michel.
Franz Liszt : Correspondance, édition établie par Pierre-Antoine Huré et Claude Knepper.
Fondements de la composition musicale, Arnold Schoenberg.
1791, la dernière année de Mozart, H.C. Robbins Landon.
Diderot, Écrits sur la musique, textes réunis et présentés par Béatrice Durand-Sendrail.
Mozart, l'âge d'or de la musique à Vienne, H.C. Robbins Landon.
Dictionnaire Mozart, sous la direction de H.C. Robbins Landon.
Salieri, Volkmar Braunbehrens.

HISTOIRE DE LA MUSIQUE

La Musique baroque, Manfred F. Bukofzer.
La Musique classique, Giorgio Pestelli.
La Musique romantique, Leon Plantinga.

Titre original : *Mozart Compendium*
© 1990, Thames and Hudson Ltd, London
© 1990, Éditions Jean-Claude Lattès pour la traduction française

AVANT-PROPOS

Le but du présent ouvrage est de réunir un ensemble d'informations sur tous les aspects significatifs de la vie et de l'œuvre de Mozart. Les contributions de nos quelque vingt-cinq auteurs couvrent l'éventail tout entier des études mozartiennes — l'arrière-plan historique et musical, l'homme Mozart, les sources des œuvres, l'accueil réservé à sa musique, le style musical et les pratiques d'exécution — afin d'offrir, dans chacune des sections, un résumé clair, accessible et parfaitement à jour des vues qui font désormais autorité sur le sujet. Le volume comprend également une chronologie de la vie et l'œuvre de Mozart et des événements contemporains, un arbre généalogique de la famille Mozart-Weber, un répertoire de noms, une liste complète et une étude des œuvres genre par genre, une bibliographie et un index détaillé (avec une liste des œuvres de Mozart).

Un ouvrage de ce type est par nécessité divers ; mais cette diversité peut, doit même, être une qualité. Car l'une des raisons d'être d'un ouvrage collectif consacré à une figure de la stature de Mozart est de permettre à vingt-cinq spécialistes de présenter autant de vues différentes. Certains articles se recoupent parfois, et nous avons conservé dans plusieurs cas ces recoupements, ainsi que les divergences d'opinion. Nous avons cherché, dans le travail d'édition, à rester le plus discrets possible. (Ce nous n'est pas un pluriel de majesté, mais désigne le directeur général de l'ouvrage, son assistante Ulrike Hofmann et le responsable éditorial, Barry Millington.)

La table des matières et l'index conduiront aisément le lecteur aux renseignements cherchés. Les renvois internes sont donc réduits au minimum, de même que les références bibliographiques : nous les avons passées sous silence lorsqu'il s'agit d'opinions généralement acceptées pour les réserver aux opinions controversées ou récentes, ainsi qu'aux découvertes musicologiques encore peu connues. Elles sont alors indiquées par le nom de l'auteur et la date de publication (Einstein 1945), suivie d'une lettre dans les cas où une confusion serait possible (Deutsch 1961[a], Deutsch 1961[b]). De très nombreuses recherches musicologiques ont été entreprises au cours de la décennie passée (notamment par Alan Tyson et Wolfgang Plath) dans le domaine de la chronologie, aboutissant parfois à des résultats spectaculaires. Celles-ci sont dûment signalées.

Les références aux œuvres de Mozart renvoient au catalogue Köchel de la manière suivante : lorsqu'un seul numéro est donné, c'est qu'il est identique dans *Köchel 1* et *Köchel 6*. Lorsque figurent deux numéros, ils correspondent à *Köchel 1* suivi de *Köchel 6* (entre parenthèses). Lorsque enfin *Köchel 3* diffère de *Köchel 6*, les trois numéros sont cités. Anh. = Anhang (annexe).

Pour les citations extraites de la correspondance de Mozart, nous avons indiqué la date de la lettre plutôt qu'un numéro de page, afin de permettre au lecteur de retrouver la lettre aussi bien dans l'édition allemande que dans les différentes éditions françaises (voir « Bibliographie sélective »).

H. C. R. L.
Château de Foncoussières
Noël 1989

1

CHRONOLOGIE : LA VIE ET L'ŒUVRE DE MOZART, LES PRINCIPAUX ÉVÉNEMENTS CONTEMPORAINS

La vie et l'œuvre de Mozart

Musique

1756
27 janv. Mozart naît à Salzbourg à 20 heures.
28 janv. Baptême de Joannes Chrysost[omus] Wolfgangus Theophilus.

1756
L. Mozart : *Versuch einer gründlichen Violinschule ; Musikalische Schlitten-fahrt.* C.P.E. Bach : symphonie en *mi* mineur (Wq. 178). J. Haydn : concerto pour *orgue* en *ut* majeur (Hob. XVIII : 1) ; « Salve Regina » en *mi* majeur (Hob. XXIIIb : 1). B. Galuppi : *La cantarina*, Rome. N. Piccinni : *L'astrologo*, Bologne ; *Zenobia*, Naples.

1757
J.C. Bach : Requiem. J.P. Rameau : *Les surprises de l'Amour.* P. Guglielmi : *Lo solachianello'mbroglione*, Naples. J. Haydn : quatuors à cordes (Hob. III : 1-4, 6, 7, 8, 10, 12). N. Piccinni : *L'amante ridicolo*, Naples.

1758
J.C. Bach : « Dies Irae ». A.M.G. Sacchini : *Fra Donato*, Naples. J. Haydn : *Der neue krumme Teufel* (perdu), Vienne. N. Piccinni : *Alessandro nell'Indie*, Rome ; *Gli' uccellatori*, Naples.

1759
J. Haydn : symphonies n°s 1-5, 10, 15, 18, 27, 32, 33, 37 et « A » (-1761). Mort de G.F. Haendel (* 1685).

Arts, sciences, lettres

Histoire

1756

F.M.A. de Voltaire : *Essai sur les mœurs*. A.B.L. de Mirabeau : *L'ami des hommes*. E. Burke : *On the Sublime and Beautiful*. Ouverture de la manufacture de porcelaine de Sèvres. Première fabrique de chocolat en Allemagne. Inauguration du nouvel édifice universitaire de N. Jardot à Vienne. 1756-1823 : H. Raeburn, peintre anglais.

1756

Guerre de Sept Ans, qui oppose l'Autriche et la France à l'Angleterre et la Prusse. Les Britanniques chassés par les Français des Grands Lacs en Amérique. W. Pitt l'Aîné devient Secrétaire d'Etat. 1756-1836 : A. Burr, homme d'Etat américain. 1756-1818 : H. Lee, général américain.

1757

D. Diderot : *Entretien sur le fils naturel*. J.J. Bodmer publie *Das Nibelungen-Lied*. C.F. Gellert : *Geistliche Lieder und Oden*. Publication de *The London Chronicle*. Damien essaie de tuer Louis XV à Paris. Fondation de l'ordre de Marie-Thérèse, pour les actes de bravoure exceptionnels, en Autriche. 1757-1822 : A. Canova, sculpteur italien.

1757

Les Prussiens envahissent la Bohême, mais sont défaits par les Autrichiens. La Russie, nouvelle alliée de l'Autriche, envahit la Prusse orientale. Frédéric de Prusse reçoit des subsides d'Angleterre.

1758

D. Diderot : *Le père de famille*. J.J. Rousseau : *Lettre à d'Alembert* ; S. Johnson publie son hebdomadaire *The Idler*. Le duc de Bridgewater commence la construction d'un canal reliant ses mines de charbon à Worsley à Manchester. 1758-1823 : P. Prud'hon, peintre français. 1758-1840 : J. Hoppner, peintre anglais.

1758

Frédéric l'emporte sur les Français et les Russes avant d'être battu par les Autrichiens à Hochkirch. Les Britanniques sont vaincus par Montcalm à Fort Carillon (Ticondaroga), mais Louisbourg se rend. 1758-1831 : J. Monroe, cinquième président des Etats-Unis. 1758-1805 : H. Nelson, amiral anglais. 1758-1794 : M. de Robespierre, révolutionnaire français.

1759

F.M.A. de Voltaire : *Candide*. Le quotidien *The Public Ledger* paraît à Londres. Ouverture du British Museum à Montagu House (Londres). 1759-1805 : F. von Schiller, dramaturge allemand. 1759-1796 : R. Burns, poète écossais. 1759-1825 : J.T. Serres, peintre anglais.

1759

Les Prussiens sont battus par les Français, les Russes et les Autrichiens. 13 000 Prussiens se rendent à Maxen. Les Britanniques prennent Québec, Canada, sous souveraineté anglaise.

La vie et l'œuvre de Mozart

Musique

1760
N. Piccinni : *La Cecchina, ossia La buona figliuola*, Rome. C.P.E. Bach : *Sechs Sonaten für Clavier mit veränderten Reprisen* (Wq. 50). L. Boccherini : six trios à corde, op. 1, Vienne. 1760-1842 : Luigi Cherubini, compositeur italien.

1761
24 janv. Apprend sa première pièce au clavier, un scherzo de G.C. Wagenseil, entre 9 heures et 9 heures et demie du soir.
1er sept. Se produit pour la première fois en public à l'université de Salzbourg dans un drame musical de J.E. Eberlin.

1761
T. Arne : *Judith* (oratorio), Londres. J.C. Bach : *Artaserse*, Milan. C.W. Gluck : *Don Juan*, Vienne. J. Haydn : symphonies nᵒˢ 6-8 (*Le matin, Le midi, Le soir*). N. Piccinni : *Olimpiade*, Rome.

1762
12 janv. Leopold Mozart emmène ses deux enfants à Munich où ils jouent devant l'électeur Maximilian Joseph III.
18 sept. La famille part pour Vienne, où elle arrive le 6 oct.
13 oct. Les enfants jouent à la cour, où ils se produisent presque tous les jours.
21 oct. Wolfgang souffre d'érythème noueux.
5 nov. Les enfants Mozart jouent pour le docteur von Bernhard, qui avait soigné Wolfgang.
11 déc. La famille fait le voyage de Presbourg (Bratislava), mais revient à Vienne puis à Salzbourg (31 déc.).

1762
J.C. Bach : *Alessandro nell'Indie*, Naples. C.W. Gluck : *Orfeo*, Vienne. T. Arne : *Artaxerxes*, Londres. C.P.E. Bach : *Versuch über die wahre Art das Clavier zu spielen* (2ᵉ partie). J. Haydn : symphonie nᵒ 9.

1763
5 janv. Les Mozart arrivent chez eux, où Wolfgang reste alité pendant une semaine avec une fièvre rhumatismale.
9 juin. Premier voyage des Mozart à travers l'Europe, avec leur propre voi-

1763
J.C. Bach : *Orione*, Londres. P. Anfossi : *La serva spiritosa*, Rome. N. Piccinni : *Le contadine bizzarre*, Venise. J. Haydn : *Acide* (Hob. XXVIII : 1), cantate « Destatevi,

Arts, sciences, lettres

1760
J.J. Rousseau : *Julie, ou La nouvelle Héloïse*. J. Macpherson : *Ossian* (faux notoire). F. von Knaus consruit la première machine à écrire (*Schreibautomat*). 1760-1836 : C.J. Rouget de Lisle, poète français.

1761
G. Goldoni : *Una delle ultime sere di carnevale*. Ouverture de la manufacture de porcelaine de Nymphenburg (Bavière). Le médecin autrichien L. Auenbrugger publie *Inventum novum*, méthode permettant de diagnostiquer les maladies respiratoires par percussion. 1761-1807 : J. Opie, peintre anglais. 1761-1819 : A.F. Kotzebue, dramaturge allemand.

1762
J.J. Rousseau : *Emile, ou De l'éducation* ; *Du contrat social*. C. Wieland traduit Shakespeare en allemand. Mme de Pompadour reçoit le Petit Trianon. Première monnaie en papier (*Bancozettel*) en Autriche. Ouverture de la bibliothèque de la Sorbonne à Paris. J. Wedgwood fabrique sa faïence couleur crème, le *queensware*, à la demande de la reine Charlotte. 1762-1814 : J.G. Fichte, philosophe allemand. 1762-1853 : P. Fontaine, architecte français. 1762-1831 : J. Hoban, architecte américain.

1763
F.M.A. de Voltaire : *Traité de la tolérance*. G.E. Lessing : *Minna von Barnhelm*. F. Guardi peint *L'élection du doge de Venise*. Boswell rencontre Johnson pour la première fois. Educa-

Histoire

1760
Les Russes incendient Berlin. Frédéric bat les Autrichiens à Torgau. George II meurt ; son petit-fils George III lui succède. Les Anglais taxent les colonies pour financer la guerre contre la France en Amérique. 1760-1794 : C. Desmoulins, révolutionnaire français.

1761
W. Pitt démissionne. Suppression des subsides versés à Frédéric. La dette de guerre des Anglais se monte à 127 millions de livres (pour un budget annuel de l'Etat de 8 millions). Les Français proposent la paix aux Anglais.

1762
La Russie met un terme à la guerre contre la Prusse, mais le tsar Pierre est déposé par son épouse Catherine. Les réformes financières des Anglais provoquent le mécontentement dans les colonies. L'Autriche et la Prusse acceptent l'armistice.

1763
Fin de la guerre de Sept Ans. Paix de Paris : la France cède l'Inde et le Nouveau Monde à l'Angleterre, la Louisiane à l'Espagne. Paix de Hubertusburg : la Prusse garde la Silé-

La vie et l'œuvre de Mozart

Musique

1763 *(suite)*
ture et un domestique, Sebastian Winter. Première halte à Munich, où ils jouent à la cour (13 juin) de 20 heures à 23 heures. Après quatre concerts ils partent (22 juin) pour Augsbourg (trois concerts publics) puis pour Francfort. Le père de Goethe paye 4 florins 7 kreuzer pour entendre jouer les enfants (18 août). En octobre la famille séjourne à Bruxelles.
18 nov. Les Mozart sont à Paris, rue Saint-Antoine, chez le comte von Eyck.

1764
1er janv. Concert en présence de Louis XV. Les Mozart restent cinq mois ; Wolfgang fait paraître ses premières pièces.
27 avril. George III reçoit la famille à Londres. Les enfants donnent de nombreux concerts, dont l'un leur rapporte 25 guinées, mais Leopold tombe malade. Ils se rendent à Chelsea (6 août) où ils restent jusqu'en septembre. J.C. Bach se lie d'amitié avec les Mozart. Wolfgang compose ses premières symphonies, dont certaines sont exécutées lors d'un concert à Londres (21 févr. 1765).

1765
18 janv. Wolfgang dédie à la reine ses sonates opus III. Pour gagner quelque argent après la maladie de Leopold, les enfants donnent des concerts quotidiens pendant une semaine, de 12 heures à 15 heures, à *The Swan and Harp*, avant de quitter Londres (7 juil.).
1er août. Arrivée à Calais où leur voiture les attend. A Lille père et fils souffrent d'une angine. A La Haye, c'est Nannerl qui contracte une typhoïde intestinale, si bien que Wolfgang donne seul le premier concert.

1763 *(suite)*
o miei fidi » (Hob. XXIXa : 2), Eisenstadt.

1764
G. Paisiello : *Il ciarlone*, Bologne. J. Haydn : cantate « Da qual gioja » (Hob. XXIVa : 3), symphonies nos 21-24, cantate « Qual dubbio » (Hob. XXIVa : 4), Eisenstadt. J.C. Bach inaugure une série de concerts à Londres.

1765
J.C. Bach : *Adriano in Siria*, Londres ; symphonies op. 3. J. Haydn symphonies nos 28-31 ; capriccio *Acht Sauschneider* (Hob. XVII : 1), Eisenstadt. P. Guglielmi : *Il ratto di sposa*, Venise. 1765-1838 : T. Attwood, compositeur anglais.

Arts, sciences, lettres

1763 *(suite)*
tion primaire obligatoire en Prusse. Réouverture du Kärntnerthortheater à Vienne, reconstruit après avoir été détruit par un incendie.

1764
C. Beccaria : *Tratto dei delitti e delle pene*. F.M.A. de Voltaire : *Dictionnaire philosophique*. O. Goldsmith : *The Traveller*. Invention par Hargreave du *spinning jenny*, premier métier à tisser mécanique. 1764-1823 : A. Goblet, sculpteur anglais.

1765
H. Walpole : *The Castle of Otranto* (naissance du roman gothique). F. Boucher devient premier peintre de Louis XV. Lancement du *Victory*, vaisseau amiral de Nelson, en Angleterre. Aménagement de la place de la Concorde à Paris. Le château de Schönbrunn (Vienne) remodelé en style rococo. La pomme de terre est l'aliment le plus populaire en Europe.

Histoire

1763 *(suite)*
sie. 1763-1844 : J.B.J. Bernadotte, général français et futur roi de Suède. 1763-1820 : J. Fouché, ministre de la Police de Bonaparte.

1764
L'archiduc Joseph est élu roi des Romains à Francfort. Catherine II affranchit 900 000 paysans en Russie et Stanislas Poniatowski accède au trône de Pologne. Les Britanniques imposent le *Sugar Act* (loi sur le sucre) en Amérique.

1765
Mort de l'empereur François-Etienne ; son fils l'archiduc Joseph lui succède sous le nom de Joseph II. Mort du dauphin de France ; son fils Louis, futur Louis XVI, hérite du titre. Le *Stamp Act* (loi sur le timbre) conduit au Congrès de New York ; neuf colonies rédigent une déclaration de droits et de libertés.

La vie et l'œuvre de Mozart

1765 *(suite)*
(12 sept.). Une semaine après le rétablissement de Nannerl, Wolfgang est infecté (15 nov.) et malade pendant deux mois. Durant leur séjour en Hollande, Wolfgang publie six sonates pour clavier et violon (K. 26-31).

1766
Mai. Après des concerts à Utrecht, Amsterdam et Anvers, les Mozart se rendent via Bruxelles à Paris (10 mai), où ils restent deux mois. M.B. Ollivier peint Wolfgang au clavecin lors d'un thé chez le prince de Conti.
18 juil. Les enfants jouent à Dijon, et Wolfgang chante un air de sa composition. Voyage à Munich, via la Suisse.
9 nov. Wolfgang joue à la cour, mais est souffrant du 12 au 21. Frère et sœur jouent de nouveau à la cour (22 nov.). Les Mozart quittent Munich pour rentrer.
29 nov. Retour à Salzbourg, pour neuf mois.

1767
12 mars. La cantate *Die Schuldigkeit des ersten Gebots* de Wolfgang est donnée à la cour archiépiscopale ; il reçoit une médaille d'or et 12 ducats pour l'œuvre. Leopold demande un nouveau congé. Pour fuir l'épidémie de variole qui sévit à Vienne, les Mozart se réfugient en Bohême (23 oct.), mais Wolfgang y attrape la maladie. Il est soigné à Olmütz (Olomouc) par le docteur J. Wolff (26 oct.) et se rétablit. Il se repose jusqu'à Noël, puis donne un concert (30 déc.) avec sa sœur dans une taverne à Brünn (Brno). Wolfgang est gêné par le manque de justesse des trompettistes.

1768
10 janv. De retour à Vienne, les Mozart sont reçus à la cour dix jours plus tard.

Musique

1765 *(suite)*

1766
C.P.E. Bach : *Sechs leichte Clavier-Sonaten* (Wq. 53). A.M.G. Sacchini : *L'isola d'amore*, Rome. N. Piccinni : *La pescatrice, ovvero L'erede riconosciuta*, Rome. J. Haydn : *Missa Cellensis in honorem B.V.M.* (Hob. XXII : 5) ; sonate pour piano n° 29 (Hob. XVI : 45) ; intermezzo *La cantarina* (Hob. XXVIII : 2), Eisenstadt.

1767
C.W. Gluck : *Alceste*, Vienne. P. Guglielmi : *La sposa fedele*, Venise. N. Piccinni : *La notte critica*, Lisbonne. J. Haydn : « Stabat Mater » (Hob. XX : bis), symphonie n° 35, Eisenstadt. J.C. Bach : *Carattaco*, Londres.

1768
G. Gazzaniga : *Il barone di Trocchia*, Naples. B. Galuppi : *Ifigenia in Tauride*, Saint-Pétersbourg. J. Haydn :

Arts, sciences, lettres

1765 *(suite)*

1766

D. Diderot : *Essai sur la peinture.* O. Goldsmith : *The Vicar of Wakefield.* G.E. Lessing : *Laokoon.* Liberté de culte accordée en Russie. Joseph II ouvre son domaine de chasse (le Prater) aux Viennois. 1766-1817 : Mme de Staël, écrivain français. 1766-1834 : T.R. Malthus, économiste.

1767

M. Mendelsson : *Phaedon, oder die Unsterblichkeit der Seele.* J.J. Rousseau : *Dictionnaire de musique.* Rousseau s'installe en Angleterre et obtient une pension de George III. Fondation de l'école vétérinaire de Vienne. 1767-1855 : J.B. Isabey, peintre français. 1767-1845 : A.W. von Schlegel, poète allemand.

1768

J. Boswell : *Account of Corsica.* L. Sterne : *A Sentimental Journey.* James Cook commence sa première naviga-

Histoire

1765 *(suite)*

1766

W. Pitt, Premier ministre anglais. Les Britanniques abrogent le *Stamp Act*, mais taxent le thé, le papier, la peinture. Mise au point de la ligne Mason-Dixon. Réglementation des droits féodaux en Hongrie. Mort du Vieux Prétendant.

1767

Expulsion des jésuites d'Espagne. Une réunion publique à Boston décrète le ban sur les biens anglais d'importation. 1767-1848 : J.Q. Adams, sixième président des Etats-Unis. 1767-1845 : A. Jackson, septième président des Etats-Unis. 1767-1815 : J. Murat, général français.

1768

Début de la guerre russo-turque. L'assemblée du Massachusetts est dissoute pour avoir refusé d'héberger les

La vie et l'œuvre de Mozart

Musique

1768 *(suite)*
Mars. Ils donnent un concert chez le prince Galitzin.
Sept. *La finta semplice*, opéra de commande, n'est pas donné à Vienne, à la suite d'intrigues, mais à Salzbourg, le 1ᵉʳ mai 1769. La deuxième œuvre dramatique de Wolfgang, le *Singspiel Bastien und Bastienne*, est donnée chez le docteur A. Mesmer (sept./oct.?).
7 déc. Mozart dirige sa nouvelle *Waisenhausmesse* et un concerto pour trompette perdu, K. 47c, en présence de la famille impériale à l'église de l'orphelinat (Waisenhauskirche) à Vienne. Retour à Salzbourg, via Lambach.

1769
5 févr. La *missa brevis* K. 65 de Mozart est exécutée à la Collegienkirche de Salzbourg. Ses sérénades en *ré* majeur K. 100 (62a) et *sol* majeur K. 63 sont données durant l'été à l'université. Leopold prépare une seconde édition de sa *Violinschule (Ecole de violon)*. Mozart écrit pour son ami le père Dominicus Hagenauer la messe « Dominicus », donnée en l'abbaye de l'église Saint-Pierre (15 oct.). Mozart se voit confier le poste de *Konzertmeister* (sans traitement) à la cour de Salzbourg (27 nov.), et reçoit 120 ducats pour un voyage en Italie avec son père.
13 déc. Ils quittent Salzbourg pour Innsbruck, où Wolfgang joue chez le comte Künigl (17 déc.) Après un jour de repos ils poursuivent jusqu'à Vérone (27 déc.), où ils restent près de deux semaines.

1770
6-7 janv. Le peintre Saverio dalla Rosa fait le portrait du jeune Wolfgang pour le mélomane P. Lugiati. Mozart donne deux concerts avant de partir avec son

1768 *(suite)*
cantate *Applausus* (Hob. XXIVa : 6), Zwettl ; *Lo speziale* (Hob. XVIII : 3), Eszterháza. N. Piccinni : *Li napoletani in America*, Naples ; *La locandiera di spirito*, Naples.

1769
N. Piccinni : concerto pour flûte en *ré* majeur, Rome ; *Lo sposo burlato*, Rome. J. Haydn : symphonies nᵒˢ 41 (?), 48 (*Maria Theresia* ; date d'après copie manuscrite de J. Elssler) ; trio pour baryton (Hob. XI : 79). 1769-1832 : B. Asioli, théoricien.

1770
C.W. Gluck : *Paride ed Elena*, Vienne. J.C. Bach : *Gioas, rè di Giuda* (oratorio), Londres. L. Boccherini : quatuors op. 9. A. Salieri : *Don Chisciotte alle*

Arts, sciences, lettres

1768 *(suite)*
tion autour du monde. Construction de l'église de l'orphelinat de la ville (Waisenhauskirche) par T. Karner à Vienne, consacrée avec une musique de Mozart (7 déc.). Fondation de la Royal Academy à Londres.

1769
The Morning Chronicle paraît à Londres. Achèvement du Royal Crescent à Bath. Watt fait breveter sa machine à vapeur et J. Wedgwood ouvre une nouvelle usine (« Etruria ») dans le Staffordshire. 1769-1860 : E.M. Arndt, poète allemand. 1769-1830 : T. Lawrence, peintre anglais. 1769-1859 : A. von Humboldt, naturaliste allemand.

1770
O. Goldsmith : *The Deserted Village*. Gainsborough peint *The Blue Boy*. Cook découvre Botany Bay. Première numérotation des rues commencée à

Histoire

1768 *(suite)*
troupes et d'aider à la collecte des impôts. 1768-1836 : archiduc Franz, futur empereur François Ier (II).

1769
L'Espagne occupe la Californie et envoie Don Galvez au Mexique négocier les réformes. La Virginie proteste contre les procès pour trahison à Londres. 1769-1852 : duc de Wellington, homme d'Etat anglais. 1769-1821 : Napoléon Bonaparte.

1770
Massacre de Boston. Le commandant des forces britanniques, défendu par J. Adams, est jugé pour le massacre. Publication du *Massachusetts*

La vie et l'œuvre de Mozart

1770 *(suite)*

père pour Milan, où ils logent au monastère augustinien de San Marco (23 janv.). Ils voient à La Scala des opéras de Jommelli et Piccinni et font la connaissance de G.B. Sammartini chez le comte Firmian, gouverneur général de Lombardie. Lors d'une autre soirée chez Firmian (18 févr.), ils rencontrent Beatrice d'Este, future bru de l'impératrice Marie-Thérèse, et son père. Les Mozart poursuivent leur voyage et arrivent à Florence (30 mars), où Wolfgang est enrhumé. Mozart joue devant le grand-duc Léopold, futur empereur Léopold II (2 avril). Ils partent pour Rome où ils arrivent juste avant Pâques (11 avril). A Saint-Pierre ils entendent le Miserere d'Allegri, que Wolfgang note ensuite de mémoire. Un mois plus tard ils sont à Naples (14 mai), où ils sont reçus par l'envoyé britannique, W. Hamilton, chez le prince Kaunitz ; ils visitent Pompéi et Herculanum, avant de retourner en diligence (27 heures) à Rome (26 juin). Le pape fait remettre les insignes de l'ordre de l'Eperon d'or à Wolfgang et accorde une audience aux Mozart (8 juil.). Deux jours plus tard les Mozart quittent Rome pour le nord. A Bologne (20 juil.) ils décident de se reposer, car Leopold a été victime d'un accident lors du voyage de Naples à Rome. Ils restent quelques semaines (10 août au 1er oct.) au domaine du comte Pallavicini près de Bologne. Wolfgang est admis à l'Accademia filarmonica, qui lui accorde son diplôme (10 oct.). Trois jours plus tard ils quittent Bologne et arrivent à Milan dans l'après-midi du 18 oct. Mozart commence à travailler à l'opéra *Mitridate* qu'on lui a commandé, mais trouve le temps de jouer chez le comte Firmian (26 nov.).

Musique

1770 *(suite)*

nozze di Gamace, Vienne ; *Die Mode*, Vienne. A.M.G. Sacchini : *Armida*, Milan. N. Piccinni : *Cesare in Egitto*, Milan. 1770-1827 : Ludwig van Beethoven.

Arts, sciences, lettres

1770 *(suite)*

Vienne. Premier restaurant public à Paris. Introduction de la carte de visite en Angleterre. 1770-1840 : W. Wordsworth, poète anglais. 1770-1843 : F. Hölderlin, poète allemand. 1770-1837 : F. Gérard, peintre français.

Histoire

1770 *(suite)*

Spy. Marie-Antoinette épouse le dauphin de France.

La vie et l'œuvre de Mozart

Musique

1770 *(suite)*
L'opéra est donné au Teatro Regio Ducal (26 déc.) avec un grand succès. Mozart dirige lui-même les trois premières représentations.

1771
5 janv. Mozart reçoit un autre diplôme, de l'Accademia filarmonica de Vérone cette fois. Pendant le carnaval, les Mozart sont à Venise (11 févr.), où Wolfgang donne de nombreux concerts. De Milan arrive un contrat pour un nouvel opéra, *Lucio Silla*. Après plus de quinze mois d'absence, ils rentrent à Salzbourg (28 mars). Dès l'été ils repartent pour Milan, où ils arrivent le 21 août au soir. Mozart se voit confier le livret de l'opéra *Ascanio in Alba*. Les répétitions commencent un mois plus tard et la première a lieu à nouveau au Teatro Regio Ducal (17 oct.), à l'occasion du mariage de la princesse Beatrice d'Este et de l'archiduc Ferdinand. La veille, on avait donné le dernier opéra de Hasse, *Ruggiero*. Mozart est reçu par l'archiduc, qui veut l'engager ; mais l'impératrice s'y oppose. Père et fils retournent à Salzbourg, où ils arrivent la veille (15 déc.) du décès de l'archevêque Schrattenbach.

1772
14 mars. Election du nouvel archevêque, le comte Hieronymus Colloredo. Pour l'intronisation (29 avril), Mozart compose *Il sogno di Scipione*.
21 août. Colloredo confirme Mozart dans ses fonctions de *Konzertmeister* et lui accorde un traitement annuel de 150 florins. En octobre lui et son père obtiennent de l'archevêque un congé pour retourner à Milan. Ils y arrivent le 4 nov. pour les répétitions de *Lucio Silla*, donné le lendemain de Noël.

1771
A.M. Grétry : *Zémire et Azor*, Fontainebleau. G. Gazzaniga : *La locanda*, Venise. L. Boccherini : symphonies op. 12. A. Salieri : *Armida*, Vienne. J. Haydn : « Salve Regina » en *sol* mineur (Hob. XXIIIb : 2) ; quatuors à cordes op. 17 (Hob. III : 25-30) ; symphonie n° 42 ; sonate pour piano n° 33 en *ut* mineur (Hob. XVI : 20).

1772
J.C. Bach : *Temistocle*, Mannheim. G.F. Haendel : *Messiah*, première exécution en Allemagne. G. Gazzaniga : *L'isola di Alcina*, Venise. J. Haydn : *Missa Sancti Nicolai* (Hob. XXII : 6) ; trio pour baryton (Hob. XI : 106) ; symphonie n° 45 (*Les adieux*). A. Salieri : *La fiera di Venezia ; La secchia rapita*, Vienne.

Arts, sciences, lettres

Histoire

1771

C. Wieland : *Der neue Amadis* (poème). G.F. Klopstock : *Odes.* H. Walpole : *Anecdotes of Painting.* L. Galvani découvre la nature électrique des impulsions nerveuses. Ouverture des Assembly Rooms à Bath. Premier recensement en Autriche. 1771-1832 : W. Scott, romancier écossais.

1771

Les succès russes en Turquie inquiètent la Prusse et l'Autriche ; Frédéric offre sa médiation. Fondation de l'hôpital de New York.

1772

H.C.R. Mirabeau : *Essai sur le despotisme.* G.E. Lessing : *Emilia Galotti.* Cook commence son deuxième voyage. 1772-1834 : S.T. Coleridge, poète anglais. 1772-1829 : F. von Schiller, dramaturge allemand.

1772

Le premier partage de la Pologne lui fait perdre la moitié de sa population. Une foule de colons incendie un navire du fisc dans la baie de Narragansett. Gustave III de Suède restaure l'absolutisme avec le soutien des Français.

La vie et l'œuvre de Mozart

1773
17 janv. Le célèbre castrat Venanzio Rauzzini chante le motet « Exsultate, jubilate » en l'église des théatins de Milan. En mars les Mozart sont de retour à Salzbourg. La famille déménage au printemps et s'installe dans un nouvel et grand appartement de la Hannibal-Platz (aujourd'hui Makart-Platz). A l'été, Leopold obtient un nouveau congé pour se rendre avec son fils à Vienne, où ils arrivent le 16 juil. au soir. Ils espèrent une nomination, mais une audience avec l'impératrice (5 août) ne leur laisse aucun espoir. Wolfgang donne des concerts chez les docteurs Mesmer et Auenbrugger et joue dans les églises ; mais ils rentrent à Salzbourg (27 sept.) les mains vides. Première version de *Thamos, König in Ägypten*.

1774
Wolfgang compose des sérénades, des concertos et des messes très concentrées pour plaire à l'archevêque réformiste, jusqu'à ce qu'il reçoive de Munich commande d'un opéra (*La finta giardiniera*). Les Mozart font le voyage de Munich pour les répétitions (6 déc.).

1775
La première de *La finta giardiniera* est reportée du 29 déc. au 5 janv. Nannerl rejoint son père et son frère à Munich (4 janv.), où elle arrive trop tard pour entendre les *Litaniae de venerabili* mises en musique par Wolfgang (K. 125) et son père. Les deux compositions sont données le jour de l'an. L'opéra est enfin représenté au Salvatortheater (13 janv.), avec un vif succès. Leopold dirige les messes de Wolfgang, et on donne le « Misericor-

Musique

1773
C.P.E. Bach : six symphonies dédiées à G. van Swieten (Wq. 182). A.M. Grétry : *Le Magnifique*, Paris. A. Salieri : *La locandiera*, Vienne. J. Haydn : *Hexenschabbas* (Hob. XXIXa : 2, opéra de marionnettes, perdu) ; *L'infedeltà delusa* (Hob. XXVIII : 5) ; *Philemon und Baucis* (Hob. XXIXa : 1, opéra de marionnettes), Eszterháza.

1774
C.W. Gluck : *Iphigénie en Aulide*, Paris. N. Piccinni : *I viaggiatori*, Naples. G. Gazzaniga : *La dama soldato*, Vienne. A. Salieri : *La calamità de cuori*, Vienne. J. Haydn : musique de scène pour *Le distrait* de Regnard, ensuite adaptée en symphonie n° 60 ; symphonies n°s 54-56, Eszterháza. G. Paisiello : *La frascatana*, Venise.

1775
P. Anfossi : *Il geloso in cimento*, Vienne. A.M. Grétry : *Céphale et Procris*, Paris. L. Boccherini : symphonies op. 21. J. Haydn : *L'incontro improvviso* (Hob. XXVIII : 6) ; *divertimenti a otto voci* (Hob. X : 2, 3, 5), Eszterháza.

Arts, sciences, lettres

1773
O. Goldsmith : *She Stoops to Conquer*. J.W. von Goethe : *Götz von Berlichingen* ; *Urfaust*. G.A. Bürger : *Leonore*. Ouverture à Paris de la loge maçonnique le Grand Orient. 1773-1853 : Ludwig Tieck, poète allemand.

1774
J.W. von Goethe : *Die Leiden des jungen Werther*. J. Wesley : *Thoughts on Slavery*. W. Herschel construit son télescope et J. Wilkinson fait breveter sa machine à forer l'âme des canons. J.F. Pestalozzi ouvre à Zurich son école pour enfants abandonnés. 1774-1840 : C.D. Friedrich, peintre allemand.

1775
P.A.C. de Beaumarchais : *Le barbier de Séville*. R.B. Sheridan : *The Rivals*. S. Johnson : *A Journey to the Western Islands of Scotland*. P.S. Girard invente la turbine. 1775-1817 : Jane Austen, romancière anglaise. 1775-1836 : A.M. Ampère, physicien français. 1775-1854 : F.W.J. von Schelling, philosophe allemand.

Histoire

1773
Suppression par le pape de la compagnie de Jésus. Le *Tea Act* (loi sur le thé) conduit au *Boston Tea Party* (un groupe de colons jette à l'eau une cargaison de thé de la Compagnie des Indes). Fondation du musée de Philadelphie. 1773-1841 : W.H. Harrison, neuvième président des Etats-Unis.

1774
Louis XVI succède à son grand-père Louis XV et commence à mettre en œuvre un certain nombre de réformes. Seules les réformes militaires, à l'origine des victoires de 1792-1794, aboutissent. La Virginie réunit le premier Congrès continental à Philadelphie. Déclaration des droits et des doléances. Les Britanniques ferment le port de Boston.

1775
Révolte paysanne en Bohême. Famine à Paris. La révolte de paysans russes menée par Pougatchev est écrasée. La guerre d'Indépendance en Amérique commence avec les batailles de Lexington et de Concord. Washington est nommé commandant en chef.

La vie et l'œuvre de Mozart   Musique

1775 *(suite)*
dias Domini » K. 222 (205a), mais les concerts ne débouchent sur aucune nomination. Les Mozart sont bientôt de retour à Salzbourg (7 mars). L'archiduc Maximilian rend visite à l'archevêque et Wolfgang écrit la musique pour le divertir. Il compose de nombreuses sérénades, messes et concertos pour violon.

1776
3 janv. Exécution de parties supplémentaires de *Thamos, König in Ägypten.*
21 juil. Exécution de la sérénade « Haffner » lors du mariage de Marie Elisabeth Haffner.

1776
J.C. Bach : *Lucio Silla*, Mannheim. P. Anfossi : *La vera costanza*, Vienne. A. Salieri : *Daliso*, Vienne. J. Haydn : *Dido* (Hob. XXIXa : 3, opéra de marionnettes) ; symphonie n° 61 ; sonates pour piano n°ˢ 42-47 (Hob. XVI : 27-32) ; six menuets pour orchestre (Hob. IX : 5), Eszterháza.

1777
Août. Mozart, qui se sent frustré à Salzbourg, sollicite de l'archevêque un congé. Colloredo, irrité, congédie les deux Mozart. Finalement, Leopold reste et Wolfgang part (23 sept.) avec sa mère, dans leur propre chaise. Passant par Munich et Augsbourg, où Wolfgang trouve sa cousine Maria Anna Thekla, dite la Bäsle, très amusante, ils arrivent à Mannheim le 30 oct. Wolfgang tombe amoureux d'Aloisia Weber et y passe près de cinq mois dans l'espoir d'obtenir une nomination. Entre-temps Leopold, resté à Salzbourg, s'inquiète et presse son fils de poursuivre jusqu'à Paris.

1777
G. Gazzaniga : *La bizzaria degli umori*, Bologne. V. Righini : *Il convitato di pietra*, Vienne. C.W. Gluck : *Armide*, Paris. J. Haydn : *Il mondo della luna* (Hob. XXVIII : 7) ; aria « D'una sposa meschinella » (Hob. XXIVb : 2) pour l'opéra de Paisiello *La frascatana*, Eszterháza. N. Piccinni : *Roland*, Paris.

1778
23 mars. Mozart s'arrache finalement à la famille Weber et part avec sa mère. Il leur faut neuf jours pour aller jusqu'à Paris, où la querelle entre gluckistes et piccinnistes est à son faîte.
11 juin. On joue la musique de ballet *Les petits riens* de Mozart au Grand Opéra, puis le lendemain sa nouvelle

1778
A. Salieri : *L'Europa riconosciuta*, Milan ; *La scuola de' gelosi*, Venise ; G. Gazzaniga : *La vendemmia*, Florence. N. Piccinni : *Phaon*, Choisy. J. Haydn : aria « Quando la rosa » (Hob. XXIVb : 3) ; *Die bestrafte Rachbegierde* (Hob. XXIXb : 3, opéra de marionnettes, perdu).

Arts, sciences, lettres

Histoire

1776
E. Gibbon : *The Decline and Fall of the Roman Empire*. J.W. von Goethe : *Stella*. V. Alfieri : *Antigone*. Premiers Concerts of Ancient Music à Londres. 1776-1837 : J. Constable, peintre anglais. 1776-1822 : E.T.A. Hoffmann, auteur et compositeur allemand.

1777
R.B. Sheridan : *The School for Scandal*. J. Priestley : *Disquisition Relating to Matter and Spirit*. D. Bushnell, ingénieur américain, invente la torpille. Le *Journal de Paris* commence à paraître. 1777-1810 : P.O. Runge, peintre allemand. 1777-1855 : K. F. Gauss, mathématicien allemand. 1777-1811 : H. von Kleist, poète allemand.

1778
G.L.L. Buffon : *Epoques de la Nature*. F. Burney : *Evelina* (roman). Le docteur F.A. Mesmer, ami autrichien des Mozart, fait sensation à Paris en soignant par magnétisme animal. Ouverture de La Scala de Milan. 1778-1829 : Humphrey Davy, chimiste anglais. 1778-1842 : C. von Brentano, poète

1776
Washington lève le siège de Boston. La Virginie proclame son indépendance vis-à-vis de l'Angleterre. Opposition croissante à Marie-Antoinette à la cour de France. Necker est chargé de réformer les finances du pays après le renvoi de Turgot.

1777
Les Britanniques organisent trois campagnes pour mater la révolution américaine ; ils occupent Philadelphie, mais sont battus à Princeton et Saratoga. Joseph II rend visite à sa sœur, la reine de France. 1777-1825 : Alexandre Ier, tsar de Russie.

1778
La France s'engage dans la guerre d'Indépendance américaine, et sa flotte soutient les colons. Les Britanniques évacuent Philadephie. Les Indiens massacrent des habitants de la vallée de Wyoming. Guerre de succession de Bavière entre l'Autriche et la Prusse.

La vie et l'œuvre de Mozart | Musique

1778 *(suite)*
symphonie en *ré* majeur K. 297 chez le comte Sickingen. La symphonie est bien reçue au Concert spirituel (18 juin). Sa mère meurt le 3 juil., et mis à part l'exécution de ses compositions, le jeune homme n'a aucun avenir à Paris. **26 sept.** Au terme d'un séjour de six mois il quitte Paris, s'arrête à Munich où il loge chez les Weber (25 déc.), qui ont quitté Mannheim. Il offre à l'électrice ses sonates pour violon récemment gravées, K. 301-306. Son père lui demande de rentrer ; l'archevêque a promis non seulement de lui rendre ses fonctions de *Konzertmeister*, mais aussi de le nommer organiste de la cour avec un traitement généreux.

1779
Mozart, qui arrive à Salzbourg au milieu de janvier, reçoit son nouveau contrat (25 févr.). Moyennant un traitement de 450 florins, il doit jouer à l'église, à la cour et à la chapelle, former les enfants de chœur et composer la musique religieuse et profane requise à Salzbourg. Arrive alors la commande d'un nouvel opéra pour Munich.

1779
L. Boccherini : quintettes op. 27-29. J.C. Bach : *Amadis des Gaules*, Paris. C.P.E. Bach : *Heilig* pour double chœur (Wq. 217) ; *Sechs Clavier-Sonaten für Kenner und Liebhaber* (Wq. 55). J. Haydn : *L'isola disabitata* (Hob. XXVIII : 9) ; symphonies n°s 75 et 70. D. Cimarosa : *L'italiana in Londra*, Rome. C.W. Gluck : *Iphigénie en Tauride*, Paris. A. Salieri : *Il talismano*, Venise ; *La partenza inaspettata*, Rome. L. Cherubini : *Il Quinto Fabio*, Alexandrie.

1780
5 nov. Mozart quitte Salzbourg pour Munich. Un mois plus tard commencent les répétitions d'*Idomeneo*.

1780
K. Dittersdorf : *Job* (oratorio). C.P.E. Bach : quatre symphonies dédiées à Frédéric Guillaume de Prusse (Wq. 183). N. Piccinni : *Atys*, Paris. A. Salieri : *La dama pastorella*, Rome.

1781
27 janv. La répétition générale a lieu le jour de son anniversaire. Son père et

1781
L. Boccherini : « Stabat Mater ». G. Paisiello : *La serva padrona*, Saint-

Arts, sciences, lettres

Histoire

1778 *(suite)*
allemand. 1778-1827 : U. Foscolo, auteur italien.

1779
R.B. Sheridan : *The Critic*. J.W. von Goethe : *Iphigenie* (première version). G.E. Lessing : *Nathan der Weise*. Cook est tué à Hawaii. Sir J. Banks conseille ' d'établir une colonie pénitenciaire en Nouvelle-Galles du Sud. Apparition du premier vélocipède à Paris.

1779
Fin de la guerre de Bavière avec le traité de Teschen, l'Autriche obtenant l'Innviertel. Les Britanniques conquièrent la Georgie et la Caroline du Sud ; le Congrès envoie des troupes contre les Indiens de la vallée de Wyoming. Louis XVI abolit le servage dans les domaines royaux.

1780
M. Claudius écrit *Lieder für das Volk*. La *British Gazette* et le *Sunday Monitor* paraissent à Londres. Invention du tournevis et de la scie circulaire. 1780-1867 : J.A.D. Ingres, peintre français.

1780
Mort de l'impératrice Marie-Thérèse. Joseph II amorce une série de réformes qui ébranlent les fondations de l'Etat. Les troupes françaises arrivent en Amérique. Emeutes déclenchées par Gordon à Londres contre le *Catholic Relief Act*. Les Britanniques sont défaits en Caroline du Nord.

1781
F. von Schiller : *Die Räuber*. I. Kant : *Die Kritik der reinen Vernunft*.

1781
Louis XVI renvoie Necker, qui a publié un compte rendu au roi sur le

La vie et l'œuvre de Mozart

1781 *(suite)*

sa sœur arrivent pour la première, qui est un succès. Les Mozart restent à Munich jusqu'au début de mars puis rendent visite à leur famille à Augsbourg. L'archevêque, qui entre-temps s'est installé provisoirement à Vienne, ordonne à Wolfgang de le rejoindre.

16 mars. Mozart, arrivé le matin, prend part à un concert dès l'après-midi. Mais il est mécontent de sa situation dans la suite de Colloredo, entre les valets et les cuisiniers. Il n'a en outre pas le droit de gagner de l'argent par ailleurs, et manque - parce qu'il doit jouer pour le père de l'archevêque (8 avril) - un concert chez la comtesse Thun auquel assiste l'empereur. Il demande son congé, qui lui est accordé, avant d'être littéralement chassé à coups de pied par l'*Oberküchenmeister*, le comte Arco (8 juin). Mozart loge chez les Weber, qui se sont installés à Vienne, place Saint-Pierre. Aloisia s'est mariée, mais Wolfgang est maintenant très attiré par sa sœur cadette, Constance. Il est heureux et très occupé.

30 juil. Mozart reçoit le livret d'un nouvel opéra, un *Singspiel* allemand intitulé *Die Entführung aus dem Serail*. Il a des élèves et donne de nombreux concerts. Le célèbre éditeur Artaria accepte de publier ses compositions.

24 déc. Un concours oppose au piano Muzio Clementi et Mozart, en présence de Joseph II et de la grande-duchesse de Russie Maria Feodorovna.

1782

Avril. Mozart essaie d'obtenir le consentement de son père à son mariage avec Constance, qui écrit une lettre à sa future belle-sœur.

26 mai. Début de la série de concerts à l'Augarten. A la fin du mois le premier

Musique

1781 *(suite)*

Pétersbourg. J. Haydn : quatuors à cordes op. 33 (Hob. III : 37-42) ; lieder (Hob. XXXVIa : 1-12) publiés en deux recueils, 1781 et 1783. D. Cimarosa : *Il pittor parigino; Giannina e Bernadone*, Rome. A. Salieri : *Der Rauchfangkehrer*, Vienne.

1782

A. Salieri : *Semiramide*, Munich. L. Boccherini : symphonies op. 35. J. Haydn : *Missa Cellensis (Mariazellermesse*, Hob. XXII : 8) ; symphonies n°s 76-78 ; *Orlando Paladino* (Hob. XXVIII : 11), Eszterháza.

Arts, sciences, lettres

1781 *(suite)*
P.A.F.C. de Laclos : *Les liaisons dange-
reuses*. W. Herschel découvre la pla-
nète Uranus. Début de la construction
de la route transsibérienne. 1781-
1838 : A. von Chamisso, poète allemand.

Histoire

1781 *(suite)*
déficit de l'Etat. La flotte française
coupe les communications des Anglais
avec l'Amérique du Nord. Les Britanniques, sous le commandement de
Cornwallis, se rendent à Yorktown
avec 7 000 hommes, évacuent Charles-
ton et Savannah. Abolition du servage
en Bohême (qui fait alors partie de
l'Autriche).

1782
F. Burney : *Cecilia* (roman). W. Cow-
per : *Pœms*. J. Priestley : *A History of
the Corruption of Christianity*. A.
Canova : monument au pape Clément XIV. J. Watt fait breveter la
machine à double action (vapeur et

1782
W. Pitt préconise des réformes écono-
miques en Angleterre et amorce les
négociations de paix avec B. Franklin à
Paris. Le pape Pie VI se rend en visite
à Vienne. Joseph II met le clergé sous
la surveillance de l'Etat. Le Congrès

La vie et l'œuvre de Mozart

1782 *(suite)*
acte du nouvel opéra est prêt. La première, qui a lieu deux mois plus tard au Burgtheater, remporte un vif succès. Mozart gagne 100 ducats.
29 juil. Pour son ami salzbourgeois Siegmund Haffner Mozart écrit une nouvelle symphonie en *ré*, K. 385, donnée pour l'anoblissement de Haffner.
4 août. Wolfgang et Constanze se marient en la cathédrale Saint-Etienne, après que Leopold a donné son consentement à contrecœur.
8 oct. Mozart dirige *Die Entführung* au Burgtheater en l'honneur du grandduc de Russie et de son épouse. Un mois plus tard il joue avec son élève Josepha Auernhammer lors d'un concert au Kärntnerthortheater (3 nov.). La visite chez son père à Salzbourg à l'occasion de sa fête est reportée.

1783
3 mars. Pendant le carnaval, à l'occasion d'un bal masqué à la Redoutensaal, Mozart et ses amis donnent une « masquerade » avec une musique de lui, K. 446 (416d). Sa belle-sœur Aloisia Lange chante sa musique en concert au Burgtheater (11 mars). Il joue le concerto pour piano en *ut* majeur K. 415 et le rondo en *ré* majeur K. 382.
23 mars. L'empereur Joseph II assiste à une académie de Mozart au Burgtheater, où il joue le nouveau rondo K. 382 pour son concerto pour piano en *ré* majeur K. 175 et le concerto en *ut* majeur K. 415.
9 mai. Le *Magazin der Musik* de Cramer à Hambourg rend compte pour la première fois d'un concert de Mozart.
17 juin. Naissance du premier enfant des Mozart, Raimund Leopold. A la fin du mois les parents partent pour Salzbourg rendre visite à Leopold.

Musique

1782 *(suite)*
1782-1871 : D.F.E. Auber, compositeur français.

1783
N. Piccinni : *Didon*, Fontainebleau. L. van Beethoven : trois sonates au prince-électeur (WoO 47). J. Haydn : *Armida* (Hob. XXVIII : 12) ; concerto pour violoncelle en *ré* majeur (Hob. VIIb : 2), Eszterháza. A.M.G. Sacchini : *Renaud*, Paris.

Arts, sciences, lettres

1782 *(suite)*
vide). 1782-1841 : F.L. Chantrey, sculpteur anglais.

Histoire

1782 *(suite)*
américain accepte les préliminaires de paix. 1782-1850 : J.C. Calhoun, homme d'Etat américain.

1783
G. Crabbe : *The Village*. F. von Schiller : *Fiesco*. G. von Vega publie sa table de logarithmes. Joseph II instaure le mariage civil (divorce possible en Autriche). A Londres, J. Broadwood fait breveter la pédale de piano. 1783-1842 : Stendhal (M.H. Beyle), écrivain français. 1783-1859 : W. Irving, auteur américain.

1783
Traité de Versailles entre la France, l'Espagne, la Grande-Bretagne et les Etats-Unis. La Grande-Bretagne reconnaît l'indépendance de ses anciennes colonies. La Russie s'empare de la Crimée.

La vie et l'œuvre de Mozart | Musique

1783 *(suite)*
19 août. Le petit Leopold meurt à Vienne. Depuis le début de janvier Mozart travaillait pour Salzbourg à une messe votive - la messe en *ut* mineur K. 427 (417a) - qu'il ne termine pas ; l'œuvre inachevée est donnée en l'abbaye Saint-Pierre (26 oct.), avec Constanze qui chante l'une des parties de soprano solo. Sur le chemin du retour le couple s'arrête à Linz, où Wolfgang compose une nouvelle symphonie K. 425, pour un concert au théâtre (4 nov.). Il revient malade.

1784
Janv. Les Mozart quittent la Judenplatz pour un appartement du Trattnerhof. Wolfgang commence à tenir un catalogue thématique de ses œuvres (*Verzeichnüss*, 9 févr.). Pendant le carême, Mozart donne dix-sept concerts et envoie la liste des souscripteurs à son père.
23 août. A Sankt-Gilgen, près de Salzbourg, Nannerl, la sœur de Mozart, épouse Johann Baptist von Berchtold zu Sonnenburg. A Vienne, Mozart assiste le même jour à une représentation de l'opéra *Il rè Teodoro in Venezia* de Paisiello, donnée au Burgtheater ; il est victime d'une sévère attaque de colique au théâtre et souffre d'une infection rénale jusqu'à la fin septembre.
21 sept. Naissance de Carl Thomas, le second fils des Mozart. Huit jours plus tard ils emménagent dans un appartement situé au 5 de la Domgasse, dont le loyer est élevé (450 florins par an).
14 déc. Mozart est admis comme apprenti dans la loge maçonnique *Zur Wohlthätigkeit* (*A la bienfaisance*).

1785
15 janv. Haydn entend les quatuors de Mozart (les six quatuors K. 387, etc.,

1784
A.M. Grétry : *Richard Cœur-de-Lion*, Paris. D. Cimarosa : *La bella greca*, Rome ; *Il mercato di Malmantile*, Florence. 1784-1859 : Louis Spohr, compositeur allemand.

1785
N. Piccinni : *Pénélope*, Fontainebleau. A. Salieri : *La grotta di Trofonio*,

Arts, sciences, lettres

Histoire

1784

P.A.C. de Beaumarchais : *Le mariage de Figaro*. F. von Schiller : *Kabale und Leibe*. J.G. Herder commence *Ideen zur Philosophie der Geschichte der Menschheit*. Premières ascensions en ballon de V. Lunardi en Angleterre et de Blanchard en France. Début des travaux pour le pavillon de Brighton. Joseph II inaugure à Vienne l'hôpital le plus moderne d'Europe, l'Allgemeine Krankenhaus. 1784-1864 : L. von Klenze, architecte allemand.

1784

La guerre d'Indépendance a fait 70 000 morts ; onze Etats de la fédération demandent des amendements de la constitution. Pitt met la Compagnie des Indes orientales sous le contrôle du gouvernement. Joseph II abolit la constitution hongroise. 1784-1865 : H.J. Temple, Lord Palmerston, homme d'Etat anglais.

1785

J.A. Houdon termine le buste de Washington. P. de Rozier s'écrase avec son

1785

Les réformes cléricales de Joseph II sont mal accueillies en Belgique. Le

35

La vie et l'œuvre de Mozart

1785 *(suite)*
qui lui seront ensuite dédiés) dans la Domgasse. Leopold vient à Vienne voir son fils (11 févr.). Wolfgang joue son nouveau concerto pour piano en *ré* mineur K. 466 lors de son premier concert du vendredi à la Mehlgrube. Il n'assiste donc pas à l'initiation maçonnique de Haydn dans la loge *Zur wahren Eintracht* (*A la vraie concorde*).
12 févr. Nouvelle soirée de quatuors chez les Mozart : Haydn entend trois des six quatuors qui lui seront dédiés et félicite Leopold pour les talents de son fils. Mozart donne cinq concerts en février, six en mars.
13 mars. On donne sa nouvelle cantate *Davidde penitente* (tirée en grande partie de la messe en *ut* mineur K. 427 (417a)) lors d'un concert de la Tonkünstler-Societät.
6 avril. Leopold est reçu dans la loge maçonnique *Zur Wohlthätigkeit*. Wolfgang compose pour ses frères maçons la cantate *Die Maurerfreude*, donnée le 24 avril. Leopold quitte Vienne le lendemain.
17 nov. La *Maurerische Trauermusik* de Mozart est donnée à la loge *Zur gekrönten Hoffnung* (*A l'espérance couronnée*) en l'honneur de deux frères disparus, le duc G.A. von Mecklenburg-Strelitz et le comte F. Esterházy.
15 déc. La loge donne un concert, avec des œuvres de Mozart et de Wranitzky, au cours duquel on joue les pièces pour cor de basset de Mozart.
24 déc. Deux nouveaux calendriers paraissent à Vienne avec des portraits de Mozart dus à H. Löschenkohl.

1786
7 févr. Joseph II donne 50 ducats à Mozart pour la musique de scène de *Der Schauspieldirektor*, exécutée le même jour dans l'orangerie du château

Musique

1785 *(suite)*
Vienne. J. Haydn : symphonies n°s 83 (*La poule*) et 87 ; trios pour piano n°s 20-22 (Hob. XV : 7-9) ; quatuor à cordes op. 42 (Hob. III : 43). S. Storace : *Gli sposi malcontenti*, Vienna. D. Cimarosa : *Il marito disperato*, Naples.

1786
P. Anfossi : *L'inglese in Italia*, Londres ; *Le gelosie fortunate*, Venise. J. Haydn : symphonies n°s 82, 84, 86 ; airs d'insertion pour des opéras de

Arts, sciences, lettres

1785 *(suite)*

ballon en essayant de traverser la Manche. Fermeture de la Compagnie commerciale des Indes-Orientales d'Autriche. 1785-1873 : A. Manzoni, auteur italien.

Histoire

1785 *(suite)*

siège de la couronne hongroise est désormais à Vienne. Marie-Antoinette est discréditée par l'affaire du Collier. 1785-1795 : Louis Charles, futur Louis XVII.

1786

G.L.L. Buffon : *Histoire naturelle des oiseaux*. G.A. Bürger : *Gedichte*. Goya dessine ses tapisseries *Les saisons*. M.H. Klaproth découvre l'uranium. Balmat

1786

Pitt réforme les finances de l'Etat en Angleterre. Premières protestations en Belgique contre les réformes de Joseph II. Mort de Frédéric de Prusse ;

La vie et l'œuvre de Mozart

1786 *(suite)*

de Schönbrunn, avec le petit opéra de Salieri *Prima la musica, e poi le parole*. Les deux œuvres sont reprises au Kärntnerthortheater (11 févr.).

13 mars. Mozart dirige une représentation de son opéra *Idomeneo* au palais du prince Auersperg.

7 avril. Il donne sa dernière académie au Burgtheater (concerto pour piano K. 491) et fait répéter son nouvel opéra *Le nozze di Figaro*, donné pour la première fois au Burgtheater devant un public enthousiaste (1er mai). Il songe à se rendre en Angleterre, mais Leopold refuse de prendre le petit Carl.

18 oct. Constanze met au monde leur troisième fils, Johann Thomas Leopold, qui ne vit qu'un mois.

1787

17 janv. Les Mozart se rendent à Prague, où *Figaro* remporte un immense succès. Mozart y donne un concert (19 janv.) avec la nouvelle symphonie K. 504 (« Prague »), puis dirige *Figaro* au théâtre (22 janv.).

7 avril. Beethoven arrive à Vienne pour étudier avec Mozart. La famille emménage dans un appartement moins cher de la Landstrasse. Mozart est souffrant et perd 300 florins qu'il avait prêtés à un ami. Son père meurt le 28 mai et Wolfgang hérite 1 000 florins.

4 oct. Les Mozart retournent à Prague où l'on répète *Don Giovanni*. *Figaro* est donné à l'occasion du mariage de l'archiduchesse Maria Theresa et du prince Anton de Saxe.

29 oct. Première de *Don Giovanni*. Mozart dirige quatre représentations.

7 déc. Il est nommé *Kammermusicus* (musicien de la chambre) à la cour avec un traitement de 800 florins, inférieur à ce qu'il espérait. Il doit déjà de l'argent à M. Puchberg.

Musique

1786 *(suite)*

Traetta et Gazzaniga. G. Gazzaniga : *Il finto cieco*, Vienne. Martín y Soler : *Una cosa rara*, Vienne. S. Storace : *Gli equivoci*, Vienne. 1786-1826 : C.M. von Weber, compositeur allemand.

1787

D. Cimarosa : *missa pro defunctis*, Saint-Pétersbourg. G. Paisiello : *Pirro*, Naples. C. Dittersdorf : *Die Liebe im Narrenhause*, Vienne. J. Haydn : quatuors à cordes op. 50 (Hob. III : 44-49) ; symphonies nos 88, 89 ; six allemandes pour orchestre (Hob. IX : 9). A. Salieri : *Tarare*, Paris.

Arts, sciences, lettres

1786 *(suite)*
et Piccard gravissent le mont Blanc.
Invention de la batteuse.

Histoire

1786 *(suite)*
son neveu Frédéric-Guillaume II lui
succède. 1766-1868 : Ludwig, futur roi
de Bavière.

1787
J.W. Goethe : *Iphigenie auf Tauris*. F.
von Schiller : *Don Carlos*. Joseph II
interdit de faire travailler des enfants
de moins de neuf ans. 1781-1854 :
G.S. Ohm, physicien allemand. 1787-
1824 : G. Gordon, Lord Byron.

1787
Les Russes entrent en guerre contre la
Turquie (les Autrichiens s'alliant aux
Russes en 1788). Abolition en
Autriche de la peine de mort, remplacée par des peines à perpétuité avec
travaux forcés ; les crimes commis par
les nobles leur font encourir des peines
humiliantes. Emeutes à Paris et en Belgique. Le parlement s'exile. Assemblée
des notables en France.

La vie et l'œuvre de Mozart

1788

7 mai. *Don Giovanni* est donné pour la première fois à Vienne sans succès. Mozart ne parvient pas à réunir suffisamment de souscripteurs pour faire paraître ses trois quintettes (K. 515, etc.). Il donne au Casino ses dernières académies.
29 juin. Sa fille Theresia (née le 27 déc. 1787) meurt. Van Swieten et ses amis de la noblesse donnent des oratorios de Haendel arrangés et dirigés par Mozart. En novembre il dirige un concert à bénéfice à la Jahnscher Saal.

1789

2 avril. Mozart emprunte de l'argent à F. Hofdemel et part pour un voyage en Allemagne avec le prince Lichnowsky (8 avril). A Dresde Doris Stock fait son portrait. Il joue à Leipzig sur l'orgue de la Thomaskirche puis va à Potsdam (25 avril). En mai il est de retour à Leipzig où il donne un concert le 12, puis repart pour Berlin où il joue pour le roi Frédéric Guillaume II (26 mai). Sur le chemin du retour, il s'arrête à Prague et arrive à Vienne deux jours plus tard (4 juin).
16 nov. Constanze est à nouveau enceinte : une autre fille (Anna Maria) naît et meurt.
22 déc. On donne le quintette avec clarinette de Mozart à un concert de la Tonkünstler-Societät. Mozart organise une répétition privée de *Così fan tutte* dans son appartement (31 déc.) ; Haydn et Puchberg y sont invités.

1790

21 janv. Premières répétitions orchestrales de *Così* au Burgtheater ; Haydn et Puchberg y sont à nouveau invités. La première (26 janv.) est un succès. L'empereur Joseph II meurt le 20 févr. ; son successeur, son frère Léopold II, arrive à Vienne de Florence

Musique

1788

J. Haydn : quatuors à cordes op. 54 et 55 (Hob. III : 57-62) achevés ; symphonies n°s 90, 91. A. Salieri : *Il talismano*, *Axur, rè d'Ormus*, tous deux Vienne. L. Boccherini : quintettes op. 41 (*sic*).

1789

C. Dittersdorf : *Hieronymus Knicker*, Vienne. P. Wranitzky : *Oberon, König der Elfen*, Vienne. A. Salieri : *La cifra, Il pastor fido*, Vienne. J. Haydn : symphonie n° 92 ; cantate *Arianna a Naxos* (Hob. XXVIb : 2) ; pièces pour horloge musicale (Hob. XIX : 16, etc.) ; sonate pour piano n° 58 (Hob. XVI : 48).

1790

L. Boccherini : quintettes op. 43. A.M. Grétry : *Pierre le Grand*, Paris. N. Dalayrac : *La soirée orageuse*, Paris. J. Haydn : airs d'insertion pour des opéras de Gassmann et Cimarosa ; sonate pour piano n° 59 (Hob. XVI : 49) ; quatuors à cordes op. 64 (Hob. III :

Arts, sciences, lettres

1788
J.W. von Goethe : *Egmont*. I. Kant : *Die Kritik der praktischen Vernunft*. Publication à Londres de *The Times*. J. Watt transforme le mouvement des pistons de sa machine à vapeur en mouvement rotatif.

1789
W. Blake : *Songs of Innocence*. C. Burney : *A General History of Music*, achèvement et publication. J.W. von Goethe : *Torquato Tasso*. Les mutins du *Bounty* s'établissent dans l'île de Pitcairn. 1789-1851 : L. Daguerre, pionnier de la photographie.

1790
E. Burke : *Reflections on the Revolution in France*. J.W. von Goethe : *Versuch die Metamorphose der Pflanzen zu erklären*. A. de Chénier : *Avis au peuple*. I. Kant : *Die Kritik der reinen Urteilskraft*. Construction du premier bateau de sauvetage. Vancouver

Histoire

1788
Premiers symptômes de porphyrie chez George III. W. Pitt réclame l'abolition de la traite des esclaves. Louis XVI promet la réunion des Etats généraux et rappelle Necker pour réformer les finances.

1789
Réunion des Etats généraux à Versailles. Le Tiers-Etat se déclare Assemblée nationale. Serment du Jeu de paume. Renvoi de Necker. Prise de la Bastille. Rappel de Necker. Abolition des privilèges et vote de la Déclaration des droits de l'homme et du citoyen. Washington, premier président des Etats-Unis. Les troupes autrichiennes prennent Belgrade.

1790
Fête de la Fédération en France, influence croissante des clubs (Jacobins, Cordeliers). Constitution civile du clergé. Mort de Joseph II ; son frère Léopold II lui succède. Philadephie, capitale des Etats-Unis.

La vie et l'œuvre de Mozart

1790 *(suite)*
(13 mars). Mozart espère être nommé second *Kapellmeister*, mais est confirmé dans ses anciennes fonctions.
12 juin. Mozart dirige à nouveau *Così fan tutte* au Burgtheater. Il travaille durant l'été pour les concerts de van Swieten et adapte *Alexander's Feast* et l'*Ode to St Cecilia* de Haendel (K. 591, 592).
23 sept. Pour le couronnement de Léopold II, Mozart et son beau-frère Hofer se rendent à Francfort dans leur propre voiture. Constanze emménage avec le petit Carl dans un appartement de la Rauhensteingasse (30 sept.).
15 oct. A Francfort Mozart donne un concert devant un public peu nombreux. Il joue à Mayence, voit le premier *Figaro* allemand à Mannheim (24 oct.) et arrive à Munich, où il joue devant le roi de Naples (4 ou 5 nov.).

1791
4 mars. Mozart participe à son dernier concert public à la Jahnscher Saal, où il joue son concerto pour piano K. 595. Avant le 28 avril il sollicite de la municipalité de Vienne le poste d'adjoint non rémunéré auprès de L. Hofmann, maître de chapelle de Saint-Etienne, avec la promesse de lui succéder à sa mort ou à sa retraite. Les autorités acceptent (9 mai).
4 juin. Constanze se rend à Baden avec Carl, où Wolfgang leur rend visite et écrit le motet « Ave verum corpus ». En juillet un messager vient lui commander un Requiem. Naissance du dernier enfant des Mozart, Franz Xaver Wolfgang (26 juil.).
28 août. Les Mozart se rendent à Prague pour le couronnement de Léopold II comme roi de Bohême. Au cours de l'été, les Etats de Bohême avaient demandé à Mozart de composer un opéra pour la circonstance, *La*

Musique

1790 *(suite)*
63-68). W. Müller : *Das Sonnenfest der Brahminen*, Vienne.

Arts, sciences, lettres

Histoire

1790 *(suite)*
explore la côte Pacifique d'Amérique du Nord. 1790-1832 : J.F. Champollion, premier égyptologue moderne. 1790-1869 : A.P. de Lamartine, poète, écrivain et homme d'Etat français.

La vie et l'œuvre de Mozart

Musique

1791 *(suite)*
clemenza di Tito. Pressé par le temps, il travaille en voiture avec son élève Süssmayr.

2 sept. L'empereur assiste à une représentation de *Don Giovanni* et quatre jours plus tard à la première de *Tito.* Mozart rend visite à la loge pragoise *Zur Wahrheit und Einigkeit (A la vérité et l'unité)*, où l'on donne sa cantate *Die Maurerfreude.* De retour à Vienne, il achève l'opéra que Schikaneder lui avait commandé au printemps, *Die Zauberflöte.* Mozart en dirige lui-même la première (30 sept.). Le succès est important et l'œuvre est donnée vingt fois en octobre ; Mozart invite Salieri et sa maîtresse, la cantatrice Cavalieri, au théâtre. Constanze est à Baden, mais revient à la fin du mois. Mozart, surmené, souffre de dépression lorsqu'il commence à composer le Requiem et s'imagine qu'il a été empoisonné. Le succès de *Eine kleine Freimaurer-Kantate*, donnée dans la loge *Zur neugekrönten Hoffnung* (18 nov.), le réjouit.

20 nov. Mozart s'alite et une semaine plus tard les docteurs Closset et Sallaba s'interrogent sur les soins à lui donner. Il se sent un peu mieux au début de décembre et organise une répétition (4 déc.) du Requiem, inachevé. Il donne à Süssmayr des indications pour terminer la partition. Des amis du Freihaustheater y prennent part, Mozart chantant lui-même la partie d'alto. Dans la soirée il est encore lucide ; il meurt cinq minutes avant 1 heure du matin le 5 déc.

1791
G. Paisiello : *La locanda*, Londres. L. Cherubini : *Lodoïska*, Paris. J. Haydn : *L'anima del filosofo (Orfeo ed Euridice* ; Hob. XXVIII : 13) ; symphonies nᵒˢ 96, 95, 93, 94 ; chansons écossaises (Hob. XXXIa : 1-100 et 101-150). 1791-1857 : Carl Czerny, pianiste autrichien. 1791-1864 : Giacomo Meyerbeer, compositeur allemand.

Arts, sciences, lettres

1791
J. Boswell : *Life of Samuel Johnson.*
J.G. Herder : *Ideen zur Philosophie.*
The Observer paraît à Londres. Vol de Blanchard jusqu'à Vienne. N. Le Blanc met au point un procédé pour gazéifier l'eau. 1791-1872 : F. Grillparzer, dramaturge autrichien. 1791-1813 : T. Körner, poète allemand. 1791-1861 : E. Scribe, dramaturge français. 1791-1883 : S.F.B. Morse, inventeur américain.

Histoire

1791
Louis XVI et sa famille en fuite sont arrêtés à Varennes et ramenés à Paris. La Fayette fait tirer sur des pétitionnaires qui réclament la déchéance du roi. Introduction de la guillotine en France. Fondation de Washington D.C. Abaissement de la taxe sur les importations pour aider l'industrie des Etats-Unis.

ELSE RADANT

2
ARBRE GÉNÉALOGIQUE DE LA FAMILLE MOZART-WEBER

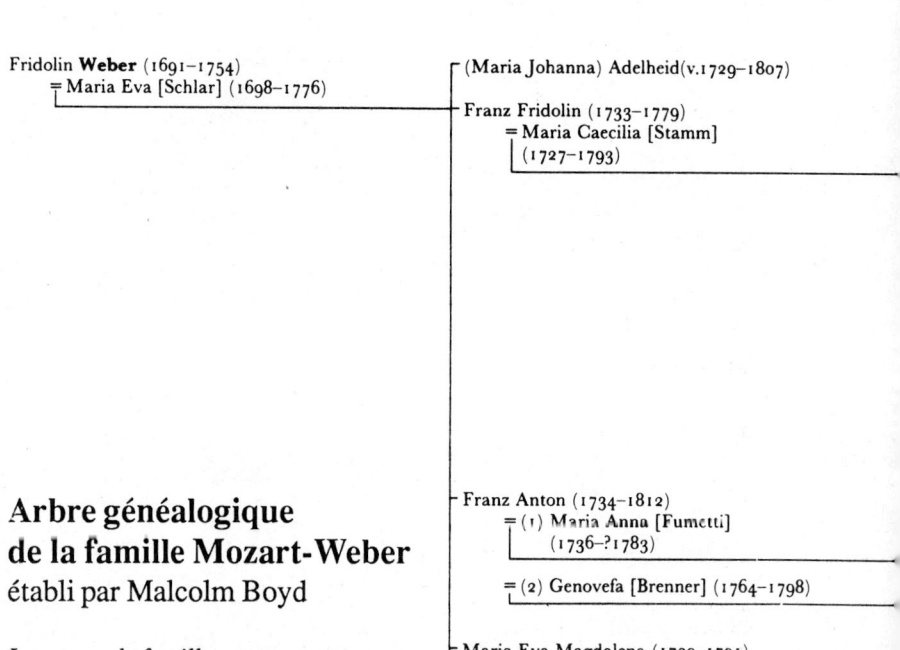

Johann Georg **Mozart** (1679–1736)
= (1) Anna Maria **Bannegger** [Peter]
  († 1718)
  (2) Anna Maria [Sulzer]
  (1696–1766)

┌ (Johann Georg) Leopold (1719–1787)
│   = Maria Anna [Pertl] (1720–1778)
│
├ Johann Christian (1721–1722)
│
├ Johann Christian (1722– avant 1755)
│
├ Joseph Ignaz (1725–1796)
│
├ Franz Alois (1727–1791)
│   = Maria Viktoria [Eschenbach]
│   (1727–1808)
│
├ Maria Eleonora (1729–1806)
│
├ Maria Dorothea (1731–1751)
│
├ (Maria) Theresia Franziska (1734–1800)
│
└ Lorenz Anton (1735–1736)

Fridolin **Weber** (1691–1754)
= Maria Eva [Schlar] (1698–1776)

┌ (Maria Johanna) Adelheid(v.1729–1807)
│
├ Franz Fridolin (1733–1779)
│   = Maria Caecilia [Stamm]
│   (1727–1793)
│
├ Franz Anton (1734–1812)
│   = (1) Maria Anna [Fumetti]
│   (1736–?1783)
│   = (2) Genovefa [Brenner] (1764–1798)
│
├ Maria Eva Magdalena (1739–1791)
│
└ Johann Nepomuk Fidel Felizian (*1740)

Arbre généalogique
de la famille Mozart-Weber
établi par Malcolm Boyd

Les noms de famille sont en gras,
les noms de jeune fille entre crochets.

Johann Leopold Joachim (1748–1749)

Maria Anna Cordula (*/† 1749)

Maria Anna Nepomucena Walpurgis (*/† 1750)

Maria Anna Walburga Ignatia ('Nannerl')
(1751–1829)
= Johann Baptist Franz **von Berchtold
zu Sonnenburg** (1736–1801)

       Leopold Alois Pantaleon (1785–1840)

       Johanna (1789–1805)

Johann Karl Amadeus (1752–1753)

       Marie Babette (1790–1791)

Maria Crescentia Francisca de Paula (*/† 1754)

(JOHANN CHRYSOSTOM) WOLFGANG
AMADEUS (1756–1791)
=

Maria Anna Barbara Josepha (1757–1758)

Maria Anna Thekla ('Bäsle') (1758–1841)

       Raimund Leopold (*/† 1783)

son (†v. 1786)

       Carl Thomas (1784–1858)

(Maria) Josepha (1758–1819)
= (1) Franz de Paula **Hofer** (1755–1796)
= (2) Friederich Sebastian **Mayer**
    (1773–1835)

       Johann Thomas Leopold (*/† 1786)

       Theresia Constanzia Adelheid Friederic
       Maria Anna (1787–1788)

Johann Nepomuk (* 1760)

       Anna (*/† 1789)

(Maria) Aloisia (Louise Antonia) (c1760–1839)
= Joseph **Lange** (1751–1831)

       Franz Xaver Wolfgang (1791–1844)

(MARIA) CONSTANZE (CÆCILIA JOSEPHA
JOHANNA ALOISIA) (1762–1842)
= (1) ⎯⎯⎯⎯⎯⎯⎯⎯⎯⎯
= (2) Georg Nikolaus **Nissen**
    (1761–1826)

(Maria) Sophie (1763–1846)
= (Petrus) Jakob **Haibel** (1762–1826)

Ferdinand Joseph Fridolin Franz
(1765–1768)

Johann Baptist Anton (1769–1771)

Fridolin (Stephan Johann Nepomuk Andreas
Maria) (1761–1833)

(Franz) Edmund (Kaspar Johann Nepomuk)
Joseph Maria) (1766–1828)

       Maria Caroliné Friederika Auguste
       (1818–1819)

Carl Maria von (1786–1826)
= Caroline [Brandt] (1794–1852)

       Max Maria Christian Philipp (1822-1881)

fils (*/† 1790)

       Alexander Heinrich Victor Maria (1825-1844)

3

QUI A CONNU MOZART?

Mozart vivait au milieu d'un vaste cercle d'amis, de connaissances, de parents, de collègues et d'élèves — si vaste, du reste, qu'on se demande parfois comment il trouvait le temps de composer. La liste alphabétique qui suit ne regroupe que certains des noms les plus importants. Il faut en compléter la lecture avec la section sur les patrons de Mozart, p. 129. (Les astérisques placés à la suite des noms renvoient à l'entrée qui leur est consacrée)

MBA = *Mozart : Briefe und Aufzeichnungen* (voir bibliographie).

Adamberger, Johann Valentin (* Rohr bei Rottenburg, Basse-Bavière, 22.02.1740 ; † Vienne, 24.08.1804). Après des études avec Valesi*, il commença sa carrière à Venise. Engagé par la compagnie d'opéra allemand de Vienne, il chanta les rôles de Belmonte dans *Die Entführung aus dem Serail* et de Herr Vogelsang dans *Der Schauspieldirektor*. Mozart écrivit également pour lui l'air « Per pietà, non ricercate » K. 420, « A te, fra tanti affanni » dans K. 469 et « Misero ! o sogno » K. 431 (425b). Membre de la loge maçonnique *Zur gekrönten Hoffnung* (*A l'espérance couronnée*), il prit part à l'exécution de *Die Maurerfreude* K. 471. En 1780 il épousa Maria Anna Jaquet (1752-1804), du Burgtheater de Vienne, qui chanta le rôle de Mme Krone dans *Der Schauspieldirektor* (1786). Leur fille Antonie (1790-1867) fut également cantatrice.

Adlgasser, Anton Cajetan (* Inzell, 1.10.1729 ; † Salzbourg, 22.12.1777).

Organiste à la cathédrale de Salzbourg et à la cour, il composa beaucoup de musique liturgique (dont huit messes et deux Requiem), ainsi que des oratorios, des œuvres pour orchestre et des pièces de clavier. Après un voyage en Italie en 1764-1765, il mit en musique *La Nitteti* de Metastasio, son unique opéra, puis en 1761 il collabora avec Mozart et M. Haydn* à l'oratorio *Die Schuldigkeit des ersten Gebots*. Mozart, qui tenait en haute estime la musique d'Adlgasser, lui succéda comme organiste à la cathédrale de Salzbourg en 1777. Adlgasser se maria une première fois en 1752 avec Maria Josepha, la fille de son prédécesseur, J.E. Eberlin, à la cathédrale de Salzbourg. Quatre ans plus tard il épousa Maria Barbara Schwab, puis en 1769 Maria Anna Fesemayer (1743-1782), cantatrice à la cour, qui chanta dans *Die Schuldigkeit* et créa le rôle de Ninette dans *La finta semplice*. Mozart et son père furent tous deux témoins de son troisième mariage.

Albert, Franz Joseph (1728-1789), propriétaire de l'auberge *Zum schwarzen Adler*, où Mozart descendit un certain nombre de fois et où, au cours de l'hiver 1774-1775, il se mesura à I. von Beecke° au clavier. Albert épousa en 1759 Maria Anna Lechner (1724/36-1782) dont il eut huit enfants ; l'un d'eux, Carl Franz Xaver (1764-1806), reprit son auberge en 1791.

Albertarelli, Francesco, basse au théâtre de la cour à Vienne de 1788 à 1790. Il chanta le rôle titre lors de la première représentation viennoise de *Don Giovanni* de Mozart, et travailla à Londres de 1790 à 1792.

Albrechtsberger, Johann Georg (° Klosterneuburg, 3.02.1736 ; † Vienne, 7.03.1809), enfant de chœur puis organiste à l'abbaye de Melk. En 1767 il s'installa à Vienne, où il se lia d'amitié avec Mozart et lui succéda comme assistant auprès de Hofmann à la cathédrale Saint-Etienne, dont il devint maître de chapelle en 1793, occupant le poste qui avait été promis à Mozart. Auteur d'une œuvre volumineuse dans tous les genres religieux et profanes à l'exception de l'opéra, qui témoigne de sa prédilection pour les structures contrapuntiques, il est surtout renommé pour avoir été le professeur très estimé de Beethoven.

Amicis, Anna Lucia de (° Naples, v. 1733 ; † Naples, 1816). Après avoir commencé une carrière de soprano en chantant des rôles comiques, elle se tourna vers les personnages sérieux en 1763, où elle chanta dans *Orione* de J.C. Bach à Londres. Mozart l'admira à Venise et à Naples, et écrivit pour elle le rôle de Giunia dans *Lucio Silla*. Elle mit un terme à sa brillante carrière avec la première représentation italienne (1778) d'*Alceste* de Gluck. Elle épousa en 1765/68 un médecin florentin, Francesco Buonsollazzi.

Antretter (Andretter), famille salzbourgeoise. Johann Ernst von Antretter († 1792) était chancelier provincial et conseiller au département de la Guerre. Avec sa seconde épouse, Maria Anna Elisabeth (née Baumgartner), et ses trois fils, il était en termes amicaux avec Mozart, qui composa le divertimento K. 205 (167A) pour la famille.

Attwood, Thomas (° Londres, bapt. 23.11.1765 ; † Londres, 24.03.1838), choriste de la chapelle royale. Il étudia à Naples (1783-1785) puis avec Mozart à Vienne (1785-1787) ; ce qui subsiste de ses exercices jette une lumière précieuse sur les méthodes didactiques de Mozart. A son retour en Angleterre Attwood obtint plusieurs nominations à la cour, puis en 1796 il devint organiste à la cathédrale Saint-Paul et compositeur de la chapelle royale. Il se fit également connaître comme musicien de théâtre et composa beaucoup pour l'église. Il se maria en 1793 et se lia d'amitié avec Mendelssohn, lors des visites en Angleterre de celui-ci.

Auernhammer, Josepha Barbara (° Vienne, 25.09.1758 ; † Vienne, 30.01.1820). Elle fut dans les années 1780 l'élève de Mozart, qui lui dédia les six sonates pour violon K. 376 (374d), 296, 377 (374e), 378 (317d), 379 (373a) et 380 (374f) publiées par Artaria en 1781, et composa également pour elle la sonate en *ré* majeur K. 448 (375a). L'amour que Josepha portait à son professeur ne fut pas payé de retour, et en 1786 elle épousa Johann Bessenig (1751-1837).

Bach, Johann Christian (° Leipzig, 5.09.1735 ; † Londres, 1.01.1782), fils cadet de J.S. Bach. Après la mort de son père il alla vivre chez son frère aîné Carl Philipp Emanuel (1714-1788) à Berlin, puis passa huit années en Italie (1754-1762), où il se convertit au catholicisme, devint organiste de la cathédrale de Milan et écrivit des opéras pour Turin et Naples. En 1762 il se rendit à Londres, où il demeura jusqu'à la fin de ses jours (exception faite de quelques voyages sur le continent) ; il y épousa le soprano Cecilia Grassi (probablement en 1776) et organisa avec K. F. Abel une célèbre série de concerts par souscription. Mozart se lia avec Bach, dont il admirait grandement la musique, lors de son voyage à Londres de 1764-1765. Les symphonies qu'il y composa doivent beaucoup au modèle de Bach, mais son influence est encore plus prononcée dans les premiers concertos pour piano originaux de Mozart, écrits après son retour à Salzbourg.

Baglioni, Antonio. Ténor d'origine romaine, il travailla à Venise (1786-1794) et chanta également à Prague, entre autres. Il créa les rôles de Don Ottavio dans *Don Giovanni* et de Tito dans *La clemenza di Tito* ; c'était en outre un professeur très demandé. Il épousa la fille de Domenico Poggi, Clementina, qui avait chanté le rôle de la servante Simone lors de la première de *La finta semplice*.

Barisani. Famille de médecins originaire de Padoue. Silvester Barisani (1719-1810) était le médecin de l'archevêque de Salzbourg. En 1749 il épousa Maria Anna Theresia Agliardi (1729-1802), qui lui donna neuf enfants. L'un d'eux, Johann Joseph (1756-1826), fut pendant un temps le médecin de Leopold Mozart. Un autre, Sigmund (1758-1787), devint l'ami intime de Wolfgang et travailla avec lui à Salzbourg et à Vienne.

Barrington, Hon. Daines (*Londres, 1727 ; † Londres, 14.03.1800), fils aîné du premier vicomte Barrington. Avocat, il renonça au barreau en 1785 pour se consacrer à l'étude de la musique et à d'autres occupations. En 1765 il se lia d'amitié avec les Mozart à Londres et fit subir à Wolfgang un certain nombre d'épreuves de lecture de partitions, de déchiffrage et d'improvisation, dont il rendit compte à la Royal Society en 1770.

Bassi, Luigi (*Pesaro, 4.09.1766 ; † Dresde, 13.09.1825), baryton, élève de Morandi à Senigallia et de Laschi à Florence. Parti pour Prague en 1784, il y chanta dans la première représentation de *Le nozze di Figaro* et créa le rôle titre de *Don Giovanni*. En 1806 il quitta Prague pour Vienne, mais y retourna en 1814, avant de s'installer l'année suivante à Dresde, où il continua de chanter les rôles de Mozart et fut engagé comme metteur en scène d'opéra. Au cours de ses dernières années il chanta des oratorios en Italie.

Beecke, Notger Ignaz Franz von (*Wimpfen am Neckar, 18.10.1733 ; † Wallerstein, 2.01.1803). Il prit des leçons de composition de Gluck en même temps qu'il poursuivait une carrière militaire. Il devint adjudant du prince Krafft Ernst von Öttingen-Wallerstein et acquit une technique de clavier virtuose qu'il opposa à celle de Mozart lors d'un concours chez F.J. Albert* au cours de l'hiver 1774-1775. Les deux musiciens se revirent en 1777 et 1790, où ils jouèrent ensemble un arrangement de concerto. Beecke composa des opéras pour Paris, Vienne et Mannheim, ainsi que beaucoup d'autres œuvres vocales et de pièces instrumentales.

Beethoven, Ludwig van (*Bonn, bapt. 17.12.1770 ; † Vienne, 26.03.1827). Le plus grand compositeur allemand de son temps connaissait et étudiait la musique de Mozart, qui l'influença profondément. En avril 1787 il joua devant Mozart à Vienne et prit peut-être de lui quelques leçons, mais ce n'est qu'après la mort de Mozart qu'il s'installa définitivement dans la capitale autrichienne. Il joua lors de concerts publics le concerto pour piano K. 466 de Mozart, pour lequel il écrivit des cadences.

Benucci, Francesco (° v. 1745 ; † Florence, 5.04.1824), basse. Il chanta des rôles comiques en 1778-1779 au Teatro San Samuele de Venise, où son épouse Anna (née Carazza) était également engagée. A partir de 1783 il chanta au Burgtheater de Vienne, où il créa le rôle de Figaro dans *Le nozze di Figaro* et celui de Guglielmo dans *Così fan tutte* ; c'est également lui qui chanta le rôle de Leporello lors de la première viennoise de *Don Giovanni*. A l'exception de quelques mois passés au King's Theatre de Londres en 1789, il resta à Vienne jusqu'en 1795, puis retourna en Italie.

Berchtold zu Sonnenburg, Johann Baptist Franz von, voir Mozart, Maria Anna (2).

Bernasconi, Antonia (née Wagele) (° Stuttgart, 1741 ; † 1803). Belle-fille du compositeur Andrea Bernasconi (1706-1784), elle fit ses débuts de soprano dans son opéra *Temistocle*. En 1770 elle fut la première Aspasia dans *Mitridate* de Mozart. Elle chanta ensuite à Venise, Naples et Londres, avant de retourner à Vienne en 1781, alors que sa voix commençait à décliner.

Braunhofer, Maria Anna (° 15.01.1748 ; † 20.06.1819), fille de F.J. Braunhofer, organiste à Mondsee. Après avoir étudié le chant à Venise (1761-1764), elle

fut employée à la cour de Salzbourg. Elle chanta le rôle de la Divine Justice (Die göttliche Gerechtigkeit) dans *Die Schuldigkeit des ersten Gebots* de Mozart et fut la première Giacinta dans *La finta semplice.*

Bullinger, Franz Joseph Johann Nepomuk (° Unterkochen/Wurtemberg, 29.01.1744 ; † Diepoldshofen, près Leutkirch/Wurtemberg, 9.03.1810), fut un grand ami de la famille Mozart. Après une formation de jésuite à Munich, il fut employé comme tuteur chez le comte Leopold Ferdinand Arco à Salzbourg. C'est à lui que Mozart confia en premier la nouvelle de la mort de sa mère en 1778.

Bussani, Francesco Bussani (° Rome, 1743 ; † après 1806). Après s'être fait un nom comme baryton bouffe dans divers théâtres italiens, il fut invité à Vienne en 1783, où il mit en scène la première de *Der Schauspieldirektor* et chanta un certain nombre de rôles de Mozart. Il créa les deux rôles de Bartolo et d'Antonio lors de la première de *Le nozze di Figaro*, chanta ceux du commandeur et de Masetto dans la première production viennoise de *Don Giovanni* et fut également le Don Alfonso de la première représentation de *Così fan tutte*. Il chanta ensuite dans diverses villes italiennes.

En 1807 il accompagna sa femme Dorothea (née Sardi, ° v. 1763), qu'il avait épousée en 1786, à Lisbonne. Cantatrice spécialisée dans les rôles bouffes, elle fut la première Cherubino dans *Le nozze di Figaro* et la première Despina dans *Così fan tutte*. Après avoir quitté Lisbonne en 1809 elle chanta à Londres.

Calvesi, Vincenzo, ténor. Il chanta à Venise, et entre 1785 et 1794 fut l'un des grands ténors de Vienne ; il se produisit également à cette époque au King's Theatre de Londres. Il chanta dans le quatuor et le trio K. 479 et 480 que Mozart écrivit pour *La villanella rapita* (1785) de Bianchi et fut en 1790 le premier Ferrando de *Così fan tutte*.

Cambini, Giuseppe Maria Gioacchino (*Livourne, 13.02.1746 (?) ; † Paris, 1825 (?)), quitta en 1770 l'Italie pour Paris où il se fit une réputation de compositeur d'opéra et de musique instrumentale. Mozart trouvait ses quatuors « assez jolis », mais le soupçonnait d'avoir incité Legros à refuser de donner l'une de ses symphonies concertantes au Concert spirituel en 1778.

Campi. Gaetano Campi, basse, créa le rôle de Publio dans *La clemenza di Tito*. Il épousa en 1791 le soprano polonais Antonia Campi (née Miclascewicz, 1773-1822), qui se produisit à Varsovie, Prague (où elle chanta de grands rôles de Mozart) et Leipzig avant d'aller à Vienne — à partir de 1801 au Theater an der Wien, après 1818 au Hoftheater — puis à Munich.

Cannabich, famille de musiciens vivant à Mannheim et Munich. Christian Cannabich (*Mannheim, bapt. 28.12.1731 ; † Francfort-sur-le-Main, 20.01.1798), violoniste et compositeur. En 1759 il était *Konzertmeister* et en 1774 directeur de la musique instrumentale à la cour de Mannheim ; en 1778 il suivit la cour à Munich. Avec son épouse Marie Elisabeth (née de La Motte), il accueillit chaleureusement les Mozart lors de leur séjour à Mannheim en 1777-1778. Leur fille Rosina Theresia Petronella (« Rosa », *1764) devint l'élève de Mozart à cette époque ; il écrivit pour elle la sonate K. 309 (284b).

Cavalieri, Catarina (Kavalier, Franziska Helena Appolonia) (*Vienne, 19.02.1760 ; † Vienne, 30.06.1801), fille de J.C. Cavalier (1722-1787),

directeur de la musique de la Redoutensaal à la cour viennoise. Elle étudia le chant avec Salieri*, dont elle devint la maîtresse. Elle fit ses débuts de soprano au Kärntnerthortheater en 1775 et fut engagée au Burgtheater à partir de 1778. Mozart l'admirait beaucoup. Elle fut la première Constanze dans *Die Entführung aus dem Serail*, la première Mlle Silberklang dans *Der Schauspieldirektor* ; elle chanta aussi le rôle d'Elvire lors de la première viennoise de *Don Giovanni* en 1788 et celui de la comtesse dans la reprise de *Le nozze di Figaro* en 1789. Elle se retira du Burgtheater avec une pension en 1793.

Clementi, Muzio (*Rome, 23.01.1752 ; † Evesham, 10.03.1832), acheva son éducation musicale comme protégé de Peter Beckford (1740-1811) dans le Dorset. En 1774 il commença à se faire un nom comme pianiste et compositeur à Londres. Lors d'une tournée sur le continent il affronta Mozart lors d'un célèbre concours de piano, de lecture à vue et d'improvisation à la cour viennoise de Joseph II, le 24 décembre 1781 ; le grand-duc et la grande-duchesse de Russie étaient également présents. A son retour en Angleterre, Clementi ajouta l'édition musicale et la facture de piano à ses autres activités.

Consoli, Tommaso (*Rome, 1753 ; † après 1811), castrat engagé par la cour de Munich de 1773 à 1777. Il y tint le rôle de Ramiro lors de la première représentation de *La finta giardiniera* en 1775 et se rendit la même année à Salzbourg, où il fut Arminta dans *Il rè pastore*. En 1777 il retourna en Italie où il se produisit dans différents théâtres d'opéra, avant de s'installer à Rome où il rejoignit le chœur de la chapelle Sixtine.

Da Ponte, Lorenzo (* Ceneda, 10.03.1749 ; † New York, 17.08.1838), librettiste des trois plus belles comédies de Mozart, *Le nozze di Figaro*, *Don Giovanni* et *Così fan tutte*. Après avoir été banni de Venise pour adultère en 1779, il consacra ses talents poétiques à la rédaction de livrets, travaillant dans différentes villes dont Vienne, Londres et New York ; ses déplacements d'une ville à l'autre étaient généralement marqués par des scandales ou des intrigues. Il collabora également avec Salieri* et Martín y Soler (1754-1806).

Dauer, Johann Ernst (* Hildburghausen, 1746 ; † Vienne, 27.09.1812), ténor qui chanta à Hambourg dans des *Singspiele*. Après avoir travaillé à Gotha, Francfort et Mannheim, il s'installa à Vienne où on le vit dans des pièces parlées et des *Singspiele* au Burgtheater de 1779 à 1812 ; il se produisit également au Kärntnerthortheater. Il créa le rôle de Don Pedrillo dans *Die Entführung aus dem Serail*. Son épouse divorcée, Karoline, fut également actrice au Burgtheater de 1780 à 1822.

Demmler, Johann Michael (* Hiltenfingen, près Mindelheim, bapt. 28.09.1748 ; † Augsbourg, ent. 6.06.1785). Il travailla comme pianiste et compositeur à Augsbourg, où il fut également organiste de la cathédrale à partir de 1774. Mozart soutint sa candidature au poste d'organiste à la cathédrale de Salzbourg en 1778 et, en octobre 1777, joua avec lui et J.A. Stein* le concerto pour trois pianos K. 242.

Dittersdorf, Carl Ditters von (* Vienne, 2.11.1739 ; † Neuhof, Pilgram, Bohême, 24.10.1799). Il succéda à M. Haydn* comme maître de chapelle de l'évêque de Grosswardein (1765-1769). Il écrivit des opéras et des *Singspiele* pour Vienne, Johannisberg et Oels et joua un rôle important dans le développement de la symphonie viennoise. D'après Michael Kelly*, il tint le second violon dans des quatuors à cordes avec Joseph Haydn*, Vanhal* et Mozart.

Doles, Johann Friedrich (* Steinbach, 23.04.1715 ; † Leipzig, 8.02.1797), élève de J.S. Bach et cantor de l'école Saint-Thomas à Leipzig (1756-1789), important professeur, chef de chœur et compositeur de musique d'église. Il fit impression sur Mozart avec une exécution de « Singet dem Herrn » BWV 225 de Bach, à Leipzig en 1789, et tira les registres lorsque Mozart joua sur l'orgue de la Thomaskirche. Il dédia à Mozart et à J.G. Naumann (1741-1801) sa cantate « Ich komme vor dein Angesicht » (1790).

Duschek. Franz Xaver Duschek (* Chotěborky, bapt. 8.12.1731 ; † Prague, 12.02.1799), pianiste, professeur et compositeur, surtout de musique instrumentale, établi à Prague en 1770. En 1776 il épousa son élève Josepha Hambacher (1754-1824), cantatrice, et l'année suivante le couple se lia d'amitié avec les Mozart. C'est dans leur villa près de Prague que Wolfgang acheva la partition de *Don Giovanni*, et pour Josepha il composa l'air de concert « Bella mia fiamma » K 528 en 1787.

Epinay, Louise-Florence-Petronille Tardieu d'Esclavelles, marquise d', voir Grimm, F.M. von.

Esterházy (famille). A travers les loges maçonniques viennoises, Mozart s'est trouvé étroitement lié avec de nombreux membres de la famille Esterházy (voir Landon 1989). L'un de ses principaux patrons dans les années 1780 fut Johann Baptist, comte Esterházy (1748-1800), marié en 1772 à Maria Anna, comtesse Pálffy (1747-1799), qui entretenait un orchestre privé (dirigé par le violoniste Paul Wranitzky, membre de la loge de Mozart, *Zur gekrönten Hoffnung*) dans leurs différents châteaux hongrois. Le comte Johann Baptist fut l'hôte de nombre de concerts viennois de Mozart de 1784 à 1790, entre autres l'arrangement de *Messiah* le 6 mars 1789.

Eybler, Joseph Leopold (* Schwechat, près Vienne, 8.02.1765 ; † Vienne, 24.07.1846), élève d'Albrechtsberger* et protégé de Haydn*. Il devint l'ami intime de Mozart, qu'il seconda lors des répétitions de *Così fan tutte*. La veuve de Mozart lui demanda de terminer le Requiem de son époux, mais après avoir travaillé au « Dies irae » il se sentit incapable de mener à bien la tâche. Après avoir dirigé le chœur de l'église carmélite et du Schottenkloster de Vienne, il succéda à Salieri* comme maître de chapelle de la cour autrichienne. Il fut obligé de démissionner en 1833, victime d'une attaque en dirigeant le Requiem de Mozart.

Ferrarese del Bene, Adriana (née Gabrielli) (* Ferrare, v. 1755 ; † Venise (?), après 1798). Elle étudia auprès de Sacchini à Venise. En 1783 elle épousa un Romain, Luigi del Bene, et deux ans plus tard elle chanta à Londres dans des concerts et des opéras. En 1787 elle retourna en Italie, à La Scala de Milan, puis passa les années 1788-1791 à Vienne, où elle tint entre autres les rôles de Susanna dans *Le nozze di Figaro* et de Fiordiligi lors de la première de *Così fan tutte* ; Mozart composa deux nouveaux airs, K. 577 et 579, pour elle dans *Figaro*. Des intrigues auxquelles était mêlé Da Ponte* lui valurent d'être congédié par l'empereur Léopold II, ensuite de quoi elle se produisit à Varsovie, Venise, Trieste et Bologne.

Fesemayer, Maria Anna, voir Adlgasser, Anton Cajetan.

Fischer, Johann Ignaz Ludwig (* Mayence, 18.08.1745 ; † Berlin, 10.07.1825). Il étudia auprès d'Anton Raaff* à Mannheim où il fut ensuite engagé comme basse à la cour. Il enseigna au Seminario musico de Mannheim avant de suivre la cour à Munich en 1778 ; l'année suivante il épousa la cantatrice Barbara Strasser (1758-1825). En 1780-1783 tous deux remportèrent de vifs succès à Vienne : Fischer chanta le rôle d'Osmin lors de la première représentation de *Die Entführung aus dem Serail*, et Mozart composa pour lui la *scena* « Alcandro lo confesso » K. 512, ainsi sans doute que « Così dunque tradisci » K. 432 (421a). Entre 1783 et 1812 il chanta dans la plupart des grandes villes d'Europe et, avec son épouse, fut au service du prince de Thurn und Taxis à Ratisbonne (1785-1789). Leur fils Joseph (1780-1862) et leurs filles Josepha (* 1782) et Wilhelmine (* 1785) étaient également chanteurs.

Fränzl, Ignaz Franz Joseph (* Mannheim, bapt. 4.06.1736 ; † Mannheim, 3.09.1811), violoniste et, à partir de 1774, maître de concert, de l'orchestre de la cour de Mannheim. Il épousa Antonia Sibilla de La Motte, la belle-sœur de Cannabich*. Après le départ de la cour pour Munich en 1778, Fränzl resta à Mannheim où il fonda l'Akademie-Konzert, pour lequel Mozart, qui admirait le jeu de Fränzl, projetait d'écrire le concerto K. Anh. 56 (315f), resté inachevé.

Freysinger, famille munichoise avec laquelle Mozart se lia en 1777. Le père, Franziskus Erasmus Freysinger, conseiller privé, avait été à l'école à Augsbourg avec Leopold Mozart[*]. Wolfgang admirait la beauté de ses deux filles, et semble avoir voué une affection particulière à la cadette, Josepha, pour qui il écrivit une sonate pour piano, peut-être K. 311 (284c).

Gabrielli, Adriana, voir Ferrarese del Bene, Adriana.

Galitzin, prince Dmitri Mikhailovitch ([*]Åbo, aujourd'hui en Finlande, 15.05.1721, † Vienne 30.09.1793), ambassadeur de Russie à Vienne, l'un des principaux patrons de Mozart en 1784.

Gerl. Franz Xaver (1764-1827) fut l'élève de Leopold Mozart[*] à Salzbourg et étudia la logique et la physique à l'université (1782-1784). Il commença sa carrière de basse en 1785 et chanta dans la troupe de Schikaneder, d'abord à Ratisbonne, puis à Vienne, et composa aussi pour elle. Il chanta plusieurs rôles de Mozart à Vienne et fut le premier Sarastro de *Die Zauberflöte* ; l'air de concert « Per questa bella mano » K. 612 lui fut également destiné, et il prit part à la lecture du Requiem inachevé au chevet du compositeur mourant. Il quitta Vienne avec son épouse en 1793 et chanta à Brno (1794-1801) et à Mannheim (1802-1826). Il se retira en 1826 et épousa la sœur de son épouse décédée, Maria Magdalena (1768-1839), veuve de Georg Dengler, directeur de théâtre à Mayence. La première épouse de Gerl, Barbara (née Reisinger, 1770-1806), chanta avec la troupe de Georg Wilhelm avant de rejoindre la compagnie de Schikaneder en 1789. Elle créa le rôle de Papagena dans *Die Zauberflöte*. En 1793 elle partit avec son époux pour Brno, où elle mourut peu après la naissance de leur second enfant.

Gilowsky von Urazowa. Famille de médecins salzbourgeois, amie des Mozart. Wenzel Andreas Gilowsky (1716-1799) était chirurgien à la cour de Salzbourg. En 1749 il épousa Maria Anna Wagner († 1782). Leur fille Maria Anna Katharina (1750-1802) était une bonne amie de Nannerl Mozart ; leur fils Franz Xaver Wenzel (1757-1816) fut témoin de Mozart à son mariage en 1782 et signa comme « magister chirurgiae et anatomiae » ; ils eurent aussi deux autres filles, Maria Josepha Johanna (1753-1814) et Maria Anna Barbara (1756-1782). C'est sans doute au neveu de Wenzel Andreas, Franz Anton Gilowsky, qui fit faillite à la tête d'un service postal à Vienne, que Mozart prêta 300 florins en 1786.

Girelli, Maria Antonia se fit d'abord connaître comme danseuse au Teatro San Samuele de Venise à partir de 1756, puis comme cantatrice à partir de 1759. Elle prit part à de nouveaux opéras de Gluck à Bologne et à Parme, et en 1771 elle fut la première Silvia dans *Ascanio in Alba* de Mozart. Elle se produisit à Londres en 1772-1773, mais sa voix était alors déjà sur le déclin. Elle était mariée à un hautboïste espagnol du nom d'Aquilar (ou Aguilar).

Goldhahn, Joseph Odilo. Ce marchand de fer se trouva mystérieusement mêlé aux affaires financières de Mozart au cours de ses dernières années et fut témoin de l'inventaire de ses biens après décès. Il est souvent désigné dans la correspondance de Mozart sous les lettres « N.N. » (*non nominato*).

Gossec, François-Joseph (*Vergnies, Hainaut, 17.01.1734 ; † Paris, 16.02.1829). Etabli à Paris en 1751, il y joua dans l'orchestre de La Pouplinière, fonda le Concert des amateurs en 1769, puis devint directeur du Concert spirituel en 1773 et de l'Ecole royale de chant en 1784. Il fut ensuite professeur de composition au Conservatoire nouvellement fondé, et l'un des principaux compositeurs de l'époque révolutionnaire. Mozart fit sa connaissance en 1778 et le décrivit à son père comme « un très bon ami et en même temps un individu très terne ».

Gottlieb, Anna (*Vienne, 29.04.1774 ; † Vienne, 4.02.1856), fille de Johann Christoph Gottlieb (1737-1798) et de son épouse Anna Maria (née Theiner, 1745-1797), tous deux membres du Burgtheater de Vienne. Dès l'âge de douze ans elle joua le rôle de Barbarina lors de la première de *Le nozze di Figaro*, et fut également la première Pamina de *Die Zauberflöte*. Après avoir quitté la compagnie de Schikaneder en 1791, elle travailla jusqu'en 1828 comme cantatrice et actrice au Leopoldstadttheater, mais au cours de ses quinze dernières années sa voix et son jeu déclinèrent considérablement. En 1842 elle assista à l'inauguration du monument à la mémoire de Mozart à Salzbourg.

Graf, Friedrich Hartmann (*Rudolstadt, 23.08.1727 ; † Augsbourg, 19.08.1795), flûtiste qui, après quelques années dans un régiment néerlandais, trouva un emploi de soliste et de directeur de concert à Hambourg, Augsbourg et (en 1783-1784) Londres. Il composa surtout de la musique instrumentale, obtint un doctorat de l'université d'Oxford et fut admis à l'Académie royale de musique de Suède. Mozart, qui fit sa connaissance en 1777, admirait son activité et sa robe de chambre, mais non sa musique.

Grimm, Friedrich Melchior von (*Ratisbonne, 25.12.1723 ; † Gotha, 19.12.1807), diplomate et homme de lettres, employé comme secrétaire du comte Friese de Saxe et ensuite du duc d'Orléans à Paris, où il fut le champion de Mozart le plus influent en 1763-1764, 1766 et 1778. Il rend compte du génie du jeune Mozart dans sa *Correspondance littéraire*, journal manuscrit qu'il rédigea en compagnie d'autres amis encyclopédistes et qui était diffusé en Allemagne et dans d'autres pays d'Europe. Après la mort de sa mère en juillet 1778, Mozart logea chez Grimm et sa maîtresse, Mme d'Epinay (1762-1783), mais peu après il écrivit à son père : « M. Grimm est peut-être capable d'aider les enfants, mais non les adultes [...] N'imaginez pas qu'il est tel qu'il était. »

Haibel, (Maria) Sophie (née Weber) (*Zell, 10.1763 ; † Salzbourg, 26.10.1846), belle-sœur de Mozart et fille cadette de Fridolin Weber*. En 1807 elle épousa le compositeur et chanteur Jakob Haibel (1762-1826). Après la mort de son époux en 1826 elle alla vivre à Salzbourg avec sa sœur Constanze (la veuve de Mozart), dont le second mari, G.N. Nissen*, mourut la même année.

Haina, François-Joseph, voir Heina, François-Joseph.

Hamm, Joseph Konrad von (1728-1795), secrétaire du département de la Guerre à Munich. Mozart et sa mère firent sa connaissance en 1777. Wolfgang persuada son père d'accepter la fille de Hamm, Maria Anna Josepha Aloysia (*1765) comme élève, mais Hamm ne répondit pas à la proposition de Leopold, qui lui offrait outre les leçons le vivre et le couvert pour 200 florins par an.

Hasse, Johann Adolf (* Bergedorf, près Hambourg, bapt. 25.03.1699 ; † Venise, 16.12.1783), compositeur d'opéra le plus célèbre de son temps. Il écrivit des opéras pour Naples, Venise et d'autres villes italiennes. En 1730 il épousa la cantatrice Faustina Bordoni (1700-1781). De 1731 à 1763 (avec de fréquents congés) il fut maître de chapelle à la cour électorale de Dresde, puis en 1764 il s'établit à Vienne, où Mozart fit sa connaissance en 1769. Hasse fournit à Mozart une lettre de recommandation auprès de Giovanni Maria Ortes (1713-1799), prêtre séculier et riche patron de l'opéra à Venise, et les deux compositeurs se revirent à Milan en octobre 1771, lorsque la *serenata* de Mozart *Ascanio in Alba* K. 111 succéda à *Ruggiero* de Hasse à l'occasion des festivités pour le mariage de l'archiduc Ferdinand et de Maria Beatrice d'Este ; d'après Leopold Mozart, ce fut « un extraordinaire succès, [...] qui tua l'opéra de Hasse ». *Ruggiero* fut l'ultime œuvre scénique de Hasse. Il passa ses dernières années retiré à Venise, en continuant de composer et d'enseigner.

Hässler, Johann Wilhelm (* Erfurt, 29.03.1747 ; † Moscou, 29.03.1822). Il fit de nombreux voyages comme pianiste et organiste. Le 15 avril 1789 il se mesura à Mozart à l'orgue de la Hofkirche de Dresde, puis au piano à la résidence de l'ambassadeur de Russie. L'année suivante il se rendit à Londres, puis en 1792 en Russie, où il passa le reste de sa vie. La plupart de ses compositions sont destinées au clavier.

Hatzfeld, comte August Clemens Ludwig Maria (* 1754 ; † Dusseldorf, 30.01.1787). Bon violoniste, il fit la connaissance de Mozart au début de 1786. En mars de cette année Mozart écrivit pour lui le solo de violon de la *scena* « Non più, tutto ascoltai » K. 490, à l'occasion d'une représentation d'*Idomeneo* au théâtre privé du prince Auersperg, dans laquelle la belle-sœur de Hatzfeld, Maria Anna Hortensia (née comtesse Zierotin), chanta le rôle d'Elettra. A la mort de Hatzfeld l'année suivante, Mozart pleura « cet homme noble, le plus cher, le meilleur des amis et le gardien de ma vie ».

Haydn, Joseph (* Rohrau, 31.03.1732 ; † Vienne, 31.05.1809) passa l'essentiel de sa carrière au service de la famille Esterházy, d'abord à Eisenstadt, puis (à partir de 1766) au nouveau palais d'Eszterháza dans les terres marécageuses de Hongrie. Il fit sans doute la connaissance de Mozart en 1781 (ou après ?), et les deux hommes, admirant chacun la musique de l'autre, devinrent bons amis. Haydn jouait le violon lors des séances de quatuor avec Mozart, Vanhall* et Dittersdorf*, et c'est à son « très cher ami » Haydn que Mozart dédia ses six quatuors à cordes K. 387, 421 (417b), 428 (421b), 458, 464 et 465.

Haydn, Michael (* Rohrau, bapt. 14.09.1737 ; † Salzbourg, 10.08.1806). Il fut, comme son frère Joseph (voir ci-dessus), choriste à la cathédrale Saint-Etienne de Vienne. En 1757 il fut nommé maître de chapelle auprès de l'évêque de Grosswardein (Oradea Mare, Roumanie), puis en 1763 maître de concert de l'archevêque de Salzbourg, où il fut donc le collègue de Mozart. En 1781 il succéda à celui-ci comme organiste de la cathédrale. Après que Mozart eut quitté Salzbourg pour Vienne, les deux hommes restèrent liés, et en 1783 il semble que Mozart ait honoré une commande faite à Haydn en composant les duos pour violon et alto K. 423 et 424 ; il écrivit également une introduction lente K. 444 (425a) pour la symphonie en *sol* P.16 de Haydn. En 1768 Haydn épousa la cantatrice Maria Magdalena Lipp (1745-1827), qui l'année précédente avait chanté la partie de la Divine Merci (Die göttliche Barmherzigkeit) lors de la première de *Die Schuldigkeit des ersten Gebots* (acte I de Mozart, acte II de M. Haydn). En 1769 elle créa le rôle de Rosina dans *La finta semplice*.

Heina (ou Haina), François-Joseph (* Mieschitz, près Prague, 20.11.1729 ; † Paris, 02.1790), corniste qui en 1764 était au service du prince de Conti à Paris. Il servit ensuite comme trompettiste dans la cavalerie légère du roi, après quoi il dirigea avec son épouse Gertrude (née Brockmüller) une maison d'édition à Paris où parut la première édition de sept œuvres de Mozart : K. 179 (189a), 180 (173c), 254, 309 (284b), 310 (300d), 311 (284c) et 354 (299a). L'amitié de Heina fut pour Mozart précieuse au moment de la maladie et du décès de sa mère ; il assista à son enterrement.

Heufeld, Franz Reinhard von (* Mainau, bapt. 13.10.1731 ; † Vienne, 23.03.1795), directeur du théâtre allemand de Vienne en 1769, puis de 1773 à 1775, au moment où il fit la connaissance de la famille Mozart. En 1776 il épousa Maria Anna Zach von Hartenstein († 1803), qui lui donna sept enfants. En 1778 Leopold Mozart lui demanda d'aider à obtenir pour Wolfgang un poste de maître de chapelle au théâtre allemand. Heufeld n'avait guère d'espoir d'y parvenir et conseilla plutôt à Wolfgang de composer un opéra et de l'envoyer à l'empereur — conseil que le jeune Mozart accueillit avec mépris, traitant Heufeld de « fou ».

Hofdemel. Franz Hofdemel (* v. 1755 ; † Vienne, 6.12.1791) occupa des fonctions auprès des tribunaux de Vienne. En 1789 il prêta à Mozart 100 florins. Son épouse Maria Magdalena (née Pokorný, * 1766) était élève de Mozart. Le lendemain de la mort de Mozart, Hofdemel agressa sa femme avec un rasoir avant de se suicider, si bien qu'on soupçonna Mozart d'être le père de l'enfant de Maria, Johann Alexander Franz (* Brno, 10.05.1792), et Hofdemel d'avoir empoisonné Mozart (ces deux soupçons sont aujourd'hui réfutés).

Hofer. Franz de Paula Hofer (1755-1796) fut violoniste à la cathédrale Saint-Etienne de Vienne à partir d'octobre 1780 et à l'orchestre de la cour à partir de 1787. En 1790 il accompagna Mozart dans un voyage à Francfort, Mayence, Mannheim et Munich, et chanta la partie de ténor lors de la lecture du Requiem au chevet du compositeur mourant.

En 1788 Hofer épousa la belle-sœur de Mozart, Josepha, la fille aînée de Fridolin Weber*. Elle avait commencé une carrière de soprano dans les années 1780, et à partir de 1790 chanta dans la compagnie de Schikaneder à Vienne, où elle créa le rôle de la Reine de la nuit dans *Die Zauberflöte*. Mozart écrivit pour elle l'aria « Schon lacht der holde Frühling » K. 580. En 1797 elle épousa le chanteur et acteur F.S. Mayer (1773-1835) avant de se retirer en 1805.

Holzbauer, Ignaz (* Vienne, 17.09.1711 ; † Mannheim, 7.04.1783). Il travailla à Vienne et à Stuttgart avant d'être nommé maître de chapelle à Mannheim en 1753. Là il composa des symphonies, de la musique de chambre et des opéras, dont l'un, *Günther von Schwarzburg* (1776), joua un rôle important dans la renaissance du *Sing-*

spiel allemand. Mozart l'entendit en 1777 et en admira la musique. L'année suivante il adapta l'un des Miserere de Holzbauer pour le Concert spirituel à Paris. Holzbauer quant à lui se montra amical et serviable avec Mozart. Lorsque la cour de Mannheim s'installa à Munich en 1778, Holzbauer resta sur place, se consacrant à l'enseignement et à la composition.

Hübner, Beda, bibliothécaire de l'abbaye bénédictine de Saint-Pierre à Salzbourg et secrétaire de l'abbé, Beda Seeauer (1716-1785), son oncle. Il est l'auteur d'un journal où il consigna ses impressions sur la famille Mozart et les prouesses de Wolfgang et de sa sœur.

Hummel, Johann Nepomuk (* Presbourg (Bratislava), 14.11.1778 ; † Weimar, 17.10.1837). Elève de Mozart en 1786-1788, il vécut alors avec la famille Mozart à Vienne. Il étudia ensuite avec Albrechtsberger*, Salieri*, et J. Haydn*, dont il prit la succession comme maître de chapelle auprès du prince Nikolaus Esterházy en 1804, mais sous le titre officiel de maître de concert (*Konzertmeister*). Au terme de son contrat en 1811, il occupa des postes analogues à Stuttgart et à Weimar. On connaît surtout sa musique de piano (lui-même était virtuose de l'instrument), mais il composa abondamment dans pratiquement tous les genres. Vers la fin de sa vie il ébaucha une biographie de Mozart. Le Requiem de Mozart fut exécuté lors de ses obsèques à Vienne.

Ippold, Franz Armand d' (* Boxan, près Leitmeritz, 1729/30 ; † Salzbourg, 25.02.1790), directeur à partir de 1775 du Collegium virgilianum, école pour les pages de la cour et les fils de la noblesse, située près du logis des Mozart à Salzbourg. En 1781 il était épris de la sœur de Mozart, Nannerl, mais leur projet de mariage, soutenu par Mozart, ne se concrétisa pas.

Jacquin, von, famille viennoise amie de Mozart. Nikolaus Joseph von Jacquin (1727-1817) fut un célèbre botaniste, professeur à l'université de Vienne. Il épousa Katharina Schreibers (v. 1735-1791) qui lui donna trois enfants. Joseph Franz (1766-1839) fut botaniste comme son père et, à partir de 1797, professeur à l'université ; le 24 avril 1787 Mozart écrivit le double canon K. 228 (515b) dans son album. Emilian Gottfried (1767-1792) était employé à la chancellerie austro-bohémienne ; élève de Mozart, il publia certains lieder de Mozart sous son propre nom, avec le consentement du compositeur. Franziska (1769-1853) fut également élève de Mozart, qui écrivit pour elle la partie de piano du trio avec clarinette et alto K. 498 ; en 1792 elle épousa Leopold von Lagusius († 1828).

Jautz, Dominik Joseph (1732-1806), né à Prague, membre du Burgtheater de Vienne de 1772 à 1793. Il jouait de petits rôles, tel celui de Horatio dans la première production viennoise de *Hamlet* (1773), et créa le rôle de Selim dans *Die Entführung aus dem Serail*. Sa fille Therese épousa en 1796 Freidrich Baumann, acteur et chanteur au théâtre de la Leopoldstadt.

Kavalier, Franziska Helena Appolonia, voir Cavalieri, Catarina.

Kelly, Michael (* Dublin, 25.12.1762 ; † Margate, 9.10.1826). Il se produisit dans des opéras à Dublin avant de suivre les conseils de son maître, Rauzzini*, et d'aller étudier en Italie. Entre 1779 et 1783 il se fit une réputation de ténor dans diverses villes italiennes et fut engagé par le comte Durazzo pour l'opéra de la cour à Vienne. Il s'y lia d'amitié avec Mozart et créa les rôles de Don Curzio et de Basilio dans *Le nozze di Figaro*. Il partit pour Londres en 1787, en même temps que les autres amis anglais de Mozart, les Storace[*] et Attwood[*], et passa le reste de sa vie comme chanteur et impresario au King's Theatre. Ses *Reminiscences* (Londres, 1826) comportent de précieuses informations sur Mozart et la vie musicale à Vienne.

Kirchgässner, Maria Anna Antonia (Marianne) ([*] Bruchsal, 5.06.1769 ; † Schaffhausen, 9.12.1808). Aveugle dès l'âge de quatre ans, elle donna des concerts à l'armonica de verre en Allemagne et à l'étranger. Mozart fit sa connaissance à Vienne en 1791 et composa pour elle deux œuvres, un adagio en *ut* majeur K. 356 (617a) et un adagio et rondo K. 617 pour flûte, hautbois, alto et violoncelle.

Kymli, Franz Peter Joseph (v. 1748 — v. 1813). Il étudia la peinture à Paris et devint peintre de la cour à Mannheim, où Mozart fit sa connaissance en 1778 par l'intermédiaire de leur ami commun, Anton Raaff[*]. Kymli connaissait également la famille Weber[*], ce qui rendait son amitié d'autant plus intéressante aux yeux de Mozart.

Lange, Aloisia (née Weber) ([*] Zell, v. 1760 ; † Salzbourg, 8.06.1839), deuxième fille de Fridolin Weber[*] et cantatrice de talent. Mozart fit sa connaissance lors d'une visite à Mannheim en 1777-1778 et écrivit pour elle plusieurs arias. L'amour qu'il éprouva pour elle ne lui fut pas rendu, et en octobre 1780 elle épousa Joseph Lange[*] à Vienne ; deux ans plus tard Mozart épousa la sœur d'Aloisia, Constanze. Aloisia et son époux demeurèrent très proches des Mozart à

Vienne. Le rôle de Mme Herz dans *Der Schauspieldirektor* lui fut destiné, et elle chanta également le rôle de Donna Anna lors de la première représentation de *Don Giovanni* à Vienne deux ans plus tard. Elle se sépara de son mari en 1795.

Lange, Joseph ([*] Wurtzbourg, 1/2.04.1751 ; † Vienne, 17.09.1831), acteur et peintre. Il fut engagé au Burgtheater de Vienne de 1770 à 1810, puis à nouveau de 1817 à 1821 (avec des apparitions en tant qu'invité entre ces deux périodes). Il étudia la peinture avec J.M. Schmutzer (1733-1811). Son portrait inachevé de Mozart est maintenant exposé au musée Mozart de Salzbourg, et celui de Constanze à la Hunterian Art Gallery de l'université de Glasgow. En 1775 il épousa la cantatrice Anna Maria Elisabeth Schindler (1757-1779), qui lui donna trois enfants. Sa seconde épouse, Aloisia Weber (voir ci-dessus), lui donna trois fils et trois filles ; après leur séparation il vécut avec sa femme de chambre Theresia Vogel († 1851), qui lui donna encore trois enfants.

Laschi-Mombelli, Luisa ([*] Florence, v. 1766 ; † v. 1790), fille du signor Laschi pour qui Mozart écrivit le rôle de Fracasso dans *La finta semplice*. Elle fut engagée comme soprano au théâtre de la cour à Vienne (1784-1790). Première comtesse de *Le nozze di Figaro*, elle chanta également le rôle de Zerlina dans la première représentation viennoise de *Don Giovanni*. Elle passa l'essentiel de la saison 1785-1786 à Naples, où elle rencontra le ténor Domenico Mombelli (1751-1835) qu'elle épousa ensuite. On peut penser qu'elle était décédée en 1791, lorsque Mombelli s'est remarié.

Leutgeb, Joseph ([*] Salzbourg (?), 8.10.1732 ; † Vienne, 27.02.1811), corniste, ami de Mozart pendant pratiquement toute la vie du compositeur. En 1763 il était membre de l'orchestre de la cour à Salzbourg et épousa Barbara Plazerian (v. 1733-1785). En 1777 le couple s'installa à Vienne, où Leutgeb tenait une boutique de fromager en même temps qu'il poursuivait sa carrière musicale. En 1786 il épousa Franziska Hober (v. 1734-1828). Mozart passa beaucoup de temps chez eux pendant que Constanze était à Baden en 1791. La musique que Mozart écrivit pour lui, dont les concertos K. 412 (386b), 417, 447 et 495 et le quintette K. 407 (386c), atteste ses hautes compétences de corniste ; quant aux fréquentes remarques plaisantes que Mozart inséra dans le manuscrit autographe, elles témoignent de l'amitié qui les unissait.

Linley, Thomas (* Bath, 5.05.1756 ; † Grimsthorpe, 5.08.1778). Il était issu d'une famille de musiciens, puisque son père, également prénommé Thomas, dirigeait des concerts et des oratorios à Bath avant de s'installer à Londres en 1776, où il commença à diriger les saisons d'oratorio avec John Stanley (puis avec Samuel Arnold) et écrivit des opéras pour les théâtres londoniens. Au moins huit de ses douze enfants étaient musiciens. Thomas fils était un enfant prodige comme Mozart, dont il devint l'ami en Italie, alors qu'ils avaient tous deux quatorze ans. Linley étudiait alors le violon avec Pietro Nardini (1722 1793). Il commença ensuite une carrière prometteuse de violoniste et de compositeur à Bath et à Londres, mais il périt bientôt noyé lors d'un accident de bateau, alors qu'il était en vacances dans le Lincolnshire.

Lipp, Maria Magdalena, voir Haydn, Michael.

Lugiati, Pietro (1724-1788), agent du fisc à Vérone. Il fut l'hôte de Mozart et de son père lors de leurs séjours dans la ville en 1770-1773, admira la précocité de l'enfant et fit faire son portrait par Saverio dalla Rosa (1745-1821).

Mandini. Stefano Mandini (1750-v. 1810) chanta comme baryton à Venise et Parme en 1775-1776. Avec son épouse Maria (née Soleri de Vesian), soprano, il fut engagé par l'opéra italien de Vienne en 1783. Tous deux prirent part à la première de *Le nozze di Figaro*, lui en comte Almaviva, elle en Marcellina. On ne sait rien de la carrière ultérieure de Maria. Stefano quant à lui se produisit ensuite à Paris, Venise et Saint-Pétersbourg.

Manzuoli, Giovanni (* Florence, v. 1720 ; † Florence, 1782), castrat qui, au cours d'une carrière qui se prolongea jusqu'en 1771, chanta dans plusieurs villes italiennes, ainsi qu'à Madrid, Lisbonne, Londres et Vienne. Il rencontra la famille Mozart à Londres en 1764-1765 et donna des leçons de chant au jeune Wolfgang. Ils se retrouvèrent à Florence en 1770, et à Milan l'année suivante Manzuoli fit ses adieux au public dans le rôle titre d'*Ascanio in Alba*.

Marchand, Heinrich Wilhelm Philipp (* Mayence, 4.05.1769 ; † après 1812), fils de Theobald Hilarius Marchand (1741-1800), directeur du Théâtre national allemand à Mannheim et (à partir de 1778) à Munich. Heinrich et sa sœur Maria Margarethe (1768-1800) vécurent chez les Mozart à Salzbourg de 1781 à 1784, où ils étaient élèves de Leopold. Heinrich fut employé comme violoniste et pianiste à la cour de Salzbourg, où en 1786 il joua le concerto pour piano en *ré* mineur K. 466 de Mozart en suivant sur la partition, tandis que Michael Haydn* lui tournait les pages. Il travailla ensuite à Ratisbonne et à Paris. Margarethe se fit quant à elle un nom comme cantatrice, et en 1790 elle épousa le compositeur Franz Ignaz Danzi (1763-1826).

Martini, Giovanni Battista (* Bologne, 24.04.1706 ; † Bologne, 3.08.1784), moine franciscain et maître de chapelle à l'église San Francesco de Bologne, de 1725 jusqu'à sa mort. Il composa abondamment, fut un professeur talentueux et respecté, réunit une vaste bibliothèque et une collection de portraits (dont celui de Mozart), publia une histoire de la musique inachevée et laissa une importante et volumineuse correspondance. Mozart étudia avec lui lors de son séjour à Bologne en 1770, et en 1776 lui envoya une copie de son offertoire « Misericordias Domini » K. 222 (205a), concluant ainsi sa lettre : « Je ne cesse de regretter d'être éloigné de la seule personne au monde que j'aime, que je vénère et que j'estime plus que quiconque. »

Meissner, Joseph Nikolaus (* v. 1724 ; † Salzbourg, 03.1795), basse d'une habileté peu commune, employé à la cour de Salzbourg à partir de 1747. Il était avec Mozart à Donaueschingen en 1766 et à Rome en 1770. En 1757 on disait que la voix de Meissner possédait « l'aigu d'un bon ténor » en même temps que le grave d'une basse (Deutsch 1961). Il chanta la partie de ténor de *Die Schuldigkeit des ersten Gebots* (1767) et le rôle de Fracasso dans *La finta semplice* (1768). Sa sœur Maria Elisabeth Sabina (1731-1809) fut elle aussi cantatrice à la cour de Salzbourg à partir de 1759.

Mesmer, Franz Anton (* Iznang am Bodensee, 23.05.1734 ; † Meersburg,

5.03.1815). Après des études à Dillingen et Ingolstadt, il arriva à Vienne en 1759 où il devint docteur en médecine en 1766. En 1768 il épousa une riche veuve, Maria Anna von Bosch (née von Eulenschenck, * 1724), et en 1775 il commença à mettre en pratique sa méthode de guérison par « magnétisme animal » (parodiée par Mozart et Da Ponte* dans *Così fan tutte*). Après avoir traité sans succès la pianiste aveugle M.T. von Paradis*, il quitta Vienne en 1778 et vécut jusqu'en 1785 à Paris, puis à Constance. Grand amateur de musique, il chantait (ténor) et jouait du piano, du violoncelle et de l'armonica de verre. Mesmer était un ami intime des Mozart. Il avait dans le jardin de sa maison à Vienne un petit théâtre où fut donné pour la première fois le premier *Singspiel* de Mozart, *Bastien und Bastienne* (1768).

Meuricofre, Jean Georges (1750-1806), marchand qui fit la connaissance de Mozart et de son père lors de leur séjour à Londres en juillet-août 1766. Il les revit en 1770 à Naples, où il avait rejoint la banque de son oncle. En 1792 il épousa la cantatrice Celeste Coltellini (1760-1828), la fille du librettiste de Mozart pour *La finta semplice*, Marco Coltellini (v. 1719-1777).

Mölk, von, famille salzbourgeoise amie des Mozart. Franz Felix Anton von Mölk (1714-1776), né à Buxheim, près de Memmingen en Souabe, devint chancelier à la cour de Salzbourg. Il épousa Anna Wasner von Wasenau (v. 1718-1799) qui lui donna six enfants. L'un de ses cinq fils, sans doute l'aîné, Franz (v. 1748-1800), était amoureux de la sœur de Mozart, Nannerl, en 1770 ; l'année suivante, c'est Mozart lui-même qui s'est pris d'affection pour sa fille, Maria Anna Barbara (1752-1823).

Mozart, Carl Thomas (*Vienne, 21.09.1784 ; † Milan, 2.11.1858), second fils de Mozart (le premier, Raimund Leopold, mourut en bas âge). Il se rendit en 1797 à Livourne, pour un apprentissage dans une maison de commerce, puis à Milan en 1805, où, après une période d'étude avec le compositeur Bonifazio Asioli (1769-1832), il renonça à la musique et obtint un poste au service du vice-roi.

Mozart, Constanze (née Weber) (*Zell, 5.01.1762 ; † Salzbourg, 6.03.1842), troisième fille de Fridolin Weber*. Après avoir été repoussé par sa sœur Aloisia (voir ci-dessus Lange Aloisia), et malgré l'opposition de son père, Mozart épousa Constanze en 1782. Quatre de leurs six enfants sont morts en bas âge. Après la mort de Wolfgang, Constanze organisa plusieurs exécutions de ses œuvres, dans lesquelles elle chanta parfois elle-même. En 1809 elle se remaria avec G.N. Nissen*, qu'elle aida à rédiger sa biographie de Mozart. Après la mort de Nissen en 1826, sa sœur cadette Maria Sophie Haibel* vint la rejoindre à Salzbourg.

Mozart, Franz Xaver Wolfgang (*Vienne, 26.07.1791 ; † Carlsbad, 29.07.1844), dernier des six enfants de Mozart. Il étudia la musique à Prague ainsi qu'à Vienne avec Hummel, Salieri et d'autres, et fut comme son père un enfant prodige ; il publia un quintette pour piano dès l'âge de onze ans. De 1807 à 1838, il occupa divers postes à Lemberg (Lvov) en Ukraine ou dans les environs, après quoi il s'établit à Vienne. Il est l'auteur entre autres de concertos pour piano, de pièces pour piano seul ou avec d'autres instruments et de plusieurs lieder.

Mozart, Leopold (*Augsbourg, 14.11.1719 ; † Salzbourg, 28.05.1787),

père de Mozart. Destiné à une carrière d'homme d'Eglise, il fut inscrit à l'université bénédictine de Salzbourg, mais en 1739 il choisit de se consacrer à la musique. Quatre ans plus tard il entre au service de l'archevêque de Salzbourg comme violoniste, avant d'en être nommé second maître de chapelle en 1763. En 1747 il épouse Maria Anna Pertl (voir *ci-dessous*) ; parmi leurs sept enfants, tous sauf deux, Maria Anna* et Wolfgang Amadeus, meurent en bas âge. Les années 1762-1775 furent passées en grande partie à voyager avec ses deux enfants prodigieusement doués à travers l'Allemagne, la France, l'Angleterre, les Pays-Bas et l'Italie, ces longues absences provoquant des conflits violents avec son employeur à Salzbourg. Ses compositions, dont plusieurs messes et autres pièces d'église, de nombreux concertos et symphonies et quantité de musique de chambre, ont été éclipsées par celles de son fils, mais son *Versuch einer gründlichen Violinschule* (1756) demeure l'un des traités instrumentaux les plus importants qui ait jamais été écrit.

Mozart, Maria Anna (1) (née Pertl) (*Sankt Gilgen, bapt. 25.12.1720 ; † Paris, 3.07.1778), mère de Mozart, fille de Wolfgang Nikolaus Pertl (1667-1724) et d'Eva Rosina Barbara (née Altmann, 1668 (?)-1755). En 1777 elle accompagna Wolfgang pour un voyage qui les emmena à Munich, Augsbourg et Mannheim, puis à Paris, où ils arrivèrent en mars 1778. Elle y tomba gravement malade en mai et décéda peu après.

Mozart, Maria Anna (2) (*Salzbourg, 30/31.07.1751 ; † Salzbourg, 29.10.1829). La sœur de Mozart, dite « Nannerl » était une claveciniste et pianiste de talent brillant ; dans sa jeunesse elle voyagea avec la famille pour faire admirer ses prouesses artistiques dans les cours et salons d'Europe. En 1784 elle épousa le magistrat Johann Baptist Franz von Berchtold zu Sonnenburg (1736-1801) et vécut à Sankt Gilgen où naquirent son fils et ses deux filles. Après la mort de son mari en 1801 elle retourna à Salzbourg où elle gagna sa vie en enseignant le piano.

Mozart, Maria Anna Thekla (* Augsbourg, 25.09.1758 ; † Bayreuth, 25.01.1841). La cousine de Mozart (dite « la Bäsle ») était la fille du frère de Leopold Mozart, Franz Alois (1727-1791). Mozart noua avec elle une amitié enjouée et affectueuse à l'occasion de son séjour à Augsbourg en 1777 en compagnie de sa mère, et il lui adressa par la suite plusieurs lettres restées célèbres pour leurs allusions scatologiques et leur vocabulaire excrémentiel. En février 1784 elle eut une fille illégitime, Josepha ; le père, identifié plus tard, était l'abbé Theodor Franz von Reibeld (1752-1807), chanoine de la cathédrale d'Augsbourg. Josepha se maria en 1802 et « la Bäsle » accompagna sa fille et son époux, Franz Joseph Streitel (1771-1854), à Kaufbeuren puis, en 1814, à Bayreuth.

Mysliveček, Joseph (* près Prague, 9.03.1737 ; † Rome, 4.02.1781). Après des études à Prague, puis à partir de 1763 à Venise avec Pescetti, il composa des opéras pour plusieurs villes italiennes, ainsi que des oratorios, des symphonies et de la musique de chambre. Mozart le rencontra à Bologne en 1770 et le retrouva à Milan en 1772-1773 ; il admirait sa musique, qui influença la sienne. En 1777 Mysliveček contracta plusieurs maladies vénériennes à Munich ; Mozart lui rendit visite et le trouva « empli de feu, d'esprit et de vie », quoique défiguré. Il retourna en Italie, mais ses derniers opéras furent des échecs et il mourut dans la misère et l'abandon.

Nissen, Georg Nikolaus (* Haderslev, 22.01.1761 ; † Salzbourg, 24.03.1826). Il arriva à Vienne en 1793 comme diplomate, se lia d'amitié avec Constanze*, la veuve de Mozart, en 1797, avant de l'épouser en 1809. Ils vécurent jusqu'en 1820 à Copenhague, qu'ils quittèrent ensuite pour Salzbourg, où ils commencèrent à rassembler la documentation pour la *Biographie W.A. Mozarts* de Nissen, qu'il laissa inachevée. C'est Constanze qui la termina et qui, avec l'aide de J.H. Feuerstein, la fit publier en 1828 (avec un supplément en 1829).

Nouseul, Johann Joseph (* Vienne, 1742 ; † Vienne, 9.12.1821), acteur au Burgtheater de Vienne, en 1779-1781 et 1800-1804. Entre ces deux périodes il se produisit dans des pièces et des *Singspiele* montés par Johann Friedel et Emanuel Schikaneder* au Theater an der Wien. En 1791 il créa le rôle de Monostatos dans *Die Zauberflöte*. Son épouse Maria Rosalia (née Lefebre, 1750-1804), avec qui il s'était marié en 1779, travailla également comme actrice au Burgtheater en 1779-1804. Ils se séparèrent en 1788.

Paradi(e)s, Maria Theresia von (* Vienne, 15.05.1759 ; † Vienne, 1.02.1824). Aveugle dès l'enfance, elle étudia avec Koželuch et Salieri*. Elle composa des œuvres scéniques, des lieder et de la musique instrumentale, mais se fit une réputation comme pianiste de concert. Elle rendit visite aux Mozart à Salzbourg en 1783, au départ d'une tournée qui l'emmena jusqu'à Paris ; Mozart lui écrivit un concerto (probablement K. 456) pour son concert parisien.

Pichler, Karoline (née Greiner, 1769-1843), fille de Franz Sales von Greiner (1730-1798), conseiller de la chancellerie d'Autriche-Bohême, et de son épouse Charlotte (née Hieronymus,

1739-1815), qui reçurent souvent les Mozart chez eux à Vienne. Karoline était musicienne, mais aussi un auteur prolixe. Sans être officiellement l'élève de Mozart, elle bénéficia de son enseignement et laissa sur lui de précieux souvenirs dans ses *Denkwürdigkeiten aus meinem Leben* (Vienne, 1844 ; éd. E.K. Blümml, Munich, 1915).

Ployer, Barbara, fille de Gottfried Ignaz von Ployer, conseiller aulique et agent de la cour de Salzbourg à Vienne. Elle fut l'élève de Mozart et se produisit avec lui en concert. Mozart écrivit pour elle deux concertos pour piano (K. 449 et 453).

Poggi, Domenico, voir Baglioni, Antonio.

Puchberg, Johann Michael (° Zwettl, 1741 ; † Vienne, 1822). Arrivé à Vienne, il rejoignit vers 1768 la firme de textiles de Michael Salliet. En 1780 il épousa la veuve de Salliet, Elisabeth (née Rusterholzer, 1748-1784). Après sa mort il dirigea la firme avec son frère Philipp Anton et vécut chez le comte Walsegg-Stuppach (voir « Les patrons de Mozart », p. 129). En 1787 il prit pour seconde épouse Anna Eckart. Il fit la connaissance de Mozart à travers la franc-maçonnerie, et entre 1787 et 1791 lui prêta au moins 1 415 florins, qu'il ne réclama pas après la mort du compositeur (il n'est pas impossible que Mozart en eût remboursé au moins une partie), continuant même d'avancer de l'argent à sa veuve, qui le lui remboursa par la suite. Puchberg lui-même mourut dans la misère. Mozart lui a dédié le trio à cordes K. 563 et peut-être le trio pour piano K. 542.

Punto, Giovanni (Stich, Johann Wenzel) (° près Čáslav, 28.09.1746 ; † Prague, 16.02.1803), protégé du comte Thun, qui l'envoya à Prague,

Munich et Dresde étudier le cor. Il revint auprès du comte Thun en 1763, mais prit la fuite trois ans plus tard ; c'est alors qu'il adopta son nom italien. Mozart le rencontra à Paris en 1778 et écrivit pour lui la partie de cor de la symphonie concertante K. Anh. 9 (297B), qui ne fut pas exécutée. Il voyagea beaucoup à travers l'Europe et fut partout salué comme le meilleur corniste de son temps. A Vienne en 1800 Beethoven composa pour lui sa sonate pour cor op. 17.

Raab, Maria Anna (° v. 1710 ; † Salzbourg, 5.04.1788), dite communément « Mitzerl », amie intime de la famille Mozart. En 1767 son cousin F.G.K. Speckner (1707-1767) lui laissa la Tanzmeisterhaus (Maison du maître de danse) sur la Hannibal Platz à Salzbourg, dont elle loua en 1773 le premier étage à Leopold Mozart. Après sa mort elle fit don de la maison à son cousin, le docteur Ignaz Raab (1743-1811).

Raaff, Anton (° près Bonn, bapt. 6.05.1714 ; † Munich, 28.05.1797). Entré au service de l'électeur de Cologne en 1736, il reçut sa formation de chanteur à Munich et Bologne. Revenu auprès de l'électeur en 1741-1749, il se fit alors connaître comme l'un des meilleurs ténors de son temps à Vienne, Madrid, Lisbonne et les grandes villes italiennes. A partir de 1770, il fut au service de l'électeur de Mannheim (puis de Munich). Mozart fit sa connaissance en 1777 à Mannheim, où il écrivit pour lui l'aria « Se al labbro mio » K. 295, puis le revit à Paris, où leur amitié se renforça, malgré la piètre opinion que Mozart avait de sa voix, qui n'était plus alors à son apogée. C'est en partie grâce à Raaff que Mozart obtint pour Munich la commande d'*Idomeneo*, dont le ténor chanta le rôle titre lors de la première.

Ramm, Friedrich (1744-1811), hautboïste à l'orchestre de la cour à Mannheim, où il fut un proche compagnon de Mozart. Présent à Paris en 1778 avec Mozart et Wendling*, il devait jouer dans la symphonie concertante dont l'exécution fut annulée (voir Cambini). Mozart le retrouva à Munich en 1780-1781, où il composa pour lui le quatuor avec hautbois en *fa* majeur K. 370 (368b).

Rauzzini, Venanzio (* près Rome, bapt. 19.12.1746 ; † Bath, 8.04.1810). Après des études à Rome, il y fit ses débuts de castrat d'opéra en 1765. De 1766 à 1772 il fut au service de l'électeur de Mannheim, où il travaillait également comme compositeur. Mozart, qui l'avait entendu à Vienne en 1767, composa pour lui le rôle de Cecilio dans *Lucio Silla* (Milan, 1772), puis le mois suivant le brillant motet « Exsultate, jubilate » K. 165 (158a). De 1774 à 1777 Rauzzini travailla comme chanteur et compositeur au King's Theatre de Londres. Il s'établit ensuite à Bath, où il ajouta l'organisation de concerts et l'enseignement à ses autres activités. Une fois retiré il reçut nombre de visites, dont celle de Joseph Haydn* en août 1794.

Ritter, Georg Wenzel (1748-1808), à partir de 1764 bassoniste à l'orchestre de la cour de Mannheim, qu'il suivit à Munich en 1778 avec d'autres instrumentistes. En 1788 il rejoignit la chapelle de Frédéric-Guillaume II à Berlin. En 1778 il était à Paris, où il devait prendre part à la nouvelle symphonie concertante de Mozart, dont l'exécution fut annulée (voir Cambini).

Rodolphe (Rudolph), Jean Joseph (* Strasbourg, 14.10.1730 ; † Paris, 12/18.08.1812). Après des études à Paris avec Leclair et à Parme avec Traetta, il joignit vers 1760 l'orchestre de la cour de Stuttgart, où il poursuivit ses études avec Jommelli et composa des ballets. En 1767, établi à Paris, il était connu comme violoniste, corniste et compositeur (en particulier d'opéras et de ballets). Il se lia d'amitié avec Mozart à Paris en 1778 et proposa de lui obtenir un poste d'organiste à Versailles. Mais Mozart, malgré les recommandations pressantes de son père, n'était pas intéressé.

Rumbeke, Marie Karoline, comtesse Thiennes de (1755-1812). Cousine du comte Johann Philipp Cobenzl, conseiller aulique et d'Etat à Vienne, elle fut à Vienne la première élève de Mozart, qui en 1781 écrivit pour elle une série de variations pour piano, probablement K. 352 (374c).

Salieri, Antonio (* Legnagno, 18.08.1750 ; † Vienne, 7.05.1825). Orphelin à l'âge de quinze ans, il fut emmené à Venise, où il étudia avec Pescetti et Pacini ; mais un an plus tard Gassmann le conduisit à Vienne, où il veilla à son éducation. A la mort de Gassmann en 1774, Salieri fut nommé compositeur de la cour et chef d'orchestre de l'opéra italien. L'année suivante il épousa Theresia Helferstorfer (1755-1807) dont il eut huit enfants. En 1788 il fut nommé maître de chapelle à Vienne. Mais son plus grand succès dans le domaine de l'opéra, *Tarare*, fut écrit pour Paris en 1787. La plupart de ses nombreuses pièces d'église furent composées pour la cour viennoise ; il écrivit également beaucoup de musique de chambre. Bien des musiciens célèbres, dont Beethoven, Schubert et Liszt, furent ses élèves. Salieri et Mozart étaient souvent en concurrence l'un avec l'autre. Il semble certain que Salieri ait été jaloux de la supériorité de Mozart ; il se serait, dit-on, accusé d'avoir empoisonné Mozart avant de mourir ; mais cet aveu sans fondement est aujourd'hui discrédité.

Salomon, Johann Peter (* Bonn, bapt. 20.02.1745 ; † Londres, 28.11.1815). Violoniste à la cour de Bonn, il devint ensuite directeur de la musique auprès du prince Henri de Prusse à Rheinsburg. En 1781 il s'établit à Londres, où il passa le reste de sa vie comme violoniste et impresario. Il y organisa les séjours de Haydn en 1791-1792 et 1794-1795, mais échoua dans son projet d'y faire venir Mozart.

Saporiti, Teresa (* 1763 ; † Milan, 17.03.1869). Elle chanta des rôles de soprano, avec sa sœur aînée, dans la troupe de Pasquale Bondini à Leipzig, Dresde et Prague dans les années 1780. On la voyait souvent dans les rôles de castrat, car la compagnie manquait de voix masculines. En 1787 elle créa le rôle de Donna Anna dans *Don Giovanni* et se produisit peu après dans plusieurs villes italiennes. C'est sans doute à cette époque qu'elle épousa un certain Codecasa. A partir de 1795 elle fut engagée comme premier soprano à Saint-Pétersbourg.

Schachtner, Johann Andreas (* Dingolfing, 9.03.1731 ; † Salzbourg, 20.07.1795). Après des études à l'université d'Ingolstadt puis à Salzbourg avec le trompettiste Caspar Köstler, il fut nommé trompettiste de cour et de campagne auprès de l'archevêque de Salzbourg et épousa Maria Franziska Rosalia Stain (v. 1731-1794). Seuls deux de leurs neuf enfants leur survécurent. Schachtner fut ensuite nommé *Spielgraf* à Salzbourg. Il jouait outre la trompette du violon et du violoncelle,

et était également écrivain. C'est lui qui traduisit en allemand les livrets de *La finta giardiniera* et d'*Idomeneo* et qui écrivit le texte du *Singspiel Zaide*. C'était un bon ami de la famille Mozart, et en 1792 il fournit à la demande de Nannerl de précieux souvenirs sur l'enfance de Mozart.

Schack, Benedikt Emanuel (* Mirotice, 7.02.1758 ; † Munich, 10.12.1826). D'abord choriste à l'école jésuite de Prague, il étudia ensuite, à partir de 1776, la philosophie et le chant à Vienne. En 1780 il fut nommé maître de chapelle auprès du prince Heinrich von Schönaich-Carolath à Gross-Glogau en Silésie. En 1786 il entra dans la compagnie théâtrale de Schikaneder, pour laquelle il composa un certain nombre de *Singspiele*. A Vienne il se lia d'amitié avec Mozart, qui l'aida dans ses compositions et écrivit pour lui le rôle de ténor de Tamino dans *Die Zauberflöte*. L'épouse de Schack, Elisabeth (née Weinhold), chanta le rôle de la troisième dame lors de cette même première. Schack prit part à la lecture du Requiem inachevé de Mozart au chevet du compositeur mourant. Il chanta ensuite à Graz et à Munich, où sa fille Antonie était également employée. Au terme de sa carrière de chanteur en 1814, il se mit à composer de la musique religieuse, notamment deux messes (dont l'une comporte peut-être des éléments dus à Mozart), deux Requiem et une série de lamentations

Schi(e)denhofen, Johann Baptist Joseph Joachim Ferdinand von (* 20.03.1747 ; † 31.01.1823). Après des études au lycée de Kremsmünster et à l'université de Salzbourg, il devint conseiller aulique, puis chancelier, à Salzbourg. En 1778 il épousa Anna Daubrawa von Daubrawaick (1759-1818). Lui et sa sœur Maria Anna

Aloisia Walburga Thekla (1760-1831) étaient de bons amis des Mozart. Le journal de Schiedenhofen fait souvent référence, dans les années 1774-1778, à Leopold et à Wolfgang, ainsi qu'à des exécutions de leur musique.

Schikaneder, Emanuel (* Straubing, 1.09.1751 ; † Vienne, 21.09.1812). Après des études à l'école jésuite de Ratisbonne, il rejoignit la compagnie de F.S. Moser comme acteur en 1773/74. En 1777 il épousa un membre de la compagnie, Maria Magadlena Arth (1751-1821), avant de reprendre en 1778 la direction de la troupe. Au terme d'années de voyage et d'associations avec d'autres compagnies, il loua le Freihaustheater à Vienne pour y donner essentiellement des *Singspiele* et des opéras, dont *Die Zauberflöte* de Mozart, pour lequel il écrivit le texte et joua le rôle de Papageno. Son frère Urban (1746-1818), également membre de la compagnie, chanta le rôle du premier prêtre. En 1801 Schikaneder inaugura le nouveau Theater an der Wien à Vienne, mais revendit sa patente l'année suivante. De 1806 à 1809 il dirigea le théâtre de Brno ; en 1812 il s'apprêtait à prendre en charge un nouveau théâtre à Budapest, mais une maladie mentale l'obligea à rentrer à Vienne où il mourut.

Schmith, Anton, docteur en médecine, violoniste amateur et ami de Mozart à Vienne. Il signa une inscription dans l'album de Mozart (31 octobre 1789), et le compositeur lui offrit la partition autographe de *Ein musikalischer Spass* (*Une plaisanterie musicale*) K. 522. En 1815 il était membre du comité directeur de la Gesellschaft der Musikfreunde à Vienne ; il s'établit par la suite à Kiev.

Spitzeder, Franz Anton (* Traunstein, 1735 ; † 1796). Après des études à Salzbourg, il y trouva un emploi de ténor à la chapelle de la cour en 1759. L'année suivante, il épousa Maria Elisabeth Payrhuber (ou Bayerhuber) — en 1764 l'archevêque Siegmund Christoph fut le parrain d'un de leurs fils — puis en 1770 il prit pour seconde épouse Maria Anna Englhart. Il chanta le rôle de l'Esprit chrétien (der Christgeist) lors de la première exécution de *Die Schuldigkeit des ersten Gebots* et créa le rôle de Don Polidoro dans *La finta semplice*.

Stadler, Anton Paul (* Bruck an der Leitha, 28.06.1753 ; † Vienne, 15.06.1812). Lui et son frère Johann Nepomuk Franz (1755-1804) furent tous deux d'excellents joueurs de clarinette et de cor de basset. En 1781 ils étaient employés à l'orchestre de la cour de Vienne. Anton, particulièrement réputé pour son jeu dans le registre grave (chalumeau) de la clarinette, imagina d'étendre vers le bas l'ambitus de l'instrument. C'est pour ce type de clarinette que Mozart composa son quintette K. 581 et le concerto K. 622. Les solos de clarinette et de cor de basset dans *La clemenza di Tito* furent également écrits pour Stadler. A.P. Stadler se retira de l'orchestre de la cour en 1799, mais il continua de jouer jusqu'en 1806 et à composer pour son instrument.

Stadler, Mathias Franz de Paula (* Schnaitsee, près Wasserburg-Obb, v. 1744 ; † Salzbourg, 20.04.1827). Après des études de rhétorique et de musique à Salzbourg, il fut employé, à partir de 1766 au plus tard, comme ténor à la chapelle de la cour. En 1787 il succéda à Leopold Mozart* comme professeur de violon des choristes de la chapelle. En 1767 Stadler avait chanté le rôle d'Œbalus lors de la première de l'intermezzo *Apollo et Hyacinthus* de

Mozart. Son épouse (née Wilhelmseder) était propriétaire du *Goldener Hirsch*.

Stein, Johann Andreas (* Hildesheim, 6.05.1728 ; † Augsbourg, 29.02.1792), facteur d'instruments à clavier. Après avoir appris son métier de son père, il travailla pendant quelque temps avec le facteur d'orgues J.A. Silbermann (1712-1783) à Strasbourg puis avec F.J. Spaeth à Ratisbonne (1749-1750). En 1750 il s'établit à Augsbourg. Entre 1755 et 1557 il y construisit l'orgue de la Barfüsserkirche, sans doute avec l'aide de son frère Johann Georg (1735-1767). En 1760 il épousa Maria Regina Burkhart (1742-1800), qui lui donna quinze enfants. Il fit la connaissance de la famille Mozart en 1763, lorsque Leopold lui acheta un piano d'étude. Le premier contact personnel avec Wolfgang eut lieu en 1777, au moment où il fit l'éloge des pianos de Stein dans des lettres à son père (14 et 17 octobre). Stein fit également des expériences avec de nouveaux instruments, dont le *melodika* et le « clavecin organisé », qui combinait en un seul instrument clavecin et orgue.

Stephanie, Johann Gottlieb (* Breslau, 19.02.1741 ; † Vienne, 23.01.1800). Après des études de droit à Halle, il s'engagea en 1761 dans l'armée autrichienne. Encouragé par Anton Mesmer*, il rejoignit la compagnie théâtrale de la National-Schaubühne en 1768, puis fut à partir de 1769 membre du Burgtheater de Vienne, où il tint surtout des rôles comiques (dont celui de Polonius dans *Hamlet*), tout en écrivant et en adaptant des pièces et des *Singspiele*. Ami de Mozart, il rédigea pour lui les livrets de *Die Entführung aus dem Serail* et *Der Schauspieldirektor*. En 1771 il épousa Anna Maria Myka (1751-1802), une actrice du Burgtheater.

Stich, Johann Wenzel, voir Punto, Giovanni.

Stoll, Anton (1747-1805), maître d'école et chef de chœur à Baden, près de Vienne. Ami de Mozart, il exécutait sa musique à l'église et trouvait une chambre pour Constanze lorsqu'elle venait y prendre les eaux. Il possédait les autographes du motet « Ave verum corpus » K. 618, composé pour lui, et d'autres œuvres religieuses de Mozart : K. 193 (186 g), 194 (186 h), 260 (248a) et 337.

Storace. Famille de musiciens. Stephen Storace (v. 1725- v. 1781), contrebassiste, était né à Torre Annunziata. Il partit pour Dublin avant 1749 puis pour Londres, où il fut engagé au King's Theatre et dirigea la musique aux Marylebone Gardens. En 1761 il épousa Elizabeth Trusler. Leur fils Stephen (1762-1796) fut compositeur, essentiellement d'œuvres pour la scène, et leur fille Nancy (1765-1817), qu'on appelait généralement Anna à la scène, fut un grand soprano. Stephen fit ses études en Italie, où Nancy commença également sa carrière. Entre 1783 et 1787 ils vécurent à Vienne, très proches amis de Mozart. Stephen prit peut-être des leçons avec lui, et Nancy chanta sa musique. Elle fut la première Susanna dans *Le nozze di Figaro* en 1786, et Mozart écrivit pour elle l'air de concert « Ch'io mi scordi di te » K. 505. Tous deux se marièrent : Stephen en 1788 avec Mary Hall, la fille d'un graveur ; et Nancy (dont le mariage fut un échec) en 1784 avec le violoniste et compositeur John Abraham Fisher (1744-1806).

Strinasacchi, Regina (* près Mantoue, 1764 ; † Dresde, 11.06.1839). Elle étudia le violon à l'Ospedale della Pietà de Venise, ainsi peut-être qu'à Paris. Mozart admirait son jeu : il se produisit en concert avec elle à Vienne en 1784 et écrivit pour elle la sonate pour violon en *si* bémol majeur K. 454. L'année suivante elle épousa le violoncelliste Johann Conrad Schlick et partit vivre à Gotha. Après sa mort en 1825 elle vint vivre à Dresde avec son fils.

Süssmayr, Franz Xaver (° Schwanenstadt, 1766 ; † Vienne, 17.09.1803). Après des études à Kremsmünster il partit vivre à Vienne en 1788. Mozart, puis Salieri, lui enseignèrent la composition. Célèbre comme compositeur d'opéra, il travailla pour le Théâtre national à Vienne de 1794 jusqu'à sa mort. Il aida peut-être Mozart à composer les récitatifs secs de *La clemenza di Tito* et acheva le Requiem et le concerto pour cor en *ré* majeur que Mozart avait laissés inachevés à sa mort. D'après Sophie Haibel*, Mozart lui-même, sur son lit de mort, lui aurait donné des indications pour achever le Requiem.

Tenducci, Giusto Ferdinando (° Sienne, v. 1736 ; † Gênes, 25.01.1790). Ce castrat apprit le chant à Naples, sans doute au Conservatorio della Pietà dei Turchini. De 1758 à 1786 il vécut essentiellement à Londres, où la famille Mozart fit sa connaissance en 1764. Mozart le revit à Paris en 1778 et écrivit pour lui une *scena* K. Anh. 3 (315b) avec des parties solistes de piano, hautbois, cor et basson (aujourd'hui perdue). Tenducci était lui-même compositeur d'opéras (pour Dublin) et de mélodies. Fait peu courant pour un castrat, il se maria (à trois reprises selon certains témoignages), et fut même attaqué en justice pour adultère.

Teyber, famille de musiciens viennois, amie des Mozart. Matthäus Teyber (v. 1711-1785), violoniste né à Weinzettel, rejoignit l'orchestre de la cour à Vienne en 1757. En 1741 il épousa Therese Ried(e)l. Leur premier enfant, Elisabeth (1744-1816), se fit un nom comme soprano d'opéra, surtout en Italie, où elle épousa un certain marquis Venier. Le fils aîné de Matthäus, Anton (1756-1822), étudia auprès du Padre Martini* à Bologne, puis travailla en Italie, à Madrid et à Lisbonne avant de rentrer à Vienne en 1781. Nommé organiste de la cour à Dresde (1787-1791), il succéda à Mozart comme compositeur de la cour en 1793. Il est l'auteur assez prolifique d'œuvres scéniques, de musique religieuse, de symphonies, de concertos et de musique de chambre. Son frère Franz (1758-1810) étudia avec G.C. Wagenseil (1715-1777), devint membre de la compagnie de Schikaneder, pour laquelle il écrivit des *Singspiele*, puis fut organiste à la cathédrale Saint-Etienne et à la cour de Vienne. Therese (1760-1830), sa sœur cadette, soprano au théâtre de la cour de Vienne, chanta également lors de concerts de la Tonkünstler-Societät. Elle créa le rôle de Blonde dans *Die Entführung aus dem Serail*. Elle épousa vers 1786 le ténor Ferdinand Arnold qu'elle accompagna en tournée.

Tibaldi, Giuseppe Luigi (° Bologne, 22.01.1729 (MBA : 1719) ; † après 1789). Après avoir été l'élève du Padre Martini* à Bologne, il commença une carrière de chanteur et de compositeur avant de se spécialiser dans les rôles de ténor à l'opéra. Il chanta le rôle du prêtre Aceste lors de la première d'*Ascanio in Alba* de Mozart.

Trattner, Maria Theresia von (née von Nagel) (1758-1793), fille du mathématicien Joseph Anton von Nagel. En

1776/77 elle épousa Johann Thomas von Trattner (1717-1798) devenu veuf, important éditeur, imprimeur et libraire à Vienne. De leurs dix enfants un seul parvint à l'âge adulte. Mozart vécut dans leur bel hôtel, le Trattner-hof, en 1784, et y donna des concerts par souscription. Les Trattner restèrent amis de Mozart jusqu'à sa mort, et portèrent quatre de ses enfants sur les fonts baptismaux. Maria Theresia fut son élève, et il lui dédia la fantaisie et la sonate en *ut* mineur K. 475 et 457.

Valesi, Giovanni (*Unterhattenhofen, 28.04.1735 ; † Munich, 10.01.1816 (MBA : 1811)), ténor allemand, né Johann Evangelist Wallishauser. En 1756 il entra au service du duc Clemens Franz à Munich et fut envoyé faire des études en Italie. De 1770 à 1798 il fut membre de la chapelle de la cour à Munich, où il prit part aux premières représentations de *La finta giardiniera* et d'*Idomeneo* (dans le rôle du grand prêtre de Neptune). Il commença ensuite à enseigner, et compta parmi ses élèves J.V. Adamberger*, C.M. von Weber, outre ses cinq enfants nés de son mariage avec Leni Mindl en 1755.

Vanhal, Johann Baptist (Jan Křtitel) (*Nové Nechanice, 12.05.1739 ; † Vienne, 20.08.1813), compositeur tchèque. Parti pour Vienne vers 1761, il étudia avec Dittersdorf*. Il travailla ensuite en Italie et en Hongrie avant de revenir s'installer à Vienne vers 1780. Malgré des périodes de troubles mentaux, il composa une œuvre volumineuse dans pratiquement tous les genres musicaux. D'après Michael Kelly* (*Reminiscences*, 1826), il joua la partie de violoncelle lors de séances de quatuor à cordes avec Mozart, J. Haydn* et Dittersdorf*.

Villeneuve, Louise. Elle était peut-être la sœur d'Adriana Ferrarese del Bene*. En 1787-1788 elle chanta comme soprano au Teatro San Moisè à Venise, avant de rejoindre en 1789 la compagnie du Burgtheater de Vienne, où Mozart composa pour elle l'aria « Alma grande » K. 578 destiné à *I due baroni* de Cimarosa et deux autres airs K. 582 et 583 qu'elle chanta dans *Il burbero di buon cor* de Martín y Soler. Elle fut également la première Dorabella dans *Così fan tutte*.

Vitásek, Jan Matyáš Nepomuk August (*près Mělnik, 22.02.1770 ; † Prague, 7.12.1839). Il fut l'élève de F.X. Duschek*, par l'intermédiaire de qui il fit la connaissance de Mozart. Pianiste de talent, il fut grandement admiré en soliste dans les concertos de Mozart. En 1814 il fut nommé chef de chœur à la cathédrale Saint-Guy de Prague, où il écrivit beaucoup de musique d'église ainsi que des symphonies, des concertos et de la musique de chambre.

Wallishauser, Johann Evangelist, voir Valesi, Giovanni.

Weber, famille de musiciens. Franz Fridolin Weber (1733-1779) occupa un poste officiel à Zell jusqu'en 1763, avant de travailler comme violoniste, chanteur et copiste à la cour de Mannheim. En 1756 il avait épousé Maria Caecilia Stamm (1727-1793). Les deux premières de leur quatre filles, Maria Josepha (voir Hofer) et Maria Aloisia Louise Antonia (voir Lange, Aloisia) devinrent cantatrices. La troisième, Constanze, fut l'épouse de Mozart (voir Mozart, Constanze), tandis que la quatrième, Maria Sophie, épousa Jakob Haibel (voir Haibel, Maria Sophie).

Le frère de Fridolin, Franz Anton

Weber (1734-1812), était également musicien à la cour de Mannheim. Il travailla ensuite à Lubeck et à Vienne, où ses deux fils, Fridolin (1761-1833) et Edmund (1766-1828), étudièrent avec Haydn. Leur mère, Maria Anna (née Fumetti, * 1736), mourut aux alentours de 1783. En 1785 Franz Anton prit pour seconde épouse Genoveva Brenner (1764-1798) ; le compositeur Carl Maria von Weber (1786-1826) était leur fils.

Weidmann, Joseph (*Vienne, 1742/43 ; † 1810). Il fut employé au théâtre de Prague à partir d'environ 1762 et se produisit à Prague, Graz et Linz avant d'aller à Vienne, où il travailla de 1773 jusqu'aux premières années du XIXe siècle comme acteur, écrivain et chanteur, dans des petits rôles au Burgtheater et au Kärntnerthortheater. Il joua le rôle de Herz lors de la première de *Der Schauspieldirektor*.

Weiser, Ignaz Anton von (*Salzbourg, 1.03.1701 ; † Salzbourg, 26.12.1785), ami de la famille Mozart à Salzbourg, où il était marchand de tissus et conseiller, puis maire en 1772-1775. Il était le grand-père de Josepha Duscheck*. Il est l'auteur du texte de deux cantates de Leopold Mozart* et de *Die Schuldigkeit des ersten Gebots*, mis en musique par Mozart, M. Haydn* et Adlgasser*.

Wendling, famille de musiciens, amis et collègues de Mozart à Mannheim et à Munich. Johann Baptist Wendling (1723-1797) fut pendant un temps flûtiste à l'orchestre de la cour de Mannheim. C'est là qu'il fit la connaissance de Mozart, qu'il aida à orchestrer l'un de ses concertos pour flûte en 1777. L'année suivante, Wendling devait prendre part à l'exécution de la symphonie concertante K. Anh. 9 (297B) (voir Cambini). En 1752 Wendling épousa la cantatrice Dorothea Spurni (1736-1811), pour qui Mozart écrivit le rôle d'Ilia dans *Idomeneo* et l'air de concert « Basta vincesti » K. 486a (295a). Leur fille, Elisabeth Augusta (1752-1794), était également cantatrice ; Mozart composa pour elle deux mélodies françaises avec piano K. 307 (284d) et 308 (295b).

Le frère de Johann Baptist, Franz Anton Wendling (1729-1786), était violoniste dans l'orchestre de Mannheim. En 1764 il épousa lui aussi une cantatrice, Elisabeth Augusta (née Sarselli, 1746-1786). Elle était également employée à la cour de Mannheim, qu'elle suivit avec son mari à Munich en 1778. Le rôle d'Elettra dans *Idomeneo* lui fut destiné, ainsi peut-être que l'air de concert « Ma che vi fece » K. 368. Leur fille Dorothea (1767-1839) resta à Mannheim comme cantatrice, s'installant à Munich après la mort de son époux, Johann Melchior Güthe (1753-1812), officier de médecine, avec qui elle s'était mariée vers 1789.

Willmann, Maximiliana Valentina Walburga (*Bonn, 18.05.1769 ; † Mayence, 27.06.1835), membre d'une grande famille de musiciens qui joua un rôle important dans la vie de Beethoven*. Mozart lui aurait dit-on enseigné le piano, et en 1787 elle fut la soliste d'un de ses concertos pour piano (peut-être K. 503) lors d'un concert viennois. Süssmayr* était présent quand elle épousa F.X. Huber (1755-1814), librettiste de *Christus am Ölberge* (*Christ au mont des Oliviers*) de Beethoven en 1797.

Yppold, Franz Armand d', voir Ippold, Franz Armand d'

MALCOLM BOYD

4
CONTEXTE HISTORIQUE

L'Église et l'État

La ville natale de Mozart, Salzbourg, capitale de la principauté du même nom et lieu de résidence du prince-archevêque, faisait partie du Saint Empire romain fondé en 800 sous le règne de Charlemagne, qu'on appelait depuis le XVIe siècle « Saint Empire romain germanique » pour le distinguer de l'Empire romain de l'Antiquité. Du milieu du XVIIIe siècle jusqu'à sa dissolution en 1806, il était composé essentiellement des pays de langue allemande qui s'étendaient de la mer du Nord et de la mer Baltique jusqu'aux Alpes (à l'exclusion de la Suisse), de la Belgique et du Luxembourg actuels, ainsi que des régions multilingues de Bohême et de Moravie. Il regroupait deux royaumes, des duchés, des principautés, des comtés et des villes impériales libres. L'empereur était élu par les électeurs (d'où leur nom) et couronné à Francfort-sur-le-Main. A son élection il recevait le titre de roi, et à son couronnement celui d'empereur, détail historique qui n'a cependant aucune signification politique pour la période qui nous concerne.

De 1508 à 1806, à une exception près — Charles VII, ancien électeur de Bavière, qui régna de 1742 à 1745 —, seuls des membres de la maison de Habsbourg furent élus. A partir de la première moitié du XVIIe siècle ils résidèrent exclusivement à Vienne, qui était donc la ville et la résidence impériale officielle. En dépit des multiples institutions et organismes impériaux centraux, les différents royaumes, duchés, principautés, etc., et leurs souverains jouissaient d'une certaine autonomie au sein de l'empire. Et même lorsque la politique locale de certains d'entre eux risquait de nuire à d'autres régions de l'empire, le régime impérial, en tant qu'institution traditionnelle, ne fut jamais menacé. On avait conscience d'appartenir à une même nation.

La principauté de Salzbourg était ecclésiastique, ce qui signifie que l'archevêque de Salzbourg détenait non seulement l'autorité spirituelle, mais exerçait aussi, en tant que prince du land (*Landes-fürst*), le pouvoir exécutif et politique. Elu par le chapitre de la cathédrale, il régnait sur la principauté de Salzbourg. Sa chapelle fournissait la musique pour les cérémonies de la cour et de la cathédrale. Politiquement, l'archevêque était un prince régnant comme beaucoup d'autres dans le Saint Empire romain germanique ; mais du point de vue ecclésiastique, il bénéficiait d'une situation particulière, puisqu'il portait le titre de *primas Germaniae*, primat de Germanie ; le pape et l'empereur reconnaissaient en lui l'archevêque de plus haut rang de tout l'empire — et l'importance de ce titre n'était pas purement protocolaire.

Les Habsbourg — ou plus proprement la maison de Habsbourg-Lorraine à partir de 1736 — ont donc fourni tous les empereurs du Reich pour la période qui nous occupe. En tant que princes, ils régnaient sur un certain nombre de pays qui leur revenaient par succession, mais qui n'appartenaient pas tous à l'empire : celui-ci comprenait les Pays-Bas d'Autriche (la Belgique et le Luxembourg actuels), diverses régions du sud de l'Allemagne, l'Autriche actuelle, la Bohême, la Moravie et la Carniole (aujourd'hui en Yougoslavie) ; à quoi s'ajoutaient les fiefs des Habsbourg qui ne faisaient pas partie de l'empire : la Hongrie, des régions du nord et du centre de l'Italie, le Banat (aujourd'hui en Yougoslavie) et la Transylvanie (aujourd'hui en Roumanie), la Galicie (aujourd'hui en Pologne) à partir de 1772 et la Bukovine (aujourd'hui en Union soviétique) à partir de 1775.

Dans l'ensemble, Mozart a vécu en une période de paix. La guerre de Sept Ans (1756-1763), qui décida du sort de la Silésie que se disputaient la Prusse et les Habsbourg, n'affecta pas la vie à Salzbourg, encore que les troupes salzbourgeoises aient combattu aux côtés des Habsbourg. La guerre de Succession de Bavière (1778-1779), qui eut pour enjeu les biens des Wittelsbach, suscita quelques commentaires passionnés dans la correspondance de la famille Mozart, mais en réalité l'issue n'en fut pas décidée sur le champ de bataille mais autour de la table de conférence. Lorsque l'Autriche entra en guerre contre les Turcs, pour respecter un traité signé avec la Russie, les effets qui s'en firent ressentir à Vienne ne furent pas entièrement négatifs : elle conduisit à de grandes démonstrations de patriotisme qui, après les victoires du feld-maréchal Gideon Freiherr von Laudon et du *Feldzeugmeister* Josias, prince de Coburg, donnèrent naissance à quelques pièces de circonstance de Mozart.

Le mot « Autriche », déjà employé à l'époque, n'était pas le terme juste pour désigner toutes les terres des Habsbourg, qu'il aurait plutôt fallu appeler les « terres héréditaires d'Autriche ». Ces pays à l'origine indépendants — l'archiduché d'Autriche, le royaume de Hongrie, le royaume de Bohême, par exemple — furent peu à peu unifiés sous les règnes des Habsbourg, soumis à un pouvoir central, et, après la Pragmatique Sanction de l'empereur Charles VI (1713), considérés comme un Etat uni, même si la longue série de titres des princes de la maison de Habsbourg et nombre de détails dans l'exercice du pouvoir du gouvernement central prenaient en compte l'indépendance historique de chaque pays de cette confédération. Cette unité était également reconnue par l'extérieur. Certains de ces pays — nous l'avons dit — n'appartenaient pas au Saint Empire romain germanique — ce qui peut aujourd'hui nous paraître troublant —, mais il s'agissait alors d'une indépendance historiquement conquise.

Dans ces systèmes de gouvernement qui se recoupaient partiellement, Mozart a donc vécu sous les règnes des souverains suivants : à Salzbourg le prince-archevêque Siegmund, comte von Schrattenbach (1753-1771), et le prince-archevêque Hieronymus, comte von Colloredo (1772-1801) ; à la tête des terres héréditaires d'Autriche Marie-Thérèse (1740-1765), d'abord avec son époux François-Etienne (1740-1765), puis avec son fils Joseph II, qui hérita du trône (1780-1790). Se succédèrent comme empereurs du vivant de Mozart François Ier (1745-1765), l'époux de Marie-Thérèse (en tant qu'empereur il n'utilisait pas son second prénom, Etienne), Joseph II (1765-1790), son fils (fait unique dans l'histoire, François avait pu confier, grâce à un vote de 1764, sa succession à son fils), puis Léopold II (1790-1792), frère de Joseph, à la fois souverain des terres des Habsbourg et empereur.

La vie de Mozart correspond à une période de transition, tant pour l'Etat que pour l'Eglise. L'ancien ordre social établi était en pleine évolution, avec des conséquences de la dernière importance. Au sein même de l'Etat et du gouvernement, la vieille division entre souverain et sujets était contestée ; les barrières entre la noblesse et la bourgeoisie commençaient à se briser, ainsi qu'entre les villes et les campagnes, puisque les paysans étaient maintenant émancipés. Dans les terres des Habsbourg, ce processus lent et continu permit à toutes les parties de faire l'économie d'une révolution à la française.

Dans le petit archevêché de Salzbourg, souverain et sujets

acceptaient le nouvel ordre. Rien n'était plus significatif que l'ouverture de cette petite ville de cour refermée, grâce à la construction de la Porte neuve dans les roches du Mönchberg, sur ordre de l'archevêque, dans les années 1764-1767. Et cette ouverture profita à tous. En 1772 l'archevêque régnant fit éclairer les rues, non pour lui-même mais pour ses citoyens. Trois ans plus tard il mit son ancienne *Ballhaus* à la disposition du public pour servir de théâtre. Les Salzbourgeois pouvaient certes assister à des représentations à la cour ou à l'université, mais leur donner leur propre théâtre était plus qu'un simple geste. Lorsqu'en 1782 on célébra le mille deux centième anniversaire de la christianisation de Salzbourg, le prince-archevêque fit don de 12 000 florins destinés à l'asile, l'infirmerie et l'hospice (tous sous la tutelle de la municipalité). Cette somme gigantesque représentait tout simplement l'économie réalisée grâce à une célébration volontairement simple du jubilé.

Dans les terres des Habsbourg, cette nouvelle relation entre gouvernants et gouvernés — qui avait toujours été très cordiale — prit au début de 1765 un tour spectaculaire : l'impératrice Marie-Thérèse et son fils Joseph II remirent en effet la fortune privée de leur époux et père François-Etienne aux terres héréditaires d'Autriche pour rembourser les dettes d'Etat (évitant ainsi de recourir aux méthodes habituelles qu'étaient les nouveaux impôts et autres mesures fiscales). Et, non contents de céder leur argent, ils ouvrirent au public des jardins et des domaines de chasse (le Prater en 1766 et l'Augarten en 1775, tous deux situés devant la ville de Vienne). La scolarisation générale fut instaurée en 1774, la torture accompagnant les procédures judiciaires abolie en 1776, et l'ensemble de la justice réorganisé en 1781 et 1787. En 1781, ce fut l'introduction de la tolérance religieuse et l'abolition du servage en Bohême, où il était le plus solidement implanté. En 1783, parallèlement à la cérémonie religieuse du mariage, fut créé le mariage dit « civil », qui en faisait un contrat entre deux citoyens, leur permettant de divorcer et de se remarier. Le 10 février 1789 — cinq mois avant la prise de la Bastille et le début de la Révolution — fut instaurée une nouvelle loi fiscale fondée sur les principes d'égalité, bouleversant l'ancien système féodal.

Les réformes ecclésiastiques de ces années furent inspirées des idées sobres et rationnelles des Lumières. En 1773, Salzbourg réduisit ainsi le nombre de jours de fête ; on limita en 1782 la quantité d'ornements dans les églises (y compris le nombre de cierges sur les autels) et on réglementa le déroulement des offices (notamment la quantité de musique d'église en latin) ; en 1783 on imposa, non pas à toutes, mais à beaucoup de cérémonies religieuses des hymnes en langue allemande chantés par les fidèles (encore que cette réforme n'ait guère été appliquée) ; et en 1784 on réduisit au minimum les processions. A plusieurs égards, le prince-archevêque de Salzbourg donna l'exemple aux terres héréditaires d'Autriche dans le domaine des réformes ecclésiastiques (nous n'en citons que quelques-unes). Dans les terres héréditaires on réduisit le nombre de fêtes en 1771, et plusieurs recueils de cantiques en allemand parurent en 1773 (mais on ne fit aucun effort pour en imposer l'usage). En 1782 ce sont les processions et les pèlerinages qu'on restreignit, et l'année suivante on promulgua un nouveau rituel, qui prévoyait également des réductions de la musique d'église. En 1782 les autorités commencèrent à fermer les monastères, en particulier ceux où l'on n'enseignait ni ne soignait, c'est-à-dire ceux qui n'étaient pas d'une utilité manifeste pour la vie publique. Dans le même temps on fonda de nouvelles paroisses, en sorte que chacun puisse avoir facilement accès aux lieux de culte. Toutes ces réformes furent mises en œuvre par l'Eglise à l'instigation de l'Etat. Mais Rome protesta vigoureusement contre les fermetures de monastères, qui finirent par déboucher sur un voyage du pape Pie VI à Vienne en 1782, dont il ne résulta rien.

Dans le domaine musical, ces réformes ecclésiastiques entraînèrent une réduction du travail et du nombre de postes pour les musiciens, mais leur imposèrent aussi, indirectement, de nouvelles tâches ; Mozart (qui composa deux cantiques allemands) en ressentit lui aussi les conséquences, indirectement ; son successeur à Salzbourg, Michael Haydn, écrivit des cantiques allemands et, entre 1783 et 1790, près de cent œuvres latines pour la nouvelle liturgie. A Vienne on trouve à la fois des compositeurs qui se sont adaptés aux nouvelles exigences de la musique d'église (tel Johann Georg Albrechtsberger) et d'autres (tels Joseph Haydn et Mozart) qui n'ont pas prêté la moindre attention aux réformes.

Ce ne sont pas seulement ces réformes ecclésiastiques qui se reflètent dans la musique, mais aussi la situation sociale et politique, car c'est elle qui donnait à la musique les moyens de se développer. Le désir de Mozart d'être un artiste libre et indépendant — il resta sans position stable de 1781 à 1787 — correspond à la mentalité intellectuelle de l'époque. L'émancipation et la nouvelle assurance de la bourgeoisie mettaient un terme à la prédominance de la musique de cour ou réservée à la seule aristocratie. La noblesse et la bourgeoisie assistaient aux mêmes concerts, dont ceux où Mozart se produisait comme exécutant et comme compositeur. Les spectacles d'opéra étaient soit sous la tutelle des théâtres de cour (financés par la cour, comme un service public, et où le public réunissait à la fois souverains, princes, nobles et bourgeois), soit entre les mains d'impresarios de la bourgeoisie et financés par des fonds privés. Mozart travailla pour les deux.

Tous ces exemples montrent en tout cas que l'évolution de l'Eglise et de l'Etat au cours de cette période se reflète à la fois dans la vie de Mozart et dans sa carrière artistique.

Otto Biba

La monnaie

La principale unité monétaire en circulation dans l'empire autrichien du temps de Mozart était le florin d'argent, divisé en 60 kreuzer (lui-même composé de 4 pfennigs). Le ducat était une pièce d'or valant à peu près 4 florins ». 2 florins équivalaient à un thaler. Pour ce qui est des finances de Mozart, le problème est compliqué du fait que 10 florins viennois valaient 12 florins salzbourgeois. La livre sterling anglaise valait 8 à 9 florins, le louis d'or (ou pistole) de France, 7 florins », et le zecchino vénitien à peu près 5 florins. Pour plus de détails, voir Bruford (1959) et Dickson (1987).

L'économie

Les principaux Etats de l'empire à la maturité de Mozart étaient l'Autriche proprement dite, la Galicie et les Siebenbürgen (Transylvanie) à l'est, la Styrie, la Carinthie, le Carniole, la Croatie et la Slavonie au sud, et la Bohême et la Moravie au nord. Les Pays-Bas autrichiens, le comté de Falkenstein et les duchés de Milan et de Toscane étaient plus éloignés. Salzbourg était une principauté séparée, gouvernée par un prince-archevêque, mais son voisinage géographique et culturel avec l'Autriche limitait son indépendance. La population en Autriche était de 1,5-1,6 million d'habitants dans les années 1780, et de 2,5 millions en Bohême, alors que la Hongrie comptait sur son vaste territoire quelque 9,5 millions d'habitants. Cette population était essentiellement rurale, et les villes et bourgs de grande importance étaient peu nombreux. On estime que Vienne comptait 206 000 habitants dans les années 1780 et Prague, 80 000. Ces deux villes mises à part, seul Graz comptait plus de 20 000 habitants.

Toute étude sur la vie économique de cette période doit tenir compte de ce que la société était dominée par la guerre et la menace de guerre, car celle-ci affectait les finances, même en temps de paix (Dickson 1987). Marie-Thérèse et Joseph II ont entretenu de grandes armées, renforcées en période de conflit. Au cours de la guerre de Succession de Bavière en 1778-1779, le nombre de soldats passa de 163 000 à plus de 308 000. Puis, les guerres contre les Turcs en 1788-1790 firent passer le contingent de 214 000 hommes, dans les années 1780, à 315 000. La vie économique et sociale était considérablement affectée par les mobilisations de cette ampleur, car même les artisans confirmés étaient appelés sous les drapeaux. On créait aussi des impôts spéciaux pour financer l'armée. En septembre 1778, une taxe de 10 pour cent fut perçue sur tous les traitements versés par l'Etat, ainsi que sur les revenus des avocats, des marchands et d'autres professions. Un impôt de guerre de sept pour cent fut également instauré à la fin de 1788. Les dépenses militaires se traduisirent par une réduction du mécénat impérial. C'est vraisemblablement le coût de la guerre contre les Turcs qui incita Joseph II à retirer son soutien financier à l'opéra italien en 1788 (et non, comme le laisse entendre Lorenzo Da Ponte, une lettre de récrimination envoyée par le soprano Celesta Coltellini).

Les revenus de l'Etat provenaient d'impôts directs, en particulier la « contribution », destinée à financer les dépenses militaires, et d'un certain nombre d'impôts indirects, tels que les droits de douane ou les taxes sur le sel et le tabac. En outre, l'Etat était contraint d'emprunter des sommes substantielles à des établissements financiers chrétiens et juifs, dans l'empire et ailleurs. L'Etat fit également bon usage des nombreuses possessions de la Société de Jésus (dissoute en 1773). En ce qui concerne les fortunes personnelles, c'est le vaste fossé séparant les riches des pauvres qui est le plus frappant. Au sommet de l'échelle se trouvaient les propriétaires terriens de l'aristocratie et des ordres religieux. En Bohême, par exemple, des familles comme les Schwarzenberg, les Kinsky, les Waldstein, les Lobkowitz, les Colloredo, les Auersperg ou les Thun disposaient d'importants revenus (pour la plupart supérieurs à 100 000 florins), alors que les plus défavorisés vivaient dans une pauvreté sordide, même à Prague. En Hongrie, on estime les revenus annuels du prince Esterházy, qui régnait sur plus de 45 000 maisons et 4 millions d'hectares, à 700 000 florins dans les années 1760. A l'autre extrême, le revenu annuel d'un paysan disposant d'un domaine relativement étendu était d'environ 200-300 florins, dont 45 pour cent étaient perdus en impôts et droits seigneuriaux. La plupart des habitants de la campagne vivaient avec beaucoup moins. A Vienne même, on estime que 75 pour cent de la population avaient des revenus imposables de moins de 50 florins, tandis que 20 pour cent de la population contrôlaient plus de 80 pour cent des biens (Dickson 1987).

Il est difficile de donner des indications générales sur les revenus, puisque dans toutes les professions les variations étaient importantes suivant l'expérience et la situation géographique. Au niveau le plus bas, les maçons et autres artisans étaient payés 15-30 kreuzer par jour. Les domestiques pouvaient gagner entre 10 et 30 florins par an ; Mozart et Constanze payaient leur domestique Liserl Schwemmer 12 florins en 1784. Plus haut dans l'échelle sociale, les petits fonctionnaires, les commerçants et les bourgeois des professions libérales disposaient de revenus de 200 à 1 000 florins, tandis que les grands commerçants et les hauts fonctionnaires gagnaient entre 1 000 et 10 000 florins.

Les revenus des musiciens variaient autant que ceux des autres catégories, et sont du reste difficiles à estimer puisque les paiements se faisaient souvent en nature. Une bonne partie des revenus de Joseph Haydn prenaient ainsi la forme de provisions, de vin, de bois de chauffage et de chandelles. Dans la demeure des Esterházy, le traitement moyen des musiciens d'orchestre était inférieur à 400 florins, à quoi s'ajoutaient environ 120 florins d'indemnités vestimentaires et de paiements en nature, soit une somme tout à fait comparable aux 450 florins versés à Pichel, ami de Dittersdorf, qui tenait le violon dans un théâtre viennois. Les salaires étaient moins généreux à Salzbourg : Mozart ne recevait que 450 florins (soit moins de 400 florins viennois) pour des fonctions relativement élevées d'organiste de la cour, tandis que Leopold était payé 350 florins comme maître de chapelle adjoint. Dans d'autres villes, les principaux musiciens gagnaient beaucoup plus. C'est ainsi que Christian Cannabich, maître de chapelle à Mannheim à l'époque de la visite de Mozart en 1777, était payé 1 800 florins, le maître de concert Fränzl 1 400 florins et le compositeur et maître de chapelle Ignaz Holzbauer 3 000 florins. Le traitement de Dittersdorf à Johannisberg monta jusqu'à 2 700 florins au fil de ses années de service auprès du prince-archevêque.

Pour ce qui concerne Mozart, il faut également savoir que les chanteurs et acteurs étaient particulièrement bien rémunérés. Même dans une ville parcimonieuse comme Salzbourg, le castrat Ceccarelli était payé 800 florins par an à l'époque où Mozart en gagnait 450. Lorsque Aloisia Weber fut invitée à chanter à Munich en 1778, on lui offrit 1 000 florins. Les principaux acteurs du Burgtheater recevaient entre 1 400 et 2 500 florins. Au sommet de l'échelle, le soprano Nancy Storace était tellement populaire à Vienne que l'empereur ordonna à la direction de l'opéra de lui offrir 4 500 florins en 1787. Quant à la célèbre basse bouffe Francesco Benucci, Joseph II nota tristement que trois chanteurs de son espèce coûteraient autant que cent grenadiers. A ces appointements élevés s'ajoutait la possibilité de gagner des sommes substantielles lors de concerts privés ou de représentations exceptionnelles. En certaines occasions, les chanteurs pouvaient gagner jusqu'à 450 florins en une seule soirée.

Ces chiffres doivent être replacés dans le contexte du coût de la vie à cette époque. L'auteur Friedrich Schiller affirme qu'un célibataire pouvait vivre correctement à Iéna avec 400 florins en 1790, et avec 600 florins à Dresde ou à Weimar. Le poète Wieland et sa grande famille vivaient confortablement, semble-t-il, avec moins de 1 500 florins par an. Si ces chiffres peuvent s'appliquer à Salzbourg, il en allait autrement à Vienne. Le coût des logements était élevé dans la ville même ; plusieurs acteurs du Burgtheater, amis de Mozart, payaient 500-700 florins rien qu'en loyer. Les vêtements étaient également chers : un habit d'homme coûtait 30-50 florins, une belle robe de dame jusqu'à 100 florins (Leopold Mozart fut ravi d'apprendre en 1781 que Nannerl s'était fait faire une robe noire pour seulement 70 florins). Les bas de soie d'homme coûtaient 5 florins la paire, et les chaussures étaient chères elles aussi. Les tenues exigées en certaines circonstances étaient parfois hors de prix. Les deux habits achetés par Dittersdorf pour assister au couronnement de Joseph II lui coûtèrent 700 florins. La nourriture était en revanche relativement bon marché de façon générale, encore que le coût du grain (et donc du pain) ait considérablement augmenté dans les années 1780, au point qu'en 1788 il y eut des émeutes à Vienne et que les boulangeries et les graineteries furent pillées. Schiller dînait bien à Iéna pour moins de 10 kreuzer, dit-il, et la famille Mozart tout entière vécut à Vienne en 1762 avec un ducat par jour.

La situation de Mozart exigeait qu'il soigne particulièrement son apparence, puisqu'il vivait en artiste indépendant, sans la protection d'une livrée. Son nom ou ses origines ne suffisaient pas non plus à le faire passer pour un gentilhomme. Ses dépenses au jour le jour étaient donc considérables. Il est en outre évident qu'en choisissant de vivre à Vienne Mozart était obligé de mener une existence plus coûteuse qu'ailleurs. L'une des raisons qui l'incitèrent à rester à Vienne était peut-être le climat de liberté intellectuelle qui prévalait sous le règne de l'empereur Joseph II.

Lumières et Révolution

Mozart a vécu dans une période de grande agitation politique, qui a vu les formes et les conventions de la hiérarchie établie contestées par la montée du rationalisme et des Lumières. L'affirmation des droits de l'individu contre un ordre social établi a conduit certaines nations à la révolution (notamment la France, bien entendu, et les Etats-Unis), tandis que d'autres régimes ont écarté cette menace en intégrant la bourgeoisie citadine aux structures de gouvernement. L'empire autrichien était quant à lui dans une situation unique, puisque Joseph II tenta d'imposer d'en haut des réformes inspirées des Lumières. Mozart fit directement l'expérience non seulement de la levée des contraintes intellectuelles promue par l'empereur, mais aussi de la répression face à la dissidence et à la rébellion qui suivirent les rétractations de Joseph à la fin de son règne.

La structure sociale dans laquelle Mozart a grandi était dominée par la distinction entre la noblesse, qui détenait le pouvoir, et le reste de la population. Cette noblesse jouissait de nombreux privilèges en matière de taxes et impôts, droits et châtiments, promotion dans les carrières militaires ou religieuses, et bien d'autres domaines encore. Rares étaient les citoyens ordinaires qui avaient des chances de l'emporter dans un conflit avec la noblesse. L'appartenance à cette classe privilégiée n'était cependant pas une donnée immuable, et l'un des premiers indices d'un changement social dans l'empire fut précisément l'accession aux rangs de la noblesse d'officiers et de fonctionnaires qui soutenaient la politique des Habsbourg. Cette évolution fut partiellement imposée aux gouvernants par le déclin de l'ancienne noblesse au cours de la guerre de Trente Ans. En Bohême, par exemple, seules cent des six cents familles de chevaliers antérieures à 1620 survivaient encore en 1750. L'anoblissement était en outre une précieuse source de revenus, dont Joseph II et sa mère Marie-Thérèse tirèrent tous deux parti, accordant chaque année des lettres de noblesse à une trentaine ou une quarantaine de fonctionnaires, officiers et industriels. Nombre de ces individus souscrivaient aux idées des Lumières, car les principes sous-tendant les réformes s'étaient d'abord implantés parmi l'intelligentsia citadine.

Le mot Lumières est un terme vague qui recouvre une multitude de croyances et de pratiques, parfois contradictoires. A la fin du XVIIIe siècle, les principales cibles des réformes rationalistes étaient la religion établie, l'éducation et la censure, le système pénal ainsi que les lois régissant la propriété des terres et les impôts. Les Lumières, ou plus précisément l'*Aufklärung* — l'Eclairement -, avaient pris racine en Autriche sous des influences venues de l'étranger, non seulement de France et d'Angleterre, mais aussi des Etats allemands du Nord, où des auteurs comme Gellert, Lessing ou Wieland occupaient une place de premier plan (voir Wangermann 1973). Joseph von Sonnenfels (* 1733), économiste et professeur à l'université de Vienne, joua un rôle important dans l'introduction des idées rationalistes, par l'intermédiaire de ses cours, de sociétés, et de son périodique *Der Mann ohne Vorurteil* (*L'homme sans préjugés*). Sonnenfels était également un personnage influent de la franc-maçonnerie viennoise, et Mozart possédait des exemplaires de ses écrits. D'autres publications comme le *Volkskalender* contribuèrent aussi à disséminer les idées éclairées jusque dans les familles d'artisans.

Marie-Thérèse, couronnée impératrice en 1740, partagea le pouvoir avec son fils Joseph II, qu'elle nomma corégent en 1765, jusqu'à sa mort en 1780. Puis ce fut la décennie « joséphiste », qui permit au despote éclairé de transformer bien des théories des penseurs du XVIIIe siècle en réalités pratiques (voir Macartney 1968). La corégence se révéla souvent difficile, car le zèle réformateur de

Joseph allait bien au-delà des vues de Marie-Thérèse et du chancelier, le prince Kaunitz. Dès 1765, Joseph reconnut qu'il avait du pouvoir une conception autocratique :

> Les grandes choses doivent s'accomplir d'un trait. Tout changement suscite tôt ou tard des controverses. La meilleure manière de s'y prendre est d'informer le public de ses intentions dès le départ, et, une fois sa décision prise, sans écouter aucune opinion contraire, de la mener à bien résolument.

L'une des questions sur lesquelles ils étaient cependant d'accord était la nécessité de réformes ecclésiastiques. L'opulence et l'immense richesse de l'Eglise, le grand nombre de moines, la fréquence des jours de fête entravaient le développement économique. Les pratiques religieuses étaient imprégnées de superstition et de sentimentalité, mais n'excluaient pas pour autant le plaisir, comme le nota le diplomate Nathaniel Wraxall (1799) :

> La superstition d'une femme autrichienne, si caractéristique, habituelle et excessive soit-elle, n'est nullement incompatible [...] avec la galanterie : elle pèche, prie, se confesse, puis recommence ; mais elle ne manque jamais ses messes, même pour son amant.

Marie-Thérèse prononça la dissolution de la riche Société de Jésus en 1773, restreignit les privilèges des ecclésiastiques et réduisit le pouvoir de l'Eglise catholique. Après la mort de sa mère, Joseph II alla encore plus loin, mettant un terme à la discrimination dont étaient victimes les églises luthériennes, calvinistes et grecques orthodoxes avec son édit de tolérance de 1781. On imposa également des restrictions à la grandeur théâtrale des offices religieux ; en 1786 Joseph décréta que les chants dans les églises devaient être remplacés par des prières silencieuses — l'une des raisons pour lequelles la production de musique religieuse de Mozart fut si modeste dans ses dernières années. Des réformes éducatives furent mises en œuvre au niveau tant primaire que secondaire, stimulées par le fait que dans les années 1780 plus de 30 pour cent de la population autrichienne était âgée de moins de dix-huit ans. Des lois furent également promulguées pour interdire le travail des enfants, instaurer une aide aux pauvres, autoriser le mariage civil et abolir la peine de mort.

Si importants qu'aient été tous ces changements, pour les classes moyennes de la société l'effet le plus tangible des Lumières fut la liberté de pensée et le relâchement de la censure encouragés par Joseph II. L'empereur pensait que la franchise dans les discours et les publications favoriserait les réformes et l'égalitarisme. Au fil de la décennie joséphiste, la licence intellectuelle qui régnait dans les salons viennois devint célèbre dans l'Europe tout entière. L'avancée de la franc-maçonnerie au cours de cette période fut l'une des conséquences de cette atmosphère. Autre fait significatif : la simplicité de Joseph et son peu de goût pour la pompe officielle. A la différence des autres monarques absolus de son temps, qui s'isolaient dans le protocole, l'empereur aimait se mêler à la société et gardait des manières sans affectation, comme en témoigne le docteur John Moore, un médecin écossais (1779) :

> Sa manière [...] est affable, obligeante et parfaitement dénuée de la conduite réservée et altière assumée par d'aucuns du fait de leur haute extraction. Quiconque a eu l'honneur de se trouver en sa compagnie, loin d'être freiné par une fierté aussi méprisable, doit prendre garde de ne pas adopter un tel degré de familiarité qui serait d'un usage hautement impropre.

Les contemporains tels que Wraxall gardèrent un excellent souvenir de ce mélange de plaisir, de foisonnement intellectuel et d'absence de rigueur :

> Je compterai toujours [...] les jours que j'ai passés ici au nombre des moments à la fois les mieux employés et les plus plaisants de ma vie.

Ce climat de réforme ne devait cependant pas durer. La fin du règne de Joseph (qui coïncide avec les dernières années de Mozart) fut marquée par une série de rétractations politiques et le rétablissement d'une société répressive où la libre pensée suscitait une profonde méfiance. Cette brutale volte-face avait ses origines aussi bien au sein de l'empire qu'à l'extérieur. A l'intérieur, bon nombre des réformes de Joseph provoquèrent en effet une réaction hostile des puissants de l'empire. Les réformes terriennes menaçaient la fortune de la noblesse. Les lois telle la taxe sur l'alcool imposée en 1780 et abolie au bout de trois ans sous la pression populaire nuisaient à l'image de l'empereur, qui se voulait, dans une large mesure, proche du peuple. Les guerres contre les Turcs de 1788-1790 ne firent qu'alourdir les impôts et la conscription. Les intellectuels, voyant que les sciences et les arts, en dehors de la musique, ne bénéficiaient d'aucun soutien, perdirent leurs illusions. La libéralisation de la censure se retourna contre l'empereur lorsque les réactionnaires commencèrent à propager leurs opinions au moyen de pamphlets. L'hostilité aux réformes suscita même de franches révoltes dans les Pays-Bas d'Autriche et certaines régions de Hongrie.

Mais l'événement qui précipita le retournement des autorités fut la Révolution française. Les milieux éclairés de Vienne étaient ravis par ce qui se passait à Paris. Mais, selon le chargé d'affaires britannique, la prise de la Bastille en juillet 1789 provoqua chez l'empereur « un transport de passion, et tira de lui les plus violentes menaces de vengeance, au cas où une insulte aurait été, ou dût être, faite à la personne de sa sœur [Marie-Antoinette] ». Trois mois plus tard, Louis XVI et la reine étaient conduits de force de Versailles par une foule qui portait triomphalement les têtes de deux gardes suisses.

Dans l'empire les conséquences furent dramatiques. Quantité de nouvelles lois furent abrogées. En très peu de temps Joseph II renversa la politique qu'il menait depuis des décennies. Gottfried van Swieten, ami et protecteur de Mozart, se vit retirer la responsabilité de la censure, dont le ministère de la Police, sous la direction du comte Pergen, reprit le contrôle. Les journaux disparurent, les hommes furent arrêtés et détenus sans procès et la franc-maçonnerie fut soumise à des restrictions. La liberté de pensée si caractéristique de Vienne avait presque disparu. Après la mort de Joseph II, au début de 1790, le bref règne de son frère Léopold n'apporta guère de changements. Il est intéressant de noter à quel point l'ascension et le déclin de la popularité de Mozart à Vienne reflètent le destin politique des Lumières à travers tout l'empire des Habsbourg.

Le mécénat et la place du musicien dans la société

La seconde moitié du XVIIIe siècle fut marquée par d'importants changements dans le statut social de l'artiste. A l'époque de la naissance de Mozart, c'est encore l'ordre baroque qui prévalait dans de nombreuses régions d'Europe, et l'artiste occupait les échelons les plus bas de la hiérarchie sociale. Les hommes de la génération de Leopold Mozart, y compris les musiciens et les compositeurs de talent, n'avaient guère d'autre possibilité que d'occuper des fonctions de musicien-domestique dans une cour aristocratique ou ecclésiastique.

Les carrières indépendantes étaient rarement couronnées de succès. Joseph Haydn mena à Vienne une existence précaire de professeur jusqu'à l'âge de vingt-sept ans, où il fut nommé maître de chapelle du comte Morzin, avant d'entrer deux ans plus tard, en 1761, chez les Esterházy. Le jeune Carl Ditters (* 1739) se lança lui aussi dans une carrière indépendante. Sous le patronage de Gluck, il voyagea en Italie comme violoniste virtuose, découvrant bientôt qu'il était indispensable de trouver un poste. Il travailla pour l'évêque de Grosswardein, mais cet homme d'église mondain s'attira les foudres de l'impératrice Marie-Thérèse pour avoir autorisé des représentations d'opéra les jours de jeûne, et ses musiciens d'orchestre furent congédiés. Ditters (qui s'appela ensuite Ditters von Dittersdorf) fut alors engagé par le prince-évêque de Breslau, et se distingua par son habileté de chasseur tout autant que de musicien. Nombre des contemporains de Mozart travaillèrent également dans les demeures de la noblesse. Johann Schenk (* 1753) était employé par le comte Auersperg, Joseph Schuster était maître de chapelle à Dresde, tandis que le Morave Anton Wranitzky (* 1761) était au service du prince Lobkowitz.

La vie dans une demeure aristocratique avait ses avantages, notamment par la sécurité d'emploi qu'elle offrait. Les patrons se montraient parfois généreux. A Eszterháza, les veuves et les orphelins des employés recevaient une pension, on bénéficiait de soins médicaux, et les domestiques en retraite étaient logés. Mais cette existence féodale n'était pas non plus sans inconvénients. Les musiciens engagés comme maîtres de chapelle devaient fournir un travail considérable : composer et exécuter la musique dans la chapelle, les salons, le théâtre d'opéra, mais aussi faire répéter chanteurs et instrumentistes, enseigner aux membres de la famille, adapter ou publier la musique d'autres compositeurs suivant les effectifs disponibles et assurer la discipline parmi les musiciens. En outre, le statut du musicien dans ces familles restait modeste. Tout au long de ses années de service chez le prince Esterházy, Haydn dut porter la livrée et ne put voyager sans l'approbation de son employeur. Le contrat qui le liait auparavant au comte Morzin lui interdisait explicitement de se marier. Les musiciens étaient souvent astreints à de petites tâches extra-musicales, témoin cette annonce publiée dans le *Wiener Zeitung* en 1798 :

> Cherche valet de chambre musicien.
> On demande un musicien qui joue bien du piano et qui sache aussi chanter et puisse donner des leçons de l'un et de l'autre. Ce musicien devra en même temps remplir les fonctions de valet de chambre.

A une époque où les enseignements des Lumières rendaient la bourgeoisie des villes plus exigeante, ce statut social de domestique devait sembler bien pitoyable. Une autre contrainte imposée aux musiciens-domestiques était l'obligation de passer une bonne partie de chaque année dans les résidences de campagne de leur employeur, souvent isolées. On connaît la situation de Haydn à Eszterháza. Dittersdorf quant à lui passa l'essentiel de sa vie d'adulte à Johannisberg en Silésie, tandis qu'Anton Wranitzky restait au moins six mois par an dans les châteaux de Roudnice et Jezeří en Bohême.

Pour Mozart, à l'époque de sa maturité, les perspectives d'une carrière qui ne l'attachent pas au service exclusif d'une demeure aristocratique s'élargissaient (voir Steptoe 1988). Les talents de Mozart auraient pu l'orienter dans deux directions. La première était une vie de compositeur sans allégeance à une cour ou une ville. Les seuls musiciens à y parvenir de façon relativement régulière étaient les compositeurs d'opéra italien. La fin du XVIII siècle vit une convergence de goûts en matière d'opéra dans toute l'Europe, si bien qu'au lieu de se contenter d'un travail local, les maisons offraient leur *scrittura* à une poignée de compositeurs qui voyageaient beaucoup afin d'honorer leurs commandes. Si quelques-uns de ces musiciens étaient originaires d'Europe centrale, la majorité étaient italiens. Le plus célèbre du vivant de Mozart fut sans doute Giovanni Paisiello (* 1740). Sa carrière, commencée en 1764, lui permit de travailler dans toute l'Italie, où il composa des *opere serie* et *buffe*. En 1776, Catherine la Grande le fit venir à Saint-Pétersbourg, où il écrivit au cours des huit années suivantes un ou deux opéras par an. Sur le chemin du retour en Italie il s'arrêta à Vienne, en 1784, pour composer *Il rè Teodoro*, sur un livret de Giambattista Casti. L'étonnante rémunération qu'on lui versa pour cette œuvre — 300 ducats (1 350 florins) — témoigne de la haute estime où on le tenait. Il passa ses dernières années à Naples, travaillant pour les théâtres de la ville tout en composant des opéras pour d'autres scènes.

Une telle existence n'était peut-être pas sans attrait pour un compositeur comme Mozart, qui avait une prédilection pour l'opéra, mais, là encore, elle avait aussi ses désavantages. Les compositeurs de cette époque ne recevaient pas de droits d'auteur quand on exécutait leur musique, si bien qu'ils ne tiraient pas de bénéfice direct du succès d'une de leurs œuvres. Ils étaient payés une fois pour toutes par le commanditaire, après quoi la musique pouvait être jouée, adaptée ou arrangée en toute impunité. La survie du compositeur dramatique dépendait des commandes qu'il pouvait trouver, lesquelles supposaient d'incessants voyages, de la diplomatie et une popularité constante. Une existence vagabonde de ce type n'était peut-être pas pour plaire à Mozart, qui restait fortement attaché à Vienne pour des raisons sentimentales et idéologiques.

L'autre carrière ouverte aux musiciens de cette époque leur imposait aussi de nombreux voyages : c'était l'existence d'instrumentiste virtuose qui gagnait sa vie en donnant des concerts et des leçons, et éventuellement en publiant des pièces à succès pour son instrument. Plusieurs virtuoses du temps de Mozart ont réussi dans des carrières de ce genre, en particulier la pianiste aveugle Maria Theresia Paradies, pour qui Mozart écrivit un concerto (on suppose généralement que c'est le K. 456) et Johann Samuel Schroeter, qui étudia à Leipzig, mais renonça à sa carrière après s'être enfui avec une élève de l'aristocratie anglaise qu'il épousa. Le meilleur exemple en est Muzio Clementi ([*] 1752), un Italien que Peter Beckford ramena enfant en Angleterre et qui passa sa jeunesse en implacables exercices de dextérité pianistique. Après quelques succès à Londres, il s'embarqua dans une longue tournée sur le continent en 1780, donnant des concerts à Paris, Munich, Vienne ou Strasbourg, où il enseignait également à des élèves choisis. La publication de cinq recueils de pièces pour piano témoigne de sa célébrité à Paris. Il revint ensuite s'établir en Angleterre, mais renouvela ses tournées sur le continent en plusieurs occasions.

Il est clair que, lorsque Mozart s'installa à Vienne au début des années 1780, il avait l'intention de gagner sa vie essentiellement comme virtuose. Et pendant quelques années il y parvint. Malheureusement, le goût de la noblesse et du public pour ses prestations pianistiques déclina dans la seconde moitié de la décennie. S'il s'était installé dans une autre grande ville à ce moment (comme l'y encourageaient sans doute ses amis), Mozart aurait très vraisemblablement pu continuer à bien gagner sa vie comme pianiste. Mais ses propres ambitions musicales avaient alors elles aussi évolué (voir « Revenus et finances », p. 159).

Du vivant de Mozart, les possibilités offertes au musicien de talent ont de toute évidence beaucoup évolué. Celui-ci s'affranchissait de plus en plus du patronage, à mesure que s'ouvraient les perspectives d'une carrière indépendante. Mozart, à l'âge adulte, était prêt à travailler pour l'Eglise ou pour la cour impériale, mais non à entrer au service de la noblesse. Cette décision ne fut cependant pas aussi radicale que l'ont parfois dit certains des premiers romantiques, qui voulurent voir en Mozart une figure tragique, rejetant les contraintes de la hiérarchie sociale et du patronage aristocratique pour ensuite souffrir les ignomineuses conséquences de ce refus. Mozart voyait d'autres compositeurs, tels J.C. Bach à Londres ou Johann Baptist Vanhal à Vienne, qui réussissaient à gagner leur vie sans entrer au service d'un patron, de même que des virtuoses célèbres et des compositeurs d'opéra qui connaissaient une réussite à la fois financière et sociale. Les musiciens commencèrent à se rapprocher au cours de cette période des conditions de travail déjà obtenues par les peintres et les architectes. Jean-Baptiste Greuze, à Paris, Robert Adam, à Londres, et Franz Anton Maulpertsch, à Vienne, n'étaient pas liés par contrat exclusivement à une cour ou une demeure, mais acceptaient des commandes provenant de plusieurs patrons aristocratiques, ecclésiastiques ou laïcs. C'est de cette manière que le statut social (et parfois financier) du musicien commença à se hisser au niveau qu'il devait atteindre au XIXe siècle.

ANDREW STEPTOE

5

CONTEXTE MUSICAL

Origines stylistiques

Opéra

L'opéra du XVIIIe siècle n'était pas une forme artistique homogène. Ses caractéristiques variaient suivant le sujet et la langue dans laquelle il était chanté. Les genres prédominants étaient l'opéra sérieux et comique italien (qu'on appelle communément de nos jours *opera seria* et *opera buffa*). Seule la France fit des efforts systématiques (pour des raisons politiques et nationalistes) afin d'endiguer l'influence italienne et créer un opéra national qui ait ses propres caractéristiques. Ailleurs, les tentatives pour lutter contre l'influence débordante des Italiens restèrent dispersées et inefficaces. Dans la seconde moitié du siècle, nous le verrons, les pays germanophones tentèrent de populariser un opéra comique de langue allemande. Néanmoins, peu de choix réalistes s'offraient au jeune compositeur allemand de la génération de Mozart s'il avait l'ambition de devenir un compositeur d'opéra de renommée internationale. Il pouvait envisager d'aller à Paris écrire des opéras en français (tâche difficile pour toutes sortes de raisons, mais que Gluck sut mener à bien dans les années 1770). Il valait cependant mieux grossir les rangs des compositeurs italiens et apprendre à écrire comme eux.

L'opéra sérieux italien (*opera seria*) était un genre élitisme. Ses intrigues étaient le plus souvent fondées, ou du moins inspirées, de l'histoire ancienne et ses personnages (rois, généraux) empruntés à cette période. Les grands librettistes dans ce domaine (notamment Pietro Metastasio, dit Métastase, 1698-1782) n'hésitaient pas à déformer l'histoire pour prêter à leurs aristocratiques héros et héroïnes les qualités (constance, loyauté, générosité) censées dépeindre leur noblesse. L'intention du librettiste était de conforter la position des classes dirigeantes en montrant sur scène leur aptitude à gouverner. La *festa teatrale* était un genre complémentaire de l'*opera seria*, parfois cultivé par certaines cours européennes (notamment par les Viennois) pour célébrer des événements exceptionnels, un mariage royal par exemple. Sa fonction était généralement de faire l'éloge de la royauté et de dresser un tableau flatteur de son rôle dans le monde au moyen d'une allégorie transparente ; l'intrigue dramatique était alors limitée, voire inexistante.

L'opéra comique italien (*opera buffa*) avait une fonction différente, puisque à l'origine il était une satire de certains travers humains (incrédulité, avarice, libertinage) qu'on tenait pour caractéristiques des couches sociales les plus basses. Nombre des premiers *opere buffe* comportaient exclusivement des personnages de domestiques ou de bourgeois. Vers le milieu du siècle l'*opera buffa* commençait cependant à offrir une image du monde plus large, en étendant son répertoire de personnages aux rangs inférieurs de l'aristocratie. Ce mélange de différents groupes sociaux fut peut-être l'évolution la plus importante dans l'opéra bouffe de l'époque. Il permettait entre autres l'apparition de « demi-caractères » (*mezzi caratteri*) dont les spécificités chevauchaient les lignes de séparation normales de ce que l'on considérait comme approprié aux différents groupes. Dans l'opéra bouffe du temps de Mozart, on rencontre assez couramment un héros ou une héroïne de haut rang dont les actions sont, consciemment ou non, en dessous de son statut social. L'aristocrate qui courtise des dames de rang inférieur est l'un des personnages de ce type (le comte de *Le nozze di Figaro* de Mozart en est un exemple évident).

Il n'est pas étonnant qu'un genre regroupant de nombreux types de caractères (l'*opera buffa*) contienne une musique plus diversifiée qu'un genre dont les personnages sont tous de haut rang (l'*opera seria*). Au fil de son évolution, l'*opera buffa* emprunta plusieurs des styles qu'on trouvait auparavant dans l'*opera seria*, tandis que les emprunts dans l'autre sens sont moins fréquents. La qualité musicale de l'*opera seria* tenait à ce qu'il attirait les meilleurs chanteurs et cantatrices, puisqu'il était patronné par l'élite sociale et bénéficiait d'un bon soutien financier. C'est pourquoi la musique « sérieuse », celle qui est normalement associée aux personnages nobles de l'*opera seria*, comportait généralement des lignes vocales exigeant une grande technique, c'est-à-dire avec de longs passages soutenus, des ornements et des vocalises. La musique « comique », celle des personnages de basse extraction de l'*opera buffa*, était dans bien des cas chantée par des chanteurs au talent moyen. Les phrases tendaient donc à y être plus courtes, les lignes moins virtuoses et les mélodies plus simples. Le style « comique » employait également des airs bouffes caractéristiques, où le débit des paroles était le plus rapide possible. Vers le milieu du siècle, on rencontrait dans l'*opera buffa* à la fois le style sérieux et le style comique, puisque les personnages en étaient de toute condition. L'*opera seria* n'a jamais connu pareille coexistence, pour la simple raison qu'aucun personnage comique ne pouvait y servir de prétexte à une musique comique.

Le plan structurel d'un *opera seria* ou d'une *festa teatrale* du milieu du siècle était simple et répétitif. Les récitatifs « secs » (accompagnés par le seul clavier) alternaient avec les arias *da capo* de manière à donner à tous les chanteurs le nombre d'arias convenant à leur rang dans la distribution (dans l'*opera seria*, on confiait généralement quatre ou cinq arias aux premiers rôles, et peut-être une seule aux moins importants). Chaque aria *da capo* permettait à l'exécutant de faire montre de sa technique en variant la reprise. Cette succession n'était qu'occasionnellement interrompue au cours de l'opéra par l'insertion d'un récitatif accompagné, d'une brève ariette, d'un ensemble ou d'un chœur. Les origines de cette évolution sont bien antérieures à la naissance de Mozart, et ce schéma répétitif (récitatif et aria *da capo*) confère à l'opéra une sorte de dessin géométrique qui n'est pas sans analogies avec les formes régulières des jardins à la française des XVIIe et XVIIIe siècles. La relation est évidente avec la pensée cartésienne, pour laquelle la Nature (c'est-à-dire tout ce qui n'est pas soi) s'explique et s'illustre le mieux à l'aide de formules mathématiques.

La construction d'un *opera buffa* du milieu du siècle était très semblable — ici aussi les chanteurs s'attendaient à un certain nombre d'airs suivant leur rang — mais à une particularité près : un ensemble final qui réunissait toute la distribution ou presque à la fin de chaque acte. Vers 1750 le grand dramaturge et librettiste Carlo Goldoni (1707-1793) introduisit un nouveau type de long finale d'« action », dans lequel les personnages entraient en scène et en sortaient librement. L'importance historique de ce finale d'action tenait à ce que les compositeurs, lorsqu'ils le mettaient en musique, étaient obligés d'écrire sans forme musicale préconçue. La forme, autrement dit, était déterminée par ce qui se passait sur scène et par le nombre fluctuant de personnages présents à un moment donné.

L'apparition du finale d'action est le premier symptôme de ce relâchement des conventions structurelles qui gagna peu à peu tous les aspects de l'opéra du vivant de Mozart. Il toucha tout d'abord les formes d'aria. La forme *da capo* fut abandonnée dans l'*opera buffa* entre les années 1750 et le début des années 1760 ; elle disparut ensuite de l'opéra sérieux une quinzaine d'années plus tard, au profit entre autres de la forme binaire, en rondo, bipartite (lent-vif), mais aussi de formes libres qui, comme le finale d'action, font progresser l'action dramatique. Ce relâchement des anciennes conventions formelles influa en dernier ressort sur le nombre d'ensembles, qui crût à mesure que celui des arias diminuait. Les années 1750, autrement dit, ont vu l'uniformité structurelle commencer à le céder à la diversité. Cette évolution permettait de présenter l'action dramatique au public de manière plus « naturelle », et l'on peut à nouveau voir une analogie avec les jardins du XVIIIe siècle : les changements intervenus dans l'opéra trouvent en effet un parallèle dans la disposition censément plus « naturelle », irrégulière, des jardins paysagers (tel le parc à l'anglaise).

Si nous nous sommes concentrés jusqu'ici sur l'opéra italien, c'est tout simplement parce que la plupart des œuvres scéniques de Mozart sont italiennes. Mais il nous faut également évoquer les caractéristiques de l'opéra allemand et français du milieu du XVIIIe siècle, à la fois pour expliquer certains aspects inhabituels de l'un des opéras italiens de Mozart (*Idomeneo*) et pour dresser la toile de fond de ses opéras allemands. L'*Essai sur l'opéra en musique* (*Saggio sopra l'opera in musica*) de Francesco Algarotti, publié en 1756, nous offre un bon point de départ. Mécontent de l'évolution de l'*opera seria*, devenu prétexte aux exhibitions des chanteurs, Algarotti réclame dans son ouvrage que la primauté ne soit plus donnée aux considérations musicales et que les librettistes contrôlent mieux le résultat artistique. Il ajoute que la tragédie lyrique contemporaine des Français est riche d'enseignements pratiques. La tragédie lyrique différait en effet de l'*opera seria* à plusieurs égards. Ses intrigues étaient fondées sur la mythologie classique plutôt que sur l'histoire ancienne ; elle accordait davantage de place au magique et au merveilleux ; elle comprenait des ballets et des chœurs intégrés au déroulement de l'action. Grâce à ces ballets et ces chœurs, mais aussi au fait que ses airs solistes n'étaient pas tous coulés dans le même moule structurel, la musique de la tragédie lyrique était plus diversifiée que celle de l'*opera seria*. Malheureusement, elle était si mal chantée par les chanteurs français que la plupart des étrangers ne supportaient pas de l'écouter.

La réforme d'inspiration française préconisée par Algarotti eut peu de conséquences immédiates. Seule la minorité de patrons qui avaient une raison particulière d'être francophiles se montra favorable à cette idée d'une musique de style italien (débarrassée de sa dimension démonstrative) et de paroles italiennes superposées à un plan dramatique français. Quelques opéras hybrides de ce type furent produits à la cour de Parme en 1758-1759, à l'instigation du ministre d'Etat français, G.-L. du Tillot. Les célèbres opéras « réformés » de Gluck, *Orfeo ed Euridice* et *Alceste*, écrits à Vienne dans les années 1760, au moment où la cour autrichienne menait une politique d'amitié avec la France, relèvent également de cette catégorie. On monta aussi des œuvres « réformées » de ce type ailleurs en Allemagne, y compris à la cour bavaroise de Munich. C'est pour cette cour que Mozart composa *Idomeneo* en 1781, sur une intrigue tirée d'une ancienne tragédie lyrique, et avec ballets et chœurs.

Ce croisement fécond entre les idées se fit sentir tout autant en France qu'en Italie et dans les Etats allemands, et l'un des événements les plus importants pour l'opéra du milieu du siècle fut la venue d'une compagnie italienne à Paris en 1752 pour la représentation d'un choix de petits opéras bouffes italiens (intermezzi). Ces intermezzi eurent un impact considérable sur le public français. La comparaison que faisaient les Français entre l'opéra bouffe italien d'une part et leur tragédie lyrique de l'autre rapprochait deux genres qui n'étaient pas vraiment comparables ; et pourtant la dispute sur la supériorité de l'une ou l'autre nation en matière d'opéra déboucha sur une querelle éphémère mais virulente, qu'on appelle la Querelle des bouffons.

Cette querelle n'eut guère d'incidence à long terme sur l'un ou l'autre genre ; en revanche, elle exerça une influence sur un autre genre qui jusque-là n'avait pas manifesté de grandes prétentions artistiques, à savoir l'opéra-comique français. Avant les années 1750, l'opéra-comique était en pratique une farce ou une pièce rustique avec des insertions musicales (dont bon nombre consistaient en airs populaires dotés de paroles nouvelles). L'enthousiasme provoqué par les Italiens incita les Français à faire de l'opéra-comique un opéra véritable en y introduisant les caractéristiques modernes, « naturalistes », de l'*opera buffa* italien : les personnages réalistes tirés de diverses couches de la société, les styles musicaux qui leur étaient associés, un grand nombre de pièces musicales de formes de plus en plus variées. L'opéra-comique demeura cependant typiquement français, non seulement parce que ses textes étaient en français, mais aussi parce qu'il continua de recourir au dialogue parlé. Beaucoup de ses airs conservaient cette simplicité mélodique caractéristique des chansons populaires qui en avaient été l'élément musical primordial. En outre, à la différence de l'opéra italien, il échappait à cette préoccupation qui obligeait les Italiens à répartir les airs, en ordre et en nombre, pour plaire aux chanteurs. Il n'était pas d'une plus grande efficacité théâtrale que l'*opera buffa*, mais ses intrigues étaient d'une plus grande cohérence puisque les pièces musicales n'étaient pas soumises à un emplacement ou un ordre prédéterminé.

Si Mozart n'a composé aucun opéra en français, l'évolution de l'opéra en France n'en a pas moins influencé son œuvre. L'émergence d'un opéra comique allemand (genre dans lequel Mozart a composé quatre ouvrages au cours de sa carrière : une petite pièce de jeunesse et trois œuvres de maturité, dont deux de grande ampleur) devait beaucoup à la grande diffusion non seulement de l'*opera buffa*, mais aussi de l'opéra-comique italianisé à travers les pays de langue allemande dans les années 1750 et 1760. L'évolution du *Singspiel* allemand vers un opéra comique proprement dit suivit le même cours artistique que son équivalent français, mais à la fois plus lent et légèrement plus tardif. On a situé la naissance de l'opéra comique allemand en 1752, avec la production de *Der Teufel ist los* de Johann Standfuss à Leipzig (Baumann 1985). Mais c'est seulement après la guerre de Sept Ans qu'on commença à voir régulièrement des spectacles de ce genre en Saxe puis ailleurs en Allemagne.

La chance a voulu que Mozart compose à une époque de changement. Non pas que cette période ait vu l'hégémonie des Italiens sérieusement contestée (le fait que la majorité des opéras de Mozart soient en italien en est la preuve) ; mais on y entrevoyait pour la première fois la possibilité de réunir en une œuvre unique les meilleurs aspects de l'opéra de nations différentes. L'une des voies consistait pour ce faire à unir une musique italienne « sérieuse » à un plan dramatique français (comme le préconisait Algarotti). Une autre était d'appliquer à l'opéra comique français et allemand les techniques musicales de l'opéra bouffe italien, où les styles et les structures se diversifiaient pour donner une présentation dramatique plus naturaliste. Les compositeurs de la génération de Mozart étaient bien entendu soumis à des contraintes pratiques qui les empêchaient d'aller au bout de ces possibilités. Mais Mozart sut saisir les occasions qui se présentaient, et donna au monde non seulement les plus grands opéras italiens de la fin du XVIIIᵉ siècle, mais aussi les premiers vrais chefs-d'œuvre en langue allemande.

MICHAEL F. ROBINSON

Musique instrumentale

Les années 1750 ont vu, outre la naissance de Mozart, la disparition des deux figures qui avaient dominé la musique de la période précédente : Johann Sebastian Bach et George Frideric Haendel. A Salzbourg, et dans tout le sud de l'Europe de manière générale, leur musique était pratiquement inconnue. Seules quelques-unes de leurs œuvres circulaient sous forme de manuscrits en Autriche (*Le clavier bien tempéré* de Bach ou *Acis and Galatea* de Haendel, par exemple), et Mozart ne découvrit vraiment leur musique que dans les années 1780. Dans son esprit et sa technique, la musique de Bach et de Haendel aurait paru entièrement étrangère à des compositeurs travaillant à Salzbourg au milieu du siècle : protestante et non catholique, essentiellement vocale et non instrumentale, préférant la complexité à la simplicité ; car l'Autriche, de même que l'Italie et l'Allemagne du Sud, cultivaient depuis quelques dizaines d'années un style tout à fait différent. Si importants et intéressants qu'aient été les changements touchant l'opéra contemporain, les transformations qui prenaient place dans la musique instrumentale étaient encore plus radicales. Ce nouveau style, qu'on dit classique, donna naissance à plusieurs genres nouveaux importants, en premier lieu la sonate pour clavier, le quatuor et la symphonie — tous genres qui occupent une place de premier plan dans la production de Mozart. Les compositeurs de ces premières sonates, symphonies et quatuors sont, à l'exception notoire de Joseph Haydn, des musiciens de second, voire de troisième rang ; c'est néanmoins vers eux qu'il faut se tourner, et non vers Bach ou Haendel, pour découvrir la toile de fond sur laquelle s'est formée la musique instrumentale de Mozart.

Si la sonate destinée à un instrumentiste unique assis devant un instrument à clavier était un genre nouveau, il n'en partageait pas moins une caractéristique essentielle de la musique de clavier plus ancienne et de la musique de chambre baroque de façon générale : c'était une forme de musique presque exclusivement pratiquée par les amateurs, jouée par des instrumentistes, souvent féminins, pour leur propre plaisir, plutôt que par des amateurs pour le divertissement d'autrui. L'habileté de ces amateurs variait bien entendu considérablement, du débutant à l'artiste accompli, et l'immense quantité de sonates composées et publiées au XVIIIe siècle reflète cette diversité. Certains compositeurs étaient employés comme professeurs par l'aristocratie ou la royauté, tels Georg Wagenseil (1715-1777) à la cour de Marie-Thérèse, ou Domenico Scarlatti (1685-1757) à la cour de Maria Barbara en Espagne ; les publications étaient souvent expressément destinées au « beau sexe » ; et parfois le mot « sonate » était remplacé par un terme qui en évoquait la fonction didactique — *lesson* en Angleterre, ou *essercizi* pour certaines sonates de Scarlatti. Pour un jeune compositeur désireux de se faire connaître, il était d'usage de publier comme opus 1 un recueil de sonates. La première musique de Mozart à être publiée fut un recueil de sonates pour clavier avec accompagnement facultatif d'un violon (K. 6 et 7, Paris 1764) ; la célèbre sonate en *ut* majeur (K. 545) — « Une petite sonate pour piano à l'intention des débutants », dit Mozart — n'est qu'un exemple tardif de cette écriture très simple parfois exigée par le destinataire.

La texture qui prédomine dans le premier mouvement bien connu de la sonate en *ut* majeur — une ligne mélodique accompagnée d'accords brisés — était déjà un lieu commun en 1760 ; on l'appelle généralement « basse d'Alberti », d'après Domenico Alberti (v. 1710-1740), compositeur vénitien de quelque trois douzaines de sonates qui emploient cette écriture. Son usage chez Alberti et d'autres peut paraître inflexible, mais il donnait aux rythmes harmoniques lents du nouveau style ainsi qu'à ses lignes mélodieuses, parfois mélancoliques, l'élan et l'atmosphère dont ils avaient tant besoin ; pour l'instrumentiste amateur, elle avait en outre l'avantage d'être facile à jouer.

Toutes les sonates pour clavier du milieu du siècle ne recourent pas à ce procédé insipide. Leopold Mozart (1719-1787), dans ses trois sonates publiées à Nuremberg (1762-1763), et Wagenseil, dans son opus 1 publié à Vienne, aspirent à une écriture moins tributaire de procédés stéréotypés. Mais ce sont deux autres compositeurs qui dominent la période dans le domaine de la sonate pour clavier : Domenico Scarlatti et C.P.E. Bach (1714-1788). Le premier passa l'essentiel de sa carrière au Portugal et en Espagne ; auteur de plus de cinq cents sonates, qui témoignent d'une originalité reconnue en son temps, il exerça une influence bien moindre que cette originalité ne le laisserait supposer. En revanche, la musique de C.P.E. Bach se révéla plus influente. Non que celle de Mozart lui ressemble — elle est généralement plus proche de celle de J.C. Bach —, mais parce que C.P.E. Bach fut le premier compositeur à démontrer que la principale qualité du nouveau style — sa simplicité — pouvait s'allier au sentiment et à la rhétorique. C'est en ce sens qu'il faut comprendre l'hommage qu'on prête à Mozart (rapporté pour la première fois en 1832) : « Il est le père, nous sommes les enfants. Ceux d'entre nous qui savent quoi que ce soit l'ont appris de lui. » En 1760, C.P.E. Bach était claveciniste à la cour de Frédéric le Grand depuis près de vingt ans et avait publié quatre recueils de sonates pour clavier — œuvres remarquées pour leur gravité, leur éventail expressif, leur écriture inventive et leurs structures recherchées. Elles sont à l'origine d'une popularité et d'une estime qu'il préserva jusqu'à sa mort en 1788.

Il n'est pas étonnant, compte tenu du tempérament de C.P.E. Bach, que son instrument de prédilection ait été le clavicorde, où l'exécutant contrôle directement le volume sonore au moyen du toucher. Le piano partageait cette faculté avec le clavicorde, mais, alors que l'instrument avait été inventé dès le tournant du siècle et qu'il se prêtait de manière idéale à l'expression nuancée du style classique, il ne devait remplacer le clavecin, comme instrument à clavier le plus répandu, que bien au cœur de la seconde moitié du XVIIIe siècle.

La symphonie classique avait ses origines dans l'ouverture d'une œuvre dramatique : opéra, oratorio ou drame scolaire, ce dernier genre étant particulièrement répandu à Salzbourg dans la première moitié du XVIIIe siècle. Cette *sinfonia*, qui comportait de un à trois mouvements, put s'ouvrir aux influences extérieures et développer sa propre personnalité une fois libérée de sa fonction introductive originelle. La symphonie, même autonome, conserva néanmoins des liens étroits avec le théâtre d'opéra, et Mozart, comme bien d'autres compositeurs, transforma souvent des ouvertures en symphonies.

En 1760, statistiquement, la plupart des symphonies comportaient trois mouvements, dans l'ordre vif, lent, menuet *ou* vif ; mais les exemples du schéma en quatre mouvements (vif, lent, menuet *et* vif), prépondérant à la fin du siècle, étaient déjà nombreux, en particulier émanant d'Autriche. Les introductions lentes, révélatrices de l'ambition et de la portée de l'œuvre, commençaient également à apparaître, par exemple dans les symphonies de Leopold Mozart et du compositeur viennois Leopold Hofmann (1738-1793). En ce qui concerne l'orchestration, les symphonies écrites vers le milieu du siècle pouvaient être destinées à une petite formation composée uniquement de trois pupitres de cordes (premiers et seconds violons et basses), telles les symphonies de l'Italien Sammartini (1700/01-1775) et de l'Autrichien Georg Matthias Monn (1717-1750). A l'autre extrême, un groupe de compositeurs établis à la cour de Mannheim sous la férule de Johann Stamitz (1717-1757) aimait à employer une sonorité orchestrale caractéristique qui utilisait toute la palette instrumentale, y compris les clarinettes. Mozart eut à plusieurs reprises l'occasion d'apprécier directement les qualités de l'orchestre de Mannheim, « cette armée de généraux », selon l'expression du docteur Burney ; la richesse, la profondeur et la couleur de son orchestration doivent beaucoup à cette « école » de Mannheim.

En Autriche, on avait cependant tendance à écrire des symphonies destinées à une formation plus réduite — deux hautbois, deux cors, deux bassons et cordes — les autres instruments (hormis les clarinettes, très rares avant 1780 environ) n'apparaissant qu'à titre exceptionnel. Les symphonies des frères Haydn, de Leopold Mozart, de Carlo d'Ordonez (1734-1786) et de Johann Baptist Vanhall (1739- 1813) dénotaient déjà une prédilection pour les mouvements faisant appel à un ou plusieurs instruments solistes ; c'est un trait que l'on retrouve à l'occasion dans les symphonies du jeune Mozart, mais plus régulièrement dans ses sérénades. Les symphonies avec trompettes et timbales étaient normalement confinées à deux tonalités, *ut* majeur et *ré* majeur. Si les premières étaient répandues dans toutes l'Europe, les secondes étaient plus typiquement autrichiennes, illustrées par Mozart avec les symphonies « Linz » et « Jupiter ». La plupart des messes composées à l'époque étaient également en *ut* majeur, et cette relation entre trompettes, la tonalité d'*ut* majeur, symphonies et messes était importante, et plus apparente alors qu'aujourd'hui, car les symphonies avaient autant de chances d'être jouées lors d'offices religieux ou dans des monastères que dans les salons de l'aristocratie.

La symphonie, avec ses sonorités intéressantes et ses inventions séduisantes, avait supplanté, à l'époque de la naissance de Mozart, le concerto comme principal genre instrumental. Elle avait également mis au point un schéma qui allait servir de base à son évolution pendant les deux siècles à venir : le premier mouvement, le plus long et le plus ambitieux, se prêtait aux contrastes de climat ; le mouvement lent et le menuet étaient moins dynamiques, le premier de caractère lyrique et détendu, le second énergique mais solennel ; le dernier mouvement était vif et léger. Une seule ressource importante restait à découvrir après 1760 : la sonorité du mode mineur ; les symphonies en mode mineur sont en effet extrêmement rares avant la naissance de Mozart, peut-être parce que les sonorités de ces tonalités semblaient incompatibles avec la séduction facile du style classique.

Parmi les genres nouveaux associés au style classique, le quatuor à cordes fut le dernier à s'imposer ; c'est pratiquement une invention de Joseph Haydn (1732-1809), dans ses dix quatuors de jeunesse, qui datent d'environ 1757-1759. Dans de nombreuses régions d'Europe, notamment en Angleterre, en France et dans le nord de l'Allemagne, la musique de chambre de l'époque précédente, solidement fondée sur la présence de la basse continue, avait empêché le développement d'un ensemble à quatre parties sans instrument de continuo. En Autriche, la tradition du continuo n'était pas aussi bien ancrée qu'ailleurs et, dès la deuxième décennie du XVIIIᵉ siècle, des compositeurs comme Franz Aspelmayr (1728-1786), Monn et Giuseppe Porsile (1680-1750), écrivirent de la musique de chambre sans instrument à clavier. Ces œuvres prirent bientôt le titre de « divertimento », terme qui avait une signification spécifique dans l'Autriche du XVIIIᵉ siècle, comme l'a montré James Webster (1974). Il s'appliquait toujours à la musique de chambre, jamais à la musique orchestrale, et ne comportait pas cette connotation de légèreté que lui ont donnée les XIXᵉ et XXᵉ siècles. Les œuvres qu'on qualifia plus tard de sonates, trios, quatuors, quintettes, octuors, etc., étaient donc généralement baptisées divertimenti. L'une des formations les plus courantes du divertimento était le trio constitué de deux violons et d'un instrument de basse (Leopold Mozart et le jeune Joseph Haydn composèrent beaucoup d'œuvres de ce genre) ; l'inévitable adjonction d'un alto à cet ensemble fit du divertimento un quatuor à cordes. Bien que les premiers quatuors de Haydn aient été précédés de quelques exemples de Franz Xaver Richter (1709-1789) et d'Ignaz Holzbauer (1711-1783), la véritable histoire du quatuor ne commence qu'avec les premières pièces de Haydn.

Indépendamment de la tradition du divertimento, le jeu en quatuor serait né tout naturellement de cette pratique courante consistant à jouer les symphonies de l'époque avec un seul instrumentiste au lieu de plusieurs par pupitre, soit par choix, soit parce que les ressources locales, par exemple dans les églises les plus démunies, ne permettaient pas de doubler les parties. Une symphonie à trois parties du compositeur salzbourgeois Johann Ernst Eberlin (1702-1762) sonnait ainsi comme un trio, une œuvre à quatre parties comme un quatuor. La musique orchestrale des prédécesseurs de Mozart à Salzbourg emploie souvent les altos divisés, ce qui donne une écriture à cinq parties ; jouées avec un instrumentiste par pupitre, ces œuvres font appel à la combinaison du quintette (deux violons, deux altos et violoncelle) que Michael Haydn (1737-1806) et Mozart devaient employer dans leurs quintettes à cordes.

L'un des rares genres instrumentaux majeurs à avoir survécu à l'évolution du style musical au milieu du siècle est le concerto, non pas le concerto grosso, qui fut rapidement oublié — encore que son esprit soit présent dans la symphonie concertante —, mais le concerto de soliste. Dans la plupart des centres européens, les compositeurs écrivirent quantité de concertos pour violon, flûte, hautbois, cor, trompette et, de plus en plus souvent, clavier. Lorsque le nouveau style classique acquit ses qualités propres, les compositeurs se contentèrent de mettre du vin nouveau dans de vieilles outres, puisqu'ils préservaient les structures baroques et ne tentaient guère d'y intégrer l'éloquence dramatique du nouveau style. Les concertos de Leopold Mozart, Stamitz, C.P.E. Bach et même du jeune Haydn paraissent donc insignifiants en comparaison avec les œuvres de la maturité de Mozart, et leur écriture semble même inerte en regard de celle d'autres œuvres instrumentales des mêmes compositeurs ; seul un amour impérissable de la virtuosité semble avoir maintenu le genre en vie au milieu du siècle. Sa survie contribua néanmoins au développement de la musique de chambre avec piano, puisque les concertos étaient eux aussi souvent joués avec un instrumentiste par partie, donnant des quatuors ou quintettes avec piano ; en 1783 Mozart indiqua que ses derniers concertos (K. 413-415) pouvaient se jouer de cette manière.

A tout compositeur né dans les années 1750, l'ère musicale nouvelle qui s'ouvrait offrait de grandes possibilités : il ne faisait désormais plus de doute que le nouveau style remplacerait l'ancien, jusque dans les pays conservateurs comme l'Angleterre, la France et le nord de l'Allemagne ; les principaux compositeurs avaient déjà démontré et développé certaines de ses qualités distinctives ; les musiciens et le public étaient particulièrement enthousiasmés par les nouveaux genres instrumentaux. On ne manquait, en particulier dans le domaine de la musique orchestrale, que d'une imagination créatrice de premier rang pour voir naître des œuvres d'une originalité durable.

David Wyn Jones

Musique religieuse

Même si elle n'a jamais produit un compositeur du génie de Mozart, la cour impériale de Vienne, avec son passé historique prestigieux, eût semblé à tout observateur contemporain le centre musical le plus important d'Autriche, comparable à toute autre capitale culturelle d'Europe. Sa réputation reposait pour une bonne part sur la magnificence des spectacles dramatiques donnés à la cour, mais elle se nourrissait également d'une solide tradition dans le domaine de la musique d'église. Nombre d'églises viennoises, à commencer par la cathédrale Saint-Etienne, se targuaient d'une pratique musicale vivante et de haut niveau ; mais la chapelle de la cour impériale (Hofkapelle) les surpassait toutes. Son âge d'or remonte au règne de Maximilien Ier, monarque prodigue et grand amateur des arts, dont la chapelle comprenait d'éminents musiciens comme Heinrich Isaac († 1517) (qui passa cependant une partie de sa carrière à Florence), Ludwig Senfl et Paul Hofhaimer. Le *Choralis Constantinus*, gigantesque recueil des propres de la messe conformes à l'usage constantinien en vigueur, commencé par Isaac et achevé, après sa mort, par Senfl, est un monument à la somptuosité du rituel ainsi qu'aux débuts de l'imprimerie musicale à Vienne. A Vienne comme ailleurs, les compositeurs-chanteurs flamands étaient très recherchés, et il n'est donc pas surprenant de trouver un nombre important de contrapuntistes flamands à la Hofkapelle tout au long du XVIe siècle, dont Arnold von Bruck, Jacobus Vaet et Philippe de Monte.

Le début du XVIIe siècle avait vu un changement important dans les goûts de la cour, en faveur de la culture baroque italienne, tout d'abord sous l'influence de Ferdinand II, mais confirmé ensuite par ses successeurs. Tous les empereurs autrichiens de cette période soutinrent généreusement les arts, pratiquant eux-mêmes la musique (Ferdinand III, Léopold Ier, Joseph Ier et Charles VI furent tous compositeurs). Après le mariage de Ferdinand II avec Eléonore de Gonzague en 1622, les relations culturelles de la cour avec l'Italie s'épanouirent pleinement, les ambassadeurs engageant pour la cour des musiciens de Florence, Mantoue et Rome. Les liens de Monteverdi avec la cour impériale datent également de cette époque. Giovanni Priuli, Giovanni Valentini et Orazio Benevoli furent parmi les musiciens italiens à travailler à Vienne, les deux premiers comme *Hofkapellmeister*. La tradition de la Hofkapelle au XVIIIe siècle est bien entendu plus proche de Mozart. Sous le règne de Charles VI (1711-1740), à l'apogée de la magnificente tradition baroque, le maître de chapelle était le célèbre Johann Joseph Fux (1660-1741), qui composa des messes et d'autres musiques d'église aussi bien dans le style concertant baroque que dans le style savant d'origine italienne, ou *stile antico*. Le grand traité de contrepoint de Fux, *Gradus ad Parnassum* (1725) était et demeura longtemps la bible des disciples du contrepoint d'église et du style palestrinien (mais dans la forme « impure » du XVIIIe siècle). Les disciplines du contrepoint d'espèces, du canon et de la fugue qui y sont enseignées furent transmises par Mozart (à qui les leçons avec le grand pédagogue italien du contrepoint, le Padre Martini, servirent sans doute également) au jeune Anglais Thomas Attwood, qui fut l'élève de Mozart de 1785 à 1787 et dont on conserve le cahier d'exercices à la British Library. L'Italien Antonio Caldara (v. 1670-1736) était un contemporain non moins éminent de Fux, prolifique auteur de musique d'église et d'opéras. D'autres musiciens italiens de premier plan résidaient à Vienne à ce moment, dont Attilio Ariosti, le professeur de chant Piero Francesco Tosi et Giuseppe Porsile.

Après la mort de Charles VI, les activités musicales de l'Eglise souffrirent passagèrement des conséquences de la guerre de Succession d'Autriche (1740-1749), puis plus durablement des problèmes politiques et de la conception qu'avaient les Lumières de la musique d'église. Florian Gassmann (1729-1774), l'un des principaux compositeurs de musique religieuse dans les nouvelles formes galantes du style concertant (voir MacIntyre 1984), est l'auteur d'un Requiem inachevé dont le Kyrie a sans doute influencé celui de Mozart, qui a avec lui d'incontestables parentés thématiques. Mozart, dans ses dernières années viennoises, copia également des œuvres religieuses d'un autre musicien viennois important, Georg Reutter le Jeune (1708-1772). Quant aux liens de Mozart lui-même avec Vienne, ils furent étrangement peu féconds dans le domaine de la musique d'église, malgré un antécédent célèbre datant de son enfance : l'exécution de l'une de ses messes de jeunesse, la « Waisenhausmesse » K. 139 (47a), devant la cour viennoise, le 7 décembre 1768. Lorsqu'il s'y établit définitivement au printemps de 1781, il sentit sans doute que l'attitude rationaliste de Joseph II envers la musique d'église — fruit des Lumières — ne lui offrirait guère de possibilités dans ce domaine. Il n'occupa pas de fonctions à l'église au cours des dix dernières années de sa vie, à l'exception de sa nomination, le 9 mai 1791, à sa demande, au poste de maître de chapelle adjoint et non rémunéré auprès du *Kapellmeister* de Saint-Etienne, Leopold Hofmann — nomination dont il ne devait tirer aucun avantage financier car Hofmann, bien qu'âgé et malade, lui survécut et ne disparut qu'en 1793.

La longue tradition dans le domaine de la musique d'église à la cour archiépiscopale de Salzbourg joua bien entendu un rôle important dans l'évolution de la musique religieuse du jeune Mozart. La tradition musicale de la cour salzbourgeoise n'avait pas toute la distinction de celle de la cour impériale de Vienne, et bon nombre des prédécesseurs et des collègues de Mozart aux postes officiels étaient des musiciens de la région (ajoutés à quelques Italiens), plus ou moins obscurs, qui se tournaient vers Vienne, Innsbruck, Munich ou le nord de l'Italie pour chercher leur inspiration. Lors de la consécration de la nouvelle cathédrale le 24 septembre 1628, la musique des festivités fut confiée pour l'essentiel à des Italiens dont l'activité à Salzbourg était le fruit des relations étroites entretenues avec la culture d'Italie du Nord par les archevêques successifs. L'œuvre maîtresse donnée en cette occasion fut un Te Deum (aujourd'hui perdu) du maître de chapelle de la cour, Stefano Bernardi, pour douze chœurs placés dans chacune des douze chapelles latérales (quatre d'entre elles furent ensuite détruites lors de travaux de reconstruction). Sans doute était-ce un hommage à la somptueuse tradition polychorale des Vénitiens. Un autre maître de chapelle, Peter Gutfreund (ou Pietro Bonamico), aurait été influencé, dit-on, par la musique de Lassus, qui avait fait sa carrière à Munich. Pour répondre au besoin de musique nouvelle créée par les réformes liturgiques du pape Urbain VIII († 1644), les adaptations d'œuvres de Lassus et de Victoria par deux musiciens locaux, Georg Moser et Abraham Megerle, continuèrent pendant longtemps de servir dans la cathédrale. Dans l'ensemble, durant cette première période, la vie salzbourgeoise fut sans grand éclat. Les privations imposées par la guerre de Trente Ans, qui avait pratiquement atteint les portes de Salzbourg, et l'appauvrissement de l'économie locale qu'elle avait provoqué, incitaient à se détourner des modèles allemands au profit des italiens. L'un des premiers archevêques de Salzbourg, Marcus Sitticus von Hohenems, avait déjà noué sous son règne (1612-1619) des liens culturels avec l'Italie et fait de sa ville un centre d'art baroque italien.

Au cours de la seconde moitié du XVIIe siècle, Salzbourg vit le retour de musiciens plus éminents, dont deux grandes figures de la musique baroque, Georg Muffat et le violoniste virtuose Ignaz Franz Biber (1644-1704). Biber, qui travailla comme musicien d'église, est peut-être le véritable compositeur de la célèbre *Missa salisburgensis* à cinquante-trois voix, autrefois attribuée à Orazio Benevoli, et dont on supposait à tort qu'elle avait été exécutée lors de la consécration de la cathédrale en 1628. Andreas Hofer, directeur du chœur de 1654 à 1666 et maître de chapelle jusqu'en 1684, serait, pense-t-on, le musicien salzbourgeois le plus ancien dont Mozart connaissait les œuvres sous leur forme originale. Les trois compositeurs écrivirent également de la musique pour les drames scolaires bénédictins. La dernière génération des compositeurs baroques fut moins prestigieuse. Le célèbre Antonio Caldara, alors directeur adjoint de la Hofkapelle à Vienne, travailla par intermittence pour la cour de Salzbourg entre 1716 et 1717, mais essentiellement dans le domaine de la musique dramatique. La production de musique d'église était laissée aux plumes de musiciens locaux moins talentueux, en premier lieu Carl Biber (fils de Heinrich) et Matthias Sigismund Biechteler, à qui l'on attribue maintenant respectivement quatre-vingt-dix-huit et cent cinq pièces religieuses. Mozart a pu connaître la musique de ces deux compositeurs, puisqu'elle était encore donnée à Salzbourg dans les années 1780, encore que les insuffisances techniques, en particulier de l'œuvre de Biechteler, laissent à penser qu'il n'en aurait pas eu grand-chose à apprendre. C'est à cette même époque, en 1702, qu'on installa un nouveau carillon (qui fonctionne encore aujourd'hui), puis le nouvel orgue de la cathédrale l'année suivante.

Le deuxième quart du XVIIIe siècle vit apparaître un groupe de musiciens plus directement liés à Mozart. Le principal d'entre eux était Johann Ernst Eberlin (1702-1762), qui joua un rôle déterminant dans l'évolution du goût salzbourgeois du baroque vers le rococo. Il est le plus ancien maître de chapelle de Salzbourg que Mozart pourrait avoir connu personnellement, et le premier à la musique duquel il se soit intéressé. On conserve certaines des copies qu'il fit d'œuvres religieuses d'Eberlin, et qui ont autrefois donné lieu à des erreurs d'attribution ; il étudia les fugues pour cla-

vier d'Eberlin, qu'il compara à de « longs versets ». Les musicologues qui se sont penchés sur la musique d'Eberlin contestent
cependant qu'il ait exercé une influence majeure sur son premier
style. Mozart connaissait bien également Anton Cajetan Adlgasser
(1729-1777), qui fut d'abord organiste à Salzbourg, et qu'il déclare
un « *bravissimo contrappuntista* » dans une lettre au Padre Martini,
bien qu'il ne semble pas en avoir subi l'influence.

Johann Michael Haydn (1737-1806), frère cadet de Joseph,
au service de la cour de 1763 jusqu'à sa mort, joua en revanche un
rôle bien plus important dans l'évolution du jeune Mozart. Haydn
était en son temps un grand compositeur, très lié professionnelle-
ment à Mozart, et il n'est donc pas étonnant qu'en dépit de quelques remarques désobligeantes dans ses lettres Mozart ait été
incontestablement impressionné par sa musique. En mars 1767
Haydn, Adlgasser et Mozart composèrent chacun un acte de l'oratorio *Die Schuldigkeit des ersten Gebots*. On décèle aussi la forte
influence de Haydn dans un certain nombre des premières œuvres
religieuses de Mozart, dont le Te Deum K. 141 (66b) et l'offertoire
« Sub tuum praesidium » (d'authenticité douteuse), très proche de
l'offertoire « en l'honneur de la très sainte Vierge » de Haydn
(qu'on connaît par ailleurs avec le texte « Schöpfer der Erde »). On
a rapproché le Gloria de sa *Missa sancti Hieronymi* de l'ouverture de
La clemenza di Tito. Cette messe semble du reste avoir fait une vive
impression tant sur Wolfgang que sur Leopold, qui en
recommande l'étude dans ses lettres. Nombre des graduels et des
offertoires de Haydn ont été écrits trop tard pour influencer
Mozart, mais la correspondance montre à l'évidence qu'il continua
de s'intéresser à sa musique après s'être établi à Vienne en 1781. La
situation professionnelle de Mozart à Vienne ne l'obligeait plus à
écrire de musique religieuse, mais au moment où il composait la
messe en *ut* mineur, il écrivit à Leopold pour lui demander d'envoyer « quelques fugues de [Michael] Haydn » ; une autre lettre
révèle qu'il avait l'intention de faire jouer des pièces de Haydn
(ainsi que de Leopold Mozart et d'Eberlin) pour la société de
musique « savante » qui se réunissait régulièrement chez le baron
van Swieten. Il y est par ailleurs question d'autres exécutions. Enfin,
l'un des modèles le plus souvent évoqués pour le Requiem de
Mozart est celui de Haydn, composé à la mort de l'archevêque von
Schrattenbach en 1771, encore qu'une grande partie de ce que
Mozart est censé avoir emprunté à Haydn peut être considérée
comme appartenant à une sorte de fonds commun.

Eberlin et Michael Haydn étaient deux des trois compositeurs les plus proches de Mozart en tant que musicien d'église. Le troisième n'était autre que son père. Leopold Mozart, compositeur infiniment moins talentueux que Michael Haydn, joua néanmoins un rôle clef dans l'évolution de son fils, en assurant sa formation et en lui bâtissant sa carrière. Pour ce qui est de la musique d'église, on a montré tout ce que les plus ambitieuses des messes du jeune Mozart, K. 66 et K. 139 (47a), devaient à des messes de Leopold. Il en va de même des litanies du saint sacrement K. 125, comme le prouve la musique composée par Leopold sur les mêmes litanies, dont Walter Senn vient récemment de découvrir l'autographe. On sait maintenant que deux fragments de messe, K. 115 (166d) et K. 116 (90a), autrefois attribués à Wolfgang, sont en fait de Leopold (Klafsky 1915, Senn 1971/72[a]).

DAVID HUMPHREYS

La vie musicale en Europe

Salzbourg (1756-1783)

Dans ses lettres, Mozart se montre souvent désobligeant à l'endroit de Salzbourg et de sa vie musicale. La ville lui paraît « haïssable », la musique à la cour « fruste, maigre et négligée ». Mais il serait injuste d'y voir un jugement équitable sur la vie musicale à Salzbourg du vivant de Mozart. Ses lettres sont alors le reflet de la profonde amertume que lui inspire la mesquinerie de l'archevêque Colloredo, au moment même où il sent, à juste titre, que Salzbourg n'est pas à la longue le lieu pour un talent comme le sien.

En réalité, c'est précisément du vivant de Mozart que la vie musicale salzbourgeoise a atteint l'apogée de sa longue et riche histoire, une histoire intimement liée à celle de la principauté ecclésiastique, qu'il nous est aujourd'hui difficile de bien comprendre. Les archevêques de Salzbourg étaient en même temps les souverains séculiers et suivaient le modèle des principautés européennes, avec leur propre cour et toute la pompe qui s'y attachait. La musique y jouait un rôle particulier, et l'orchestre archiépiscopal assumait des fonctions diverses, jouant à la fois à l'église (musique des offices religieux) et à la cour (musique de table, musique de chambre, académies ou concerts). L'orchestre de la cour salzbourgeoise était tenu en haute estime et attirait de nombreux artistes, en particulier italiens. Le théâtre musical, ou *azione sacra*, sorte d'opéra à la fois spirituel et profane, y occupait une place importante.

Si autrefois la réputation de Salzbourg tenait généralement aux compétences d'individus isolés, à la fin du XVIIIe siècle c'est un étonnant ensemble de musiciens de talent qui s'y trouvait rassemblé : les Mozart (père ct fils), Johann Michael Haydn, important compositeur de musique religieuse, et d'excellents musiciens comme le maître de chapelle Giuseppe Maria Lolli, Domenico Fischetti et Giacomo Rust, de même que des instrumentistes virtuoses du rang de Joseph Fiala (hautbois), Joseph Otto (violon) et Anton Cajetan Adlgasser (orgue et clavecin) ; les grandes voix (dont des castrats) y étaient également nombreuses. Les partitions de Mozart, dont certaines nécessitent une virtuosité telle que leur exécution est souvent très problématique aujourd'hui, reflètent la richesse des talents dont on disposait.

Avec le déclin de l'aristocratie dans la seconde moitié du XVIIIe siècle, la petite noblesse et la bourgeoisie de Salzbourg se mirent parfois à imiter certaines facettes de la vie de cour. On commença à voir apparaître des orchestres privés et des ensembles instrumentaux et vocaux, grands et petits, dans les milieux de la bourgeoisie. Bon nombre des compositions de cette période, tant de Leopold que de Wolfgang, sont écrites pour des occasions de ce genre : sérénades, symphonies, musiques de chambre, pièces destinées à des bals, des mascarades, des promenades en traîneau ou des célébrations familiales. Les noms de plusieurs de ces patrons — Haffner, Antretter, Lodron — sont immortalisés dans les dédicaces d'œuvres de Mozart.

La *Gebrauchsmusik* — la musique fonctionnelle — domine la production de Mozart dans ses années salzbourgeoises, interrompues par de nombreux voyages à l'étranger. Les œuvres religieuses y occupent une place particulière : litanies, offertoires, vêpres, sonates d'église et surtout messes (dont la célèbre messe dite « du couronnement » de 1779). Les œuvres profanes sont elles aussi abondantes : sonates, symphonies, concertos pour divers instruments, à quoi s'ajoutent les œuvres de circonstance dédiées à tel commanditaire ou destinées aux festivités de la cour. Les œuvres scéniques de cette période sont déjà nombreuses, témoin entre autres *Il sogno di Scipione* (1772), *Il rè pastore* (1775) et *Zaide*

119

(1779). A mesure que Mozart mûrit — sous l'influence de nombreuses expériences étrangères (dont celle de Mannheim en 1778 ne fut pas la moindre), on le voit clairement résolu à s'éloigner de la vie musicale stéréotypée de Salzbourg. Le succès d'*Idomeneo* (Munich, 1781) fut alors décisif, et l'a peut-être conforté dans sa décision de se consacrer plus particulièrement à l'opéra.

Mozart fut au service de deux princes-archevêques à Salzbourg : Siegmund, comte von Schrattenbach (qui régna de 1753 à 1771), dont la mentalité et les sympathies étaient enracinées dans le baroque, grand protecteur des arts et bien disposé à l'endroit du jeune Mozart ; et son successeur Hieronymus, comte von Colloredo (1772-1801), lui aussi grand amateur de musique, qui tenait le violon lors des soirées musicales à la Residenz ; mais en tant qu'homme des Lumières et partisan dévoué de l'empereur Joseph II, il imposa de sévères restrictions à la vie de cour, et donc à son orchestre. Mozart se trouva souvent en conflit avec le prince, et la rupture finale de mai 1781 entre l'artiste et son patron mit un terme à ses années salzbourgeoises.

CLEMENS HÖSLINGER

France (1764-1766 et 1778)

Les différents séjours de Mozart en France prirent place dans des circonstances radicalement différentes. En 1764 et 1766, le jeune Wolfgang était un enfant prodige à qui son talent ouvrait toutes les portes, même à la cour ; en 1778 il était un rival en puissance pour les compositeurs établis, français ou étrangers. S'il avait trouvé des amis dans la profession à Mannheim, il n'est guère surprenant qu'un Italien aussi bien établi que Cambini n'ait pas voulu l'aider (voir la lettre de Mozart du 1er mai 1778). L'attitude du baron Grimm, « à qui nous devons tout » (1764) évolua naturellement avec les circonstances ; à l'âge de vingt-deux ans, Mozart était un hôte ambitieux comme tout autre, et sa supériorité sur les contemporains ne fut jamais aussi peu apparente qu'à cette époque.

La vie musicale à Paris, si elle était centrée sur l'opéra, n'y était aucunement confinée. La musique d'église était sans doute son point le plus faible, encore qu'en 1764 Leopold ait fait l'éloge du chant choral ; pour le reste, comme la plupart des musiciens allemands et italiens, il considérait que la musique française « ne valait pas un sou », et cette attitude déteignit bien entendu sur son fils. Ils assistèrent à une messe à Versailles en 1764 et découvrirent sans doute le grand motet à l'ancienne, là ou au Concert spirituel.

En 1764 il n'était pas question que Mozart écrive pour le théâtre. Il fut reçu dans les plus hauts milieux ; les enfants déployèrent leurs talents devant un auditoire avide de nouveautés, mais sans grand discernement. Exceptionnellement, on les autorisa à donner un concert public (cette activité relevait d'un privilège royal). Ils rencontrèrent également les grands maîtres parisiens du clavier, pour la plupart des concitoyens expatriés tels que Johann Schobert et J.G. Eckard, par qui Wolfgang fut influencé. Lui-même composa des sonates pour clavier avec accompagnement de violon, destinées à l'amateur cultivé, et qu'il publia sous le numéro d'opus 1 avec une dédicace royale.

En 1778 l'ambition de Mozart était de s'établir, ce qui en dernier ressort ne pouvait se faire que dans le domaine de l'opéra. Mais Paris était bien trop préoccupé par la querelle des gluckistes et des piccinnistes pour l'accueillir. Dans certains milieux le mot « allemand » était presque une injure (encore que J.C. Bach ait reçu une commande de l'Académie royale de musique en 1779). L'époque de Lully et de Rameau était révolue ; le répertoire était désormais dominé par Gluck et son rival italien, dont le premier opéra français, *Roland*, fut donné en 1778. Pour Mozart, cette expérience, ajoutée à la découverte d'autres œuvres récentes, influença la composition d'*Idomeneo* ; mais la seule commande qu'il reçut de l'Académie fut celle d'un ballet-divertissement, *Les petits riens*. L'opéra-comique naissant était en revanche dominé par les compositeurs français, notamment Grétry ; Mozart devait peu après composer, dans un style proche, son opéra inachevé *Zaide*.

Les expériences les moins ingrates que Mozart fit à Paris en 1778 furent dans le domaine de la musique instrumentale, où la capitale était davantage tournée vers les pays de langue allemande. Les orchestres étaient grands et excellents, bien habitués en outre à la musique de Haydn (à qui on devait bientôt commander ses six symphonies « parisiennes »). Les amis mannheimois de Mozart se produisaient au Concert spirituel, où il emporta un franc succès avec sa symphonie dite « Paris » (ou « parisienne »). En dehors du comte de Guines et de sa fille, pour qui Mozart écrivit son concerto pour flûte et harpe, il ne fascinait plus les riches et les personnages influents. Il publia cependant un autre « opus 1 », à nouveau des sonates pour clavier avec accompagnement de violon, ainsi que trois séries de variations sur des mélodies populaires, destinées à un marché d'amateurs de plus en plus important, tant parmi la bourgeoisie que la noblesse.

JULIAN RUSHTON

Angleterre et Pays-Bas (1764-1766)

Si on la juge uniquement à l'importance de ses compositeurs, la vie musicale en Angleterre et dans les Pays-Bas des années 1760 peut paraître bien pauvre, alors même qu'elle était florissante dans tous les domaines et qu'en Angleterre elle ne se limitait aucunement à une survivance de l'époque de Haendel († 1759). Mozart était un enfant lorsqu'il visita ces pays, mais il n'y a aucune raison de douter de ses facultés d'assimilation, même à l'âge de neuf ans. Il se lia du reste par la suite avec plusieurs musiciens anglais : Linley en Italie, Storace et Attwood à Vienne.

L'influence de Haendel perdura et se traduisit par des reprises de ses œuvres et la composition de nouveaux oratorios (Smith, Stanley et Arne comptent parmi les compositeurs de cette décennie). Bien que le premier volume de l'anthologie historique de musique religieuse de Boyce ait paru en 1760, les Mozart, catholiques, ne furent sans doute guère au contact de cette longue tradition. Wolfgang sacrifia cependant au génie du lieu avec un chœur, « God is our refuge », commande du British Museum qui lui fut remise (voir King 1984[b]).

Les années 1760 virent naître plusieurs opéras nouveaux en anglais (entre autres par Arne), mais les Mozart considéraient Londres comme un avant-poste de l'empire de l'opéra italien. Au King's Theatre le principal compositeur était J.C. Bach ([*] 1735), de formation italienne ; Mozart était bien trop jeune pour écrire pour le théâtre ; mais lorsqu'il démontra ses facultés d'improvisateur à Daines Barrington (qui fit un rapport à la Royal Society en 1769), c'était en quelque sorte en langue italienne, dans ce langage musical qu'on comprenait dans toute l'Europe et qu'il parlait déjà couramment. Il écrivit son premier air de concert connu à Londres, sur un texte de Metastasio.

Socialement, Londres est la ville la plus avancée que les Mozart aient jamais visitée. Le roi George III, authentique musicien, et sa reine étaient étonnamment proches de leurs sujets ; l'aristocratie et la bourgeoisie commerçante s'y mêlaient plus qu'ailleurs. Si les musiciens étaient surtout tributaires du patronage de la noblesse, les bourgeois étaient plus nombreux, plus influents, et non moins cultivés que sur le continent. Cette situation favorisait la musique instrumentale et la mélodie, particulièrement appréciées dans les jardins d'agrément (Vauxhall, Ranelagh) et dans les séries de concerts comme celle que venaient de fonder J.C. Bach et son compatriote K. F. Abel. Mozart se familiarisa avec leur musique et composa tout naturellement ses premières symphonies à Londres. Le vaste marché des amateurs de musique instrumentale incita Leopold à publier une série de six sonates pour clavier avec accompagnement de violon en 1765, sous le numéro d'opus 3, avec une dédicace à la reine.

Les Pays-Bas étaient un grand centre d'édition musicale et encourageait la production dans ces mêmes domaines. Les deux enfants Mozart, bien que malades, furent accueillis à La Haye comme des instrumentistes, et, à destination de la consommation locale, Mozart publia ses sonates op. 4, à nouveau avec une dédicace royale, et une aria. Il écrivit également son premier divertimento, *Gallimathias musicum*, ainsi que des variations pour clavier sur deux mélodies néerlandaises. Leopold, frappé par la richesse de ces deux nations mercantilistes, aurait pu suivre l'exemple de nombre d'Allemands et s'y établir. Mais il était trop heurté par ce qu'il considérait comme l'athéisme des Anglais et le calvinisme des Hollandais pour y songer.

JULIAN RUSHTON

Allemagne (1763-1781)

La vie musicale que Mozart découvrit entre 1763 et 1781, lors de ses voyages dans ces pays que nous appelons aujourd'hui Allemagne, était marquée par une tradition déclinante. Depuis l'époque baroque (et jusqu'au temps de Mozart), ce sont les cours qui étaient au centre de la vie musicale publique. Chacune d'elles était en soi un centre culturel, indépendant tant du point de vue politique que artistique d'instances ou de modèles plus haut placés. La bourgeoisie prenait parfois part aux productions musicales de la cour — en particulier dans le domaine de l'opéra et de la musique religieuse, mais guère dans celui des concerts ; le plus souvent, elle ne prenait cependant pas elle-même de pareilles initiatives, et ne présentait donc pas grand intérêt pour les compositeurs et les exécutants. Peut-être était-elle plus ouverte à un enfant prodige ; mais il faut songer ici non pas à ce que Mozart a apporté à la vie musicale, mais plutôt à ce que celle-ci avait à lui offrir en tant qu'artiste.

Il est vrai que Mozart donna en 1777 un concert à Augsbourg, ville dominée non par une cour mais par la bourgeoisie. Si l'on songe cependant qu'il y parut portant les insignes de l'ordre papal de l'Eperon d'or, on comprend que l'événement, dans la ville natale de son père, était de caractère social plutôt que musical. Aucune de ses compositions ne fut écrite dans ou pour la ville patricienne d'Augsbourg. Il fut en revanche stimulé par la cour de Munich et de Mannheim, mais qui furent l'une et l'autre dominées, pendant une longue partie de la carrière de Mozart, par un seul et même homme — qui eut plus d'importance pour le compositeur que les villes elles-mêmes. Trois mois après la visite de Mozart à Munich à l'automne de 1777, ce fut en effet le décès de l'électeur de Bavière, Maximilian III Joseph, pour qui il avait déjà composé *La finta giardiniera* en 1774-1775. Si bien que deux mois après l'arrivée du compositeur à Mannheim, l'électeur palatin Karl Theodor, qui y résidait, et dont Mozart attendait beaucoup à juste titre, quitta Mannheim pour élire résidence à Munich, cumulant les deux fonctions électorales en sa personne. Des chanteurs et des musiciens, qui pour Mozart jouaient un rôle important, partirent avec lui pour Munich, qui demeura alors, jusqu'à la composition d'*Idomeneo* (1780), la seule cour allemande importante à ses yeux dans le domaine artistique, Mannheim sans l'électeur n'ayant plus d'intérêt. Repassant par Munich à son retour de Paris à l'automne de 1778, il fut le témoin de la première tentative de la bourgeoisie pour fonder une institution musicale, en l'occurrence une « académie des amateurs ». C'est en songeant à elle qu'il commença de travailler à un double concerto pour piano et violon K. Anh. 56 (315f), qu'il abandonna bientôt en voyant que le projet n'évoluait pas conformément à ses attentes.

Des visites à d'autres cours (celle du prince Krafft Ernst von Öttingen-Wallerstein ou celle de la princesse Caroline von Nassau-Weilburg) ou à des monastères où la vie musicale était tout aussi florissante (Heilig Kreuz à Augsbourg, Kaisheim près de Donauwörth) valurent à Mozart une certaine reconnaissance, mais sans lui offrir aucune inspiration artistique. D'autres villes enfin ne présentaient pour Mozart qu'un intérêt touristique. Quant à Francfort, ce ne sont ni la ville ni ses habitants qui y attirèrent Mozart en 1790, mais le couronnement de Léopold II et les nombreux visiteurs qui y vinrent pour l'occasion.

Il ne faut pas donner à ces observations une signification péjorative. La vie musicale de maintes cours était d'un niveau exceptionnel, avec un maître de chapelle et des compositeurs très remarquables, parfois reconnus en tant que tels par Mozart (c'était le cas de Christian Cannabich à Munich). Et si l'on considère tout cela dans un contexte plus large, il faut bien reconnaître que Mozart a reçu plus qu'il n'a donné. On doit également ajouter qu'au moment où Mozart est entré en contact avec l'orchestre de la cour de Mannheim, l'époque où cette formation servait de modèle à toute l'Europe centrale était déjà révolue.

La domination séculaire des marchés de l'Allemagne du Sud et des terres des Habsbourg par les éditeurs de musique d'Allemagne du Sud était elle aussi à son terme. Leipzig, et sa maison de Breitkopf, avec laquelle Mozart, malgré les efforts de son père, ne réussit jamais à nouer des liens, était encore un centre important. Et les nouvelles maisons d'édition fondées dans les années 1770 à Mannheim, Speyer ou Berlin avaient d'autres préoccupations que la publication de la musique de Mozart. A Munich en 1779, lorsqu'il offrit à l'électrice Maria Elisabeth les sonates pour violon (K. 301-306) qui lui étaient dédiées, c'était dans l'édition qui avait été publiée à Paris.

La tradition musicale allemande, dans les cours comme dans les monastères, était donc alors de toute évidence sur le déclin, et les nouvelles formes de pratique musicale n'avaient pas encore eu le temps de se développer. Wolfgang Amadeus Mozart, musicien de la cour de Salzbourg, fut inéluctablement en contact avec ce qui restait des centres musicaux traditionnels d'Allemagne. Non pas qu'il ait été incapable de nouer des liens ailleurs ou qu'il n'ait pas cherché autre chose : il n'y avait tout simplement pas d'alternative. Pourtant, dans ces centres son talent trouvait moins à se déployer qu'à Salzbourg, où il pouvait jouer et composer non seulement à la cour, mais aussi à l'université, et pour les familles de la bourgeosie et de la petite noblesse qui manifestaient des penchants artistiques. Autant d'activités complétées par d'éventuelles commandes d'opéra, telles qu'il en reçut de Munich.

OTTO BIBA

Italie (1770-1774)

On considère tout naturellement la vie musicale en Italie comme dominée par l'opéra, et les événements majeurs des séjours des Mozart furent effectivement les productions milanaises de *Mitridate, rè di Ponto*, *Ascanio in Alba* et *Lucio Silla*. Pourtant, lors de leur voyage de 1770-1771, la plupart de leurs activités musicales eurent peu à voir avec le théâtre. Wolfgang obtint rapidement une commande (*scrittura*) d'un *opera seria* pour Milan ; mais s'il assista à de nombreuses représentations d'opéras, lui-même se produisait essentiellement en tant que virtuose du clavier (orgue y compris) et improvisateur, musicien savant et compositeur de petites pièces.

L'Italie n'était pas une nation, et une grande partie en était sous la domination autrichienne ; le comte Firmian, qui se lia d'amitié avec les Mozart, gouvernait la province autrichienne de Lombardie, tandis que la Toscane était sous le règne du futur empereur Léopold II à Florence. Les Mozart se rendirent également dans les Etats papaux et au royaume de Naples. La correspondance de la famille, tout comme les chroniques contemporaines de Burney (1770), témoigne de la diversité des activités musicales dans chacun de ces centres.

La musique religieuse moderne ressemblait à l'*opera seria*, avec un orchestre important, des airs galants et des chœurs à la fois dramatiques et « savants » (c'est-à-dire fugués). C'est le style que Mozart employa dans ses vêpres et litanies écrites à Salzbourg et dans la messe en *ut* mineur. Lors de son long séjour chez le comte Pallavicini près de Bologne en 1770, Mozart entendit les vêpres le jour de la saint Petronio (« beau, mais très long »), dont l'instrumentation faisait appel aux trompettes. Seule la chapelle Sixtine, où Mozart entendit le Miserere d'Allegri qu'il nota ensuite de mémoire, préservait une tradition polyphonique plus ancienne et plus « pure ». Quelques mois plus tard, Mozart maîtrisait suffisamment le style ancien pour obtenir l'approbation du Padre Martini et être admis à l'académie de Bologne. On peut supposer que, sans recevoir officiellement d'enseignement, il assimila tout ce qu'il put apprendre des institutions pédagogiques les plus avancées de l'époque, tels les *ospidali* vénitiens — orphelinats qui accordaient une large place à la formation musicale — et les conservatoires napolitains.

Les lettres des Mozart évoquent sans cesse la pratique musicale privée, car les concerts publics étaient relativement rares. Wolfgang improvisait, accompagnait à vue et présentait ses propres compositions (y compris des arias) chez les mécènes de la noblesse ou de la bourgeoisie commerçante. Leopold nota qu'on y gagnait peu ; mais le réseau de relations ainsi noué confortait leur position. Encouragé par la possibilité de les faire jouer, Mozart écrivit en Italie plusieurs symphonies, et lors de ses deuxième et troisième séjours à Milan il composa des divertimenti pour cordes et vents ainsi que plusieurs quatuors à cordes.

L'apogée des voyages en Italie de Mozart reste néanmoins les opéras donnés à Milan, deux *opere serie* pour la saison de carnaval et une *serenata* (*Ascanio in Alba*) pour un mariage à la cour. *Mitridate* (1770) est déjà une réalisation considérable, et *Lucio Silla* (1772) montre qu'à seize ans Mozart est l'égal de ses aînés : Hasse (* 1699) dont *Ruggiero*, selon Leopold, fut éclipsé par *Ascanio*, et le plus grand Italien de sa génération, Jommelli (* 1714), dont *Armida*, entendu à Naples, fut jugé par Mozart « beau, mais trop sérieux et démodé pour le théâtre » — opinion apparemment partagée par les Napolitains. A Milan, les Mozart firent la connaissance du symphoniste Sammartini et de Piccinni (* 1728), dont *Cesare in Egitto* fut estimé « excellent » ; Piccinni était l'un des principaux adeptes de ce style « chantant » que Mozart avait déjà appris de J.C. Bach à Londres et qui prévalait dans toute l'Italie.

JULIAN RUSHTON

Vienne et les domaines des Habsbourg (1762-1791)

L'apogée artistique que la chapelle impériale de Vienne atteignit à l'époque baroque incita les autres cours autrichiennes à la prendre pour modèle. La noblesse, de la même manière qu'elle cherchait, dans ses domaines d'Autriche, de Bohême, de Moravie, de Hongrie et du nord de l'Italie, à reproduire le mode de vie impérial, voulut aussi suivre l'exemple de la chapelle musicale impériale, qui en retour engageait souvent des musiciens issus des orchestres de la noblesse. Cette ambition, et les échanges artistiques qu'elle permit, donna de grandes exigences à la noblesse dans son goût musical. En outre, la « haute » et la « moyenne » aristocratie résidaient à la fois dans des domaines à la campagne et des palais à Vienne, ce qui créait une rivalité artistique entre les différents orchestres et permettait de diffuser les nouvelles impulsions et les nouveaux répertoires nés dans la capitale artistique qu'était Vienne. Ces orchestres étaient des formations de prestige, et la musique se voyait donc investie d'une fonction de représentation ; si bien que les manifestations musicales se développaient en dehors de la cour ; l'orchestre de Batthyani à Presbourg (aujourd'hui Bratislava) donnait ainsi des concerts en plein air.

C'est à l'église, où une présence assidue était considérée comme une obligation sociale, que tout individu était confronté à la musique, qu'il s'y intéresse ou non. Il est vrai que la musique d'église a dégénéré dès que sa production est devenue une fin en soi, et que les Lumières se sont opposées à ses fastes. C'est cette situation qui conduisit Joseph II à ses réformes, encore qu'il soit inexact d'affirmer, comme on le fait parfois, que l'empereur a interdit la musique d'église. Tout au long de son règne (1780-1790) on a continué de cultiver la musique religieuse, mais avec davantage de restrictions et de discipline qu'autrefois.

La musique telle que la pratiquaient l'aristocratie et l'église attira également la bourgeoisie. C'est dans ces milieux qu'est né le salon musical : on ne jouait plus la musique en privé, pour soi, mais en société, et pour elle ; on était invité à écouter ou à participer. Cette forme de pratique musicale avait donc un caractère semi-public ; et comme elle n'était plus destinée uniquement à l'agrément personnel, on accordait davantage d'importance à l'éducation musicale. Savoir chanter ou jouer d'un instrument était dès lors un raffinement social, et la musique faisait partie intrinsèque de l'éducation. Le piano devint bientôt l'instrument le plus populaire, certainement en raison de sa souplesse d'emploi : « C'est sûrement le pays du piano », dit Mozart à son père en 1781.

Ce salon musical s'est développé à Vienne dans les années 1770, jouant un rôle tout aussi important pour la bourgeoisie que pour la petite noblesse, et s'implantant bientôt dans les capitales régionales et les autres villes. La musique elle-même, du moins au départ, n'est pas née dans les salons ; mais c'est là qu'elle était jouée, et les compositeurs écrivirent beaucoup de pièces destinées à cet usage. Dès 1760 compositeurs et exécutants donnèrent des concerts réguliers à Vienne pour montrer au public leurs productions ou leur habileté. Ils arrivaient à Vienne, et de là ils voyageaient à l'étranger, si bien que ce type de concerts devint un élément caractéristique de la vie musicale citadine.

Mozart organisa lui-même des concerts à Vienne, Prague ou

Linz, et à Vienne il participa activement aux premières tentatives de concerts par souscription. On donnait également des concerts au profit d'œuvres de bienfaisance, dont les plus importants étaient ceux de la Tonkünstler-Societät, ou Société des compositeurs, fondée en 1772 pour venir en aide aux veuves et orphelins de ses membres. Mozart prit part à plusieurs de ces concerts et y joua sa musique, mais, par négligence de sa part, n'en fut jamais membre ; il ne se souciait du reste guère de sa sécurité matérielle, sans quoi il n'aurait pas été l'un des premiers à vivre comme compositeur indépendant, sans poste fixe.

Les goûts musicaux de la noblesse et de la bourgeoisie convergeaient non seulement dans la salle de concert mais aussi à l'opéra, qu'il s'agisse de théâtres de cour, municipaux ou privés. Des ambitions et des pratiques musicales aussi nombreuses et diverses supposaient une activité comparable de la part des éditeurs de musique et des firmes de copistes ; les graveurs de musique commencèrent à s'installer à Vienne dans les années 1770, et en l'espace de dix ans la ville devint l'une des capitales européennes de l'édition musicale. La facture instrumentale était elle aussi florissante. Les facteurs de piano viennois apportèrent des améliorations à l'instrument tout au long des années 1780. On fabriquait également des bois, des cuivres, des orgues et des cordes d'une qualité notoire à Vienne comme dans nombre de villes des Habsbourg.

Otto Biba

Les patrons de Mozart

Mozart occupe une position pivot dans l'histoire du patronage musical. Il est né au sein d'une structure sociale dans laquelle seuls les compositeurs qui réussissaient dans le domaine de l'opéra pouvaient espérer gagner confortablement leur vie sans occuper d'emploi régulier au service de l'Eglise ou d'une cour princière (et même l'opéra était largement tributaire du soutien des patrons de l'aristocratie, qui pouvaient aussi bien choisir la musique que s'opposer au livret). Les changements sociaux intervenus du vivant de Mozart trouvèrent bien entendu leur expression la plus violente dans les événements de la Révolution française ; mais les liens féodaux qui mettaient le compositeur sous le contrôle d'un patron de l'aristocratie s'étaient déjà relâchés en 1781, lorsque Mozart se fit congédier, à sa demande, par l'archevêque Colloredo ; quant à la première représentation de *Le nozze di Figaro* à Vienne en 1786, elle était significative, à sa manière, des événements qui allaient prendre place à Paris trois années plus tard.

Son père fit découvrir à Mozart les arcanes du patronage musical dès son plus jeune âge, en l'exhibant comme enfant prodige, en compagnie de sa sœur Nannerl, dans les salons de l'aristocratie de nombreuses villes d'Europe. Les dédicaces des premières compositions publiées de Mozart ont transmis à la postérité certains des noms de ceux dont la famille a su gagner l'approbation et le soutien lors de ses voyages. Celles-ci étaient bien entendu destinées au clavier, puisque c'est en tant que prodige du clavier que Mozart fut reçu en société ; les parties d'accompagnement de violon n'apportent pas grand-chose, même si elles ont pu favoriser les ventes. Les premières furent les deux sonates op. 1, K. 6 et 7, dédiées à la princesse Victoire (1733-1799), seconde fille de Louis XV, et publiées à Paris en 1764 avec deux autres sonates (K. 8 et 9) dédiées à la comtesse Adrienne-Catherine de Tessé (1741-1814), dame de la dauphine. A Londres, l'année suivante, parut une série de six autres sonates (K. 10-15, avec accompagnement marqué cette fois pour violon *ou* flûte, et une partie de violoncelle). La dédicace à la reine Charlotte (1744-1818) flatte en elle le monarque constitutionnel, mais non sans allusions à l'absolutisme : « Daignez, Madame, recevoir mes modestes dons. Vous avez toujours été destinée à régner sur un peuple libre ; les enfants du Génie le sont non moins que le peuple britannique ; libres avant tout avec leurs offrandes, ils prennent plaisir à entourer votre trône. »

Le voyage des Mozart aux Pays-Bas en 1765-1766, lors duquel Wolfgang joua à la résidence de la princesse Caroline de Nassau-Weilburg (1743-1787), donna lui aussi naissance à six sonates (K. 26-31) dédiées à la princesse, et à deux séries de variations sur des chansons néerlandaises (K. 24 et 25). Lors des voyages de Mozart en Italie, l'un des mécènes les plus actifs et les plus influents fut pour lui le comte autrichien Karl Joseph Firmian (1716-1782), gouverneur général de Lombardie, qui lui obtint la commande de l'opéra *Mitridate, rè di Ponto* (Milan, 1770) et l'introduisit auprès de patrons italiens haut placés, dont le comte Gian-Luca Pallavicini-Centurioni (1697-1773) à Bologne, qui à son tour écrivit une lettre de recommandation à son cousin éloigné vivant à Rome, le cardinal comte Lazzaro Opizio Pallavicini (1719-1785). C'est sans nul doute l'influence du cardinal Pallavicini qui valut à Mozart la croix papale de l'Eperon d'or en juin 1770, ainsi qu'une audience avec le pape Clément XIV le mois suivant.

Mozart et son père bénéficièrent en Italie du soutien de certains de ses mécènes les plus puissants, mais ils quittèrent le pays sans que Wolfgang y ait trouvé d'emploi régulier. Il devait du reste désormais être rétribué à Salzbourg par l'archevêque nouvellement élu, Hieronymus, comte Colloredo (1732-1812) ; il y était engagé comme *Konzertmeister* (fonctions qu'il occupait auparavant à titre honorifique) et était chargé entre autres de composer de la musique religieuse. Au cours des années 1772-1781 il écrivit une douzaine de messes environ, ainsi que des litanies, des vêpres, plusieurs pièces chorales plus courtes et une série de sonates en un mouvement, pour la plupart à deux violons et orgue, destinées à être jouées après la lecture de l'épître. Les messes sont relativement courtes, conformément aux souhaits de Colloredo en la matière ; l'orchestre comprend généralement deux trompettes (quatre dans K. 167), mais jamais d'altos, car l'orchestre de l'église à Salzbourg n'en disposait pas.

Les devoirs officiels de Mozart lui laissaient le temps d'honorer des commandes provenant de particuliers, qui lui demandaient des œuvres destinées à célébrer telle occasion particulière ou à être jouées en famille. L'exemple le plus connu en est sans doute la sérénade « Haffner » K. 250 (248b), commandée par Siegmund Haffner (1756-1787) pour le mariage de sa sœur Marie Elisabeth (1753-1784) en juillet 1776. Deux divertimenti, K. 247 (271b) et 287 (271H), composés pour la fête de la comtesse Maria Antonia Lodron (1738-1786), datent à peu près de cette même période. Mozart écrivit également le concerto pour trois pianos en *fa* majeur K. 242 à l'intention de la comtesse et de ses deux filles. Parmi ses autres patrons salzbourgeois il y avait le comte Johann Rudolf Czernin (1757-1845), dont le père accorda à Mozart une rente annuelle en 1776 à Prague (il disparut l'année suivante).

Après sa rupture avec Colloredo et son installation à Vienne en 1781, Mozart n'occupa plus qu'un seul poste rémunéré, relativement modeste : celui de *Kammermusicus* (musicien de la chambre) à la cour de Vienne, où il fut nommé par l'empereur Joseph II en 1787. Ces fonctions supposaient la composition de musique de danse destinée aux bals de la cour, pour lesquels Mozart écrivit des menuets, des danses allemandes et des contredanses en quantité considérable, et d'un très haut niveau. Mais il continuait d'être tributaire des mécènes pour une part substantielle de ses revenus. La famille Thun et le baron van Swieten comptaient parmi les plus importants d'entre eux.

Le comte Johann Joseph Anton Thun-Hohenstein (1711-1788) partageait son temps entre Linz et Prague ; Mozart, qui fut son hôte dans l'une et l'autre ville, lui dédia en 1783 la symphonie « Linz » K. 425. Le fils du comte Thun, Franz de Paula Joseph (1734-1800), qui épousa Maria Wilhelmine von Ulfeld (1747-1800) en 1761, reçut souvent Mozart chez lui à Vienne. Quant au baron Gottfried Bernhard van Swieten (1733-1803), il était une sorte d'antiquaire musical. Il tenait des réunions régulières chez lui le dimanche à midi, pour lesquelles Mozart fit vraisemblablement ses arrangements pour quatuor à cordes de fugues pour clavecin de Bach. Van Swieten forma également une Gesellschafft der Associierten (Société des associés) pour l'exécution d'oratorios, et commanda à Mozart des arrangements de quatre œuvres de Haendel : *Acis and Galatea, Messiah, Ode for St Cecilia's Day* et *Alexander's Feast*. A la mort de Mozart, van Swieten aida Constanze à organiser ses obsèques et lui versa une pension pour ses enfants.

Van Swieten occuperait une place d'honneur dans l'histoire de la musique même s'il n'avait pas connu Mozart : il s'employa à faire connaître la musique de C.P.E. Bach et de Beethoven, et c'est à lui qu'on doit l'adaptation des deux derniers oratorios de Haydn. En revanche, bon nombre des patrons de Mozart ne sont passés à la postérité que pour avoir été associés à telle œuvre du compositeur. C'est ainsi que les noms d'un chirurgien de la Compagnie des Indes-Orientales néerlandaise, Ferdinand Dejean, et d'un petit comte français, Adrien-Louis Bonnières de Souastre, comte de Guines (1735-1806), sont à jamais liés à la musique pour flûte composée par Mozart en 1777-1779 ; le premier lui commanda deux concertos, K. 313-314 (285c-d), l'andante K. 315 (285e) et peut-être les quatuors pour flûte K. 285 et 285a, le second le concerto pour flûte et harpe K. 299 (297c). De même, Frédéric-Guillaume II, roi de Prusse, reste avant tout, du moins pour les musiciens, le dédicataire des trois quatuors dits « prussiens », K. 575, 589 et 590, où le violoncelle — instrument du roi — tient un rôle prépondérant ; sa fille Friederike Charlotte Ulricke Katherine (1767-1820) est traditionnelement associée à une prétendue commande de la même année (1789), qui aurait abouti à la sonate pour piano « facile » (!) en *ré* majeur K. 576.

On peut se faire une certaine idée de la nature et de l'importance du soutien dont Mozart bénéficia dans ses années de plus grand succès à Vienne grâce à sa lettre du 20 mars 1784, où il donne la liste des cent soixante-quatorze abonnés à ses concerts de l'année — total dont il dit fièrement à son père qu'il dépasse celui de G.F. Richter et J.A. Fisher réunis. On trouve entre autres les noms du prince Dmitri Mikhailovitch Galitzin (1721-1793), l'ambassadeur de Russie, et du comte Karl Zichy von Vásonkyö (1753-1826), dont la femme Anna Maria (née Khevenhüller-Metsch) était élève de Mozart.

Dans sa dernière année Mozart reçut deux commandes fort inhabituelles d'aristocrates autrichiens. La première vint d'un comte viennois, Joseph Nepomuk Franz de Paula Deym von Strzitéz (1752-1804), qui, après avoir été contraint de quitter la ville à la suite d'un duel, y revint sous le nom de Müller pour ouvrir une *Kunstgalerie* (galerie d'art). En 1791 il inaugura une sorte de mausolée à la mémoire du feld-maréchal Laudon, où un orgue mécanique jouait de la musique funèbre. C'est pour cette machine que Mozart écrivit l'adagio et allegro K. 594, ainsi peut-être que deux autres pièces, K. 608 et 616.

Sans doute la plus célèbre commande de tous les temps fut-elle celle du dernier chef-d'œuvre, inachevé, de Mozart, le Requiem K. 626. Le messager en gris qui se présenta à la porte du compositeur au printemps ou à l'été de 1791 était envoyé par le comte Franz Walsegg-Stuppach (1763-1827), qui aimait à commander des œuvres à des compositeurs connus et les faire passer pour siennes (le Requiem devait honorer la mémoire de sa jeune épouse, décédée en février 1791). Les circonstances de cette commande n'ont été éclaircies qu'en 1964, lorsque O.E. Deutsch a découvert et publié le récit très complet rédigé en 1839 par Anton Herzog, fonctionnaire de Wiener Neustadt, près de Vienne.

Le mécénat était rarement accompagné de duperies de ce genre au XVIIIe siècle, même s'il était souvent motivé par quelque forme de vanité. Les derniers mots de Herzog pourraient cependant s'appliquer à d'autres patrons de Mozart, voire servir d'épitaphe à toute une tradition du mécénat aristocratique dont Mozart fut parmi les derniers héritiers importants : « Paix aux cendres du grand maître, ainsi qu'à celles de son vénéré protecteur, à la générosité de qui l'on doit un si précieux chef-d'œuvre. »

MALCOLM BOYD

ANGLETERRE

PROVINCES
UNIS

Londres

PRUSSE

POLOGNE

La Haye
Rotterdam
Dunkerque
Calais
Bruxelles
Anvers
Aix-la-Chapelle
Cologne
Coblence
Mayence
Mannheim
Heidelberg

SAINT EMPIRE ROMAIN

PAYS-BAS
AUTRICHIENS

Prague

AUTRICHE

Paris

Strasbourg
Augsbourg
Munich
Passau
Vienne
Salzbourg
Innsbrück

Lausanne
Genève
Zurich
SUISSE
Bolzano

HONGRIE

Lyon
Milan
Crémone
Parme
Mantoue
Vérone
Venise
Padoue
Modène

Bologne
Rimini
Florence
Sienne
Ancône

Rome

Naples

L'Europe du temps de Mozart,
avec les principales villes qu'il visita

6

L'HOMME

La famille

Toute étude sur la famille de Mozart doit prendre pour point de départ son père Leopold. Leopold Mozart eut en effet une influence profonde sur l'évolution de son fils, et, même parvenu à maturité, Wolfgang garda à son endroit une attitude ambivalente qui eut une incidence durable sur sa vie personnelle et professionnelle. Leopold, fils d'un relieur d'Augsbourg, est né en novembre 1719. Sa famille résidait dans la région d'Augsbourg depuis plus de deux siècles, désignée dans les documents contemporains sous différentes variantes du nom Mozart — dont Mozer, Mozarth et Mozhard. Leopold vécut à Augsbourg jusqu'en 1737, où il partit pour Salzbourg étudier la philosophie et le droit. Malgré des résultats prometteurs dans ces deux disciplines, il ne termina pas ses études, préférant à l'âge de vingt-deux ans entrer au service d'un chanoine de la cathédrale comme musicien et valet. En 1743 il fut nommé violoniste de la Hofkapelle de Salzbourg, puis bientôt professeur de violon de la maîtrise. Il gravit peu à peu les échelons au service du prince-archevêque de Salzbourg, parvenant au rang de vice-maître de chapelle en 1763.

En 1747 Leopold épousa Anna Maria Pertl, fille d'un fonctionnaire de la ville voisine de Sankt Gilgen, qui avait un an de moins que lui. Sept enfants leur naquirent en l'espace de huit ans, mais dont deux seulement survécurent : la quatrième, Maria Anna (Nannerl), et le septième, Wolfgang. La mère de Mozart demeure un personnage obscur. Elle était issue d'une société qui ne se souciait guère de pourvoir à l'éducation des femmes, préférant leur inculquer les vertus de piété et de soumission aux père, frères et époux. Anna Maria savait à peine lire et écrire, et ne semble pas avoir exercé de grande influence sur les décisions majeures de la famille. Malgré toute l'affection que Leopold lui témoigne dans ses lettres, son statut au sein de la famille était manifestement subalterne.

Leopold Mozart composa abondamment durant ses premières années à Salzbourg, écrivant plus de vingt-cinq symphonies, outre des pièces religieuses, de la musique de chambre et des œuvres de circonstance. Mais c'est sa renommée en tant que professeur de violon qui lui valut une plus large réputation. L'année de la naissance de Wolfgang vit la publication de son célèbre traité de violon, *Versuch einer gründlichen Violinschule*, qui fut traduit en plusieurs langues et souvent réédité. Au bout de quelques années Leopold abandonna cependant toute ambition de compositeur et de pédagogue, pour se consacrer entièrement à l'éducation de ses prodigieux enfants.

Il apparut bientôt que, malgré les talents saisissants de Nannerl, c'est sur son frère cadet Wolfgang que se concentrait l'attention du père. Leopold tenait les dons de son fils pour miraculeux et se sentait le devoir de faire fructifier ce génie que Dieu lui avait donné. La partialité de Leopold se manifesta ouvertement en 1767, alors que la famille vivait provisoirement à Vienne. Plusieurs enfants de leur propriétaire avaient attrapé la variole, obligeant Leopold à chercher un nouveau logis. Dans l'impossibilité de trouver un appartement qui puisse héberger toute la famille, il partit avec le seul Wolfgang chez un ami, laissant sa femme et sa fille dans les lieux contaminés.

Leopold Mozart était un homme terre à terre, bien conscient des subtilités et des intrigues de la vie de cour. Il calcula méticuleusement la moindre étape du progrès triomphal de ses enfants à travers l'Europe, pesant le coût et le profit vraisemblable de chaque engagement, faisant paraître de judicieux avis dans la presse et tirant parti de toute relation. Il conduisit habilement son fils de l'état d'enfant prodige à celui de compositeur adolescent, et il est probable qu'une grande part du professionnalisme de Mozart (comme le nota Charles Burney) fut acquise grâce à la discipline que lui inculqua son père.

Les nombreux conseils qu'il donne à Wolfgang dans ses lettres illustrent toute l'habileté de Leopold. Ainsi, durant le séjour de Mozart à Munich en 1777, son père lui indique quelles sont les relations à cultiver et comment découvrir les préférences de l'électeur afin de composer une musique adéquate :

Pour en venir maintenant à l'affaire de Munich, cela pourrait peut-être marcher si tu avais l'occasion de faire entendre au prince-électeur tout ce que tu es en mesure d'écrire, et notamment dans le domaine des fugues, canons et compositions contrapuntiques. Tu dois faire une cour effrénée au comte Seeau, en lui disant tout ce que tu es prêt à composer pour son théâtre sans être payé — airs, ballets, etc. [...] Si tu dois écrire quelque chose pour viole de gambe à l'intention du prince-électeur, [Wotschitka] pourra te dire comment cela doit être et te montrer les pièces que le prince-électeur aime le mieux pour que tu connaisses ses goûts. (Lettre du 29 septembre 1777.)

Il en coûta cependant cher à Leopold, d'un point de vue émotionnel, de vivre par l'intermédiaire de son fils, car voir Wolfgang mûrir et acquérir son indépendance fut pour lui une source d'angoisse et de frustrations. Afin de garder sur lui le contrôle, son affection se fit de plus en plus manœuvrière, et il n'hésita pas à imputer ses propres ennuis de santé et son manque de succès à Salzbourg au refus de son fils de se plier à ses souhaits. Voici comment il raconte le départ de Wolfgang pour Munich, Mannheim et Paris en 1777 :

Je me suis donné toutes les peines du monde pour me contenir lors de nos adieux, pour ne pas rendre notre séparation plus douloureuse encore ; et dans mon émoi j'ai oublié de donner à mon fils la bénédiction paternelle. J'ai couru à la fenêtre et vous l'ai envoyée à tous deux, mais je ne vous ai pas vus franchir la porte. Nous avons dû supposer que vous étiez déjà partis, puisque j'étais déjà resté longtemps assis là sans penser à rien. Nannerl pleura formidablement, et je dus me donner toutes les peines pour la consoler. Elle se plaignit de maux de tête, puis d'avoir mal au cœur, et finalement elle eut un haut-le-cœur qui la fit vomir [...] Le pauvre [chien] Pimpes gisait auprès d'elle. J'allai dans ma chambre dire ma prière du matin. (Lettre du 25 septembre 1777.)

A mesure qu'il mûrissait, Wolfgang apprit à ne pas tenir compte des conseils de son père, ou à les mésinterpréter à son avantage, laissant Leopold déverser sa rage impuissante dans de longues lettres. Lorsque Mozart partit pour Vienne en 1781, Leopold conserva son poste à Salzbourg, et au cours de ses dix dernières années il ne revit son fils qu'en deux occasions : en 1783, dans des circonstances qui mirent certainement Wolfgang mal à l'aise, lorsqu'il emmena son épouse Constance à Salzbourg ; puis en 1785, lorsque Leopold vint chez son fils à Vienne pendant la saison des concerts de carême. Cette seconde rencontre fut apparemment plus réussie, car les amis viennois de son fils traitèrent Leopold avec beaucoup d'égards. Ce fut en outre pour lui l'occasion de voir de ses yeux le succès de son fils et de s'assurer que son ménage était bien tenu. Il mourut deux ans après, laissant un petit héritage que se partagèrent Wolfgang, qui connaissait alors des difficultés financières, et Nannerl, qui avait épousé Johann Baptist von Berchtold zu Sonnenburg en 1784 et vivait confortablement.

Leopold Mozart est plus représentatif du rationalisme que son fils. Il était d'une grande curiosité intellectuelle, s'intéressant à l'enseignement, aux sciences et aux arts, et en même temps d'une profonde piété. Il fut le correspondant de Wieland et de Gellert, et l'un de ses amis salua en lui après sa mort un homme « d'esprit et de sagesse ». On compatit volontiers avec cet homme vieillissant, solitaire, vivant à travers son fils, s'efforçant de donner corps aux rares nouvelles transmises de Vienne par des lettres arrivant à intervalles irréguliers ou des connaissances de passage.

Apparence et caractère

Les témoignages sur le jeune Wolfgang laissent à penser qu'il était un bel enfant, affectueux, sans prétentions. Lors du voyage à Paris de la famille en 1766, Friedrich Melchior Grimm nota dans sa *Correspondance littéraire* : « On pourrait s'entretenir longtemps de ce phénomène singulier. C'est d'ailleurs une des plus aimables créatures qu'on puisse voir, mettant à tout ce qu'il dit et ce qu'il fait de l'esprit et de l'âme avec la grâce et la gentillesse de son âge. » Nannerl avait le sentiment que son frère avait été définitivement défiguré par la variole dont il avait souffert en 1767. Trois ans plus tard cependant, le célèbre compositeur Hasse voyait en lui un garçon « beau, vif, gracieux et plein de bonnes manières ; il est difficile de s'empêcher de l'aimer lorsqu'on le connaît ».

Mozart, à l'âge adulte, resta petit de taille ; il avait le teint pâle, et paraissait souvent en mauvaise santé. Niemetschek, son premier biographe, l'explique par le manque d'exercice durant l'enfance, et par le fait qu'à partir de l'âge de six ans Mozart passa l'essentiel de son temps en position assise ! Pour le chanteur Michael Kelly, qui vécut à Vienne de 1783 à 1787 et chanta les rôles de Basilio et de Don Curzio lors de la première représentation de *Le nozze di Figaro*, Mozart était « un homme remarquablement petit, très mince et pâle, avec une profusion de beaux cheveux fins dont il était assez vain » (Kelly 1826). Conformément à la mode qui prévalait parmi les plus jeunes, Mozart ne portait pas de perruque et se faisait poudrer les cheveux.

Mozart émergea de son extraordinaire enfance étonnamment indemne, sur le plan psychologique. Les têtes couronnées et les grands d'Europe avaient admiré l'enfant prodige. Son entrain juvénile allié à un talent exceptionnel lui avait permis de connaître auprès des souverains et des aristocrates une intimité sans commune mesure avec ses origines sociales. Lorsque l'impératrice Marie-Thérèse accorda une audience à la famille à Schönbrunn en 1762, le jeune Wolfgang de six ans « sauta sur les genoux de l'impératrice, lui mit les bras autour du cou et l'embrassa chaleureusement », selon les dires de Leopold. En de telles occasions Mozart portait un habit mauve avec un gilet de moire bordé de tresses dorées, selon une mode lancée par l'archiduc Maximilian. Quelques années plus tard, l'adolescent Mozart fut reçu tout aussi courtoisement par les princes de l'Eglise, obtint des audiences des cardinaux, et même du pape, et fut décoré chevalier de l'Eperon d'or (seul musicien à accéder à ce rang depuis Roland de Lassus).

Cette progression triomphale fut soudain arrêtée lorsqu'il regagna le monde musical terre à terre de Salzbourg. Le prince-archevêque Hieronymus, comte Colloredo, élu en 1772, se montra moins complaisant que son prédécesseur dans l'octroi de congés et ne laissait subsister chez le jeune compositeur aucun doute quant à son statut subalterne à la cour. L'orgueil de Mozart en fut gravement blessé, et dégoût le prit de sa situation, témoin cette lettre écrite à Leopold lors de la visite de la maison de l'archevêque à Vienne en 1781 :

> Vers 12 heures — malheureusement un peu trop tôt pour moi — nous passons à table. Il y a là les deux valets de corps et d'âme, M. le contrôleur, M. Zetti, le pâtissier, MM. les deux cuisiniers, Ceccarelli, Brunetti et ma modeste personne. N.B. Les deux valets sont au haut de la table, tandis que j'ai du moins l'honneur d'être placé au-dessus des cuisiniers.

Cette position avilissante lui laissa une vive sensibilité aux nuances sociales. La personnalité quelque peu chatouilleuse que lui prêtent ses contemporains s'explique par cette tendance qu'avait Mozart à interpréter la moindre condescendance comme une offense personnelle. C'est peut-être l'une des raisons pour lesquelles, à l'âge adulte, il refusa un emploi de musicien-domestique dans une demeure de l'aristocratie, préférant les incertitudes d'une carrière indépendante. Elle influa sans doute également sur sa décision de rester à Vienne les dix dernières années de sa vie. L'atmosphère égalitariste et la simplicité protocolaire prônées par Joseph II permettaient aux individus de talent comme Mozart d'accéder à une certaine dignité personnelle, en dépit de leurs modestes origines et de leur absence de fortune (pour une étude plus complète de cette question, voir Steptoe 1982).

Autre héritage de cette enfance peu ordinaire : l'incapacité chez Mozart d'organiser sa vie professionnelle et de faire preuve de diplomatie dans ses relations avec ses patrons et ses collègues musiciens. Peut-être Mozart ne voyait-il pas que les réussites de sa carrière précoce étaient le fruit non seulement de son propre talent, mais aussi du soin et de la peine que Leopold avait pris pour la prévoir et l'organiser. Adulte, Mozart supposait donc que ses dons de musicien suffiraient à lui valoir d'être bien reçu, sans qu'il ait d'effort à faire pour se promouvoir. Le baron Grimm avait décelé ce trait chez le jeune Mozart à Paris :

> Il est trop candide, peu actif, trop aisé à attraper, trop peu occupé des moyens qui peuvent conduire à la fortune. Ici, pour percer, il faut être retors, entreprenant, audacieux. Je lui voudrais pour sa fortune, la moitié moins de talent et le double plus d'entregent, et je n'en serais pas embarrassé.

En conséquence, Mozart était incapable de tirer parti des occasions qui se présentaient — ce qui apparaît à l'évidence lorsqu'il partait en tournée de concerts à l'âge adulte ; Leopold lui avait indiqué en novembre 1777 de manière très précise comment s'y prendre :

> On demande à son aubergiste qui est maître de chapelle ou directeur de la musique, ou s'il n'y en a point, qui est le compositeur le plus célèbre. On se fait conduire chez lui ou, suivant son rang, on demande à le recevoir et à s'entrenir avec lui. De cette façon on sait aussitôt si les frais d'un concert sont importants, si l'on peut se procurer un bon clavecin, si l'on peut avoir un orchestre, s'il y a beaucoup d'amateurs [...] On fait cela en tenue de voyage, sans défaire

ses bagages ; on se contente de mettre quelques bagues, etc. ; c'est tout ce qu'il faut au cas où l'on trouve un clavecin au cours de la visite et qu'on veuille l'essayer.

Au lieu de prendre ces précautions, Mozart dressait souvent contre lui les musiciens locaux, dont il ne pouvait plus solliciter le soutien. Ainsi, lorsqu'il se rendit à la cour de Frédéric-Guillaume, à Potsdam, près de Berlin, il aurait pu s'attendre à un accueil triomphal. Le roi était un amateur passionné, l'orchestre de la cour avait une excellente réputation, et *Die Entführung* venait d'être donné avec succès à Berlin. Malheureusement, Mozart ne chercha pas à cacher son mépris pour les principaux musiciens locaux. Il n'avait préparé par avance aucune composition nouvelle et ne fut pas en mesure d'organiser de concerts publics à Berlin. Malgré une audition avec la reine, obtenue non sans mal, les fruits de ce voyage furent bien maigres.

On a beaucoup évoqué le caractère fruste et vulgaire de Mozart. Il est vrai que sa famille appréciait un humour scatologique assez cru, dont on trouve de nombreux exemples dans la correspondance de Wolfgang, mais aussi dans les lettres d'autres membres de la famille. Ainsi sa mère, Anna Maria, à l'âge de cinquante-sept ans, écrivant de Munich à son mari Leopold :

Adio, ben mio, porte-toi bien, mets ton cul à ta bouche. Je te souhaite une bonne nuit, chie au lit que ça craque.

Mozart conserva à l'âge adulte ce penchant, que certains contemporains pensaient propre à Salzbourg. Sa conduite heurtait le goût délicat de bien des hommes de son temps et leur faisait croire que, malgré ses dons musicaux, c'était un être grossier et fruste. Pour Karoline Pichler, intellectuelle viennoise, fille du haut fonctionnaire Franz Sales von Greiner, « Mozart et Haydn [...] étaient des hommes qui ne manifestaient dans leurs relations personnelles pas la moindre force spirituelle d'exception et presque aucune sorte de formation intellectuelle, d'éducation scientifique ou supérieure ». Leur entourage ne connaissait que leurs « plaisanteries insipides », et dans le cas de Mozart sa « vie d'insouciance ». Elle évoque, avec d'autres, les soudains changements d'humeur chez Mozart, saisi à tel moment d'une inspiration musicale divine pour se conduire un instant après de manière facétieuse et ridicule. De tous les observateurs contemporains, c'est peut-être Joseph Lange qui comprit le mieux ces apparentes contradictions.

Lange, acteur au Burgtheater, était le mari d'Aloisia Weber, sœur aînée de Constanze et premier amour de Mozart. Les deux familles se voyaient régulièrement, et le portrait inachevé de Mozart peint par Lange est considéré comme l'un des plus fidèles. Pour lui, le comportement absurde et enfantin de Mozart était une sorte d'effet secondaire de l'intensité créatrice entourant le processus de composition :

> Jamais on ne reconnaissait moins le grand homme en Mozart que lorsqu'il était occupé à un ouvrage important. En ces moments, non seulement il s'exprimait de manière confuse et désordonnée, mais faisait aussi des plaisanteries qu'on n'attendait pas de lui, et parfois même il s'oubliait délibérément dans sa conduite [...] Ou bien il dissimulait à dessein sa tension intérieure sous une frivolité superficielle, pour des raisons insondables, ou bien il prenait plaisir à opposer brutalement les divines idées de sa musique à ces soudains éclats de vulgarité et à s'amuser en semblant se moquer de soi-même.

Cet aspect de son tempérament s'alliait à une autre caractéristique que l'on a souvent notée — savoir le détachement intellectuel de Mozart, qui se manifeste le plus clairement dans sa faculté de composer en dépit des tensions émotionnelles. Eric Blom (1955) y voyait une sorte de « froideur du génie », faisant plus particulièrement référence à la composition du quatuor en *ré* mineur K. 421 (417b) en 1783 tandis que Constanze mettait au monde son premier enfant dans la pièce voisine. L'été de 1788 fut lui aussi remarquable, en ce que l'effort créateur qui donna naissance, en l'espace de trois mois, aux trois dernières symphonies, à un trio avec piano K. 542 et une sonate pour piano K. 545, ainsi qu'à d'autres grandes œuvres, coïncidait avec des difficultés financières considérables, l'obligation d'emménager dans un logis moins cher et la mort de sa fille de six mois, Theresia (voir Steptoe 1988). Il ne faut cependant pas en conclure que la vie personnelle de Mozart laissait son œuvre tout à fait intacte, car il est évident que le compositeur traversa des périodes de dépression mentale (tels son séjour à Paris en 1778, les premiers mois de 1787 et 1789-1790) au cours desquelles il fut incapable d'achever des œuvres. Mais il est moins facile de savoir si cette dépression était la cause ou le fruit de ses difficultés professionnelles et artistiques. Il semble qu'il ait été affecté par son propre état de santé et celui de son épouse. Car sa relation avec Constanze contribua de manière décisive à façonner sa vie et sa personnalité d'adulte.

Malgré ces influences, la facette la plus remarquable du caractère de Mozart était sans doute sa confiance en sa propre créativité. On chercherait en vain dans sa correspondance ou les souvenirs de ses contemporains la moindre trace de doute quant à la valeur et à la qualité de ses compositions. Même dans les périodes d'extrême pauvreté, de solitude ou de maladie, Mozart semble avoir conservé cette exaltation créatrice et cette satisfaction devant son travail.

Le mariage avec Constanze

Les biographes de Mozart ont jeté l'opprobre sur son épouse, Constanze, peignant d'elle le portrait d'une intrigante et d'une enjôleuse, qui n'aurait pas été un soutien pour Wolfgang, qui aurait encouragé son irresponsabilité, au lieu de lui offrir un cadre familial stable pour son travail. Alfred Einstein (1945) la décrit en termes peu flatteurs :

> Elle n'était même pas une bonne ménagère ; elle n'était jamais prévoyante, et, au lieu de faciliter la vie et le travail de son époux en lui assurant un certain confort matériel, elle partageait inconsidérément son existence bohème [...] Elle était tout à fait inculte et n'avait aucun sens des convenances.

Hildesheimer (1977) en donne une image analogue, la soupçonnant en outre d'avoir eu une liaison avec Süssmayr, l'élève de Mozart (soupçon dépourvu de fondement, ainsi que Eibl (1976) l'a démontré). En lisant ces commentaires, on a le sentiment que les objections de ces auteurs ne s'adressent pas uniquement à Constanze, mais qu'ils reprochent à Mozart d'avoir estimé aucune femme digne de son affection et de sa compagnie (Pour une réfutation de ces vues, voir Landon (1988)).

Il n'en demeure pas moins que le mariage de Mozart avec Constanze fut probablement, dans une certaine mesure, le fruit des manœuvres de Mme Weber mère. Mozart était intime de la famille Weber depuis son séjour à Mannheim en 1777-1778, où il était tombé amoureux de la deuxième fille, Aloisia. Il poursuivit son voyage jusqu'à Paris, apparemment convaincu que son affection était payée de retour, et fut amèrement déçu par son indifférence lorsqu'il la revit vers la fin de l'année. Elle était alors une cantatrice célèbre à Munich, et lorsqu'elle fut engagée par l'opéra allemand de Vienne en 1779, toute la famille émigra à sa suite. C'est là qu'elle épousa l'acteur Joseph Lange, dont la première femme Anna Maria Schindler avait également fait partie de la compagnie d'opéra. On a dit que Mozart, sa vie durant, garda son amour pour Aloisia (« prima donna dans la vie comme sur scène », selon Hildesheimer), mais rien ne le prouve. Lui et Constanze restèrent proches d'Aloisia et de Joseph Lange tout au long de leurs années viennoises, et Mozart travailla à un certain nombre de projets musicaux avec Aloisia sans que son cœur semble en avoir souffert.

Lorsque Mozart rompit avec la cour de Salzbourg en juin 1781, il chercha refuge chez la veuve Weber, et c'est alors qu'il s'attacha à Constanze, la troisième fille, au point d'être accusé par le tuteur de la jeune fille de compromettre son honneur. Mozart réfuta ces accusations, mais signa néanmoins un document où il s'engageait à épouser Constanze dans un délai de trois ans ou, sinon, à lui verser une rente annuelle de 300 florins. On ne sait pas quelle fut la réaction de Leopold Mozart en apprenant ces nouvelles, mais il s'opposa certainement avec vigueur à cette union.

Malgré cet imbroglio, et la satisfaction de Mme Weber de voir sa fille épouser un jeune musicien prometteur, l'affection de Mozart pour Constanze paraît avoir été profonde et sincère. Pourtant la description qu'il donne à Leopold de sa future épouse n'est pas très flatteuse :

> Elle n'est pas laide, mais aussi rien moins que belle. Toute sa beauté consiste en deux petits yeux noirs et en une belle allure. Elle n'a pas d'esprit, mais assez de bon sens pour pouvoir remplir ses devoirs d'épouse et de mère [...] Elle comprend l'économie domestique, et elle a le meilleur cœur du monde. (Lettre du 15 décembre 1781.)

Mozart soulignait délibérément les aspects dont il savait qu'ils feraient plaisir à son père, pour ne pas donner l'impression d'avoir succombé à un charme superficiel. Dans sa correspondance avec Constanze elle-même, Mozart se montre d'une intimité enjouée :

> Si je voulais te raconter tout ce que je fais avec ton cher portrait, tu rirais souvent. Par exemple, quand je le tire de sa prison, je lui dis : « Dieu te bénisse, Stanzerl ! Dieu te bénisse, Dieu te bénisse, friponne ! griffe en boule ! nez pointu ! petite bagatelle ! *schluck und*

druck ! » Et lorsque je l'y remets, je le fais glisser peu à peu, en disant toujours : « Stu ! Stu ! Stu ! », mais avec une certaine emphase, comme ce mot si significatif l'exige ; et à la fin, vite : « Bonne nuit, petite souris ; dors bien. » (Lettre du 13 avril 1789.)

Mozart, de plus en plus tributaire de Constanze, se sentait seul et indécis quand il était loin d'elle. Sa passion charnelle pour elle ne fait non plus aucun doute :

Le 1ᵉʳ juin, je coucherai à Prague, ainsi que le 3 ; le 4 ? près de ma petite femme chérie ! Prépare bien proprement ton cher et très joli petit nid, car mon petit bonhomme [*büdberl*] l'a vraiment mérité, il s'est très bien conduit et ne souhaite rien d'autre que posséder ton très joli cul [mot rayé]. Imagine ce fripon qui pendant que j'écris se faufile sur la table et me regarde en ayant l'air de me poser des questions. Mais je lui donne une bonne chiquenaude. Le garnement est encore en furie [mot rayé] et le gredin ne se laisse pas dompter. (Lettre du 23 mai 1789. Certains mots ont été rayés par Constanze ou quelqu'un d'autre.)

Le couple fut donc uni à l'été de 1782, et entre 1783 et 1791 Constanze mit au monde six enfants. Joachim Preisler, acteur danois qui rendit visite à Mozart un dimanche après-midi d'août 1788, témoigne du bonheur dont les comblaient leur mariage et leur vie commune :

J'ai vécu là le plus heureux instant que la musique m'ait jamais donné. Ce petit homme et grand maître improvisa sur un *Pedal-Clavecin* [*sic*] à merveille ! à merveille ! Au point que je ne savais plus où j'étais. Il a mêlé les passages les plus difficiles aux thèmes les plus aimables. Sa femme taillait des plumes pour le copiste, un élève composait, un petit garçon de quatre ans se promenait dans le jardin et chantait des récitatifs, bref : tout ce qui entourait cet homme sublime était musical !

L'attachement émotionnel de Wolfgang à Constanze était tel qu'il lui imposait de se conformer à son souci des convenances sociales et des apparences, au point de faire de sa conduite une affaire d'honneur personnel. Dans les dernières années de la vie de Mozart, entre 1789 et 1791, Constanze, souvent souffrante, passa plusieurs semaines à Baden, ville d'eaux près de Vienne. Wolfgang, dans ses lettres, s'inquiète de sa santé, mais en mêlant à ses tendres conseils des admonestations sur son comportement :

Chère petite femme, j'ai une foule de requêtes à te faire :
1° je te demande de ne pas être triste ;
2° de faire attention à ta santé et de ne pas te fier à l'air du printemps ;
3° de ne pas sortir seule, à pied, et mieux encore, de ne pas sortir du
tout à pied ;
4° d'être tout à fait assurée de mon amour ; je ne t'ai pas encore
écrit une seule lettre sans avoir placé devant moi ton cher portrait ;
5° je te demande de prendre en considération, dans ta conduite,
non seulement ton honneur et le mien, mais aussi les apparences.
(Lettre du 16 avril 1789.)

Le portrait de Constanze en femme capricieuse et irrespon-
sable est difficile à concilier avec l'énergie qu'elle déploya par la
suite dans la gestion des affaires. Elle réussit par exemple à obtenir
une pension de l'Etat, alors que Mozart n'avait pas été suffisamment longtemps au service impérial pour lui en donner le droit.
Dans les dix années qui suivirent la mort de Mozart, elle sut rassembler et vendre les manuscrits qui lui restaient pour assurer ses
revenus, évitant ainsi de sombrer dans cette misère qui, au XVIIIe
siècle, était trop souvent le lot des familles privées soudain de leur
principal soutien financier.

L'univers social de Mozart

Mozart avait de nombreuses connaissances dans toutes les
couches de la société, de la plus haute aristocratie au modeste bou-
tiquier ou musicien d'orchestre. C'est d'une part l'influence de la
franc-maçonnerie, de l'autre les privilèges particuliers dont bénéficiaient les artistes qui expliquent que ces différents milieux se
recoupent à ce point, dans un univers social aussi hiérarchisé. On
peut néanmoins diviser la vie sociale de Mozart en trois secteurs :
ses relations avec la noblesse, ses liens avec ses collègues compositeurs, ses amitiés avec d'autres hommes et femmes.

La noblesse

Dès son arrivée à Vienne en 1781, Mozart fut reçu par un certain nombre de mécènes de la noblesse. Le premier fut la comtesse
Wilhelmine Thun, épouse du comte Franz Joseph Thun. Ancienne

élève de Haydn, future protectrice de Beethoven, elle passait pour l'une des femmes les plus cultivées de Vienne. Dès le mois de mars 1781, Mozart fut captivé par elle :

> J'ai déjà dîné deux fois chez la comtesse Thun et j'y vais presque tous les jours. C'est la femme la plus charmante, la plus aimable que j'aie vue de ma vie ; et j'ai aussi beaucoup de crédit auprès d'elle. Son mari est toujours le même étrange *cavalier*, mais bien intentionné.

La comtesse Thun, en toute innocence, contribua à décider Mozart à quitter le service de l'archevêque Colloredo. En avril 1781, Mozart fut en effet contraint de jouer à un concert pour l'archevêque un soir où la comtesse l'avait invité à se produire chez elle. Il apprit à regret que non seulement l'empereur était présent à cette soirée rivale, mais qu'en outre chacun des exécutants avait reçu 50 ducats (soit 225 florins, l'équivalent de la moitié de son traitement annuel à Salzbourg). Mozart, qui tenait en haute estime les goûts musicaux de la comtesse, lui joua chaque acte de *Die Entführung* à mesure qu'il était achevé. Elle était la mère de trois belles jeunes filles, dont l'une épousa Karl Lichnowsky, futur ami et patron de Beethoven. Lichnowsky prit des leçons de piano avec Mozart et l'accompagna lors de son voyage en Prusse en 1789.

La comtesse Marie Thiennes de Rumbeke fut elle aussi parmi ses premiers soutiens dans l'aristocratie viennoise, ainsi que sa première élève dans la capitale. Mozart lui dédia une série de variations pour piano en 1781, et fréquentait sa demeure. Elle était en outre parente de Philipp Cobenzl, éminent homme politique qui occupa une série de postes haut placés dans le gouvernement des Habsbourg, et était introduit dans l'entourage le plus intime de l'empereur Joseph. Au cours de l'été 1781, Mozart fut l'hôte de Cobenzl dans sa propriété sur le Reinsenberg près de Vienne, dans un cadre campagnard qu'il décrivit avec enthousiasme. Cobenzl était un contestataire au sein du pouvoir ; il avoua par la suite qu'il avait même perdu la foi religieuse pendant un temps. Ses relations avec des hommes de ce genre rapprochaient inéluctablement Mozart de la pensée des Lumières.

Si Mozart avait la faveur de ces aristocrates, ceux-ci restaient à l'évidence des patrons plutôt que des amis. Dans de nombreuses lettres à Leopold, Wolfgang s'excuse d'avoir manqué à quelque promesse sous prétexte d'avoir répondu à l'appel de l'un d'entre eux (explication qui ne pouvait que plaire à son père). Pour Mozart, chacune de ces requêtes ressemblait plus à une convocation qu'à une invitation. Quelques années plus tard, il noua cependant d'authentiques liens d'amitié avec des membres de la jeune génération de la noblesse — Karl Lichnowsky par exemple, ou August von Hatzfeld, contemporain exact du compositeur, fils du comte Karl von Hatzfeld, qui joua un rôle important dans les réformes administratives et financières de Marie-Thérèse et Joseph II. Auguste von Hatzfeld, quant à lui, était violoniste et prit des cours avec Mozart. Il participa à la représentation privée d'*Idomeneo* donnée en 1786 dans le théâtre privé du prince Auersperg, avec sa belle-sœur, la comtesse Hortense Hatzfeld, dans le rôle d'Elettra. Il mourut un an plus tard.

Gottfried von Jacquin était, quant à lui, un jeune ami aristocrate, destinataire des célèbres lettres de Prague dans lesquelles Mozart décrit l'accueil réservé à *Le nozze di Figaro* et *Don Giovanni*. Fils du baron Nikolaus von Jacquin, botaniste de renom, il était aussi un musicien compétent. Mais le plus fidèle de tous les amis aristocrates de Mozart fut sans doute Gottfried baron van Swieten (1733-1803), fils du médecin de Marie-Thérèse, qui occupa un certain nombre de postes diplomatiques importants avant de devenir président de la commission pour l'éducation et la censure en 1781. A ce poste il joua un rôle déterminant dans la libéralisation, la publication et la propagation de la pensée des Lumières, pendant la plus grande partie du règne de Joseph II. Van Swieten était lui-même compositeur et fit jouer l'une de ses symphonies au concert donné par Mozart à l'Augarten en mai 1782, où furent également exécutés la symphonie en *ut* majeur K. 338 et le double concerto en *mi* bémol majeur K. 365 (316a). Grand amateur de la musique du début du siècle, il commanda à Mozart quatre adaptations d'œuvres de Haendel, à commencer par *Acis and Galatea* en 1788. C'est sans doute dès 1783 que Mozart s'est familiarisé avec l'écriture fuguée de la fin du baroque, en préparant les concerts de van Swieten ; et ce goût du baron influença ses propres œuvres tardives (voir Tyson 1987). Après la mort de Mozart, van Swieten apporta son soutien à sa famille endeuillée, notamment en organisant la première exécution du Requiem en janvier 1793, au bénéfice de Constanze. On dit également qu'il fut l'une des rares personnes présentes aux obsèques de Mozart en la cathédrale Saint-Etienne.

Les compositeurs

Comme nous l'avons dit plus haut, les relations de Mozart avec les autres musiciens furent souvent difficiles. Il ne tardait jamais à faire connaître la piètre opinion qu'il avait des compositions ou des exécutions d'autrui — ainsi lorsqu'il critiqua la musique de Georg Vogler de Mannheim ou qualifia le virtuose Muzio Clementi de « *mechanicus* ». Il arrivait également que ses collègues musiciens en veuillent à Mozart de ses facilités et tendent à sous-estimer ses talents. Mozart raconte ainsi lui-même l'accueil que lui réserva le célèbre orchestre de Mannheim en 1777 :

> Certains, qui me reconnaissaient *per Renomé* [*sic*], se montrèrent très courtois et pleins d'égards ; mais d'autres, qui n'avaient jamais entendu parler de moi, me regardèrent avec de grands yeux, en souriant. Ils pensent que parce que je suis petit et jeune, rien de grand ou d'ancien ne peut se cacher derrière moi ; mais ils vont bientôt en faire l'expérience.

L'esprit de clocher dominait le petit monde musical de Salzbourg. Pendant presque toute l'enfance et l'adolescence de Mozart, le maître de chapelle fut Giuseppe Francesco Lolli, dont Leopold Mozart était l'adjoint. Le musicien le plus influent y était Michael Haydn (1737-1806), qui s'y établit alors que Mozart avait six ans et épousa la fille de l'organiste de la cour. Leopold le jugeait en privé paresseux et inculte, tout en l'admirant comme compositeur. Les deux familles étaient cependant amies, malgré une amertume passagère lorsque Haydn fut nommé organiste de la Dreifaltigkeitskirche, à un poste que Leopold Mozart estimait dû à son fils.

Lors de ses voyages, Mozart entra bien entendu en contact avec bon nombre des grandes figures musicales de son temps. Il semble avoir gardé une affection particulière pour J.C. Bach (le « Bach de Londres »). Après une première rencontre en 1764-1765, Mozart fut ravi de le retrouver en 1778 alors qu'il séjournait à Paris, peu après la mort de sa mère, comme il l'écrit à son père :

> Sa joie, et ma joie, lorsque nous nous sommes revus, vous vous l'imaginez facilement. Peut-être sa joie n'est-elle pas aussi sincère, mais il faut reconnaître que c'est un homme honorable et qui traite équitablement les gens. (Lettre du 27 août 1778.)

Mozart noua également de chaleureuses amitiés à Mannheim à la faveur de son séjour en 1777-1778. C'est là qu'il fit la connaissance non seulement de la famille Weber, mais aussi du maître de chapelle Christian Cannabich et du compositeur Ignaz Holzbauer. Mozart et sa mère dînaient régulièrement avec Cannabich et sa famille, et Mozart composa une sonate pour piano à l'intention de sa fille Rosa (K. 309 (284b)). Holzbauer était un compositeur d'une certaine distinction, dont la carrière fut couronnée par l'opéra *Günther von Schwarzburg* en 1777, qui lui valut les vifs éloges de Mozart :

> La musique de Holzbauer est très belle. La poésie n'est pas digne d'une telle musique. Ce qui m'étonne le plus, c'est qu'un homme aussi âgé que Holzbauer ait encore autant d'esprit ; car c'est incroyable, ce qu'il y a comme feu dans sa musique. (Lettre du 14 novembre 1777.)

Lorsque Mozart s'installa à Vienne en 1781, le goût musical de la cour était dominé par les Italiens. Gluck vivait dans une demi-retraite, avec un poste à la cour plus honorifique qu'effectif. Il loua les opéras de Mozart, et dîna plus d'une fois avec son jeune collègue. Le maître de chapelle en était Giuseppe Bonno, tandis qu'Antonio Salieri était l'un des compositeurs de prédilection de l'empereur, et la figure dominante de l'opéra italien. Mozart se méfiait certainement des machinations de Salieri, persuadé que l'Italien l'avait empêché de devenir le maître de la princesse Elisabeth de Wurtemberg et qu'il avait essayé de faire échouer la production de *Le nozze di Figaro*. En décembre 1789, Mozart promettait encore d'informer son ami Michael Puchberg des intentions de Salieri à l'encontre de *Così fan tutte* :

> Je vous raconterai de vive voix les cabales de Salieri, qui sont cependant déjà à l'eau. (Lettre du 29 décembre 1789.)

Pourtant, vers la fin de sa vie, Mozart semble avoir changé d'opinion sur Salieri, puisqu'il l'invita en compagnie de sa maîtresse, la cantatrice Catarina Cavalieri, à *Die Zauberflöte* en octobre 1791, et fut ravi de leur réaction, ainsi qu'il l'écrit à Constance le lendemain :

> Tu ne peux t'imaginer comme tous deux se sont montrés aimables, combien non seulement ma musique, mais aussi le livret et tout l'ensemble, leur ont plu. Tous deux disaient que c'était un opéra digne d'être donné lors de la plus grande fête devant les plus grands monarques, et qu'ils le verraient certainement très souvent, car ils

n'avaient jamais vu de spectacle plus beau et plus agréable. Il écouta et regarda avec la plus grande attention et, de la symphonie au dernier chœur, il n'y eut pas un morceau qui ne lui arrachât un « bravo » ou un « bello ». (Lettre du 14 octobre 1791.)

Salieri dirigea en outre plusieurs œuvres religieuses de Mozart lors des célébrations du couronnement de Léopold II à Prague en 1791, respectant son cadet suffisamment pour lui accorder une place de premier plan en cette occasion exceptionnelle.

Mozart fit également la connaissance d'autres compositeurs d'opéra italiens à la faveur de leur passage à Vienne, dont Giovanni Paisiello et Giuseppe Sarti. Il paraît néanmoins plus à l'aise avec ses compatriotes compositeurs et musiciens. Nombre d'entre eux résidaient dans les demeures de campagne de l'aristocratie et ne venaient à Vienne que pour de brèves périodes chaque année. Le plus important de ces amis était bien entendu Joseph Haydn, qui retrouvait régulièrement Mozart et jouait de la musique avec lui lorsqu'il venait à Vienne avec la suite d'Esterházy. Le ténor Michael Kelly décrit l'une de ces séances de quatuor chez Stephen Storace, compositeur anglo-italien et frère du soprano Nancy Storace. Le quatuor était composé de Haydn, de Dittersdorf, du compositeur Johann Baptist Vanhall et de Mozart. Ce fut lors d'une séance de ce genre, en février 1785, que Haydn entendit trois des nouveaux quatuors de Mozart (K. 458, 464 et 465) qui suscitèrent cette remarque faite à Leopold Mozart et restée célèbre :

Je vous le dis devant Dieu et en tant qu'honnête homme : votre fils est le plus grand compositeur que je connaisse, en personne ou de nom. Il a du goût et, qui plus est, la plus profonde connaissance de la composition. (Lettre de Leopold Mozart à sa fille du 16 février 1785.)

Haydn vit Mozart pour la dernière fois à la fin de 1790, au moment où il quittait Vienne pour Londres à l'invitation de Salomon. Il raconta par la suite que Mozart était persuadé qu'ils ne se reverraient plus ; mais il pensait que son jeune ami s'inquiétait de son âge relativement avancé, et non qu'il trahissait quelque pressentiment de sa propre disparition précoce.

Les amis

Malheureusement, l'on sait peu de chose sur les amitiés de Mozart en dehors des milieux de la noblesse et des musiciens, encore qu'il y ait toute raison d'espérer, comme le souligne Eisen (1986), que des recherches plus approfondies dans les archives autrichiennes mettront au jour de nouveaux documents. Il semble néanmoins que la vie en société de Mozart s'articulait autour de deux groupes — le milieu des marchands, professions libérales et hauts fonctionnaires de Vienne et les compagnies d'acteurs et de chanteurs qui travaillaient dans la ville.

Le premier groupe recoupait l'aristocratie « éclairée », puisqu'une bonne partie en avait adopté les valeurs mercantilistes d'épargne et de labeur. Les amitiés de Mozart avaient leur origine dans ses activités de professeur de piano. L'une de ses premières élèves fut ainsi Josepha Auernhammer, fille du conseiller Johann Auernhammer. Si Mozart la trouvait peu attirante physiquement, il fut impressionné par son jeu et écrivit la sonate pour deux pianos K. 448 (375a) afin de la jouer avec elle, lors d'un concert chez son père en novembre 1781. Therese von Trattner devint son élève quelques années plus tard. Elle était l'épouse de Johann von Trattner, qui accéda à la noblesse en bâtissant une vaste entreprise d'imprimerie et de fabrique de papiers autour du Trattnerhof à Vienne, sur le Graben. Les Mozart louèrent un appartement du Trattnerhof en 1784, et leurs relations amicales avec les Trattner semblent s'être prolongées pendant des années, puisque Johann fut le parrain de trois de leurs enfants.

Michael Puchberg était dans une situation comparable, car il était lui aussi sorti de son modeste milieu d'origine en épousant la veuve de son employeur dans l'industrie textile. Il joua un rôle important dans la vie de Mozart, qui s'adressa souvent à lui pour lui emprunter de petites sommes lorsqu'il était en difficulté financière dans ses dernières années à Vienne.

Parmi les membres des professions libérales liés à Mozart, on peut citer Sigmund Barisani, fils du médecin de l'archevêque Colloredo, Silvester Barisani, et lui aussi médecin. Mozart fut également en contact avec la célèbre famille Mesmer (voir Steptoe 1986), sans doute depuis le long séjour des Mozart à Vienne en 1767-1769, c'est-à-dire avant que Franz Anton Mesmer n'eût découvert le « magnétisme animal » qui devait le rendre célèbre. Mesmer avait épousé une riche veuve, Anna Maria von Posch, avec qui il vivait dans le faubourg de la Landstrasse. Mozart y passa beaucoup de temps lors de ses visites à la capitale en 1773. Mais, lorsqu'il s'établit définitivement à Vienne en 1781, Mesmer avait abandonné sa famille pour s'installer à Paris. La maison de la Landstrasse perdit alors beaucoup de son attrait pour Mozart, comme il l'écrit à sa sœur :

> Au sujet de nos vieilles connaissances je te dirai aussitôt que je ne suis allé qu'une fois chez Mme von Mesmer. La maison n'est plus ce qu'elle était. (Lettre du 15 décembre 1781.)

Il resta cependant lié au cousin de Mesmer, Joseph, directeur de la Normalschule de Vienne. Ce dernier était un bon musicien, ami de Gluck et de Haydn, et logeait chez lui le compositeur Vincenzo Righini.

Mozart était passionné de théâtre, et prenait beaucoup de plaisir non seulement à la musique mais aux pièces parlées (voir « Mozart et le théâtre de son temps »). Peu après son arrivée à Vienne en 1781 il dit à sa sœur Nannerl :

> Mon seul divertissement est le théâtre. Je te souhaiterais de voir une tragédie ici ! Je ne connais aucun autre théâtre où l'on représente *excellemment* tous les genres de spectacles ; mais c'est le cas ici pour chaque rôle, jusqu'au plus petit et au plus mauvais, qui est bien tenu, et doublé [en cas de maladie]. (Lettre du 4 juillet 1781.)

La plus prestigieuse compagnie théâtrale partageait la scène du Burgtheater avec l'opéra, et les amitiés de Mozart avaient vraisemblablement leur origine dans ses relations professionnelles et familiales, par l'intermédiaire de son beau-frère Joseph Lange. Lange, l'un des grands acteurs de son temps, jouait aussi bien les rôles héroïques, tel celui de Hamlet et du prince Hal dans *Henry IV*, que des personnages de comédies populaires comme *Der Westindier* ou *Die Lästerschule*. Johann Müller (ancien directeur du *Singspiel* au Burgtheater), Gottlieb Stephanie (librettiste de *Die Entführung*) et son frère Christian et, au début des années 1780, Friedrich Schröder, comptaient eux aussi parmi les acteurs importants. Schröder, qu'on appelait parfois le « Garrick allemand », le plus célèbre acteur de son temps, joua un rôle important dans l'introduction de Shakespeare sur la scène allemande. Il continua de se faire le champion de l'œuvre de Mozart après s'être établi en Allemagne du Nord au début de la décennie, réalisant une traduction de *Don Giovanni* qui fut donnée à Hambourg et à Berlin.

Les documents sur les relations de Mozart avec ce milieu remontent à 1783, lorsqu'il conçut une « masquerade », K. 446 (416d), pour un bal de carnaval à la Redoutensaal, avec lui-même en Arlequin, Joseph Lange en Pierrot et Aloisia Lange en Colombine, sur des vers écrits par Müller. Deux ans plus tard, la visite de Leopold Mozart à Vienne fut l'occasion de dîners chez Müller, Gottlieb Stephanie, Lange et Trattner. Il ne faut pas oublier que nombre d'entre eux étaient également francs-maçons : Lange et Artaria, l'éditeur de Mozart, appartenaient à l'ordre, de même que des nobles comme von Jacquin et le comte Joseph Thun.

Ce milieu d'acteurs était étroitement lié aux chanteurs de l'opéra italien et aux musiciens locaux. Mozart y avait des relations d'amitié avec les sopranos Nancy Storace et Josepha Duschek, et avec les instrumentistes Anton Stadler et Joseph Leutgeb. Nancy Storace, jeune cantatrice d'origine anglo-italienne, était arrivée à Vienne en 1783 à l'âge de dix-huit ans et y resta jusqu'en 1787. Elle créa le rôle de Susanna dans *Le nozze di Figaro*, et Mozart dédia la *scena* et le rondo « Ch'io mi scordi di te — Non temer, amato bene » K. 505 à « Mlle Storace et moi ». Josepha Duschek vivait quant à elle à Prague, où son époux Franz Xaver Duschek était pianiste et compositeur. Mozart écrivit une première aria pour elle (K. 272) en 1777 lorsqu'elle vint à Salzbourg, et composa également la *scena* « Bella mia fiamma — Resta, o cara » K. 528 en songeant à sa voix. Mozart logea dans la maison de campagne des Duschek (la villa Bertramka) à Smichov près de Prague, à plusieurs reprises lors de ses voyages en Bohême.

Stadler et Leutgeb étaient tous deux des instrumentistes virtuoses. Pour le premier Mozart composa le concerto et le quintette pour clarinette, et la sérénade pour treize instruments K. 361 (370a) fut donnée lors du concert à bénéfice de Stadler au Burgtheater en 1784. Bon nombre de biographes de Mozart tiennent Stadler pour une canaille, avant tout parce qu'il emprunta de l'argent au compositeur sans jamais le lui rembourser. Mozart se montrait d'une tolérance amusée à son endroit, mais considérait en revanche le corniste Leutgeb comme un bouffon. Leutgeb faisait partie de l'orchestre de Salzbourg avant de venir à Vienne pour s'occuper du commerce de fromage et de saucisses de la famille de son épouse. Mozart écrivit pour lui les quatre concertos pour cor ; l'un des manuscrits est resté célèbre par les commentaires grossiers et facétieux qui figurent en marge et un autre par les encres de couleurs différentes que Mozart employa pour agacer le corniste.

Dans les dernières années de Mozart, ses fréquentations dans le monde théâtral s'étendirent au groupe formé autour d'Emanuel Schikaneder. Il connaissait sans doute Schikaneder lui-même depuis la fin des années 1770, lorsque l'impresario vint avec sa troupe à Salzbourg (voir Heartz 1983). Son fief n'était pas le prestigieux Burgtheater, mais le Theater an der Wieden (Freihaustheater), dans un faubourg ouvrier de Vienne. Il est bien entendu l'auteur du livret de *Die Zauberflöte*, et en 1791 Mozart se lia davantage avec lui, mais aussi avec Benedikt Schack et Franz Xaver Gerl (premiers Tamino et Sarastro).

En dehors du théâtre et de la musique, Mozart goûtait les activités sociales caractéristiques de la bourgeoisie citadine. Danser, se promener au Prater, jouer au billard, boire du punch : tels étaient ses passe-temps préférés. Il est du reste intéressant de noter que la consommation d'alcool était très forte du temps de Mozart, puisqu'on estime que les adultes buvaient en moyenne environ deux litres de vin par jour (Dickson 1987).

Revenus et finances

Lorsque Mozart était encore enfant, c'est son père Leopold qui se chargeait de toutes les questions pratiques, y compris les affaires financières de la famille. Leurs voyages à travers l'Europe dans les années 1760 et 1770 supposaient des dépenses considérables en vêtements et en frais de voyage, outre que Leopold perdait son salaire, si bien qu'ils étaient souvent obligés d'emprunter ou de recourir au crédit. Leopold était précis dans sa gestion des affaires, notamment financières, et tenait des livres de comptes détaillés. Ainsi, lorsque Wolfgang était à Mannheim en 1777 et qu'il projetait un voyage en Belgique, Leopold fut en mesure de lui dire le prix exact d'un déjeuner que la famille avait pris dans une auberge de Louvain quelque quatorze années auparavant ! Malgré ce soin, les premières tournées de concerts ne rapportèrent pas de gros bénéfices, si bien que la famille Mozart vivait sans aisance, avec souvent des ambitions qui outrepassaient ses modestes ressources.

Compte tenu de cette tendance obsessionnelle du caractère de Leopold, il n'est pas étonnant que l'attitude cavalière de son fils, dans la vie comme dans la quête des richesses, ait provoqué chez lui une telle exaspération. Leopold dresse le portrait de son fils tel qu'il le voyait dans une lettre adressée à la comtesse Waldstätten :

159

> Il est bien trop *patient*, ou *indolent*, trop *nonchalant*, parfois peut-être trop *fier* [...] S'il ne manque de rien, il est aussitôt content et devient *nonchalant* et *oisif*. S'il doit se mettre en activité, alors il s'agite et *veut aussitôt faire sa fortune*. (23 août 1782.)

Leopold était cependant un musicien de cour, qui bénéficiait d'un traitement sûr (quoique modeste). Son opinion ne tient pas compte ici de ce que la situation sociale de son fils était tout à fait différente. Mozart passa en effet la plus grande partie de sa vie d'adulte comme compositeur et exécutant indépendant, sans revenus fixes. En outre, il avait une famille à nourrir, et avait choisi de vivre dans une ville chère. En raison de la nature même de sa situation, il ne pouvait avoir que des revenus irréguliers et subsister sans une part d'incertitude. Compte tenu de ces facteurs, Mozart a passablement bien réussi dans la voie qu'il s'était tracée.

Les revenus de Mozart provenaient de quatre sources principales (pour plus de détails voir Bär (1978) et Steptoe (1984)). La plus importante était ses prestations en concert et dans les palais de la noblesse. Mozart jouissait d'une immense popularité dans ses premières années passées à Vienne et était très sollicité. La période de l'année où il était le plus occupé était le Carême, puisque les théâtres étaient alors fermés et que la société se tournait plus que jamais vers la musique. Pendant plusieurs années, il organisa des concerts d'orchestre à son propre bénéfice, au Burgtheater et ailleurs, dont les profits se montaient généralement à 500-1 500 florins. Il se produisit si souvent dans les demeures de la noblesse que peu de détails subsistent. En mars 1784, il consigna cependant son emploi du temps détaillé dans une lettre à son père : il jouait chaque semaine les lundi et vendredi soirs au palais du comte Johann Esterházy, le jeudi chez le prince Dmitri Galitzin, puis le samedi chez Georg Richter. Il organisa en outre trois concerts par souscription et deux concerts au théâtre.

On sait peu de chose sur les appointements que Mozart recevait de la noblesse, encore qu'en certaines occasions les gains aient été considérables. La joute qui l'opposa en 1781 à Muzio Clementi au piano lui rapporta ainsi 50 ducats (225 florins). Ces revenus importants l'ont certainement mis en position de se marier, d'acheter des objets onéreux tel le forte-piano moderne qui coûta 900 florins et de mener un train de vie considérable. Malheureusement, sa popularité de pianiste déclina au milieu des années 1780, le contraignant à trouver d'autres ressources.

Le portrait "Rosenthal" anonyme.

2. Pietro Antonio Lorenzoni,
Mozart enfant, 1763, huile.

3. Louis Carrogis de
Carmontelle, Leopold
Mozart avec Wolfgang et
Nannerl, novembre 1763,
aquarelle.

. Michel Barthélemy Ollivier, thé "à l'anglaise" chez le prince de Conti au Temple, été 1766, huile.

Saverio della Rosa, Mozart à Vérone, janvier '70, huile.

6. Anonyme, Mozart, 1773 (?), miniature sur ivoire.

7. Anonyme, Mozart, automne 1777, miniature sur ivoire.

8. Anonyme, Mozart en chevalier de l'Eperon d'or, 1777, huile.

9. Johann Nepomuk della Croce, portrait de la famille Mozart, hiver 1780-1781, huile.

). Barbara Krafft, portrait de Mozart, 1819, huile.

11. Hieronymus Löschenkohl, silhouette de Mozart, 1785, gravure.

Wolfg: Amade Mozart

12. Joseph Lange, lithographie faite probablement d'après un portrait perdu de 1782.

13. Leonard Posch,
médaillon en plâtre de
Mozart, 1788/89.

14. Doris Stock, portrait
de Mozart, avril 1789,
dessin à la pointe
d'argent.

15. Joseph Lange, Mozart au piano-forte, 1789/90.

Les leçons de piano et de composition lui fournissaient un revenu plus sûr. Au début de ses années viennoises, Mozart recevait trois ou quatre élèves par jour, qui lui prenaient l'essentiel de ses matinées. Beaucoup de ses élèves étaient issus de la noblesse ou de la riche bourgeoisie commerçante, et prenaient donc plusieurs leçons par semaine. Mozart leur demandait 6 ducats (27 florins) par mois, mais n'enseignait que pendant une partie de l'année, puisque la plupart des Viennois quittaient la capitale en été. On ne peut que regretter ces heures d'ennui perdues à enseigner à des amateurs, qui ne travaillaient sans doute même pas entre les leçons. Les cours prenaient un temps précieux à la composition, si bien que Mozart a peut-être préféré à certains moments y renoncer pour bénéficier d'un emploi du temps moins rigoureux. Durant les années où il a enseigné, Mozart recevait vraisemblablement quelque 400-500 florins de ses élèves.

Sa troisième source importante de revenus était les paiements qu'il recevait pour ses compositions. Si les concertos et les symphonies étaient généralement écrits pour ses propres concerts, la plupart des pièces de musique de chambre étaient composées en vue d'une publication, car il existait une demande insatiable de pièces modernes destinées à l'usage domestique. Si, pour les œuvres exceptionnelles, les honoraires étaient élevés — tels les 450 florins que l'éditeur Artaria lui donna pour les six quatuors dédiés à Haydn — ils restaient, par ailleurs, le plus souvent modestes. Le seul genre qui pût garantir d'importants revenus réguliers était l'opéra. Les compositeurs recevaient généralement une somme forfaitaire des théâtres d'opéra qui leur passaient commande de l'œuvre, plutôt que des droits en fonction du succès de la pièce. *Die Entführung aus dem Serail*, *Le nozze di Figaro*, et *La clemenza di Tito* rapportèrent chacun 450 florins à Mozart, *Don Giovanni*, *Così fan tutte* et *Die Zauberflöte* sensiblement plus. Un compositeur avisé pouvait en tirer d'autres revenus en réalisant des arrangements pour formation de chambre, piano ou ensemble d'instruments à vent des numéros à succès de ses opéras. L'opéra compensa donc dans une certaine mesure la baisse des revenus de Mozart en tant que pianiste.

Le dernier complément régulier à ses finances vint à partir de décembre 1787, lorsqu'il fut nommé *Kammermusicus* (musicien de la chambre) impérial. Depuis son départ de Salzbourg en 1781, Mozart ne recevait plus de traitement régulier. Si les 800 florins qu'on lui accorda étaient de beaucoup inférieurs aux 2 000 florins

161

versés à son prédécesseur (Gluck), les obligations liées à ces fonctions restaient modestes. Après la mort de Mozart, la cour impériale supprima du reste ce poste qu'elle jugeait superflu.

Ce bref survol des finances de Mozart montre que, pendant la plupart de ses années passées à Vienne, il disposait d'un revenu annuel relativement confortable, situé quelque part entre 2 000 et 6 000 florins — ce qui le place assez haut dans la hiérarchie économique. Il est vrai qu'il connut aussi bien des périodes de disette, comme en témoignent éloquemment les lettres de supplique adressées à son frère maçon Michael Puchberg. Plusieurs auteurs en ont conclu qu'un tel état de fait ne pouvait résulter que d'extravagances ou d'une gestion financière déplorable, alors que deux autres facteurs en étaient sans doute responsables : premièrement, Wolfgang et Constanze fréquentaient des milieux fortunés, dans une ville où la vie était chère ; deuxièmement, la plupart des revenus de Mozart étaient tributaires de son état de santé et de son énergie créatrice. S'il ne composait, n'enseignait ni ne jouait, l'argent ne rentrait pas. Le déclin de sa santé, ajouté aux soucis que lui donnaient les maladies de Constanze à la fin des années 1780, a pu provoquer des crises financières que seuls des emprunts permettaient de résorber. Ces problèmes étaient passagers, et Mozart à sa mort ne laissa que de modestes dettes. Il ne pouvait compter que sur ses propres efforts : c'était le prix de son existence indépendante, sans le patronage d'aucune maison noble ou royale.

L'exécutant

Ses contemporains connaissaient Mozart tout autant comme virtuose que comme compositeur. Au cours des voyages de son enfance, il étonna les auditoires de l'Europe entière par sa vélocité au clavier, tandis que les connaisseurs appréciaient la profondeur de son intelligence musicale. Durant cette première période, il jouait également du violon et chantait. Le violon occupa toujours la seconde place après le clavier, et par la suite il n'en joua plus qu'à l'occasion de séances privées de musique de chambre. Les programmes de ses premiers concerts nous révèlent la manière dont il était censé déployer ses talents. Au programme de son concert prévu au Teatro scientifico de Mantoue en 1770 figuraient non seulement ses propres compositions, mais aussi un concerto pour clavecin « présenté et exécuté par lui à vue », une « sonate pour clavecin exécutée à vue par l'enfant avec des variations de son invention, improvisées puis répétées dans une autre tonalité », une sonate et une fugue composées et exécutées sur un thème qu'on lui donna, à quoi s'ajoutèrent d'autres exploits prodigieux. Il prévoyait également de chanter une pièce et d'improviser la partie de violon d'un trio.

Un tel programme, malgré son aspect factice, annonce la structure des concerts ultérieurs de Mozart, qui comportaient presque toujours non seulement des œuvres composées par lui, mais des improvisations. Le concert à bénéfice qu'il donna au Burgtheater en mars 1783 en est caractéristique. Au programme figuraient la symphonie « Haffner » K. 385, les concertos pour piano en *ré* majeur K. 175 et en *ut* majeur K. 415 (387b), ainsi que des variations et une fugue improvisées, le tout entrecoupé d'arias ou de scènes chantées par ses amis Aloisia Lange, Therese Teyber et le ténor Adamberger. Selon le compte rendu publié par la suite dans la presse, les deux concertos et les « autres fantaisies » furent salués par les plus vigoureux applaudissements.

Ce sont les sonates et les concertos pour piano de Mozart qui illustrent le mieux son style d'exécutant, puisqu'il en écrivit la plupart pour son propre usage. En revanche, l'on est frustré de ne pas connaître ses improvisations, particulièrement admirées de ses contemporains. La majorité des témoignages qui subsistent sont les expressions désespérément vagues et élogieuses d'une admiration sans partage, mais dépourvues de la moindre précision. Niemetschek (1798) souligne cependant la sensibilité et la grâce de son jeu, alliées à une grande habileté technique :

> Une admirable vélocité, que l'on pouvait dire unique, en particulier pour la main gauche ou la basse, la finesse et la délicatesse, l'expression la plus belle et la plus éloquente [...] telles étaient les qualités de son jeu, qui, jointes à la richesse de ses idées et à sa connaissance de la composition, ont dû enthousiasmer tous les auditeurs et fait de Mozart le plus grand pianiste de son temps.

Cette opinion est partagée par Muzio Clementi, qui eut l'occasion de juger en professionnel du jeu de Mozart lorsque les deux hommes s'affrontèrent en 1781 en présence de Joseph II et de la grande-duchesse Maria Feodorovna de Russie. Il confia plus tard à un élève :

Jusque-là je n'avais jamais entendu personne jouer avec autant d'esprit et de grâce. J'ai été particulièrement étonné par un adagio et par certaines de ses variations improvisées. (Plantinga 1977.)

Les cadences que Mozart écrivit pour ses concertos pour piano sont peut-être le reflet le plus fidèle de son style improvisé. L'équilibre et la cohérence structurelle de ses improvisations conduisirent du reste certains auditeurs à douter qu'elles soient vraiment inventées sur-le-champ. L'abbé Maximilian Stadler, ami de Mozart et de Haydn, raconte comment leurs réserves furent un jour mises à l'épreuve :

Il improvise de manière aussi ordonnée que s'il avait quelque chose d'écrit devant lui. Ce qui a conduit plusieurs personnes à penser que, lorsqu'il se produit en public avec une fantaisie, il l'a entièrement conçue par avance et travaillée. Telle était l'opinion d'Albrechtsberger [compositeur et organiste]. Mais le deux hommes se rencontrèrent un soir lors d'un divertissement musical. Mozart était de bonne humeur et demanda un thème à Albrechtsberger. Celui-ci lui joua une vieille chanson allemande connue. Mozart s'assit et développa ce thème pendant plus d'une heure, montrant, à l'admiration générale, au moyen de variations et de fugues, sans s'éloigner du thème, qu'il maîtrisait entièrement tous les arts musicaux.

Mozart était pratiquement aussi adroit à l'orgue qu'au clavecin ou au piano, même s'il avait moins d'occasions d'exercer ou de déployer ses talents. Dans une lettre écrite à Leopold le 13 novembre 1777, il raconte comment il joua sur l'orgue de la chapelle de la cour à Mannheim lors d'un office dominical auquel assistait l'électeur Karl Theodor :

Je suis arrivé pendant le Kyrie, dont j'ai joué la fin ; et après que le prêtre eut entonné le Gloria, j'ai fait une cadence. Mais elle était si différente de ce qu'on a l'habitude d'entendre ici que tout le monde a tourné la tête [...]. Les gens avaient de quoi rire. Ici et là il y avait un pizzicato, et je ne faisais alors qu'effleurer les touches. J'étais de fort bonne humeur. Au lieu du Benedictus, on doit jouer ici tout le temps. J'ai donc pris l'idée du Sanctus et l'ai développée en fugue. Ils étaient tous là, décontenancés. Le pédalier est différent de chez nous ; au début cela m'a un peu dérouté, mais je m'y suis bientôt fait.

L'impression qui reste est celle du pur plaisir que Mozart prenait à jouer et du sentiment d'exaltation qu'il éprouvait à son instrument. Cette exubérance et ce bonheur qu'il ressentait en déployant ses talents, on les perçoit encore dans sa musique deux cents ans plus tard.

ANDREW STEPTOE

Franc-maçonnerie

A la suite de la fondation de la Grande Loge d'Angleterre, en 1717, la franc-maçonnerie se développa dans toutes les couches de la société européenne du XVIIIe siècle, à l'exception de la paysannerie et des classes inférieures, comme une sorte de réaction à l'intolérance religieuse et à l'absolutisme politique qui dominaient à cette époque. L'utilisation de rituels symboliques issus de ceux pratiqués par les guildes médiévales permettait à des hommes d'horizons divers de prendre part à une expérience commune et renforçait leur sentiment de sociabilité. Les caractéristiques principales de l'ordre maçonnique étaient la convivialité et la charité, mais il restait perméable à toute tendance idéologique, même de type hétérodoxe, de sorte que le pape Clément XII ne tarda pas à le condamner (1738). Dès l'époque où Désaguliers, le secrétaire de Newton, avait été porté à la grand-maîtrise, en 1719, les idées rationalistes avaient pénétré dans les loges anglaises. Cette tendance conduisit à la formation de véritables académies maçonniques, comme la loge des Neuf Sœurs (Les muses), à Paris, et la loge Zur wahren Eintracht (La vraie concorde), à Vienne.

Cette dernière fut fondée au moment où Mozart s'installa dans la capitale autrichienne, alors que l'empereur Joseph commençait tout juste de mettre en œuvre son programme de réformes inspirées par la philosophie des Lumières. Dans sa lutte contre les zélateurs des traditions conservatrices dans une société hiérarchisée, Joseph II trouva le meilleur soutien du côté des francs-maçons, particulièrement chez ceux des loges Zur wahren Eintracht et Zur Wohlthätigkeit (La bienfaisance). Les autres loges, par exemple Zur gekrönten Hoffnung (L'espérance couronnée), se montraient plus portées à la convivialité, d'autres à un mysticisme peu orthodoxe, telle Zum heiligen Joseph (Saint-Joseph).

Mozart a été très tôt en contact avec des membres de l'ordre maçonnique, notamment après son installation à Vienne et au cours de son voyage en Allemagne et à Paris, en 1777-1778. Il était donc bien au courant de la diversité de la franc-maçonnerie à Vienne lorsqu'il décida de s'affilier à une loge de la ville. Bien que les archives des deux ateliers auxquels il appartint n'aient pas été conservées, la documentation existante témoigne amplement de son engagement maçonnique, tant au niveau biographique qu'au plan musical. (La chronologie qui suit est tirée d'Autexier, 1984, 1986 et 1987[a]).

Chronologie de la carrière et des œuvres maçonniques

1772-1774

Mozart compose son premier chant maçonnique, « O heiliges Band »,

K. 148 (125 h), et deux chœurs pour *Thamos*, K. 345 (336a), une pièce du franc-maçon Tobias Philipp Gebler.

Fin 1777
Il fait la connaissance de Theobald Marchand, l'un des fondateurs de la loge de Mannheim, et d'Otto von Gemmingen, un autre franc-maçon important de cette ville.

1783

11 févr. Gemmingen installe sa propre loge à Vienne, *Zur Wohlthätigkeit*, et invite Mozart à s'y joindre pour y jouer le rôle de musicien. L'écho de ses hésitations se fait entendre dans *l'andante con moto* du quatuor à cordes en *mi* bémol majeur K. 428 (421b).

1784

22 avril. Les loges de la monarchie habsbourgeoise créent leur Grande Loge Nationale et adoptent un rite unifié.
Novembre. Mozart envoie sa lettre de candidature à la loge *Zur Wohlthätigkeit*.
14 déc. Il est reçu dans la loge de Gemmingen, à laquelle appartient déjà Karl Lichnowsky.
24 déc. Il participe à la réception du comte Apponyi dans la loge *Zur wahren Eintracht*.

1785

7 janv. Il est promu compagnon à la loge *Zur wahren Eintracht*.
10 janv. Il achève le quatuor à cordes en *la* majeur K. 464 dont l'andante se réfère au rituel de réception.
13 janv. Il est élevé à la maîtrise à la loge *Zur wahren Eintracht*.
14 janv. Il achève le quatuor à cordes en *ut* majeur K. 465, qui se rapporte à sa promotion au deuxième grade, et il

participe à la réception d'Anton Tinti à la loge *Zur wahren Eintracht*.
28 janv. Il participe à une tenue que la loge *Zur wahren Eintracht* organise pour la réception de Joseph Haydn, mais le candidat ne se présente pas.
11 févr. Haydn est reçu à la loge *Zur wahren Eintracht*. Mozart n'a pas pu prendre part à cette cérémonie en raison du concert qu'il donne à la Mehlgrube au même moment.
9 mars. Il achève le concerto pour piano en *ut* majeur K. 467, dont l'andante fait allusion au troisième grade.
26 mars. Il achève le *Lied zur Gesellenreise* K. 468, probablement en rapport avec la candidature de son père dans cette période.
6 avril. Leopold Mozart est reçu dans la loge *Zur Wohlthätigkeit*.
16 avril. Il est promu compagnon à la loge *Zur wahren Eintracht*, en présence de Puchberg.
20 avril. Mozart achève la cantate *Die Maurerfreude* K. 471, en l'honneur d'Ignaz von Born, le vénérable maître de la loge *Zur wahren Eintracht*.
24 avril. *Die Maurerfreude* est chanté pour la première fois, dans la loge *Zur gekrönten Hoffnung*, par l'un de ses membres, le ténor Johann Valentin Adamberger.
1er mai. *Die Maurerfreude* est chanté à la loge *Zur wahren Eintracht*.
7 mai. L'œuvre est donnée dans celle de Puchberg, *Zum Palmbaum* (*Le palmier*) et *Zu den drey Adlern* (*Les trois aigles*) réunies.
Juillet. Mozart compose la *Musique de maîtrise* K. 477, pour chœur d'hommes et orchestre, ainsi que deux chants responsoriaux, « Des Todes Werk » et « Vollbracht ist die Arbeit » (K. *desunt*).
12 août. A l'occasion de l'élévation de Karl von König à la maîtrise, à la loge *Zur wahren Eintracht*, Adamberger donne les deux chants responsoriaux et la *Musique de maîtrise* est jouée, avec David au pupitre du cor de basset.

17 août. *Die Maurerfreude* est publié chez Artaria (membre de la loge *Zur gekrönten Hoffnung*), au bénéfice des pauvres.

27 sept. Mozart participe probablement à la réception d'Anton Stadler dans la loge de Puchberg.

20 oct. Mozart et Stadler s'associent à un concert de cette loge, au profit des francs-maçons et joueurs de cor de basset David et Springer.

17 nov. A la loge *Zur gekrönten Hoffnung*, on joue l'*Ode funèbre maçonnique*, K. 477 (479a) (= *Musique de maîtrise sans chœur*) en l'honneur de deux francs-maçons récemment défunts.

7 déc. A la loge *Zu den drey Adlern*, l'*Ode funèbre maçonnique* est jouée dans une nouvelle version dont trois instruments à vent sont différents.

11 déc. L'Empereur ordonne la réunion des huit loges de Vienne en deux ou trois ateliers seulement.

15 déc. Mozart joue un concerto pour piano et improvise à la loge *Zur gekrönten Hoffnung*, au profit de David et de Springer. Adamberger y chante *Die Maurerfreude*.

19 déc. La loge *Zur Wohlthätigkeit* est dissoute. Gemmingen et Mozart passent à la loge *Zur gekrönten Hoffnung* et participent à une tenue de la loge *Zur wahren Eintracht*.

1786

Début janv. Mozart met deux poèmes en musique, « Zerfliesset heut' » K. 483 et « Ihr unsre neuen Leiter » K. 484.

14 janv. Son état physique ne lui permet pas de prendre part à l'installation de la nouvelle loge *Zur (neu)gekrönten Hoffnung*, pour laquelle il vient d'écrire les deux chants responsoriaux.

Printemps. Il travaille à la cantate « Dir, Seele des Weltalls » K. 429 (468a), destinée à la fête de Saint-Jean d'été (24 juin), mais il ne l'achève pas.

(Sur la datation, voir aussi p. 447).

1787

30 mars. Il s'inscrit dans le livre d'or d'un membre de sa loge, Kronauer.

27 avril. Born s'inscrit dans le livre d'or de Mozart.

1788

12 janv. Il joue dans une académie organisée par la loge *Zur gekrönten Hoffnung* en l'honneur de l'archiduc François, qui vient d'épouser la princesse Elisabeth de Wurtemberg.

1789

Fin mars. Il écrit à Hofdemel que celui-ci sera bientôt reçu dans sa loge.

1790

Janvier. Il participe à une réception. Un tableau représentant cette cérémonie a été conservé.

1791

Première moitié de sept. A l'occasion de sa visite à la loge pragoise *Zur Wahrheit und Einigkeit*, il est accueilli aux sons de sa cantate *Die Maurerfreude*.

28 sept. Il achève *Die Zauberflöte*.

30 sept. Il en dirige la première représentation, au théâtre de Schikaneder.

15 nov. Il achève *Eine kleine Freimaurerkantate*, K. 623 (publiée en 1792 avec un appendice d'authenticité douteuse, « Lasst uns mit geschlungnen Händen » K. 623a).

18 nov. La cantate est chantée lors de l'inauguration du nouveau local de la loge *Zur gekrönten Hoffnung*.

Eléments maçonniques dans la musique

La majeure partie de la musique utilisée dans les loges du XVIIIᵉ siècle n'était pas spécifiquement maçonnique : on greffait de nouveaux poèmes sur des mélodies connues, tels les cantiques religieux, les hymnes nationaux et les chansons populaires. Ces timbres (répertoire *ad notam*) permettaient à tous les membres de la loge de prendre part à l'exécution des chants sans avoir la moindre connaissance de la notation musicale. Des traces de cette pratique apparaissent dans *Die Zauberflöte*, lorsque Papageno (nº 20) et les deux hommes armés (nº 21) reprennent les chorals luthériens « Errett' dein armes Leben » et « Ach Gott, vom Himmel sieh' darein ! » Le premier air de Papageno (nº 2) pourrait bien, lui aussi, dériver d'une mélodie vénitienne.

Les cantates et les chants écrits spécialement pour les loges s'achèvent en général avec un chœur, qui ne fait que reprendre le dernier vers d'une strophe chantée précédemment par un soliste. Mozart fait usage de ce procédé responsorial dès la composition du chant « O heiliges Band », mais les exemples les plus typiques s'en trouvent dans *Die Maurerfreude* et dans l'air de Sarastro « O Isis und Osiris » (nº 10 de *Die Zauberflöte*). Pour faciliter le chant responsorial, le compositeur utilise les caractères habituels des mélodies populaires, qui sont généralement conjointes (voir par exemple les douze dernières mesures de *Die Maurerfreude* ou les réponses données aux interrogations de Tamino dans le premier finale de *Die Zauberflöte*). La seconde, l'intervalle le plus petit du langage tonal, y symbolise l'étroitesse des liens fraternels ; la tierce est l'un des nombreux cas de ternaire, qui font

évidemment allusion à la franc-maçonnerie, mais le plus souvent sans prendre de signification particulière.

En fait, le rythme et la tonalité sont les éléments principaux du langage maçonnique de Mozart. Le nombre des bémols — pas des dièses — à la clef correspond à celui du grade, bien que *mi* bémol majeur ne se rattache pas dans tous les cas à la maîtrise. La marche (nº 9) et le chant (nº 10) qui encadrent musicalement la décision des prêtres d'initier Tamino sont en *fa* majeur ; le *Lied zur Gesellenreise*, destiné à une cérémonie de passage au deuxième grade, est en *si* bémol majeur ; *Die Maurerfreude*, pour le maître Born, est en *mi* bémol majeur.

Le rituel en usage dans les loges viennoises à l'époque de Mozart prévoyait une batterie différente à chaque grade : - U - pour l'apprenti, U - - pour le compagnon, U U - pour le maître. La signification des batteries dépend de la position du premier coup long (-). (La même formule peut avoir une signification différente dans d'autres types de rituel, de sorte que sa compréhension en est rendue difficile même aux francs-maçons.) Les batteries apparaissent dans beaucoup d'œuvres de Mozart, par exemple dans l'ouverture de *Die Zauberflöte* (mes. 1-3, 97-102 et 225-226) ou dans la première pièce qu'il a terminée après sa réception à la loge *Zur Wohlthätigkeit*, le quatuor à cordes en *la* majeur : dans la dernière variation de l'andante, le violon fait entendre la batterie d'apprenti, tandis que le violoncelle imite le maillet du vénérable maître. Pendant le passage correspondant du rituel, le récipiendaire a les yeux recouverts d'un bandeau. La note *sol* qui culmine dans la partie de violon (mes. 160) signale le moment où le bandeau tombe : il voit alors la lettre G (nom de la note *sol* en allemand) dans l'étoile flamboyante — qui est d'ailleurs représentée aussi dans le frontispice du livret original de *Die Zauberflöte*.

Mozart fait usage de ces symboles et de bien d'autres de nature plus complexe dans des concertos, des symphonies et de la musique de chambre, mais apparemment pas dans les œuvres pour piano seul. Ils jouent un rôle encore plus important dans le répertoire dit profane que dans les compositions destinées à des cérémonies des loges. Pour cette raison, l'étude de l'univers maçonnique de Mozart est indispensable à une meilleure connaissance de son expression musicale en général.

De la fraternité à la mixité

L'attention des biographes et des spécialistes s'est beaucoup fixée jusqu'à maintenant sur la question d'un conflit supposé entre la foi catholique de Mozart et son engagement maçonnique. En fait, l'hypothèse est erronée, dans la mesure où les condamnations papales de l'ordre maçonnique n'ont jamais été prononcées *ex cathedra*, ce qui veut dire qu'elles n'ont pas de portée théologique. De plus, de nombreux Etats catholiques, dont la France et l'Autriche, refusèrent de les publier. En 1784, Mozart choisit d'entrer dans une loge à tendance rationaliste, contrastant fortement avec l'attitude de la majeure partie du clergé viennois. Mais sa décision n'avait aucun lien direct avec ses opinions en matière religieuse. D'autre part, il n'y a aucune raison d'affirmer que la franc-maçonnerie a consolidé sa foi, car les loges rationalistes n'étaient pas particulièrement vouées à ce genre d'action. Selon les sources contemporaines

du genre du *Journal für Freymaurer*, publié par la loge *Zur wahren Eintracht*, la signification des cérémonies et de leur symbolisme n'était en rien mystique. Le but était de provoquer une expérience unique que tous les membres de l'ordre partageaient, créant une relation exceptionnelle entre eux. Cette sorte d'amitié eut peut-être une importance plus grande pour Mozart que pour ses frères, car en nul autre endroit de Vienne il ne lui était donné d'entendre toute l'assistance participer à l'exécution de sa musique, comme cela se passait dans les loges, grâce au procédé responsorial qu'il employait.

Le 27 novembre 1800, Constanze Mozart envoya à Härtel, à Leipzig, un projet, écrit par son mari, et qui concernait la nouvelle société qu'il voulait fonder sous le nom rousseauiste de « La grotte ». Comme le manuscrit (qui est perdu) était inachevé, on peut le regarder comme contemporain de *Die Zauberflöte*, dont le livret montre les mêmes tendances rousseauistes, et d'*Eine kleine deutsche Kantate*, K. 619, sur un texte de Ziegenhagen. Ni l'opéra ni la cantate ne sont destinés à l'usage des loges, mais ils sont étroitement liés aux idées de Mozart sur la franc-maçonnerie et sur la société. La pensée de Ziegenhagen était bien plus révolutionnaire que celle de Rousseau. Il plaidait notamment pour l'égalité entre l'homme et la femme. Cette question n'était pas seulement d'ordre social ; elle concernait aussi la franc-maçonnerie, dans la mesure où les loges régulières étaient composées exclusivement d'hommes. Le débat sur la question de l'initiation féminine était très vif dans les milieux maçonniques allemands et autrichiens. Une forme spéciale d'initiation pour les dames, appelée « adoption », s'était développée en France depuis 1744, mais même ainsi les femmes n'étaient pas admises dans les loges régulières.

L'attitude misogyne des prêtres dans *Die Zauberflöte* (par exemple dans le n° 11) fait allusion à l'opinion qui dominait dans la loge-même de Mozart, comme dans bien d'autres. Mais le compositeur, tout comme Ziegenhagen, était partisan de l'égalité des sexes et il croyait les femmes dignes d'être initiées : dans le second finale de l'opéra, Pamina et Tamino subissent les épreuves initiatiques main dans la main. Les contradictions apparentes dans des œuvres comme *Die Zauberflöte* (entre le n° 11 et le n° 21 par exemple) ne sont pas dues à un manque d'attention aux détails, comme on l'a si souvent prétendu ; ils sont inhérents aux questions centrales traitées dans ces pièces. Le réalisme, après tout, est une suite naturelle de la pensée des Lumières.

PHILIPPE A. AUTEXIER

Les voyages

Mozart passa environ deux cent cinquante journées de sa brève existence à voyager, empruntant soit des voitures particulières de location soit des chaises de poste. Les voyages étaient longs et les routes cahoteuses, les auberges souvent froides, humides et sales. A chaque étape ou presque, on attendait de Mozart qu'il se produise au clavecin, au piano, au violon ou à l'orgue. L'enfant prodige rentrait de ses voyages à l'étranger, les malles pleines de bibelots que lui offraient les dignitaires admiratifs.
crt = concert(s)

Munich (1762)
12 janv. pour environ 3 semaines (crt pour l'électeur de Bavière).

Vienne (1762-1763)
Leopold, Nannerl et Wolfgang, âgé de six ans, partent le 18 sept. 1762 pour Passau (arr. le 20 sept., crt), puis descendent le Danube en navire postal jusqu'à Linz (le 26), où Wolfgang donne son premier concert public le 1er oct. Mauthausen (le 4), Ybbs (orgue) et Stein (le 5) Vienne (le 6). Presbourg (Bratislava) par bateau sur le Danube (11 déc. 1762). Retour à Vienne (le 24) en voiture privée puis, via Linz (arr. le 2 janv. 1763), à Salzbourg (arr. le 5).

Le grand voyage en Europe (1763-1766)
Quittant Salzbourg le 9 juin 1763, la famille Mozart voyage dans sa propre voiture, accompagnée d'un domestique (Sebastian Winter) et se rend via Wasserburg (arr. le 10 juin, orgue) à Munich (12 juin, crt). La prochaine étape est Augsbourg (22 juin, crt), où Leopold achète un « petit clavier » (« *Clavierl* », un clavicorde de voyage) à Johann Andreas Stein. Puis Ulm (6 juil., orgue), Ludwigsburg (le 9), où les Mozart rencontrent Jommelli, Bruchsal (le 12), Schwetzingen (arr. le 14, crt), Heidelberg (après le 19, orgue), Mannheim (3 jours) et Worms. L'itinéraire est incertain jusqu'à Mayence (arr. le 3 août, crt). Francfort (arr. le 10, 5 crt) par navire marchand puis retour à Mayence (le 31). Coblence par bateau privé (17 sept., crt), puis Bonn (le 27), chaise de poste via Brühl pour Cologne (arr. le 28), Aix-la-Chapelle (le 30), Liège (2 oct.), Tirlemont (le 3), Louvain, Bruxelles (le 5). Via Mons (15 nov.) Bonavis (le 16) et Gournay (le 17) jusqu'à Paris (le 18). Versailles du 24 déc. au 8 janv. 1764 (orgue et crt). Le 10 avril ils quittent Paris pour Calais (le 19). Tous ont le mal de mer lors de la traversée jusqu'à

Douvres ; ils gagnent directement Londres (arr. le 23) où ils restent jusqu'en juil. 1765. Mis à part un bref voyage à Tunbridge, ils ne quittent pas la région londonienne durant leur séjour en Angleterre.

Le voyage de retour commence via Canterbury (24 juil. 1765) où ils vont aux courses le 31. Après une paisible traversée Douvres-Calais (1ᵉʳ août), ils reprennent leur voiture. Ils poursuivent via Dunkerque (le 3 ?), Lille (le 5 ?) et Gand (4-6 sept., orgue), jusqu'à Anvers (arr. le 7, orgue), où ils laissent leur voiture. Mœrdijk, Rotterdam (le 10) et, en péniche, La Haye (arr. le 11, crt). Wolfgang est ici victime d'une grave fièvre typhoïde, à partir du 15 nov., pendant deux mois. Ils se rendent ensuite à Amsterdam (26 janv. 1766 ?), La Haye (début mars, crt), et Utrecht (18 avril, crt) dans leur propre voiture. Mœrdijk, Anvers (crt), Malines, Bruxelles (arr. le 8 mai), Valenciennes (9 mai), Cambrai et Paris (arr. le 10). Versailles (28 mai-1ᵉʳ juin). Ils quittent Paris le 9 juil. pour Dijon (arr. le 12 ?, crt), Lyon (arr. le 26 ?, crt), Genève (arr. le 20 août, crt), Lausanne (arr. le 14 sept., crt), Berne (le 19/20, crt), Baden et Zurich (arr. le 28 ?, crt). Leur voyage les emmène ensuite à Winterthur (12 oct.), Schaffhausen (du 11 au 16), Donaueschingen (du 17 au 31), Messkirch, Ulm, Günzburg, Dillingen (arr. le 4/5 nov., crt), Biberach (orgue, concours avec Sigmund Bachmann), Augsbourg (le 6), Munich (arr. le 8, crt). Retour à Salzbourg le 29 nov.

Voyage familial à Vienne (1767-1769)

Vöcklabruck (11 sept.). Via Lambach à Linz (le 12). Via Melk à Sankt-Pölten (le 14). Via Purkersdorf à Vienne (le 15). Puis Brünn (Brno) (23 oct.), Olmütz (Olomouc) (le 26), Brünn (24 déc.), Poysdorf (9 janv. 1768), Vienne

(le 10, crt) et retour à Salzbourg (arr. le 5 janv. 1769).

Italie (déc. 1769 — mars 1771)

Leopold et Wolfgang partent avec un domestique via Sankt-Johann au Tyrol pour Wörgl (14 déc.), Schwaz, Innsbruck (crt), Steinach (le 19), Sterzing, Brixen (Bressanone) (le 20), Atzwang, Bozen (Bolzano) (le 21), Egna (le 23), Rovereto (le 24, crt/orgue), Vérone (le 27), où Mozart donne son premier concert italien le 5 janv. 1770, orgue, Mantoue (le 10, crt), Bozzolo (le 19), Crémone (le 20), Milan (le 23, crt), Lodi, Plaisance, Parme et Modène (15-23 mars), Bologne (le 24), Florence (le 29 et le 30, crt) Sienne, Orvieto et Viterbe (7-10 avril), Rome, célèbre visite à la chapelle Sixtine où Mozart entend le Miserere d'Allegri (le 11, crt), Marino (8 mai), Sessa (le 11), Capoue (le 12), Naples (arr. le 14, crt) ; Vésuve, Pompéi, Herculanum, Caserta et Capodimonte (18 et 19 juin), Rome (le 25 et le 26), Cività Castellana (orgue), Terni, Spolète, Foligno, Lorette (arr. le 16), Ancona, Senigallia, Pesaro, Rimini, Forlì, Imola (arr. le 19), Bologne (20 juil.). Séjour à la campagne dans les environs de Bologne 10 août-1ᵉʳ oct. Parme (14 oct.), Plaisance (le 16), Milan pour *Mitridate* (le 18). Turin (14 janv. 1771), Milan (le 31), Canonica, Brescia, Vérone, Vicence, Padoue, Venise (4-11 févr., crt), par bateau à Padoue (12 mars, crt/orgue), Vicence (le 14), Vérone (le 16, crt), Rovereto, Brixen, Innsbruck, Salzbourg (arr. le 28 mars).

Italie (août-déc. 1771)

Même itinéraire qu'en 1769 au départ de Salzbourg (13-17 août) jusqu'à Rovereto, puis Ala, Vérone (le 18), Brescia (le 20), Canonica, Milan (arr. le 21) pour *Ascanio in Alba*. Retour à Salzbourg par la même route (5-15 déc.).

171

Italie (24 oct. 1772-13 mars 1773)
Milan pour *Lucio Silla* et retour par la
route prise en 1769 et 1771.

Vienne (14 juil.-26 sept. 1773)
Wolfgang et son père, arrivés à Vienne
le 16 juil., rentrent, quittant Vienne le
24 sept., via Sankt-Pölten, Linz et
Lambach.

Munich (6 déc. 1774-7 mars 1775)
Wolfgang et son père se rendent, via
Frabertsham, à Wasserburg (le 6), puis
à Munich pour *La finta giardiniera* (le
7).

Paris (23 sept. 1777-15 janv. 1779)
Voyageant avec sa mère, Wolfgang se
rend d'abord, via Waging, Stein, Frabertsham et Wasserburg, à Munich
(arr. le 24, crt), puis à Augsbourg (11
oct., crt). Ils visitent Hohen-Altheim
(le 26, crt) avant de poursuivre vers
Mannheim. Wolfgang passe plusieurs
jours à Kirchheimbolanden (23 janv.
1778 ?) avec M. Weber et Aloisia. Il
quitte ensuite Mannheim avec sa mère
le 14 mars, arrivant à Paris le 23 via
Clermont (le 19). Maria Anna Mozart
y meurt le 3 juil. Mozart quitte Paris le
26 sept. pour se rendre seul à Nancy
(3 ? oct.), Strasbourg (du 14 oct. ? au 3
nov., crt) et Mannheim (arr. le 6). Il
repart le 9 déc., via Heidelberg,
Schwäbisch-Hall, Crailsheim, Din-
kelsbühl, Wallerstein, Nördlingen, le
monastère de Kaisheim (du 13 au 24),
Neuberg et Ingolstadt, pour Munich.
Le 13 (?) janv. 1779 retour à Salzbourg avec sa cousine, la Bäsle.

De Munich à Vienne (1780-1781)
Mozart se rend à Munich le 5 nov.
1780 pour la première représentation
d'*Idomeneo*. Son père et sa sœur
rentrent à Salzbourg à son départ pour
Vienne le 12 mars 1781 (arr. le 16).

Voyages au départ de Vienne
En juil. 1783, Wolfgang emmène
Constanze à Salzbourg. Ils en
repartent le 27 oct. pour Vienne via
Vöcklabruck, Lambach, Ebelsberg et
Linz (crt), où ils restent du 29 à fin
nov.

8 janv. 1787 voyage à Prague
pour *Figaro* ; retour 12 févr (?). 1er oct.
1787 voyage à Prague pour *Don Giovanni* ; retour 16 nov. (?).

Le 8 avril 1789 Mozart part de
Vienne en compagnie du prince Karl
Lichnowsky pour se rendre via Prague
(arr. le 10) à Dresde (arr. le 12, crt).
Repartant le 18, il gagne, via Meissen,
Oschatz et Wurzen, Leipzig (arr. le 20,
orgue), qu'il quitte le 23 (?) pour
Potsdam (arr. le 25 ?). De retour à
Leipzig avec le prince le 8 mai, il
repart le 17 pour Berlin (arr. le 19). Le
28 il quitte Berlin et reste à Prague du
31 mai au 2 juin. Il rentre à Vienne
le 4.

Le 23 sept. 1790 Mozart part avec
son beau-frère Hofer, via Eferding,
Ratisbonne, Nuremberg, Würzburg et
Aschaffenburg, à destination de Francfort pour le couronnement de Léopold II. Ils y arrivent le 28. Le 16 oct.
il se rend en bateau à Mayence, puis
poursuit vers Mannheim le 21 (arr. le
23). Le 25 il part via Bruchsal, Cann-
statt, Göppingen, Ulm, Günzburg et
Augsbourg (arr. le 28 ?) pour Munich
(arr. le 29). Il y reste jusqu'au 6/7 et
rentre à Vienne le 10.

Le 25 août (?) Mozart part pour
Prague avec Constanze et Süssmayr,
arrivant le 28 pour le couronnement
de Léopold II et *La clemenza di Tito*.
Retour à la mi-septembre.

Les seules autres occasions où
Mozart quitta Vienne furent les
voyages effectués à Baden, où
Constanze alla à plusieurs reprises
prendre les eaux.

AMANDA HOLDEN

172

Les maladies et la mort

Au cours des trente-six années de son existence, Mozart fut victime d'un certain nombre de maladies dont les plus graves sont énumérées ci-dessous.

1. Mozart tombe malade le 21 octobre 1762 au soir. Deux médecins diagnostiquent la scarlatine, mais si l'on en croit la description détaillée qu'en donne Leopold, il est sans doute victime d'un mal qu'on appelle aujourd'hui érythème noueux, vraisemblablement lié au catarrhe dont il a souffert plus tôt au cours du même mois à Linz. (Lettres des 16, 19, 30 octobre et 6 novembre 1762.)

2. Peu après le retour de la famille à Salzbourg en janvier 1763, Wolfgang est atteint de la première de ce qui semble avoir été deux crises infantiles de fièvre rhumatismale. (Lettres des 15 et 22 novembre 1766.)

3. A Paris, le 16 février 1764 au matin, « Wolfgang a été pris de maux de gorge subits et de catarrhe [...] il eut la nuit une telle inflammation de la gorge qu'il menaçait d'étouffer ». Il se rétablit en quatre jours. (Lettre du 22 février 1764.)

4. Le 15 novembre 1765, à La Haye, il est victime d'une attaque de fièvre typhoïde dont il met deux mois à se remettre. (Lettre du 12 décembre 1765.)

5. A Munich, le 9 novembre 1766 au soir, il a sa seconde crise de fièvre rhumatismale dont il souffre jusqu'au 22. (Voir références ci-dessus (2).)

6. Le 26 octobre 1767, à Olomouc, il est atteint par la variole. Le mal dure une quinzaine de jours, mais lui laisse des cicatrices à vie. (Lettre du 10 novembre 1767.)

7. La sœur de Mozart raconte plus tard qu'il fut gravement malade lors de son voyage en Italie de 1771 (lettres des 24 novembre 1799 et 2 juillet 1819), et en garda la peau d'une couleur jaune. La correspondance de cette période n'en dit rien.

8. Dans une lettre récemment découverte, adressée à Leopold en novembre 1783 (vendue chez Sotheby's le 17 mai 1990), Constanze rapporte que Wolfgang a été gravement malade (sans doute une infection virale) et qu'il a été saigné par le docteur Gilowsky.

9. En 1784 (fin août/début septembre) Mozart est gravement malade à Vienne. Son médecin Barisani diagnostique une fièvre rhumatismale, et Mozart se plaint de coliques répétées survenues à la même heure, pendant quatre jours de suite (lettre du 14 septembre 1784). Il peut reprendre sa correspondance avec son père avant le 14 septembre.

10. Autre maladie grave, à nouveau soignée par Barisani, et évoquée par celui-ci dans l'album de Mozart à la date du 14 avril 1787. On n'en connaît ni les dates ni les détails.

11. La question qui a suscité le plus d'intérêt et le plus de controverses est certainement la maladie qui a conduit Mozart à la mort en décembre 1791. Rien ne prouve avec certitude qu'il ait été souffrant en cette année avant la fin du mois d'août. D'après Niemetschek, lors de sa visite à Prague (du 28 août jusqu'aux environs de la mi-septembre, « Mozart était malade et prenait constamment des médecines ; son teint était pâle et sa mine triste » ; même s'il affichait souvent sa bonne humeur habituelle, il fut empli d'une telle mélancolie en quittant ses amis qu'« il fondit en larmes ». Quels qu'aient été les maux dont il souffrait par ailleurs à ce moment, étant donné son emploi du temps des semaines précédentes, Mozart était certainement au bord de l'épuisement nerveux.

On ne sait pas s'il continua de manifester des symptômes de maladie à son retour à Vienne, mais les événements semblent avoir pris leur tour décisif vers la fin du mois d'octobre. C'est « par un beau jour d'automne », alors qu'il était parti se promener au Prater avec Constanze, que Mozart lui dit qu'il pensait avoir été empoisonné. D'après les Novello, « il sentit une grande douleur dans les lombes et une grande langueur qui le gagnait par degrés ». Les Novello disent en fait que cet incident eut lieu « six mois » avant la mort de Mozart (mai/juin 1791), mais pour que leur témoignage concorde avec les récits de Niemetschek et de Nissen, on peut vraisemblablement penser qu'il s'agit d'une erreur pour « six semaines », ce qui situerait l'événement aux alentours du 24 octobre. Les bulletins météorologiques de Vienne feraient pencher pour le 20 ou 21 octobre. L'idée qu'il avait été empoisonné poursuivit Mozart par intermittence à mesure que sa santé empirait.

Selon Nissen, Mozart s'alita vers le 20 novembre :

> Sa maladie mortelle dura quinze jours, pendant lesquels il resta alité. Elle commença par un enflement des mains et des pieds et une impossibilité quasi complète de mouvement, suivie ensuite de soudains vomissements — maladie qu'on appelle fièvre miliaire aiguë. Il demeura parfaitement conscient jusqu'à deux heures avant de s'éteindre.

Sa belle-sœur Sophie Haibel raconte qu'elle lui fit « une chemise de nuit qu'il pouvait enfiler par-devant, car en raison de son enflement il ne pouvait pas se tourner ». Deux jours avant sa mort (le samedi 3 décembre), il parut aller mieux. Mais, lorsque Sophie revint le lendemain, sa sœur lui confia : « Cette nuit il allait si mal que je pensais déjà qu'aujourd'hui il ne serait plus en vie ; si cela se reproduit aujourd'hui, il mourra cette nuit. » Mozart lui-même était persuadé que sa fin était proche : « J'ai déjà le goût de la mort sur la langue. »

Les Novello donnent ensuite le récit détaillé que voici, tiré d'un entretien avec Sophie Haibel :

> Vers le soir ils envoyèrent chercher l'homme de médecine qui soignait Mozart, lequel se contenta de dire qu'il viendrait « dès que l'opéra serait fini ». A son arrivée il ordonna à Mme Haibel de baigner les tempes et le front de Mozart de vinaigre et d'eau froide. Celle-ci exprima sa crainte de voir le froid soudain nuire au malade, dont les bras et les jambes étaient très enflammés et enflés. Mais le docteur persista dans ses ordres et Mme Haibel appliqua par conséquent une serviette humide sur son front. Mozart eut aussitôt un léger frisson et très peu de temps après il expira dans ses bras.

Mozart mourut donc vers une heure le lundi 5 décembre 1791 au matin de « fièvre miliaire aiguë », selon le registre des décès. Une lettre datée du 10 juin 1824, du Premier médecin autrichien Eduard Guldener à Giuseppe Carpani, donne des compléments d'explication sur ce diagnostic du docteur Closset, médecin de Mozart.

Guldener n'avait pas soigné Mozart durant cette maladie finale, mais il était en étroites relations avec le docteur Closset, et avait vu le cadavre de Mozart. Il se donne grand peine pour souligner l'aspect ordinaire — presque épidémique — des symptômes, qui avait non seulement conduit Closset à un diagnostic assuré, mais lui avait en outre fait prédire précisément les circonstances et l'instant de la mort. D'après Guldener, Mozart souffrait d'une fièvre rhumatismale qui a provoqué ce qu'il appelle « un dépôt à la tête », dont Carl Bär (1972) a montré que c'était ce qu'on tenait alors pour la phase terminale d'une fièvre rhumatismale. L'expression « fièvre miliaire aiguë » que l'on trouve chez Nissen et dans le registre des décès n'est pas contradictoire, car elle désigne, sans plus de précisions, une fièvre rhumatismale avec éruption — l'éruption étant quant à elle un symptôme normal de la fièvre rhumatismale. En tant qu'il souffrait de « fièvre inflammatoire », Mozart fut certainement soumis à de substantielles saignées par son médecin, lesquelles n'ont pu que hâter sa fin.

Le diagnostic de fièvre rhumatismale ne recouvre peut-être pas la maladie de Mozart du début de septembre, mais la « langueur » et la « douleur dans les lombes » d'octobre sont des symptômes plausibles des débuts de l'attaque. Si les crises infantiles de fièvre rhumatismale (voir ci-dessus (2) et (5)) sont sans doute trop éloignées pour avoir joué un rôle, Mozart eut au moins une attaque de fièvre rhumatismale diagnostiquée à l'âge adulte — maladie chronique et débilitante à la longue (voir ci-dessus (9)).

Sur les circonstances qui ont entouré la mort de Mozart, l'ouvrage de référence est celui de Bär (1972). Il faut également citer les écrits récents de Peter J. Davies (1983, 1984, 1987 et 1989), ne serait-ce que pour le soutien qu'ils ont reçu des spécialistes. Selon Davies, Mozart au moment de sa mort souffrait entre autres de ce qu'on appelle un syndrome de Schœnlein-Henoch, qui avait conduit à une insuffisance puis une défaillance rénale, en provoquant des troubles neurologiques, une paralysie partielle et une hémiplégie fatale. Cette explication repose sur un amalgame de sources, dont plusieurs sont contradictoires ou de provenance contestable. Davies prétend notamment que les lettres de Mozart de 1791 sont des indices de « labilité émotionnelle » consécutive aux troubles neurologiques, alors que plus tard (1987) il peint en Mozart un maniaco-dépressif congénital, en citant la même correspondance. La « paralysie partielle » n'apparaît dans la littérature mozartienne qu'en 1891, avec l'édition anglaise de Jahn, et il s'agit d'une erreur de traduction pour « immobilité quasi complète ». Quant à l'« attaque fatale », elle a probablement son origine, par le truchement de Jahn, dans les mémoires romancés d'un « homme du peuple » publiés pour la première fois dans le *Morgen-Post* de Vienne en 1856.

JOHN STONE

Les portraits

(voir planches entre p. 160 et 161)

La plupart des portraits authentiques connus de Mozart sont l'œuvre de peintres de second rang. Aucun Hudson (Haendel) ou Hoppner (Haydn) n'orne ces pages. Le plus grand et le plus poétique des portraits de Mozart est celui peint par son beau-frère Joseph Lange (15), mais sans doute le plus ressemblant est-il le portrait posthume de Barbara Krafft (10) — qui utilise entre autres une miniature authentique perdue. Cette miniature pourrait être identique à un tableau antérieur (1782), plus petit, de Lange, maintenant perdu ; nous reproduisons la lithographie de la biographie de Nissen, portrait souvent négligé et dont on suppose qu'il aurait été fait d'après la miniature perdue de Lange (12). Le nouveau portrait « Rosenthal » récemment découvert (1) est étrangement impressionnant, de même que celui de Doris Stock (14).

Le médaillon en plâtre de Leonard Posch (13) est l'une des nombreuses variantes de l'œuvre de cet artiste. Certaines figurent dans Landon (1988, 1989) ; toutes sauf deux (Hummel, archives Goethe ; musée de La Scala) se trouvent dans Deutsch (1961[a]).

Le portrait de famille bien connu de Johann Nepomuk della Croce (9) de 1780-1781 semble également proposer des effigies réalistes des quatre personnages. (La mère de Mozart, décédée à Paris en 1778, est présente dans le tableau accroché au mur.)

Il faut souligner qu'à l'âge adulte, une fois installé à Vienne, Mozart préférait ne pas porter de perruque et se faisait coiffer par un *friseur*. Les illustrations 1 et 11-15 témoignent de cette mode nouvelle.

Il existe en outre un nombre affligeant de portraits douteux et apocryphes de Mozart, auxquels Deutsch consacre une annexe de son ouvrage cité plus haut.

H.C.R.L.

Un nouveau portrait de Mozart ?

La célèbre annexe (Anhang) de l'ouvrage de Deutsch (1961[a]), qui dresse la liste de tous les portraits supposés authentiques que l'on connaisse de Mozart, ainsi que les portraits inauthentiques, et les reproduit, est un salutaire rappel : la découverte de portraits jusqu'alors inconnus du compositeur ne passe jamais, ou rarement, l'épreuve d'une enquête historique rigoureuse.

Néanmoins, un profil original du XVIIIe siècle autrefois inconnu (1) mérite attention, pour son extraordinaire ressemblance avec les traits de Mozart tels que nous les percevons. Ce dessin à la pointe d'argent de ma collection fut vendu à une foire aux livres anciens de Stuttgart au début des années 1970 par la galerie Joseph Fach de Franfort-sur-le-Main, spécialiste en dessins du XVIe au XXe siècle. Il avait été retrouvé dans l'ancienne collection francfortaise de dessins de maîtres anciens rassemblée par le comte von Graimberg (1774-1865), restée intacte et méconnue jusqu'à son achat, et vendue ensuite pièce par pièce par l'acheteur. Le dessin était ainsi étiqueté par Fach : « Allemagne. Portrait de W.A. Mozart ».

La très forte ressemblance

avec le petit nombre de portraits authentiques de Mozart des années 1780 est manifeste. En l'absence de preuves, ce portrait est présenté ici en vue d'études et de débats ultérieurs.

Il ne paraît pas être une copie d'aucune effigie connue de Mozart : sa vivacité et son tracé précis sembleraient indiquer qu'il a été fait d'après un modèle vivant. Mozart ne fait aucune allusion à une séance de pose dans ses lettres. La période la plus vraisemblable serait son séjour à Francfort entre septembre et décembre 1790, durant lequel il se rendit également à Mayence. Cette date serait en accord avec le papier et le filigrane, le style et le costume du modèle. Le fond ombré, avec ses angles bien définis, pourrait laisser croire que le dessin était destiné à être gravé, mais on n'en connaît aucune gravure.

Il faut comparer les traits du modèle au dessin de Doris Stock (1789), au tableau de Joseph Lange (15) ainsi qu'aux multiples reliefs en cire, plâtre et bois de ou d'après Leonard Posch, la version gravée de Georg Mansfeld et le portrait de Klemens Kohl (1793). Un autre portrait de Lange offre un élément de comparaison important avec celui-ci : la lithographie de la biographie de Nissen (12), que Constanze trouvait particulièrement ressemblante. Deutsch l'évoque en ces termes : « Une version plus petite, maintenant perdue, du tableau [antérieur] de Lange semble avoir été envoyée par Mozart à son père le 3 avril 1783 [...] La lithographie de la biographie de Nissen fut sans doute réalisée d'après cette version plus petite. »

Plusieurs musicologues, après avoir examiné le présent portrait, considèrent qu'il s'agit très vraisemblablement d'un portrait de Mozart. Erwin Rosenthal, historien de l'art, s'est quant à lui prudemment interrogé : « Mozart aurait-il pu avoir un sosie ? » Joseph Heinz Eibl, éminent spécialiste de l'iconographie mozartienne qui travaillait à un volume d'*Addenda et corrigenda* pour l'ouvrage de Deutsch (NMA), écrivait en 1981 : « Je suis d'accord avec vous pour penser que le dessin a bien plus de chances d'être une effigie de Mozart que les nombreux portraits supposés, outre ceux qui sont sans nul doute apocryphes. A mon avis la ressemblance est incontestablement très forte — certains détails sont même identiques — avec le dessin de Doris Stock (la bouche et le menton !). Il me paraît essentiel de soumettre le dessin à discussion. »

Il reste également à identifier le dessinateur. Puisse la publication de ce portrait contribuer à éclaircir ce nouveau mystère mozartien !

ALBI ROSENTHAL

7

LA PENSÉE DE MOZART

Religion et politique

On ne saurait parler des idées de Mozart adulte sans évoquer ses origines, son cadre familial, et surtout la personnalité exceptionnelle de son père. (Pour plus de précisions sur Leopold et sa carrière, voir « La famille », p. 139.) Quelles que soient les frictions psychologiques qui ont existé entre eux, les attitudes et les ambiguïtés qui ont prévalu durant l'enfance de Mozart ne pouvaient laisser qu'une profonde empreinte. A mesure que le temps passait, il lui semblait de plus en plus difficile d'accepter chez son père ce mélange de respect pour l'autorité et de scepticisme à l'endroit de ceux qui en étaient investis. Dans leurs relations personnelles, Leopold restait calme et calculateur, tandis que Mozart était impulsif ; c'est néanmoins Leopold qui a fourni à Wolfgang la base sur laquelle ses idées allaient se développer.

L'éducation reçue par Leopold à l'université bénédictine de Salzbourg lui laissa de profonds sentiments de piété, et la correspondance familiale, face aux plus terribles catastrophes, ne cesse d'invoquer la divine providence. Dans les années 1760, voyageant en Europe avec ses enfants prodiges, il demandait constamment à son correspondant salzbourgeois, son propriétaire Lorenz Hagenauer, de faire dire des messes pour le rétablissement de ses enfants, victimes de toute une série de maladies au cours de ces années — exigeant qu'elles soient célébrées à ses frais dans divers sanctuaires spécifiques. (Son fils devait du reste prolonger cette tradition quelques années plus tard en écrivant la grande messe en *ut* mineur K. 427 (417a) à Salzbourg pour la guérison de son épouse.)

Une lettre à Hagenauer nous apprend que les Mozart interrompirent leur voyage afin que Leopold puisse persuader un catholique déchu de Salzbourg de revenir dans le droit chemin. En 1770 en Italie, tout en s'irritant des jours de jeûne qui les empêchaient, lui et son fils, de se nourrir correctement, il vit les restes « incorrompus » de sainte Catherine de Bologne et de sainte Rose de Viterbe, rapportant des reliques et de la poudre contre la fièvre. Lorsqu'il se sépara pour la première fois de son fils, parti pour l'Allemagne et Paris en 1777-1778 avec sa mère, en quête d'un emploi à la cour, il s'inquiète de l'âme du jeune Wolfgang :

> Je dois te souhaiter bonheur pour ta fête ! Mais que puis-je te souhaiter que je ne te souhaite pas toujours ? Je te souhaite la grâce de Dieu, qu'elle t'accompagne en tous lieux, qu'elle ne te quitte jamais ; et elle ne te quittera jamais si tu mets en pratique les devoirs d'un vrai chrétien catholique avec diligence. Tu me connais. Je ne suis ni un pédant, ni un frère mendiant, et encore moins un faux dévot : refuserais-tu vraiment une prière de ton père ? A savoir que tu te préoccupes de ton âme, que tu ne causes à ton père aucune angoisse à l'heure de sa mort. (Lettre du 23 octobre 1777.)

Ce ne fut pas la seule instance de cet ordre, et Wolfgang était en général prompt à rassurer son père ; l'argumentation de Leopold — « Je ne suis ni un pédant, ni un frère mendiant, et encore moins un faux dévot » — montre cependant que son esprit n'était pas entièrement accaparé par les considérations célestes. Son attitude a du reste toujours été marquée par une certaine ambiguïté, qui se manifestait à la fois dans sa curiosité intellectuelle et dans son scepticisme à l'égard des dignitaires de l'Eglise catholique, notamment vers la fin de sa vie.

La piété n'avait en tout cas pas empêché la famille Mozart d'accepter en France l'hospitalité de certaines des figures les plus remarquables (et les plus notoires) des Lumières. Lors de leur premier séjour à Paris, les Mozart logèrent chez le baron Grimm et Mme d'Epinay, et en 1778 Leopold veut envoyer à son fils des lettres pour Diderot et d'Alembert (lettre du 23 février 1778). Lors de leur second voyage à Paris dans les années 1760, Leopold souscrivit à une édition d'une gravure vendue par Grimm pour la réhabilitation de la famille huguenote Calas, dont Voltaire avait récemment défendu la réputation aux yeux de la nation française (Grimm 1877-1882). Voltaire, au moment de sa mort en 1778, est cependant couvert d'opprobre et par le père et par le fils, qui lui reprochaient ses sentiments irréligieux. Sans doute étaient-ils simplement vexés de ce que Voltaire, qui était alors souffrant, apparemment, ne les ait pas reçus à Genève en septembre 1766.

Mais Leopold était peut-être plus généralement enclin à considérer les gens en fonction de leur valeur individuelle, ou du moins de leur utilité potentielle. Au début du voyage de Wolfgang en 1777-1779, alors qu'il séjournait dans la ville natale de son père, Augsbourg, Leopold savoure un éventuel triomphe de Wolfgang parmi la communauté protestante de cette ville, qui ferait le dépit de son employeur, l'archevêque catholique de Salzbourg :

> Si tu vois que tu as un grand succès et qu'on te tient en haute estime, je souhaiterais, après que tu auras quitté Augsbourg, qu'un article spécial à ta louange puisse paraître dans les journaux d'Augsbourg ; mon frère ou M. Glatz pourrait en parler à M. Stein, et M. Stein pourrait arranger la chose. Tu sais déjà pourquoi : cela ferait faire bien de la bile à quelqu'un d'ici. M. Stein et d'autres évangéliques s'en feront un plaisir. N.B. tu dois certainement savoir qu'il faut appeler les luthériens « évangéliques », car ils ne veulent pas être appelés « luthériens » ; on dit aussi une « église évangélique », et non une « église luthérienne ». De même, les calvinistes veulent qu'on les appelle « protestants », et non « calvinistes ». J'ai songé à te le signaler, car on peut parfois faire enrager une personne susceptible avec un seul mot, encore que les personnes raisonnables ne s'y arrêtent pas. (Lettre du 15 octobre 1777.)

Cet irrespect à l'endroit d'un des princes de l'Eglise catholique était peut-être motivé par des raisons personnelles ; mais il était caractéristique de l'attitude de Leopold de ne pas se laisser intimider par des personnes de rang ou de pouvoir, qu'il soit séculier ou spirituel. Ecrivant de Rome en avril 1770, il raconte comment lui et son fils réussirent à se faire recevoir dans les appartements du Vatican :

> Le 12 nous avons assisté à la fonction, et tandis que le pape à sa table donnait l'aumône aux pauvres, nous le voyions de très près, debout au-dessus et à côté de lui. C'est d'autant plus étonnant que nous avons dû franchir deux portes gardées par des gardes suisses en arme et nous frayer un chemin à travers plusieurs centaines de personnes, et N.B. nous n'avions encore aucune connaissance. Seuls les bons vêtements, la langue allemande, la liberté coutumière avec laquelle j'ai demandé, en allemand, à mon domestique d'ordonner aux Suisses de nous faire place, nous ont bientôt aidés à passer en tous lieux. Ils ont pris Wolfgang pour un chevalier allemand, d'autres l'ont pris pour un prince, et mon domestique les a laissés dans cette heureuse croyance ; quant à moi, on me prenait pour son intendant. (Lettre du 14 avril 1770.)

On décèle en outre une note d'anticléricalisme populaire et conventionnel lorsque, en plaisantant, il reproche en 1777 à sa nièce — la cousine de Mozart, Maria Anna Thekla, dite la Bäsle — d'avoir « trop de connaissances parmi le clergé ». Leopold manifesta également son mépris, dont Wolfgang se fit l'écho, pour les défilés militaires, encore qu'on ne puisse savoir s'il s'agissait d'une profonde désaffection pour les fastes militaires, ou d'un simple agacement à l'occasion de leur passage dans les petits Etats allemands.

Le grand itinéraire du jeune Wolfgang, « prodige de Salzbourg », à travers l'Europe devait être lourd de conséquences lorsqu'à l'âge adulte il dut affronter le monde non plus comme une curiosité, charmante et très appréciée, mais en tant qu'artiste suprême. Et l'intronisation d'un nouvel archevêque à Salzbourg exacerba encore davantage cette difficulté. La soumission à l'autorité féodale (avec la confusion, à Salzbourg, entre les domaines spirituel et temporel) était encore acceptable tant que l'archevêque était disposé à considérer la famille Mozart, talentueuse et socialement émancipée, comme ses ambassadeurs, ramenant de leurs incessantes tournées honneurs et renommée à sa principauté. Elle le devint beaucoup moins lorsque, avec la mort de l'archevêque Siegmund Schrattenbach (le 14 décembre 1771) et l'élection de Hieronymus Colloredo (14 mars 1772), on attendit de Mozart et de son père qu'ils reprennent leur rôle de domestiques.

Dès l'époque de la première rupture de Mozart avec la cour salzbourgeoise en 1777, les thèmes ouvertement politiques sont présents. Sa pétition adressée à l'archevêque pour lui demander congé — presque certainement dictée par Leopold — est un grandiloquent mélange de théologie et de jurisprudence ; même si telle n'était pas l'intention de l'auteur, le destinataire en fut extrêmement offensé :

> Très gracieux prince et noble seigneur ! Les parents s'efforcent de mettre leurs enfants en mesure de gagner leur propre pain : ils le doivent à eux-mêmes et au service de l'Etat. Plus les enfants ont reçu de talent de Dieu, plus ils sont tenus d'en faire usage pour améliorer leur propre condition et celle de leurs parents, pour prêter assistance à leurs parents, et pour veiller à leur propre avancement et à leur avenir. C'est ainsi que l'Evangile nous apprend à faire fructifier nos talents. (Lettre du 1er août 1777.)

Le prince, supposé conscient de ses pouvoirs, se voit rappeler ses responsabilités. L'argumentation se conforme à un mode de théorie politique qui s'était développé parmi les Etats absolutistes de l'Europe du XVIIIᵉ siècle, et en particulier en Autriche. L'autorité du prince ne peut provenir que de son dévouement au bien-être de ses sujets. De telles idées sont des lieux communs dans les livrets d'opéra de Metastasio — poète impérial d'Autriche, encore en vie à cette époque — et notamment dans *La clemenza di Tito*, texte déjà célébré par Voltaire pour la noblesse de ses sentiments et que Mozart a mis en musique dans les derniers mois de sa vie.

Tout cela est cependant pour plus tard. Dès 1777, Mozart avait un amour-propre bien développé, même si l'on peut se demander jusqu'où s'étendait son sens des relations humaines. Vienne, au début des années 1780, avec l'accession au trône de Joseph II, était une ville animée de libertés politiques nouvelles et d'espoirs de réformes, et il est évident que Mozart devait finir par prendre certains engagements politiques. Ecrivant à son père en 1781, après avoir été brutalement congédié de son emploi auprès de l'archevêque de Salzbourg, sous la botte du chambellan de la cour, le comte d'Arco, il déclarait :

> Le cœur ennoblit l'homme ; et si je ne suis certes pas comte, j'ai peut-être plus d'honneur en moi que bien des comtes ; et valet ou comte, celui qui m'insulte est une canaille. (20 juin 1781.)

C'est une déclaration de fierté individuelle, mais où il n'apparaît pas clairement que les sous-entendus de la phrase « le cœur ennoblit l'homme » sont réalisés dans une identification avec une cause plus générale. Et, bien qu'il eût déjà fait la connaissance des deux personnes les plus influentes dans le domaine politique parmi les figures des Lumières en Autriche, Joseph von Sonnenfels (professeur de sciences politiques et conseiller auprès de la chancellerie de la cour) et Gottfried van Swieten (censeur impérial), on ne peut savoir si à cette époque il voyait en eux plus que des dignitaires de la cour viennoise bien disposés à son égard.

On peut cependant considérer son entrée en franc-maçonnerie en décembre 1784 comme le pas décisif ; la maçonnerie était une institution placée au premier plan de l'activité politique dans la Vienne contemporaine, et qui menait ouvertement campagne pour la systématisation de la loi sur les fondements naturels, l'éducation universelle et l'avancement des connaissances, et l'extension des libertés d'expression politique et religieuse. L'enthousiasme de

Mozart à ce stade semble se refléter, quelques semaines seulement après son initiation, dans l'adhésion à l'ordre de son père, qui était en visite chez lui à Vienne, et de Joseph Haydn, qui devenait à cette époque son ami le plus proche. Les Mozart furent admis dans la loge mineure *Zur Wohlthätigkeit* (*A la bienfaisance*), dont le dramaturge Otto von Gemmingen, ami de Mozart, était vénérable, et Haydn dans la prestigieuse loge *Zur wahren Eintracht* (*A la vraie concorde*), dont Sonnenfels était l'un des membres influents. On sait cependant que Mozart se rendit à *Zur wahren Eintracht* en cinq occasions avant la fermeture de la loge à la fin de 1785.

L'idée d'une « société éclairée » devait marquer la pensée politique de Mozart jusqu'à la fin de sa vie — sa dernière apparition en public fut du reste à une tenue maçonnique le 18 novembre 1791 -, trouvant sa plus grande expression dans *Die Zauberflöte*. Dans l'avant-dernière lettre de lui qui subsiste, il fait part à son épouse de la fureur où l'a mis telle connaissance qui s'est moquée de la solennité de l'œuvre lors d'une représentation et qu'il traite de « Papageno » (c'est-à-dire de profane, incapable de comprendre), alors que son propre humour l'avait incité à revenir en coulisses un peu plus tard dans la soirée pour saboter le passage des cloches magiques dans « Ein Mädchen oder Weibchen ».

Dans ce même esprit, Mozart distribua lors d'un bal à la Hofburg au cours de la saison du carnaval de 1786 des *Brüchtsücke aus Zoroastens Fragmenten* (*Extraits des fragments de Zoroastre*, dont il ne subsiste qu'une partie). Faisant allusion au mage persan, défenseur de la philosophie dualiste (et dont le nom de Sarastro est dérivé), ainsi qu'aux traditions de sagesse ancienne invoquées par la pensée maçonnique, Mozart proposait une série de devinettes et d'aphorismes humoristiques et satiriques. Parmi les plaisanteries caractéristiques sur les cornes et les cocus, les remarques sentencieuses sur l'hypocrisie sociale, on lisait cette parodie assez fruste du système social :

Si tu es un pauvre imbécile — deviens K--r [*Kleriker* : clerc]. Si tu es un riche imbécile, deviens fermier. Si tu es un noble, mais pauvre, imbécile — deviens ce que tu peux, pour gagner ton pain. Mais si tu es un riche et noble imbécile, deviens ce que tu veux ; tout sauf un homme de raison, je t'en prie. (19 février 1786.)

Ces fragments furent sans doute pour plaire à Leopold Mozart, qui en fit paraître des extraits dans un journal de Salzbourg.

Moralité

Le 1ᵉʳ février 1764, Leopold Mozart écrivit de Paris à Maria Theresia, épouse de son propriétaire Lorenz Hagenauer :

> Il ne faut pas toujours écrire aux personnes masculines, et se rappeler aussi celles du beau et pieux sexe. Si les femmes à Paris sont belles, je ne puis vous le dire avec certitude ; car elles sont, contre toute nature, peintes comme des poupées de Berchtesgaden, au point que même une personne belle par nature devient insupportable aux yeux d'un honnête Allemand du fait de ces effroyables coquetteries. Quant à la piété, je puis vous assurer que l'on n'éprouve aucune peine à enquêter sur les miracles des saintes françaises ; les plus grandes merveilles sont accomplies par celles qui ne sont ni vierges, ni épouses, ni veuves ; et ces merveilles ont toutes lieu avec des corps vivants. Nous reparlerons clairement de ces choses en leur temps. Assez ! On a ici suffisamment de peine à découvrir qui est la maîtresse de maison. Chacun vit comme il veut, et (si Dieu n'est pas d'une grâce exceptionnelle), il en ira de l'Etat de France comme de l'ancien empire persan. (1ᵉʳ février 1764.)

Et dans une autre lettre qu'il lui adressa, il dit, faisant allusion à la mort à Paris d'un dignitaire de Salzbourg :

> On ne meurt nulle part avec plaisir ; mais ici, pour un honnête Allemand, s'il est malade, voire s'il meurt, c'est doublement triste. (22 février 1764.)

Il est vrai que Leopold était également offensé par la saleté, la maladie et la pauvreté qui régnaient dans la capitale française — vrai aussi qu'il finit par en prendre son parti, car à la fin des années 1770, il ne s'inquiéta pas outre mesure de voir son fils y chercher un emploi. La virulence de sa réprobation et de son dégoût n'en est pas moins impressionnante. Dans ce contexte, il importe plus d'être allemand que catholique ; l'ordre et la probité d'une nation s'opposent à la dissolution et à la frivolité de l'autre.

Ces exigences de sérieux et ce souci des convenances devaient à leur tour déterminer l'attitude de Wolfgang. En 1778, il s'inquiète à l'idée de faire le voyage de Mannheim à Paris en compagnie de la famille Wendling, qui préfère le théâtre à l'église, et dont l'une des dames avait été la maîtresse de l'électeur de Mannheim : « Car, en un mot, je n'ai aucune véritable confiance en eux. Les amis qui n'ont pas de religion ne sont pas durables. » (Lettre du 4 février 1778.) Pour une fois, père et fils sont d'accord sur une question de principe.

Trois jours après cette lettre, Mozart s'élève contre l'action corrosive et la frivolité des valeurs aristocratiques :

> Le sieur de Schiedenhofen aurait fort bien pu me faire savoir depuis longtemps par vous qu'il avait l'intention de célébrer son mariage. Je lui aurais composé de nouveaux menuets à cette occasion. Je lui souhaite de tout cœur du bonheur. C'est malgré tout un mariage d'argent, et rien de plus. Je ne me marierais pas ainsi ; je veux rendre ma femme heureuse, et non faire mon bonheur grâce à elle. C'est pourquoi je laisse les choses telles qu'elles sont, en jouissant de ma liberté dorée, jusqu'à être en mesure de pouvoir nourrir femme et enfants. Il était indispensable au sieur de Schiedenhofen de choisir une femme riche ; noblesse obligeait. Les nobles ne doivent pas se marier par goût ou par amour, mais uniquement par intérêt, et en fonction de toutes sortes de considérations secondaires. Il ne siérait en outre pas du tout à ces hauts personnages d'aimer de surcroît leur épouse, une fois qu'elle a fait son devoir et mis au monde un gros héritier mâle. (Lettre du 7 février 1778.)

Mozart est toujours prompt à réfuter les accusations de légèreté, et répond souvent sur un ton d'une certaine suffisance. Deux semaines plus tard il écrit, non sans ironie :

> Il est des gens qui pensent qu'il est impossible d'aimer une pauvre jeune fille sans avoir de mauvaises intentions ; et le joli mot de *maîtresse* [en français dans le texte], h--e [*Hure* : prostituée] en allemand est en effet bien beau ! Je ne suis pas un Brunetti ni un Misliwetcek ! Je suis un Mozart, mais un Mozart jeune et bien pensant. (Lettre du 22 février 1778.)

A l'époque des grandes comédies de Da Ponte, il semble se rendre compte de plus en plus que tous les sentiments ne peuvent être confinés à des critères moraux d'une telle exigence. Au cours de ces années, Mozart et son épouse étaient devenus amis intimes de la famille du botaniste impérial Nikolaus von Jacquin, et en particulier du fils Gottfried, qui venait d'avoir vingt ans. Mozart est tout simplement séduit, sinon berné par son caractère ; il lui confie ainsi des compositions à faire passer pour siennes, dont un lied qui n'est pas sans équivoque, *Als Luise die Briefe ihres ungetreuen Liebhabers verbrannte (Quand Louise brûla les lettres de son amant infidèle)*. Lors de la première de ses visites à Prague, où *Figaro* venait de remporter un éclatant succès, il écrit à Jacquin :

> A six heures je suis parti en voiture avec le comte Canal pour le bal dit de Breitfeld, où la fleur des beautés pragoises a coutume de se réunir. Voilà qui eût été votre affaire, mon ami. J'ai l'impression de vous voir courir après toutes les belles jeunes filles et femmes du lieu. Courir, pensez-vous ? Non ! clopiner ! Moi, je n'ai pas dansé, et je n'ai pas badiné. L'un parce que j'étais trop fatigué, et l'autre par suite de ma stupidité naturelle. (15 janvier 1787.)

Malgré cet aveu révélateur, la rigueur demeure. Quelques mois plus tard, dans une lettre qui raconte le succès des premières représentations de *Don Giovanni* à Prague — au moment même où il confie à Jacquin une autre composition, le lied *Das Traumbild* —, il se met à le sermonner :

> N'êtes-vous pas chaque jour plus convaincu de la vérité de mes petits sermons ? Le plaisir d'un amour volage et capricieux n'est-il pas à des cieux de distance du bonheur que donne un amour véritable et raisonnable ? Vous me remerciez assez souvent dans votre cœur de mes avis ! Vous finirez néanmoins par me rendre tout à fait fier. Mais, plaisanterie mise à part, vous me devez encore quelque remerciement au fond, si vous êtes devenu autrement digne de Mlle N., car après tout je n'ai pas joué un rôle négligeable dans votre réforme ou conversion. (9 novembre 1787.)

A ce point, Mozart est gagné par une certaine gêne, et conclut sa lettre avec une plaisanterie controuvée sur la sagesse familiale. Sa position, bien que parfaitement sincère, n'est pas commode.

Croyances ultimes

Le 3 juillet 1778, à vingt-deux heures vingt et une, la mère de Mozart s'éteignit à Paris. Dans les heures qui suivirent, Mozart rédigea deux lettres. L'une, à son père, cherchait à le préparer en lui disant qu'elle était simplement très souffrante, avant d'aborder d'autres sujets, dont la mort de Voltaire (qui s'était en fait produite quelques semaines plus tôt) :

> Maintenant je vous donne une nouvelle que vous connaissez peut-être déjà, savoir que cet athée et grande crapule de Voltaire est crevé comme un chien pour ainsi dire, comme une bête — voilà sa récompense ! (3 juillet 1778.)

L'autre lettre, adressée à l'abbé Bullinger, ami de la famille Mozart, révèle toute la vérité sur la situation et les circonstances de la mort de sa mère. Dans les deux lettres, il cherche le réconfort dans la soumission à la volonté de Dieu (supposant sans doute à tort, dans le cas de Voltaire, qu'il n'a pas reçu l'absolution de l'Eglise catholique) :

> Je me console, quoi qu'il advienne, parce que je sais que Dieu, qui ordonne tout pour notre mieux (si arbitraire que cela nous paraisse), le veut ainsi ; car je crois (et je ne m'en laisserai pas dissuader) qu'aucun docteur, aucun homme, aucun malheur, aucun hasard ne peut donner la vie à l'homme ou la reprendre, mais Dieu seul. (3 juillet 1778.)

Ecrivant à Bullinger, et plus tard à son père, il décrit à plusieurs reprises sa mort comme un événement heureux (« elle est ô combien plus heureuse maintenant que nous »), persuadé « qu'elle n'est pas perdue à jamais pour nous, que nous la reverrons, que nous serons ensemble plus contents et plus heureux qu'en ce monde ; seul le moment nous est inconnu. » (9 juillet 1778.)

Cette idée de la mort se retrouve par la suite chez Mozart. Le 3 septembre 1787, parlant de la disparition de son ami le médecin Sigmund Barisani, il écrit : « Il est heureux ! Mais moi, nous et tous ceux qui l'ont bien connu, nous ne serons plus jamais heureux jusqu'à ce que nous ayons le bonheur de le revoir dans un monde meilleur, *pour ne plus jamais nous quitter.* ». Et selon Dies, le biographe de Haydn, lorsque celui-ci partit pour l'Angleterre le 15 décembre 1790, Mozart aurait déclaré à son aîné : « Nous nous disons sans doute notre dernier adieu dans cette vie. »

Lorsqu'il apprend la maladie dont son père allait mourir, il lui écrit : « Comme la mort (à y regarder de près) est le vrai but final de notre vie, je me suis, depuis quelques années, tellement familiarisé avec cette véritable et parfaite amie de l'homme que son image, non seulement n'a plus rien d'effrayant pour moi, mais m'est très apaisante, très consolante. » (4 avril 1787.) Le fossé est important entre la rhétorique de la mort au XVIIIᵉ siècle et les attitudes du monde moderne ; mais il n'y a cependant guère de raisons de douter de la sincérité de ce passage, et sûrement aucun fondement à l'affirmation de Hildesheimer (1977) qui, suivant en cela les notes qui accompagnent l'édition complète des lettres, prétend qu'il s'agit d'un plagiat de *Phaedon* de Moses Mendelssohn. (Et même si cela avait été le cas, ce ne serait pas la preuve du cynisme qu'y voit Hildesheimer.) Il est néanmoins vrai que Mozart ne sut pas conserver cette sérénité lorsque, moins de quatre ans plus tard, il affronta sa mort imminente avec un mélange de paranoïa, de regrets et de frustration.

Lectures

Il est difficile de reconstituer ce que furent les lectures de Mozart. On possède certes un inventaire posthume de sa bibliothèque (Deutsch 1961ᵇ, appendice II), mais on ne peut savoir s'il avait lu tous les livres qu'il possédait, ni s'il n'en avait pas lu beaucoup d'autres qu'il ne possédait pas. Sa correspondance nous apprend par exemple qu'à Bologne en 1770 il avait lu avec plaisir une édition italienne des *Mille et une nuits* — dont le début, par l'intermédiaire de la légende de Giocondo dans le chant XXVIII d'*Orlando furioso* de l'Arioste, est un lointain ancêtre de l'intrigue de *Così fan tutte*. Il découvrit également à cette époque *Télémaque* de Fénelon. On ne trouve aucune œuvre de Goethe dans sa bibliothèque, mais il est intéressant de noter que lorsqu'il mit en musique le seul texte littéraire de qualité de tous ses lieder — *Das Veilchen* de Goethe — il rendit hommage au poète en citant son nom en tête de sa partition, ce qu'il omet de faire en d'autres occasions (Arthur et Schachter 1989).

La veuve de Mozart raconta aux Novello qu'il s'était familiarisé avec Shakespeare en traduction, sans que l'on sache précisément quelles œuvres il connaissait. Dans ses lettres il ne fait allusion qu'à *Hamlet*. Au moment où il voulait réduire l'intervention vocale de Neptune dans *Idomeneo*, il explique que la scène du spectre est trop longue pour être d'un effet puissant (29 novembre 1780) — opinion peut-être passagère, car il devait en écrire une de longueur équivalente dans *Don Giovanni*. En une autre occasion, il se fait l'écho d'une comparaison alors très répandue entre le grand-duc Paul de Russie et le prince de Shakespeare (lettre du 10 novembre 1781). On peut cependant douter s'il connaissait rien de plus, mis à part peut-être le livret de Da Ponte pour *Gli equivoci* de Stephen Storace, fondé sur *The Comedy of Errors*.

Mozart connaissait certainement le texte bilingue latin/allemand de *Tristia* d'Ovide, qui figure dans son inventaire, car il en paraphrase un passage connu dans sa dédicace des six quatuors à Haydn, écrite en 1785. Quant au fantasme paranoïde qui le hantait dans ses derniers mois, où il s'imaginait avoir été empoisonné à l'*acqua toffana*, peut-être a-t-il ses origines dans un roman qu'il possédait, écrit par un frère maçon viennois, Johann Pezzl — *Faustin, oder das aufgeklärte philosophische Jahrhundert* — dont le héros fuit Naples de crainte de mourir du même poison. Trois volumes du poète mineur Christian Felix Weisse lui fournirent le texte de quatre lieder. Il puisa également à l'occasion dans une édition de Metastasio publiée à Venise au début des années 1780 — dont il tira des airs de concert et les *notturni* pour les von Jacquin. Il recourait parfois aux textes qu'il connaissait pour d'autres raisons : ainsi, par exemple, le texte d'une aria tirée de *Il natale di Giove* de Metastasio, que le ténor Raaff lui avait signalé en 1780 pour *Idomeneo*, lui sert à assembler le texte de *Davidde penitente* en 1785.

On ne sait quelle attention il prêta aux volumes de prose et de poésie pastorales de Salomon Gessner offerts à la famille Mozart par l'auteur en 1766, ou au Molière que lui donna Fridolin Weber en 1777. Il pourrait fort bien avoir lu son exemplaire de l'adaptation populaire réalisée par Moses Mendelssohn de *Phédon (Phaedon)* de Platon, avec ses rassurantes rationalisations sur la mort. *Die Metaphysik in der Konnexion mit der Chemie (La métaphysique dans ses rapports avec la chimie)*, ouvrage de compilation sur les sciences occultes, est en revanche plus inhabituel, et sa présence dans la bibliothèque de Mozart est peut-être à rapprocher du courant alchimiste de la franc-maçonnerie. S'il s'en était tenu au compte rendu numérologique des éléments musicaux qui y figure, il aurait sans doute fini par croire qu'il ne pouvait composer plus de deux mesures sans leur donner involontairement toute une foule de significations.

Dans le reste de sa bibliothèque, certains genres dominent : les livres de voyage, de nombreux ouvrages pédagogiques et des écrits sur l'histoire et la politique contemporaine, dont les quatre premiers volumes des œuvres complètes de Sonnenfels. Constanze confia également aux Novello que, parmi ses lectures de prédilection, il y avait un ouvrage en neuf volumes dont elle refusa de donner le titre, peut-être en raison de ses tendances jacobines. La présence des pièces aujourd'hui complètement oubliées de Johann Gottfried Dyk, dont Mozart possédait l'édition complète en six volumes (Leipzig, 1786-1788), est en revanche plus difficile à expliquer ; compte tenu de la date, et de l'état des finances de Mozart à cette époque, il s'agissait très vraisemblablement d'un cadeau. A moins qu'il n'ait envisagé de composer une tragédie historique, songeant également à *Percy*, de Hannah Moore, qu'il possédait en anglais.

Avec les deux volumes de Wieland qui figuraient dans ses rayons — son poème épique *Oberon* et le roman *Diogenes von Sinope* — on se rapproche, mais sans grandes certitudes, d'un domaine lié à Mozart et son œuvre. Mozart avait rencontré Wieland à Mannheim en 1777 et en parle sur un ton assez détaché à son père, grand admirateur de cet auteur d'Allemagne du Nord. Wolfgang, moins enthousiaste, reconnaît néanmoins : « Comme nous le savons tous, c'est un excellent esprit. »

Il existe cependant d'incontestables affinités entre les écrits de Wieland et deux des derniers opéras de Mozart, *Così fan tutte* et *Die Zauberflöte*. *Diogenes von Sinope*, présenté comme les pensées et les souvenirs du philosophe cynique qui vivait dans un tonneau, empruntés clandestinement à un manuscrit d'une bibliothèque monastique, replace la philosophie de Diogène dans un cadre épicurien. Sur un ton calme et lyrique à la fois, Diogène célèbre les plaisirs d'une vie simple, à l'écart de l'influence corruptrice et insidieuse de la civilisation. Dans la dernière section du livre, « La république de Diogène », il imagine une île — hors de portée du monde existant et peuplée de beaux jeunes hommes et jeunes filles. Ce qu'il en attend n'est pas sans rappeler les paroles de Don Alfonso dans *Così fan tutte* :

L'amour éternel est-il possible ? — Non que je sache. Ce qui est sûr, c'est qu'il serait inconsidéré de se jurer l'un à l'autre amour éternel, comme on est enclin à le faire à seize ans ; mais être *obligé* de jurer amour éternel ? — Non, mes enfants, je ne vois pas de cause qui puisse vous lasser plus tôt l'un de l'autre.

Aurora und Cephalus, conte comique en vers de Wieland, adapté des *Métamorphoses* (livre VII) d'Ovide, est peut-être encore plus proche de *Così* — bien qu'il ne figure pas dans la bibliothèque de Mozart. Céphale, mis au défi par la déesse jalouse Aurore d'éprouver la fidélité de son épouse Procris, séduit celle-ci sous un déguisement magique avant de se consoler dans les bras d'Aurore. Le texte était précédé, dans l'édition originale, de la devise latine adaptée de *L'art d'aimer* (livre II) d'Ovide (supprimée par la suite) : « - quod faceret quaelibet, illa facit » (« - Ce que n'importe laquelle ferait, celle-ci l'a fait ». Dans chacun des trois cas — *Aurora und Cephalus*, *Diogenes* et *Così fan tutte* — il s'agit de montrer les limites humaines de la vertu.

Pour ce qui est de *Die Zauberflöte*, deux ouvrages de Wieland sont en toile de fond : *Oberon* et *Dschinnistan*, recueil de contes en prose publié sous sa direction. L'idée d'un opéra féerique n'était bien entendu pas nécessairement tributaire de la contribution de Wieland à la littérature féerique ; mais c'est tout un genre populaire d'opéra qui se créait à Vienne à cette époque — essentiellement sous les auspices de la compagnie de Schikaneder — fondé sur ces œuvres. Avec *Die Zauberflöte*, l'amalgame des sources dépasse le cadre de ces textes, mais le titre n'en provient pas moins de *Dschinnistan : Lulu, oder Die Zauberflöte*. Le mélange des tons populaire et sublime — l'emploi d'éléments traditionnels, en particulier de la dimension magique, au service de causes supérieures — sont proches de ce que Wieland exprimait dans la préface de *Dschinnistan*.

Le monde environnant

Mozart travaillait de manière incessante à sa musique, et il n'est donc guère surprenant que ses connaissances et ses intérêts dans les autres domaines culturels soient limités. A la différence de son père, qui s'enthousiasma pour Rubens, il ne parle jamais de peinture ni de sculpture ; l'inventaire après décès de ses biens ne fait état d'aucun tableau. Il ne serait cependant pas juste de conclure qu'il était indifférent à l'aspect visuel de son cadre de vie. On ne peut vraiment accorder de crédit à l'hypothèse d'Alfred Einstein, selon qui Mozart ne « perdit jamais un regard » sur le plafond en stuc qui ornait l'appartement dans lequel il vécut de 1784 à 1787. Visitant les appartements privés de l'électrice de Bavière en janvier 1779, il remarque : « elle est logée ici exactement comme je voudrais l'être un jour — c'est joli et propre, sauf la vue qui est misérable » (8 janvier 1779). Et lorsque, en 1782, son ami Johann Valentin Gunther est placé aux arrêts dans sa maison, il se demande, malgré sa colère, « si c'est vraiment un malheur » pour lui que de passer « deux mois dans une belle pièce (en disposant de tous ses livres, de son forte-piano, etc. » (Lettre du 11 septembre 1782).

Quelques commentaires disséminés dans la correspondance laissent entrevoir que Mozart avait gardé le goût familial pour l'ordre classique. De Rome il écrit : « J'aimerais que ma sœur fût à Rome, car la ville lui plairait certainement : Saint-Pierre et bien d'autres choses à Rome sont *régulières* » (14 avril 1770). De Venise il écrit en italien : « Venezia mi piace assai » (13 février 1771). Père et fils dénigrent tous deux la ville médiévale de Bozen (aujourd'hui Bolzano) au début de leur troisième voyage en Italie — pour Leopold elle est « lamentable », pour Wolfgang une « porcherie » (28 octobre 1772). Revenant de Paris en 1778 Mozart fait l'éloge de Nancy : « la ville est en fait charmante : belles maisons, belles et larges rues, superbes places » (3 octobre 1778). Deux mois plus tard l'abbaye gothique de Kaisheim lui paraît peu impressionnante, comparée aux lignes baroques de Kremsmünster, dont un voyage à Vienne lui laisse le souvenir (18 décembre 1778). C'est sans doute un préjugé analogue qui lui fait préférer Wurtzbourg à Nuremberg en septembre 1790 (28 septembre 1790).

Mozart ne fait pratiquement jamais allusion aux paysages qu'il découvre lors de ses voyages. En revanche, il prend plaisir à son séjour chez le comte Cobenzl dans les environs de Vienne en juillet 1781 : « La petite maison n'est rien, mais le pays ! la forêt ! où l'on a construit une grotte qui paraît naturelle. C'est superbe et très agréable. » (13 juillet 1781.) Et lors d'un voyage à Mannheim à la fin d'octobre 1790, il a l'intention d'aller visiter les jardins de Schwetzingen (23 octobre 1790). Il n'y a sans doute aucune raison d'être sceptique en lisant le récit que fait Vincent Novello de ses conversations avec Constanze Nissen, qui lui dit que Mozart aimait le cadre pittoresque de Salzbourg, « en particulier les terres romantiques d'Aigen ». Il note à nouveau que Mozart « aimait particulièrement les fleurs », et qu'« il aimait extrêmement la campagne et admirait passionnément tout ce qui était beau dans la Nature, goûtait les petites excursions et qu'[ils] passaient beaucoup de leur temps en dehors de la ville ».

Compositeurs et composition

Dans une lettre d'Augsbourg en 1777, Mozart relate un incident révélateur sur son attitude face au métier de compositeur à cette époque. Il avait été présenté au compositeur Freidrich Hartmann Graf et avait pris part à une exécution impromptue d'un double concerto pour flûte de ce dernier avant de jouer lui-même :

> Le concerto est ainsi. Pas du tout bon à l'audition. Pas naturel. Il marche souvent dans les tons bien trop — lourdement ; et tout cela sans la moindre magie. Quand il fut terminé, je le louai très proprement, car il le méritait. Le pauvre homme s'est sûrement donné beaucoup de peine. Il a certainement beaucoup étudié. Enfin on apporta un clavicorde du cabinet (ouvrage de M. Stein), très bon, mais couvert de saleté et de poussière. M. Graf, qui est directeur ici, se tenait là comme quelqu'un qui s'est toujours cru exceptionnel dans ses voyages à travers les tons et qui découvre maintenant qu'on peut être plus exceptionnel encore, et sans faire tort à l'oreille. En un mot, tous étaient émerveillés. (14 octobre 1777.)

Quatre ans plus tard, écrivant à son père, Mozart donne des indications plus précises sur ses exigences en matière de relations tonales et sur ce qui est admissible dans la composition musicale. Il décrit l'aria d'Osmin « Solche hergelauf'ne Laffen » de *Die Entführung*, donnant son unique compte rendu qui subsiste sur la logique d'une composition précise :

> Vous n'en avez que le début, et la fin, qui doit être d'un bon effet — la colère d'Osmin y tourne au comique, car la musique turque y est employée. Dans la réalisation de l'aria j'ai fait briller ses belles notes graves (malgré le Midas de Salzbourg). Le « Drum beym Barte des Propheten » est dans le même tempo, mais avec des notes rapides ; et comme sa colère ne cesse de croître, il faut — on croit ici que l'aria est déjà terminée — que l'*allegro assai* — dans un tout autre tempo et un autre ton — soit du meilleur effet ; car un homme qui se trouve dans une colère aussi violente outrepasse tout ordre, toute mesure et toute limite ; il ne se connaît plus ; il faut

donc que la musique elle aussi ne se connaisse plus. Mais comme les passions, violentes ou non, ne doivent jamais être exprimées jusqu'au dégoût et que la musique, même dans la situation la plus effroyable, ne doit jamais offenser l'oreille et doit rester plaisante, et donc rester toujours de la musique, j'ai choisi non pas une tonalité étrangère au *fa* (ton de l'aria), mais un ton ami : non le plus proche, *ré* mineur, mais un plus éloigné, *la* mineur. (26 septembre 1781.)

Dans les deux extraits cités ci-dessus, l'évitement des ruptures tonales, même dans les contextes les plus extrêmes, lui paraît un élément indispensable de son exigence absolue — la beauté auditive ; en renonçant à cette beauté auditive, la musique pour Mozart cesse à proprement parler d'être de la musique.

A cette exigence s'ajoutait l'adéquation précise de l'instrument à l'idée musicale et réciproquement. Mozart ne pose la question que pour la voix humaine, dans une remarque restée célèbre : « Car j'aime que l'aria soit aussi précisément adaptée à un chanteur qu'un habit bien coupé » (lettre du 28 février 1778). Vers cette même époque, le compositeur Schweitzer, collaborateur de Wieland, est l'objet de critiques sévères dans ce domaine. Mozart évoque le rôle d'Aloisia Weber dans *Rosamunde* de Schweitzer, posant non seulement la question de l'adéquation à sa voix, mais de façon plus générale le problème du style vocal :

Elle a une aria dont on pourrait, d'après la ritournelle, augurer quelque chose de bon ; mais la partie vocale est *alla* Schweitzer, comme si les chiens voulaient aboyer ; elle a une seule espèce de rondeau, dans le deuxième acte, où elle peut soutenir un peu la voix et donc en faire montre ; oui, malheur au chanteur ou à la cantatrice qui tombe entre les mains de Schweitzer, car celui-ci n'apprendra jamais à écrire de manière chantante de son vivant ! (Lettre du 11 septembre 1778.)

Ce genre d'ineptie lui semblait inacceptable. Mozart s'intéressa néanmoins brièvement, en 1778-1779, à une forme théâtrale — les mélodrames de Georg Benda — qui renonçait à la beauté des effets et où la musique se soumettait entièrement à la force dramatique. Une pièce comme *Medea* de Benda, qui enflamma Mozart à Mannheim en novembre 1778, et dans laquelle la musique accompagne et souligne une récitation parlée, était incontestablement liée, dans ses ambitions, aux bouleversements expressifs du *Sturm und Drang* littéraire. Il est intéressant de noter que, même une fois familiarisé avec ce mode d'expression théâtral brutal, projetant d'écrire avec Otto von Gemmingen le mélodrame *Semiramis*, il continua de se plaindre de la médiocrité de l'écriture vocale de Schweitzer. Mais c'était une voie ambiguë dans laquelle il ne pouvait poursuivre. *Semiramis*, bien que perdu, fut sans doute achevé ; *Zaide* — opéra où il intégra des fragments mélodramatiques à la place des récitatifs accompagnés — fut en revanche abandonné, sans qu'il revienne jamais à ce procédé dans *Idomeneo* ou par la suite.

Mozart commença sa carrière de compositeur à une époque — les années 1760 — où la musique qu'on écrivait restait rarement au répertoire pendant longtemps, et alors que la musique des grands compositeurs du baroque avait sombré dans un oubli quasi complet. Dans ce contexte, ses premières tentatives étaient issues non pas tant de l'exemple de son père ou de celui de Michael Haydn, arrivé à Salzbourg en 1763, mais de la musique de J.C. Bach, avec qui la famille Mozart s'était liée d'amitié à Londres en 1764-1765.

Bien des années plus tard, Mozart resta profondément attaché tant à l'homme — qu'il revit à Paris en 1778 — qu'à sa musique. En cette même année, alors qu'il était encore à Mannheim, il lui rendit un hommage particulier en remettant en musique l'un des airs de Bach qu'il préférait, « Non sò d'onde viene », « qui est si joliment composé par Bach » :

> Parce que je connais si bien celui de Bach, parce qu'il me plaît tant, et que je l'ai toujours à l'oreille, j'ai voulu essayer de voir si je n'étais pas en mesure, malgré tout cela, de faire un air qui ne ressemble pas à celui de Bach. (Lettre du 28 février 1778.)

Quatre ans plus tard, la mort de Bach lui sembla « un malheur pour le monde musical » (lettre du 10 avril 1782).

Mozart connaissait depuis sa jeunesse le grand style de la musique d'église baroque, mais c'est seulement en 1782 — précisément dans cette même lettre où il évoque la mort de J.C. Bach — qu'on découvre son enthousiasme, sous l'influence du baron van Swieten, pour les œuvres de Johann Sebastian Bach et Haendel et les possibilités du style contrapuntique. Il explique à son père qu'il collectionne les fugues de la famille Bach et lui demande d'envoyer des fugues de Haendel et d'Eberlin, dans l'intention de présenter celles d'Eberlin à l'une des réunions dominicales de van Swieten.

Dix jours plus tard, dans une lettre à sa sœur, il juge les fugues d'Eberlin indignes de comparaison avec les pièces de Bach et Haendel. Il joint à la même lettre (20 avril 1782) un prélude et fugue pour piano (K. 394 (383a)) de sa propre composition :

> J'y ai écrit à dessein « andante maestoso », afin qu'on ne le joue pas trop vite, car si on ne joue pas une fugue lentement, on ne peut pas rendre de manière claire et distincte l'entrée du sujet, et c'est par conséquent sans effet.

Son projet d'écrire six pièces de ce type ne fut jamais mené à bien, mais le 31 décembre 1782 Mozart acheva son premier grand quatuor à cordes, K. 387, doté d'un finale contrapuntique. C'est sans doute de cette époque que datent les arrangements de fugues de Bach père pour quatuor à cordes (K. 405) — sans doute destinés au salon de van Swieten, pour qui Mozart réalisa également dans les années 1788-1790 une série d'adaptations d'œuvres chorales anglaises de Haendel. Peut-être son tribut le plus charmant et le plus spontané aux maîtres baroques reste-t-il la gigue comique pour piano K. 574, hommage évident à Bach écrit lors d'une visite à Leipzig en 1789.

La famille Mozart semblait respecter l'art de Gluck, même si sa personne lui inspirait une certaine méfiance (lettres des 9 et 12 février 1778), jusque dans les années 1780, où les deux compositeurs étaient installés à Vienne. Gluck y reçut amicalement son collègue, et sollicita même une reprise de *Die Entführung aus dem Serail* (lettre du 7 août 1782). Les lettres viennoises de Mozart témoignent d'un intérêt constant pour la musique d'église de Michael Haydn (4 janvier 1783, 12 mars 1783, 29 mars 1783, 2 août 1788, 12 juillet 1791) ; il l'invita par ailleurs à venir séjourner à Vienne au moment de la mort de Leopold Mozart.

La plus grande amitié artistique de Mozart était certainement celle qui le liait à Joseph Haydn, bien qu'elle ne soit née que tardivement. Une lettre d'avril 1784 de Mozart à son père montre qu'à cette époque ils n'étaient pas encore très proches, et que Mozart, tout en lui témoignant un certain respect, n'avait pas encore pleinement reconnu l'importance de son aîné :

> Des quatuors d'un certain Pleyel viennent de paraître : c'est un élève de Joseph Haydn. Si vous ne les connaissez pas encore, essayez de vous les procurer, cela en vaut la peine. Ils sont très bien écrits, et très agréables. Vous y reconnaîtrez aussitôt son maître.

Belle et heureuse chose pour la musique, si Pleyel en son temps est en mesure de remplacer pour nous Haydn !

Il était étrange et assez superficiel de penser qu'un autre compositeur pouvait remplacer l'art de Haydn. Niemetschek, le premier biographe de Mozart, nous livre en revanche une anecdote où l'on voit Mozart reconnaître à Haydn une invention qui dépasse la sienne. Il faut noter que l'objet de sa réprobation en cette occasion — probablement Leopold Koželuch — occupait une position stratégique dans le monde de l'édition musicale et qu'il ne pouvait guère se permettre de s'en faire un ennemi.

Dans une société privée on exécuta un jour une nouvelle œuvre de Joseph Haydn. Outre Mozart plusieurs compositeurs étaient présents, entre autres un homme qui n'avait jamais loué personne autant que soi-même. Il s'assit au côté de Mozart et critiquait tantôt ceci, tantôt cela. Mozart l'écouta patiemment pendant quelque temps, mais comme cela durait depuis trop longtemps, et que le critique s'écria à nouveau, à tel passage, et avec suffisance : « Cela, je ne l'aurais pas fait », Mozart répliqua : « Moi non plus. Mais savez-vous pourquoi ? Parce que nous deux n'en aurions jamais eu l'idée ! »

Opéra

Dans une lettre d'août 1778 à l'abbé Bullinger, Mozart commente avec humour l'idée d'un opéra qu'on donnerait à Salzbourg et dans lequel le nouveau castrat de l'archevêque, Ceccarelli, chanterait alternativement les parties d'un couple d'amants d'une vertu telle qu'ils ne se rencontreraient jamais en public. On pourrait, dit-il, persuader Metastasio d'envoyer de Vienne « quelques douzaines » de textes de ce genre (lettre du 7 août 1778). Bien entendu, cet opéra ne vit jamais le jour, mais cette dérision témoigne néanmoins de l'impression de raideur et d'emphase que Mozart associe à l'évidence non seulement aux castrats, mais aussi au théâtre de Metastasio. Plus que d'une pensée cohérente dans le domaine du théâtre d'opéra, elle est le reflet tout simplement de l'impatience de Mozart à cette époque. Peu de temps après, il découvrit les mélodrames de Georg Benda, dans lesquels les conventions musicales et théâtrales traditionnelles sont abandonnées au profit d'une plus grande vraisemblance émotionnelle, et où le texte parlé est soutenu dramatiquement par un accompagnement musical. « Savez-vous quelle serait mon opinion ? », écrit-il à son père. « On devrait traiter la plupart des récitatifs dans l'opéra de cette manière ; et ne chanter que parfois le récitatif, lorsque *les mots sont bons à être exprimés en musique* » (12 novembre 1778). Il restait de toute évidence quelque chose de son enthousiasme pour le mélodrame lorsqu'il se mit à travailler à *Idomeneo* — avec son intensité soutenue, presque irrespirable — à la fin de 1780, encore qu'il eût renoncé alors à son projet de mélodrame.

On ne saurait imaginer de plus grand contraste dans les principes dramatiques qu'entre *Idomeneo* et *Die Entführung*, bien que le second ait été ébauché quelques mois seulement après l'achèvement du premier. Si *Idomeneo* résiste vigoureusement aux conventions de déroulement de l'opéra, *Die Entführung* donne au contraire satisfaction à l'auditoire. En décrivant la musique à son père, Mozart ne cesse de souligner, jusqu'au cynisme, son désir de provoquer une vive réaction populaire. Expliquant ainsi la logique du trio final du premier acte, il dit : « Plus il y a de bruit, et mieux c'est ; plus c'est court, et mieux c'est — en sorte que les gens ne se refroidissent pas dans leurs applaudissements » (lettre du 26 septembre 1781).

A cela s'ajoute son refus de s'impliquer dans le sujet théâtral, et une certaine négligence face à la qualité littéraire du texte. Il charge autrui de lui trouver un livret, et permet au librettiste Stephanie d'écrire de mauvais vers :

> Et je ne sais pas — dans l'opéra, la poésie doit absolument être la fille obéissante de la musique. Pourquoi alors les opéras comiques italiens plaisent-ils partout ? Malgré toute la misère pour ce qui regarde le livret ! Même à Paris — j'en ai moi-même été le témoin. Parce que la musique y règne, et qu'on oublie tout le reste. (Lettre du 13 octobre 1781.)

Il est vrai que c'est ici le préambule à une extraordinaire critique à l'encontre de la pauvreté d'invention et de versification dont souffre cette poésie, tandis que Mozart rêve d'une forme d'opéra qu'il ne réalisa jamais, dans laquelle la musique s'adapterait à des vers libres, sans rimes. Il n'éprouve cependant aucune gêne devant le compromis artistique que constitue à cet égard *Die Entführung*.

Le célèbre essayiste Francesco Algarotti, en prenant, tout comme Gluck dans sa dédicace d'*Alceste*, l'exact contrepied de l'opinion ensuite exprimée de manière ambiguë par Mozart (« la poésie doit absolument être la fille obéissante de la musique »), tentait de placer l'intégrité dramatique au-dessus des exigences frivoles des chanteurs et du public. Aucun des deux, écrivant dans les années 1750 et 1760, n'aurait vu les possibilités d'intégration du texte à la conception de la musique comme Mozart l'a fait dans les années 1780. Gluck, qui était encore en vie pour goûter la versatilité musicale de *Die Entführung*, aurait néanmoins certainement été alarmé par l'attitude négligente de Mozart face au contenu poétique telle qu'elle s'exprime dans le passage cité ci-dessus et dans nombre des premières lettres viennoises du compositeur.

Si *Die Entführung* se révéla un projet viable — sauvé, peut-être, au niveau dramatique par la simplicité de ses lignes sentimentales — Mozart n'en partit pas moins à la dérive. Ecrivant à son père en mai 1783, il propose qu'on encourage Varesco, le librettiste d'*Idomeneo*, à fournir un livret comique :

> L'essentiel est que l'ensemble soit vraiment comique ; et, si possible, qu'il introduise *deux rôles féminins également bons*. L'un doit être *seria*, mais l'autre peut être *mezzo carattere* [entre le comique et le sérieux] [...] la troisième femme peut être tout à fait *buffa*, ainsi que tous les hommes, si nécessaire.

La voie est hasardeuse — il s'agit d'un opéra sans sujet, alors que Mozart se trouva bientôt au travail à deux opéras, *L'oca del Cairo* (en collaboration avec Varesco) et *Lo sposo deluso* (d'un librettiste inconnu) qui ne lui semblèrent apparemment pas assez intéressants pour être achevés.

Si les témoignages sur la genèse des derniers opéras sont peu abondants, les renseignements qu'ils livrent semblent indiquer chez Mozart une attitude nullement nonchalante. D'après Da Ponte, qui se donne généralement le beau rôle, c'est Mozart qui proposa le sujet du *Mariage de Figaro* de Beaumarchais pour servir de base à un opéra et qui ensuite choisit le sujet de *Don Giovanni*, entrevoyant les possibilités qu'offrait le livret médiocre de Bertati proposé par la compagnie d'opéra de Prague (Da Ponte 1819). Dans l'édition originale du livret de *Figaro*, Da Ponte va jusqu'à indiquer les intentions ambitieuses de l'œuvre :

> L'opéra ne sera pas parmi les plus courts à avoir été donné sur notre théâtre. Nous espérons que suffiront comme excuses la diversité des fils dont est tissée l'action de ce drame, l'ampleur et la gran-

deur de celui-ci, la multiplicité des pièces musicales qu'il a fallu faire pour ne pas laisser les acteurs excessivement oisifs, pour réduire l'ennui et la monotonie des longs récitatifs et pour exprimer avec diverses couleurs les diverses passions qui se présentent, mais surtout en raison de cette sorte de spectacle quasi nouvelle que nous souhaitions offrir à un public au goût si raffiné et au jugement si perspicace.

Mozart et Da Ponte se donnent un objectif historique dans cet opéra : élargir le champ du théâtre d'opéra et, partant, le goût du public. Si tel avait été l'effet de *Die Entführung*, l'intention de Mozart avait toujours été plus modeste. En 1788, avec *Figaro* et *Così fan tutte* derrière lui, lorsqu'un émissaire de la cour danoise lui fit l'éloge de *Die Entführung*, Mozart n'y voyait plus rétrospectivement qu'une « bagatelle ».

Dans son catalogue, Mozart regroupe les trois opéras de Da Ponte sous la désignation sans prétentions d'*opera buffa*. Il faut sans doute y voir une description du genre musical — des œuvres écrites à la manière de l'opéra comique italien, avec en particulier de longs finales d'acte — plutôt qu'une interprétation de leur contenu dramatique, à l'évidence sérieux. Pour *Die Zauberflöte*, il utilisa ensuite tout simplement le terme allemand *Oper*. La plus intéressante de ses entrées est celle de *La clemenza di Tito*, qu'il qualifie d'« *opera seria* [...] réduit en véritable opéra par signor Mazzolà ». Mazzolà, poète de la cour de Saxe, avait effectué des coupures dans le livret original de Metastasio, écrit des textes pour les ensembles et facilité à la fin du premier acte l'intégration de l'action dramatique à la structure musicale. La formulation de Mozart sous-entend qu'il s'agit d'une transposition d'un médium essentiellement littéraire à un médium essentiellement musical, car il n'estime pas que l'ancienne manière littéraire convienne à l'opéra.

Comment Mozart aurait-il jugé les autres appellations génériques appliquées à ses opéras de son vivant — dont certaines ont par la suite donné lieu à des malentendus ? Les livrets de *Don Giovanni* et de *Così fan tutte* sont publiés avec la mention « *dramma giocoso* », abréviation de « *dramma giocoso per musica* » (« drame joyeux pour musique »), laquelle n'est sans doute pas très éloignée de la désignation « *commedia per musica* » (« comédie pour musique ») reçue par le livret de *Figaro*. Da Ponte (1819) utilise en effet constamment le mot « drame » comme synonyme de « livret ». Les trois opéras de Da Ponte sont tous qualifiés sur des affiches d'époque de « *Singspiel* », ici employé au sens d'« opéra », sans référence à un genre spécifique d'opéra allemand dans lequel *Die Entführung* et *Die Zauberflöte* furent ensuite rangés.

Les opéras italiens de Mozart furent bientôt traduits en allemand pour être représentés ainsi, et *Die Entführung* et *Die Zauberflöte* trouvèrent eux aussi rapidement leur place dans le répertoire des compagnies italiennes. Les exigences des différentes scènes n'avaient rien de rigide. C'est là une donnée importante lorsqu'on songe à l'évolution formelle que constitue *Die Zauberflöte*. Dans un sens théâtral large, *Die Zauberflöte* est un produit destiné au théâtre populaire viennois ; mais en trouvant des procédés musicaux raffinés très différents de ceux qu'il déployait dans ses comédies italiennes, Mozart créait à partir de rien ou presque un style d'opéra allemand complètement formé, fondé sur l'étrange mélange de solennité et d'humour vernaculaire qui caractérise le texte. Les finales, en particulier, progressent d'une manière entièrement différente de ceux des modèles italiens, fondés sur le mouvement théâtral et la montée d'une tension et d'une confusion croissantes. Est-ce le simple fait d'écrire pour le théâtre vernaculaire qui poussa Mozart dans cette direction, ou bien commençait-il déjà à s'y sentir contraint par les formules musico-dramatiques de l'*opera buffa* et cherchait-il pour cette raison à s'engager dans une voie toute nouvelle ?

JOHN STONE

8
LES SOURCES

Correspondance familiale

Les lettres de la famille Mozart constituent la correspondance la plus vaste et la plus riche en détails qui subsiste d'un compositeur du XVIIIe siècle ou antérieur. Au total, on conserve près de douze cents lettres de la période 1755-1791, de Mozart, son père, sa mère et sa sœur. Quatre cents autres lettres, écrites pour la plupart par la veuve et la sœur de Mozart, datent d'après 1791.

On ne connaît en revanche que quelques lettres écrites par Leopold Mozart en 1756 ou avant. Elles sont pour la plupart adressées à son ami et éditeur d'Augsbourg Johann Jakob Lotter et concernent la publication de sa *Gründliche Violinschule* (1756). Dans une de ces lettres, datée du 9 février 1756, Leopold écrit : « Le 27 janvier à 8 heures du soir mon épouse a donné naissance à un garçon [...] Grâce à Dieu, mère et enfant vont bien. Le garçon s'appelle Joannes Chrisostomus, Wolfgang, Gottlieb. »

Le corps de cette correspondance commence avec le voyage effectué en famille à Vienne en 1762 et se poursuit avec la grande tournée de 1763-1766 et le retour à Vienne en 1767-1768. La plupart de ces lettres — qui non seulement relatent les activités de Wolfgang, mais évoquent aussi les événements et les personnages locaux, et montrent comment s'organisait une tournée musicale au XVIIIe siècle — sont adressées au propriétaire des Mozart à Salzbourg, Lorenz Hagenauer. Bien qu'elles traitent parfois d'affaires laissées en cours, nombre d'entre elles sont destinées à circuler, afin d'informer les amis des Mozart de leurs activités et à impressionner le prince-archevêque de Salzbourg avec leurs succès. Leopold souhaitait vraisemblablement que ces lettres soient conservées et qu'elles servent de base à la biographie de Wolfgang qu'il avait en projet (voir « Documents »).

Les lettres écrites d'Italie entre 1770 et 1773, alors que seuls Wolfgang et son père étaient en tournée, sont pour la plupart adressées par Leopold à son épouse, Anna Maria. Elles continuent de faire état des succès de Wolfgang, et parfois des efforts de Leopold, souvent évoqués à mots couverts, visant à obtenir un poste pour son fils. Leopold désirait garder le secret sur au moins une partie de ses activités et pensait peut-être que les agents de l'archevêque lisaient ses lettres avant de les livrer. La correspondance d'Italie comprend également les premiers écrits de Wolfgang lui-même, généralement des post-scriptums humoristiques ou absurdes à l'intention de sa sœur. Parfois cependant, lorsque Leopold était trop occupé ou trop fatigué pour prendre la plume, Wolfgang écrivait plus longuement, souvent en singeant le ton de son père.

On connaît peu de lettres de la période 1773-1777, que les Mozart passèrent pour l'essentiel à Salzbourg, les seules exceptions étant celles écrites lors des brefs voyages à Vienne en 1773 et à Munich en 1774-1775. Le voyage, au départ de Salzbourg en 1777, qui conduisit Mozart à Munich, Augsbourg, Mannheim et Paris, fut en revanche à l'origine d'une correspondance extrêmement personnelle et substantielle — près de deux cents lettres révélatrices, qui ont fait l'objet de plusieurs études. Elles relatent les nombreux échecs professionnels et personnels de Mozart — son incapacité à obtenir un poste adéquat ou à faire carrière comme compositeur, son amour sans retour pour Aloisia Weber — et la mort de sa mère à Paris en juillet 1778 ; mais elles sont aussi les principaux témoignages sur les relations souvent difficiles qui unissaient Wolfgang à son père et sur les désaccords qui les opposaient.

La correspondance viennoise, à partir de 1781, constitue une précieuse chronique des activités de Mozart au moment de ses plus grands succès. Dans une lettre du 3 mars 1784 par exemple, il relate qu'il s'est engagé à se produire plus de vingt fois entre le 26 février et le 3 avril ; et pour beaucoup de ces concerts il devait composer de nouvelles œuvres. Elle révèle en outre que Wolfgang continuait à s'éloigner de Leopold : il cherche souvent à se justifier, en particulier lors de son mariage avec Constanze, que Leopold voyait comme un désastre. Avec la mort de Leopold en mai 1787, la correspondance familiale touche pratiquement à son terme. La succession fut réglée au cours de la même année et, pour autant que l'on sache, Wolfgang n'écrivit plus à sa sœur après le mois d'août 1788 environ. La plupart des lettres des dernières années de la vie de Mozart sont adressées à Constanze et furent écrites lorsqu'il était en tournée à Leipzig, Berlin et Dresde en 1789 puis à Francfort en 1790. Certaines lettres célèbres subsistent également, où Mozart implore le secours financier de son frère en maçonnerie Michael Puchberg.

Enfin, deux ensembles importants de lettres postérieures à la mort de Mozart, celles de sa veuve Constanze et de sa sœur Nannerl, concernent pour la plupart la vente de la succession de Mozart à l'éditeur d'Offenbach, Johann Anton André, en 1799 et la collection d'œuvres de Mozart entreprise par Breitkopf & Härtel en vue d'un projet d'édition complète. Toutes ces lettres demandent à être étudiées de plus près.

Il faut considérer la correspondance qui subsiste comme incomplète. De nombreuses lettres et autres documents font allusion à des échanges qui sont aujourd'hui perdus. Ainsi, dans une lettre de mai 1789, écrite à Berlin, Mozart fait état de onze lettres dont sept seulement ont survécu. De même, on a de bonnes raisons de croire que Mozart a correspondu avec ses amis anglais Anna (Nancy) et Stephen Storace après leur retour à Londres en 1787, bien qu'on ne connaisse aucune lettre (voir « Diffusion de la musique de Mozart » et Anderson 1985). Beaucoup de lettres nous sont parvenues sous forme de copies uniquement, en particulier les lettres écrites par Leopold Mozart lors du grand voyage en Italie de 1763-1766. Les principaux dépositaires de la correspondance sont l'Internationale Stiftung Mozarteum de Salzbourg, la Staatsbibliothek preussischer Kulturbesitz de Berlin et la British Library de Londres, encore que beaucoup de lettres soient en la possession d'autres bibliothèques ou de particuliers.

Un choix de lettres, parfois altérées ou expurgées de ce dont Constanze Mozart pensait qu'il pouvait lui causer du tort, fut publié pour la première fois dans la *Biographie W. A. Mozarts* de Georg Nikolaus Nissen (1828). Ludwig Schiedermair (1914) et Erich Hermann Müller von Asow (1942) firent paraître des sélections plus importantes. Une édition complète, due à Wilhelm A. Bauer et Otto Erich Deutsch, avec un volumineux appareil critique de Joseph Heinz Eibl, a ensuite paru sous les auspices de l'Internationale Stiftung Mozarteum (1962-1975). En langue française, deux volumes de *Lettres de W.A. Mozart* ont été publiés en 1888 dans une « traduction nouvelle et complète » de Henri de Curzon, où ne figurent que les lettres de Wolfgang, du reste incomplètes et expurgées. Une version française (abrégée) de l'édition complète, dans une traduction de Geneviève Geffray, est en cours de publication depuis 1986.

Importance des lettres

La correspondance des Mozart est une source d'informations fondamentale pour la biographie du compositeur et pour l'authenticité, la chronologie et la genèse de ses œuvres. Nombre de détails de sa vie ne nous sont connus que par les lettres, et une bonne part de la chronologie des voyages, de même que des activités de Mozart à Vienne dans les années 1780, ne peut être reconstituée qu'à partir d'allusions figurant dans la correspondance. De même, les lettres écrites par Leopold alors que Wolfgang était en voyage en 1777 et 1778 sont le meilleur témoignage qui subsiste sur la vie musicale à Salzbourg, encore que les opinions qui s'y expriment soient entièrement unilatérales (Eisen 1989[b]).

Les lettres nous fournissent également quantité d'informations sur les activités de compositeur de Mozart. On ne connaît maintes compositions que par les lettres, dont le concerto pour trompette K. 47c (12 novembre 1768), l'aria « Misero tu non sei » de *Demetrio* de Metastasio (26 janvier 1770), les parties de vents supplémentaires destinées à un concerto pour flûte de J.B. Wendling (21 novembre 1777), le rondo pour clavier K. 284f (29 novembre 1777) et huit mouvements écrits pour un Miserere de Holzbauer (5 avril 1778). Parmi les documents les plus importants à cet égard, il faut citer le « Verzeichniss alles desjenigen was dieser 12jährige Knab seit seinem 7tem Jahre componiert, und in originali kann aufgezieget werden » (« Catalogue de tout ce que ce garçon de douze ans a composé depuis sa septième année et qui peut être montré en originaux »), sans doute envoyé par Leopold Mozart à l'empereur Joseph II avec une pétition demandant à la cour d'intervenir contre la cabale viennoise qui essayait d'empêcher la représentation de *La finta semplice* en 1768 (sans succès, en l'occurrence, puisque l'opéra ne fut pas donné). Cette liste — le compte rendu le plus exhaustif sur les premières compositions de Mozart — comporte de nombreuses œuvres perdues, dont le Stabat Mater K. 33c, six divertimenti pour divers instruments K. 41a, quelques solos pour flûte K. 33a et la marche K. 41c. Ce catalogue, n'étant pas thématique, a suscité des controverses : les œuvres qui y sont décrites ne correspondent pas toujours aux compositions qui subsistent de la même période ou ne peuvent s'expliquer de manière adéquate (Zaslaw 1983).

D'autres lettres — en particulier celles de 1780 et 1781 — rendent compte en détail de la manière dont Mozart écrivait pour l'opéra et de son souci d'efficacité théâtrale. Ainsi, cette lettre caractéristique, écrite à son père le 29 novembre 1780, au sujet d'une scène d'*Idomeneo* :

> Dites-moi, ne trouvez-vous pas le discours de la voix souterraine trop long ? Réfléchissez-y bien. Imaginez le théâtre ; la voix doit être effrayante, elle doit pénétrer, on doit croire qu'elle est réelle. Comment peut-elle y parvenir si le discours est trop long ? Car les spectateurs, du fait de cette longueur, seront de plus en plus persuadés qu'elle n'est rien. Si le discours du spectre n'était pas aussi long dans *Hamlet*, il serait d'un bien meilleur effet.

Une lettre du 26 septembre 1781 explique en détail certaines parties de *Die Entführung aus dem Serail* :

> L'opéra devait commencer par un monologue, et j'ai prié M. Stephanie [le librettiste] d'en faire une petite ariette, et aussi, après la petite mélodie d'Osmin, au lieu de laisser les deux bavarder ensemble, d'en faire un duo. Nous destinions ce rôle d'Osmin à M. Fischer, qui a incontestablement une excellente voix de basse [...] il faut utiliser un tel homme, d'autant qu'il a le public d'ici entièrement pour lui. Mais Osmin n'avait, dans le livret original, que cette seule petite mélodie, et rien d'autre, en dehors du trio et du finale. Il a donc reçu une aria au premier acte et en aura encore une au second. J'ai tout indiqué au sieur Stephanie pour l'aria, et l'essentiel de la musique était achevé avant que Stephanie n'en sût le moindre mot. Vous n'en avez que le début, et la fin, qui doit être d'un bon effet — la colère d'Osmin y tourne au comique, car la musique turque y est employée. Dans la réalisation de l'aria j'ai fait briller ses belles notes graves (malgré le Midas de Salzbourg). Le « Drum beym Barte des Propheten » est dans le même tempo, mais avec des notes rapides ; et comme sa colère ne cesse de croître, il faut — on croit ici que l'aria est déjà terminée — que l'*allegro assai* — dans un tout autre tempo et un autre ton — soit du meilleur effet ; car un homme qui se trouve dans une colère aussi violente outrepasse tout ordre, toute mesure et toute limite ; il ne se connaît plus ; il faut donc que la musique elle aussi ne se connaisse plus. Mais comme les passions, violentes ou non, ne doivent jamais être exprimées jusqu'au dégoût et que la musique, même dans la situation la plus effroyable, ne doit jamais offenser l'oreille et doit rester plaisante, et donc rester toujours de la musique, j'ai choisi non pas une tonalité étrangère au *fa* (ton de l'aria), mais un ton ami : non le plus proche, *ré* mineur, mais un plus éloigné, *la* mineur. Quant à l'aria de Belmont, en *la* majeur, « O wie ängstlich, o wie feurig », savez-vous comment il est rendu ? Le cœur amoureux qui bat est dépeint par les deux violons à l'octave. C'est l'air favori de tous ceux qui

l'ont entendu, ainsi que le mien. Il est tout à fait écrit pour la voix d'Adamberger. On y voit le tremblement, l'hésitation, on voit sa poitrine gonflée qui se soulève — ce qui est exprimé par un crescendo ; on entend les murmures et les soupirs — qui sont rendus par les premiers violons avec sourdine et une flûte à l'unisson.

Outre qu'elles nous renseignent sur la genèse, l'authenticité et la chronologie des œuvres de Mozart, les lettres nous offrent également des témoignages sur leur exécution, qu'il s'agisse d'aspects comme le rubato et le tempo (voir lettres du 18-20 juillet 1778 sur K. 395 (300 g) et du 7 août 1782 sur K. 385) ou encore de certains problèmes d'orchestration ; c'est ainsi qu'une lettre du 13 avril 1778 atteste une exécution soliste (par opposition à orchestrale) du divertimento pour cordes et cors K. 287 (Webster 1983), tandis que d'autres donnent des renseignements précis sur le nombre d'exécutants en telles occasions particulières (voir par exemple la lettre de Leopold du 12 avril 1778, dans laquelle il donne les noms des musiciens de l'orchestre lors d'un concert privé à Salzbourg).

L'aspect le plus largement étudié dans les lettres, en particulier dans les échanges effectués lors du voyage à Mannheim et Paris de 1777-1778, reste sans doute la personnalité de Mozart et ses rapports difficiles avec son père (voir par exemple Hildesheimer 1977, Langegger 1978 et 1987/88). Outre qu'elles nous montrent comment Wolfgang a délibérément trompé Leopold, s'agissant de son indolence de compositeur ou son manque de succès (Zaslaw 1978, Tyson 1978), les lettres ont également été citées comme preuves des tendances hypomaniaques et cyclothymiques du compositeur et de son instabilité émotionnelle (Davies 1987, 1989). Les « devinettes et fragments de Zoroastre » que Mozart fit imprimer pour le carnaval de Vienne en 1786 et qu'il envoya peu après à Salzbourg ont donné lieu à des interprétations plus larges encore, puisqu'on y a vu des tentatives de Mozart pour se libérer de cette « domination paternelle d'une intensité débordante » où Leopold essayait de le maintenir (Solomon 1985).

Documents

Outre les sources musicales et la correspondance familiale, les documents contemporains de divers types nous fournissent également des informations directes concernant la biographie de Mozart, la genèse et la chronologie de ses œuvres, la diffusion et l'accueil dont elles ont bénéficié. Ces documents sont généralement de trois sortes : ceux qui émanent directement de Mozart et qui ne sont pas à strictement parler des lettres ; les documents privés ou semi-privés, dont les correspondances entre particuliers, les registres de la cour, les catalogues des fonds musicaux d'éditeurs, de monastères et d'autres institutions semblables ; et les documents publics destinés à une large diffusion, en premier lieu les comptes rendus des prestations en public de Mozart publiés dans les journaux et revues contemporains, les notices sur les éditions ou les exécutions de sa musique, les annonces de marchands de musique.

Documents émanant de Mozart

Les documents — à l'exclusion des lettres — émanant directement de Mozart sont peu nombreux mais significatifs. Ils regroupent les inscriptions dans divers albums de ses contemporains, dont ceux de ses amis Joseph Franz et Gottfried von Jacquin, de son frère en maçonnerie Johann Georg Kronauer, et celui de son élève Barbara Ployer, aujourd'hui perdu, unique source de la *Marche funèbre del Sig.* *Maestro Contrapunto* K. 453a. Mozart lui-même possédait plusieurs albums. Un petit comportait des inscriptions de Karl Ludwig Fischer, le premier Osmin dans *Die Ent-führung*, Sigmund Barisani, fils du médecin ordinaire de la cour de Salzbourg, et d'Ignaz Born, vénérable maître de la loge *Zur wahren Eintracht (A la vraie concorde)* et grand intellectuel viennois ; d'après Constanze, Mozart perdit un autre album, plus grand, lors de l'un de ses voyages (voir sa lettre du 30 juillet 1799). Trois travaux littéraires non datés sont plus substantiels : le poème *Der kunst-reiche Hund* ; *Der salzburger Lump in Wien*, esquisse destinée à une œuvre scénique ; et un brouillon inachevé pour un livret d'une comédie en trois actes, *Die Liebes-Probe*.

Le document le plus important de cette première catégorie est sans doute son « Verzeichnüss aller meiner Werke vom Monath Febrario 1784 bis Monath 1   Wolfgang Amadé Mozart m^{pia} » (« Catalogue de toutes mes œuvres du mois de février 1784 au mois de 1   Wolfgang Amadé Mozart de main propre »), qui est une liste chronologique de toutes ses compositions à partir du concerto K. 449 de février 1784. La dernière œuvre du catalogue, « Laut ver-künde unsre Freude » (K. 623), fut écrite en novembre 1791 ; les blancs laissés dans le titre du catalogue sont certainement la preuve poignante que Mozart comptait vivre au moins jusqu'au siècle suivant.

Le catalogue lui-même est constitué de pages de gauche non réglées où Mozart inscrivit la date et le titre ou la description de ses œuvres, parfois accompagnés, dans le cas des opéras et des œuvres vocales, des noms des chanteurs, et de pages de droites réglées comportant dix portées réunies en cinq systèmes, sur lesquelles il nota l'incipit des œuvres.

L'importance de ce catalogue tient essentiellement aux renseignements qu'il donne sur les dates et l'authenticité des œuvres de Mozart. Pratiquement toutes les œuvres majeures composées après février 1784 y figurent ; les seules compositions qu'on sait avoir été écrites après cette date et qui en sont absentes sont pour la plupart de petites pièces de circonstance. Ce catalogue constitue en outre l'unique témoignage sur certaines œuvres perdues, notamment l'andante pour violon et orchestre K. 470, la marche K. 544, les contredanses K. 565 et l'aria « Ohne Zwang, aus eignem Triebe » K. 569. En outre, il fournit parfois des renseignements par ailleurs inconnus sur l'orchestration. Ainsi le concerto K. 459 est marqué dans le catalogue avec trompettes et timbales, alors que les parties de ces instruments manquent dans l'autographe et n'ont pas non plus survécu par ailleurs ; de même, le *Lied zur Gesellenreise* K. 468, dont on suppose qu'il fut composé pour la réception de Leopold dans la loge viennoise de Wolfgang en mars 1785, est accompagné par l'orgue dans l'autographe, mais par le « Klavier » (piano-forte) dans le *Verzeichnüss*.

Le catalogue pose également des problèmes de chronologie, car les dates n'y correspondent pas toujours à ce que nous disent les autographes de Mozart. Le concerto K. 467 est ainsi daté de février 1785 dans l'autographe, mais du 9 mars dans le catalogue. Peut-être certaines entrées du catalogue furent-elles notées de mémoire, après la rédaction de l'autographe ; ce semble du moins être le cas pour les premières œuvres qui y sont inscrites (voir Leeson et Whitwell 1973). Dans de nombreux cas les incipit du catalogue diffèrent légèrement des autographes et des autres sources.

L'idée de ce catalogue thématique ne venait sans doute pas de Mozart. Leopold Mozart écrivait déjà, dans une lettre du 22 décembre 1777 adressée au Padre Martini à Bologne :

> J'ai encore une autre idée, qui est de vous envoyer le début des compositions [de Wolfgang], en commençant par ses sonates pour

clavecin composées pour Madame Victoire [K. 6-7] et imprimées à Paris à l'âge de sept ans ; puis celles faites pour la reine d'Angleterre à l'âge de huit ans, imprimées à Londres [K. 10-15] ; puis celles composées pour la duchesse de Nassau-Weilburg à l'âge de neuf ans, et imprimées à La Haye en Hollande [K. 26-31], etc., etc. J'ajouterai une petite notice sur ses voyages et les faits remarquables.

L'idée de dresser le catalogue thématique des œuvres de son fils et de rédiger sa biographie n'était pas non plus nouvelle pour Leopold, même en 1777. La liste non thématique des œuvres établie en 1768 pour la cour de Vienne était déjà un premier pas dans cette direction ; puis, dans la préface à la seconde édition de sa *Violinschule* (1769), Leopold avait annoncé son projet de biographie de Wolfgang :

> Je pourrais saisir ici l'occasion d'entretenir le public d'une histoire qui ne survient peut-être que tous les siècles, et qui dans le domaine de la musique ne s'est sans doute jamais encore produite *à un tel degré de merveille* ; je pourrais décrire le merveilleux génie de mon fils ; raconter de manière circonstanciée ses progrès d'une rapidité incroyable dans toute l'étendue de la science musicale, de sa cinquième à sa treizième année d'âge ; et je pourrais, dans une affaire aussi incroyable, invoquer le témoignage incontestable de nombre des plus grands maîtres musiciens, voire le témoignage de l'envie elle-même. Mais comme j'ai à écrire ici un avant-propos et non une histoire circonstanciée, j'espère qu'après mon retour d'Italie, où je songe à me rendre sous la protection de Dieu, je pourrais [...] entretenir le public de cette histoire.

Documents privés et semi-privés

De nombreux documents relatifs à Mozart émanent de sources privées ou semi-privées qui n'étaient pas destinées à la diffusion : correspondances privées et journaux intimes, catalogues thématiques établis par diverses institutions, registres des cours où Mozart s'est produit et, dans le cas de Salzbourg, où il était employé.

Etant donné que les Mozart correspondaient moins quand ils n'étaient pas en voyage, et qu'en outre beaucoup de lettres écrites par Leopold Mozart de Salzbourg sont perdues, la plupart des références à la période salzbourgeoise de Mozart proviennent de sources privées. Nombre d'entre elles ont trait à son emploi à la cour, mais ne permettent pas de reconstituer ses activités au jour le jour (non plus que celles de la musique à la cour de façon plus

217

générale). Elles livrent cependant de nombreuses informations sur les diverses fonctions occupées par Mozart, les congédiements, les démissions, les congés, sa rémunération pour services à la cour et pour la composition d'œuvres de commande, les gratifications obtenues pour ses voyages, et parfois des comptes rendus d'exécutions d'œuvres précises. Le document relatif à sa nomination au poste d'organiste de la cour en 1779 est à cet égard particulièrement important, car il montre que la composition était un aspect secondaire de ses fonctions : « Il devra [...] s'acquitter des tâches qui lui incombent avec application et de manière irréprochable, aussi bien à la cathédrale qu'à la cour, et à la chapelle, ainsi que servir la cour et l'église suivant les possibilités avec de nouvelles compositions faites par lui. »

Les journaux tenus par plusieurs de ses contemporains ont également leur importance, notamment ceux de Beda Hübner, bibliothécaire à Saint-Pierre, grand monastère bénédictin au cœur de Salzbourg, de Cajetan Hagenauer, fils du propriétaire des Mozart à Salzbourg et abbé de Saint-Pierre à partir de 1786, et de Joachim Ferdinand von Schiedenhofen, conseiller salzbourgeois. Le journal de Schiedenhofen fournit en particulier de nombreux détails par ailleurs inconnus sur les exécutions d'œuvres de Mozart à Salzbourg entre 1774 et 1778.

Les nombreux voyages de Mozart ont donné lieu à bien des témoignages. Les premières références aux prestations de Mozart à Vienne en 1762 proviennent du journal du comte Johann Carl von Zinzendorf, haut fonctionnaire (Mozart est également cité à plusieurs reprises dans son journal à partir des années 1780) ; quantité de lettres, entre autres de Voltaire et de Johann Adolf Hasse, témoignent des vastes relations qu'entretenaient les Mozart et de leur importance dans la carrière de Wolfgang. Tel est en particulier le cas d'un certain nombre de documents relatifs au premier voyage en Italie en 1770, dont des lettres de recommandation du comte Carl Joseph Firmian, gouverneur général de Lombardie, au comte Gian Luca Pallavicini de Bologne, important mécène, puis les recommandations que Pallavicini fit à son tour à son parent éloigné, le cardinal comte Lazaro Opizio Pallavicini et au prince Andrea Doria Pamphili, tous deux à Rome. Bien d'autres lettres où il est question de Mozart sont apparemment perdues. Wolfgang, écrivant à son père de Munich en 1777, dit avoir rencontré le compositeur Myslivecek, lequel lui montra des lettres, aujourd'hui disparues, « où, dit Mozart, je lis souvent mon nom ». Ces lettres n'étaient cependant pas toutes flatteuses. Ainsi, le 12 décembre 1771, l'impératrice Marie-Thérèse écrivait en ces termes (et en français) à l'archiduc Ferdinand à Milan :

> [...] vous me demandez de prendre a votre service le jeune Saltzburger je ne sais comme quoi ne croiant pas que vous ayez besoing d'un compositeur ou des gens inutils si cela pourtant vous ferois plaisir je ne veux vous l'empecher ce que je dis est pour ne vous charger des gens inutils et jamais de titres a ces sortes de gens comme a votre service cela avilit le service quand ces gens courent le monde comme des gueux il at outre cela une grand famille

Nous conservons également des documents, provenant d'institutions ou de particuliers, sur les dix dernières années de la vie de Mozart, alors qu'il s'était définitivement établi à Vienne, dont les plus importants sont, outre les paiements reçus de la cour pour diverses compositions et consignés dans les registres, son contrat de mariage, les archives relatives aux liens de Mozart avec la franc-maçonnerie (voir en particulier Autexier 1984), sa charge de musicien de la chambre impériale, et l'inventaire de ses biens après décès et la demande de pension de Constanze.

Les nombreux catalogues thématiques établis par les cours, monastères et autres institutions, ainsi que par les éditeurs de la fin du XVIIIe siècle, si méconnus soient-ils, sont d'une grande importance. Ainsi, sans qu'on puisse en tirer de conclusions définitives, le catalogue de Lambach de 1768 semble cependant indiquer que la symphonie K. 17 (Anh. C11.02) serait de Leopold Mozart ; et ce qu'on appelle le *Quartbuch* d'environ 1775 montre que, contrairement à l'idée généralement admise, les quatuors K. 168-173 de Mozart ont circulé en Autriche centrale, peut-être même à Vienne, au milieu des années 1770 (Eisen 1986). Le catalogue du fonds de la cathédrale de Salzbourg est lui aussi révélateur ; établi à la fin des années 1780, il comprend un certain nombre d'œuvres de Mozart, mais laisse également supposer que toute sa musique religieuse n'y était pas conservée, voire exécutée (Senn 1971/72[b]).

Le catalogue d'éditeur le plus important est peut-être le catalogue manuscrit de Breitkopf & Härtel, qui tentait au début du XIX[e] siècle d'établir une liste des titres et des incipit de toutes les œuvres attribuées à Mozart et classées par genre. Bien que l'original de ce catalogue soit perdu, la Gesellschaft der Musikfreunde de Vienne et la Staatsbibliothek preussischer Kulturbesitz de Berlin conservent les copies réalisées respectivement pour Köchel et pour Jahn. Outre qu'il comprend une proportion significative des œuvres authentifiées de Mozart, ce catalogue fait état de plusieurs compositions par ailleurs inconnues, dont les symphonies K. Anh. 222 (19b) et Anh. 215, 217 et 218 (66c-e) et les sonates K. Anh. 199-202 (33d-g) ; les sources de ces œuvres sont perdues. Leur présence dans ce catalogue ne suffit pas, en l'absence d'autres preuves concordantes, à en attester l'authenticité, car bien que les sources de Breitkopf & Härtel comprennent des éditions imprimées de la plupart des grands éditeurs de musique européens de l'époque et des manuscrits obtenus de la firme Breitkopf d'origine (reprise par Härtel en 1796), du marchand de musique hambourgeois Johann Christoph Westphal, de la veuve et de la sœur de Mozart, aucune de ces sources n'est au-dessus de tout soupçon.

Documents publics

Si les documents relatifs aux périodes que Mozart a vécues à Salzbourg proviennent essentiellement de sources privées, bon nombre des témoignages sur ses voyages se trouvent dans des sources imprimées qui connaissaient une vaste diffusion, à commencer par les journaux et périodiques de l'époque. Entre 1763 et 1766, de substantiels articles sur Mozart parurent dans l'*Augsburgischer Intelligenz-Zettel* et les *Ordentliche wöchentliche Frankfurter Frag- und Anzeigungs-Nachrichten*, la *Correspondance littéraire* de Friedrich Melchior von Grimm, l'*Avant-Coureur* de Paris, l'*Oprechte Saturdagse Harlemse Courant* et les *Historisch-moralische Belustigungen des Geistes oder ermunternde Betrachtungen über die wunderbare Haushaltung Gottes in den neuesten Zeiten*. Les plus importantes parmi les premières descriptions de Mozart furent les articles publiés dans *Aristide, ou le Citoyen* (Lausanne, 1766) et le « Account of a very remarkable young musician » de Daines Barrington, publié dans les *Philosophical Transactions of the Royal Society* (Londres, 1771). Bien que ces articles soulignent avant tout la précocité du jeune Mozart, ils fournissent parfois des renseignements biographiques inconnus par ailleurs, outre qu'une bonne partie de ce que l'on sait sur les concerts publics donnés par Mozart à Londres et en Hollande provient d'annonces publiées dans des journaux locaux.

Nombreux sont les articles de cette sorte sur le premier voyage en Italie (1769-1771) ; ils sont en revanche moins abondants sur les voyages ultérieurs et surtout sur le grand voyage de 1777-1779 à Mannheim et Paris, pour lesquels la source première demeure la correspondance familiale. A cela plusieurs explications possibles, dont le fait que Mozart n'était plus un enfant prodige et, comme l'a récemment montré une étude attentive des partitions de Mozart et de la véracité de ses lettres, qu'il était passablement indolent et ne se produisait que rarement en public (Tyson 1978, Zaslaw 1978).

Une fois Mozart établi à Vienne, avec une activité accrue de compositeur et d'exécutant, les sources imprimées redeviennent plus nombreuses. Parmi celles-ci — dont la *Wienerblättchen*, la *Wiener Kronik*, le *Wiener Realzeitung* et les *Provinzialnachrichten* -, le *Wiener Zeitung*, journal qui avait l'approbation de la cour, occupe une place de premier plan. Ces périodiques comportent des annonces et des comptes rendus des concerts publics de Mozart et de ses opéras, ainsi que des annonces publicitaires pour ses œuvres, disponibles en quantités significatives pour la première fois. Mozart, qui essaya souvent de vendre ses compositions en souscription, généralement sans succès, fit lui-même paraître certains de ces avis. Mais la plupart étaient publiés par les marchands de musique — copiée ou imprimée -, dont Johann Traeg, Lorenz Lausch et le copiste du théâtre de la cour, Wenzel Sukowaty — par les grandes maisons d'édition comme Artaria et Hoffmeister.

Les comptes rendus sur les voyages de Mozart sont nombreux pour ces années ; ses concerts étaient régulièrement évoqués dans les journaux de Prague (1787 et 1791), Dresde, Leipzig et Berlin (1789), Francfort (1790). Et, tout autant que les apparitions personnelles de Mozart, les productions de ses opéras et les éditions de ses œuvres suscitaient un vif intérêt dans la presse locale. De nombreux articles témoignent de la vaste popularité de ses opéras, en particulier *Die Entführung aus dem Serail*, et des comptes rendus d'éditions de ses pièces pour piano ou de sa musique de chambre parurent jusqu'à Hambourg et à Londres.

Les livrets imprimés des œuvres scéniques de Mozart constituent un dernier groupe important : on en conserve des exemplaires pour toutes sauf *Bastien und Bastienne* (1768), *Il sogno di Scipione* (1771-1772), *La finta giardiniera* (1775), *Il rè pastore* (1775) et *Der Schauspieldirektor* (1786). Ces livrets nous fournissent souvent des renseignements par ailleurs inconnus sur la distribution de la première représentation.

Interprétation

Comme pour la correspondance familiale, l'interprétation des documents contemporains n'est pas toujours simple. Dans bien des

221

cas les œuvres ne sont décrites que vaguement, et leur identification demeure hypothétique. De façon générale, ces documents ne peuvent être interprétés isolément et doivent être examinés à la lumière non seulement d'autres documents, mais aussi des lettres et des sources musicales.

Ainsi, on supposait habituellement que les œuvres que Mozart proposait à la vente à Vienne dans les années 1780 étaient parmi ses compositions les plus récentes. Par conséquent, on pensait que les trois symphonies non identifiées annoncées en février 1785 par Johann Traeg, marchand de musique manuscrite de Vienne, étaient K. 319 en *si* bémol majeur, K. 338 en *ut* majeur et K. 385 en *ré* majeur (seule la symphonie « Linz », K. 425, avait été composée entre-temps). D'autres indices montrent cependant que ces symphonies proposées par Traeg n'étaient sans doute pas les œuvres les plus récentes de Mozart. Des parallèles frappants entre l'annonce de Traeg et un catalogue publié à Hambourg par le marchand Johann Christoph Westphal sembleraient indiquer que ce dernier avait des liens directs avec les marchands viennois et que les trois symphonies proposées à Hambourg la même année pourraient être identiques à celles mises en vente à Vienne. Le catalogue de Westphal précise en outre que les trois symphonies — marquées n°s 1, 2 et 3 respectivement- sont en *ré* majeur. L'une de ces œuvres peut être identifiée avec certitude, car lorsque Breitkopf & Härtel établit son catalogue manuscrit, il s'appuya entre autres sur Westphal, et sa source pour la symphonie tirée de la sérénade K. 320 est donnée comme étant « Westphal n° 2 ». On peut également identifier une deuxième symphonie : parmi les manuscrits de symphonies récemment découverts à Odense au Danemark se trouve une copie de la symphonie tirée de la sérénade K. 203 (189b) qui provient très vraisemblablement de Westphal ; sur son emballage est marqué « N : 1 D ». On aboutit ainsi à une interprétation plus plausible du document viennois : en février 1785, ce seraient trois symphonies en *ré* majeur de Mozart que Traeg aurait proposées à la vente, K. 320, 203 (189b) et une troisième non encore identifiée (Zaslaw et Eisen 1985/86).

L'hypothèse selon laquelle ces symphonies étaient des œuvres plus anciennes est étayée par le témoignage des lettres et d'autres sources. Il apparaît ainsi que Mozart a fait donner à Vienne plusieurs de ses œuvres des années 1770. Dans une lettre du 4 janvier 1783, il demande à son père de lui envoyer les symphonies K. 182 (173dA), 183 (173dB), 201 (186a) et 204 (213a), toutes composées entre 1773 et 1775 ; il subsiste en outre des copies réalisées par Traeg au milieu des années 1780 des symphonies K. 181 (162b), 182 (173dA), 200 (189k), 201 (186a) et d'une symphonie tirée de la sérénade K. 204 (213a). D'autres symphonies salzbourgeoises, dont K. 318, 319 et 338, sont conservées dans des copies effectuées en partie par des copistes salzbourgeois et en partie par des copistes viennois ; ces manuscrits proviennent apparemment de la succession de Mozart, qui les utilisa sans doute pour l'exécution de ces œuvres. Une copie de la symphonie K. 320 dans la collection Bartenstein, datée de 1785, montre notamment que l'œuvre était en circulation l'année même de l'annonce de Traeg.

Bref, l'interprétation des documents est tributaire des témoignages fournis par la correspondance familiale et les manuscrits contemporains des œuvres de Mozart. Il reste encore des progrès à accomplir dans ce domaine, car si l'on dispose d'une édition complète des lettres (à quelques découvertes récentes près) et si les sources des œuvres de Mozart sont dans l'ensemble connues, les recherches sur les documents ne sont que partiellement réalisées. Certaines découvertes récentes semblent indiquer qu'il reste des documents significatifs à mettre au jour et que leur interprétation, à la lumière de ceux que l'on connaît déjà et des autres sources, jettera une lumière nouvelle sur des aspects importants de la biographie de Mozart et sur la genèse de ses œuvres, leur diffusion, et l'accueil qu'elles reçurent (Eisen 1986).

Autographes

Historique

Les autographes de Mozart constituent les principaux documents musicaux par lesquels ses œuvres se sont transmises. Bien que de nombreuses compositions subsistent sous forme de copies manuscrites ou d'éditions imprimées, il s'agit normalement de sources de deuxième génération ou ultérieures. Les autographes sont généralement les meilleurs guides pour établir l'authenticité, la chronologie et le texte des œuvres de Mozart (mais non les seuls : voir « Copies manuscrites » et « Editions »).

Bien que Mozart n'ait pas occupé de fonctions importantes à la cour ou à l'église durant les dix dernières années de sa vie, la chance a voulu que l'on conserve un nombre significatif de ses autographes — plus de quatre cents. Après la mort de Leopold Mozart en 1787, les anciens autographes de Mozart, dont la plupart étaient apparemment restés à Salzbourg après 1781, lui furent envoyés à Vienne, où ils furent soigneusement conservés avec ses partitions plus récentes. Après la mort de Mozart, la collection revint à sa veuve Constanze.

A plusieurs reprises, Constanze chercha à en vendre des parties, mais sans succès,si bien qu'elle la conserva donc tout au long des années 1790. Vers 1799, cependant, l'éditeur leipzigois Breitkopf & Härtel, qui réunissait les œuvres de Mozart en vue d'une édition complète, prit contact avec elle. Constanze voulut leur vendre la collection tout entière, mais Breitkopf ne prit qu'une quarantaine d'autographes. La même année, Constanze reçut également une proposition de l'éditeur Johann Anton André, établi à Offenbach-sur-le-Main, non loin de Francfort, à qui elle vendit ce qui restait de la collection — un peu moins de trois cents autographes ainsi que quelques copies.

Si l'intention première d'André était bien de publier de nouvelles éditions des œuvres de Mozart fondées sur les autographes du compositeur, il s'intéressa bientôt davantage à l'étude des documents eux-mêmes. Il se soucia notamment de distinguer l'écriture de Mozart des autres qu'il trouvait dans les partitions et de classer chronologiquement les autographes non datés suivant leurs caractéristiques graphologiques — discipline que l'on désigne généralement de son appellation allemande, *Schriftchronologie* (voir ci-dessous). Certains résultats préliminaires des recherches d'André parurent dans l'avant-propos d'un catalogue de son fonds Mozart établi en 1833 (Oldman 1924). A quelques exceptions près, les autographes restèrent en sa possession jusqu'à sa mort en 1843. En 1811 ou 1814, par exemple, vingt-deux autographes significatifs, dont les manuscrits originaux des dix derniers quatuors et d'autres œuvres de musique de chambre et pièces pour piano, furent vendus à Johann Andreas Stumpff de Londres (avant de revenir au British Museum, aujourd'hui la British Library). Et en 1842 André proposa la collection aux cours de Vienne, Berlin et Londres, mais sans succès. Elle fut donc partagée entre ses héritiers, encore que la plupart des autographes aient ensuite été réunis à l'ancienne bibliothèque royale de Berlin.

Au cours de la Seconde Guerre mondiale, les bombardements ont obligé à mettre en lieu sûr les autographes, ainsi que d'autres trésors des bibliothèques berlinoises. Après la guerre, les deux Allemagnes se partagèrent la plupart de ces manuscrits, à l'exception d'un fonds important de plus de cent autographes de Mozart conservés au couvent de Grüssau en Silésie, qui devint partie de la Pologne. Pendant bon nombre d'années, ces manuscrits furent considérés comme perdus. Trois d'entre eux refirent pourtant surface en 1977, et peu après on annonçait publiquement que la collection quasi entière était retrouvée. Depuis 1980 ce fonds est déposé à la Biblioteka Jagiellonska de Cracovie (Wilson 1982/83). De nombreuses bibliothèques, grandes et petites, y compris l'Internationale Stiftung Mozarteum, de même que certains collectionneurs privés, possèdent d'autres autographes. L'important fonds de la collection Zweig à la British Library, simple prêt jusqu'en 1987, lui est désormais acquis comme don.

Etude

Dans une proportion importante, les autographes de Mozart sont signés et/ou datés. Si dans certains cas les dates ont été modifiées, ou ne concordent pas avec d'autres témoignages (voir « Documents »), le plus souvent on peut les considérer comme plus ou moins exactes. Nombre d'autographes de Mozart ne sont cependant pas datés, et pour établir leur date de rédaction, deux techniques se sont récemment révélées particulièrement précieuses : l'étude de l'évolution chronologique de l'écriture de Mozart (*Schriftchronologie*) et l'analyse des types de papier qu'il a utilisés.

La *Schriftchronologie* s'appuie sur les changements dans l'écriture. Lorsqu'on peut montrer qu'ils interviennent à des moments précis dans des manuscrits datés avec certitude, ces changements peuvent alors servir de critères pour la datation d'autres autographes non datés (Plath 1971/72). Dans le cas de Mozart, la *Schriftchronologie* demeure imprécise jusqu'aux environs de 1770, avant le premier voyage en Italie. Pour autant que l'on puisse en juger d'après les premiers autographes datés — lesquels sont du reste trop peu nombreux pour permettre de bâtir une *Schriftchronologie* utilisable — l'écriture de Mozart dans les années 1760 était relativement stable. De même, elle n'évolue guère au cours de la période viennoise, après 1781 (encore que les autographes qui subsistent de cette époque soient beaucoup plus nombreux), et il n'est pas encore possible d'établir pour cette période viennoise une chronologie exacte, en dehors de la distinction entre œuvres écrites avant et après *Figaro* (Plath 1984).

Pour la période 1770-1780, en revanche, la *Schriftchronologie* a donné de saisissants résultats : de nombreux autographes de cette époque subsistent et les changements dans l'écriture de Mozart sont faciles à identifier. D'après Wolfgang Plath, on distingue trois périodes principales : 1770-1771 ou 1772, 1772-1774 et 1775-1780 (Plath 1971/72, dont est également tiré ce qui suit). Lors de la première, les principaux changements touchent la forme de la clef de *sol*, la notation abrégée des croches, le graphisme de la lettre *d* et la forme du soupir. En 1769 ces symboles apparaissent dans les autographes de Mozart sous les formes suivantes, relativement stabilisées : ⓖ , ⓺ ⓩ , et ⌄ ou ⌢. Au cours de 1770 ils subissent un changement considérable : la barre verticale de la clef de *sol* traverse désormais toute la clef et se termine par un arrondi ⓖ ; l'abréviation pour les croches devient une barre qui traverse la tige de la note ⓺ ; l'ancienne forme de la lettre *d* se transforme en ⓭ ; et le soupir, qui autrefois était couché sur le côté, est maintenant debout ⌇ . Bien que ces changements ne se produisent pas simultanément ni avec une constance rigoureuse, ils sont néanmoins présents surtout dans les dernières parties de l'autographe de *Mitridate* K. 87 (74a), composé à la fin de 1770 et — à l'exception de la lettre *d*, qui continue à alterner entre les formes nouvelle et ancienne — représentent l'état normal de l'écriture de Mozart à ce moment.

Aux environs de mars 1772, dans l'autographe des litanies K. 125, l'écriture de Mozart change à nouveau. Le soupir est couché sur le côté, comme auparavant, et la clef de *sol* est plus « mince ». Le principal indice du changement est cependant le symbole pour *piano*, qui autrefois prenait la forme ⓟ: ou ⓟⁱᵃ: , mais qui maintenant devient ⓟⁱᵃ: ou ⓟⁱᵃ: : C'est notamment caractéristique de toute la période de 1772 à fin 1774 ou début 1775, encore que d'autres évolutions moins frappantes permettent des datations plus précises. La période 1775-1780 est également marquée par des changements dans le signe du *piano* ; à partir de 1775 Mozart le note ⓟ: puis à partir de l'été de 1778 généralement ⓟ: . A partir de 1780, dans les autographes de la symphonie K. 338 et d'*Idomeneo* K. 366, les formes prédominantes sont ⓟⁱ: et ⓟⁱ: . Le signe du *forte* est lui aussi caractéristique : ⓕ: ou ⓕᵒʳ: avant 1775 ; ⓕ: à partir de 1775 ; et ⓕ: ou ⓕᵒʳ: à partir de fin 1777-début 1778.

Un autre résultat des recherches de Plath, important pour ce qui concerne l'authenticité des œuvres de Mozart antérieures à 1770, fut l'établissement de critères permettant de distinguer l'écriture de Wolfgang de celle de son père (Plath 1960/61). On peut désormais montrer que de nombreux autographes autrefois attribués à Wolfgang, dont les messes K. 115 (166d) et 116 (90a) (avec les fragments 417B, Anh. A18 et Anh. A19 qui s'y rattachent), ainsi que les lieder K. 149-151 (125d-f), sont en fait de Leopold. Plath a également formulé un principe important, selon lequel un autographe non signé ne garantit pas l'authenticité de l'œuvre qu'il transmet. Les problèmes d'authenticité, chez Mozart, ne se limitent cependant pas aux œuvres qui subsistent en autographes attribués à lui-même ou à son père (voir « Copies manuscrites »).

Le second moyen qui permet d'authentifier et de dater les autographes de Mozart est l'étude des types de papier employés. Pour comprendre ces techniques d'analyse, il faut savoir comment le papier était fabriqué au XVIIIe siècle (la description qui suit est fondée sur Tyson 1987). Tous les papiers dont Mozart disposait étaient fabriqués à la main. Deux hommes, un puiseur et un coucheur, travaillaient chacun avec un tamis rectangulaire ou « forme » — cadre muni de plusieurs traverses en bois. Au fond de la forme se trouvait un treillis fait de deux sortes de fils métalliques : de nombreux fils minces et serrés parallèles à la longueur de la forme (la trame), et des fils plus gros et plus espacés, perpendiculaires aux premiers (la chaîne). Plusieurs fils ornementaux supplémentaires, attachés à la trame et à la chaîne, formaient un dessin, ou des lettres, ou une combinaison des deux, qui permettaient d'indentifier le fabricant et parfois le format et la qualité du papier.

Le puiseur plongeait l'une des formes dans une cuve emplie d'une pâte blanche obtenue à partir de chiffons décomposés ; l'excès d'eau s'écoulait au travers du tamis, laissant une pellicule de pâte à papier. Le coucheur détachait alors la feuille embryonnaire de la forme en la renversant sur un feutre humide auquel elle adhérait. Le coucheur rendait alors la forme au puiseur, qui entre-temps avait rempli la seconde forme. Il étendait le contenu de celle-ci sur une autre épaisseur de feutre, et ainsi de suite. Lorsque le papier séchait, le motif ornemental cousu dans la forme s'imprimait sur la feuille, plus mince à cet endroit, donnant au papier son filigrane ou marque d'eau, visible par transparence. Etant donné qu'on utilisait deux formes en alternance, chaque lot de papier comprend deux filigranes, qu'on qualifie généralement de « jumeaux » (tantôt identiques, tantôt « frères »).

L'identification des types de papier employés par Mozart pour ses autographes permet généralement d'établir leur lieu de rédaction (pour peu que le papier soit caractéristique de Salzbourg, de Vienne ou de quelque autre ville où séjournait Mozart) et date (si le même papier revient souvent dans d'autres autographes). A cet égard, le principe est le même que celui de la *Schriftchronologie* : lorsqu'il subsiste un échantillon suffisamment grand d'autographes datés avec certitude notés sur un type de papier donné, l'identification de ce papier dans un autographe non daté permet de le replacer dans la chronologie. Les détails de la réglure permettent de raffiner davantage encore. Ainsi, lorsque Mozart ne traçait pas lui-même les portées, il ne pouvait généralement se procurer que du papier à dix portées à Salzbourg ; alors qu'à Vienne il utilisait normalement du papier à douze portées.

La manufacture de papier à Salzbourg était dominée par une firme unique, celle de la famille Hofmann à Lengfelden, près de Salzbourg, et en outre des filigranes identiques ou très proches restaient en usage pendant de très longues périodes, si bien que les types de papier ne permettent pas toujours de dater avec certitude les œuvres de Mozart antérieures à 1772 — encore que les détails de la réglure livrent parfois d'utiles renseignements (voir par exemple Tyson 1987). Vers cette époque, le moulin de Hofmann commença cependant à produire un papier avec un filigrane différent (les initiales ISH de Johann Sigismund Hofmann furent remplacées par AFH, celles d'Anton Fidelis Hofmann), ce qui permet de situer généralement les manuscrits de Salzbourg avant ou après 1772 environ. En outre, les papiers italiens réglés à la machine se répandirent alors dans l'archiépiscopat. Le plus important des papiers italiens était caractérisé par son petit format, plus large que haut (« à l'italienne », précisément), qu'on appelait *Klein-Querformat*, (petit format transversal ; voir description et illustration dans Tyson). Les cinq types différents de ce papier dont on a montré qu'ils étaient en usage pendant la période 1773-1779 (ou peut-être plus tôt, voir Eisen 1989[a]) permettent de dater avec une relative précision nombre d'autographes ; avec la *Schriftchronologie*, cette étude est riche d'enseignements pour la chronologie des œuvres non datées.

C'est cependant pour la période 1781-1791 que l'étude des types de papier est le plus importante. Les autographes viennois non datés, généralement rédigés sur du papier de fabrication italienne à douze portées, peuvent souvent être attribués à des périodes très précises grâce à leurs filigranes et leurs réglures ; car si certains papiers étaient d'un usage courant à Vienne tout au long des années 1780, on y relève cependant des différences dans l'écartement total entre les portées (très exactement la distance entre le haut de la portée supérieure et le bas de la portée inférieure). Qui plus est, l'étude attentive des filigranes et des réglures montre souvent que les autographes ne furent pas rédigés en une seule séance ; de nombreuses œuvres, en particulier les six quatuors dédiés à Haydn, furent apparemment écrites sur une longue période.

Le résultat le plus immédiat de la *Schriftchronologie* et de l'étude des papiers fut une révision de la chronologie de bon nombre d'œuvres de Mozart. L'écart entre les nouvelles datations et celles qu'on trouve dans les ouvrages de référence va souvent jusqu'à cinq années ou davantage. Ainsi le premier mouvement du concerto pour cor K. 412, dont on pense généralement qu'il date de 1782, ne fut sans doute commencé qu'en 1786 et achevé qu'en 1791 ; la sonate pour piano en *si* bémol majeur K. 333 (315c) ne fut pas composée à Paris en 1778 mais probablement à Linz aux alentours de novembre 1783 ; et la contredanse *Les filles malicieuses* K. 610, bien qu'inscrite dans le propre catalogue de Mozart à la date du 6 mars 1791, fut sans doute notée dès 1783 (Tyson 1987 ; voir aussi King 1989, qui conteste certaines hypothèses, analogies et déductions de Tyson).

L'étude des papiers et la *Schriftchronologie* nous livrent aussi des renseignements sur la biographie de Mozart et sur ses méthodes de travail. L'opinion courante, selon laquelle Mozart aurait pratiquement renoncé à la musique d'église durant ses années viennoises — les seules exceptions manifestes étant la messe inachevée en *ut* mineur K. 427 (417a), l'« Ave verum corpus » K. 618 et le Requiem K. 626 — est sans doute inexacte. Un certain nombre de fragments de Kyrie et de Gloria, ainsi que la musique de deux psaumes (K. 93 et 93a, copies par Mozart d'œuvres de Georg Reutter le Jeune) sont notés sur du papier que Mozart n'a utilisé qu'après décembre 1787 environ. Ces observations confirment les propos d'un Danois en visite à Vienne en 1788, selon qui « [Mozart] travaille maintenant à de la musique d'église ». De même, l'étude des papiers révèle que de nombreux fragments ne sont pas des ébauches que Mozart aurait rejetées parce qu'il en était mécontent, mais tout simplement des compositions inachevées. Mozart commençait en effet souvent des œuvres qu'il mettait ensuite de côté pour les achever plus tard ; le début des concertos K. 449, 488 et 503, par exemple, est noté sur du papier antérieur de plusieurs années à celui du reste de l'autographe. D'autres fragments doivent quant à eux être considérés comme des « œuvres en progrès ».

Outre qu'ils sont les principaux témoins de l'authenticité et de la chronologie des œuvres de Mozart, ainsi que de certains aspects de ses méthodes de travail et de sa biographie, les autographes constituent souvent la source principale pour le texte de ses compositions. Pour beaucoup d'œuvres, les autographes sont la seule source qui subsiste dont l'authenticité puisse être démontrée, et servent généralement de base aux éditions modernes ; ils sont en particulier la pierre angulaire de la *Neue Mozart-Ausgabe*. Les autographes ne représentent cependant pas toujours les ultimes et définitives pensées de Mozart et ne sont pas à préférer dans tous les cas aux autres sources (voir « Copies manuscrites »).

D'autres aspects des autographes, qui éclairent en particulier les choix compositionnels de Mozart et ses pratiques d'exécutant, ont fait l'objet d'études moins approfondies. De nombreux passages biffés dans les autographes, ajoutés à d'autres changements, aux variations dans l'épaisseur de la plume ou dans l'encre, sont révélateurs des méthodes de travail de Mozart et pourraient donc être riches d'enseignements pour l'analyse (voir par exemple Finscher 1980, Flothuis 1980[b], Wolff 1980, Rosen 1987). De même, les autographes se sont révélés importants pour les questions d'instrumentation, en particulier dans le domaine de la musique de chambre, et pour la compréhension des concepts de genre chez Mozart et de sa terminologie spécifique (Webster 1983).

Copies manuscrites

Avant 1780, la diffusion de la musique en Autriche et en Allemagne du Sud se faisait principalement sous forme de copies manuscrites. Même après 1780, alors que l'édition musicale était solidement implantée à Vienne, les œuvres de grande envergure telles que symphonies, concertos, opéras et compositions religieuses continuaient d'être diffusées essentiellement (mais non exclusivement) en copies manuscrites ; tandis que la musique de chambre et les pièces pour piano étaient plus couramment diffusées sous forme d'éditions imprimées.

Après les autographes, donc, et dans bien des cas où les autographes sont perdus, les principales sources pour la musique de Mozart sont les copies manuscrites — celles faites sous la supervision directe de Mozart ou avec son approbation, mais aussi, parfois, les copies d'origine et de date inconnues, dont on ne peut prouver les liens avec Mozart. Dans le premier cas, les copies, outre leur importance pour les questions de chronologie, de texte et de pratique d'exécution, permettent d'établir ou de confirmer l'authenticité des œuvres qu'elles transmettent.

Copies salzbourgeoises

Parmi les premières copies d'œuvres de Mozart, généralement antérieures à environ 1780, les plus importantes proviennent de Salzbourg. Dans l'ensemble, les attributions y sont exactes et les textes relativement fiables. Toutes les copies salzbourgeoises ne proviennent cependant pas directement des Mozart, et les attributions contradictoires n'y sont pas exceptionnelles. La messe Seiffert 4/1 de Leopold Mozart, par exemple, subsiste dans trois copies salzbourgeoises contemporaines, dont deux attribuées à Leopold Mozart (Salzbourg, Sankt-Peter, cote Moz 10.1 et Augsbourg, Heiligkreuz, cote 77) et une, datée de 1753, à Eberlin (Vienne, Nationalbibliothek, cote S.m. 22247). De même, dans une lettre du 4 août 1770 à sa sœur, Mozart cite le début des cassations K. 63, 99 (63a) et 62 + 100 (62a), manifestement en réponse à une lettre maintenant perdue où elle lui disait qu'un musicien de Salzbourg avait fait passer l'une des compositions de Wolfgang pour sienne. « Il me paraît difficile de croire qu'il s'agisse de l'une des miennes, car qui oserait faire passer pour sienne une composition du fils du maître de chapelle, dont la mère et la sœur sont là [à Salzbourg] ? » Par conséquent, les copies salzbourgeoises ne sont pas en soi garantes de l'authenticité de l'œuvre qu'elles transmettent, non plus qu'elles ne sont nécessairement authentiques elles-mêmes. Pour être considérées comme des indices sûrs d'authenticité, les copies salzbourgeoises d'œuvres de Mozart antérieures à 1780 environ doivent comporter des pages de titre ou des corrections autographes, dans les parties, de la main de Wolfgang ou Leopold Mozart, être attestées de façon indépendante et sans équivoque par les documents, ou encore être l'œuvre de copistes dont les liens directs avec Mozart et la fiabilité peuvent être démontrés.

Trois copistes peuvent être considérés comme « mozartiens » : Maximilian Raab, Joseph Richard Estlinger et Felix Hofstätter, qui travaillaient tous comme copistes officiels à la cour, sur nomination ou *de facto*, et à titre privé pour les Mozart. Maximilian Raab (v. 1720-1780) arriva à Salzbourg en 1748. Dans les années 1750 il fut employé comme *Hofvioletist*, puis en 1766 il succéda à Johann Jakob Rott comme copiste de la cour. Raab, employé à titre privé par Leopold Mozart dès les années 1750, est l'auteur de nombreuses copies authentiques d'œuvres écrites par Mozart dans les années 1770. Joseph Richard Estlinger (v. 1720-1791), contrebassiste à la cour à partir de 1760, succéda à Raab comme copiste de la cour en 1780. Mais il a également travaillé pour Leopold dès 1752 et son écriture se retrouve plus que toute autre parmi les copies authentiques d'œuvres de Leopold et de Wolfgang ; Estlinger était du reste le copiste préféré des Mozart. Quant à Felix Hofstätter (v. 1744-1814), il travailla à Salzbourg comme ténor et violoniste à partir de la fin des années 1760 et comme copiste à partir d'environ 1773. Bien qu'il n'ait jamais été officiellement nommé copiste de la cour, il fut *de facto* chargé des travaux de copie de la cour après la mort d'Estlinger en 1791. Il travailla également à titre privé pour les Mozart et pour Michael Haydn. Si certaines de ses copies donnent des garanties d'authenticité fiables, d'autres sont peut-être des copies réalisées sans l'autorisation du compositeur ou à son insu. Le 15 mai 1784, par exemple, Mozart écrivait à son père de Vienne :

> J'ai donné ce matin à la voiture de la poste la symphonie que j'ai faite à Linz pour le vieux comte Thun [K. 425], ainsi que quatre concertos [K. 449, 450, 451 et 453]. Pour la symphonie je ne suis pas difficile ; mais je vous prie de faire copier les quatre concertos à la maison, car les copistes de Salzbourg sont aussi peu sûrs que ceux de Vienne. Je suis tout à fait certain que Hofstätter a copié la musique de Haydn en double.

On supposait généralement que Mozart faisait ici allusion à Joseph Haydn, mais cette hypothèse ne repose sur aucune preuve. Il s'agit plus vraisemblablement de Michael Haydn, dont on sait que les œuvres circulaient à Vienne en copies clandestines.

Le corpus de manuscrits et d'autres documents qui subsiste n'est pas suffisant pour établir l'identité et la fiabilité des autres copistes qui auraient pu travailler pour les Mozart, si bien que les autres copies salzbourgeoises sont souvent difficiles à évaluer. Dans certains cas du moins, les circonstances semblent cependant indiquer que des manuscrits ou des fragments de manuscrits de certaines mains pourraient également être garants d'authenticité, même si les copistes n'en peuvent être identifiés, non plus que leur relation avec les Mozart clairement établie. C'est ainsi qu'une copie des litanies K. 109 (74e), réalisée par un copiste de Salzbourg dont le travail est exact, et qui pourrait avoir eu accès à d'autres copies authentiques, voire à des copies effectuées pour la cour, nous transmet des parties de trompette que l'on ne connaît pas par ailleurs (Laufen an der Salzach, Stiftsarchiv). A Salzbourg, et ailleurs, il était d'usage courant d'ajouter par la suite des parties de cors, trompettes et timbales aux œuvres religieuses, parties dont les autographes ont souvent disparu. Les parties de trompette de Laufen peuvent donc prétendre à l'authenticité, encore que rien ne puisse la prouver avec certitude. Il pourrait en être de même pour d'autres copies salzbourgeoises, qui à ce jour n'ont pas encore fait l'objet d'études systématiques.

Si la majorité des copies salzbourgeoises authentiques d'œuvres de Mozart sont antérieures à 1780 environ, quelques copies importantes furent également effectuées après qu'il se fut définitivement établi à Vienne en 1781. Jusqu'en 1785 au moins, Mozart continua en effet d'envoyer ses nouvelles œuvres à Salzbourg, où elles étaient copiées et exécutées. Un certain nombre de ces copies subsistent, dont d'importants manuscrits de la symphonie « Linz » (Eisen 1988[a]) et des concertos K. 449, 451 et 466. De même, lorsque Mozart se rendit à Salzbourg en 1783, il apporta avec lui des copies viennoises des concertos K. 413 (387a), 414 (385p) et 415 (387b) et fit copier sur place d'autres œuvres destinées à être exécutées, dont la messe en *ut* mineur K. 427 (417a). La mort de Leopold en 1787 met, semble-t-il, un terme à ce flot de manuscrits salzbourgeois authentiques.

Copies viennoises

Malgré le développement rapide des maisons d'édition à Vienne après 1778, la copie manuscrite demeura le principal mode de diffusion de la musique, notamment pour les genres de plus grande envergure. Le nombre d'ateliers de copie y était exceptionnel. Charles Burney, en visite à Vienne en 1772, écrivait :

Comme il n'y a pas de boutiques de musique à Vienne, la meilleure méthode pour se procurer de nouvelles compositions est de s'adresser aux copistes [...] Je fus empoisonné par les copistes [...] qui commencèrent à me considérer comme un acheteur avide et sans discernement de tout rebut qu'ils pourraient proposer ; mais je fus contraint de me retenir, d'acheter non seulement de mauvaise musique, mais de bonne. Car tout est très cher à Vienne, et rien tant que la musique, dont aucune n'est imprimée.

233

Dans les années 1780, la copie musicale était apparemment dominée par trois firmes : Lorenz Lausch, Johann Traeg et Wenzel Sukowaty, le copiste du théâtre de la cour.

A Vienne, Mozart employait des copistes qui préparaient le matériel d'exécution de ses nombreux concertos et fournissaient des copies aux éditeurs, et dont il est souvent question dans sa correspondance. Ainsi, dans la lettre à son père du 15 mai 1784, déjà citée plus haut, il écrit : « moi-même je fais tout copier dans ma pièce et en ma présence » ; l'autographe de l'*andante cantabile* du quatuor à cordes K. 387 comporte même des instructions griffonnées dans la marge à l'intention du copiste — fait rare dans les autographes. En outre, dans une lettre du 4 août 1799, Nannerl semble dire que non seulement son frère avait des copistes attitrés à Vienne, mais qu'il leur laissait plus ou moins les mains libres : « J'ai appris d'un témoin oculaire que ses partitions chez lui étaient posées sous le piano, et que les copistes pouvaient y prendre tout ce qu'ils voulaient. »

Pourtant, à ce jour, on n'a identifié aucun copiste viennois « officiel » de Mozart, bien qu'on conserve plusieurs copies viennoises avec des inscriptions autographes dans les parties. En fait, on sait que Mozart a été en relation avec des copistes ou des ateliers de copie à Vienne, car le musicologue américain Dexter Edge vient d'en découvrir les preuves à Vienne ; mais une fois qu'il avait fourni les originaux destinés à la copie, Mozart ne s'intéressait sans doute guère à la diffusion ultérieure de ses œuvres. Dans un cas au moins — lors de la vente de trois symphonies et trois concertos à la cour de Donaueschingen en 1786 —, Mozart semble avoir acquis les copies auprès de firmes qui avaient déjà copié les œuvres, au lieu de faire faire de nouvelles copies d'après ses propres originaux (Eisen 1988[a]).

Les copies viennoises ne peuvent donc être considérées comme authentiques que si les parties comportent des corrections autographes de Mozart, ou encore si des documents témoignent sans équivoque de l'authenticité du manuscrit. Sinon, elles sont en général comparables aux copies salzbourgeoises : bien que la plupart d'entre elles transmettent des œuvres authentiques, elles ne garantissent pas en soi l'authenticité de celles-ci et ne sont pas nécessairement des copies authentiques ou préparées à partir de sources authentiques. A titre d'exemple d'attribution erronée d'une œuvre de Mozart dans les copies viennoises, on peut citer une copie, réalisée au début des années 1790, de la symphonie « Linz »,

attribuée à Joseph Haydn (Budapest, Bibliothèque nationale Szé-
chényi, cote IV.101).

Autres copies

Outre les manuscrits provenant de Salzbourg et de Vienne, des
copies d'œuvres de Mozart furent effectuées dans toute l'Europe,
notamment à partir des années 1780. Certaines de ces copies étaient
faites d'après des éditions imprimées, d'autres à partir de copies
manuscrites non identifiées. Elles constituent souvent les plus
anciennes copies d'œuvres attribuées à Mozart, voire les seules qui
subsistent. Tel est le cas par exemple de la symphonie en *la* mineur,
qui figure dans le catalogue de Köchel sous le numéro K. Anh. 220
(16a). Bien que le manuscrit soit unique, et qu'on ne connaisse pas
d'autre attribution contradictoire, ni la source ni le style ne laissent
à penser qu'elle soit de Mozart (Zaslaw et Eisen 1986). En général,
faute de pouvoir raisonnablement prétendre à l'authenticité, les
autres copies ont moins de valeur que les manuscrits de Salzbourg
ou de Vienne, en tant que garants de l'authenticité de l'œuvre
qu'elles transmettent et de son texte.

Un dernier ensemble de copies du XIXe siècle mérite une attention particulière : les manuscrits préparés par ou pour les premiers
grands musicologues mozartiens — Otto Jahn, Aloys Fuchs et Ludwig Ritter von Köchel. Pour la plupart, ces copies se fondaient sur
les autographes de Mozart dont beaucoup furent ensuite perdus.
Par conséquent, elles représentent parfois la seule source *éventuellement* authentique pour certaines œuvres de Mozart. Bien que
beaucoup d'autographes autrefois perdus aient maintenant été retrouvés, un certain nombre de ces copies nous transmettent des
œuvres, des esquisses ou des ébauches que l'on ne connaît pas par
ailleurs.

Evaluation et importance

L'étude des copies manuscrites des œuvres de Mozart repose
sur les mêmes techniques générales que celle des autographes —
examen du graphisme et des types de papier — mais à quelques différences près. Ainsi, il ne paraît guère vraisemblable qu'on puisse
établir une *Schriftchronologie* pour les copistes. Dans bien des cas,
les manuscrits ne sont pas suffisamment nombreux, outre que les
copies ne sont généralement pas datées. Les renseignements dont
on dispose sur les copistes, en particulier salzbourgeois, fournissent
souvent, néanmoins, des limites chronologiques pour des manus-

crits ou groupes de manuscrits. Ainsi, tous les manuscrits de Maximilian Raab sont antérieurs au 1ᵉʳ février 1780, date de sa mort ; on relève également des changements significatifs dans l'écriture d'Estlinger pour la période 1760-1765.

De même, les filigranes livrent d'importants indices sur la chronologie des manuscrits, pour peu qu'il subsiste un échantillon adéquat de sources datées provenant d'une région géographique précise. Cette technique, qui suppose l'examen d'un grand nombre de copies, notamment salzbourgeoises et viennoises, permet souvent de dater un manuscrit à un ou deux ans près. Ainsi les concertos K. 449 et 451 que Mozart cite dans ses lettres à son père en 1784 peuvent être identifiés non seulement parce que les manuscrits qui subsistent comportent des inscriptions dans les parties de la main de Leopold et Maria Anna Mozart (ce qui ne suffit pas pour dater les copies), mais également parce qu'ils sont notés pour l'essentiel sur un papier qui n'était disponible à Salzbourg que pendant cette année.

Tout comme les autographes, les copies authentiques sont autant de témoignages directs sur l'authenticité, la chronologie et les textes des œuvres de Mozart. L'authenticité de compositions comme l'aria « Cara se le mie pene », K. *deest*, connues d'après une source unique (Salzbourg, Museum Carolino Augusteum, cote Hs. 1747), peut ainsi être confirmée par l'identification du copiste, Estlinger. De même, on peut penser que l'offertoire « Inter natos mulierum » K. 72 (74f) a été composé après 1771 environ, contrairement à ce que l'on suppose généralement. On ne connaît pas l'autographe de Mozart, et l'unique copie authentique qui subsiste est réalisée sur un type de papier qu'on ne trouvait à Salzbourg que de 1777 à 1780. Etant donné que la plupart des copies authentiques sont contemporaines des œuvres qu'elles transmettent, l'offertoire pourrait dater de la fin des années 1770. Quant au texte des œuvres de Mozart, une étude récente de la symphonie « Linz » identifie une seconde source d'incontestable authenticité, qui apporte de nouvelles données significatives pour son texte (Eisen 1988[a]).

Dans certains cas, les copies authentiques fournissent des renseignements qu'on ne trouve pas dans les autographes de Mozart, dans le domaine non seulement des pratiques d'exécution — tel que le rôle du continuo au clavier dans l'exécution des concertos de Mozart (voir par exemple Ferguson 1984/85) ou le nombre d'instrumentistes par pupitre —, mais aussi des révisions de ses œuvres par Mozart lui-même. De nombreuses copies authentiques nous transmettent en effet des versions révisées : *Così fan tutte* (Tyson 1987), la symphonie K. Anh. 221 (45a) et le motet « Exsultate, jubilate » K. 165 (158a).

Premières éditions et éditions anciennes

Du vivant de Mozart, un peu plus de cent trente de ses œuvres parurent dans des éditions imprimées à Vienne, Prague, Speyer, Mayence, Paris, Amsterdam, La Haye et Londres. Plus de la moitié de ces éditions sont consacrées à des œuvres avec clavier, dont des sonates en solo ou accompagnées, des trios pour piano et des quatuors pour piano. A quoi s'ajoutent des œuvres de musique de chambre, dont des quatuors et quintettes à cordes, des danses (généralement arrangées pour clavier) et des lieder. Les œuvres nécessitant de plus vastes effectifs — tels qu'opéras, symphonies et concertos pour piano — diffusées essentiellement sous forme de copies manuscrites en Autriche et en Allemagne du Sud, sont moins bien représentées. Seuls deux opéras complets en réduction (*Die Entführung* et *Don Giovanni*), trois symphonies (K. 297 (300a), 319 et 385) et six concertos pour piano (K. 175 + 382, 413-415, 453 et 595) furent publiés avant 1791. Dès 1805, cependant, plus de la moitié des œuvres de Mozart étaient imprimées, y compris presque toutes les œuvres majeures dans chacun des genres.

Editions publiées du vivant de Mozart

La majorité des œuvres de Mozart publiées avant 1780 — il s'agit presque exclusivement de pièces pour clavier et de musique de chambre — parurent sous sa supervision directe ou avec son assentiment, bien souvent à la faveur de ses voyages. Les sonates et variations K. 6-15, 24-25 et 26-31 furent publiées à l'occasion du « grand tour » de 1763-1766, les lieder K. 52-53 à Vienne en 1768 et les variations et sonates K. 179-180, 301-306 et 354 à Paris en 1778. Ces éditions sont souvent dédiées aux souverains pour qui Mozart avait composé ou joué les œuvres.

D'autres œuvres furent publiées entre 1781 et 1791, pour la plupart à Vienne. Mozart semble en effet avoir noué des liens avec les éditeurs viennois peu de temps après son arrivée dans la capitale impériale. Dès le mois d'août 1781, il était en relation avec Artaria, qui publia en décembre les sonates K. 296 et 376-380. Ces éditions sont peu nombreuses à comporter des dédicaces, car Mozart fit vraisemblablement paraître ses œuvres avant tout pour en tirer à la fois un bénéfice financier et du prestige, sur un marché alors en plein essor.

Dans certains cas, les premières éditions représentent les meilleures sources qui subsistent pour les œuvres de Mozart. On ne connaît pas les autographes du compositeur ni d'authentiques copies manuscrites des sonates de jeunesse K. 9-15 et 24-31, par exemple. Il en va de même de certaines œuvres de la maturité composées durant la période viennoise et publiées au cours des années 1780, dont le quatuor pour piano K. 493 et les lieder K. 552 et (en 1791) K. 596-598.

Rien ne dit cependant que les éditions aient été supervisées ni les épreuves corrigées avec soin. Un exemplaire des sonates K. 6-7 conservé à la bibliothèque du Mozarteum de Salzbourg comporte ainsi des corrections autographes de Leopold Mozart. Et lorsque Mozart fit paraître les sonates K. 301-306 à Paris en 1778, il en était reparti quand l'édition fut publiée. A Vienne, c'est son élève Josepha Auernhammer qui supervisa l'édition de certaines des sonates et variations de Mozart. En fait, rares sont les indices montrant que Mozart ait fourni des originaux aux éditeurs, lesquels pourraient fort bien avoir travaillé d'après des copies de seconde main.

On ne sait donc pas si les nombreuses différences de détail dans le texte entre les premières éditions et les autographes sont vraiment le fait de Mozart. L'exemple le plus connu en est offert par les six quatuors à cordes dédiés à Haydn, publiés par Artaria en 1785 avec une dédicace à son aîné. Cette édition diffère considérablement des autographes en matière de nuances, phrasé et indications de tempo. On pense généralement que dans ce cas précis la nature et l'importance des changements montrent que Mozart a relu les épreuves, ou du moins qu'il a été associé de quelque manière à l'édition des œuvres. Il n'en va pas nécessairement de même pour d'autres éditions qui diffèrent de ses autographes.

Mozart était-il satisfait des éditions viennoises de ses œuvres? La question reste ouverte. Dans une lettre du 26 avril 1783 il écrivait, non sans un peu d'exagération, à l'éditeur parisien Sieber, qui avait publié K. 301-306 à Paris en 1778 :

Vous êtes vraisemblablement au fait de mes sonates pour le piano-forte avec accompagnement d'un violon [K. 296 et 376-380], que j'ai fait graver ici par Artaria et Compagnie ; mais je ne suis pas entièrement satisfait de la gravure d'ici, et même si je l'étais, j'aime-rais à nouveau offrir quelque chose à mes compatriotes à Paris. Je vous informe donc par la présente que j'ai trois concertos pour le piano qui sont prêts [K. 413-415], qui se peuvent jouer à grand orchestre, avec hautbois et cors, ou simplement *à quatro* [*sic*]. Arta-ria veut les graver. Mais vous, mon ami, avez la préférence [...] Par ailleurs j'écris maintenant six quatuors pour deux violons, alto et basse [K. 387, 421, 428, 458, 464 et 465, les six quatuors dédiés à Haydn]. Si vous les voulez graver, je vous les donne également.

On ne connaît pas la réponse de Sieber, pour autant qu'il ait répondu à Mozart ; les concertos et les quatuors furent finalement publiés à Vienne par Artaria.

De même, certains témoignages semblent indiquer que les édi-teurs viennois n'étaient pas entièrement satisfaits de Mozart et de sa musique, souvent difficile. D'après Georg Nikolaus Nissen, le second mari de Constanze Mozart, Mozart avait signé avec Hoff-meister un contrat pour la publication de trois quatuors pour piano et cordes. Mais « le premier quatuor pour piano de Mozart, en *sol* mineur [K. 478], fit au départ une si piètre impression que l'éditeur Hoffmeister envoya [à Mozart] l'avance sur les honoraires à condi-tion qu'il ne composât pas les deux autres quatuors convenus et que Hoffmeister fût libéré de son contrat » (Nissen 1828). Une lettre de Dittersdorf de 1788, qui propose six nouveaux quatuors à Artaria, laisse entendre que la firme viennoise n'avait pas eu beaucoup de succès avec les six quatuors dédiés à Haydn :

Je vous propose le manuscrit original, ou plus exactement ma propre partition [des six quatuors] au même prix que vous avez payé pour ceux de Mozart [...] et je suis certain que vous ferez mieux avec [eux] qu'avec ceux de Mozart (qui, selon moi et de plus grands théoriciens encore, méritent les plus grands éloges, mais qui, en raison de leurs artifices débordants et incessants ne sont pas au goût de tous).

Ces éditions rapportaient à Mozart des sommes qui, pour être substantielles, n'avaient rien d'exceptionnel. Dans sa lettre à Sieber, il demandait 30 louis d'or, soit environ 60 ducats, pour les trois concertos, et 50 louis d'or, soit un peu plus de 100 ducats, pour les quatuors dédiés à Haydn (qu'il n'avait pas encore finis) — exactement la somme reçue d'Artaria à la publication des quatuors en 1785. On comparera ces sommes aux 100 ducats qu'il reçut pour la composition de *Die Entführung aus dem Serail* en 1782 et celle de *Figaro* en 1786, ou aux 50 ducats de *Der Schauspieldirektor*, en 1786 également. Mais on notera que les quatre chanteurs italiens de *Der Schauspieldirektor* furent eux aussi payés 50 ducats chacun pour une seule représentation, et que le traitement annuel de Mozart en tant que musicien de la chambre impériale, d'environ 175 ducats (800 florins), était nettement inférieur aux 2 000 florins versés à Gluck lorsqu'il occupait les mêmes fonctions.

Faute de documents, entre autres raisons, la nature exacte des relations que Mozart entretenait avec les éditeurs viennois demeure obscure. Peu de ses lettres à ses éditeurs subsistent, et elles n'ont pas toujours pour objet la publication de ses œuvres. Ainsi la seule lettre de Mozart à Hoffmeister que l'on connaisse est une demande de prêt (20 novembre 1785). Il faut supposer que certaines lettres sont perdues. Les documents montrent que la firme Breitkopf de Leipzig prit contact avec Mozart en 1786 (bien qu'elle n'ait publié aucune de ses œuvres à cette époque, pas plus qu'elle n'en avait fait paraître dans les années 1770, malgré les propositions que lui faisait régulièrement Leopold Mozart) et qu'en 1790 l'éditeur londonien John Bland prétendait avoir signé un contrat avec Mozart, Haydn, Kozeluch et Vanhal, entre autres. Peut-être les relations de Mozart avec les éditeurs contemporains étaient-elles obscurcies par son attitude ambiguë, comme celle de son père, pour ce qui regardait la diffusion de ses œuvres. Car s'il est évident que les Mozart souhaitaient voir publier au moins quelques-unes des œuvres de Wolfgang, la correspondance familiale révèle aussi chez eux le désir de garder par-devers eux certaines de ses compositions (voir ci-dessous « Diffusion de la musique de Mozart »).

Editions posthumes

La soudaine publication après 1791 d'un nombre considérable d'œuvres de Mozart est sans aucun doute le fruit du succès de *Die Zauberflöte* et de l'extraordinaire popularité du compositeur, nourrie entre autres par les récits romancés de ses derniers jours, qui commencèrent à circuler dès le début de 1792. Les *Teutschlands Annalen des Jahres 1794* rapportent ainsi :

> En cette 1794ᵉ année rien ne peut ni ne doit être joué ou chanté, ni rien entendu avec approbation, si cela ne porte sur le front le nom

tout-puissant et magique de Mozart. Opéras, symphonies, quatuors, trios, duos, pièces de clavier, chants, et même danses — tout doit être de Mozart pour pouvoir prétendre à l'approbation générale. Les imprimeurs de musique de leur côté n'ont pas manqué de satisfaire à ces caprices des dilettantes. Grâce au grand art de l'arrangement, nous possédons déjà *La flûte magique* de ce compositeur gravé et imprimé dans toutes les formes sus-dites. Le ciel sait à quel point maints de ces essais ont pris un tour aventureux, qu'ils devaient du reste prendre en raison de la nature de cette pièce. Il suffit de dire que ce l'on joue ou chante est de Mozart, et qui plus est de sa *Flûte magique*.

Sans doute est-ce Constanze qui avait permis ces publications en proposant aux maisons d'édition des œuvres provenant de la succession de Wolfgang, d'abord sous forme de copies manuscrites, dont beaucoup sont annoncées par les firmes viennoises en 1792 et 1793.

Malgré cela, une grande partie de la musique de Mozart resta inaccessible tout au long des années 1790. Vers 1798, cependant, deux importants éditeurs, Breitkopf & Härtel à Leipzig et Johann Anton André à Offenbach-sur-le-Main, prirent contact avec Constanze en vue d'acquérir des œuvres de Mozart.

Breitkopf pourrait du reste être entré en relations avec Constanze dès 1795, mais ce n'est qu'en 1798 que la firme réussit à acquérir auprès d'elle un nombre d'œuvres substantiel. Avec les copies manuscrites qu'elle possédait déjà, et les éditions publiées par d'autres maisons, elle commença la publication en 1798 des *Œuvres complettes* (*sic*). Le projet de Breitkopf était ambitieux, et même si son édition resta loin d'être complète, en 1806 il avait publié en dix-sept volumes les œuvres pour clavier seul, la musique de chambre avec clavier, quelques lieder, le Requiem, *Don Giovanni*, les messes K. 257 et 317, douze quatuors, vingt concertos et un certain nombre d'arias.

La vente de l'essentiel de la succession de Mozart à l'éditeur Johann Anton André fut plus significative pour l'histoire des éditions mozartiennes. André avait en effet l'intention de publier toutes les œuvres de Mozart en s'appuyant sur les autographes du compositeur, et plusieurs publications importantes, dont nombre de premières éditions, parurent au cours de la seule année 1800, notamment les concertos K. 246, 365 (316a), 482, 488 et 491, ainsi que les quatuors K. 168-173. L'édition progressait cependant avec lenteur, et bientôt André s'intéressa davantage à l'étude des autographes qu'à leur publication (voir ci-dessus « Autographes »). Il fit par conséquent paraître moins d'œuvres que Breitkopf, mais son édition est d'une importance bien plus grande. Certaines œuvres publiées par André d'après les autographes, dont le concerto K. 175, constituent désormais les sources principales, car les partitions originales de Mozart ont depuis lors été perdues, en partie ou en totalité.

L'ouvrage de référence sur les éditions de Mozart jusqu'en 1805, avec fac-similés des pages de titre, est Haberkamp 1986.

Diffusion de la musique de Mozart

Du vivant de Mozart, nous l'avons vu, sa musique était diffusée essentiellement sous forme de copies manuscrites. Mais pour qu'une œuvre puisse circuler, le compositeur devait en autoriser la reproduction — fût-ce en la faisant exécuter sans reprendre ensuite le matériel ; or une fois qu'une composition était tombée entre les mains d'autrui, on ne pouvait guère en empêcher la recopie ou la réédition. Avant les années 1780, les Mozart s'inquiétaient particulièrement de la diffusion clandestine des œuvres de Wolfgang, et en plusieurs occasions ils évoquent leurs efforts pour éviter que des pièces ne soient copiées sans leur approbation. Ainsi, lorsque Mozart était à Rome en avril 1770, il écrivit à sa sœur : « Une symphonie est chez le copiste (lequel est mon père), car nous ne voulons pas la donner à copier à l'extérieur, autrement elle serait volée. »

S'ils agissaient ainsi, c'est entre autres pour ne pas perdre le bénéfice ou le crédit qu'ils pouvaient tirer d'une composition. Les Mozart estimaient donc indispensable de s'arranger eux-mêmes pour faire faire les copies. Leopold y fait allusion dans une lettre du 15 octobre 1777, adressée à Wolfgang à Augsbourg :

> Tu dois chercher rapidement un copiste, où que tu sois [...] A quoi te sert sinon toute la musique que tu as avec toi ? Tu ne peux pas attendre que quelque amateur la fasse copier, et qu'*ensuite il te remercie*, c'est tout.

Il était important en outre de veiller à la qualité des copies, et donc de faire superviser la reproduction de l'œuvre par Wolfgang ou par son père.

Ce désir de Leopold de protéger les intérêts de son fils explique peut-être en partie la diffusion restreinte des premières œuvres de Mozart, encore qu'il ait de toute évidence tenté d'en faire publier certaines. Le 7 février 1772, Leopold écrivait en effet à Breitkopf à Leipzig :

> Si vous souhaitiez imprimer quelque-chose de mon fils, ce serait le meilleur moment [...] Ce pourrait être des pièces de clavier, ou des trios à deux violons et un violoncelle, ou des quatuors, savoir avec deux violons, un alto et un violoncelle ; on encore des symphonies à deux violons, alto, deux cors, deux hautbois ou flûtes traversières et basse. Bref, ce peut être n'importe quel genre de composition qui vous semble profitable, il peut tout faire.

Il fit une proposition analogue en octobre 1775. Breitkopf ne fit cependant imprimer aucune œuvre de Mozart dans les années 1770, ni ne vendit de copies manuscrites de ses compositions. La firme semble même n'avoir guère manifesté d'intérêt, comme en témoigne une lettre de Leopold Mozart du 12 février 1781 :

> Depuis longtemps je souhaitais que vous pussiez faire imprimer quelque-chose de mon fils. Vous ne le jugez certes pas d'après les sonates pour clavier qu'il écrivit dans son enfance ? Vous n'avez pas vu la moindre note de lui qu'il n'ait écrite depuis plusieurs années, peut-être seulement les six sonates pour le clavier et un violon [K. 301-306], qu'il fit graver à Paris [...] *car nous faisons paraître très peu de choses.* Vous pourriez faire un essai avec une paire de symphonies, ou de sonates pour clavier, ou encore avec des quatuors, trios, etc.

La remarque de Leopold — « *car nous faisons paraître très peu de choses* » — vise sans doute à donner davantage d'attrait aux œuvres de Wolfgang. Mais elle reflète peut-être également son attitude ambiguë face à la diffusion des compositions de son fils. Dans une lettre du 24 septembre 1778, adressée à Wolfgang qui était alors à Paris, il écrivait :

> Je n'ai fait paraître aucune de tes symphonies, car je savais par avance qu'avec l'âge, en devenant plus perspicace, tu serais content que personne ne les eût, même si quand tu les as composées tu en étais satisfait. On devient plus exigeant.

Si Leopold Mozart n'a pas réussi à faire publier la plupart des œuvres de jeunesse de Wolfgang, cela tient non seulement à la rareté des éditions musicales en Autriche et dans l'Allemagne du Sud avant 1780, à l'absence apparente d'intérêt de la part des éditeurs d'Allemagne du Nord, mais aussi à une erreur de calcul de sa part. Breitkopf ne publiait en effet pas d'œuvres de grande envergure comme les symphonies. Ce genre de musique, tout comme les opéras et la musique d'église, circulait généralement en copies manuscrites. Il est peut-être significatif que Leopold ait proposé à Breitkopf des symphonies et non des concertos, alors que Wolfgang en avait déjà composé plusieurs. Car le souci du prestige ou de l'importance d'un genre donné était manifestement un facteur dont Mozart tint compte pour ses décisions ultérieures relatives à la diffusion de ses œuvres. En février 1784, il écrivit à son père : « Deux messieurs vont à Salzbourg dans quelques jours [...] je leur confierai sans doute une sonate, une symphonie et un nouveau concerto — la symphonie en partition, que vous pourrez faire copier à l'occasion puis me renvoyer ; vous pouvez aussi la donner et la faire jouer où vous voulez. ». Puis en mai, lorsqu'il envoya la symphonie K. 425 et les concertos K. 449-451 et 453 : « Pour la symphonie je ne suis pas difficile ». Il faut cependant noter que Mozart avait essayé de faire publier certains de ses premiers concertos à Paris en 1778.

Pour résumer, de nombreuses raisons expliquent la diffusion irrégulière des premières œuvres de Mozart, dont les faiblesses en matière d'édition musicale de l'Autriche et de l'Allemagne du Sud, le manque d'intérêt des éditeurs d'Allemagne du Nord, le souci d'éviter que les œuvres ne soient piratées ou diffusées sous forme de copies clandestines, et une attitude ambiguë de la part de Leopold en matière de publication. Car à la différence d'autres compositeurs et instrumentistes célèbres, dont les œuvres ont bénéficié d'une diffusion large et significative — Haydn en étant l'exemple le plus évident -, seules quelques-unes des œuvres de Mozart circulaient en Europe dans les années 1760 et 1770, et généralement dans des éditions imprimées. Pour l'essentiel, il s'agissait des sonates et variations publiées sous la supervision de Leopold lors du grand voyage de 1763-1766 et des œuvres publiées par Wolfgang à Paris en 1778. Les copies manuscrites antérieures à 1780 sont rares, à l'exception des pièces religieuses vocales, qui étaient largement exécutées dans les environs de Salzbourg, mais non ailleurs, et de copies authentiques d'œuvres instrumentales sans doute utilisées par Mozart pour des concerts à Salzbourg.

D'autres œuvres de Mozart furent diffusées dans les années 1780. Non seulement Vienne, à la différence de Salzbourg, était-elle devenue un centre de copie et d'édition musicale, mais Mozart, maintenant livré à lui-même, était semble-t-il plus soucieux d'améliorer sa situation financière et de développer sa réputation de compositeur grâce aux publications. Vienne est au centre de la diffusion de ses œuvres de la maturité, qui se sont répandues rapidement à travers une grande partie de l'Europe, au point qu'à sa mort en 1791 il était considéré comme un compositeur pratiquement sans égal, Haydn mis à part.

Salzbourg, Vienne et pays de langue allemande

Avant 1781, la réputation de Mozart dans les pays de langue allemande reposait sur ses prouesses d'enfant prodige virtuose et sur les premières sonates et variations publiées lors du grand voyage de 1763-1766. Il est régulièrement cité dans les biographies et autres ouvrages contemporains, dont *De cantu et musica sacra a prima ecclesiae aetate usque ad praesens tempus* de Martin Gerbert (Monasterium Sancti Blasii, 1774), « Entwurf eines Verzeichnisses der besten jetzlebenden Tonkünstler in Europa » de Christoph Gottlieb Murr, publié dans le *Journal zur Kunstgeschichte und zur allgemeinen Litteratur* (Nuremberg, 1776), *Teutsches Künstlerlexikon oder Verzeichnis der jetzlebenden teutschen Künstler* de Johann Georg Meusel (Lemgo, 1778) et *Leben und Gesinnungen* de Christian Friedrich Daniel Schubart (écrit en 1779, mais publié en 1791 seulement). Pour le reste, peu de ses compositions étaient connues, encore que certaines d'entre elles soient entrées en circulation, sans doute à la suite des visites de Mozart à Vienne en 1768 et 1773, à Munich en 1775 et à Munich, Mannheim et Augsbourg en 1777-1779. Le lied *An die Freude* fut ainsi publié dans le *Neue Sammlung zum Vergnügen und Unterricht* à Vienne en 1768, et les quatuors K. 168-173, cités dans ce que l'on appelle de *Quartbuch* d'environ 1775, pourraient avoir bénéficié d'une distribution indépendante à la fin des années 1770. De même, on connaît des manuscrits anciens d'Allemagne ou de Bohême, antérieurs à 1780, pour la symphonie K. 114 et pour d'autres symphonies d'authenticité incertaine, dont K. Anh. 214 (45b), 81 (73l) et 84 (73q).

A Vienne, Mozart prit contact avec les éditeurs de la ville aussitôt après son arrivée en 1781. Artaria publia les sonates pour violon K. 296 et 376-380 en décembre de cette année et les sonates pour piano à quatre mains K. 381 (123a) et 358 (186c) en 1783.

Mais l'œuvre qui fit la réputation de Mozart fut *Die Entführung aus dem Serail* en 1781-1782. Dès 1786, l'opéra avait été donné dans plus de vingt villes, sans doute à partir de copies manuscrites clandestines, car l'opéra entier n'était pas disponible dans le commerce avant 1785. Les documents montrent que *Die Entführung* fut particulièrement apprécié à Prague, Mannheim, Hambourg et Weimar. Un compte rendu d'une représentation donnée à Leipzig en 1788 disait : « C'est une véritable fête pour l'oreille que d'entendre exécuter une aussi somptueuse musique faite pour l'oreille et pour le cœur. Pas un seul sentiment ne reste insatisfait lorsqu'on voit M. Mozart peindre et présenter les passions l'une après l'autre, et aussitôt après l'humour le plus drôle. » Et dans son *Italienische Reise* (*Voyage en Italie*) Goethe écrivit (Rome, 1787) : « Tous nos efforts [...] pour nous en tenir au simple et au restreint furent perdus lorsque Mozart apparut. *Die Entführung aus dem Serail* a tout renversé. »

La plupart des opéras de la maturité connurent un succès comparable. *Figaro* fut souvent donné, surtout en allemand, et on en vit des représentations du vivant de Mozart à Donaueschingen, Francfort, Hanovre, Bonn, Stuttgart, Berlin, Mannheim, Munich et Augsbourg. *Don Giovanni* fut présenté à Mayence, Francfort, Mannheim, Bonn, Hambourg, Weimar, Munich et Augsbourg, également en allemand, pendant ces mêmes années. En 1793 les productions de *Così* étaient déjà nombreuses. Quant à *Die Zauberflöte*, ce fut un succès quasi instantané. Seuls les *opere serie*, *Idomeneo* et *La clemenza di Tito* furent plus longs à être acceptés par le public ; de façon générale, les représentations restèrent rares jusque dans les premières années du XIXe siècle, encore que Constanze ait emporté *Tito* en tournée au milieu des années 1790 et fait donner l'œuvre, généralement en version de concert, à Prague, Vienne, Graz, Leipzig, Berlin, Linz et sans doute Dresde entre 1794 et 1797.

La musique instrumentale, et notamment les pièces pour clavier et la musique de chambre, fut également l'une des pierres angulaires de la diffusion de la musique de Mozart. A Vienne, nombre de ces œuvres furent proposées d'abord en copies manuscrites, soit de Mozart lui-même, en souscription, soit par l'intermédiaire de marchands connus comme Lorenz Lausch et Johann Traeg. D'autres compositions étaient disponibles en éditions imprimées publiées par Artaria, Hoffmeister et Torricella (voir « Premières éditions et éditions anciennes »). Elles étaient souvent expédiées vers d'autres régions germanophones. Ainsi en 1784 Torricella annonça ses éditions de K. 333 (315c), 284 (205b) et 454 dans un journal de Hambourg, et en 1787 Artaria proposa à Dessau des symphonies, concertos, quatuors et sonates avec ou sans accompagnement. Les copies manuscrites viennoises, elles aussi relativement bien distribuées, étaient peut-être disponibles dans toute l'Allemagne. Bien que rien ne prouve cette hypothèse, de saisissants parallèles entre les avis de Lausch et de Traeg et les catalogues de musique éditée de Johann Christoph Westphal à Hambourg laissent à penser qu'il devait en être ainsi (Zaslaw et Eisen 1986).

Les voyages de Mozart à Leipzig, Dresde et Berlin en 1789 et à Francfort en 1790 encouragèrent davantage la diffusion de ses œuvres. Il est pratiquement sûr qu'il en vendit certaines à Berlin, qui circulèrent ensuite à travers le nord de l'Europe et le Danemark (Eisen 1986[a]). Et, sans doute en conséquence directe de ces concerts et de la diffusion des éditions et copies manuscrites viennoises, les éditeurs locaux commencèrent à publier leurs propres éditions des œuvres de Mozart à la fin des années 1780. Au moment de sa mort, bon nombre de ses œuvres de la maturité étaient disponibles dans tous les pays de langue allemande.

Cet aperçu ne rend vraisemblablement qu'en partie compte de la diffusion de la musique de Mozart dans les pays germanophones. Bien plus de copies étaient en circulation qu'il n'en subsiste maintenant ; certaines éditions imprimées sont perdues (Eisen 1984), et les concerts furent plus nombreux que ne l'attestent les documents. Un compte rendu publié par le *Journal des Luxus und der Moden* (Weimar 1788) est sans doute caractéristique :

> Il y a quelque temps parut gravé un *quadro* unique de [Mozart] (pour piano, violon, alto et violoncelle) très artistement écrit, qui exige pour l'exécution la dernière précision dans les quatre parties [...] La rumeur — « Mozart a écrit un nouveau *quadro*, très particulier, et telle ou telle princesse ou comtesse le possède et le joue ! » — se répandit bientôt, suscitant la curiosité, et fut à l'origine d'une idée insensée : jouer cette œuvre originale lors de grands concerts bruyants et la faire entendre pour le prestige, *invita Minerva* [...] A chaque endroit ou presque où j'arrivai en voyage, quand on m'emmenait au concert, une demoiselle, ou une fière bourgeoise ou encore un arrogant dilettante arrivait dans une assemblée bruyante avec ce *quadro* gravé.

France

En France la réputation d'enfant prodige de Mozart se prolongea jusqu'au cœur des années 1770. Lorsque François-Joseph Darcis (d'Arcis, d'Arcy) (1759-v. 1783) donna un concerto de J.C. Bach au Concert spirituel en 1771, le *Journal de musique* nota : « M. *d'Arcy*, qui a neuf ou dix ans, [...] touche le Clavecin, le *Piano-Forte*, l'Orgue, non seulement avec l'assurance des Maîtres, mais même avec leur délicatesse & leur goût. A ce mérite il en joint un bien plus grand encore ; c'est celui de la Composition [...] On n'a rien vu d'aussi étonnant depuis le petit *Mozart*, qui ne l'était pas davantage. » Cependant, on ne connaissait guère à Paris que les sonates et variations de jeunesse de Mozart avant qu'il n'y retourne en 1778.

Le séjour de 1778 fit découvrir au public parisien plusieurs œuvres, dont certaines avaient été composées plus tôt : la symphonie « Paris » K. 297 (300a), le ballet *Les petits riens*, les sonates pour violon K. 301-306 (publiées par Sieber) et les variations K. 179 (189a), 180 (173c) et 354 (299a) (publiées par Heina). Il y laissa peut-être d'autres compositions ou en vendit à des éditeurs, dont le divertimento K. 254 et les sonates K. 309-311, qui furent publiées à Paris en 1781, à un moment où Mozart, que l'on sache, n'y avait plus de contacts.

Au début des années 1780, les œuvres de Mozart étaient régulièrement données à Paris, encore que rarement. Le Concert spirituel proposa des symphonies chaque année de 1779 à 1783, et d'après *Les spectacles de Paris, ou Calendrier historique & chronologique*, Mozart fut même officiellement nommé compositeur titulaire du Concert spirituel à cette époque. Tous ces concerts sont antérieurs à l'impression des symphonies de Mozart, et ces œuvres sont donc sans doute parvenues à Paris sous forme de copies manuscrites ; il est peu vraisemblable qu'elles datent toutes de son séjour de 1778.

A partir de 1784, la plupart des œuvres publiées de Mozart — essentiellement musique de chambre et de clavier — étaient disponibles à Paris soit dans des éditions importées, soit dans des éditions françaises. L'édition des six quatuors dédiés à Haydn publiée par Artaria en septembre 1785 était en vente à Paris avant la fin de la même année. En fait, les publications viennoises semblent avoir été une incitation directe aux rééditions parisiennes. Le trio pour piano K. 498, publié en septembre 1788, parut dans une édition parisienne chez Le Duc dès décembre.

Comme ailleurs en dehors des pays de langue allemande, la diffusion à Paris de la musique vocale de Mozart fut moins rapide que celle des œuvres instrumentales. La première pièce vocale à y être donnée fut apparemment le trio « Mandina amabile » K. 480 (Vienne, 1785), qui fut inséré dans une représentation du pastiche *La villanella rapita* au Théâtre de Monsieur en juin 1789. Un compte rendu publié dans le *Mercure de France* juge le trio « charmant ». D'autres œuvres vocales suivirent, dont un pastiche fondé sur *Figaro* donné à l'Académie de musique en 1793 et une adaptation de *Die Zauberflöte* donnée en 1801 sous le titre *Les mystères d'Isis*. Les premiers opéras de Mozart donnés à Paris dans leur forme d'origine furent *Così* en 1809 et *Don Giovanni* en 1811 (Lesure 1958).

Angleterre

On pense traditionnellement que la musique de Mozart n'a guère pénétré en Angleterre avant le XIXe siècle. Vers 1803, alors que les œuvres de jeunesse de Mozart, dont K. 6-9 et 10-15, étaient encore en vente à Londres, Charles Burney écrivait dans la *Cyclopaedia* d'Abraham Rees (publiée en 1819 seulement) : « En Angleterre nous ne savons rien des études ou des productions [de Mozart], si ce n'est d'après ses leçons [sonates] pour clavecin, qui arrivaient fréquemment de Vienne. Elles étaient emplies de nouveaux passages et de nouveaux effets ; mais elles étaient sauvages, capricieuses, et pas toujours plaisantes. Nous ne connaissions pas du tout sa musique vocale avant son décès » (Oldman 1962/63). On attribue généralement le mérite d'avoir fait publier à la fin des années 1780 certaines des œuvres de Mozart aux amis et élèves anglais de Mozart, Stephen et Nancy Storace, Thomas Attwood et Michael Kelly, revenus de Vienne à Londres au début de 1787, vraisemblablement avec des compositions de Mozart dans leurs bagages. La *Collection of Original Harpsichord Music* de Storace, publiée par Birchall & Andrews entre 1787 et 1789, comprend la première édition anglaise du quatuor pour piano K. 493 ; elle parut peu de temps après la première édition viennoise, fondée apparemment sur une source autonome. Storace publia également la première édition mondiale du trio pour piano K. 564, œuvre écrite après son retour à Londres et qui lui fut donc sans doute envoyée par Mozart. Les Storace utilisèrent aussi certaines musiques de Mozart dans leurs propres compositions ou représentations. Le chœur des Turcs dans *The Siege of Belgrade* (1791) de Stephen Storace est ainsi un arrangement d'une partie de la « marche turque » de la sonate K. 331 (300i) de Mozart ; Nancy Storace et Francesco Benucci chantèrent le duo « Crudel ! perchè finora » de *Figaro* lors d'une représentation de *La vendemmia* de Gazzaniga donnée au King's Theatre, Haymarket en 1789 ; et lorsqu'on donna le pastiche *La villanella rapita* en 1790, il comportait « Dite almeno, in che mancai » K. 479 et « Mandina amabile » K. 480 de Mozart, ainsi que « Deh vieni non tardar » de *Figaro* et « Batti, Batti » de *Don Giovanni*.

Mais il n'est pas vrai que les œuvres de Mozart n'aient commencé à être largement diffusées à Londres qu'à la fin des années 1780. De nombreux documents attestent des exécutions de sa musique dès 1784. Cette année-là, les concerts en souscription parrainés par Lord Abingdon comprenaient trois symphonies de Mozart. Etant donné qu'aucune symphonie de Mozart n'avait encore été publiée à cette époque, on peut penser qu'un certain nombre d'entre elles s'étaient déjà frayé une voie en Angleterre sous forme de copies manuscrites, peut-être via Paris, où l'on donna des œuvres analogues entre 1779 et 1783. Certaines éditions imprimées étaient certainement arrivées de Vienne, dont des exemplaires des concertos K. 413-415 publiés par Artaria en 1785. Des avis publiés dans divers journaux londoniens en janvier 1786 montrent que ces œuvres étaient disponibles à Londres, mais aussi que le pianiste Johann Baptist Cramer le Jeune joua au moins K. 414 au cours du même mois. Les sonates pour violon et piano K. 296 et 376-380, les sonates pour piano seul K. 309-311, la fantaisie et sonate en *ut* mineur K. 475 + 457 et les variations K. 264 (315d), 352 (374c), 353 (300f), 359 (374a), 360 (374b) et 455 circulaient également à Londres à cette époque.

La remarque faite par Burney en 1803 est en tout cas en contradiction avec ce qu'il écrivait lui-même auparavant, en 1791, dans un compte rendu d'*Observations on the Present State of Music in London* de William Jackson :

« L'ancien concerto (dit-il) est maintenant perdu, et les pièces modernes à grand orchestre sont sous forme d'ouvertures ou de symphonies. L'ouverture de l'opéra italien est sans prétentions ; celui de l'opéra anglais s'efforce toujours d'avoir un air quelque part, et cet effort suffit à le rendre acceptable. » [...] Les éternelles répétitions de Richter, et la timidité d'Abel sont louées, car elles ne sont plus : « Mais les compositeurs ultérieurs, pour être grands et originaux, ont déversé de tels flots d'absurdités, sous la sublime idée d'inspiration, que la symphonie présente est à la bonne musique ce que les délires d'un fou sont au bon sens. » L'ingénieux écrivain n'aurait-il pas tout aussi bien pu dire que les auteurs de ces flots d'absurdités sont Haydn, Vanhall, Pleyel et Mozart, et que leurs admirateurs sont des imbéciles sans goût, au lieu que de nous laisser deviner à qui il songe ? (*The London Review*, octobre 1791, p. 196-199.)

Un nombre significatif d'œuvres de Mozart furent donc diffusées en Angleterre bien plus tôt qu'on ne le supposait autrefois. De même qu'en France, les opéras y firent leur apparition après les œuvres instrumentales. Le premier opéra de Mozart à être donné intégralement fut *La clemenza di Tito* en 1806. *Così* et *Die Zauberflöte* suivirent en 1811, puis *Figaro* et *Don Giovanni* en 1812 et 1817 respectivement. Des extraits de ces opéras avaient déjà paru dans diverses anthologies publiées dans les années 1790, généralement avec des textes anglais différents.

Italie, péninsule Ibérique, Scandinavie et Europe de l'Est

Dans les autres régions d'Europe, la musique de Mozart ne fut guère diffusée avant 1790 environ, nonobstant les quelques concerts antérieurs à cette date. Ainsi, malgré trois voyages couronnés de succès, la composition de nombreuses œuvres instrumentales et d'arias, les productions de *Mitridate, rè di Ponto*, *Ascanio in Alba* et *Lucio Silla* et des contacts ininterrompus avec d'importants musiciens tel le Padre Martini, rares sont les indices montrant que les œuvres de Mozart aient été largement exécutées ou diffusées en Italie. On relève cependant quelques exceptions : la messe non identifiée copiée par Luigi Gatti, futur maître de chapelle à Salzbourg, lors de la visite de Mozart à Mantoue en janvier 1770 (lettre de Leopold Mozart du 11 juin 1778) ; ou la marche K. 215 (213b), que la Biblioteca del conservatorio Giuseppe Verdi à Milan conserve aujourd'hui dans une très ancienne copie salzbourgeoise.

Pour le reste, le plus ancien témoignage sur la diffusion de la musique de Mozart au-delà des Alpes est un « Rapport d'Italie » publié dans le *Magazin der Musik* de Cramer le 9 juillet 1784 : « Les sonates avec violon obligé de Mozart [peut-être K. 296 et 376-380, publiées par Artaria en décembre 1781] me plaisent grandement. Il est vrai que les mélodies n'en sont pas toujours neuves, mais l'accompagnement du violon est magistral. » Sans doute les exigences techniques des œuvres de Mozart ont-elles freiné leur diffusion enItalie. Une anecdote relatée par Gotifredo Ferrari dans *Aneddoti piacevoli e interessanti* laisse à penser que tel fut le cas pour les six quatuors dédiés à Haydn :

> Mon ami [Attwood] est arrivé à Vienne à l'époque où Mozart venait de faire paraître ses six quatuors dédiés à Haydn. Il m'en offrit un exemplaire, qu'il m'envoya à Naples, avec une lettre dans laquelle il m'exhortait à ne pas prononcer de jugement avant de les avoir entendus à plusieurs reprises. Je les ai essayés avec plusieurs dilettantes et professeurs, mais nous ne pouvions jouer que les mouvements lents, et encore difficilement.

D'après le premier biographe de Mozart, Niemetschek, on renonça à une représentation de *Don Giovanni* à Florence en 1798 parce qu'on jugeait la musique trop difficile.

Certaines œuvres de la maturité de Mozart furent cependant connues de son vivant, ou peu après : *Figaro* fut donné à Monza en 1787 et à Florence en 1788, et des copies réalisées par des professionnels viennois de K. 338, 425 et 504 montrent que ces symphonies circulaient en Toscane dans les années 1790. Etant donné les liens politiques qui unissaient le nord de l'Italie et l'Autriche, d'autres œuvres ont dû y circuler, aussi bien en éditions imprimées qu'en copies manuscrites. Mais les autres opéras n'y firent qu'une apparition tardive : *Don Giovanni* fut peut-être donné dès 1792 à Florence, encore que les premières représentations attestées de l'œuvre aient eu lieu à Bergame et à Rome en 1811 ; *Così* fut donné à Milan en 1807, *La clemenza di Tito* à Naples en 1809 et *Die Zauberflöte* à Milan en 1816 (en italien). *Die Entführung aus dem Serail*, premier grand succès de Mozart dans le domaine de l'opéra, ne fut donné en Italie qu'en 1935.

Quant à l'Espagne et au Portugal, alors que des œuvres de Haydn et d'autres compositeurs viennois y circulaient dans les années 1780, on y trouve peu de traces de diffusion de la musique de Mozart de son vivant. Un inventaire musical d'une collection madrilène réalisé en 1787 ne comporte pas une composition de Mozart, alors qu'elle cite de nombreuses symphonies, œuvres de musique de chambre et pièces de clavier d'autres compositeurs viennois (Subira 1969). Les opéras attendirent relativement longtemps pour être donnés en Espagne : *Così* à Barcelone en 1798 et

Figaro à Madrid en 1802 sont les seules représentations anciennes attestées.

Bien que les documents sur la diffusion de la musique de Mozart en Scandinavie soient rares, la découverte d'une copie de la symphonie en *la* mineur K. Anh. 220 (16a) et les recherches sur sa provenance qu'elle a suscitées ont révélé que, contre toute attente, certaines œuvres de Mozart étaient connues au Danemark dès la fin des années 1780 et le début des années 1790. Des récépissés et d'autres documents provenant du Club de musique d'Odense montrent qu'en 1796 celui-ci possédait des copies manuscrites des symphonies K. 203 (189b) (d'après la sérénade), 250 (248b) (d'après la sérénade), 504 et peut-être 551, ainsi que des éditions imprimées de K. 320 et 425. Entre 1797 et 1799, le club acheta également des copies ou des éditions imprimées de K. 338, 543 et 550, ainsi que les ouvertures de *Figaro*, *Don Giovanni*, *La clemenza di Tito* et *Die Zauberflöte* (Wedin 1987). La plupart des copies manuscrites provenaient de Hambourg (Zaslaw et Eisen 1986) ; lors de ses séjours à Berlin, Leipzig et Dresde en 1789 Mozart pourrait avoir vendu certaines de ses œuvres à des marchands locaux, qui les diffusèrent ensuite dans le nord de l'Allemagne et au Danemark (Eisen 1986[a]).

Les opéras semblent avoir fait leur première apparition plus ou moins simultanément au Danemark et en Suède, mais — une fois encore — après la musique instrumentale. *Die Entführung* fut donné à Copenhague en 1813 et à Stockholm en 1814, *Figaro* dans les deux capitales en 1821. *Così* fut monté à Copenhague dès 1798, tandis que *Die Zauberflöte* n'y fut donné qu'en 1816 ; il avait été représenté à Stockholm quelques années auparavant, en 1812, sous le titre *Die Egyptiske Mysterierne eller Trollflöjten*.

En Europe de l'Est, la musique de Mozart ne remporta que de modestes succès. L'ambassadeur extraordinaire de Russie à la cour de Vienne, le comte (puis prince) Andreï Kyrillovitch Razumovski, célèbre mécène, connaissait personnellement Mozart. Il tenta même de l'engager au service de la cour de Russie. En septembre 1791, il écrivait (en français) au prince Grigori Alexandrovitch Potemkin :

Il n'a pas tenu à moi, mon prince, de vous expédier le premier claveciniste et un des plus habiles compositeurs de l'Allemagne, le nommé Mozart, qui, ayant quelque mécontentement ici [à Vienne], serait disposé d'entreprendre ce voyage [à Saint-Pétersbourg]. Il est en Bohême maintenant, mais il sera bientôt de retour. Si Votre Altesse veut m'autoriser alors à l'engager, non pour un long terme-,mais simplement à se rendre auprès d'elle pour l'entendre et l'attacher à son service ensuite, si elle le juge à propos.

Mozart avait fait la connaissance d'un autre Russe, Alexandre Mikhaïlovitch Beloselski, à Dresde en 1789, lequel fit une allusion peu flatteuse au compositeur dans ses *Dialogues sur la musique*, peut-être vers cette même époque : « Mozzart [*sic*] est très savant, très difficile, en conséquence très estimé des joueurs d'instrumens : mais il paroit n'avoir jamais eu le bonheur d'aimer. Jamais une modulation n'émana de son cœur. »

Rares sont les témoignages sur d'éventuelles exécutions précoces de la musique de Mozart en Europe de l'Est, encore qu'il y ait de notables exceptions : *Die Entführung* fut donné à Varsovie (en polonais) en 1783 et *Don Giovanni* (en italien) en 1789 (Feicht 1958). A Saint-Pétersbourg, le seul document que l'on connaisse est une annonce de concert publiée dans un journal local le 15 octobre 1790 par une certaine Mme Schulz, qui joua un concerto de Mozart et prétendait être son élève. Néanmoins, à partir de la fin des années 1780, certaines des œuvres de Mozart commencèrent à être disponibles en éditions imprimées. Des avis de divers marchands de musique russes en 1788 font état de sonates pour clavier à deux et quatre mains, et de certains volumes d'une souscription de Hoffmeister, à qui Mozart avait donné plusieurs œuvres. En 1795 la firme Gerstenberg & Cie de Saint-Pétersbourg proposait un grand nombre d'œuvres de Mozart, dont des symphonies, des ouvertures, des concertos, des quintettes, des quatuors, de la musique de clavier et des extraits d'opéras ; au cours de la même année elle publia aussi la première biographie en russe du compositeur.

C'est vers cette même époque également que les opéras commencèrent à être représentés en Russie. La cour s'intéressait depuis longtemps à l'opéra, et dans les années 1790 des troupes itinérantes avaient donné *Die Zauberflöte* et *Don Giovanni*. Des extraits de ces opéras, ainsi que de *Così fan tutte*, *Le nozze di Figaro* et *La clemenza di Tito* furent imprimés sur place, dans le *Giornale musicale del teatro italiano di St. Pietroburgo, o Scelta d'arie, duetti, terzetti, overture, etc. delle opere buffe, rappresentate sul Teatro imperiale di St. Pietroburgo nell'anno 1796 e seguenti* (Steinpress 1964).

Les productions intégrales des opéras ne vinrent que plus tard. *Die Entführung* fut donné à Moscou, en Russe, en 1810, et *La clemenza di Tito* à Saint-Pétersbourg en 1817.

CLIFF EISEN

5. Une lettre de Mozart à sa cousine, la Bäsle, du 10 mai 1779.

17. Le chœur "God is our refuge".

18. *Apollo et Hyacinthus*, 1767.

19. Quintette à cordes en *si* bémol majeur K. 174 (1773).

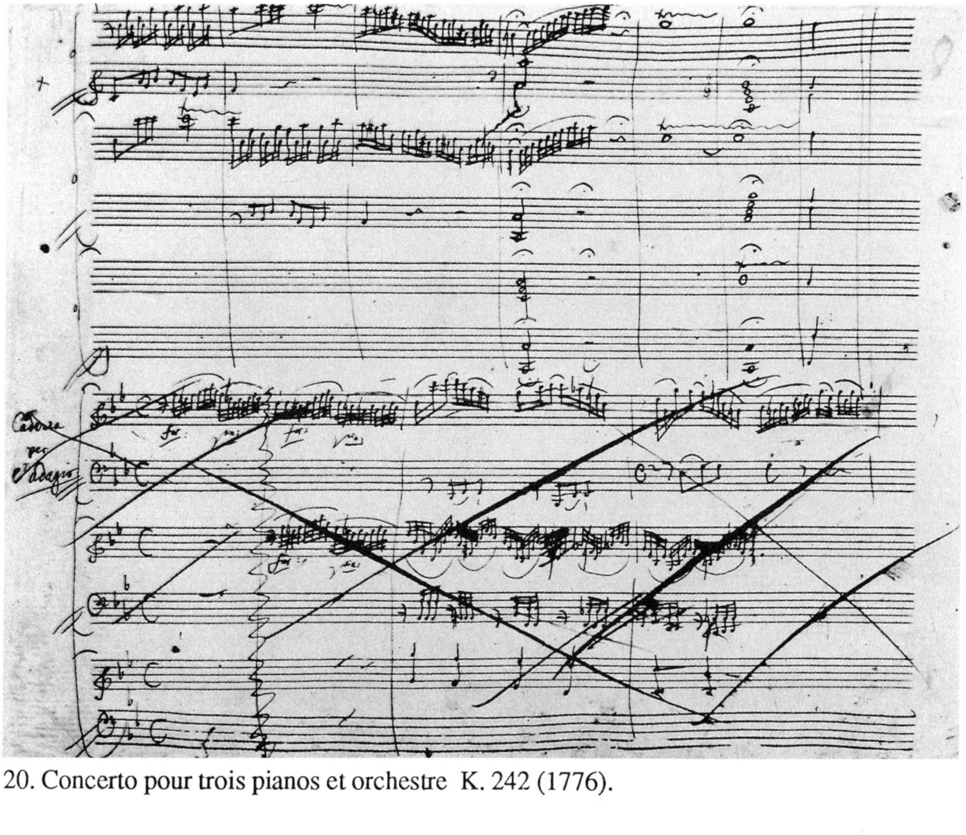

20. Concerto pour trois pianos et orchestre K. 242 (1776).

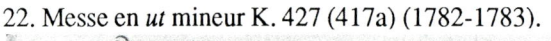

21. Sérénade en *si* bémol majeur pour treize instruments K. 361 (1781-1782 ?).

22. Messe en *ut* mineur K. 427 (417a) (1782-1783).

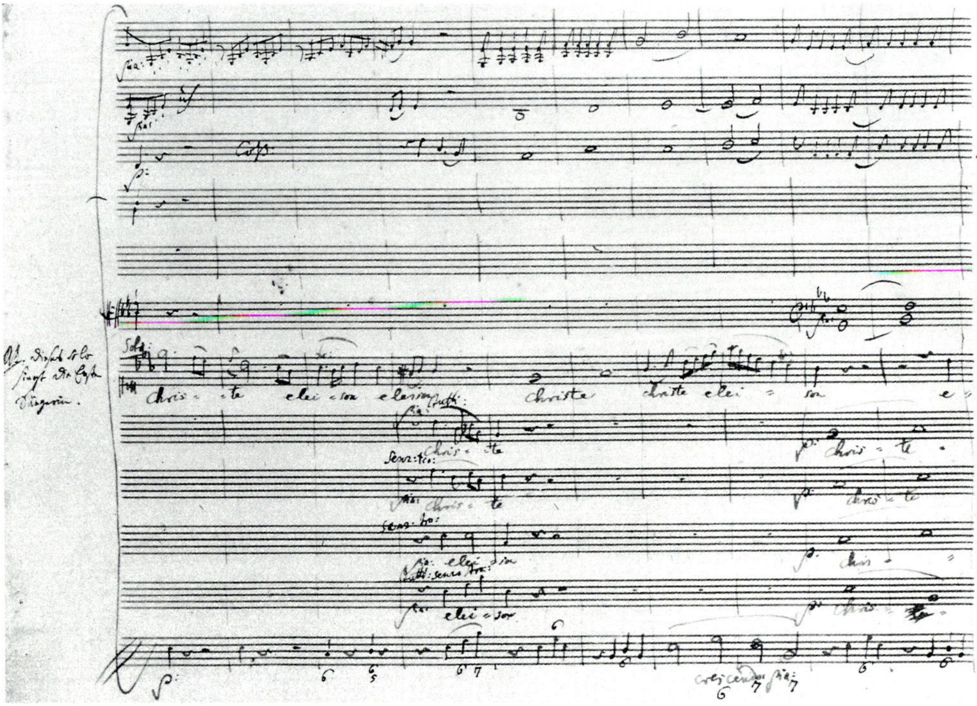

3 - 24. Concerto pour piano en *ut* mineur K. 491 (1786).

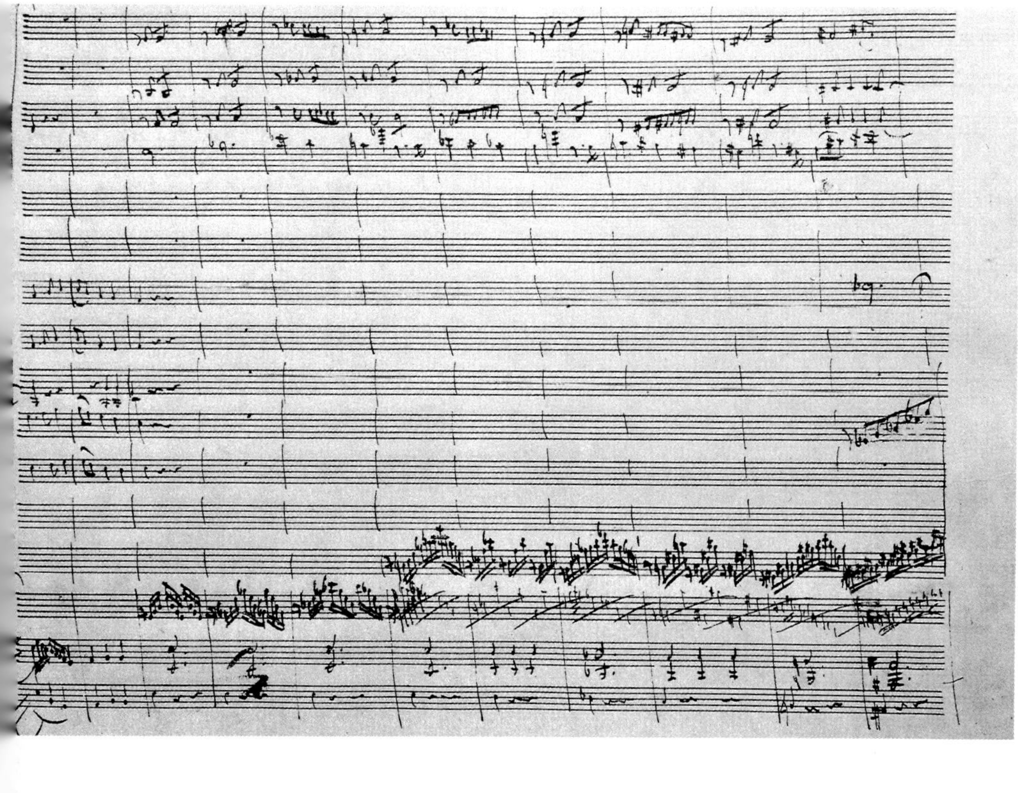

25. *Der Schauspieldirektor* (1786).

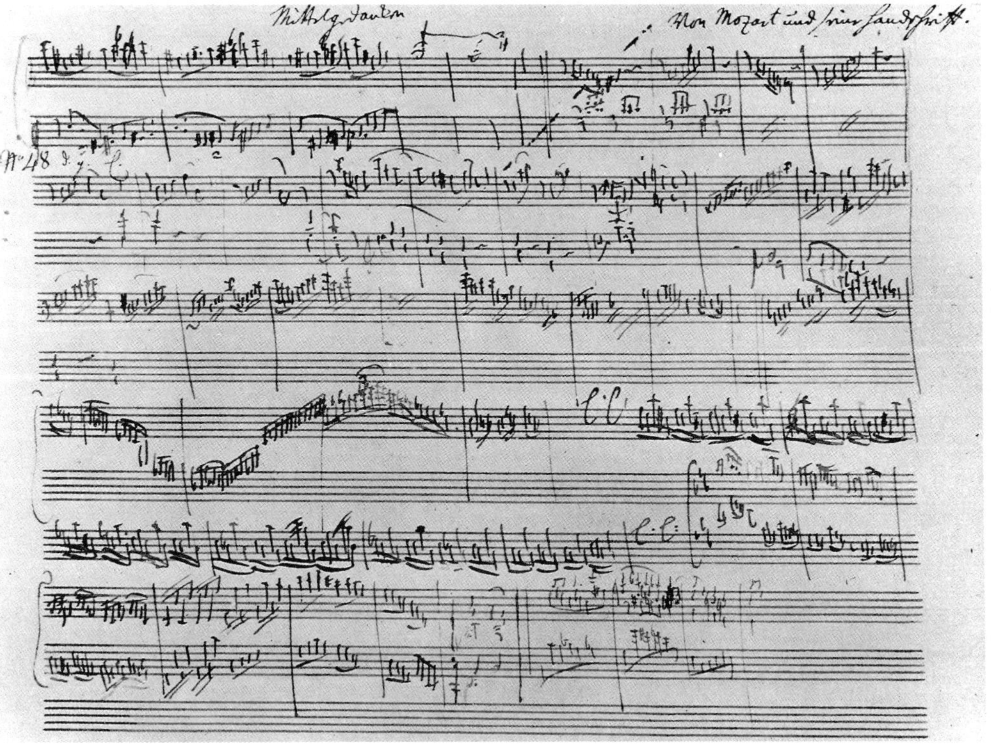

26. Esquisses pour le concerto pour piano en *ut* majeur K. 503 (1786) et pour d'autres œuvres no identifiées.

7. La première des six danses allemandes K. 509 (Prague, 1787).

La dernière page du "Lacrimosa" du Requiem (1791).

Im Julius.

Die Zauberflöte. — aufgeführt den 30.ᵗᵉⁿ September.
— eine teutsche Oper in 2 Aufzügen von Emanuel Schikaneder
bestehend in 22 Stücken. — Sängerinnen. — Mad:ᵉˡˡᵉ Gottlieb. Mad:ᵐᵉ Hofer. Mad:ᵗ Görl.
Mad:ᵗ Klöffler. Mad:ˡˡᵉ Hofmann. Sänger. Hr. Schack. Hr. Görl. Hr. Schikaneder der ältere.
Hr. Lipp. Hr. Schikaneder der jüngere. Hr. Nouseul. — Chor.

Den 5.ᵗᵉⁿ September. — aufgeführt in Prag den 6.ᵗᵉⁿ September.
La Clemenza di Tito opera seria in due Atti. per l'incoro-
nazione di sua maestà l'imperatore Leopoldo II. — ridotta á
vera opera dal sig:ʳ Mazzolá. Poeta di sua A: S: l'Elettore di
Sassonia. — Attrici :— Sig:ʳᵃ Marchetti fantozzi. — Sig:ʳᵃ Antonini.
Attori. Sig:ʳᵉ Bedini. Sig:ʳᵉ Carolina Perini /da uomo/ Sig:ʳ
Baglioni. Sig:ʳᵉ Campi. — e Cori. — 24 Pezzi.

Den 28.ᵗᵉⁿ September.
zur Oper. die Zauberflöte — einen Priestermarsch und die ouverture.

Ein Konzert für die Clarinette. für Hrn. Stadler den ältern.
begleitung. 2 violini, viola, 2 flauti, 2 fagotti, 2 Corni e Bassi.

den 15.ᵗᵉⁿ November.

Eine kleine Freymaurer-Kantate. bestehend aus 1 Chor. 1 Arie.
2 Recitativen, und ein Duo. Tenor und Bass.
2 violini, viola, Bassi, 1 flauto, 2 oboe e 2 Corni. —

29. La dernière page du
catalogue thématique
de Mozart (Verzeichnüss…

30. Signature datée du 15
novembre 1791 sur la
dernière page de *Eine
kleine Freymaurerkantate*
K. 623.

L'écriture de Mozart

Le choix d'illustrations proposé ici est représentatif de l'ensemble des manuscrits autographes de Mozart, de sa première période jusqu'aux dernières semaines de sa vie. Nous y ajoutons une page d'une lettre de Mozart à sa cousine, la « Bäsle » (16), avec qui il eut sans doute des relations sexuelles, et des extraits de deux autres documents.

La première partition (17) est le chœur « God is our refuge ». Wolfgang semble avoir écrit les premières mesures lui-même, encore que Leopold ait dû corriger l'espacement à la fin de la première ligne, que son fils avait mal évalué (King 1984). La suite du manuscrit a sans doute été rédigée conjointement, chacun essayant d'imiter le style de l'autre.

Le deuxième manuscrit (18) est une page d'*Apollo et Hyacinthus* (1767). L'écriture du jeune Wolfgang de onze ans est ici plus posée et plus assurée ; le tout donne l'impression d'un véritable travail de professionnel, de même que la page de titre du quintette à cordes K. 174 de 1773 (19), écrit sous l'influence des quintettes à cordes de Michael Haydn.

La page du manuscrit du concerto pour trois pianos en *fa* majeur K. 242 (20), composé à Salzbourg en février 1776, est intéressante : les parties non raturées (six premières lignes) montrent la fin de la cadence du premier mouvement (mes. 15-21[=252]) pour les trois parties de piano. Vient ensuite la cadence supprimée du deuxième mouvement après la mes. 62, marquée « Cadenza / per / *l'adagio* » par Mozart.

Sur la première page de la sérénade en *si* bémol majeur pour treize instruments K. 361 (370a) (21), la suscription « gran Partitta / Del Sigr. Wolfgang Mozart / Eigne / Handschrifft / 1780 » est de deux écritures inconnues. Sur la datation correcte de l'œuvre (Vienne, 1781-1782 ?), voir p. 383. L'autographe montre que le treizième instrument n'est pas un contrebasson mais une « Contra/ Basso », ou contrebasse à cordes, comme c'était l'usage avec les grands ensembles d'instruments à vent à cette époque.

Le solo de soprano de l'étonnante messe en *ut* mineur K. 427 (417a), dont on voit l'entrée sous les mots « Christe eleison » (22), fut sans doute chanté par Constanze Mozart lors de la première exécution à Salzbourg en octobre 1783. C'est l'un des instants les plus sublimes de l'œuvre. Mozart a noté dans la marge de gauche « NB Dieses Solo singt die Erste Sängerin » (« La première cantatrice chante ce solo ») ; le second soprano solo chantait le « Laudamus ». La mélodie de ce « Christe » provient d'un recueil de solfèges « per la mia cara Costanza » (K. 393 (385b), n° 2, marqué « Solfeggio Adagio »), écrit en 1782, au moment où Mozart composait la messe.

Le concerto pour piano en *ut* mineur K. 491 de 1786 (23, 24 : deuxième thème du premier mouvement, mes. 200-228) a toujours été considéré comme une œuvre extraordinaire, unique y compris parmi les concertos pour piano de Mozart. L'autographe trahit une certaine tension et hâte ; la partie de piano ne fut qu'esquissée, et Mozart la joua de mémoire. On remarquera que, dans le second de ces deux extraits, la première version de la partie de piano comporte une partie de main droite qui est un simple squelette à partir de la mesure 6 et qui est « habillée » dans la portée au-dessus.

Dans la première page de *Der Schauspieldirektor* de 1786 (25), on notera l'économie de disposition de la partition : les doublures instrumentales ne sont pas notées dans la mesure du possible (par exemple la pénultième portée — violoncelle — est marquée « CoB », c'est-à-dire *col basso*, doublant la ligne de basse tout en bas ; les clarinettes en *ut* de la portée 6 sont marquées « coll oboe »). Comme pour la plus grande partie de sa musique composée à Vienne, Mozart utilise un papier manufacturé en Italie du Nord ; les filigranes font désormais l'objet d'études minutieuses qui permettent d'établir la chronologie d'œuvres non datées, d'esquisses et de fragments.

La page d'esquisses (26) pour le concerto pour piano en *ut* majeur K. 503 de 1786 et pour quelques autres œuvres non identifiées montre que, contrairement à ce que l'on a souvent dit, Mozart réalisait des esquisses élaborées avant de commencer la partition d'orchestre proprement dite. La partie supérieure montre le premier mouvement, mes. 208-212 et 214, suivies (portées 3-4) des mes. 96-112 et 312-316.

Les six danses allemandes K. 509 pour grand orchestre (27) sont marquées par Mozart « di W :A : Mozart *mpria* Praga 1787 ». Ce recueil marque le début de la grande série de danses composées par Mozart au cours des cinq dernières années de sa vie. K. 509 était destiné à un bal donné dans le palais pragois du comte Johann Pachta.

L'esquisse du « Lacrimosa » du Requiem (28) est peut-être la dernière page de musique que Mozart ait écrite. Les deux dernières mesures de la partie de soprano sont écrites par Eybler, qui renonça aussitôt à achever la partition.

La dernière page du catalogue thématique de Mozart (29) montre, sans les incipit, la distribution de *Die Zauberflöte*, *La clemenza di Tito*, deux additions pour *Die Zauberflöte*, le concerto pour clarinette et, dernière entrée, *Eine kleine Freymaurerkantate* du 15 novembre 1791, avec la signature et la date qui figurent sur le manuscrit autographe (30).

H.C.R.L.

9

LA MUSIQUE DE MOZART

Dans cet aperçu chronologique, la musique de Mozart est répartie en quatre périodes : 1762-1774, les années de ses grands voyages en Europe et d'études approfondies de divers styles musicaux ; 1775-1780, où, vivant pour l'essentiel à Salzbourg, il écrivit les premières œuvres qui firent sa réputation internationale ; 1781-1788, ses années les plus prolifiques en tant que compositeur, après son arrivée à Vienne ; et 1789-1791, époque de ses expériences les plus visionnaires dans le domaine de l'écriture, de son exploration du langage musical qu'il s'était forgé au cours de ses premières années à Vienne. La terminologie employée pour l'analyse formelle dans ce chapitre n'est apparue qu'au XIXe siècle, en référence à la musique de la période dite classique, notamment celle de Beethoven. Dans la présente étude, où sa musique est interprétée à la lumière de l'accueil qu'elle reçut ultérieurement, peu importe que Mozart ait été ou non conscient de ces catégories formelles.

1762-1774 : apprentissage et assimilation

Jusqu'à quel point les premières œuvres de Mozart sont-elles, comme on le dit souvent, le reflet des différents styles musicaux qu'il découvrit dans sa ville natale de Salzbourg et à la faveur de ses nombreux voyages ? La réponse à cette question ne peut être qu'assez vague, car on connaît mal la musique des contemporains plus obscurs de Mozart, outre que les musicologues ne sont pas d'accord sur la nature même de l'influence musicale.

Pièces pour clavier, sonates pour clavier et violon, concertos, symphonies
En 1759 Leopold Mozart réunit pour sa fille un cahier de musique qui contenait des pièces de lui-même et d'autres composi-

teurs, dont Agrell, Tischer et Wagenseil. Le jeune Wolfgang apprit certaines de ces pièces avant son cinquième anniversaire, et ses premières compositions qui subsistent — des pièces de clavier simples et brèves, parfois notées par son père — figurent dans ce manuscrit. Ses premières œuvres publiées furent des sonates pour clavier et violon, imitant le style de Schobert, Eckard et autres Allemands résidant à Paris au moment de la visite de la famille Mozart. Les symphonies de K.F. Abel et J.C. Bach, dont il fit la connaissance à Londres, lui servirent de modèle pour ses premières symphonies (K. 16 et 19) : toutes deux emploient au début le contraste *forte/piano* que Bach affectionnait, un mouvement lent « chantant » de style italien et un presto final léger à 3/8.

Des premières années datent également un groupe de concertos pour clavier fondés sur des sonates d'Eckard, Honauer, Raupach, Schobert et C.P.E. Bach. Ces concertos, comme ceux modelés plus tard sur des sonates de J.C. Bach, K. 107 (21b), étaient sans doute destinés à être exécutés par Mozart lui-même. Son premier concerto pour piano original, K. 175, fut écrit en 1773 ; il est sensiblement plus long que les concertos précédents et emploie pour la première fois trompettes et timbales. (On pense maintenant que le concerto pour violon K. 207 aurait été composé avant K. 175.) En 1782, Mozart écrivit pour ce concerto un nouveau finale, le rondo K. 382, plus ornemental que le finale d'origine — il ressemble plus à une série de variations qu'à un rondo. Vers la fin de cette première période se situent deux sérénades, K. 185 (167a) et 203 (189b), qui comportent l'une et l'autre des mouvements concertants pour violon solo, le *concertone* K. 190 (186E) pour deux violons et orchestre et le concerto pour basson K. 191 (186e).

Après son retour de Londres à Salzbourg, et sans doute à l'occasion de son premier voyage à Vienne en 1767-1768, Mozart écrivit les symphonies K. 43, 45 et 48, chacune avec un menuet et trio en guise de troisième des quatre mouvements. Dans K. 48 on trouve pour la première fois, dans un mouvement symphonique initial, une reprise exacte de la mélodie du début après une section de « développement » distincte. Ce développement commence par une référence aux mesures d'ouverture, pratique que Mozart conserva dans sa maturité. Dans toutes les symphonies de cette période sauf les dernières, les styles galant, bouffe (« italien ») et sérieux (« viennois ») correspondent à certaines étapes chronologiques. Ainsi K. 74, en *sol* majeur, avec son premier et second mouvements enchaînés et ses textures généralement légères, date probablement du premier voyage en Italie, tandis que K. 114, en *la* majeur, avec des voix médianes aux contours plus incisifs et un menuet et trio, fut sans doute composé à Salzbourg à la fin de 1771 — c'est seulement à partir de 1770 environ que les symphonies sur le plan vif-lent-vif ou vif-lent-menuet-vif sont devenues la norme à Salzbourg (voir Eisen 1984). Les symphonies K. 183 (173dB) et 201 (186a), de 1773-1774, se détachent des précédentes par leur palette expressive. Le premier et le dernier mouvement de K. 183 (173dB) sont en mode mineur, dans le style passionné du *Sturm und Drang*. La première surprise de la symphonie en *la* majeur K. 201 (186a) est le renversement du début *forte/piano* convention-nel : les mesures initiales sont de caractère intime, jouées par les cordes seules, dans un style de musique de chambre, tandis qu'à la répétition *forte* de ce matériau la texture est plus pleine, avec haut-bois et cors.

Autres œuvres de musique de chambre

Les « divertimenti » K. 136-138 (125a-c) (sans doute pour ins-truments solistes) et K. 80 (73f) (1770, encore que le finale soit plus tardif) sont les premières contributions de Mozart au répertoire du quatuor. Ils furent suivis de six quatuors K. 155-160 (134a-b, 157-159 et 159a), écrits en Italie et apparemment conçus comme un cycle, car leurs tonalités (*ré, sol, ut, fa, si* bémol, *mi* bémol) par-courent le cycle des quintes. Deux de ces œuvres se concluent par un substantiel menuet et trio. (Dans l'une de ses premières lettres qui subsiste, Mozart manifeste son intérêt pour la longueur et la complexité des menuets italiens.) Quatre comportent un mouve-ment (lent, sauf dans K. 159) en mode mineur, à la manière de Sammartini. En revanche, les six quatuors viennois K. 168-173 semblent avoir pour modèle les quatuors de Haydn de la même époque, que Mozart pourrait avoir étudiés à Vienne en 1773. L'un de ces quatuors commence par une série de variations (K. 170), tandis que deux autres comportent des finales fugués (K. 168 et 173) ; tous accordent à l'écriture contrapuntique une place bien plus large que ses quatuors « italiens ». Peu après ces quatuors vien-nois, Mozart écrivit le quintette à cordes K. 174, selon un schéma qu'il devait répéter — encore qu'inconsciemment, sans doute — au cours des années viennoises : les quintettes en *ut* majeur et *sol* majeur sont à mi-chemin entre les quatuors à Haydn et les quatuors « prussiens », tandis que les quintettes en *ré* majeur et *mi* bémol majeur furent achevés moins d'un an après les quatuors « prus-siens ».

Musique religieuse

« God is our refuge » K. 20, le chœur que Leopold présenta au British Museum lors du voyage à Londres, est généralement considéré comme la première œuvre religieuse de Mozart, alors qu'il s'agit en fait d'une pièce profane (voir King 1984[a] et 1984[b]). Les compositions incontestablement religieuses se sont succédé avec une relative régularité, dont un Kyrie, des messes, un Te Deum et des litanies K. 109 (74e). Mozart recopia, en les utilisant parfois comme base pour ses propres compositions, des musiques religieuses d'Eberlin, de Michael Haydn et de son père. Ces trois compositeurs salzbourgeois devaient à leur tour beaucoup au style de la musique religieuse italienne, notamment celle de Hasse. Ce style italien prédomine dans les deux « Regina cœli » de Mozart, K. 108 (74d) et 127, dont le premier fait appel à un grand orchestre, très actif ; tous deux comportent des solos de soprano expressifs. Les messes K. 192 (186f) et 194 (186 h) de 1774 sont plus concises : elles contiennent peu d'interludes instrumentaux ou de répétitions de texte. L'archevêque Colloredo souhaitait que les messes ne durent pas plus de trois quarts d'heure — restriction qui, comme Mozart le notait avec sarcasme dans une lettre à Martini du 4 décembre 1776, imposait une « méthode de composition entièrement neuve ». Vers cette même époque, ainsi que plus tard à Salzbourg, Mozart écrivit une série de sonates d'église destinées à être exécutées pendant la messe. Chacune est un mouvement de forme sonate avec une minuscule section de développement, comme les sonatines de Clementi, par exemple. La plupart sont écrites pour deux violons et continuo (basse et orgue), mais dans certaines l'instrumentation est plus élaborée — par exemple K. 329 (317a) (1779 ?), qui comporte des parties supplémentaires de hautbois, trompettes, timbales et orgue solo.

Musique dramatique

A l'âge de onze ans, Mozart composa sa première pièce dramatique importante, un drame sacré en un acte, *Die Schuldigkeit des ersten Gebots*, pour le palais de Salzbourg. Puis, entre 1767 et 1772, il écrivit la musique pour un *Singspiel*, un intermezzo latin, deux *serenate*, un *opera buffa* et deux *opere serie*. *Der Schuldigkeit* et l'intermezzo, *Apollo et Hyacinthus* (donné à l'université de Salzbourg en 1767) étaient des divertissements vocaux d'un genre que le public salzbourgeois connaissait bien. La majorité des airs et autres formes closes d'un point de vue tonal empruntent la forme tripartite habituelle de l'aria *da capo*. Deux pièces seulement dans *Der Schuldigkeit* utilisent la forme binaire avec reprises ; et deux arias, un duo et un trio — sur un total de neuf pièces de ce type dans *Apollo* — s'écartent de diverses manières du modèle ternaire. L'écriture vocale et l'instrumentation d'*Apollo* sont souvent évocatrices (comme dans la musique pastorale, avec des échos qui accompagnent l'apparition d'Apollon en berger), mais *Der Schuldigkeit* est dans l'ensemble plus impressionnant, grâce à de brillantes *fioriture* du chant, à une peinture des mots efficace, encore que traditionnelle, et aux passages de récitatif passionné.

Si les premières œuvres dramatiques n'ont suscité qu'un intérêt local, la suivante eut un impact plus large. Il s'agit de *La finta semplice*, *opera buffa* écrit pour Vienne en 1768 sur un livret de Coltellini d'après Goldoni, mais donné pour la première fois à Salzbourg en 1769. *Bastien und Bastienne*, *Singspiel* fondé sur la parodie de la célèbre comédie de Rousseau par Favart, vit le jour en 1768, sans doute conçu en partie pendant la composition de *La finta semplice*. L'*opera seria* en trois actes *Mitridate, rè di Ponto* fut écrit pour Milan (1770), sur un livret de Cigna-Santi, d'après Parini et Racine. Chaque acte de *La finta semplice* se conclut par un finale bouffe typique, comprenant plusieurs sections distinctes ; dans le troisième finale, Rosina et Cassandro confirment leur amour l'un pour l'autre tandis que Polidoro exprime sa fureur — exemple précoce du goût de Mozart pour les caractérisations complexes. *Bastien und Bastienne* est une histoire pastorale mise en musique simplement. Colas, le magicien, se voit confier l'air le plus saisissant : sa ligne vocale relativement prosaïque dans « Diggi, daggi, shurry, murry » est accompagnée par des bonds sauvages aux premiers et seconds violons, qui illustrent la force de ses pouvoirs magiques.

Les airs de *Mitridate* empruntent les formes conventionnelles de l'*opera seria*, y compris le type *dal segno*, dans lequel une première section répétée est abrégée. Mozart aimait donner une certaine richesse à l'écriture, témoin cette scène (acte III scène 4) bâtie de récitatif *secco* continu, récitatif accompagné, d'une aria, puis d'un autre récitatif accompagné, au lieu de l'alternance traditionnelle entre récitatif et air. Il cherche également à obtenir une caractérisation franche, entre autres pour répondre aux capacités vocales de ses chanteurs. Les airs de Mitridate, par exemple, comportent de grands sauts difficiles, mais renoncent aux passages ornés qu'on trouve dans les autres rôles. La caractérisation musicale va encore plus loin dans la dernière œuvre dramatique de cette période, l'ultime *opera seria* écrit par Mozart pour l'Italie, *Lucio Silla* (1772). Les *fioriture* ardentes et complexes de Giunia font contraste avec les *fioriture* staccato de Celia, et toutes deux éclipsent Silla, dont l'ambitus vocal est plus restreint. L'orchestre joue un rôle important dans le soutien de l'action dramatique : dans « Il desio di vendetta » de Silla par exemple, où l'introduction orchestrale représente les flammes dont il est ensuite question dans le chant de Silla.

1775-1780 : raffinement de l'écriture

Mozart passa l'essentiel de ces années à Salzbourg, de plus en plus mécontent de son statut professionnel. Même son plus long voyage, qui le conduisit à Mannheim, Munich et Paris, ne lui procura en seize mois aucune offre ferme d'emploi loin de sa ville natale. D'importantes tentatives dans le domaine de l'opéra l'occupèrent au début et à la fin de cette période. Entre-temps il produisit une série de grandes compositions instrumentales tout en écrivant assez régulièrement pour l'église.

Piano seul et musique de chambre

Les premières sonates pour piano qui subsistent furent sans doute écrites au début de 1775 : K. 279-284 (189d-h et 205b), en *ut*, *fa*, *si* bémol, *mi* bémol, *sol* et *ré* majeur. Les tonalités voisines laissent à penser qu'elles pourraient avoir été conçues comme un recueil, au même titre que les quatuors « italiens » cités plus haut, mais seule la dernière fut publiée du vivant du compositeur.

Bien qu'on leur reproche parfois leur inconsistance, ces pièces révèlent par nombre de leurs traits l'imagination créatrice du génie mûrissant. Le premier mouvement de K. 279 (189d) emploie des motifs fragmentés, avec des instants d'un lyrisme intense, tandis que le second mouvement offre de dramatiques changements dynamiques. Le premier mouvement de K. 281 (189f) s'essaie à la permutation des motifs à la manière de Haydn, et le mémorable début *cantabile* de K. 283 (189 h) fut peut-être inspiré par les sonates de J.C. Bach. Le schéma formel de deux mouvements de ces sonates est relativement inhabituel. Dans l'exposition initiale de K. 280 (189e), Mozart évite à plusieurs reprises le repos sur la dominante, avec un premier thème de 13 mesures et une transition qui ne fait pas moins de 31 mesures. Quant au premier mouvement de K. 282 (189 g), c'est un adagio sans retour à la mélodie initiale au moment de la reprise, mais avec une diminution de cette mélodie au début de la seconde section répétée et une redite du début de la mélodie initiale pour commencer la coda. La dernière sonate du groupe, K. 284 (205b) comporte un premier mouvement très intéressant, de style orchestral, et une série de variations en guise de finale, d'un langage harmonique et d'une conception globale plus raffinés que la plupart des variations pour piano indépendantes de la même décennie ; la série « Lison dormait » K. 264 (315d) est cependant remarquable par la manière dont certaines variations prolongent subtilement les proportions d'origine du thème ; la huitième variation de « Je suis Lindor » K. 354 (299a) comporte une cadence fondée sur un accord diminué, qui semble avoir son origine non pas dans quelque ornement spontané et improvisé, non plus que dans le thème, mais dans la subtile adaptation de la structure thématique des variations 5 et 6.

Les deux premières des trois sonates pour piano suivantes, K. 309 (284b), 311 (284c) et 310 (300d), virent le jour à peu près au moment de la visite de Mozart à Mannheim à la fin de 1777. L'idée *forte* qui ouvre K. 309 (284b) domine le début du développement, revient dans une tonalité inattendue à la fin de celui-ci, amorce une nouvelle formulation saisissante du premier thème dans les huit premières mesures de la réexposition et commence la brève coda. Le premier mouvement de K. 311 (284c) comporte une reprise « inversée », où le second thème est réexposé d'abord, le premier thème ne revenant qu'à la fin, comme une coda. Cette forme symétrique était particulièrement appréciée des compositeurs mannheimois, et Mozart la réutilise ailleurs, dans la sonate en *ré* majeur pour piano et violon K. 306 (300l) et dans la symphonie en *sol* majeur K. 318. La troisième sonate, K. 310 (300d), écrite à Paris en 1778, est sa première en mineur ; on a comparé le ton audacieux et « tragique » du premier mouvement au style *Sturm und Drang* en vogue à l'époque, et à l'écriture pour clavier « fougueuse » de Schobert. La postérité a reconnu en K. 310 (300d) l'un des premiers chefs-d'œuvre de Mozart.

Au moment à peu près où il terminait la sonate en *la* mineur K. 310 (300d), Mozart acheva également sept sonates pour piano et violon, K. 301-306 (293a-c, 300c, 293d, 300l) et 296. Toutes sauf la dernière furent publiées à Paris comme « second » opus 1 en

1778. Mozart, en qui on tend à voir le pianiste par excellence de son temps, était également un brillant violoniste, comme on pouvait l'attendre du fils de Leopold. Pourtant, malgré les encouragements de son père, il se montra peu enclin à suivre la voie du violoniste virtuose, et ses sonates pour violon semblent refléter cette réticence, encore qu'elles se situent à l'aube de l'histoire d'un genre auquel Beethoven allait donner ses vraies lettres de noblesse. Dans l'édition de cet opus 1, la partie de clavier est destinée au « clavecin ou forté piano », et celle de K. 296 au « clavecin ou pianoforte ». Dans les sonates pour clavier et violon antérieures, le violon se contentait le plus souvent de doubler ou d'accompagner son partenaire, tandis que dans ces nouvelles pièces les deux parties instrumentales sont plus équilibrées, les principaux éléments thématiques étant généralement énoncés par l'un des instruments puis imités par l'autre. La partie de clavier est d'autant plus exigeante, néanmoins, notamment dans la sonate en *ré* majeur K. 306 (300l), dont le finale comporte une cadence écrite en toutes notes. La sonate en *mi* mineur K. 304 (300c) est en contraste absolu avec l'œuvre extravertie en *ré* majeur. Elle est d'un style généralement intimiste et retenu, excepté au moment où, dans le premier mouvement, la fin du développement s'enchaîne avec une reprise variée et légèrement raccourcie, la première partie « manquante » du premier thème apparaissant dans la coda. La musique de chambre de cette époque comprend également les deux quatuors pour flûte K. 285 et 285a. Mozart écrivit aussi un concerto pour flûte K. 313 (285c), un andante pour flûte et orchestre K. 315 (285e) (peut-être un mouvement de substitution pour le mouvement central de K. 313 (285c)) et un double concerto pour flûte et harpe K. 299 (297c), tout en avouant qu'il n'aimait pas écrire pour la flûte.

Concertos

Au cours de cette période, la composition de concertos se développe rapidement chez Mozart, à commencer par les quatre concertos pour violon de 1775 (dont le premier fut sans doute écrit dès 1773), suivis d'une série de concertos pour piano (ou clavecin), dont K. 242, œuvre de style galant pour trois pianos (arrangé par la suite en concerto pour deux pianos), son premier chef-d'œuvre dans le genre du concerto, le concerto pour piano K. 271 en *mi* bémol majeur, et pour finir une autre œuvre importante, la symphonie concertante pour violon et alto K. 364 (320d).

Dans le premier et le deuxième concerto pour violon, K. 207

en *si* bémol majeur (1773) et K. 211 en *ré* majeur, les figurations « mécaniques » que l'on entend parfois au violon solo et l'accompagnement neutre de l'orchestre rappellent l'écriture analogue des concertos baroques tardifs de Geminiani et Locatelli. Les trois œuvres suivantes, K. 216, 218 et 219, sont remarquables pour leur lyrisme et leur liberté formelle : le rondo final de chacune d'elles comporte des épisodes qui contrastent vivement avec le thème principal (dont une gigue et une gavotte dans K. 218, et une musique « turque » dans K. 219) ; la réexposition du premier mouvement de K. 216 est précédée d'une cadence (non écrite) ; dans K. 218, le début en arpèges de l'exposition solo et tutti du premier mouvement ne revient jamais dans la réexposition, et dans le premier mouvement de K. 219 l'entrée du violon est un passage *adagio*, après quoi le tempo vif initial est repris.

Ces œuvres pour violon et les autres concertos pour piano de 1776 sont néanmoins éclipsés par le concerto pour piano en *mi* bémol majeur K. 271, écrit en 1777 pour la virtuose française Mlle Jeunehomme. Le piano solo répond aussitôt, de manière inattendue, à l'arpègement de l'accord de tonique qui ouvre énergiquement le concerto. C'est aussi le signal d'une autre innovation : le piano entre avec un trille juste avant la fin de l'exposition orchestrale, et l'exposition du piano est une formulation nouvelle de celle de l'orchestre, selon un procédé de développement qui se poursuit dans la réexposition. Le canon entre premiers et seconds violons avec sourdine au début du mouvement lent introduit une musique d'une intensité sans précédent, avec une mélodie lyrique, une orchestration somptueuse, un passage en quasi-récitatif et une cadence. Les croches implacables du finale sont interrompues par un délicat menuet dans le ton de la sous-dominante. Outre qu'il procure un instant de repos, ce menuet brode sur le *la* bémol qui occupe une place mélodique prééminente au début du second mouvement.

La symphonie concertante pour violon et alto en *mi* bémol majeur est la dernière œuvre concertante de Mozart achevée à la fin des années 1770. Ce genre orchestral était apprécié de l'orchestre virtuose de Mannheim ; le rythme pointé initial et le crescendo dramatique sur pédale en croches répétées, qui conclut le premier tutti, sont tous deux caractéristiques de Mannheim. Le traitement magistral des sonorités des solistes apparaît à l'évidence dès leur première entrée, un *mi* bémol aigu en octave, soutenu, qui émerge de la conclusion de l'exposition orchestrale avant de se détendre et de se transformer en énoncé thématique. Le dialogue d'intensité croissante entre les deux solistes dans l'andante central est tout aussi remarquable, de même que les cadences concises et organiques écrites par Mozart lui-même. La partie d'alto soliste a une sonorité plus brillante que ses équivalents orchestraux, car elle est écrite en *ré* majeur et l'instrument est accordé un demi-ton plus haut que de coutume.

Symphonies, cassations, sérénades, divertimenti

En 1778-1780 Mozart composa la symphonie dite « Paris » (ou « parisienne ») K. 297 (300a) et trois symphonies pour Salzbourg, K. 318, 319 et 338 (sur la production symphonique limitée des années 1770, voir « Symphonies »). La symphonie « Paris » est conçue à une plus vaste échelle que ses symphonies précédentes, tant par son style que par ses effectifs instrumentaux (flûtes, hautbois, clarinettes, bassons, cors, trompettes, timbales et grand pupitre de cordes). Dans une lettre à son père, Mozart écrivait : « Je n'ai pas omis le premier coup d'archet [...] Ces bœufs en font toute une affaire ici. » Mais la figure initiale à l'unisson à laquelle il fait allusion est bien plus qu'un simple geste conventionnel destiné à mettre en valeur la belle technique de l'orchestre parisien : elle souligne les moments essentiels de l'articulation formelle dans le premier mouvement, introduisant le second thème, commençant le développement et apparaissant dans les mesures conclusives. Mozart écrivit deux mouvements lents, un andante à 6/8 et un mouvement plus simple à 3/4. Le XXe siècle s'est interrogé pour savoir lequel fut écrit le premier ; pour Mozart, « chacun d'eux est bien à sa façon ».

La symphonie en *ut* majeur K. 338 est également de conception monumentale. Le premier thème solennel du mouvement initial semble presque neutre, mais s'oriente vers *fa* mineur au bout de douze mesures et vers la dominante mineure juste avant le deuxième thème. La logique de cette élaboration particulière dont la progression sous-jacente de tonique (premier thème) à dominante (deuxième thème) est l'objet s'explique dans le développement, qui comporte une section *piano* staccato en *la* bémol majeur. Seul le début du premier thème revient pour commencer la reprise ; une partie substantielle en est réservée pour la fin du mouvement. On retrouve un procédé analogue dans la symphonie en un mouvement K. 318, en forme d'ouverture italienne : après l'exposition et le développement, un andante à la tonique se substitue au retour du premier thème que l'on attend ; le second thème suit, transposé à la tonique, puis une partie du premier thème sert pour la coda.

Durant ces années salzbourgeoises, Mozart écrivit une série de pièces destinées à des divertissements et généralement baptisées « cassation », « sérénade » ou « divertimento ». L'instrumentation en était variable, de la formation symphonique (il utilisait ou adaptait parfois des mouvements de sérénade pour en faire une symphonie, comme il fit par exemple avec la sérénade « Haffner ») à l'ensemble de solistes, plusieurs divertimenti étant destinés aux instruments à vent. (Voir la classification détaillée de ces œuvres, suivant leur fonction et leur instrumentation, dans « Œuvres instrumentales diverses » et « Harmoniemusik ».) Les divertimenti K. 287 (271H) et K. 334 (320b), tous deux pour deux cors et cordes, sont de beaux exemples de pièces en style de musique de chambre. K. 334 (320b) est précédé de la marche K. 445 (320c) (il ne subsiste pas de marche pour K. 287 (271H)), mais pour le reste les deux œuvres suivent à peu près le même plan — premier mouvement vif, série de variations, menuet et trio, mouvement lent, avec partie de premier violon élaborée, second menuet et trio (avec un autre trio dans K. 334 (320b)) et un finale rapide (précédé dans K. 287 (271H) d'une introduction *andante* qui est raccourcie et reprise sous une autre forme au début de la coda.) Parmi les œuvres orchestrales les plus substantielles, on peut citer la sérénade « Haffner » K. 250 (248b) et la sérénade « Posthorn » K. 320, qui utilise un cor de postillon dans le second trio du sixième mouvement. La sérénade « Haffner » comporte neuf mouvements, dont des mouvements concertants pour violon sans doute exécutés par Mozart lui-même, et trois menuets. Einstein pensait que le premier mouvement de la sérénade « Posthorn » (à la suite de l'une des deux marches K. 335 (320a)) était un peu le reflet des relations de Mozart avec Colloredo : un *adagio maestoso* introductif « tendu », un premier thème « agressif », avec de soudains contrastes de nuances, un second thème « suppliant » avec des rythmes pointés *forte* interpolés et un crescendo « impatient » à la manière mannheimoise. Dans les mouvements concertants, ce sont les instruments à vent qui prédominent, plutôt que le violon soliste, lequel joue de brèves cadences écrites en toutes notes dans l'*andante grazioso* et le rondo. De cette période date également l'inhabituel *notturno* K. 286 (269a), où l'on entend des échos de plus en plus brefs de l'un des ensembles de cordes et cors dans trois autres ensembles composés des mêmes instruments.

Musique vocale

Vers le début de cette période, tandis qu'il était à Munich, Mozart termina l'offertoire « Misericordias Domini » K. 222 (205a), riche en polyphonie de style salzbourgeois et intégrant des éléments empruntés à une œuvre d'Eberlin. Il écrivit également d'autres œuvres religieuses imposées par ses fonctions à Salzbourg. Ses messes, caractéristiques de leur époque, sont pour la plupart de style symphonique et dramatique. K. 262 (246a), l'une des plus longues et des plus complexes, comporte des parties vocales élaborées, des fugues pour conclure le Gloria et le Credo, et d'incisives ritournelles instrumentales. On dit souvent que la plus belle des messes est K. 317 (« du couronnement »), qui possède une certaine unité thématique, et dont l'Agnus Dei lyrique annonce (dans un mètre et une tonalité différents) l'air de la comtesse dans *Figaro*. Mozart écrivit également des pièces religieuses plus courtes au cours de cette période, dont sans doute le « Regina cœli » K. 276 (321b), où l'écriture inspirée du violon se détache des parties vocales essentiellement homophones, et ses deux cycles complets des psaumes de vêpres, K. 321 et 339. Le Requiem et la messe en *ut* mineur mis à part, on ne songe généralement pas à Mozart comme à un compositeur de musique liturgique ; mais, de même que dans d'autres domaines particuliers, sa fécondité risque toujours de nous donner une vision erronée de certaines facettes de son œuvre.

Avec *La finta giardiniera*, dont la première représentation eut lieu en janvier 1775, Mozart réunit nombre d'aspects qui allaient devenir autant de caractéristiques de ses opéras bouffes ultérieurs. Musicalement, les rôles sont bien définis — les domestiques ont des airs de caractère populaire, le ténor Belfiore chante d'amples mélodies lyriques, et la partie de la jalouse Violante est la plus extravertie. L'orchestre commente parfois l'action qui se déroule sur scène, comme dans l'aria du podestat, où les instruments qu'il cite se font entendre à l'orchestre. Dans les finales du premier et du deuxième acte, les changements dans la situation dramatique et dans le nombre de personnages correspondent aux changements de tonalité, de mesure et de tempo. Ces finales, à la différence de ceux que Mozart écrivit à partir de *Die Entführung*, ne s'achèvent pas dans la tonalité où ils ont commencé. La principale faiblesse de *La finta giardiniera* est son livret décousu : il comporte deux scènes de folie, et emprunte les lieux communs de la *commedia dell'arte*. Néanmoins, malgré ces critiques rétrospectives, l'œuvre marque une limite dans les relations de Mozart avec la musique théâtrale.

Entre *La finta giardiniera* et *Idomeneo* (achevé en janvier 1781), Mozart écrivit une série d'arias destinées à être chantées indépendamment ou à être insérées dans les opéras d'autres compositeurs (voir l'étude de ces airs, que Mozart composa par intermittence tout au long de sa carrière, dans « Voix et orchestre »). Il travailla également à trois, voire quatre, grandes œuvres dramatiques : *Il rè pastore*, œuvre d'après Metastasio, sans doute destinée à être exécutée en concert ou en version semi-scénique ; *Semiramis, duodramma per musica* perdu et peut-être jamais commencé ; *Thamos, König in Ägypten*, musique de scène pour une pièce de Gebler ; et *Zaide, Singspiel* inachevé (cette œuvre sans titre fut retrouvée dans les manuscrits de Mozart après sa mort ; Johann André lui donna pour titre le nom de son principal personnage féminin). Dans *Zaide*, Mozart écrivit une ou plusieurs arias pour chacun des principaux personnages, un duo, un trio, un quatuor et deux mélodrames, qui consistent en un texte déclamé avec un accompagnement orchestral haut en couleur, l'orchestre intervenant entre les sections du texte pour éviter de dominer la voix.

Mozart commença *Idomeneo* (*opera seria* sur un livret de Varesco, d'après Danchet) dans la seconde moitié de 1780, pour honorer une commande de l'électeur Karl Theodor de Munich, où il fut donné pour la première fois en janvier 1781. La correspondance échangée par Wolfgang et son père au cours de ces mois est riche d'enseignements sur l'attitude du compositeur en matière d'écriture d'opéras et montre qu'il était prêt à modifier la musique et le livret jusqu'au dernier moment pour se mettre au service du drame et pour se plier aux exigences et aux limites de ses chanteurs. Le 8 novembre 1780, il évoque ainsi dans une lettre à Leopold la seconde aria d'Ilia, souhaitant que Varesco retire « ce qui m'a toujours paru peu naturel, N.B. dans un air, savoir les paroles *à parte*. Dans un dialogue ces choses sont tout à fait naturelles — on dit rapidement quelques mots à part ; mais dans un air, où l'on doit répéter les mots, cela fait mauvais effet ». Varesco se plaignit par la suite d'avoir déjà dû copier le livret tout entier à quatre reprises lorsqu'on lui demanda d'effectuer d'autres modifications. Son livret fut mis sous presse au début de janvier, mais Mozart continua de faire des révisions, toutes conçues pour améliorer la continuité musicale et dramatique. Le 3 janvier, par exemple, il écrit qu'il est mécontent de la dernière aria d'Elettra : « Il me paraît trop bête qu'ils s'en aillent aussi précipitamment — simplement pour laisser seule Mad^me Elettra. » Il remplaça ensuite toute cette aria par un récitatif.

Dans *Idomeneo*, certaines tonalités ont des significations extra-musicales précises : *ut* mineur est ainsi associé aux instants haute-ment dramatiques, tels les chœurs des n°s 5, 17 et 24, et au moment où l'oracle se fait entendre. Les deux principaux pôles tonals de l'opéra, *ré* majeur/mineur et *ut* mineur, sont tous deux présents dans l'air de vengeance d'Elettra en *ré* mineur, n° 4, dont la réexpo-sition débute en *ut* mineur. Cette aria commence par un *la* non harmonisé aux bassons et cordes, qui s'enchaîne à l'accord de *mi* majeur concluant le précédent récitatif d'Elettra et ne se résout sur un accord de *ré* mineur sans équivoque que dix-neuf mesures plus loin. L'aria se termine par un accord de septième sur *sol*, dominante du chœur précédent en *ut* mineur. Mozart obtient ici, et ailleurs dans *Idomeneo*, une continuité musicale entre ce qui dans l'*opera seria* conventionnel serait des numéros séparés. Ainsi que Heartz (1969) l'a fait remarquer, le public n'a que rarement l'occasion d'applaudir dans *Idomeneo*.

1781-1788 : productivité et popularité

A Vienne, en juin 1781, une fois libéré de ses fonctions auprès de Colloredo, Mozart demeura dans la capitale pour y commencer une carrière de musicien indépendant. Rien ne prouve qu'il souhai-tait vraiment rester sans être attaché à une cour ou à une autre insti-tution, mais il ne trouva jamais par la suite d'emploi régulier et substantiel. C'est au cours de cette période, en particulier de 1781 à 1786, qu'il fut le plus prolifique comme compositeur, stimulé sans aucun doute par la richesse de la vie musicale et intellectuelle à Vienne, par les commandes, par les concerts publics et peut-être par sa rencontre avec la musique de J.S. Bach et de Haendel à la faveur des réunions musicales organisées par van Swieten et par ses liens de plus en plus étroits avec la franc-maçonnerie.

Musique d'église et sérénades pour instruments à vent
Après avoir quitté Salzbourg, Mozart avait moins de raison de composer des pièces pour l'église d'une part, et des divertimenti et sérénades pour ensemble instrumental de l'autre. On pensait autre-fois que le Kyrie K. 341 (368a), œuvre imposante et élaborée en *ré* mineur, avec un grand orchestre et des tutti vocaux tout du long,

avait été composé à peu près au moment d'*Idomeneo* ; mais récemment on a avancé une date bien postérieure (voir « Messes »). La messe en *ut* mineur K. 427 (417a) fut laissée inachevée en 1783, de même, en d'autres occasions, qu'un certain nombre d'œuvres écrites sans commande, lorsque d'autres priorités l'emportaient. On a noté l'influence de J.S. Bach et de Haendel dans l'écriture chorale, notamment dans le « Qui tollis », extrêmement chromatique, et dans la double fugue de l' « Osanna ». Le somptueux « Et incarnatus est » est une aria ornée à l'italienne, avec une brillante cadence. En mars 1785 Mozart dota deux sections de la messe en *ut* mineur (Kyrie et Gloria) d'un texte italien (peut-être de Da Ponte) et les réunit, avec deux nouvelles arias, pour en faire un oratorio, *Davidde penitente*, K. 469. Après la messe en *ut* mineur, il ne termina plus de pièce religieuse avant l'« Ave verum corpus » K. 618, de 1791, encore qu'on puisse prétendre que ses œuvres maçonniques, comme *Die Maurerfreude* K. 471 et la *Maurerische Trauermusik* K. 477 (479a) (dont le ton solennel annonce la musique des prêtres de *Die Zauberflöte*), se rattachent à la musique religieuse, ou du moins spirituelle.

Trois sérénades pour instruments à vent datent des premières années viennoises : K. 375 (Mozart l'écrivit en 1781, mais ajouta l'année suivante deux hautbois aux six instruments d'origine) ; K. 388 (384a), ensuite arrangé en quintette à cordes K. 406 (516b) ; et K. 361 (370a), pour douze instruments à vent et contrebasse. Cette dernière est en forme de suite, avec sept mouvements et une écriture instrumentale d'une grande richesse. K. 375, dont l'instrumentation est plus restreinte — Mozart disait l'avoir écrite « assez soigneusement ». K. 388 est en quatre mouvements, avec une écriture qui fait songer à la musique de chambre. Cette dernière œuvre, en *ut* mineur, est d'une concision thématique et d'une audace formelle remarquables. Le début *forte* à l'unisson esquisse d'abord un accord de tonique, puis une septième diminuée, un peu à la manière du concerto pour piano en *ut* mineur K. 491. L'intervalle diminué revient dans le troisième mouvement, le menuet, et à plusieurs reprises dans le finale. Le menuet et son trio sont emplis de procédés contrapuntiques : le menuet comporte un canon entre les deux voix extrêmes, et le trio des canons simultanés *al rovescio* entre les deux voix supérieures et les deux voix inférieures. Ces trois sérénades sont les dernières œuvres de Mozart pour instruments à vent solistes, à l'exception de quelques brèves pièces, dont le divertimento K. Anh. 229 (439b).

277

Concertos pour piano et symphonies

La chronologie des concertos pour piano viennois de Mozart suit la montée et le déclin de sa popularité auprès du public. En 1782-1783 il en acheva trois, K. 414 (385p), 413 (387a) et 415 (387b) ; en 1784 six (K. 449, 450, 451, 453, 456 et 459) ; en 1785 et 1786 six (K. 466, 467, 482, 488, 491 et 503) ; en 1787 aucun, puis un en 1788 (K. 537) et un en 1791 (K. 595). Selon Tyson, Mozart aurait laissé certaines de ces œuvre inachevées pendant plusieurs années pour les achever sans doute au moment où il avait besoin d'un concerto destiné à une occasion précise. Le dernier concerto achevé, K. 595, fut ainsi commencé, semble-t-il, sur un type de papier que Mozart utilisait en 1788.

Dans une lettre à son père du 28 décembre 1782, Mozart lui dit qu'il veut que ses trois premiers concertos viennois soient au goût de tous :

> Les concertos sont en fait un juste milieu entre le trop difficile et le trop facile ; ils sont très brillants et agréables à l'oreille, sans bien entendu sombrer dans le vide. Çà et là seuls les connaisseurs en tireront satisfaction — mais de telle manière que le non-connaisseur sera content sans savoir pourquoi.

L'instrumentation de ces œuvres est un peu à l'image de leur caractère sans prétentions : les instruments à vent peuvent en être omis et le piano accompagné par des cordes solistes. K. 413 (387a) est le plus retenu, avec un allegro initial allant, à 3/4, et un menuet en guise de finale ; K. 415 (387b) le plus brillant, et K. 414 (385p) peut-être le plus beau, avec ses ressources mélodiques variées dans le premier mouvement, un délicat rondo final, qui remplace peut-être le rondo K. 386, et un andante voilé qui s'ouvre sur un thème de J.C. Bach, mort l'année où ce concerto vit le jour. Si le mouvement fut conçu comme un hommage à Bach, on comprend que la deuxième partie du premier thème du piano (mes. 29) ne revienne jamais dans la reprise. Les esquisses qui subsistent pour le premier mouvement de K. 414 (385p) montrent à quel point Mozart réfléchissait à la forme et aux détails de sa musique. Ses révisions des premiers brouillons — interventions à la fois chirurgicales et cosmétiques — témoignent du travail assidu et réfléchi qui gît derrière l'aisance de ses partitions achevées.

Les années 1784-1786 furent, pour la composition de concertos chez Mozart, la période la plus concentrée, puisqu'elles virent naître douze œuvres qui firent du concerto pour piano l'un des genres les plus sérieux et les plus estimés, où se côtoient les styles de la symphonie, de l'opéra et de la musique de chambre. Les six premiers, tous de 1784, sont les plus expérimentaux pour ce qui regarde la forme. K. 449 (sans doute commencé en 1782), comme ses trois prédécesseurs, peut se jouer sous forme de quintette pour piano. Le mouvement lent suit un plan harmonique peu ordinaire, avec une répétition du thème initial dans le ton de la sensible bémolisée ; le premier thème du finale, de style vaguement baroque, est varié par le piano solo (mais non toujours par l'orchestre) à chaque répétition. Selon Mozart, les deux concertos suivants, K. 450 et 451, étaient de nature à « faire transpirer l'exécutant » (lettre du 26 mai 1784) ; ce sont des pièces virtuoses, destinées à Mozart lui-même, dont la première recourt pour les instruments à vent à une écriture d'une expressivité nouvelle, notamment au début et dans le finale, tandis que la seconde est de style extraverti. L'écriture des vents est plus audacieuse dans les deux œuvres suivantes, K. 453 et 456, et le chromatisme plus intense — par exemple dans la section centrale du deuxième mouvement de K. 453. Les deux œuvres comportent un mouvement à variations, le finale dans K. 453 — où l'impulsion vers l'avant donnée par des variations de plus en plus élaborées est équilibrée par une longue coda de style bouffe — et le mouvement lent hautement expressif de K. 456. Dans le dernier concerto de 1784, K. 459, le finale est le point focal ; il réunit le contrepoint « savant », une écriture pianistique brillante et l'énergie rythmique de l'*opera buffa* — tous éléments qui se déchaînent de manière dramatique après l'allegretto qui précède, de caractère délicat et ornemental.

La palette expressive des concertos de Mozart s'enrichit de manière totalement nouvelle avec les deux premiers concertos de 1785, K. 466 en *ré* mineur et K. 467 en *ut* majeur. Dans le fiévreux allegro initial du concerto en *ré* mineur, le piano et l'orchestre s'opposent tout du long, et la tension ne se relâche nullement dans la réexposition, où le second thème est transformé — plus que l'harmonie ne l'exige -, dans le ton plaintif de la tonique mineure. Le deuxième mouvement, une romance en *si* bémol majeur, comporte un épisode très expressif en *sol* mineur, tandis que le finale est un vigoureux rondo de sonate (anticipant sur le finale en mineur du troisième concerto pour piano de Beethoven) avec une lumineuse coda dans la tonalité majeure principale.

Au cours de l'hiver et du printemps de 1785-1786, Mozart acheva trois autres concertos, K. 482, 488 et 491, tous pour ses propres concerts, et qui sont les premiers à utiliser les clarinettes (K. 488 fut commencé en 1784 environ, avec des hautbois à la place des clarinettes). K. 482 et 488 sont des œuvres complémentaires, l'une avec une écriture pianistique élaborée, saturée des timbres des bois, l'autre plus délicate et plus lyrique, avec un orchestre plus réduit que K. 482, et un mouvement lent dans la tonalité peu habituelle de *fa* dièse mineur. Le concerto en *ut* mineur K. 491 est encore plus sombre que l'œuvre antérieure en *ré* mineur. On en a souvent vanté l'intégration thématique. Ainsi, la progression mélodique *do*, *mi* bémol, *la* bémol, *sol* dans les trois premières mesures du concerto anticipent sur les deux épisodes du larghetto en *mi* bémol, respectivement en *ut* mineur et *la* bémol majeur. La progression conjointe *la* bémol-*sol* réapparaît à la basse du thème du finale et dans les variations 1 à 3 ; et la même progression est projetée à une échelle plus large par la variation 4 (en *la* bémol majeur) et la variation 5 (qui commence par un *la* bémol à la basse résolu sur un *sol*). Le concerto en *ut* majeur, K. 503 (décembre 1786), est le dernier des concertos « monumentaux » de Mozart. La limpidité de l'instrumentation et les inflexions troublantes du premier mouvement, vers la tonique et la dominante mineures (en contraste avec la riche palette harmonique et orchestrale des concertos de 1784-1785) sont autant de signes d'une rigueur nouvelle de l'écriture, d'un progrès vers ce style plus tendu qui caractérise la musique des dernières années de Mozart. Cette évolution est encore plus prononcée dans K. 537, achevé en 1788 : des blocs de matériau mélodique se détachent de passages de transition presque neutres, notamment dans le finale. On a vu dans cette œuvre, où le lyrisme est contenu dans le plus limpide des dessins formels, le plus grand des concertos pour piano pré-romantiques (Rosen 1971).

Mozart composa peu de symphonies au cours des années viennoises, encore qu'il ait repris certaines œuvres salzbourgeoises. Les nouvelles symphonies écrites jusqu'en 1787 sont les symphonies « Haffner » K. 385 (1782, mais révisée, sans doute en 1783), « Linz » K. 425 (1783) et « Prague » K. 504 (1786). Les deux premières furent, semble-t-il, composées hâtivement : « Linz » (sa première symphonie avec une introduction lente) au cours de son séjour dans cette ville, où il n'avait aucune autre œuvre achevée sous la main ; « Haffner » pour répondre à une commande de la famille salzbourgeoise du même nom — Mozart envoya la musique à Salzbourg dès qu'il l'eut achevée, et s'en étonna six mois plus tard lorsqu'il la revit : « Ma nouvelle symphonie " Haffner " m'a tout à fait surpris ; je n'en savais plus le moindre mot. » (Lettre du 15 février 1783). La symphonie « Prague », en *ré* majeur, comporte elle aussi une introduction lente. Cette section gravite autour de la tonique mineure puis conduit vers un allegro de sonate dans la tonalité majeure, d'une intense concentration dans ses motifs et d'une écriture contrapuntique. Suit un tendre andante, étrangement chromatique, puis un finale dans le style de l'*opera buffa*, avec une allusion au duo de Susanna et Cherubino à l'acte II de *Figaro*, très apprécié à Prague à cette époque.

Au cours de l'été de 1788 Mozart acheva ses trois dernières symphonies, K. 543 en *mi* bémol majeur, K. 550 en *sol* mineur et K. 551 en *ut* majeur. Il est peu vraisemblable qu'il ait composé ces œuvres sans avoir une exécution précise en vue. Peut-être étaient-elles destinées à des concerts par souscription à l'automne de 1788, et sans doute les emmena-t-il avec lui dans ses voyages de 1789 et 1790. Une symphonie de Mozart fut donnée lors d'un concert public à Vienne en 1791, et on peut supposer qu'il s'agit de l'une de ces trois dernières (Landon 1988). L'orchestration est différente pour chacune des symphonies : K. 543 ne comporte pas de hautbois, et les clarinettes y jouent tout du long un rôle prééminent, notamment dans le trio ; K. 550 n'a ni trompettes ni timbales, et, quelque temps après la composition, des parties de clarinette furent ajoutées et les parties de hautbois révisées ; K. 551 utilise trompettes et timbales dans ses brillants mouvements extrêmes et dans le menuet ; dans l'andante, les cordes sont munies de sourdines, créant un saisissant contraste de timbres.

Le premier mouvement de chacune de ces symphonies est une forme sonate avec une réexposition relativement régulière. K. 543 commence par une introduction lente, où l'on entend les rythmes pointés de l'ouverture à la française. Einstein prêtait une signification maçonnique à ses accords répétés et aux tenues inhabituelles de l'allegro qui suit. Le premier mouvement de K. 551 comporte une « fausse » réexposition à la sous-dominante — procédé que Mozart utilise rarement ; on en trouve un exemple analogue, où la fausse réexposition conduit à la suite du développement plutôt qu'à la vraie réexposition, dans l'ouverture de *Die Zauberflöte*. Dans les mouvements lents, la recomposition des sections formelles qui sont répétées est soulignée par une nouvelle orchestration. Celui de K. 550 commence par une intense marche en imitations — version classique d'une écriture typiquement haendelienne. Chaque symphonie comporte un menuet et trio ; celui de K. 550 est résolument peu traditionnel, avec ses groupes de trois mesures au début et une contremélodie hachée sous le thème principal dans la section centrale.

Les finales des trois œuvres sont vivement contrastés. Celui de K. 551 est une grandiose forme sonate de style fugué, avec une coda élaboré en contrepoint renversable. Le dernier mouvement de K. 543 est monothématique, et ce monothématisme n'est pas en premier lieu un hommage à Haydn, mais plutôt une version explicite d'un principe fondamental de toute la musique de la maturité de Mozart : celui d'une unité thématique sous-jacente. La codetta et la coda de ce mouvement commencent par des phrases de six mesures qui rappellent la saisissante phrase de six mesures au début du deuxième thème (issue à son tour des phrases de quatre mesures du premier thème). A la lumière de ces phrases de six mesures, la paire de figures de trois mesures en doubles croches, dans la coda, conclut de manière adéquate le mouvement. Le finale agité de K. 550 est célèbre pour l'instabilité tonale du début du développement, qu'on n'a pas hésité à qualifier de pré-sériel en raison de son chromatisme exacerbé. Comme dans un passage équivalent de la section de développement du premier mouvement du quatuor en *mi* bémol majeur K. 428 (421b), chaque note de ce geste qui trouble la tonalité au début du développement est ensuite harmonisée dans le cours du développement.

K. 551 est la dernière œuvre orchestrale de Mozart, mis à part les nombreuses danses qu'il composa au titre de ses fonctions à la cour viennoise (à partir de 1787). Nombre d'entre elles ont une instrumentation haute en couleur et des éclairs d'audace harmonique, mais ne correspondent guère aux commandes que Mozart souhaitait honorer. C'est à propos de telles musiques de danse qu'il aurait, dit-on, noté sur un reçu : « Trop pour ce que j'ai fait, trop peu pour ce que je pourrais faire. »

Musique pour piano seul

La date de composition des sonates pour piano K. 330 (300h), 331 (300i), 332 (300k) et 333 (315c) demeure incertaine. Köchel propose 1779, Einstein 1778, et Tyson l'été ou l'automne de 1783, au moment où Mozart aurait eu besoin de nouvelles pièces à des fins didactiques (Tyson 1987). Ces sonates comprennent certaines des œuvres pour piano les plus populaires de Mozart, notamment les premiers mouvements lyriques de K. 332 (300k) et 333 (315c), et la série de variations qui ouvre la sonate en *la* majeur K. 331 (300i) et qui a fait l'objet de nombreuses analyses. K. 330 (300 h) et 332 (300k) suivent le même plan — des mouvements extrêmes de forme sonate qui encadrent un mouvement lent en style d'aria (avec des différences dans l'ornementation entre l'autographe et la première édition de K. 332 (300k)). K. 331 (300i) se termine par un exubérant allegretto *alla turca* et K. 333 (315c) par un rondo dont le début reprend le dessin des mesures initiales du premier mouvement. Le deuxième mouvement de K. 331 (300i) est un menuet et trio, où l'on notera, dans le trio, les effets d'écho qui déstabilisent la mesure.

Les autres œuvres pour clavier de Mozart des débuts des années 1780 comprennent un certain nombre de fugues inachevées, la suite dans le goût baroque K. 399 (385i) et une fugue élaborée en *ut* mineur pour deux pianos, K. 426 — toutes œuvres qui témoignent de l'intérêt qu'il portait à cette époque à la musique contrapuntique de J.S. Bach et Haendel. Mozart transcrivit également au début des années 1780 une série de fugues pour clavecin de J.S. Bach, et réorchestra par la suite diverses œuvres vocales de Haendel, dont *Messiah*. Einstein et d'autres musicologues pensent que l'étude de ces compositeurs du baroque (tous deux méconnus à Vienne à cette époque) eut un impact décisif sur l'évolution musicale de Mozart et fut la source d'inspiration des grandioses finales contrapuntiques d'œuvres comme le quatuor à cordes K. 387 ou la symphonie « Jupiter », ainsi que de passages plus brefs de contrepoint explicite ou « incident » dans bien d'autres compositions viennoises de Mozart. Sadie, en revanche, considère la présence accrue de contrepoint dans la musique de Mozart de cette époque comme le corollaire naturel de sa maturation stylistique.

Les deux sonates pour piano suivantes sont datées par Mozart dans le catalogue thématique qu'il commença à tenir en 1784 : K. 457, d'octobre 1784, et K. 533, qui consiste en deux mouvements achevés en janvier 1788, suivis par une version légèrement révisée du rondo K. 494, de juin 1786. Il publia K. 457 avec la fantaisie en *ut* mineur K. 475 ; d'autres fantaisies inachevées datent du début des années 1780. Les liens thématiques entre la fantaisie et la sonate en *ut* mineur sont plus que fugaces, et les deux pièces partagent le même climat dramatique, bien que le contraste soit vif sur le plan formel, le caractère imprévisible et l'instabilité harmonique de la fantaisie étant équilibrés par les trois mouvements traditionnels de la sonate. Le deuxième mouvement de K. 533 est de caractère introspectif et d'un chromatisme aventureux ; le rondo final comporte un épisode expressif dans la tonalité principale et une intéressante progression fuguée (absente de la version originale de K. 494) qui conduit à la coda. Au moment où il écrivait ses dernières symphonies, Mozart composa la sonate K. 545 en *ut* majeur, dont il disait qu'elle était « pour les débutants » ; le bref rondo final est cependant d'une grande subtilité technique, tandis que le premier mouvement est un modèle d'ingéniosité dans l'écriture : la réexposition est dans le ton de la sous-dominante, mais plutôt que de transposer exactement l'exposition, Mozart prolonge la transition dans la réexposition puis varie le registre du deuxième thème, commençant une quinte plus bas que dans l'exposition, mais terminant un quarte plus haut, comme pour souligner ce *mi* aigu qui a une telle importance dans la structure globale du mouvement.

Pour le piano seul Mozart écrivit également au cours des années 1781-1788 plusieurs séries de variations, dont les plus connues sont sur un thème de Gluck, K. 455, et les plus belles peut-être les variations à quatre mains sur un thème original, K. 501 (1786), où la structure n'est pas tant ornée que développée organiquement au travers de chaque variation. Mozart acheva deux autres œuvres pour piano à quatre mains au cours de cette période, l'imposante sonate K. 497 (1786), avec une pesante introduction lente, et sa dernière sonate à quatre mains, la brillante sonate K. 521 de mai 1787. Plusieurs remarquables pièces brèves pour piano datent de la fin de cette période, dont le délicat et expressif rondo K. 511 (1787), l'adagio K. 540 (1788), chargé d'émotion, qui se noie rapidement dans les figurations de détail, et un menuet au chromatisme insondable, K. 355 (576b) (1789-1790 ?).

Musique de chambre

En 1781, Mozart publia une série de six sonates pour piano et violon. Parmi celles-ci, K. 296 avait été écrit plus tôt, à Mannheim, tandis que K. 378 (317d) provient peut-être de Salzbourg. Les autres furent composées à Vienne l'année de la publication. Un critique contemporain nota que « ces sonates exigent un exécutant tout aussi habile au violon qu'au clavier » et qu'elles étaient « riches en idées nouvelles ». K. 377 (374e) comporte en guise de mouvement lent une série de variations en mode mineur délicatement plaintives, dont la sixième variation, une sicilienne, préfigure de manière saisissante le thème du finale à variations du quatuor à cordes en *ré* mineur K. 421 (417b). K. 379 (373a) est la seule sonate en deux mouvements de toute la série. Le premier mouvement comprend un adagio en *sol* majeur suivi d'un allegro en *sol* mineur. Cet allegro commence comme s'il s'agissait d'une forme sonate, avec deux sections répétées, mais le « développement » ne compte que douze mesures, et le premier thème subit des transformations radicales vers le début de la réexposition. Le second mouvement, une série de variations en majeur, révèle ses liens organiques avec le premier mouvement de la manière la plus explicite après la double barre de la variation 5, où les amples accords du piano dans un registre grave rappellent le caractère de l'adagio initial. Les deux autres sonates pour piano et violon achevées dans la première partie de cette décennie sont K. 454, écrite pour la violoniste Strinasacchi, en 1784, avec une introduction lente et un finale d'une longueur inhabituelle, mais de texture légère, d'une écriture brillante pour les deux instruments ; et K. 481, de la fin de 1785. Cette dernière sonate est moins populaire que son prédécesseur, mais tout aussi frappante, avec le thème et la texture contrastants du développement du premier mouvement qui annonce à la fois la coda bâtie sur le premier thème et une section médiane du second mouvement. Dans le second mouvement, en *la* bémol majeur, Mozart doit recourir à une notation enharmonique dont il n'est pas coutumier : les deux sections notées avec une armure de *la* majeur se concluent avec un accord sur le sixième degré bémolisé de *la* bémol majeur (noté *mi*, et non *fa* bémol), qui finit par se résoudre, comme chez Schubert, sur la dominante de la tonalité principale.

Les autres œuvres de chambre avec piano écrites entre 1781 et 1786 comprennent K. 452, le quintette pour piano et instruments à vent, de 1784 (que Mozart considérait à l'époque comme « la meilleure œuvre que j'aie jamais composée ») ; les quatuors pour piano K. 478 et 493 (1785 et 1786) ; les trios pour piano et cordes K. 496 et 502 (1786) ; et le trio pour piano, clarinette et alto K. 498 (1786). Dans chacune de ces œuvres, le piano équilibre les autres instruments, et se voit confier des passages particulièrement extravertis, de style concertant, dans l'orageux quintette en *sol* mineur K. 478 et le trio K. 502. L'éditeur Hoffmeister craignait apparemment que le public ne trouve K. 478 trop difficile et que l'œuvre se vende mal. Pourtant, dans un article sur l'un des quatuors pour piano de Mozart, de 1788, un auteur anonyme notait que les habitudes de ses contemporains en matière d'exécution — les pièces étaient insuffisamment répétées et jouées par des dilettantes lors de

285

réunions bruyantes — n'étaient guère pour faciliter la compréhension d'une musique nouvelle et difficile : « Quelle différence, lorsque cette œuvre d'art très controversée était jouée dans une salle silencieuse, où même la suspension de chaque note n'échappe pas à l'oreille à l'affût, et en présence de deux ou trois personnes attentives seulement. »

Du moins les pièces de Mozart venues couronner sa musique de chambre écrite jusqu'au milieu des années 1780 — ses six quatuors dédiés à Haydn — furent-elles exécutées pour la première fois dans des conditions idéales. Haydn entendit cette première exécution, en janvier 1785, et trois des quatuors furent rejoués le mois suivant, à nouveau en présence de Haydn. C'est en cette seconde occasion que Haydn déclara à Leopold : « Je vous le dis devant Dieu et en tant qu'honnête homme : votre fils est le plus grand compositeur que je connaisse, en personne ou de nom. Il a du goût et, qui plus est, la plus profonde connaissance de la composition. »

Mozart voyait dans ces œuvres les « fruits d'un long et laborieux travail », et les modifications qu'il fit aux manuscrits autographes, d'une minutie peu habituelle, de même que ses esquisses et les révisions effectuées juste avant la publication, semblent confirmer ses dires. On a souvent noté ce que ces œuvres devaient aux quatuors op. 33 que Haydn venait d'achever, non seulement dans les parentés thématiques, mais aussi dans l'importance égale accordée aux quatre instruments, les finales contrapuntiques de K. 387 et 464 et les relations motiviques précises au sein des mouvements et entre ceux-ci. Le quatuor en *la* majeur K. 464 offre un bel exemple de ces dernières. Un motif chromatique initial reapparaît, sous différentes formes, dans la transition, le deuxième thème et la coda du premier mouvement, dans la reprise légèrement variée de la première section du menuet, à la basse lorsque le thème des variations revient pour conclure le troisième mouvement et tout au long du finale. L'introduction « dissonante » du premier mouvement de K. 465 n'a jamais manqué de surprendre les auditoires de Mozart. Son contemporain, Giuseppe Sarti, considérait ces audaces harmoniques comme autant de faiblesses d'écriture, tandis qu'un commentateur du XXe siècle s'étonne de ce qu'« elles ne s'accordent pas avec le style limpide du reste du quatuor ». En réalité, cette introduction est une méditation sur des idées qui reviennent tout au long de l'œuvre. Les allusions à *ut* mineur reparaissent ainsi juste avant la réexposition du premier mouvement et annoncent la tonalité et la sonorité étrange du trio du troisième mouvement, de même que les couleurs d'*ut* mineur au début du développement du finale. Les notes répétées du violoncelle dès le début de l'introduction reviennent dans diverses transformations pour commencer l'exposition, le développement, la réexposition et la coda du premier mouvement. Ces notes répétées sont ensuite ornées par le violoncelle dans le deuxième thème du second mouvement, juste avant que les autres instruments ne rappellent l'écriture en imitation de l'adagio introductif. Dans ce quatuor, comme dans tous les autres du recueil, chaque détail a son importance.

En 1786 Mozart composa un seul quatuor à cordes, K. 499 en *ré* majeur, d'une clarté d'écriture remarquable, avec des passages où le premier violon plane au-dessus des autres instruments. Dans la coda du premier mouvement, un *fa* naturel, soutenu par un accord diminué, est suivi d'un *fa* dièse dans une progression cadentielle qui rappelle les *fa* et *fa* dièse convergents dans deux passages précédents de l'œuvre (vers le début du développement et lors de la réexposition du deuxième thème), et elle annonce le climax dramatique sur une sixte augmentée dans le mouvement lent (mes. 82-89).

Mozart écrivit deux de ses œuvres de chambre les plus exceptionnelles en 1787. Le quintette à cordes en *ut* majeur K. 515 se distingue par l'ampleur de ses mouvements extrêmes (on a dit du premier que c'était « le plus grand allegro de sonate avant Beethoven ») et le phrasé inhabituel du menuet (le début du menuet consiste en huit mesures étendues à dix, et non en deux phrases de cinq mesures, comme le début du premier mouvement). Le quintette à cordes en *sol* mineur K. 516 comporte un premier mouvement où Mozart recourt à la technique de développement par variation dans l'exposition et la réexposition (avec une section de développement proprement dit d'autant plus concise), un menuet au chromatisme implacable (excroissance thématique du premier mouvement), un mouvement lent en sourdine et une sombre introduction *adagio* (qui offre une sorte de synopsis du matériau harmonique et mélodique essentiel de l'œuvre) précédant le finale. Peu après ce quintette en *sol* mineur, Mozart acheva la sonate pour piano et violon K. 526. L'œuvre est composée d'un premier mouvement *allegro molto* de forme sonate, où les rapides échanges de matériau thématique sont équitablement répartis entre le violon et la main droite du piano ; d'un andante voilé, avec une ligne mélodique fragmentaire et un accompagnement d'une expressivité déconcertante ; et enfin d'un finale virtuose, où la distinction entre mélodie et accompagnement est souvent suspendue dans la texture contrapuntique décharnée de Mozart.

Deux œuvres achevées à l'été de 1787 sont destinées à des groupes d'instruments solistes, bien qu'aucune des deux ne puisse en toute rigueur être classée parmi la musique de chambre : *Eine kleine Nachtmusik* (*Une petite musique de nuit*), œuvre raffinée pour quatuor à cordes et contrebasse, et *Ein musikalischer Spass* (*Une plaisanterie musicale*) K. 522, parodie où Einstein voyait une clef négative pour toute l'esthétique de Mozart : les instrumentistes incompétents sont ridiculisés par les fausses notes criantes du cor dans le menuet, les méandres de la cadence du violon dans le troisième mouvement, conclue par une gamme ascendante qui dépasse son but d'au moins un ton, et la cadence finale, d'une polytonalité douloureuse. Mozart se moque de certains compositeurs au moyen de mesures de longueur inhabituelle, de fastidieuses alternances de tonique et de dominante au début du premier mouvement, d'entrées instrumentales qui semblent arriver trop tôt ou trop tard, et d'une absence manifeste de développement des motifs, notamment dans les mouvements extrêmes. Le danger, comme le souligne Jahn, est que « seul le contexte nous assure qu'aucune véritable erreur ne s'est produite, et que le compositeur ne mérite pas d'être sifflé pour son propre compte ».

Des trois trios pour piano composés en 1788, celui en *mi* majeur K. 542 est le plus exceptionnel, avec ses lignes mélodiques particulièrement heureuses et ses parentés thématiques ; le motif de quintes descendantes, *do* dièse-*fa* dièse/*si-mi*, vers la fin du solo de piano initial, revient ainsi deux mouvements plus loin, dans les toutes dernières mesures. Pourtant, malgré la supériorité d'écriture du trio en *mi* majeur et de son prédécesseur en *si* bémol majeur K. 502 (1786), on note certaines ressemblances évidentes, quoique superficielles, entre ces deux œuvres et les autres trios pour piano de 1788, K. 548 en *ut* majeur et K. 564 en *sol* majeur. Les quatre pièces suivent le même plan d'ensemble : un mouvement de forme sonate, toujours *allegro* et sans coda distincte, puis un mouvement lent dans le ton de la sous-dominante, et enfin un rondo, qui commence par le piano solo. Mozart n'a jamais adopté dans ses autres groupes d'œuvres de chambre un moule formel aussi rigide. Son unique trio authentifié pour violon, alto et violoncelle, K. 563, fut écrit à peu près à la même époque. Baptisé divertimento, il se rattache clairement à cette tradition par le nombre et le type de ses mouvements (six, dont deux menuets). Il s'agit pourtant d'une œuvre de musique de chambre dont le statut est comparable à celui du trio pour piano en *mi* majeur, non seulement par ses mouvements extrêmes de conception ample et son adagio ornemental, mais aussi par les audacieuses modifications de la structure thématique dans la série de variations du quatrième mouvement.

Opéra

Die Entführung aus dem Serail fut composé entre juillet 1781 et mai 1782. Le livret de Stephanie, d'après Bretzner, rappelle celui de *Zaide* et d'autres opéras « turcs » de l'époque ; Mozart, dans une lettre à son père, dit (à propos de l'air de Belmonte) qu'« il ne pourrait guère être mieux écrit pour la musique ». La correspondance de Wolfgang et Leopold montre qu'il attendait de Stephanie des changements significatifs dans le récit : le rôle de Belmonte fut ainsi développé (trois de ses quatre airs furent ajoutés par Stephanie, dont un au moins à la demande de Mozart), et Osmin, qui n'avait au départ qu'un air soliste, se trouve musicalement sur un pied d'égalité avec les deux amants. Faisant référence à la nouvelle aria d'Osmin à l'acte I, Mozart écrit : « J'ai tout indiqué au sieur Stephanie pour l'aria, et l'essentiel de la musique était achevé avant que Stephanie n'en sût le moindre mot » ; à ses yeux c'était donc le compositeur, et non le librettiste, qui était responsable de l'effet dramatique global, comme le confirme sa célèbre remarque faite dans une lettre écrite quelques semaines plus tard : « Dans l'opéra, la poésie doit absolument toute être la fille obéissante de la musique. »

Die Entführung mêle les éléments traditionnels du *Singspiel* — musique « turque », dialogues parlés (y compris aux moments cruciaux de l'intrigue) et scènes comiques — aux styles musicaux empruntés aux autres genres d'opéra : à l'*opera seria* pour l'aria de Konstanze « Martern aller Arten », à l'*opera buffa* pour le quatuor final de l'acte II. Mais Mozart va au-delà de la tradition avec son plan tonal d'ensemble, d'une grande efficacité dramatique. L'opéra est organisé autour de la tonalité « turque » d'*ut* majeur, l'accent secondaire étant mis sur *ré* majeur dans les moments brillants et sur *si* bémol majeur pour les expressions plus sublimes (voir Baumann 1988). L'exemple le plus célèbre de cette définition précise du climat et du caractère au sein d'un même numéro est le tournant de *fa* majeur à *la* mineur à la fin de l'aria d'Osmin dans l'acte I, que Mozart explique ainsi dans une lettre à son père : « Car un homme qui se trouve dans une colère aussi violente outrepasse tout ordre, toute mesure et toute limite ; il ne se connaît plus ; il faut donc que la musique elle aussi ne se connaisse plus. »

Reflétant l'évolution des goûts des Viennois, Mozart s'est ensuite tourné vers des livrets italiens pour ses opéras. Dans une lettre à son père du 7 mai 1783, il écrit : « J'aimerais beaucoup me produire aussi dans un opéra italien. » Dans la même lettre, il dit que Da Ponte — qui venait d'être engagé au service de Joseph II — lui a promis un livret, tout en demandant si entre-temps on ne pourrait pas persuader Varesco (le librettiste d'*Idomeneo*) d'en fournir un : « L'essentiel est que l'ensemble soit vraiment comique ; et, si possible, qu'il introduise *deux rôles féminins également bons*. L'un doit être *seria*, mais l'autre peut être *mezzo carattere* [entre le comique et le sérieux] [...] la troisième femme peut être tout à fait *buffa*, ainsi que tous les hommes, si nécessaire. »

Au cours de l'été de 1783, Mozart s'entretint avec Varesco d'un projet d'opéra, *L'oca del Cairo*, et vers cette même époque il parla à son père d'un autre livret qui l'intéressait, sans doute *Lo sposo deluso* de Da Ponte. Les deux projets restèrent inachevés, peut-être parce qu'aucun des deux ne fit l'objet d'une commande officielle. Pendant les quelques années suivantes, il écrivit des airs isolés destinés à être insérés dans des opéras d'autres compositeurs, ou à l'intention de chanteurs précis. Puis, au début de 1786, il composa la musique de *Der Schauspieldirektor* (une ouverture, un trio, deux arias et le *Schlussgesang*, chant final), et peu de temps après il donna une représentation d'*Idomeneo* dans une version révisée. Sa principale production de 1786 fut *Le nozze di Figaro*, sur un livret de Da Ponte.

Da Ponte avait tiré son livret de la célèbre pièce de Beaumarchais, *La folle journée, ou Le mariage de Figaro* (1778). Son message politique avait valu aux représentations publiques d'être censurées en France jusqu'en 1784, et Joseph II, à Vienne, en avait interdit la représentation en traduction allemande au début de 1785. Dans ses *Mémoires*, Da Ponte prétend avoir persuadé Joseph d'autoriser l'adaptation de *Figaro* sous forme d'opéra. Le librettiste changea l'ordre de certaines sections, en combina plusieurs autres et ajouta quelques numéros qui ne figurent pas dans la pièce, transformant ce qui était une satire politique en comédie amoureuse (voir Allanbrook 1983).

Les personnages de *Figaro* correspondent de façon générale à ceux que Mozart estimait essentiels à un authentique livret comique (voir la lettre de 1783 citée ci-dessus). Les rôles de la comtesse et de Susanna sont d'importance égale. Celui de la comtesse se rapproche le plus d'un rôle féminin *seria*, notamment dans son aria

« Dove sono ». Susanna est un *mezzo carattere*, dont le rôle correspond au spectre expressif le plus large — de la comédie, dans son
duo avec Cherubino, à son air transcendant final, en passant par
son intime duo de la lettre avec la comtesse. Les éléments bouffes
sont plus ou moins intégrés aux rôles masculins : dans la tirade de
Figaro contre les femmes, le langoureux « Non so più » de Cherubino, la musique du comte au début du finale de l'acte II et la parodie du style sérieux dans l'air de vengeance de Bartolo.

Les grands finales des actes II et IV se rattachent également à
la tradition de l'*opera buffa*. La musique magistrale de Mozart
reflète l'ingénieux agencement de l'action dramatique conçu par Da
Ponte (et souligné par des changements de mètre poétique).
Conformément aux usages de l'*opera buffa* viennois dans les années
1780 (Platoff 1984), le premier finale (c'est-à-dire celui de l'acte II)
correspond au moment le plus complexe de l'action, tandis que le
second (acte IV) résout le drame, dans un style moins vigoureux.
Chacun des finales consiste en une série de sections contrastantes,
délimitées dramatiquement par l'introduction d'un nouveau personnage ou d'un nouvel aspect de l'intrigue, et musicalement par
des changements de tempo, de mesure, de tonalité ou de construction motivique. Les finales ont leur propre centre tonal (*mi* bémol
majeur pour celui de l'acte II, *ré* majeur pour celui de l'acte IV), les
sections internes utilisant des tonalités voisines. Pour Da Ponte, ce
genre de finale *buffo* doit être « une petite comédie par soi-même
[...] C'est là que doit se déployer le talent du musicien et celui des
acteurs, et se concentrer tout l'effet de la pièce ».

Peu après sa première à Vienne, *Figaro* remporta un vif succès
à Prague. Et avant que Mozart ne quitte Prague en février 1787, on
l'invita à composer un nouvel opéra pour la saison suivante : *Don
Giovanni*. Le livret était à nouveau de Da Ponte, qui le qualifia de
dramma giocoso, appellation employée par le dramaturge Goldoni
vers 1750 pour désigner une sorte nouvelle d'*opera buffa* comportant des personnages variés, du comique au sérieux. (Goldoni signa
sa version de l'histoire de Don Juan en 1736, et Mozart mit en
musique l'un des livrets de Goldoni — *La finta semplice* — en
1768.) A la différence de *Figaro*, fondé sur une pièce autrefois
interdite pour ses critiques sociales, le mythe de Don Juan avait ses
origines dans diverses sources littéraires et populaires (la première
pièce sur ce thème que l'on connaisse, de Tirso de Molina, date du
début du XVIIe siècle) : le libertin Don Juan séduit les femmes les
unes après les autres avant d'être puni par le Ciel. Le modèle le plus

291

direct pour l'action du livret de Da Ponte, et même parfois pour la langue de sections entières, était le *Don Giovanni* de Bertati, donné pour la première fois avec une musique de Giuseppe Gazzaniga à Venise au début de 1787.

Traditionnellement, l'histoire de Don Juan consistait en une succession de scènes toutes conçues pour illustrer la dépravation du personnage ; il incombait donc au librettiste de leur fournir une cohésion dramatique. Da Ponte donna au déroulement du récit une certaine logique fataliste en mettant en parallèle l'action de l'acte I et de l'acte II : les deux commencent à l'extérieur et finissent à l'intérieur, et les événements de chaque acte réunissent progressivement les antagonistes de Don Giovanni, culminant avec la scène de bal à la fin de l'acte I et le banquet, la descente de Don Giovanni aux enfers et un chœur moralisateur pour conclure l'acte II. Les épisodes correspondants n'ont cependant pas toujours la même signification, et certains n'ont du reste pas d'équivalent, telle la scène du cimetière. Le parallélisme de structure dramatique des deux actes du livret est souligné dans une certaine mesure par le schéma tonal de Mozart dans les sections initiale et conclusive de l'opéra (encore que la progression de *ré* mineur-*ré* majeur-*ré* mineur au début soit changée en *ré* majeur, puis mineur, puis majeur à nouveau à la fin). Ce schéma est étudié en détail par Rushton (1981), selon qui Mozart fournit d'évidents « indices indirects » des correspondances tonales extrêmement espacées dans le temps, en soulignant ces points d'harmonies, de styles musicaux, de mélodies et d'instrumentations semblables — l'exemple le plus célèbre étant la réapparition d'une section de l'ouverture en *ré* mineur lorsque Don Giovanni affronte le commandeur pour la dernière fois.

Dans la nouvelle *Don Juan* de E.T.A. Hoffmann, qui exerça une influence considérable, Donna Anna est la contrepartie spirituelle de Don Giovanni, « femme divine », condamnée à mourir avant la fin de l'année, et obligeant le « froid, peu viril et ordinaire Don Ottavio, qu'elle pensait autrefois aimer », à se venger de son séducteur, Don Giovanni. L'aria tripartite de Donna Anna (n° 10, précédé d'un récitatif accompagné dramatique) est la pièce de style « sérieux » la plus pure, avec son ample mélodie unifiée par la relation conjointe entre les notes les plus aiguës. Le XXe siècle fait souvent de Donna Elvira le personnage féminin central. Sa personnalité est encore plus complexe que celle de Donna Anna, sa musique moins conventionnelle, voire excentrique, telle sa première aria (avec le commentaire malveillant de Don Giovanni et de Leporello), où sa première entrée semble arriver avec une mesure de retard, ou encore la ligne mélodique disjointe, « hystérique », de ce numéro et d'autres.

Dans quelle mesure Don Giovanni est-il le vrai protagoniste ? La question reste ouverte. Bien qu'il s'agisse du rôle titre, et que ses exploits fournissent à l'opéra sa substance, il ne chante aucun air où il soit question de lui-même ; sa seule remarque sur les motifs de son comportement (« les femmes... ne sais-tu pas qu'elles me sont plus nécessaires que le pain que je mange ? ») lui est arrachée par Leporello lorsqu'il cherche à justifier son affligeante conduite. Malgré sa nature sombre et ses liens intimes avec Donna Anna, l'héroïne *seria*, il chante le plus souvent dans le style bouffe ; s'il change de style, c'est pour singer ses proies. « Giovanni, dit Rushton, a besoin de Leporello en guise d'ombre, car lui-même n'en projette pas, tellement il court vite [...] Mozart ne lui donne délibérément aucune profondeur. »

Don Giovanni, comme *Figaro*, se déroule en l'espace d'une seule journée, Don Giovanni se livrant à ses plus outrageantes actions sous couvert d'obscurité : il s'attaque à Donna Anna, puis tue son père au début ; il défie les puissances surnaturelles dans la scène du cimetière avant d'être précipité aux enfers à la fin. Mais alors que les personnages de *Figaro* épurent la moralité de leur époque, au sein de stuctures sociales conventionnelles, Don Giovanni et Donna Anna vivent largement à l'écart des conventions sociales. Et si *Figaro* est fondé sur des conflits et réconciliations humains, *Don Giovanni* en appelle au surnaturel.

1789-1791 : la voie vers un style nouveau

Après les années 1781-1788, d'une fécondité exceptionnelle, la production d'œuvres de grande envergure marque le pas chez Mozart. Certains commentateurs ont dit que ce changement d'allure reflète les difficultés de sa situation personnelle à la fin des années 1780 — notamment ses problèmes pécuniaires. En 1791 cette situation s'était cependant améliorée. Il venait de recevoir confirmation de sa nomination aux fonctions de maître de chapelle adjoint de Saint-Etienne — poste non rémunéré, mais qui lui assurait le moment venu l'emploi prestigieux de maître de chapelle. Il avait en outre donné des concerts à l'étranger et fait régulièrement publier ses compositions. D'autres pensent en revanche que les esquisses des dernières œuvres de Mozart trahissent des difficultés croissantes avec le processus de composition — encore qu'on ne puisse savoir si d'éventuelles esquisses pour ses œuvres antérieures sont perdues. A cela s'ajoute le fait que la société viennoise était de moins en moins fortunée, si bien qu'on renonçait aux concerts par souscription et aux grands orchestres au profit de divertissements musicaux moins onéreux. Quelle qu'ait pu être l'influence des événements extérieurs, vers la fin de sa vie la musique de Mozart se fait moins lyrique, plus concise, voire par moments franchement expérimentale. Certains musicologues situent cette évolution à l'été ou à l'automne de 1788, à l'époque des dernières symphonies ; d'autres en voient les prémices encore plus tôt, dans les deux quintettes à cordes K. 515 et 516, la sonate pour piano et violon K. 526 et *Don Giovanni* de 1787. Toujours est-il qu'en 1789 cette tendance marque des œuvres comme les derniers quatuors et l'opéra *Così fan tutte*.

Œuvres instrumentales

Les trois derniers quatuors à cordes, K. 575, 589 et 590, furent achevés en juin 1789, et mai et juin 1790. Mozart note dans son catalogue thématique que le premier était destiné à « Sa Majesté le roi de Prusse » ; il confia à son frère en maçonnerie Puchberg (lettre de juillet 1789) qu'il avait l'intention de dédier une série de six quatuors au roi de Prusse. Mais, dans une lettre de juin 1790, il avouait : « Je suis maintenant contraint de céder mes quatuors pour de la pacotille, uniquement pour avoir un peu d'argent ». Les trois œuvres furent finalement publiées juste après la mort de Mozart, sans dédicace. Dans chacun des quatre mouvements de K. 575, Mozart confie d'importants passages au violoncelle, en hommage au roi, qui était violoncelliste, mais peut-être également à titre d'expérience avec la texture du quatuor à cordes ; l'instrument monte parfois plus d'une octave au-dessus du *do* du milieu — le registre (mais non le timbre) du premier violon lorsqu'il joue des figures analogues. Le violoncelle joue également un rôle de premier plan dans les premiers mouvements de K. 589 et 590 et dans le mouvement lent de K. 589. Dans les menuets et trios et dans les finales des deux derniers quatuors, l'écriture soliste du violoncelle disparaît. Les octaves à vide après la double barre du menuet de K. 575, marquées *forte* puis d'une succession de *forte-piano*, suivies d'un échange pointilliste de noires *piano* entre les trois instruments aigus, introduisent un « effet » nouveau dans la musique de chambre de Mozart (à ne pas confondre avec les passages à l'unisson quelque peu gauches du quatuor plus ancien en *ré* mineur) ; et ces octaves annoncent les froides octaves à l'unisson qui ouvrent le premier mouvement de K. 589 et reviennent ensuite avec insistance.

Mozart acheva deux autres quintettes à cordes : K. 593 en 1790 et K. 614 en 1791. Dans K. 593, en *ré* majeur, le larghetto initial et les huit premières mesures de l'allegro qui suit reviennent, légèrement variés, en guise de coda du mouvement. Les deux larghettos, initial et conclusif, comportent une progression de *ré* majeur à *mi* mineur qui figure également dans les quatre premières mesures de l'allegro. Le premier larghetto n'a cependant pas le dramatique accord de septième de dominante qui suit à la mesure 5 de l'allegro, tandis qu'il apparaît dans le larghetto de la coda, ainsi que quelques autres fragments mélodiques expressifs qui constituent ensuite la base d'une section médiane (mes. 16 *sq.*) du mouvement suivant. Le premier mouvement du quintette en *mi* bémol majeur ressemble dans sa construction motivique à une mosaïque. Tel commentateur y a vu « un mauvais arrangement d'une pièce pour instruments à vent dans un faux style haydnien » ; tel autre considère l'œuvre entière comme l'ultime hommage de Mozart à Haydn, avec un finale qui doit beaucoup au quatuor op. 64 n° 6 de Haydn, un mouvement lent qui rappelle sa symphonie n° 85, et un trio sans doute influencé par celui de la symphonie n° 88 de Haydn. Les deux autres pièces de musique de chambre des dernières années sont le quintette pour clarinette K. 581 (1789) et l'adagio et rondo pour armonica de verre, flûte, hautbois, alto et violoncelle K. 617 (1791). Dans la première, le timbre opulent de la clarinette est équilibré par le quatuor de cordes ; dans la seconde, la sonorité limpide de l'instrument de Marianne Kirchgässner est entourée des lignes mélodiques sinueuses des cordes et des vents dans l'adagio en mode mineur, tandis que l'armonica de verre est plus en équilibre avec les autres instruments dans le rondo qui suit, en majeur.

Dans les principales œuvres pour clavier de ses dernières années, les deux sonates K. 570 et 576 (toutes deux de 1789) et les variations K. 613 (1791), Mozart réalise certaines de ses expériences les plus transparentes dans le domaine de la forme musicale — transparentes au sens où il semble travailler sur la toile de fond des « attentes » qu'il a suscitées dans ses compositions antérieures.

295

Par exemple, le thème de K. 613 est fondé sur un numéro d'opéra qui consistait à l'origine en une introduction instrumentale suivie d'un air de forme ternaire. Dans ses variations, Mozart préserve la distinction entre introduction et air en les variant de manière différente (c'est la seule série connue de variations autonomes de Mozart dans lesquelles les sections formelles de chaque variation ne sont pas ornées de façon analogue). C'est seulement à la coda que les motifs de l'introduction et de l'air sont combinés contrapuntiquement. Dans les premiers mouvements des sonates pour piano, la distinction franche « attendue » entre d'une part le premier et second thèmes, stables tonalement, et de l'autre les transitions et le développement, instables, est sans cesse remise en question. Dans K. 570, la première région tonale d'apparence stable après la tonique initiale est la sous-dominante ; ce passage ouvre en fait la transition ; par la suite, des éléments tirés de la transition apparaissent dans le passage consacré au deuxième thème, tandis que le début de ce deuxième thème est une version transposée du premier. Le développement commence par le matériau stable de la première modulation vers la sous-dominante dans l'exposition, transposé dans le ton de la médiante bémolisée majeure. Le finale de K. 570 et de K. 576 commence par un thème léger et détendu, mais se poursuit avec de complexes épisodes contrapuntiques entrelacés de passages brillants. L'écriture pianistique a dû être pour Beethoven une source d'inspiration directe, en particulier dans les troisième et quatrième sections répétées de K. 570, écrites dans un implacable style fugué, et dans les mesures 8 et suivantes de K. 576, avec ses triolets martelés à la main gauche. La gigue contrapuntique K. 574 date elle aussi de 1789. On a vu dans les onze notes du thème en mineur de son développement la préfiguration du thème dodécaphonique de la gigue de la *Suite* op. 29 de Schoenberg.

En 1791 Mozart écrivit une brève pièce tout aérienne pour l'armonica de verre, K. 356 (617a), et composa également trois pièces pour orgue mécanique : K. 594 (1790), 608 et 616 (toutes deux de 1791). Mozart prétendait détester cet instrument : « les petits tuyaux sont tous aigus [...] et trop enfantins pour moi » ; pourtant, au piano à quatre mains ou à l'orgue, telles qu'on les connaît le mieux aujourd'hui, K. 594 et 608 sont des œuvres imposantes, construites comme à partir de blocs, chacune composée de deux sections élaborées, en *fa* mineur, encadrant une section contrastante en majeur (la section centrale de K. 594 est un brillant morceau de démonstration dans le ton de la tonique majeure, celle de K. 608 est un délicat andante dans le relatif majeur). Dans certaines sources anciennes, K. 608 est qualifié de fantaisie, désignation qui conviendrait tout aussi bien à K. 594, puisque les deux œuvres adoptent une forme caractéristique, englobent un large spectre harmonique et consistent en trois sections qui se jouent sans interruption.

Les deux concertos des dernières années sont destinés respectivement au piano et à la clarinette. Mozart joua lui-même le concerto pour piano K. 595 lors de son dernier concert public, en 1791, mais l'avait sans doute commencé dès 1788. Les trois mouvements sont en majeur, tout en évoquant le mode mineur. Le deuxième thème du piano dans le premier mouvement commence ainsi à la dominante mineure ; l'une des premières sections du développement introduit la région éloignée de la sus-tonique bémolisée mineure ; et la section centrale du deuxième mouvement s'oriente vers la tonique mineure par l'intermédiaire de la médiante bémolisée majeure. Un rondo de sonate conclut l'œuvre, avec une véritable section de développement, comme dans tant de finales de Beethoven. L'étroite intégration thématique entre les mouvements est caractéristique des dernières œuvres de Mozart, mais en même temps prophétique, compte tenu du développement de la forme cyclique au XIXe siècle : le thème principal du mouvement lent, par exemple, effectue un retour radieux en guise de second thème principal du finale (mes. 65).

On dit souvent que le concerto pour clarinette K. 622 est une œuvre d'adieu par son caractère, alors que Mozart a esquissé le début du premier mouvement dans une version pour cor de basset (K. 584b (621b)) peut-être dès 1787. Il écrivit ensuite une version pour clarinette de basset (clarinette au registre étendu vers le grave) : ni la musique ni l'instrument n'ont survécu, encore qu'on dispose de reconstitutions modernes. La version que l'on connaît est en fait une adaptation, sans doute due à l'éditeur de Mozart, de l'œuvre pour clarinette de basset. L'orchestre ne comporte pas de hautbois, et la clarinette est souvent opposée aux flûtes et cors de l'orchestre. La mélodie sans coutures du premier mouvement consiste en phrases flexibles qui se chevauchent l'une l'autre ; le mouvement lent se rapproche par son caractère de la musique de chambre, dont il a la transparence d'écriture ; et le finale est un rondo léger et bouillonnant.

Musique vocale

Entre l'achèvement de *Don Giovanni* en octobre 1787 et son dernier opéra en collaboration avec Da Ponte, *Così fan tutte* (première représentation en janvier 1790), Mozart n'honora aucune commande dans le domaine de l'opéra, à l'exception d'arias pour des ouvrages d'autres compositeurs (dont certaines pour des chanteurs qui prirent ensuite part à *Così*) ; il écrivit également, comme il l'avait déjà fait auparavant, quelques lieder avec accompagnement de piano et des airs de concert, outre qu'il révisa légèrement *Don Giovanni* pour la première représentation viennoise. Avec la commande de *Così*, Mozart commença sa dernière série de chefs-d'œuvre dramatiques, illustrant les principaux genres d'opéra de son temps : *Così* (*opera buffa*), *La clemenza di Tito* (*opera seria*) et *Die Zauberflöte* (*Singspiel*).

Così fan tutte est l'histoire d'une tromperie, d'un travestissement, d'une machination. Le XIXe siècle jugea l'œuvre immorale et peu plausible. Pour le XVIIIe siècle, qui voyait une ressemblance sous-jacente dans toute nature humaine (chacune des sœurs succombe à l'amant de l'autre déguisé, puis revient tout aussi rapidement à son partenaire premier), et pour le XXe siècle, avec ses notions d'aliénation dramatique et de circularité de l'intrigue, l'intérêt gît « dans les étapes psychologiques que franchissent les personnages vers une fin connue par avance » (Rosen 1971).

Le texte est une comédie de construction serrée, au plan symétrique. A la différence de *Figaro* et de *Don Giovanni*, *Così* ne comporte pas de rôles « sérieux ». La distribution consiste en trois paires de personnages stylisés : les deux officiers (Ferrando et Guglielmo), leurs fiancées (les sœurs Dorabella et Fiordiligi) et le « vieux philosophe », Don Alfonso, avec sa complice Despina, la domestique rusée. Chacun des personnages, à l'exception d'Alfonso qui régit le déroulement de l'action, a une aria dans chacun des deux actes. Alfonso chante dans tous les ensembles, à l'exception des duos. Son unique aria (n° 5) émerge du récitatif précédent pour être débité dans un style syllabique rapide. Les airs de Ferrando (et sa cavatine supplémentaire n° 27) sont lyriques et passionnés, tandis que Guglielmo se rapproche davantage du pur style « bouffe » dans ses numéros en solo. Les arias des deux sœurs au premier acte sont dans un grandiose style « sérieux », mais aux confins de la parodie, puisque les émotions, outrées, ne sont pas appropriées à la véritable situation dramatique. Au deuxième acte, les arias des deux sœurs sont caractérisées plus précisément : celle de Dorabella est plus simple, tandis que celle de Fiordiligi semble traduire un authentique conflit et son repentir. Dans les duos, à l'exception du n° 29 — moment critique pour la symétrie de l'intrigue, où Fiordiligi cède à Ferrando — les parties tendent à n'être pas isolément différenciées (de la même façon que, dans l'intrigue, les sentiments de fidélité des deux sœurs et les identités des officiers sont interchangeables). Dans les plus grands ensembles, les paires (sœurs et officiers) chantent de manière semblable, se diversifiant davantage quand interviennent Alfonso et Despina.

Au lieu d'une caractérisation musicale précise, *Così* offre une orchestration riche et variée : certains des instants les plus mémorables sont la ligne sensuelle du hautbois qui coïncide avec la capitulation de Fiordiligi ; la trompette moqueuse et bondissante dans l'aria du premier acte de Fiordiligi ; et la combinaison de flûtes, violons et bassons qui amène l'aria de Guglielmo à l'acte II. La partition juxtapose également de manière saisissante différents types et groupes vocaux. L'opéra s'ouvre ainsi avec trois duos pour la même combinaison de voix masculines, un duo pour deux sopranos, un air de basse, un quintette de voix solistes, un duo de baryton et ténor et puis, pour compléter la palette des registres, un chœur homophone. L'exquis enchaînement des sonorités instrumentales et vocales est peut-être l'innovation la plus frappante de *Così*, qui fut poussée plus loin encore dans *Die Zauberflöte*.

Mozart ne composa pas moins de trois grandes œuvres vocales au cours de sa dernière année. *Die Zauberflöte* était pratiquement terminé en juillet 1791 (l'ouverture, la marche des prêtres et sans doute trois numéros du deuxième acte furent écrits plus tard) lorsque Mozart composa la plus grande partie de son dernier *opera seria*, *La clemenza di Tito* (sur un livret de Mazzolà, d'après Metastasio), donné à Prague le 6 septembre. Les premiers biographes de Mozart rapportent qu'il écrivit *La clemenza* en l'espace de dix-huit jours seulement, son élève Süssmayr se chargeant des passages en *recitativo secco*. Les recherches récentes (voir Landon 1988, Tyson 1987) laissent à penser que la composition lui a pris un peu plus de temps. A peu près au moment où on lui demanda d'écrire *La clemenza*, il reçut une commande anonyme (dont on sait aujourd'hui qu'elle émanait du comte Walsegg) pour un Requiem.

On a souvent dit que *La clemenza* était une œuvre froide et conventionnelle, comparée aux autres ouvrages tardifs. Il n'y a cependant aucune raison de supposer que ce soient avant tout les contraintes de temps qui expliquent l'orchestration directe et limpide, les chœurs homophones et l'instrumentation simple et efficace des récitatifs accompagnés. Si les arias sont de forme concise et l'écriture vocale soliste relativement retenue, à l'exception des airs de bravoure du *primo uomo*, Sesto, et de la *prima donna*, Vitellia, toutes ces caractéristiques sont appropriées aux lignes amples du sujet classique de l'opéra. Deux patriciens conspirent contre leur empereur et sont condamnés à mort ; mais le bienveillant Tito — alter ego du commandeur et personnage de la même veine que Sarastro — leur pardonne. Niemetschek tenait *La clemenza di Tito* pour l'œuvre la plus raffinée de Mozart : « Mozart a saisi avec finesse la simplicité, la grandeur paisible du caractère de Titus et de toute l'intrigue, et l'a entièrement rendue dans sa composition. Chaque partie, jusqu'à à la plus petite partie instrumentale, porte son empreinte. »

De même que pour *Così fan tutte*, l'une des caractéristiques remarquables de *Die Zauberflöte* est la diversité des sonorités instrumentales et vocales : éclat du trio des garçons et des airs à coloratures de la reine de la Nuit, limpidité des ensembles des trois dames, de la flûte de Papageno, des cloches (en réalité un glockenspiel), et de la flûte de Tamino, éloquence des airs de basse de Sarastro, sonorités sombres du chœur des prêtres, accompagné par les trombones et les cors de basset. La première représentation de *Die Zauberflöte* eut lieu au Theater an der Wien de Schikaneder, le 30 septembre 1791. Le livret de Schikaneder respecte nombre de conventions des pièces populaires et des opéras magiques produits à son théâtre au cours des deux années précédentes. En revanche, ce projet était neuf pour Mozart, puisque auparavant il avait composé des opéras avant tout aux goût des « aristocrates », tandis que *Die Zauberflöte* devait être un *Singspiel* accessible à un public beaucoup plus vaste.

L'opéra *Oberon* de Wranitzky, ainsi que *Der Stein der Wesen* (sur un texte de Schikaneder et une musique de Schack, le premier Tamino de Mozart), à son tour fondé sur un conte de fées de Liebeskind, *Lulu, oder Die Zauberflöte*, une partie du recueil de Wieland, *Dschinnistan* (1786-1789), toutes ces pièces comptent parmi les nombreuses sources de *Die Zauberflöte*. L'aspect maçonnique de *Die Zauberflöte* est influencé par le roman *Sethos* de Terrasson (publié en France en 1731). Mozart composa du reste d'autres œuvres explicitement maçonniques à cette époque, dont la cantate « Laut verkünde unsre Freude » K. 623.

Au cours de l'été 1791, une compagnie rivale monta à Vienne l'opéra de Müller, *Kaspar der Fagottist*, également inspiré de l'histoire de Lulu telle qu'elle est relatée dans *Dschinnistan*. Certains musicologues pensent que, pour éviter la comparaison avec *Kaspar*,

Schikaneder aurait modifié le déroulement de l'intrigue de *Die Zauberflöte* après en avoir écrit la première partie. L'œuvre commence ainsi comme un récit magique traditionnel, avec la reine de la Nuit qui représente le bien et Sarastro le mal (ce qui suit le récit de Kaspar de près), mais leurs rôles se renversent au cours du finale de l'acte I. D'autres pensent que ce changement de perspective n'est qu'apparent et qu'il est en fait annoncé très tôt dans l'opéra.

On a récemment expliqué cet apparent changement d'orientation dans l'intrigue en faisant référence à la dialectique hégelienne et en établissant un parallèle entre la nature dialectique de l'intrigue et l'organisation tonale de la musique (Eckelmeyer 1986). Dans cette interprétation, le premier acte correspond à l'exposition d'un allegro de sonate. La région du premier thème, ou « thèse », est encadrée par la tonalité maçonnique de *mi* bémol majeur, avec une musique dans cette tonalité ou des tonalités voisines : le récit ressemble ici à un conte de fées conventionnel. La région du deuxième thème, ou « antithèse », est focalisée sur *ut* majeur et les tonalités voisines : à ce stade la « réalité » de l'opéra telle qu'elle était présentée plus tôt est renversée. Le début de l'acte II correspond à un développement de forme sonate (début de la « synthèse »), avec un schéma tonal moins stable ; et le finale de l'acte II est l'équivalent de la réexposition, commençant et finissant en *mi* bémol majeur, mais englobant *ut* majeur et d'autres tonalités de la région du « deuxième thème ». L'acte II résout certains aspects des sections thèse et antithèse : Tamino, Pamina et Papageno sont mis à l'épreuve et trouvent leur place dans la société du temple ; et les incertitudes laissées en suspens à la fin de l'acte I sont clarifiées — le caractère véritable de la reine de la Nuit, de Sarastro et de Monostatos. L'opéra se termine par l'union de Tamino et Pamina, représentant une nouvelle thèse.

Récemment encore, on pensait que le motet « Ave verum corpus » et le Requiem inachevé K. 626 étaient les premières œuvres religieuses de Mozart depuis la messe en *ut* mineur inachevée de 1783. De nouvelles recherches semblent néanmoins indiquer qu'au cours de ses dernières années il écrivit quelques œuvres d'église fragmentaires, et peut-être le Kyrie en *ré* mineur K. 341 (368a). L'acceptation de sa candidature aux fonctions de maître de chapelle adjoint à la cathédrale Saint-Etienne de Vienne l'avait peut-être incité à revenir à la musique religieuse.

Le seul mouvement du Requiem entièrement orchestré par

Mozart est le « Requiem aeternam ». Pour les autres sections, jusqu'au « Hostias » inclusivement (mais à l'exception du « Lacrimosa », dont il a laissé les huit premières mesures), il écrivit les parties vocales, la ligne de basse avec des chiffrages et nota quelques indications d'orchestration. Après la mort de Mozart, Constanze demanda d'abord à Eybler d'achever l'œuvre, puis, devant ses hésitations, elle confia le projet à Süssmayr. Celui-ci prétendit que le Sanctus, le Benedictus et l'Agnus Dei étaient des compositions originales de lui-même, mais il pourrait s'être entretenu avec Mozart du plan d'ensemble du Requiem et avoir eu accès à ses esquisses. Süssmayr retravailla le « Requiem aeternam » et le Kyrie pour former le « Lux aeterna » et le « Cum sanctus tuis » conclusifs. On a critiqué l'adéquation stylistique de son travail et proposé depuis lors d'autres versions, dont les plus récentes sont celles de Maunder en 1988 et de Landon, qui incorpore à son édition tout le travail d'Eybler.

Des dix mouvements de l'œuvre de Mozart, deux seulement sont essentiellement homophones, le dramatique « Dies irae » et le « Lacrimosa » (pour la partie achevée) ; et deux mouvements seulement commencent et finissent dans une tonalité majeure, le « Tuba mirum » et le « Recordare ». Les autres mouvements font entre autres appel à un contrepoint néo-baroque luxuriant (par exemple la double fugue du Kyrie, ou l'écriture canonique du « Rex tremendae » et du « Confutatis »). Le caractère généralement sombre et passionné de l'œuvre s'explique par la prédominance des tonalités mineures, le timbre riche des cors de basset et des bassons, les couleurs dramatiques des trompettes et timbales, les relations entre les thèmes ou dans l'écriture orchestrale (ainsi le contrepoint de cor de basset au début du « Requiem aeternam » qui annonce le début du « Recordare », ou les accords bondissants *forte* des cordes juste après le début du « Requiem aeternam », rappelés ensuite dans le « Rex tremendae »). Mais l'audacieux langage harmonique de Mozart y contribue sans aucun doute lui aussi. Ainsi le « Dies irae » en *ré* mineur passe brièvement en *ut* mineur au second « Quantus tremor est futurus » ; et dans le « Tuba mirum », en *si* bémol majeur, le ténor solo passe par *fa* mineur et *sol* mineur, l'alto par *ré* mineur et *ut* mineur, tandis que la fin homophone de ce mouvement s'infléchit fortement vers *sol* mineur, préparant la tonalité de *sol* mineur du mouvement suivant.

L'enchaînement harmonique le plus éloigné de toute l'œuvre — de *la* bémol mineur à *sol* majeur puis *fa* majeur — se trouve à la conclusion du « Confutatis » (à partir de « Oro supplex »). Chacun de ces trois accords est précédé par une progression formée d'un accord diminué suivi d'une septième de dominante ; la même progression, pour l'essentiel, revient dans le « Domine Jesu », sous « et de profundo lacu » ; et la progression n'est que légèrement modifiée dans le « Hostias », à la redite de « tu suscipe pro animabus illis ». Mis à part les relations de couleur harmonique de ce type, l'œuvre témoigne également d'un souci de structure harmonique globale chez Mozart. Les six sections du « Dies irae » au « Lacrimosa » inachevé sont en *ré* mineur, ou dans des tonalités voisines. Dans cet enchaînement, le « Recordare », qui commence et finit en *fa* majeur, et le « Confutatis », qui commence en *la* mineur et finit en *fa* majeur, forment ensemble une structure tonale complète. De même, le « Domine Jesu » et le « Hostias » de l'offertoire forment une unité : le *mi* bémol majeur prolongé qui ouvre le « Hostias » doit être interprété comme une harmonie voisine de l'accord de *ré* majeur qui conclut la section (région de sixte naplitaine) ; et *ré* majeur est à son tour la dominante du « Domine Jesu » en *sol* mineur.

Si Mozart avait vécu aussi longtemps que son contemporain Haydn, les compositions « tardives » auraient peut-être été considérées comme des œuvres de transition. Les concertos pour piano en *ré* mineur et *ut* mineur, le quintette en *sol* mineur, *Don Giovanni*, la symphonie en *sol* mineur K. 550 et *Die Zauberflöte* ont fait de Mozart le porte-flambeau du nouveau mouvement romantique de la musique allemande. La diversité formelle de ses compositions salzbourgeoises et les innovations d'écriture — par opposition à la pure force dramatique — de ses toutes dernières œuvres sont, même après deux siècles, encore peu appréciées en comparaison avec ses compositions de la période 1781-1788.

ESTHER CAVETT-DUNSBY

10
L'ŒUVRE

On peut dater bon nombre d'œuvres de Mozart avec une relative certitude, que ce soit grâce à l'existence d'un autographe daté ou à l'aide de témoignages directs sur les circonstances de leur composition. Dans les listes d'œuvres qui suivent, classées par genre suivant l'ordre de *Köchel 6,* les lieux et dates de composition donnés sans autre précision peuvent être considérés comme relativement sûrs (encore que dans la plupart des cas ce soit seulement la date qui provient directement de l'autographe). Les datations d'œuvres dont les autographes subsistent sans indication de date ni de lieu de composition s'appuient dans bien des cas sur l'étude de l'écriture et des types de papier. Les dates données par Mozart dans son catalogue thématique (*Verzeichnüss*) correspondent généralement, mais non toujours, au moment de l'*achèvement* de l'œuvre, et indiquent souvent une exécution imminente de l'œuvre. Les titres d'œuvres ou les indications de mouvement donnés entre crochets ne figurent pas dans l'autographe. Tous les lieux et dates sont ceux de la composition, plutôt que de la publication ou de la première exécution, en l'absence d'indication contraire.

Les informations relatives aux esquisses et fragments données à la fin des entrées sur les œuvres ont été réunies par John Arthur ; elles complètent la liste des éléments autonomes qu'il donne dans « Fragments et esquisses ».

Dans la liste des opéras, chaque rôle est suivi du type de voix auquel il est destiné et du nom du chanteur de la première représentation.

Lorsqu'un seul numéro Köchel est donné, c'est qu'il est identique dans *Köchel 1* et *Köchel 6.* Deux numéros correspondent à *Köchel 1* suivi (entre parenthèses) de *Köchel 6.* Lorsque *Köchel 3* diffère de *Köchel 6,* l'ordre est *Köchel 1, Köchel 3* et *Köchel 6. Anh. = Anhang* (annexe).

Les bibliothèques où sont conservés les manuscrits autographes sont identifiées par les sigles du RISM dans *The New Grove* (voir vol. 1, p.xxxvi-lii).

AMA (Alte Mozart-Ausgabe) : les chiffres romains renvoient au numéro de série (avec d'éventuelles subdivisions après une barre oblique), suivi du numéro de l'œuvre dans ce volume.

NMA (Neue Mozart-Ausgabe) : les chiffres romains renvoient au numéro de série ; les chiffres arabes au numéro de groupe d'œuvres (*Werkgruppe*), suivi du numéro de division (*Abteilung*) et de volume (*Band*), suivant les cas.

(L'absence de ces références signifie que l'œuvre en question ne se trouve pas dans AMA, ou ne figurait pas encore dans NMA au moment de la rédaction.)

Verzeichnüss = Verzeichnüss aller meiner Werke de Mozart (1784-1791).

(Voir les références complètes de Köchel, AMA, NMA, *Verzeichnüss* dans la bibliographie.)

Abréviations

a.	alto (voix)
acc.	accompagnement
ad lib.	*ad libitum*
b.	basse (voix)
b. c.	basse continue
bsn	basson
cb.	contrebasse
cbsn	contrebasson
clar.	clarinette
clvr	clavier
clvn	clavecin
cor angl.	cor anglais
fl. à b.	flûte à bec
fl.	flûte
glock.	glockenspiel
guit.	guitare
htb.	hautbois
mand.	mandoline
mes.	mesure(s)
obbl.	*obbligato*
pf.	piano(-forte)
picc.	piccolo
s.	soprano
s., a., t., b.	soprano, alto, ténor, basse
s.a.t.b.	chœur soprano, alto, ténor, basse
t.	ténor
timb.	timbales
trb.	trombone
trp.	trompette
vlc.	violoncelle
vln	violon

Opéras

La contribution de Mozart au genre

Les premiers opéras

On peut parler de la contribution d'un musicien à un genre donné sous deux aspects : le moins intéressant est purement quantitatif, et correspond tout simplement au nombre d'œuvres écrites dans ce genre ; le second, qualitatif, est plus intéressant, et suppose un certain développement, voire une transformation, du genre en question. Mozart a effectivement beaucoup apporté au genre dans ce premier sens dès la fin de son adolescence : deux grands opéras bouffes italiens, un petit opéra comique allemand, deux grands *opere serie* italiens, diverses musiques sur des textes de Metastasio. Comment faut-il juger cette contribution ?

Les partitions de la fin de cette période, *La finta giardiniera* et *Il rè pastore* (1775), ressemblent beaucoup, par leur caractère thématique, aux concertos pour violon dont elles sont contemporaines, mais elles manquent de richesse dramatique, que ce soit dans les effets isolés ou dans le plan d'ensemble — et ce défaut pèse bien plus lourd dans la longue intrigue d'opéra bouffe de la première que dans le simple récit bucolique de la seconde. Le sommet musico-dramatique de cette période se situe peut-être dans la scène des catacombes de la fin de l'acte I de *Lucio Silla*, écrite

par un Mozart de seize ans — une succession ininterrompue de numéros, dont la densité dramatique ou la cohésion harmonique n'est pas constante, mais qui anticipe sur les couleurs sépulcrales d'*Idomeneo* et même sur la musique de la statue de *Don Giovanni*. Mais cela est exceptionnel. Pour l'essentiel, *Lucio Silla* se rattache encore au monde rigide du théâtre des chanteurs, avec quantité de longs airs de bravoure — où l'agilité vocale se déploie encore souvent au détriment du contenu musical.

Idomeneo

Pour l'adolescent Mozart, la composition d'un opéra n'était sans doute qu'un problème technique relativement limité ; en suivant le texte à mettre en musique et en fournissant à ses chanteurs les véhicules appropriés pour mettre en valeur leur voix — avec plus de dextérité et de bonheur que beaucoup de ses aînés — il s'acquittait de l'essentiel de sa tâche. En revanche, lorsqu'on arrive à *Idomeneo* (1780), on le voit en lutte avec son librettiste, avec les conventions de l'opéra, avec les insuffisances de ses chanteurs. *Idomeneo* est un drame dont l'intensité ne se relâche quasi jamais, qui renonce aux formes traditionnelles de progression dramatique. L'une des caractéristiques de cet opéra est la suppression de la cadence forte à la conclusion de numéros musicaux isolés, qui favorise le déroulement ininterrompu du drame. Sans doute Mozart a-t-il fini par douter de cette technique ;

car, à force de se voir refuser ce repos naturel auquel il était habitué, l'auditeur avait le sentiment de manquer d'air. A l'avenir, dans *Don Giovanni* par exemple (l'ouverture et « Or sai chi l'onore »), il n'utilisa de tels procédés qu'avec parcimonie, et les nouveaux morceaux qu'il écrivit pour la reprise à Vienne d'*Idomeneo* infléchissent cette tendance première. Si Mozart n'a plus jamais recherché une telle continuité tout au long d'un opéra, les finales des comédies de Da Ponte et de *Die Zauberflöte* proposent chacun à leur manière des solutions plus raffinées aux problèmes de la composition d'opéras de grande envergure.

Die Entführung aus dem Serail

Les ambitions dramatiques de *Die Entführung* n'ont jamais été comparables. Mozart avait l'intention de courtiser le public viennois en jouant avec différentes formules prisées par les spectateurs d'opéra. Le résultat est étrange et hybride. Des trois principaux pivots de l'intrigue — l'affrontement entre Konstanze et le Pacha Selim, l'évasion manquée et le geste magnanime de Selim — seul le premier est doté d'une articulation musicale, fût-elle partielle (et qui tient uniquement à ce que Konstanze a la possibilité de réagir en musique, tandis que Selim est confiné au discours parlé). Avec ses grands airs de bravoure — d'un contenu musical bien plus riche que ceux de l'adolescence de Mozart — cette facette de l'action qui renvoie au monde de l'*opera seria* est le plus souvent séparée de l'action comique, pourvue d'une articulation musicale bien plus complète, mais qui demeure pour l'essentiel étrangère à la logique de l'intrigue. Mozart n'avait à ce stade guère de véritable conception de la comédie sérieuse et parvenait mal à concilier les deux univers (l'héroïco-sentimental et le comique) ; il évite même de les rapprocher, d'où l'absence d'un ensemble pour l'évasion. C'est pourquoi leur unique rencontre importante, dans le grand quatuor final de l'acte II, donne naissance dans certains passages à une écriture d'une complexité presque douloureuse, et néanmoins somptueuse, qu'on ne retrouve nulle part ailleurs dans la musique de Mozart.

Les opéras de Da Ponte

Si séduisants que soient les feux d'artifice musicaux de *Die Entführung*, l'abîme qui les sépare de la perfection dramatique des trois opéras de Da Ponte demeure profond. En reprenant en main le genre de la comédie italienne, dont la caractéristique la plus marquante était un long finale d'une confusion et d'une tension croissantes, Mozart en a considérablement élargi la portée, sans renoncer pour autant à ses recettes. Ces œuvres témoignent dans leur déroulement dramatique d'une assurance remarquable. En multipliant les ensembles — dans un geste délibérément révolutionnaire — et en raccourcissant de manière générale les airs (notamment dans *Figaro* et *Don Giovanni*), tout en leur conservant leur caractère de bravoure, Mozart donne à chacun des opéras une impression de vivacité insaisissable, qui en est un des éléments cruciaux. Le gouffre qui séparait les univers sérieux et comique dans *Die Entführung* n'existe plus. Les individus modestes des comédies de Da Ponte, même s'ils n'ont pas toute la solennité de leurs aristocratiques maîtres, ne sont pas intrinsèquement des personnages moins sérieux, et tous trouvent largement leur place chez Mozart au sein des mêmes unités musicales. Cela dit, on aurait tort de passer sous silence les subtiles différences entre les univers théâtraux de chacun des trois opéras.

Dans *Figaro* on découvre un monde qui évoque, avec ses exagérations, le désordre, l'absurdité et l'amertume de la vie quotidienne : un monde où, une fois retombées toutes les frénétiques énergies de la journée, très peu de choses ont changé. Dans *Così fan tutte*, en revanche, c'est un théorème moralement réaliste, sur la fragilité des relations humaines, que l'on voit démontré de la manière la plus artificielle. La présentation musicale de cette anecdote n'est pas nécessairement plus structurée que celle des autres opéras, mais elle suit un plan plus évident — plan souligné par les soudains changements de tempo caractéristiques de l'opéra. Et si dans l'ouverture de *Figaro* on se trouve projeté d'un thème au suivant dans un débordement d'invention thématique, qui reste néanmoins entièrement confinée à la tonique et à la dominante, et dans un tempo unique,

dans l'ouverture de *Così fan tutte* le matériau thématique du presto, avec ses répétitions fugaces et ses modulations rapides, ne peut être résolu tonalement que par la gravité du mouvement *andante* contrastant, lors du retour du thème principal de l'introduction juste avant la fin. L'opéra est construit suivant des principes d'auto-citation, et même au sein de l'ouverture Mozart donne l'impression d'une sorte de démonstration axiomatique. En revanche, dans l'ouverture de *Don Giovanni*, la présence d'éléments qui reviennent dans la suite de l'opéra a une fonction bien différente, touchant à l'atmosphère de l'œuvre : les grands accords, l'allure haletante, les périlleuses gammes chromatiques annoncent le destin fatal de son protagoniste.

Die Zauberflöte et La clemenza di Tito

Mozart composa deux opéras au cours de la dernière année de sa vie — *Die Zauberflöte*, auquel il travailla longuement, pour le théâtre populaire viennois, et *La clemenza di Tito*, qu'il écrivit en toute hâte, avant d'avoir achevé l'opéra allemand, sur une commande des Etats de Bohême, pour le couronnement de Léopold II. Les deux œuvres mettent un terme énigmatique à sa carrière théâtrale : *Tito* pose des questions sur un opéra qui aurait pu voir le jour, et *Die Zauberflöte* sur la manière dont son style dramatique aurait évolué si Mozart avait vécu plus longtemps.

Tito, dont le sujet fut imposé

311

par les Etats de Bohême, aurait sans doute été extérieur aux préoccupations normales de Mozart ; malgré tout, dans son catalogue, il se dit satisfait de l'adaptation du texte de Metastasio réalisée par Caterino Mazzolà, et la grande beauté de la partition montre qu'il n'est pas resté entièrement insensible à ce drame politique. Néanmoins, l'immense habileté avec laquelle Mozart, en fin de carrière, savait intégrer l'action théâtrale à la structure musicale apparaît à peine, si ce n'est, de manière relativement limitée, dans le finale du premier acte. Il est inconcevable, par exemple, qu'au terme d'une période de gestation adéquate Mozart eût choisi de commencer l'action de l'opéra par un simple récitatif.

Le texte de *Die Zauberflöte* est un sujet ésotérique, et parfois archéologique. Pour Mozart, la faculté du spectateur à en deviner la signification est à la mesure de ses « lumières ». Les éléments ou les personnages présents dès le départ sont catalysés, sublimés, et transformés par le drame : la lumière bannit l'obscurité, l'ordre le chaos, et le processus allégorique est célébré dans le mariage final de « la beauté et de la sagesse ». Le mouvement décousu des comédies italiennes est remplacé par une progression plus mesurée. Le style vocal n'est jamais de bravoure, car même lorsque Mozart va jusqu'aux sommets ou aux profondeurs des voix de la reine de la Nuit ou de Sarastro, les considérations de texture l'emportent sur la simple virtuosité.

D'étranges mutations formelles s'opèrent tandis qu'il explore les possibilités d'une action fondée davantage sur la voix, et jaillissant moins d'un ressort chorégraphique, comme dans les grands ensembles des comédies de Da Ponte : la structure poétique prend une importance considérable, et des passages déclamés d'un type nouveau apparaissent, dont la force réside dans leur qualité thématique et leur cohérence harmonique.

JOHN STONE

Les œuvres

K. 38
Apollo et Hyacinthus seu Hyacinthi metamorphosis
AMA V, n° 2 ; NMA II :5/1.
Intermède. 3 actes (prologue, chœur I et chœur II), 9 numéros. Livret latin de Rufinus (P.F.) Widl.
Représenté à l'origine avant et entre les cinq actes du drame scolaire *Clementia Crœsi*, également de Widl.

Première représentation : 13 mai 1767, Grande Salle, université de Salzbourg (construite pour les spectacles d'étudiants en 1661).
Première représentation en France : 13 juin 1967, Festival du Marais, Paris.

ŒBALUS, roi de Lacédémone
    ténor, Matthias Stadler (22 ans)
MELIA, fille d'Œbalus
    soprano, Felix Suchs (15 ans)
HYACINTHUS, fils d'Œbalus
    soprano, Christian Enzinger (12 ans)
APOLLO, hôte d'Œbalus
    alto, Johann Ernst (12 ans)
ZEPHYRUS, confident de Hyacinthus
    alto, Joseph Vonterthon (17 ans)
DEUX PRÊTRES D'APOLLO

basses (?), Joseph Bründel (18 ans), Jacob Moser (16 ans)
Chœur, 2 htb., 2 cors, cordes, continuo.

Zephyrus aime Melia, mais celle-ci doit épouser Apollo. Jaloux, Zephyrus tue Hyacinthus et accuse Apollo du meurtre. Apollo fait lever des vents pour l'emporter. Hyacinthus mourant révèle la vérité et Apollo console la famille éplorée en transformant son fils en fleur.
La mélodie du duo (n° 8) réapparaît dans le deuxième mouvement de la symphonie en *fa* majeur K. 43 (automne 1767).

La première expérience de Mozart dans le domaine de l'opéra fut donc ce charmant divertissement scolaire qui lui fut commandé peu de temps après le succès de sa musique pour le *Singspiel* religieux *Die Schuldigkeit des ersten Gebots* K. 35. Le récit prend ses origines dans cette légende de la mythologie grecque où un dieu tombe amoureux d'une personne de son sexe et dont un autre est jaloux. Widl évita toute ambiguïté du sujet en inventant une sœur à Hyacinthus. Lors de la première représentation tous les rôles étaient tenus par des étudiants, y compris celui d'Œbalus, confié à Stadler, « auditeur » en théologie morale et droit ; le compositeur de onze ans y ajouta des improvisations au clavier.

Autographe : D-B.
Livret : (première édition) Studienbibliothek, Salzbourg (5607/I).
Enregistrement : Mathis, Wulkopf, Augér, Schwarz, Chœur de chambre de Salzbourg, orchestre du Mozarteum de Salzbourg, Hager. DG 2707 129 (2).

K.51 (46a)
La finta semplice (*La fausse naïve*)
AMA V, n° 4 ; NMA II :5/2.
Opera buffa en 3 actes (9/13/4 scènes) ; *sinfonia* et 26 numéros. Livret adapté par Marco Coltellini d'après un livret de Goldoni écrit pour Salvatore Perillo à Venise en 1764.

Première représentation : 1er mai 1769 (?), palais de l'archevêque, Salzbourg.
Premières représentations en France : 1962, Théâtre des Nations, Paris (en allemand) ; 29 oct. 1982, Tours (en italien).

ROSINA, baronne hongroise (la fausse naïve)
soprano, Maria Magdalena Haydn (née Lipp)
DON CASSANDRO, gentilhomme riche, sot et avare
basse, Joseph Hornung
DON POLIDORO, gentilhomme sot, frère cadet de Don Cassandro
ténor, Franz Anton Spitzeder
GIACINTA, sœur de Don Cassandro et Don Polidoro
soprano, Maria Anna Braunhofer
FRACASSO, capitaine hongrois, frère de Rosina
ténor, Joseph Nikolaus Meissner
NINETTA, une femme de chambre
soprano, Maria Anna Fesemayer
SIMONE, lieutenant de Fracasso, amoureux de Ninetta
basse, Felix Winter
La scène est dans le domaine de Cassandro près de Crémone, en Italie.
2 fl., 2 htb./cors angl., 2 bsn., 2 cors/cors *da caccia*, cordes, continuo.

L'intrigue, dans le goût de la *commedia dell'arte*, réunit deux frères, Polidoro et Cassandro, qui sont l'un trop timide et l'autre trop fier pour courtiser une femme. Leur sœur Giacinta, dont ils ont la garde, est amoureuse de Fracasso, cantonné dans leur maison, et son second, Simone, est épris de sa servante Ninetta. Persuadée que les deux frères n'accepteraient jamais leurs mariages, Rosina décide de les prendre au piège. Elle y parvient et l'opéra se termine de manière heureuse par de triples fiançailles, Rosina ayant accepté d'épouser Cassandro.

En 1768, Leopold Mozart emmena son fils à Vienne et, désireux d'y promouvoir sa carrière de compositeur, persuada Giuseppe Afflisio, impresario peu scrupuleux, de lui commander un *opera buffa* en prétendant que la musique de Wolfgang avait suscité l'enthousiasme de l'empereur. Afflisio accepta de payer cent ducats, et l'enfant de douze ans mit rapidement en musique le livret. Mais, après une lecture chez le baron van Swieten, la première fut reportée à plusieurs reprises ; le projet suscita des jalousies professionnelles, et Afflisio perdit confiance, si bien qu'on finit par l'abandonner. Les Mozart rentrèrent à Salzbourg et y organisèrent la première représentation.

313

Pour l'ouverture, Mozart utilisa sa symphonie K. 45, écrite plus tôt au cours de la même année, en omettant le troisième mouvement et en modifiant les accords finals pour conduire directement à l'ensemble initial.

Autographe : acte I, *D-B* : actes II, III, *PL-Kj*.
Livret : (Salzbourg, 1769) « per ordine di S.A. Reverendissima Monsignor Sigismondo Arcivescovo e Prencipe di Salisburgo [...] Schrattenbach », *F-Pn*, Yd 1316.
Enregistrement : Donath, Rolfe-Johnson, Berganza, Holl, Ihloff, Moser, Lloyd, orchestre du Mozarteum de Salzbourg, Hager. Orfeo Dig. SO 85844K (4).

K. 50 (46b)
Bastien und Bastienne
AMA V, n° 3 ; NMA II :5/3.
Singspiel en 1 acte (7 scènes) ; *intrada* et 16 numéros. Livret de Friedrich Wilhelm Weiskern et Johann Müller, avec des adjonctions de Johann Andreas Schachtner, d'après une parodie du *Devin du village* de Rousseau, *Les amours de Bastien et Bastienne*, de Marie-Justine Benoîte Favart, Charles-Simon Favart et Harny de Guerville.

Première représentation : automne 1768, chez le docteur Anton Mesmer à Vienne (?).
Première représentation en France : 9 juin 1900, Opéra-Comique, Paris (en français).

BASTIEN, berger
    ténor
BASTIENNE, sa bien-aimée, bergère
    soprano
COLAS, prétendu magicien
    basse
BERGERS et BERGÈRES (*rôles muets*)
2 htb./fl., 2 cors, cordes, continuo.

Bastienne, dépitée par l'infidélité de son amant Bastien, demande à Colas, le devin du village, de l'aider. Celui-ci lui conseille de feindre de s'être désintéressé de lui à son retour. Colas raconte à Bastien que Bastienne a trouvé un autre amant. Dans la crainte de se perdre l'un l'autre, les deux héros sont réunis dans le bonheur.

Bastien und Bastienne, pense-t-on, fut commandé par Franz Anton Mesmer à Vienne au cours de l'été 1768 (avant qu'il ne devienne célèbre avec ses expériences sur le magnétisme, que Mozart devait parodier dans *Così fan tutte*). A son retour à Salzbourg, Mozart pourrait avoir composé des récitatifs sur les textes supplémentaires rédigés par Johann Andreas Schachtner, trompette de la cour, pour remplacer les dialogues parlés ; mais cette version censément ultérieure n'est confirmée par aucune preuve concrète ; il est également possible qu'une partie de la musique ait été composée plus tôt à Salzbourg, mais la moitié du papier utilisé pour l'autographe est d'origine viennoise (Tyson 1987). Une autre version de *Bastien und Bastienne*, avec une musique de Johann Baptist Savio, avait été donnée par la compagnie d'acteurs enfants de Felix Berner à Vienne en 1764, puis à Salzbourg en 1766. La troupe revint à Salzbourg à l'automne de 1774 et redonna le spectacle. Il est possible que ce soit la version de Mozart qui ait servi à cette représentation, mais il est tout aussi vraisemblable qu'on ait repris la partition de Savio, aujourd'hui perdue. Des opéras de jeunesse de Mozart, c'est *Bastien und Bastienne* qui fut le plus souvent représenté de son vivant.

Autographe : PL-Kj.
Livret : livret de Wieskern (Vienne, 1764) : A-Wgm.
Enregistrement : Mathis, Ahnsjo, Berry, orchestre du Mozarteum de Salzbourg, Hager. DG 2537 038 (cassette : 3306 038).

K. 87 (74a)
Mitridate, rè di Ponto
AMA V, n° 5 ; NMA II :5/4 (marche n° 7 également dans NMA VII :17/2).
Operia seria en 3 actes (13/15/12 scènes) : ouverture et 25 numéros. Livret de Vittorio Amedeo Cigna-Santi d'après Giuseppe Parini et Racine (également mis en musique par Quirino Gasparini à Turin en 1767).

Première représentation : 26 déc. 1770, Teatro Regio Ducal, Milan.
Première représentation moderne connue : 7 août 1971, Felsenreitschule, Salzbourg.
Première représentation en France : 21 juil. 1983, Aix-en-Provence.

MITRIDATE, roi du Pont et d'autres royaumes, amant d'Aspasia
ténor, Guglielmo d'Ettore
ASPASIA, épouse promise de Mitridate, déjà proclamée reine
soprano, Antonia Bernasconi
SIFARE, fils de Mitridate et Stratonica, amant d'Aspasia
soprano*, Pietro Benedetti, dit Sartorino
FARNACE, premier fils de Mitridate, amant de la même
alto*, Giuseppe Cicognani
ISMENE, fille du roi des Parthes, amante de Farnace
soprano, Anna Francesca Varese
MARZIO, tribun romain, ami de Farnace
ténor, Gaspare Bassano
ARBATE, gouverneur de Nymphée
soprano*, Pietro Muschietti
* castrat
Décors de la première représentation par les frères Galliari.
2 fl., 2 htb., 2 bsn, 4 cors, 2 trp., timb., cordes, continuo.

D'après Leopold, l'orchestre de Milan comptait quarante-deux cordes et deux clavecins. Dans le n° 7 (acte I scène 10), Mozart a réutilisé une marche récemment redécouverte (NMA 1970), K. 62, écrite à Salzbourg pour la sérénade en *ré* K. 100 (62a).
Le récit n'a que peu de liens historiques avec le personnage de Mithridate (v. 135-64 av. J.-C.), qui s'est courageusement battu contre Rome, mais a plutôt pour sujet un père et ses deux fils qui sont tous épris de la même femme. Lorsqu'on annonce la mort du roi en son absence, les deux fils se disputent la main d'Aspasia, dont les préférences vont à Sifare. Mais le roi revient, ramenant Ismene avec lui. Farnace et Marzio complotent contre le roi. Mitridate laisse entendre à Ismene que Farnace va bientôt mourir et qu'elle pourra épouser Sifare ; elle dénonce également l'infidélité d'Aspasia et les projets de Farnace. Celui-ci accuse Sifare, et tous trois sont emprisonnés. Mais les Romains attaquent, et Sifare et Farnace les combattent victorieusement. Mitridate est mortellement blessé, mais avant de mourir il donne la main d'Aspasia à Sifare et par-

donne à Farnace, qui s'est épris d'Ismene à point nommé.

Le 7 février 1770, Leopold et Wolfgang assistèrent à la première d'au moins trois fêtes musicales données à Milan par le comte Carl Joseph Firmian, gouverneur général de Lombardie et neveu de l'ancien archevêque de Salzbourg du même nom. C'est grâce à lui que Mozart, outre qu'on lui offrit en cadeau les œuvres complètes de Metastasio, fut invité à composer la musique pour le mariage de l'archiduc Ferdinand d'Autriche (la *serenata Ascanio in Alba*) et qu'on lui commanda un opéra pour les fêtes de Noël à Milan. D'après le contrat, Mozart devait recevoir 100 florins d'or (*gigliati*), en plus du logis. Les récitatifs devaient être expédiés par avance en octobre, et le compositeur arriver le 1ᵉʳ novembre au plus tard pour écrire les arias en fonction des chanteurs, comme il était d'usage. Wolfgang reçut le livret le 27 juillet à Bologne, où il étudiait le contrepoint avec le Padre Martini.
La première représentation fut pour Mozart son premier grand succès théâtral auprès du public et de la critique, et il fut salué aux cris de « Viva il maestrino ! ». On en donna au moins vingt représentations. Leopold se plaignit à juste titre de ce que l'opéra fût donné avec trois ballets (de Francesco Caselli) en guise d'intermèdes, si bien que la représentation durait six heures.

Eléments autographes : versions originales rejetées (complètes) des nᵒˢ 1, 9, 16, 18 et 20 ; 4 ébauches pour la *cavata* nᵒ 8 (*fa* majeur, 83 mes., continuation perdue (?) ; *si* bémol majeur, 106 mes., complet ; *fa* majeur, 53 mes., partie vocale complète ; *sol* majeur, 58 mes., partie vocale complète) ; 2 ébauches pour le récitatif « Respira alfin » (acte I scène 13) (3 mes. ; 24 mes., continuation perdue ?) ; fragment d'air pour Sifare non identifié (20 mes., continuation perdue ?).

Dédicace : au duc de Modène.
Autographe : perdu (voir ci-dessus). Trois copies principales : 1) la plus complète *P-La* ; 2) *F-Pn* ; 3) *GB-Lbl*.
Livret : (Milan, 1770) *I-Bc*.
Enregistrement : Augér, Baltsa, Cotrubas, Gruberova, Hollweg, Camerata academica

315

du Mozarteum de Salzbourg, Hager. DG 2740 180 (3).

K. 111
Ascanio in Alba
AMA V, n° 6 ; NMA II :5/5.
Festa teatrale en 2 actes (5/6 scènes) ; ouverture et 33 numéros. Livret de l'abbé Giuseppe Parini.
Première représentation : 17 oct. 1771, Teatro Regio Ducal, Milan.
Première représentation moderne : 25 janv. 1958. Landestheater, Salzbourg (version de B. Paumgartner).

VENERE
    seconda donna, soprano, Geltrude Falchini
ASCANIO, son fils
    *primo uomo, mezzo-soprano**, Giovanni Manzuoli
SILVIA, nymphe de la famille d'Hercule
    prima donna, soprano, Antonia Maria, Girelli-Aguilar
ACESTE, prêtre
    ténor, Giuseppe Tibaldi
FAUNO
    *secundo uomo, soprano**, Adamo Solzi
* castrat
CHŒUR de GÉNIES, BERGERS et BERGÈRES
Les danseurs, lors de la première représentation, étaient dirigés par Charles Le Picq, qui avait conçu la chorégraphie des ballets avec Giovanni Favier, Anna Binetti (son épouse) et Sig. Blache. Décors des frères Galliari.
2 fl., 2 htb./cors angl., 2 bsn, 2 cors, 2 trp., timb., cordes et continuo.

Venere (Vénus) voudrait que son fils Ascanio épouse Silvia, mais après avoir mis sa vertu à l'épreuve. Cupidon l'amène voir Ascanio, dont elle tombe amoureuse sans savoir qui il est. Lorsque les deux se rencontrent, il feint ne pas la connaître. Comme elle est promise à un étranger du nom d'Ascanio, elle repousse ses avances. Elle passe donc l'épreuve, et le couple est uni dans le bonheur.

L'œuvre fut écrite pour le mariage de l'archiduc Ferdinand d'Autriche et Maria Beatrice Ricciarda d'Este de Modène. Mozart commença à travailler à la partition à la fin d'août 1771, une fois qu'il eut reçu le livret et après que celui-ci eut été approuvé par l'empereur à Vienne. Il était également tenu de composer la musique du ballet — un seul ballet, et non deux (Plath 1965) — qui devait se donner entre les deux actes. (Sur la musique de ballet, voir la réduction pour piano K. Anh. 207 (Anh. C27.06) dans « Musique de danse et de ballet ».) Certains des chœurs étaient également dansés. La partition fut achevée pour le 23 septembre, et l'œuvre, donnée le second jour des festivités, fut si bien accueillie (mieux que l'opéra *Il Ruggiero* de Hasse, donné le premier jour) qu'on organisa aussitôt trois autres représentations pour la semaine suivante. Le compositeur de quinze ans avait écrit toute la partition en moins d'un mois. L'enthousiasme de Ferdinand était tel qu'il écrivit à sa mère, l'impératrice Marie-Thérèse, pour lui demander s'il ne pourrait offrir à Mozart un emploi permanent à la cour ; celle-ci lui déconseilla vivement.

A la fin d'octobre 1771, Mozart composa un mouvement à 3/8 qui, ajouté à l'ouverture en deux mouvements, permettait de la jouer sous forme de symphonie (K. 120 (111a)).

Autographe : D-B.
Livret : (Milan, 1771) I-Rsc.
Enregistrement : Sukis, Baltsa, Mathis, Schreier, Augér, Camerata academica du Mozarteum de Salzbourg, orchestre du Mozarteum de Salzbourg, Hager. DG 2740 181 (3).

K. 126
Il sogno di Scipione (*Le songe de Scipion*)
AMA V, n° 7 ; NMA II :5/6.
Serenata drammatica (*azione teatrale*) en 1 acte ; ouverture et 12 numéros. Livret de Pietro Metastasio, d'après Cicéron, écrit à l'origine en 1735 et mis en musique par Angelo Predieri pour célébrer l'anniversaire de l'empereur Charles VI.

Première représentation : aucun document ne confirme la date autrefois supposée du 1er mai 1772, palais de l'archevêque, Salzbourg.

SCIPIONE
    ténor

COSTANZA
soprano
FORTUNA
soprano
PUBLIO, parâtre de Scipione
ténor
EMILIO, vrai père de Scipione
ténor
SOLISTE dans la *licenza*
soprano
CHŒUR de HÉROS
s. a. t. b.
La scène est dans le royaume de Massinissa, Afrique, v. 149 av. J.-C.
2 fl., 2 htb., 2 bsn, 2 cors, 2 trp., timb., cordes, continuo.

Scipione (Scipion) dort en son palais. Dans son rêve, les déesses Costanza (la Constance) et Fortuna (la Fortune) lui demandent de choisir l'une d'elles pour le protéger. Il demande un délai de réflexion et est transporté au ciel parmi ses ancêtres. Au milieu d'un chœur de héros apparaissent Publio et Emilio, qui lui chantent l'un les gratifications d'une vie honorable et l'autre la futilité de l'existence terrestre. Il souhaiterait rester auprès d'eux, mais on lui dit qu'une telle récompense doit se mériter. Il leur demande conseil pour choisir une déesse tutélaire, et on lui répond que c'est à lui de décider. En préférant Costanza, il provoque la fureur de Fortuna. Mais il demeure inflexible et retourne sur terre suivre Costanza.

L'œuvre fut sans doute écrite entre avril et août 1771 (avant *Ascanio in Alba*), pour célébrer le cinquantième anniversaire de l'ordination de l'archevêque von Schrattenbach. Mozart a lui-même choisi le livret, qui avait déjà été mis en musique six fois, et le laissa inchangé, à l'exception du prénom Sigismondo qui remplaça Carlo au début de la *licenza* finale. Schrattenbach mourut à la fin de l'année (16 décembre), et les Mozart espéraient voir l'œuvre donnée pour célébrer l'intronisation de l'archevêque Hieronymus Colloredo à Salzbourg. Le nom du dédicataire fut donc transformé en Girolamo (forme italienne de Hieronymus), mais aucune représentation de l'œuvre n'est attestée. On estime qu'une seconde version de l'aria de la *licenza* date

du début de 1772 et qu'elle aurait donc vu le jour à l'occasion de l'élection d'un nouvel archevêque (NMA). Au cours de la même année 1772 Mozart écrivit un presto qui, avec l'ouverture en deux sections, devint la symphonie K. 161 + 163 (141a).

Autographe : D-B.
Enregistrement : Popp, Gruberova, Schreier, Ahnsjo, Moser, Chœur de chambre et orchestre du Mozarteum de Salzbourg, Hager. DG 2740 218 (3).

K. 135
Lucio Silla
AMA V, nᵒ 8 ; NMA II :5/7.
Dramma per musica en 3 actes (9/14/8 scènes) ; ouverture et 23 numéros. Livret de Giovanni de Gamerra (auteur de la première traduction italienne de *Die Zauberflöte*).

Première représentation : 26 déc. 1772, Teatro Regio Ducal, Milan.
Première représentation moderne connue : 14 déc. 1929, Prague.
Première représentation en France : 30 oct. 1984, théâtre des Amandiers, Nanterre.

LUCIO SILLA, tyran
ténor, Bassano Morgnoni
GIUNIA, épouse promise de Cecilio
prima donna, soprano, Anna de Amicis-Buonsollazzi
CECILIO, sénateur proscrit
primo uomo, soprano castrato, Venanzio Rauzzini
LUCIO CINNA, patricien romain, ami de Cecilio et ennemi secret de Lucio Silla
soprano, Felicità Suardi
CELIA, sœur de Lucio Silla
soprano, Daniella Mienci
AUFIDIO, tribun de Lucio Silla
ténor, Giuseppe Onofrio
GARDES, SÉNATEURS, NOBLES, SOLDATS, PEUPLE et DEMOISELLES
2 fl., 2 htb., 2 bsn, 2 cors, 2 trp., timb., cordes, continuo.
Décors pour la première représentation des frères Galliari (dessins conservés à la Pinacoteca di Brera, Milan). Costumes de Francesco Motta et Giovanni Mazza.
La scène est dans la Rome antique.

Lucio Silla, tyran haï, rejeté par Giunia, qui aime le sénateur proscrit Cecilio,

317

décide de la tuer. Cinna, Giunia et Cecilio (revenu en secret) conspirent pour tuer Silla, mais leur complot échoue. Lorsque Silla annonce en public son mariage avec Giunia, celle-ci révèle qu'il avait l'intention de tuer Cecilio. Finalement, Silla pardonne à tous et Giunia et Cecilio sont unis, de même que Celia et Cinna. Silla renonce à sa dictature.

Gamerra, poète italien qui grâce au soutien de Metastasio occupait des fonctions à la cour viennoise, emprunta son idée au récit de la carrière de Lucius Cornelius Sulla (130-78 av. J.-C.) laissé par Plutarque. Après que Mozart eut commencé à travailler, le livret de Gamerra fut envoyé à Metastasio pour approbation, sur quoi le vieux poète fit plusieurs modifications et coupa une scène entière, à la grande consternation non pas tant de Wolfgang que de Leopold.

A Salzbourg, en mars 1771, Mozart avait reçu commande d'un nouvel opéra pour Milan à la suite du succès de *Mitridate*. Sa carrière progressait de manière satisfaisante ; Milan était sous règne autrichien et lui ouvrait donc des portes à la fois en Autriche et en Italie. On lui proposa 130 florins d'or (*gigliati*) pour son travail.

Le bon déroulement des répétitions fut entravé par les chanteurs récalcitrants, et la première représentation commença trois heures après l'arrivée du public (en raison du retard de l'archiduc) ; le spectacle durait quatre heures et comportait en outre trois ballets (avec une chorégraphie de Charles Le Picq et Giuseppe Salamoni), si bien qu'il se poursuivit jusqu'à deux heures du matin. Mais on donna de l'opéra vingt-six représentations devant des salles combles, qui obligèrent à retarder la production suivante, *Sismano nel Mongol* de Paisiello. Malgré ce succès, *Lucio Silla* fut le dernier opéra que Mozart écrivit pour l'Italie.

L'auteur des trois ballets (*La gelosia del serraglio*, *La scuola di negromanzia* et *La Giacona*) n'est pas mentionné dans les exemplaires qui subsistent du livret imprimé, et la correspondance familiale des Mozart ne dit nulle part que Mozart aurait composé des musiques de ballet pour l'opéra. Le chœur final se confondait sans doute avec le dernier ballet (NMA).

L'éventuelle contribution de Mozart au premier ballet, sans doute un *pasticcio*, est d'authenticité douteuse : les esquisses d'une introduction et de trente-deux numéros, intitulés *Le gelosie del serraglio, primo ballo* K. Anh. 109 (135a), dont on peut retrouver les origines, pour six numéros, dans la partition de ballet de Starzer intitulée *Les cinq sultanes* (1771), semblent être une copie faite de mémoire après la représentation (Senn 1961[b]). Senn date K. Anh. 109 (135a) de janvier-février 1773.

Autographe : PL-Kj ; A-Sm (K. Anh. 109 (135a)).
Texte : I-Mc, D-Bds.
Enregistrement : Schreier, Augér, Varady, Mathis, Donath, Krenn, chœur et orchestre de la radio et du Mozarteum de Salzbourg, Hager. DG 2740 183.

K. 196
La finta giardiniera (*La fausse jardinière*)
AMA V, n° 9 ; NMA II :5/8.
Opera buffa en 3 actes (15/16/8 scènes) ; ouverture et 28 numéros. Livret (également mis en musique par Anfossi à Rome, 1773-1774) de Giuseppe Petrosellini (autrefois attribué à Raniero de Calzabigi, avec des révisions de Marco Coltellini ; ces deux attributions sont maintenant considérées comme erronées).

Première représentation : 13 janv. 1775, Salvatortheater, Munich.
Première représentation comme *Singspiel* allemand (sous le titre *Die verstellte Gärtnerin*) : 1er (?) mai 1780, Augsbourg.
Premières représentations en France : 27 mai 1963, Mai de Versailles (adaptation française) ; 20 mars 1965, Strasbourg (en italien).

DON ANCHISE, podestat de Lagonero, amoureux de Sandrina
    ténor, Signor Fiorini (?)
MARCHESA VIOLANTE ONESTI, amante de Belfiore, déguisée en jardinière :
SANDRINA
    soprano, Rosa Manservisi
CONTINO BELFIORE, ancien amant de Violante

ténor, Johann Baptist Walleshauser (?)
ARMINDA, noble Milanaise, nièce du podestat, ancienne amante de Ramiro et maintenant amanate de Belfiore
soprano
CAVALIER RAMIRO, amant d'Arminda, mais
rejeté par elle
soprano*, Tommaso Consoli
SERPETTA, femme de chambre du podestat,
dont elle est amoureuse
soprano, Teresa Manservisi
ROBERTO, valet de Violante, feignant d'être
son cousin, amant de Serpetta et également
déguisé en jardinier :
NARDO
basse, Giovanni Rossi (?), (Joseph
Matthias Souter ?)
* castrat
La scène est au domaine du podestat à
Lagonero.
2 fl., 2 htb., 2 bsn, 2 cors, 2 trp., timb.,
cordes, continuo.
Consoli et les sœurs Manservisi ont certainement chanté lors de la première représentation ; la présence des autres chanteurs
n'est pas confirmée.

Dans le tutti initial de l'opéra, Ramiro,
Sandrina et les deux domestiques révèlent
leur mécontentement, malgré les apparences joyeuses ; seul le podestat est opti-
miste, car il est tombé amoureux de San-
drina/Violante (à la grande fureur de
Serpetta). Lorsque Arminda et Belfiore
arrivent pour leurs noces, ils se trouvent
confrontés à leurs anciens amants. Le
comte Belfiore est particulièrement per-
plexe car il pensait avoir tué Violante/San-
drina lors d'une querelle amoureuse et
celle-ci refuse de reconnaître qu'elle est en
fait Violante. Arminda, furieuse, la fait
enlever et conduire dans un bois sauvage où
les autres personnages la cherchent ; tous
(sauf le valeureux et méfiant Ramiro)
sombrent dans la plus grande confusion, au
point que Sandrina et le comte, qui sont
vraiment amoureux l'un de l'autre,
deviennent complètement fous. Tous les
malentendus finissent par se résoudre dans
un triple mariage : Belfiore et Violante,
Ramiro et Arminda, Nardo et Serpetta. Le
podestat fait mystérieusement remarquer
qu'il ne se mariera que lorsqu'il aura trouvé
une autre Sandrina.

Le 6 décembre 1774, Wolfgang et son
père firent le voyage de Salzbourg à
Munich, dont le surintendant des divertissements théâtraux avait commandé à
Mozart un *opera buffa* pour le carnaval. La
première représentation était prévue pour
le 29 décembre, mais elle fut retardée pour
laisser plus de temps aux répétitions. Malgré une première qui fut pour Mozart une
réussite, l'œuvre remporta par la suite
davantage de succès sous forme de *Singspiel* ; Mozart copia la version allemande
d'Andreas Schachtner dans la partition
d'origine. Il fit également de légères révisions à quatre numéros pour la première représentation d'Augsbourg. F.J.
Stierle, acteur comique et basse, en donna
une autre version allemande contemporaine.
Mozart composa un nouveau finale
K. 121 (207a) pour l'ouverture afin de pouvoir la donner sous forme de symphonie.

Autographe : acte I perdu du vivant de
Mozart. Actes II et III, *PL-Kj*. Copie de la
partition du XVIIIᵉ siècle, avec textes alle-
mand et italien, *CS-Bm*.
Livret : Version italienne utilisée par
Anfossi : *I-Rsc*. Texte allemand (Augs-
bourg, 1780) : *D-Mbs*.
Enregistrement : (en allemand) Unger,
Hollweg, Donath, Norman, Cotrubas,
Troyanos, Prey, chœur et orchestre de la
N.D.R., Schmidt-Isserstedt. PHIL 6703
039 (3). (En italien) Conwell, Sukis, Cesari,
Moser, Fassbaender, Ihloff, McDaniel,
orchestre du Mozarteum de Salzbourg,
Hager. DG 2704 234 (4).

K. 208
Il rè pastore (*Le roi pasteur*)
AMA V, nᵒ 10 ; NMA II :5/9.
Dramma per musica (également qualifié de
serenada ou de *cantate* par les auteurs
contemporains) en 2 actes (8/13 scènes) ;
ouverture et 14 numéros. Texte sans doute
adapté par Gianbattista Varesco, chapelain
de l'archevêque, à partir du livret de Metastasio de 1751, lui-même fondé sur *Aminta*
de Torquato Tasso (1581) et mis en
musique par de nombreux autres compositeurs.

Première représentation : 23 avril 1775.
Palais de l'archevêque, Salzbourg.

Première représentation moderne connue : 27 janv. 1906, Salzbourg.
Première représentation en France : 26 juil. 1982, théâtre des Champs-Elysées, Paris.

ALESSANDRO, roi de Macédoine
ténor
AMINTA, berger, amoureux d'Elisa, dont on découvre qu'il est l'héritier du royaume de Sidon
soprano*, Tommaso Consoli
ELISA, nymphe de Phénicie, amoureuse d'Aminta
soprano
TAMIRI, princesse réfugiée, fille de Stratone, déguisée en bergère et amoureuse d'Aegenore
soprano
AEGENORE, noble de Sidon, ami d'Alessandro, amoureux de Tamiri
ténor
* castrat

La scène est à l'extérieur du camp macédonien, près de Sidon. Le rôle d'Aminta mis à part, les chanteurs venaient de la cour de Salzbourg et étaient peut-être les mêmes qui avaient chanté dans *La finta semplice*, comme Consoli, et *Il sogno di Scipione*.
2 fl., 2 htb/cors angl., 2 bsn, 4 cors, 2 trp., cordes, continuo.

Aminta et Elisa se demandent qui sera leur nouveau roi, maintenant qu'Alessandro (Alexandre le Grand) a libéré Sidon de la tyrannie de Stratone. Aminta apprend d'Aegenore qu'il est l'héritier légitime du trône. Alessandro prévoit de marier Aminta et Tamiri. Elisa pense à tort que tel est le souhait d'Aminta, qui préférerait en réalité continuer son existence de berger et épouser Elisa. Tamiri accuse Aegenore de la repousser. Alessandro se rend finalement compte de la confusion qu'il a involontairement causée et décrète qu'Aminta et Elisa doivent régner sur Sidon, et Aegenore et Tamiri sur le prochain royaume qu'il conquerra.

Mozart avait reçu commande d'un opéra pour célébrer la visite à Salzbourg de l'archiduc Maximilian Franz, fils cadet de Marie-Thérèse. Metastasio avait fondé le livret d'*Il rè pastore* sur des textes de Justinien et Curtius, qui relataient l'histoire du jardinier Abdalonymus à qui Alexandre le Grand avait confié le trône de Sidon (en changeant le nom et la profession du héros) ; ce livret avait été mis en musique au moins quatorze fois avant que Mozart ne le choisisse. Varesco combina les actes II et III de Metastasio en un seul et écrivit un nouveau finale. On sait très peu de chose de la première représentation, ce qui pourrait expliquer que les comptes rendus contemporains qualifient l'œuvre de *serenada* ou de *cantate*. Mozart ajouta par la suite à des arrangements de l'ouverture et de la première aria un *presto assai* final K. 102 (213c) pour former une symphonie.

Autographe : Pl-Kj.
Livret : aucun exemplaire du livret imprimé n'a été retrouvé.
Enregistrement : Schreier, Mathis, Augér, Ghazarian, Krenn, orchestre du Mozarteum de Salzbourg, Hager. DG 2740 182 (3).

K. 345 (336a)
Thamos, König in Ägypten (*Thamos, roi d'Egypte*)
AMA V, n° 12 ; NMA II :6/1.
Pièce avec musique en 5 actes. Texte de Tobias Philipp, baron von Gebler.
Première représentation (partielle) : 4 avril 1774, Kärntnerthortheater, Vienne ; (version révisée avec additions) 3 janv. 1776, Salzbourg ; (avec d'autres éléments nouveaux) 1779-1780, Salzbourg.

Basse solo et chœur.
2 fl., 2 htb., 2 bsn, 2 cors, 2 trp., 3trb., timb., cordes.

Gebler (qui était franc-maçon) a fondé sa pièce sur une légende de l'Egypte ancienne qui n'est pas sans ressemblances avec celle de *Die Zauberflöte*. L'étude des autographes paraît indiquer que les entractes et les chœurs sous leur forme actuelle datent respectivement de 1776-1777 et 1779-1780. Deux des chœurs (n°s 1 et 6) semblent être de nouvelles versions de pièces composées en 1773 et exécutées à Vienne. Un quatrième entracte fut remplacé par un troisième et dernier chœur (n° 7 dans *Köchel 6*) sur un texte d'Andreas Schachtner pour les représentations salzbourgeoises données par la compagnie de

Johann Böhm, qui séjourna à Salzbourg en 1776 et avril-mai 1779 et septembre 1779-mars 1780. Böhm utilisa la musique de *Thamos* pour une pièce de Karl Martin Plümicke intitulée *Lanassa*, à laquelle fut ajoutée en guise d'ouverture la symphonie K. 184 (161a). Böhm utilisa cette musique de scène pour *Lanassa* pendant de nombreuses années, notamment dans l'ouest de l'Allemagne (ainsi lors des cérémonies du couronnement à Francfort en septembre 1790).

Fragment K. Anh. 101 identifié par Plath comme appartenant au matériel autographe qui subsiste de *Thamos* (n° 7a, mes. 22-75).

Autographe : D-B.
Livret : (Prague et Dresde, 1773) A-Sm.
Enregistrement : Perry, Mühle, Altena, Thomaschke, Van der Kamp, Chœur de chambre néerlandais, Collegium vocale, orchestre du Concertgebouw d'Amsterdam, Harnoncourt. TELD A26.42702.

K. 344 (336b)
Zaide (Das Serail)
AMA V, n° 11 ; NMA II :5/10.
Singspiel en 2 actes (fragment). Livret de Johann Andreas Schachtner, d'après *Das Serail* de F.J. Sebastiani.

Première représentation connue : 27 janv. 1866, Francfort.
Première représentation à Vienne : 4 oct. 1902.
Première représentation en France : 1955, Paris.

GOMATZ, jeune homme contraint de servir le sultan
   ténor
ZAIDE, jeune fille du harem
   soprano
ALLAZIM, gardien du sultan
   basse
LE SULTAN SOLIMAN, marchand d'esclaves
   basse
QUATRE ESCLAVES
   ténors
GARDES
   ténor et basse
ZARAM, chef des gardes
   rôle parlé

2 fl., 2 htb., 2 bsn, 2 cors, 2 trp., timb., cordes.

Gomatz et Zaide sont amoureux, et ils persuadent Allazim des les aider à s'échapper du sérail. Le sultan s'en aperçoit et les y fait ramener. Ils implorent son pardon, qu'il accorde en apprenant qu'Allazim lui avait sauvé la vie quinze ans auparavant.

Mozart composa sans doute *Zaide* en 1779-1780 à Salzbourg pour l'y faire éventuellement donner, et peut-être en songeant aussi à une représentation au nouveau Théâtre national de Joseph II à Vienne. Mozart ne poursuivit pas la composition de l'œuvre une fois arrivé à Vienne, mais il s'engagea bientôt dans un autre opéra « turc », de conception analogue mais plus riche : *Die Entführung*. Il n'existe de celui-ci que quinze numéros complets : l'ouverture, le chœur final (et d'autres numéros conclusifs ?) manquent. Esquisse pour l'aria n° 6 (52 mes.). L'œuvre inachevée et sans titre fut trouvée parmi les manuscrits de Mozart après sa mort et vendue par Constanze à J.A. André, qui la publia en 1838 sous le titre *Zaide*.

Autographe : D-B.
Enregistrement : Blegen, Hollweg, Schöne, Moser, Holl, orchestre du Mozarteum de Salzbourg, Hager. HM S 055832 H (2).

K. 366
Idomeneo, rè di Creta (Idoménée, roi de Crète)
AMA V, n° 13 ; NMA II :5/11.
Dramma per musica en 3 actes (10/6/11 scènes) ; ouverture et 32 numéros, dont 2 ballets. Livret de Gianbattista Varesco d'après l'*Idoménée* d'Antoine Danchet, mis en musique par Campra (Paris, 1712) ; version allemande d'Andreas Schachtner (1780).

Premières représentations : 29 janv. 1781, Residenz Theater (aujourd'hui Cuvilliés), Munich ; 13 mars 1786, palais Auersperg, Vienne (avec K. 489 et 490).
Premières représentations en France : février 1846, Conservatoire, Paris (extraits, en français) ; 21 févr. 1931, Conservatoire, Paris (en italien).

IDOMENEO, roi de Crète
ténor, Anton Raaff
IDAMANTE, son fils
soprano*/*ténor*, Vincenzo dal Prato
ILIA, une princesse troyenne
soprano, Dorothea Wendling
ELETTRA, princesse d'Argos, fille d'Agamemnon
soprano, Elisabeth Wendling
ARBACE, confident du roi
ténor, Domenico de'Panzacchi
GRAND PRÊTRE DE NEPTUNE
ténor, Giovanni Valesi
VOIX DE NEPTUNE
basse
* castrat
CHŒURS DE PRÊTRES, PRISONNIERS TROYENS, CRÉTOIS, MARINS
La scène est à Sidon, capitale de la Crète ancienne.
Chorégraphie du ballet (K. 367) de Le Grand. Décors de Lorenzo Quaglio. Direction Christian Cannabich.
2 fl/picc., 2 htb., 2 clar., 2 bsn, 4 cors, 2 trp., 3 trb., timb., cordes, continuo.

Le rôle d'Idamante est chanté soit par un soprano soit par un ténor, Mozart ayant arrangé la partie pour ténor à l'occasion d'une représentation donnée par des amateurs à Vienne en 1786.

Ilia, prisonnière des Crétois, aime Idamante, et craint, à tort, que celui-ci n'aime Elettra, qui, elle, est jalouse d'Ilia. Idomeneo revient de la guerre de Troie en ayant fait à Neptune le vœu de sacrifier la première personne qu'il rencontrerait à terre s'il survivait à une formidable tempête. Idamante l'accueille avec joie, mais le roi s'en detourne, pris de remords. Arbace, apprenant le terrible secret d'Idomeneo, lui conseille de renvoyer Elettra chez elle avec Idamante pour escorte. Tandis qu'Idamante et Elettra s'apprêtent à partir, un redoutable monstre jaillit des flots. Malgré l'amour qu'Ilia et Idamante se sont déclaré, Idomeneo ordonne à son fils de partir pour ne jamais revenir. Au milieu du chaos provoqué par le monstre, le roi avoue son vœu au peuple, qui lui conseille de tenir sa promesse. Idamante tue le monstre et est prêt à accepter sa mort, mais Ilia offre de prendre sa place. La voix de Neptune intervient décrétant qu'Idomeneo doit s'absoudre en abdiquant en faveur d'Idamante.

Après avoir achevé neuf ouvrages dramatiques, Mozart, à l'âge de vingt-quatre ans, se vit commander un opéra par l'électeur Karl Theodore de Bavière, anciennement de Mannheim, qui s'était établi à Munich en janvier 1778. Il commença à y travailler à Salzbourg en octobre 1780 puis se rendit à Munich en novembre pour terminer l'œuvre avec les chanteurs, dont il avait fait la connaissance, pour certains d'entre eux, à Mannheim. L'opéra y fut un succès, mais il n'y eut pas d'autres représentations dans d'autres théâtres. La représentation donnée à Vienne par des amateurs prit place cinq ans plus tard, avec la distribution suivante :
IDOMENEO, Giuseppe Antonio Bridi
IDAMANTE, baron Pulini
ILIA, Anna von Pufendorf
ELETTRA, Maria Anna Hortensia, comtesse von Hatzfeld.

Outre l'adaptation de la partie d'Idamante pour ténor, Mozart réécrivit le début de l'acte II, coupant le récitatif n° 10a, « Tutto m'è noto » pour lui substituer le n° 10b, la *scena con rondo* K. 490 — « Non più, tutto ascoltai » (Ilia, Idamante), suivi du rondo « Non temer, amato bene » (Idamante), avec violon solo obligé. Dans l'acte III, le duo n° 20a, « S'io non moro » fut coupé pour être remplacé par le duo K. 489 « Spiegarti non poss'io » (Ilia, Idamante). Le matériel d'exécution de la version viennoise de 1786 n'a pas survécu, si bien qu'on n'en connaît guère les détails mis à part les deux importantes substitutions (autographes : K. 490 *PL-Kj* ; K. 489 *D-B*). Il subsiste une ébauche de l'aria n° 30a, « Torna la pace » (127 mes.). Richard Strauss et Lothar Wallerstein en ont donné une célèbre version en 1931. La partition d'orchestre (Magdebourg, 1931), éd. R. Strauss, conservée par *GB-Lbm* comporte des indications d'expression, des coups d'archet et des parties de vent supplémentaires pour une aria, toutes de sa main.

Autographe : K. 366 : actes I, II, *PL-Kj* ; acte III, *D-B*. K. 367 : *D-B*.
Livret : *D-Mmb*. Deux versions du texte (en italien et en allemand) furent publiées en 1781.

K. 384

*Die Entführung aus dem Serail (L'enlève-
ment au sérail)*
AMA V, n° 15 ; NMA II :5/12.
Singspiel en 3 actes (10/9/9 scènes) :
ouverture et 22 numéros. Livret de J. Gottlieb Stephanie le Jeune, d'après *Belmonte
und Constanze* de Christoph Friedrich
Bretzner (1780).

Première représentation : 16 juil. 1782, Burgtheater, Vienne, dirigée par Mozart.
Premières représentations en France : 29 sept.
1798, Lycée des Arts, Paris (en français) ;
16 nov. 1801, théâtre de la Cité, Paris (en
allemand).

KONSTANZE, une dame espagnole
 soprano, Catarina Cavalieri
BLONDE, sa servante anglaise
 soprano, Therese Teyber
BELMONTE, un noble espagnol
 ténor, Johann Valentin Adamberger
PEDRILLO, son valet
 ténor, Johann Ernst Dauer
BASSA (PACHA) SELIM
 rôle parlé, Dominik Jautz
OSMIN, gardien de son sérail
 basse, Johann Ignaz Ludwig Fischer
KLAAS, un marin
 rôle parlé
UN SERVITEUR MUET
 rôle muet
SOLDATS TURCS, FEMMES et GARDES.
La scène est dans le domaine campagnard
du pacha Selim en Turquie.
2 fl/picc., 2 htb., 2 clar./cors de basset, 2
bsn, 2 cors, 2 trp., timb., perc., cordes.

Belmonte arrive à la maison de campagne du pacha Selim, à la recherche de sa
bien-aimée Konstanze. Malgré les efforts
de l'inamical Osmin, qui essaye de l'éloigner, il réussit à retrouver Pedrillo, qui a un
projet pour aider Konstanze et sa suivante
Blonde à fuir le sérail. Il présente Belmonte
au pacha comme un architecte célèbre et lui
donne ainsi accès à sa maison. Konstanze a
inflexiblement repoussé les insistantes
avances du pacha. Pour les aider à s'échapper, Pedrillo fait s'enivrer Osmin. Mais leur
fuite est découverte, et tous sont ramenés
devant le pacha qui, tout en comprenant
que Belmonte est le fils de son grand
ennemi, donne gracieusement sa bénédiction à tous les quatre.

La composition de cet opéra coïncide
avec le mariage de Mozart et de Constanze
Weber, au moment où il s'est établi à
Vienne comme compositeur et exécutant
indépendant. Malgré les intrigues et les
complications qui ont entravé la première,
l'œuvre se révéla le plus populaire des opéras de Mozart de son vivant, grâce entre
autres à la vogue des pièces et opéras sur
des sujets d'inspiration orientale. Mais c'est
à propos de cette œuvre que l'empereur fit,
selon Niemetschek (1798), sa remarque
restée célèbre : « Trop beau pour nos
oreilles, mon cher Mozart, et beaucoup
trop de notes » ; à quoi Mozart répondit :
« Juste ce qu'il faut, Votre Majesté. »

Fragments et esquisses : esquisse pour
le lied et le duo n° 2, mes. 176-235 ; fragment d'arrangement pour piano de l'aria
n° 12 (26 mes.) ; fragment d'ensemble pour
la scène de l'enlèvement, « Welch' äng-
stliches Beben » (texte du livret original de
Bretzner, acte I scènes 3-4), K. 389 (384A)
(151 mes., en ébauche de partition), qui
date probablement de la seconde moitié de
1781 (Tyson, communication personnelle) ;
la musique s'interrompt après l'entrée de
deux des chanteurs seulement (Belmonte,
Pedrillo) ; chez Bretzner, ce « charmant
quintette ou plutôt finale » (lettre de Wolfgang à Leopold du 26 septembre 1781)
commençait l'acte III ; avant de décider de
le transformer en dialogues parlés et en
numéros séparés, Mozart souhaitait
d'abord le placer à la fin de l'acte II ;
arrangé et complété par Julius André
(1853).

Autographe : actes I, III, *PL-Kj* ; acte II,
D-B.
Livret : (Vienne, 1782) *A-Wn.*

K. 422

L'oca del Cairo (L'oie du Caire)
AMA XXIV, n° 37 ; NMA II :5/13.
Opera buffa/dramma giocoso en 2 actes
(fragment) ; 6 numéros sont orchestrés.
Livret de Gianbattista Varesco.

Premières représentations : 1860, Francfort
(en concert) ; 6 juin 1867, Paris (dans un
arrangement de Victor Wilder, avec des
numéros de *Lo sposo deluso* et des pièces
intercalaires que Mozart écrivit pour *La*

villanella rapita de Bianchi) ; 22 août 1936, Stadttheater, Salzbourg.
Première représentation en France : voir ci-dessus.

DON PIPPO, marquis de Ripasecca, amoureux de Lavina
    basse
DONNA PANTEA, son épouse, qu'il croit morte, connue sous le nom de Sandra
    (?)
CELIDORA, leur fille, amoureuse de Biondello
    soprano
BIONDELLO, riche gentilhomme
    ténor
CALANDRINO, neveu de Pantea, ami de Biondello
    ténor
LAVINA, compagne de Celidora, amante de Calandrino
    soprano
CHICHIBIO, valet de Pippo, amant d'Auretta
    basse
AURETTA, femme de chambre de Pantea
    soprano
CHŒURS de VILLAGEOIS, SOLDATS, MARINS, DOMESTIQUES
La scène est à Ripasecca, port imaginaire.
2 htb., 2 bsn, 2 cors, 2 trp., cordes.

Don Pippo, résolu à épouser Lavinia et à donner la main de Celidora à une certain comte Lionetto di Casavuota, a emprisonné les deux femmes dans une forteresse pour les empêcher de voir leurs amants. Il a dit à Biondello qu'il pourra épouser Celidora au cas peu probable où il réussirait à pénétrer dans le château. Calandrino décide de construire une immense oie mécanique grâce à laquelle Pantea/Sandra pourra faire entrer Biondello dans la prison.

Malgré son enthousiasme pour les possibilités qu'offrait un opéra national en langue allemande, Mozart accepta d'écrire un nouvel *opera buffa* pour un groupe de chanteurs italiens invités en 1783. Bien qu'il désirât travailler avec Da Ponte, dont il avait récemment fait la connaissance et qui lui avait promis un nouveau livret, il décida de demander à Varesco, le chapelain de Salzbourg qui lui avait fourni le livret d'*Idomeneo*, d'en écrire un nouveau si Da Ponte ne tenait pas son engagement.

Mozart travailla à l'opéra lors de son séjour à Salzbourg en 1783 puis à son retour à Vienne ; en février 1784 il semble cependant qu'il ait préféré mettre provisoirement l'œuvre de côté pour travailler à d'autres compositions. La musique qui subsiste se rapporte aux préparatifs de mariage et d'évasion, sans faire allusion à l'*oca ex machina*. Le livret est inachevé : seul le premier acte est conservé (avec certaines révisions de texte manquantes). Réduction publiée par Julius André (1855).

Musique conservée : récitatif précédant l'aria et trio n° 4 ; duo n° 1, aria n° 2, aria n° 3, quatuor n° 5, finale n° 6, duo sans numéro « Ho un pensiero » (pour toutes ces pièces substance complète en ébauche de partition) ; esquisse pour l'aria n° 2 (20 mes.) ; esquisse pour l'aria n° 3 (58 mes.) ; esquisse des mes. 99-116 du quatuor n° 5 ; esquisse des mes. 397-418 du finale n° 6 ; esquisse de toute l'aria sans numéro « Che parli, che dica » (92 mes.). Partition d'orchestre (copie de J.S. Mayr ; complète à l'origine ?) et un fragment de partition de la main d'un copiste des parties de voix et de basse de l'aria et trio n° 4 subsistent également.

Autographe : D-B.
Livret : D-B.

K. 430 (424a)
Lo Sposo deluso, ossia La rivalità di tre donne per un solo amante (*L'époux dupé, ou La rivalité de trois dames pour un seul amant*)
AMA XXIV, n° 38 ; NMA II :5/14.
Opera buffa en 2 actes (fragment). Livret de Lorenzo Da Ponte (?).

Dix-neuf numéros de *L'oca del Cairo* et *Lo sposo deluso* furent employés par Hans Erismann pour former un ouvrage intitulé *Don Pedros Heimkehr* sur un texte d'Oscar Wälterlin et Werner Galusser. Celui-ci fut donné en janvier (?) 1953 à Zurich puis par Lemonade Opera au Greenwich Playhouse, New York, le 1ᵉʳ juin 1953.

BOCCONIO PAPPARELLI, homme riche et sot
    basse
EUGENIA, jeune et noble dame romaine qui aime Asdrubale
    soprano

DON ASDRUBALE, soldat toscan, amant d'Eugenia
ténor
BETTINA, nièce de Bocconio, amoureuse d'Asdrubale
soprano
PULCHERIO, ami de Bocconio
ténor
GERVASIO, tuteur d'Eugenia, amoureux de Metilde
basse
METILDE, cantatrice et danseuse, amoureuse d'Asdrubale
soprano
CHŒURS des SERVITEURS D'EUGENIA et D'ASDRUBALE, etc.
La scène est sur la côte italienne, près de Livourne.
2 fl., 2 htb., 2 bsn, 2 cors, 2 trp., timb., cordes.

L'intrigue est très proche de la situation classique de la *commedia dell'arte* — le vieillard qui veut épouser une jeune fille éprise d'un homme plus jeune. Les projets de Bocconio sont bien entendu déjoués, et les trois couples sont unis.

On suppose que Mozart, dans sa quête d'un bon livret italien, a abandonné *L'oca del Cairo* pour travailler sur ce texte, tout aussi insatisfaisant. (Pour ce qui concerne la musique conservée — Mozart semble n'avoir commencé que l'ouverture et quatre numéros — et la datation, voir ci-dessous.) Le livret, qui nous est parvenu dans une copie manuscrite imparfaite, a ses origines dans *Le donne rivali*, mis en musique par Cimarosa (Rome, 1780). L'arrangement de cette source que Mozart a utilisé comporte un rôle nouveau, celui de Metilde.

La belle distribution à laquelle Mozart songeait pour la première représentation comprenait Nancy Storace (Eugenia), Francesco Benucci (Bocconio), Catarina Cavalieri (Bettina), sig. Pugnetti (Gervasio), Therese Teyber (Metilde), la basse Francesco Bussani (Pulcherio) et le baryton Stefano Mandini (Asdrubale), ces deux derniers se voyant curieusement confier des rôles de ténor. Réduction publiée par Julius André (1855).

Musique conservée : ouverture (conduisant directement au n° 1), quintette

n° 1, aria n° 2, aria n° 3 (pour toutes ces pièces substance complète en ébauche de partition) ; trio n° 4 (complet) ; esquisse pour le quatuor n° 1 (47 mes.) ; esquisse pour l'aria n° 2 (65 mes.) ; esquisse pour le trio n° 4 (14 mes.).

Datation : sans doute commencé en 1783 (après le séjour à Salzbourg ?).

Autographe : PL-Kj.
Livret : D-B.
Enregistrement : Cotrubas, Rolfe-Johnson, Tear, Grant, London Symphony Orchestra, Davis. PHIL 6527 204.

K. 486
Der Schauspieldirektor (*L'impresario*, ou *Le directeur de théâtre*)
AMA V, n° 16 ; NMA II :5/15.
Singspiel en 1 acte (10 scènes) ; ouverture et 4 numéros. Livret de Gottlieb Stephanie le Jeune.

Première représentation : 7 févr. 1786, Orangerie, château de Schönbrunn, Vienne.
Première représentation en France : 20 mai 1856, théâtre des Bouffes-Parisiens, Paris (arrangement français).

VOGELSANG, chanteur
ténor, Johann Valentin Adamberger
MME HERZ, cantatrice
soprano, Aloisia Lange
MME SILBERKLANG, cantatrice
soprano, Catarina Cavalieri
BUFF, acteur
basse, Joseph Weidmann
Les autres rôles sont des rôles parlés :
FRANK, impresario
Johann Gottlieb Stephanie le Jeune
EILER, banquier
Johann Franz Hieronymus Brockmann
HERZ, acteur
Joseph Lange
MME PFEIL, actrice
Anna Maria Stephanie
MME KRONE, actrice
Johanna Sacco
MME VOGELSANG, actrice
Anna Maria Adamberger
2 fl., 2 htb., 2 clar., 2 bsn, 2 cors, 2 trp., timb., cordes.

Le livret a pour sujet les difficultés d'un impresario à rassembler un groupe d'acteurs et de chanteurs pour une représentation à Salzbourg. Les deux sopranos se disputent le rôle de *prima donna*, malgré les efforts du ténor pour les apaiser. La morale en est que tous les artistes doivent s'efforcer de donner le meilleur d'eux-mêmes, mais qu'il est avilissant de se croire supérieur ; en dernier ressort, le meilleur juge de la qualité est le public.

Der Schauspieldirektor fut achevé au début de 1786 (le trio est daté du 18 janvier, le *Singspiel* complet du 3 février), à une époque où Mozart travaillait à *Figaro*. C'était une commande de l'empereur Joseph II, qui voulait une œuvre musicale pour un divertissement à Schönbrunn en l'honneur de sa sœur Marie Christine et de son époux le duc Albrecht von Sachsen-Teschen, souverains des Pays-Bas autrichiens. Elle fut donnée en même temps que *Prima la musica e poi le parole* de Salieri, avant trois autres représentations publiques au Kärntnerthortheater de Vienne en février. L'œuvre de Mozart est restée depuis lors populaire, donnée le plus souvent avec un dialogue mis au goût du jour.

Fragment d'ariette à 4/4 (38 mes., en ébauche de partition, continuation perdue ?) ; esquisse pour le trio, mes. 100 *sq.* (18 mes.).

Autographe : US-NYpm.
Livret : (Vienne, 1786) A-Wn.
Enregistrement : Grist, Augér, Schreier, Moll, Orchestre d'Etat de Dresde, Böhm (avec *Die Entführung*). DG 2740 203 (3).

K. 492
Le nozze di Figaro (*Les noces de Figaro*)
AMA V, n° 17 ; NMA II :5/16.
Opera buffa en 4 actes (8/11/14/15 scènes) ; ouverture et 29 numéros. Livret de Lorenzo da Ponte, d'après Beaumarchais.

Première représentation : 1er mai 1786, Burgtheater, Vienne, dirigée par Mozart, reprise le 29 août 1789 (avec K. 577 et 579).
Premières représentations en France : 20 mars 1793, Opéra, Paris (version française) ; 23 déc. 1807, Théâtre-Italien, Paris (en italien).

FIGARO, valet du comte
    baryton, Francesco Benucci
SUSANNA, femme de chambre de la comtesse
    soprano, Nancy Storace
DOCTEUR BARTOLO, médecin de Séville
    basse, Francesco Bussani
MARCELLINA, gouvernante de la comtesse
    soprano, Maria Mandini
CHERUBINO, page du comte
    soprano (rôle travesti), Dorotea Sardi-Bussani
COMTE ALMAVIVA
    baryton, Stefano Mandini
DON BASILIO, maître de musique
    ténor, Michael Kelly
COMTESSE ALMAVIVA
    soprano, Luisa Laschi-Mombelli
ANTONIO, jardinier du comte
    basse, Francesco Bussani
DON CURZIO, juge
    ténor, Michael Kelly
BARBARINA, fille d'Antonio
    soprano, Anna « Nannina » Gottlieb
CHŒUR de VILLAGEOIS
La scène est au château du comte à Aguasfrescas, près de Séville.
2 fl., 2 htb., 2 clar., 2 bsn, 2 cors, 2 trp., timb., cordes, continuo.

Figaro et Susanna se préparent pour leurs noces. Tous deux sont mal à l'aise, car le comte a des vues sur Susanna, mais Figaro est résolu à les faire échouer. Bartolo et Marcellina entrent en scène : lui désireux de régler une vieille dette avec Figaro, elle follement jalouse de Susanna. Arrive ensuite Cherubino, amoureux de toutes les femmes, mais de la comtesse en particulier. Il se cache dans un fauteuil à l'arrivée du comte et le surprend essayant d'obtenir un rendez-vous avec Susanna ; lui aussi doit se cacher quand survient Don Basilio. Ses bavardages et ses insinuations font sortir le comte, qui découvre alors Cherubino. Figaro revient avec un groupe de paysans et demande au comte de célébrer son mariage avec Susanna. Le comte hésite, et annonce son intention d'envoyer Cherubino à l'armée.

La comtesse, malheureuse, regrette que son époux se désintéresse d'elle. Avec Susanna, elle essaye de le prendre au piège en envoyant Cherubino, déguisé en Susanna, à un rendez-vous secret avec lui. Tandis qu'elles travestissent Cherubino, le comte frappe à la porte. Le page s'enferme dans la pièce voisine, mais le comte, méfiant, emmène la comtesse avec lui chercher des outils pour l'enfoncer. En leur absence, Susanna ferme la porte à clef et aide Cherubino à s'échapper par la fenêtre. Trouvant Susanna, le comte s'excuse, mais Antonio arrive alors pour se plaindre de ce que ses fleurs ont été piétinées par un individu qui a sauté par la fenêtre. Figaro essaye de sauver la situation en affirmant que c'était lui, mais le comte n'est pas convaincu, surtout lorsqu'Antonio montre le brevet militaire que Cherubino a fait tomber dans sa précipitation. Bartolo, Marcellina et Basilio se joignent au finale de l'acte II, déclarant avec insistance que Figaro est obligé d'épouser Marcellina en compensation d'une vieille dette.

Figaro apprend alors qu'il est le fils de Marcellina et — surprise plus grande encore — Bartolo se révèle être son père. La comtesse et Susanna rédigent une lettre au comte lui donnant rendez-vous avec Susanna (la comtesse déguisée) dans le jardin. Pendant les festivités nuptiales, Susanna glisse la lettre au comte.

Dans le jardin, Barbarina cherche l'épingle qu'elle a fait tomber. Le comte lui a demandé de la rendre à Susanna pour confirmer leur rendez-vous. Figaro est ivre de jalousie en apprenant la raison de sa quête. Lui-même se trouve pris dans l'enchaînement de quiproquos qui se déploie, compliqué par l'arrivée des autres personnages principaux. Lorsque tout est révélé, il ne reste plus au comte qu'à s'excuser.

La pièce de Beaumarchais, *Le mariage de Figaro*, suite du *Barbier de Séville* avait fait scandale par le portrait irrespectueux qu'elle peignait des mœurs de l'aristocratie. Malgré son vif succès en France, en Angleterre et en Irlande, la pièce fut interdite en Allemagne, après y avoir été publiée. *Il barbiere di Siviglia*, opéra de Paisiello, avait eu du succès à Vienne, et la pièce, *Figaro*, avait suscité beaucoup d'intérêt. Le moment était donc venu pour Mozart : après la déception de *L'oca del Cairo*, il avait enfin trouvé la pièce et le librettiste qu'il cherchait.

Mozart commença à travailler à l'opéra en octobre 1785 pour l'achever le 29 avril 1786. Da Ponte avait assuré à l'empereur en avoir retiré tous les passages qui pourraient offenser, et on en autorisa la première représentation. (Sur les divers aspects de la composition de *Le nozze di Figaro*, voir Tyson 1987.)

Fragments et esquisses : equisse des mes. 59-64 de l'ouverture ; fragment comportant la version première des mes. 120-131 de la cavatine n° 3 (en ébauche de partition) ; fragment de l'aria n° 6 (82 mes. ; mes. 16-43 perdues ; en ébauche de partition) ; fragment d'une autre version du duettino n° 15 (5 mes.) ; esquisse des mes. 803-849 du finale de l'acte II (n° 16) ; esquisse des mes. 41-133 de l'aria n° 18 ; groupe de trois esquisses pour la première partie, et esquisse de la deuxième partie de l'aria n° 20 ; fragment du duettino n° 21 (64 mes., en ébauche de partition ; esquissées mes. 7 *sq.* ; précédées de 3 mes. de récitatif) ; esquisse des mes. 1-22 du finale de l'acte III (n° 23) et du récitatif et air n° 28 ; fragment de récitatif et rondo (34 mes. ; 36 mes. en ébauche de partition), esquisse pour le rondo (30 mes.) et esquisse pour la version finale de l'aria (37 mes., suivies de 6 autres mes. (apparentées ?)).

Autographe : actes I, II, *D-Bds* ; actes III, IV, *PL-Kj*.
Livret : *US-Wc*.

K. 527

Il dissoluto punito, ossia Il Don Giovanni
AMA V, n° 18 ; NMA II :5/17.
Dramma giocoso (*opera buffa* dans le catalogue thématique de Mozart), en 2 actes (20/14 scènes) ; ouverture et 24 numéros. Livret de Lorenzo Da Ponte.

Première représentation : 29 oct. 1787, Théâtre national, Prague.
Première représentation à Vienne : 7 mai 1788, Burgtheater (toutes deux dirigées par Mozart).
Premières représentations en France : 17 sept. 1805, Opéra, Paris (arrangement partiel) ; 12 oct. 1811, Théâtre-Italien, Paris.

DON GIOVANNI, jeune chevalier extrêmement licencieux
baryton, Luigi Bassi
LE COMMENDATORE, père de Donna Anna
basse, Giuseppe Lolli
DONNA ANNA, épouse promise de Don Ottavio
soprano, Teresa Saporiti
DON OTTAVIO
ténor, Antonio Baglioni

327

DONNA ELVIRA, dame de Burgos
    soprano, Caterina Micelli
LEPORELLO, valet de Don Giovanni
    basse, Felice Ponziani
MASETTO, un paysan
    basse, Giuseppe Lolli
ZERLINA, une paysanne, amante de Masetto
    soprano, Caterina Bondini
Chœurs de PAYSANS et PAYSANNES, DOMES-
TIQUES et DÉMONS
La scène est à Séville au XVIIᵉ siècle.
2 fl., 2 htb., 2 clar., 2 bsn, 2 cors, 2 trp.,
3trb., timb., mand., cordes, continuo.
Musiques de scène : finale acte I, (I) 2 htb.,
2 cors, cordes (sans vlc.), bsn ad lib, (II)
vln., cb., (III) vln., cb. ; finale acte II, 2 htb.,
2 clar., 2 bsn, 2 cors, vlc.

    Dans le premier acte, Don Giovanni,
après avoir tenté de séduire Anna, est provoqué en duel par son père, qu'il tue.
Résolu de poursuivre normalement ses
exploits amoureux inconsidérés, il rencontre Elvira, qui est venue le « sauver » et
Zerlina, qui, bien qu'elle se rende à son
mariage avec Masetto, est fascinée mais
méfiante. A la fin de l'acte il est ouvertement mis en accusation, lors du festin
auquel il les a toutes conviées, par les
femmes qui, avec Ottavio et Masetto, sont
unies dans leur détermination à confondre
le vil personnage. Dans le second acte, il
continue de déjouer leurs projets, et Leporello, à qui Giovanni a ordonné de revêtir
son costume et de séduire Elvira, échappe
de justesse à leur colère. Maître et valet se
retrouvent dans un cimetière où la statue du
commandeur interrompt leur conversation.
Giovanni demeure imperturbable, même
lorsque la statue accepte son invitation à
dîner. Dans le finale, après que Giovanni a
rejeté l'offre ultime et désespérée de salut
que lui fait Elvira, la statue arrive. Giovanni, impénitent, est emmené par les
esprits infernaux. Dans l'épilogue, les
autres personnages se préparent pour l'avenir à la lumière des événements récents et,
dans un ensemble final, ils dégagent la
morale de l'histoire.
    Figaro avait été retiré de l'affiche après
neuf représentations à Vienne, mais, à la
suite de son immense succès à Prague, Da
Ponte et Mozart commencèrent à travailler
à un autre opéra destiné à y être donné par
la compagnie de Bondini. Da Ponte travail-

lait déjà à des livrets pour Martín y Soler et
Salieri lorsque Bondini proposa que
Mozart mette en musique la version de Bertati de la légende de Don Juan. Le livret
combine des éléments de la pièce d'origine
de Tirso da Molina, du *Festin de pierre* de
Molière (1665), de la pièce de Goldoni
Don Giovanni Tenorio ou *Il dissoluto*
(1736), d'*Il convitato di pietra* de Righini et
du livret de Bertati pour l'opéra à succès en
un acte de Gazzaniga *Don Giovanni Tenorio* ou *Il convitato da pietra* (février 1787).
    Pour la première représentation vien-
noise, Mozart et Da Ponte éliminèrent
l'aria « Il mio tesoro » d'Ottavio et lui subs-
tituèrent « Dalla sua pace » K. 540a ; dans
le second acte furent ajoutés « In quali
eccessi / Mi tradi » K. 540c d'Elvira, ainsi
que le duo de Zerlina et Leporello, « Res-
tati qua / Per queste due manine » K. 540b,
rarement inclus de nos jours. Mozart fit
également de petites modifications et additions aux récitatifs de l'acte II et à la fin de
l'aria « Ah pietà » de Leporello. L'épilogue
fut omis.
    Sur l'autographe de *Don Giovanni*,
voir Tyson (1990).

    Esquisse pour la combinaison des
danses dans le finale de l'acte I (n° 13, 16
mes.).

Autographe : F-Pn.
Livret : les deux versions de 1787, Prague
et Vienne (incomplètes, sans doute en raison de la censure), A-Wgm. Version de
1788, Vienne, F-Pn, GB-Lbe.

K. 588
Così fan tutte, ossia La scuola degli amanti
(Ainsi font-elles toutes, ou L'école des
amants)
AMA V, n° 19 ; NMA II :5/18.
Opera buffa en 2 actes (16/18 scènes) ;
ouverture et 31 numéros. Livret de Lorenzo
Da Ponte.

Première représentation : 26 janv. 1790,
Burgtheater, Vienne (dirigée par Mozart).
Première représentation en France : 28 janv.
1809, Théâtre-Italien, Paris.

FERRANDO, officier, amoureux de Dorabella
ténor, Vincenzo Calvesi
GUGLIELMO, officier, amoureux de Fiordiligi
baryton, Francesco Benucci
DON ALFONSO, vieux philosophe
baryton, Francesco Bussani
FIORDILIGI, dame de Ferrare
soprano, Adriana Ferrarese del Bene
DORABELLA, sa sœur
soprano, Louise Villeneuve
DESPINA, la soubrette des dames
soprano, Dorotea Sardi-Bussani
CHŒUR
La scène est à Naples au XVIIIᵉ siècle.
2 fl., 2 htb., 2 clar., 2 bsn, 2 cors, 2 trp.,
timb., cordes.

Les deux officiers gagent que leurs
bien-aimées ne sauraient leur être infidèles.
Don Alfonso est persuadé qu'il peut leur
donner tort et ils acceptent de se plier à ses
indications. Les deux dames apprennent
donc avec horreur de la bouche de Don
Alfonso que les deux hommes sont appelés
sous les drapeaux et doivent partir aussitôt.
Après un adieu déchirant, elles s'offusquent
d'entendre Despina leur dire qu'il est inutile de pleurer et qu'elles doivent trouver un
nouvel amant.

Alfonso met Despina dans le secret et
tous deux ramènent Ferrando et Guglielmo
dans la maison, déguisés en Albanais.
Lorsque les deux femmes les repoussent ils
feignent de s'empoisonner. Despina, déguisée en médecin, les ramène à la vie à l'aide
d'un aimant de Mesmer, demandant aux
deux sœurs de l'aider. Celles-ci
commencent à trouver les attentions des
Albanais quelque peu flatteuses. Dorabella
est certainement prête à se divertir un peu,
et choisit le *brunetto*, Ferrando. Restée seule
avec lui, elle accepte le médaillon qu'il lui
offre. Fiordiligi, plus embarrassée de scrupules, repousse quant à elle les avances de
Ferrando ; horrifié d'apprendre de la
bouche de Guglielmo la capitulation de
Dorabella, il revient auprès de Fiordiligi,
qui finit par céder. Don Alfonso organise
aussitôt un double mariage, avec Despina
en guise d'avocat.

A peine le contrat est-il signé qu'on
entend la marche des soldats. Les hommes
disparaissent, pour réapparaître dans leurs
uniformes. Don Alfonso triomphe, et les
quatre amants ont appris une salutaire
leçon.

L'empereur Joseph II aurait, pense-
t-on, commandé à Mozart et Da Ponte un
nouvel opéra bouffe à la fin de l'été 1789,
dont il a peut-être proposé le sujet — deux
hommes qui mettent à l'épreuve la fidélité
de leur fiancée en essayant chacun de
séduire celle de l'autre. L'idée n'était pas
nouvelle, mais le livret de Da Ponte est
entièrement original. L'opéra fut rarement
redonné après les premières représentations
à Vienne. Il ne s'est imposé au répertoire
que depuis une cinquantaine d'années, et
on le reconnaît enfin comme la comédie
parfaite, grave et extrêmement personnelle
qu'il est.

Sur la composition de *Così fan tutte*,
voir Tyson (1987).

Fragments et esquisses : première version fragmentaire et fragment relatif à une
partie de l'aria nº 26 (20 mes., 11 mes.) ;
esquisses pour le quatuor en canon en *la*
bémol majeur, et esquisses des mes. 545-
574 du finale de l'acte II (nº 31).

Autographe : acte I, *PL-Kj* ; acte II, *D-B*.
Livret : *A-Wst*.

K. 620
Die Zauberflöte (*La flûte enchantée*)
AMA V, nº 20 ; NMA II :5/19.
Singspiel en 2 actes (19/30 scènes) ; ouver-
ture et 21 numéros. Livret d'Emanuel Schi-
kaneder.

Première représentation : 30 sept. 1791,
Theater auf der Wieden, Vienne.
Premières représentations en France : 20 août
1801, Opéra, Paris (très libre adaptation
sous le titre *Les mystères d'Isis*) ; 21 mai
1829, Théâtre-Italien, Paris (en allemand).

TAMINO, prince étranger
ténor, Benedikt Schack
PAPAGENO, oiseleur
baryton, Emanuel Schikaneder
LA REINE DE LA NUIT
soprano, Josepha Weber-Hofer
PAMINA, sa fille
soprano, Anna Gottlieb
SARASTRO, prêtre du soleil
basse, Franz Xaver Gerl

TROIS DAMES
sopranos, Fräulein Klöpfer, Fräulein Hofmann, Elisabeth Weinhold-Schack
TROIS GARÇONS
sopranos, *Nanette Schikaneder, *Matthias Tuscher, Handlgruber [voir Mann 1977]
ORATEUR
Herr Winter
TROIS PRÊTRES
rôle parlé, Urban Schikaneder
ténor, Johann Michael Kistler
basse, Christian Hieronymus Moll
MONOSTATOS
ténor, Johann Joseph Nouseul
PAPAGENA
soprano, Barbara Reisinger-Gerl
TROIS ESCLAVES
rôles parlés, Karl Ludwig Gieseke, Wilhelm Frasel, Herr Starke
DEUX HOMMES EN ARME
ténor, Johann Michael Kistler
basse, Christian Hieronymus Moll
Chœurs de PRÊTRES, ESCLAVES ET SUITES
2 fl./picc., 2 htb., 2 clar./cors de basset, 2 bsn, 2 cors, 2 trp., 3 trb., timb., glock., cordes.
La scène est dans l'ancienne Egypte.
Décors et costumes de la première représentation de Joseph Gayl et Herr Nesslthaler.

Tamino, sauvé par trois dames d'un féroce serpent, est engagé par la reine de la Nuit à partir avec Papageno libérer Pamina, tenue prisonnière par Sarastro. Ils partent donc avec une flûte magique et un jeu de clochettes magiques ; trois garçons doivent les guider. Papageno trouve Pamina, qui échappe à l'attention de Monostatos, et la persuade de venir avec lui trouver Tamino. Tamino découvre que c'est la reine le vil personnage, et non Sarastro, grand prêtre du temple de la Sagesse. Sarastro accepte d'initier Tamino, accompagné par Papageno, dans son temple. Après avoir subi les épreuves de l'obscurité, du silence, et enfin, avec Pamina, du feu et de l'eau, Tamino est uni à Pamina. Papageno trouve sa Papagena dont il rêvait, et la reine est vaincue à jamais par les forces du bien.

En novembre 1790, Mozart accepta de collaborer avec son ancien ami salzbour-geois Schikaneder à un opéra destiné à son théâtre. Désireux d'écrire un nouvel opéra allemand, il avait en outre peu de chances de se voir commander un opéra italien par le nouvel empereur. L'intrigue combine des éléments de féerie et de pantomime avec des allusions à peine voilées à la franc-maçonnerie. Schikaneder trouva la base de son récit dans le *Lulu* de Liebeskind, conte de fées oriental publié en 1786-1789 ; mais il y fit de substantielles modifications lorsque, après avoir achevé plusieurs scènes, il transforma le vil magicien Sarastro en grand prêtre d'Isis et Osiris.

Fragments et esquisses : fragment (K. Anh. 102 (620a), 26 mes.), en ébauche de partition) de l'ouverture et esquisse des mes. 103 *sq.* (5 mes.) de la version définitive de l'ouverture ; esquisses des mes. 9-38, 39-85, 518-577 du finale de l'acte I (n° 8) ; fragment de la marche n° 9 (12 mes.) ; esquisse des mes. 18-21 du duo n° 11 ; 2 esquisses du cantus firmus, mes. 206 *sq.* ; esquisse pour la marche, mes. 362-364 et première version fragmentaire des mes. 744-758 (en ébauche de partition ; au verso de la première feuille du fragment se trouvent les mes. 736-738, en ébauche de partition) du finale de l'acte II (n° 21).

Autographe : D-Bds.
Livret : (Vienne, 1791) GB-Lbl.

K. 621
La clemenza di Tito (La clémence de Titus)
AMA V, n° 21 ; NMA II :5/20.
Opera seria en 2 actes (14/17 scènes) ; ouverture et 26 numéros. Livret de Caterino Mazzolà d'après Metastasio.

Première représentation : sept. 1791, Théâtre national, Prague.
Première représentation en France : 1816, Théâtre-Italien, Paris.

VITELLIA, fille de l'empereur déchu Vitellius, amoureux de Tito
soprano, Maria Marchetti-Fantozzi
TITO, empereur de Rome
ténor, Antonio Baglioni
SESTO, ami de Tito, amant de Vitellia
*soprano**, Domenico Bedini
ANNIO, ami de Sesto, amant de Servilia
soprano (rôle travesti), Carolina Perini

SERVILIA, sœur de Sesto, amante d'Annio
soprano, Signora Antonini
PUBLIO, capitaine de la garde prétorienne
basse, Gaetano Campi
* castrat
CHŒUR de SÉNATEURS, AMBASSADEURS, LIC-
TEURS, GARDES et PEUPLE
La scène est à Rome en 79-81 av. J.-C.
Décors pour la première représentation de
Pietro Travaglia et Sig. Preisig. Costumes
de Cherubino Babbini.
2 fl., 2 htb., 2 clar./cors de basset, 2 bsn, 2
cors, 2 trp., timb., cordes, continuo.

Vitellia persuade Sesto de conspirer
avec elle contre Tito, qui ne lui paye pas de
retour son amour. Tito, qui espérait épouser Servilia, renonce à elle en apprenant
qu'elle aime Annio. Publio part dire à
Vitellia que Tito l'épousera malgré tout.
Mais elle a déjà envoyé Sesto mettre le feu
au capitole (ce qu'il fait) et tuer Tito (ce
qu'il ne fait pas). Tito découvre le complot.
Annio pousse Sesto à fuir, mais il est arrêté
par Publio et condamné à mort. Tito
déchire l'arrêt de mort. Bien que Vitellia
avoue son rôle dans la conspiration, Tito
pardonne aux conspirateurs, et l'opéra finit
bien.

En avril 1789, Mozart s'était entretenu
d'un autre projet d'opéra pour Prague avec
Domenico Guardasoni, qui y avait pris la
succession de Bondini comme impresario.
Mais la compagnie partit pour Varsovie et
les projets furent mis de côté jusqu'à l'été
de 1791, auquel moment Mozart était déjà
occupé par *Die Zauberflöte.* Il fallait un
nouvel *opera seria* pour célébrer le couronnement de l'empereur Léopold II
comme roi de Bohême à Prague. Malgré sa
santé déclinante, Mozart accepta de le
mettre en musique et fit le voyage de
Prague à la fin du mois d'août, emmenant
Süssmayr avec lui pour écrire les récitatifs.
Douze semaines après la première représentation, Mozart était mort.

Le livret de Metastasio, *La clemenza di
Tito,* avait déjà été mis en musique par plusieurs compositeurs (dont Caldara, Hasse
et Gluck). Il fut adapté par Mazzolà (peut-
être à l'incitation de Da Ponte) conformément aux exigences de Mozart, dans une
version moins officielle et plus réaliste que
Metastasio ne faisait généralement pour
une occasion royale. L'air de concert
« perdu » donné à Prague par Josepha
Duschek le 26 avril 1791 pourrait bien être
l'aria de Vitellia « Non più di fiori ».

Après la mort de Mozart, Constanze
fit donner plusieurs exécutions en concert
de *La clemenza.* Six éditions en avaient été
publiées dès 1810.

Sur la composition de *La clemenza,*
voir Tyson (1987).

Fragments et esquisses : fragment
(substance complète en ébauche de partition) et esquisse pour les mes. 46-74 de la
version définitive du duo n° 1 ; fragment du
duo n° 3 (30 mes., en ébauche de partition) ; esquisses des mes. 1-9, 33-44 du trio
n° 10 ; esquisses des mes. 36-83, 88-91,
88-96 du trio n° 14 ; sur une feuille dont le
recto avait à l'origine été préparé pour un
duo en *la* majeur destiné à Vitellia et Sesto ;
esquisse des mes. 28-34 du *coro* n° 15 ; fragment du rondo n° 23 (45 mes., (+18 *dal
segno*), en ébauche de partition).

Autographe : D-B.
Livret : D-Dlb.

AMANDA HOLDEN

Symphonies

La composition de symphonies s'étend sur pratiquement toute la carrière de Mozart : ses premières œuvres du genre datent de 1764, les dernières de 1788. Elles furent cependant écrites de manière sporadique et irrégulière, pour la plupart au cours de périodes bien définies et circonscrites.

Les premières symphonies de Mozart, de K. 16 à K. Anh. 221 (45a), furent composées entre 1763 et 1766, modelées en partie sur les symphonies de J.C. Bach, Karl Friedrich Abel et autres compositeurs qu'il avait rencontrés lors de son grand voyage. Toutes sont en trois mouvements, sans menuet et trio, et instrumentées pour deux hautbois, deux cors et cordes. Les premiers mouvements utilisent généralement la forme bipartite étendue et la mesure à 4/4 ; les seconds mouvements, également de forme bipartite, sont des andantes à 2/4 ; les mouvements vifs conclusifs sont habituellement de forme rondo, dans une mesure à 3/8. Ces généralités mises à part, les premières symphonies de Mozart s'éloignent parfois des normes adoptées par d'autres œuvres et issues pour une large part de l'opéra italien. Le premier mouvement de K. 16, par exemple, est une forme bipartite étendue d'un type plus courant parmi les symphonies viennoises (LaRue 1980), K. 19 intègre au second groupe thématique une brève diversion fondée sur la dominante mineure, procédé commun dans les symphonies salzbourgeoises des années 1750 (Eisen 1988[b]), et K. 22 comporte un grand crescendo orchestral et un retour du thème principal du tutti au milieu et à la fin du mouvement, caractéristiques de Mannheim (LaRue 1980). Les symphonies de jeunesse, ainsi du reste que les œuvres plus tardives, représentent donc un mélange de traits italianisants et austro-allemands.

Le deuxième groupe de symphonies, dont K. 43, 45 et 48, fut composé à Vienne en 1767 et 1768 et témoigne lui aussi d'influences locales, dont la présence de menuets et trios, l'emploi de plus vastes effectifs orchestraux et une plus grande diversité d'indications de mesure. Les premiers mouvements sont de forme variable, et c'est seulement avec K. 48 qu'on trouve la forme sonate pleinement développée, typique de plusieurs compositeurs viennois contemporains. K. 76 (42a) est parfois rattaché à cette période, bien qu'on manque de sources authentiques pour cette œuvre (Eisen 1989[c]).

Rien ne prouve que Mozart ait composé des symphonies lors de son retour à Salzbourg en 1769. K. Anh. 215, 217 et 218 (66c-e) sont généralement datés de cette période, mais on ne connaît pas les sources de ces œuvres ; elles sont attribuées à Mozart sur la foi du catalogue manuscrit de Breitkopf & Härtel, qui n'est pas toujours fiable (voir « Documents »). La seule symphonie qui pourrait avoir été écrite à cette époque est K. 73 ; pourtant, bien qu'elle soit notée sur du papier de Salzbourg, l'écriture laisserait à penser qu'elle date de fin 1769-début 1770, c'est-à-dire après le début du premier voyage en Italie. Des symphonies pourraient avoir été tirées, selon une pratique courante à Salzbourg, des cassations ou sérénades pour orchestre K. 62 + 100 (62a), 63, 99 (63a) et d'une œuvre partiellement perdue dont il est fait mention dans une lettre du 18 août 1771 (K. *deest*). Pour autant qu'on sache, toutes ces pièces ont été écrites au cours de la même année.

Nul doute que Mozart fut un symphoniste actif au cours de son séjour en Italie en 1770 et 1771. Dans une lettre de Rome, datée du 25 avril 1770, il écrivait : « Une fois cette lettre finie je terminerai ma symphonie que j'ai commencée [...] Une [autre] symphonie est chez le copiste (lequel est mon père) car nous ne voulons pas la donner à copier à l'extérieur, autrement elle serait volée. » ; puis de Bologne le 4 août : « Entre-temps j'ai composé quatre symphonies italiennes. » On pense traditionnellement que ces œuvres sont K. 81 (73l), 84 (73q), 95 (73n) et 97 (73 m). Mais on n'en connaît aucun autographe de Mozart ni aucune copie authentique, si bien que rien ne permet d'affirmer qu'elles soient de lui. K. 95 (73n) et 97 (73 m) ne sont connus que par le catalogue manuscrit de Breitkopf & Härtel et par les éditions publiées par cette même firme en 1881 au sein de leurs œuvres complètes de Mozart. K. 81 (73l) et 84 (73q) subsistent en manuscrits non authentiques du XVIIIe siècle, mais avec des attribu-

tions contradictoires : on conserve également de la première une copie attribuée à Ditters, et la seconde figure dans le catalogue thématique de Breitkopf de 1775 sous le nom de Leopold Mozart. Il est donc difficile de prétendre que les symphonies de Mozart de cette période doivent beaucoup aux modèles italiens. Les seules symphonies « italiennes » authentiques qui subsistent sont K. 74, composé à Milan en 1770, et K. 112, composé à Milan en novembre 1771. Bien que K. 74 soit typiquement italien dans sa forme en trois mouvements, avec le premier et le second mouvement qui s'enchaînent et un développement tronqué réduit à une simple transition. K. 112 comporte un menuet et trio, peu habituels dans les symphonies italiennes.

Si Mozart ne composa qu'une seule symphonie, K. 110 (75b), à Salzbourg entre les deux premiers voyages en Italie, entre décembre 1771 et le milieu de 1774 environ il n'en écrivit pas moins de dix-sept, de K. 114 à K. 202 (186b). Les symphonies du début de cette période se caractérisent par leur diversité stylistique et formelle, bon nombre d'entre elles représentant d'inhabituels mélanges de traits italiens, mannheimois et locaux. On notera dans K. 133 et 134 que la reprise de l'idée initiale ou premier sujet est réservée à la conclusion du mouvement — procédé qu'on retrouve également dans certaines symphonies de Michael Haydn. D'autres œuvres, dont K. 114 et le mouvement lent de K. 128, sont écrites dans un style intimiste proche du quatuor. Après le milieu de 1773 environ, le premier mouvement devient plus souvent une forme sonate pleinement développée — peut-être un héritage du récent séjour de Mozart à Vienne — et le contraste thématique, caractéristique constante de son style, se fait de plus en plus raffiné, comme moyen d'expression et comme principe structurel. Ces symphonies témoignent en outre d'un intérêt croissant pour le contrepoint.

Après 1775 Mozart composa de moins en moins de symphonies. Il pourrait même n'exister aucune symphonie salzbourgeoise indépendante entre K. 200 (189k) de novembre 1774 (1773?) et K. 318 d'avril 1779. Quelques ouvertures d'opéra, dont celle de *La finta giardiniera* et d'*Il rè pastore*, furent transformées en symphonies par l'adjonction de finales, tandis que d'autres furent tirées de sérénades orchestrales après suppression des mouvements concertants et d'un ou deux menuets et mouvements de tempo modéré. Des sources authentiques attestent cette pratique pour K. 204 (213a) et 250 (248b) ; sans doute des symphonies furent-elles également tirées de K. 185 (167a) et 203 (189b). La version symphonique de K. 250 (248b) diffère à plusieurs égards de la sérénade d'origine : une partie de timbales y fut ajoutée, ainsi qu'une fanfare pour hautbois, cors et trompettes à la fin du premier mouvement ; dans l'un des trios la figure d'accompagnement des seconds violons fut modifiée, outre l'adjonction de parties de hautbois et de basson. Les deux sérénades comportent des innovations stylistiques : le rondo final de K. 204 (213a), composé en 1775, a ceci d'inhabituel qu'il fait alterner un *andantino grazioso* à 2/4 et un *allegro* à 3/8 (on retrouve un procédé analogue dans le concerto pour violon K. 218, également composé en 1775) ; et le mouvement lent de K. 250 (248b) est un double thème et variations élaboré — ce qui est peu courant chez Mozart.

La production limitée du milieu des années 1770 reflète peut-être le mécontentement croissant de Mozart à Salzbourg, qui l'amena à quitter le service du prince-archevêque en 1777 et à partir pour Munich, Augsbourg, Mannheim et Paris. Mozart emporta de nombreuses symphonies avec lui lors de cette tournée, mais sa production nouvelle dans ce domaine se limita à une seule œuvre, la symphonie dite « Paris » K. 297 (300a) ; les dires de Mozart, qui prétendait en avoir écrit deux, sont désormais réfutés (Zaslaw 1978). De son propre aveu, Mozart écrivit K. 297 (300a) sur mesure pour le public parisien. Comme d'autres symphonies à succès de l'époque, il fit débuter celle-ci par un « coup d'archet », tout en trouvant cette idée ridicule : « Ces bœufs en font toute une affaire ici. » Et dans le dernier mouvement :

> J'ai entendu dire qu'ici tous les derniers allegros comme les premiers commencent avec tous les instruments ensemble, et le plus souvent à l'unisson ; j'ai

commencé le mien avec deux violons seulement, *piano*, pendant huit mesures — sur quoi arrive aussitôt un *forte* ; les auditeurs, comme je l'attendais, firent « ch » au *piano* ; puis vint le *forte* — ils entendirent le *forte*, et se mirent à applaudir. (Lettre du 3 juillet 1778.)

Néanmoins, Mozart prit certainement plaisir à écrire pour le grand orchestre parisien et sut en tirer parti en intégrant à sa partition des clarinettes, instrument dont il ne disposait normalement pas à Salzbourg.

Peu après la première exécution de l'œuvre, Mozart rapporta à son père la substance d'une conversation qu'il avait eue avec Joseph Legros, directeur du Concert spirituel :

La symphonie fut un succès auprès de tous — et Legros en est si satisfait qu'il dit que c'est sa meilleure symphonie. L'andante n'a cependant pas eu l'heur de lui plaire. Il dit qu'il y a là trop de modulations, et qu'il est trop long. Cela venait pourtant de ce que les auditeurs ont oublié de faire en applaudissant un bruit aussi fort et soutenu que pour la première et la dernière pièce. Car l'andante a eu le plus vif succès *auprès de moi*, et auprès de tous les connaisseurs, amateurs, et de la plupart des auditeurs. C'est précisément le contraire de ce que dit Legros : il est tout à fait naturel, et bref. Mais pour le contenter (ainsi que plusieurs autres, à ce qu'il prétend), j'en ai fait un autre. Chacun d'eux est bien à sa façon, car chacun d'eux a un caractère différent. Le dernier me plaît cependant davantage. (Lettre du 9 juillet 1778.)

Bien que les deux andantes subsistent — l'un à 6/8 et l'autre à 3/4 -, il est impossible de déterminer lequel des deux est le plus ancien. On pense traditionnellement que le mouvement d'origine est à 6/8, et qu'il fut remplacé par l'andante à 3/4, encore qu'on ait récemment avancé l'hypothèse contraire (Tyson 1987).

De retour à Salzbourg en janvier 1787, Mozart fut nommé organiste de la cour, succédant à Anton Cajetan Adlgasser, qui était mort en 1777 pendant son absence. Sans avoir d'obligations spécifiques en matière de composition — le décret de nomination stipule uniquement qu'il « doit dans la mesure du possible servir la cour et l'église avec de nouvelles compositions faites par lui » — il écrivit au cours de cette année et en 1780 un nombre d'œuvres substantiel, dont les symphonies K. 318, 319 et 338. K. 318 adopte une forme analogue à celle de l'ouverture de l'opéra-comique français : le premier mouvement est complet jusqu'à la réexposition, mais il est alors interrompu par un andante qui conduit à une brève transition avant le retour du deuxième groupe de thèmes, et le thème principal est réservé pour la coda. K. 319, avec une inhabituelle section centrale contrastante, au lieu d'un véritable développement, fut écrit à l'origine en trois mouvements ; Mozart y ajouta ensuite un menuet et trio, sans doute pour une exécution de l'œuvre à Vienne, en 1784 ou 1785 (Tyson 1987). La symphonie K. 338, hautement théâtrale, comportait en revanche à l'origine un menuet et trio que Mozart supprima ensuite de l'autographe. On a dit que le menuet K. 409 (383f) fut destiné à lui être substitué, mais il ne ressemble guère à K. 338 par sa longueur, son style et son orchestration. La sérénade dite « Posthorn » K. 320 pourrait avoir été adaptée en symphonie à cette époque, mais il ne subsiste aucune source authentique cette éventuelle version symphonique.

A Vienne Mozart ne composa que six symphonies, qui ne furent cependant pas toutes écrites *pour* Vienne. K. 385, la symphonie « Haffner », fut composée en juillet 1782, à la demande de son père, pour l'anoblissement de Siegmund Haffner le Jeune, ami salzbourgeois des Mozart. Quelques mois plus tard, en décembre, Mozart décida de donner l'œuvre lors de ses prochains concerts de carême, et lorsqu'il reçut la partition de son père en février 1787 il écrivit : « Ma nouvelle symphonie " Haffner " m'a tout a fait surpris ; je n'en savais plus le moindre mot. Elle doit certainement faire un bon effet. » C'est sans doute vers cette époque que Mozart ajouta des flûtes et des clarinettes au premier et au dernier mouvement et mit de côté l'un des deux menuets dont il parle dans ses lettres du 27 juillet 1782 et 15 février 1783.

K. 425, la première symphonie indépendante de Mozart, sinon sa première œuvre orchestrale, à comporter une introduction lente, fut écrite en peu de temps à la fin d'octobre et au début de novembre 1783 pour un concert à Linz. Bien que ce soit la seule symphonie de la maturité dont on ne possède pas d'autographe, les copies manuscrites authentiques qui subsistent permettent d'en reconstituer un texte fiable. Mozart donna sans doute cette symphonie « Linz » à Vienne en 1784 ou 1785, et c'est peut-être pour une exécution de ce genre qu'il révisa la partition (Eisen 1988[a]).

La troisième des symphonies viennoises de Mozart, K. 504, date de décembre 1786. Elle fut cependant peut-être composée pour son voyage à Prague, où elle fut donnée pour la première fois le 19 janvier 1787. A la différence de « Haffner » et de « Linz », « Prague » n'a pas de menuet et trio, et on a récemment montré que le dernier mouvement avait été composé en premier ; peut-être fut-il à l'origine conçu comme finale de remplacement pour une ancienne symphonie en *ré* majeur, telle la symphonie « Paris » (Tyson 1987).

Les trois dernières symphonies de Mozart — sommet de son œuvre symphonique, et qui comptent parmi les symphonies les plus importantes et les plus influentes écrites au XVIIIe siècle — furent composées en l'espace de six semaines, ou à peine plus, au cours de l'été de 1788 (les inscriptions dans le catalogue thématique de Mozart sont datées du 26 juin, 25 juillet et 10 août). On pensait traditionnellement que Mozart n'avait jamais fait jouer ces symphonies, mais cela paraît aujourd'hui peu vraisemblable ; l'hypothèse va à l'encontre de ses habitudes, outre que la diffusion rapide et la popularité de ces œuvres, notamment K. 550 et 551, et le fait que Mozart ait révisé K. 550, ajoutant des clarinettes à la partition, semblent bien indiquer le contraire. Il eut qui plus est plusieurs occasions de les faire jouer en public : une remarque faite dans une lettre de juin 1788, à peu près au moment où il travaillait à K. 543, laisse à penser qu'il avait en projet de donner une prochaine série de concerts ; et les concerts donnés à Leipzig en 1789, à Francfort en 1790 et à Vienne en 1791 comportaient tous des symphonies.

Bien qu'on soit tenté de balayer l'image laissée de ces dernières symphonies par le romantisme — qui y voyait l'apogée et le sommet de l'art symphonique de Mozart -, car il ne pouvait guère se douter que ce seraient ses derniers essais dans ce genre, elles n'en illustrent pas moins de manière caractéristique certains aspects de son style symphonique et de son évolution qui comptent parmi ses contributions les plus durables à la symphonie : le sens de l'équilibre structurel et des proportions, la richesse du vocabulaire harmonique, la précision fonctionnelle obtenue par l'emploi d'un matériau thématique distinctif et caractéristique, et en particulier le souci des textures orchestrales qui se manifeste le plus clairement dans l'écriture idiomatique des instruments à vent, qui jouent un rôle important.

K. 16
Mi bémol majeur
AMA VIII/1 (symphonie n° 1) ; NMA IV :11/1.
Londres, [1764-1765].
Molto allegro ; andante ; presto.
2 htb., 2 cors, cordes.

K. 19
Ré majeur
AMA VIII/1 (symphonie n° 4) ; NMA IV :11/1.
Londres, 1765.
Allegro ; andante ; presto.
2 htb., 2 cors, cordes.
Peut-être révisée ultérieurement (voir NMA IV :11/1, p.ix).

K. Anh. 223 (19a)
Fa majeur
NMA IV :11/1.
[Londres, 1765].
Allegro assai ; andante ; presto.
2 htb., 2 cors, cordes.

K. 22
Si bémol majeur
AMA VIII/1 (symphonie n° 5) ; NMA IV :11/1.
La Haye, déc. 1765.
[Allegro] ; andante ; molto allegro.
2 htb., 2 cors, cordes.

K. 76 (42a)
Fa majeur
AMA XXIV, n° 3 (symphonie n° 43) ; NMA IV :11/1.
Lieu et date de composition supposés : Vienne, automne 1767 (?).
Allegro maestoso ; andante ; menuetto-trio ; allegro.
2 htb., 2 bsn, 2 cors, cordes.
Absence de sources authentiques ; attribution et datation incertaines (Eisen 1989c).

337

Référence la plus ancienne : catalogue manuscrit Breitkopf & Härtel, 1881. Source la plus ancienne : édition Breitkopf & Härtel, 1881. Datée Salzbourg, été 1766, par Wyzewa et Saint-Foix (1936-1946, I, 178).

K. 43
Fa majeur
AMA VIII/1 (symphonie n° 6) ; NMA IV :11/1.
Vienne, automne 1767.
Allegro ; andante ; menuetto et trio ; allegro.
2 htb. (fl.), 2 cors, cordes.
Peut-être commencée à Salzbourg, été 1767. L'autographe comporte l'indication biffée « à Olmutz », où les Mozart séjournèrent du 26 octobre au 23 décembre 1767. L'andante est un arrangement du duo « Natus cadit, atque Deus » de *Apollo et Hyacinthus*, K. 38 (début 1767).

K. 45
Ré majeur
AMA VIII/1 (symphonie n° 45) ; NMA IV :11/1.
[Vienne], 16 janv. 1768.
[Molto allegro] ; andante ; [menuetto-]trio ; [molto allegro].
2 htb., 2 cors, 2 trp., timb., cordes.
Révisée et réutilisée en guise d'ouverture pour *La finta semplice* K. 51 (46a).

K. Anh. 221 (45a)
Sol majeur
NMA IV :11/1.
La Haye, mars 1766.
Allegro maestoso ; andante ; presto.
2 htb., 2 cors, cordes.
Version révisée transmise en copie authentique (Lambach, Benedikterstift, sans doute copiée en 1767).

K. Anh. 214 (45b)
Si bémol majeur
NMA IV :11/1.
Lieu et date de composition supposés : Vienne, début 1768 (?).
Allegro ; andante ; menuetto-trio ; allegro.
2 htb., 2 cors, cordes.

Absence de sources authentiques ; attribution et datation incertaines.

K. 48
Ré majeur
AMA VIII/1 (symphonie n° 8) ; NMA IV :11/1.
Vienne, 13 déc. 1768.
[Allegro] ; andante ; menuetto-[trio] ; [molto allegro].
2 htb., 2 cors, 2 trp., timb., cordes.

K. 73
Ut majeur
AMA VIII/1 (symphonie n° 9) ; NMA IV :11/1.
[Salzbourg ou Italie, fin 1769-début 1770].
Allegro ; andante ; menuetto-trio ; [molto allegro].
2 htb. (fl.), 2 cors, 2 trp., timb., cordes.

K. 81 (73l)
Ré majeur
AMA XXIV, n° 4 (symphonie n° 44) ; NMA IV :11/2.
Lieu et date de composition supposés : Rome, avril 1770 (?).
Allegro ; andante ; allegro molto.
2 htb., 2 cors, cordes.
Absence de sources authentiques ; attribution et datation incertaines. Une copie non authentique conservée à Vienne, Gesellschaft der Musikfreunde, attribue l'œuvre à Mozart et donne comme lieu et date de composition Rome, avril 1775. Egalement attribuée à Leopold Mozart par un catalogue de Breitkopf de 1775.

K. 97 (73 m)
Ré majeur
AMA XXIV, n° 7 (symphonie n° 47) ; NMA IV :11/2.
Lieu et date de composition supposés : Rome, avril 1770 (?).
Allegro ; andante ; menuetto-trio ; presto.
2 htb., 2 cors, 2 trp., timb., cordes.
Absence de sources authentiques ; attribution et datation incertaines. Référence la plus ancienne : catalogue manuscrit Breitkopf & Härtel, 1881. Source la plus ancienne : édition Breitkopf & Härtel, 1881.

K. 95 (73n)
Ré majeur
AMA XXIV, n° 5 (symphonie n° 45);
NMA IV :11/2.
Lieu et date de composition supposés :
Rome, avril 1770 (?).
Allegro ; andante ; menuetto-trio ; allegro.
2 htb., 2 trp., cordes.
Absence de sources authentiques ; attribution et datation incertaines. Référence la plus ancienne : catalogue manuscrit Breitkopf & Härtel, 1881. Source la plus ancienne : édition Breitkopf & Härtel, 1881.

K. 84 (73q)
Ré majeur
AMA VIII/1 (symphonie n° 11); NMA
IV :11/2.
Lieu et date de composition supposés :
Milan et Bologne, commencée juil.
1770 (?).
Allegro ; andante ; allegro.
2 htb., 2 cors, cordes.
Absence de sources authentiques ; attribution et datation incertaines. Des copies non authentiques conservées à Vienne, Gesellschaft der Musikfreunde, et Prague, Národní Muzeum attribuent l'œuvre à Mozart (Vienne : W.A. Mozart ; Prague : « Mozart ») ; une autre copie à Prague, Muzeum Národní, l'attribue à Ditters.

K. 74
Sol majeur
AMA VIII/1 (symphonie n° 10); NMA
IV :11/2.
[Milan, 1770].
[Allegro]-[andante] ; [allegro].
2 htb., 2 cors, cordes.

K. 75
Fa majeur
AMA XXIV, n° 2 (symphonie n° 42);
NMA IV :11/2.
Lieu et date de composition supposés :
Salzbourg, début 1771 (?).
Allegro ; menuetto-trio ; andantino ; allegro.
2 htb., 2 cors, cordes.
Absence de sources authentiques ; attribution et datation incertaines. Référence la plus ancienne : catalogue manuscrit Breitkopf & Härtel, 1881. Source la plus ancienne : édition Breitkopf & Härtel, 1881.

K. 110 (75b)
Sol majeur
AMA VIII/1 (symphonie n° 12) ; NMA
IV :11/2.
Salzbourg, juil. 1771.
Allegro ; [andante] ; menuetto-trio ; allegro.
2 htb. (fl.), [2 bsn], 2 cors, cordes.

K. Anh. 216 (74 g, Anh. C11.03)
Si bémol majeur
Lieu et date de composition supposés :
Salzbourg, été 1771 (?).
Allegro ; andante ; menuetto-trio ; allegro molto.
2 htb., 2 cors, cordes.
Absence de sources authentiques ; attribution et datation incertaines (Allroggen 1977). Référence la plus ancienne : catalogue manuscrit Breitkopf & Härtel, 1881, où il est dit que l'œuvre comporte des flûtes et non des hautbois. Copie manuscrite, autrefois à Berlin, aujourd'hui perdue.

K. 120 (111a)
Ré majeur
NMA IV :11/2.
[Milan, oct.-nov. 1771].
Presto.
2 fl., 2 htb., 2 cors, cordes.
Finale destiné à constituer une symphonie avec l'ouverture et le premier numéro de *Ascanio in Alba* K. 111 (Milan, 17 oct. 1771).

K. 96 (111b)
Ut majeur
AMA XXIV, n° 6 (symphonie n° 46) ;
NMA IV :11/2.
Lieu et date de composition supposés :
Milan, oct.-nov. 1771 (?).
Allegro ; andante ; menuetto-trio ; molto allegro.
2 htb., 2 cors, 2 trp., timb., cordes.
Absence de sources authentiques ; attribution et datation incertaines. Référence la plus ancienne : catalogue manuscrit Breit-

339

kopf & Härtel, 1881. Source la plus ancienne : édition Breitkopf & Härtel, 1881.

K. 112
Fa majeur
AMA VIII/1 (symphonie n° 13) ; NMA IV :11/2.
Milan, 2 nov. 1771.
Allegro ; andante ; menuetto-trio ; molto allegro.
2 htb., 2 cors, cordes.
Dans l'autographe, menuetto (trio non compris) entièrement de la main de Leopold Mozart ; mouvement indépendant à l'origine (?).

K. 114
La majeur
AMA VIII/1 (symphonie n° 14) ; NMA IV :11/2.
Salzbourg, 30 déc. 1771.
Allegro moderato ; andante ; menuetto-trio ; molto allegro.
2 fl. (htb.), 2 cors, cordes.
L'autographe comporte un menuetto abandonné.

K. 124
Sol majeur
AMA VIII/1 (symphonie n° 15) ; NMA IV :11/2.
Salzbourg, 21 févr. 1772.
Allegro ; andante ; menuetto-trio ; presto.
2 htb., 2 cors, cordes.

K. 128
Ut majeur
AMA VIII/1 (symphonie n° 16) ; NMA IV :11/3.
Salzbourg, mai 1772.
Allegro maestoso ; andante grazioso ; allegro.
2 htb., 2 cors, cordes.

K. 129
Sol majeur
AMA VIII/1 (symphonie n° 17) ; NMA IV :11/3.
Salzbourg, mai 1772.

Allegro ; andante ; allegro.
2 htb., 2 cors, cordes.
Sans doute commencée avant mai 1772 (Tyson 1987).

K. 130
Fa majeur
AMA VIII/1 (symphonie n° 18) ; NMA IV :11/3.
Salzbourg, mai 1772.
Allegro ; andantino grazioso ; menuetto-trio ; molto allegro.
2 fl., 4 cors, cordes.
Fragment abandonné pour le mouvement lent (8 mes.) dans partition autographe.

K. 132
Mi bémol majeur
AMA VIII/1 (symphonie n° 19) ; NMA IV :11/3.
Salzbourg, juil. 1772.
Allegro ; andante ; menuetto-trio ; allegro ; (à la fin du manuscrit :) andantino grazioso.
2 htb., 4 cors, cordes.
Autre version pour le mouvement lent (Plath 1974) ? Andante fondé en partie sur le cantique de Noël « Resonet in laudibus » (« Joseph, lieber Joseph mein »), également utilisé par Mozart dans le *Gallimathias musicum* K. 32, n° 2a (1766).

K. 133
Ré majeur
AMA VIII/1 (symphonie n° 20) ; NMA IV :11/3.
Salzbourg, juil. 1772.
Allegro ; andante ; menuetto-trio ; [allegro].
[fl.] 2 htb., 2 cors, 2 trp., cordes.

K. 134
La majeur
AMA VIII/1 (symphonie n° 21) ; NMA IV :11/3.
Salzbourg, août 1772.
Allegro ; andante ; menuetto-trio ; allegro.
2 fl., 2 cors, cordes.

K. 161 + 163 (141a)
Ré majeur
AMA XXIV, n° 10 (K. 163 uniquement) (symphonie n° 50) ; NMA IV :11/3.

[Salzbourg, 1773-1774].
Allegro moderato ; [andante] ; presto.
2 fl., 2 htb., 2 cors, 2 trp., timb. cordes.
Les mouvements K. 161 proviennent de
l'ouverture d'*Il sogno di Scipione* K. 126
(1771) ; K. 169 est un finale nouveau destiné à en faire une symphonie.

K. 184 (166a, 161a)
Mi bémol majeur
AMA VIII/2 (symphonie n° 26) ; NMA
IV :11/4.
[Salzbourg, 30 mars 1773].
Molto presto ; andante ; allegro.
2 fl., 2 htb., 2 bsn, 2 cors, 2 trp., cordes.
Date modifiée sur l'autographe.

K. 199 (162a, 161b)
Sol majeur
AMA VIII/2 (symphonie n° 27) ; NMA
IV :11/4.
[Salzbourg, 10 (16 ?) avril 1773].
Allegro ; andantino grazioso ; presto.
2 fl., 2 cors, cordes.
Date modifiée sur l'autographe.

K. 162
Ut majeur
AMA VIII/2 (symphonie n° 22) ; NMA
IV :11/4.
[Salzbourg, 19 (29 ?) avril 1773].
Allegro assai ; andantino grazioso ; presto
assai.
2 htb., 2 cors, 2 trp., cordes.
Date modifiée sur l'autographe.

K. 181 (162b)
Ré majeur
AMA VIII/2 (symphonie n° 23) ; NMA
IV :11/4.
[Salzbourg, 19 mai 1773].
Allegro spiritoso ; andantino grazioso ;
presto assai.
2 htb., 2 cors, 2 trp., cordes.
Date modifiée sur l'autographe.

K. 182 (166c, 173dA)
Si bémol majeur
AMA VIII/2 (symphonie n° 24) ; NMA
IV :11/4.

[Salzbourg, 3 oct. 1773].
Allegro spiritoso ; andantino grazioso ; allegro.
2 htb. (fl.), 2 cors, cordes.
Date modifiée sur l'autographe.

K. 183 (173dB)
Sol mineur
AMA VIII/2 (symphonie n° 25) ; NMA
IV :11/4.
[Salzbourg, 5 oct. 1773].
Allegro con brio ; andante ; menuetto-trio ;
allegro.
2 htb., 2 bsn, 4 cors, cordes.
Date modifiée sur l'autographe. Fragment
abandonné pour le mouvement lent (2
mes., partie de violon I uniquement) dans
partition autographe.

K. 201 (186a)
La majeur
AMA VIII/2 (symphonie n° 29) ; NMA
IV :11/5.
[Salzbourg, 6 avril 1774].
Allegro moderato ; andante ; menuetto-
trio ; allegro con spirito.
2 htb., 2 cors, cordes.
Date modifiée sur l'autographe.

K. 202 (186b)
Ré majeur
AMA VIII/2 (symphonie n° 30) ; NMA
IV :11/5.
[Salzbourg, 5 mai 1774].
Molto allegro ; andantino con moto ;
menuetto-trio ; presto.
2 htb., 2 cors, 2 trp., cordes.
Date modifiée sur l'autographe.

K. 200 (173e, 189k)
Ut majeur
AMA VIII/2 (symphonie n° 28) ; NMA
IV :11/4.
[Salzbourg, 17 (12 ?) nov. 1774].
Allegro spiritoso ; andante ; menuetto-trio ;
presto.

2 htb., 2 cors, 2 trp., timb., cordes.
Date modifiée sur l'autographe. Partie de timbales (dont on possédait autrefois l'autographe de Mozart) aujourd'hui perdue.

K. 121 (207a)
Ré majeur
AMA X ; NMA IV :11/5.
[Salzbourg, fin 1774-début 1775].
Allegro.
2 htb., 2 cors, cordes.
Finale destiné à former une symphonie avec l'ouverture de *La finta giardiniera* K. 196 (1774-1775).

K. 204 (213a)
Ré majeur
NMA IV :12/3.
[Salzbourg, après le 5 août 1775 (?)].
Allegro assai ; andante ; menuetto-trio ; andantino grazioso-allegro.
2 htb., 2 bsn, 2 cors, 2 trp., cordes.
Tirée de la sérénade K. 204 (213a) ; date modifiée sur l'autographe de la sérénade.

K. 102 (213c)
Ut majeur
NMA IV :11/5.
[Salzbourg, v. mars 1776].
Presto assai.
2 htb. (fl.), 2 cors, 2 trp., cordes.
Finale destiné à former une symphonie avec des arrangements de l'ouverture et de la première aria d'*Il rè pastore*, K. 208 (1775).

K. 250 (248b)
Ré majeur
NMA IV :12/4.
[Salzbourg, après juin 1776 (?)].
Allegro maestoso-allegro molto ; menuetto galante-trio ; andante ; menuetto-trio I-trio II ; adagio-allegro assai.
2 htb., 2 bsn, 2 cors, 2 trp., timb., cordes.
Tirée de la sérénade K. 250 (248b), avec nouvelle partie de timbales et autres révisions ; date modifiée sur l'autographe de la sérénade.

K. 297 (300a)
Ré majeur
AMA VIII/2 (symphonie nº 31) ; NMA IV :11/5.

Paris, juin 1778.
Allegro assai ; andante ; allegro.
2 fl., 2 htb., 2 clar., 2 bsn, 2 cors, 2 trp., timb., cordes.
Symphonie « parisienne ». Deux mouvements *andante*, à 6/8 et 3/4, dont l'ordre de composition est incertain (celui à 6/8 composé d'abord d'après NMA, celui à 3/4 d'après Tyson 1987). L'autographe de la partie de première trompette (v. déc. 1786) transmet une version différente. Esquisse pour l'andante à 3/4 (partie de violon complète) et esquisse pour le finale (mes. 136-142). L'autographe du premier mouvement et la première partition autographe de l'andante à 6/8 comportent de nombreuses suppressions substantielles.

K. 318
Sol majeur
AMA VIII/2 (symphonie nº 32) ; NMA IV :11/6.
Salzbourg, 26 avril 1779.
Allegro spiritoso-andante-primo tempo.
2 fl., 2 htb., 2 bsn, 4 cors, (2 trp.), cordes.
Peut-être conçue comme ouverture de *Zaide* K. 344 (366b). Parties de trompette ajoutées en 1782-1783 (Tyson 1987). Partie de timbales dans l'autographe d'une autre main.

K. 319
Si bémol majeur
AMA VIII/2 (symphonie nº 33). NMA IV :11/6.
Salzbourg, 9 juil. 1779.
Allegro assai ; andante moderato ; menuetto-trio ; allegro assai.
2 htb., 2 bsn, 2 cors, cordes.
Menuetto-trio ajouté en 1784-1785 (Tyson 1987). Publiée à Vienne, 1785, en tant qu'op. 7 nº 2.

K. 338
Ut majeur
AMA VIII/2 (symphonie nº 34) ; NMA IV :11/6.
Salzbourg, 29 août 1780.
Allegro vivace ; andante di molto più tosto ; allegretto ; allegro vivace.
2 htb., 2 bsn, 2 cors, 2 trp., timb., cordes.
Fragment de *menuetto allegro* (14 mes.,

rayé, complet à l'origine ?) dans l'autographe après le premier mouvement.

K. 385
Ré majeur
AMA VIII/3 (symphonie n° 35) ; NMA IV :11/6.
Vienne, fin juil.- début août 1782.
Allegro con spirito ; andante ; menuetto-trio ; presto.
2 fl., (2 htb.), (2 clar.), 2 bsn, 2 cors, 2 trp., timb., cordes.
Symphonie « Haffner ». Composée à l'origine comme sérénade à l'occasion de l'anoblissement de Siegmund Haffner à Salzbourg le 29 juillet 1782. Menuet supplémentaire, cité par Mozart dans les lettres du 27 juillet 1782 et du 5 février 1783, apparemment perdu. Flûtes et clarinettes ajoutées ultérieurement, sans doute au début de 1783. Publiée à Vienne, 1785, en tant qu'op. 7 n° 1.

K. 425
Ut majeur
AMA VIII/3 (symphonie n° 36) ; NMA IV :11/8.
Linz, fin oct.- début nov. 1783.
Adagio-allegro spiritoso ; andante ; menuetto-trio ; presto.
2 htb., 2 bsn, 2 cors, 2 trp., timb., cordes.
Symphonie « Linz ». Peut-être révisée à Vienne, 1784-1785 (Eisen 1988ᵃ).

K. 444 (425a)
Sol majeur
AMA VIII/3 (symphonie n° 37).
[Linz (?)., nov. 1783 ou plus tard].
Adagio maestoso.
2 htb., 2 cors, cordes.
Introduction pour la symphonie Perger 16 de Michael Haydn (23 mai 1783).

K. 504
Ré majeur
AMA VIII/3 (symphonie n° 38) ; NMA IV :11/8.
Vienne, 6 déc. 1786.

Adagio-allegro ; andante ; presto.
2 fl., 2 htb., 2 bsn, 2 cors, 2 trp., timb., cordes.
Symphonie « Prague ». Presto peut-être composé en premier ; conçu comme nouveau finale pour la symphonie « Paris » K. 297 (300a) (Tyson 1987) (?). Importantes esquisses pour le premier mouvement et fragment de mouvement lent (K. Anh. 105 (504a), 10 mes., en ébauche de partition).

K. 543
Mi bémol majeur
AMA VIII/3 (symphonie n° 39) ; NMA IV :11/9.
Vienne, 26 juin 1788.
Adagio-allegro ; andante con moto ; menuetto-trio ; allegro.
fl., 2 clar., 2 bsn, 2 cors, 2 trp., timb., cordes.

K. 550
Sol mineur
AMA VIII/3 (symphonie n° 40) ; NMA IV :11/9.
Vienne, 25 juil. 1788.
Molto allegro ; andante ; menuetto-trio ; allegro assai.
fl., 2 htb., (2 clar.), 2 bsn, 2 cors, cordes.
Deux versions à peu près contemporaines, la seconde avec clarinettes.

K. 551
Ut majeur
AMA VIII/3 (symphonie n° 41) ; NMA IV :11/9.
Vienne, 10 août 1788.
Allegro vivace ; andante cantabile ; menuetto (allegretto)-trio ; molto allegro.
Fl., 2 htb., 2 bsn, 2 cors, 2 trp., timb., cordes.
Symphonie « Jupiter ». Origine du surnom obscure : le fils de Mozart fils raconta à Vincent Novello que le titre fut imaginé par J.P. Salomon, violoniste et impresario de Londres (Novello 1955). Esquisses pour le finale.

Cliff Eisen

343

Concertos

Les qualités anthropomorphiques des concertos pour solistes de Mozart invitent à des comparaisons avec ses airs d'opéra et de concert. Les deux domaines illustrent en effet le génie dont témoigne Mozart dans ces portraits de caractères, où il concilie la virtuosité et les besoins de l'expression dramatique ; dans l'un et l'autre se déploient une prodigieuse invention mélodique, un langage rythmique d'une grande fluidité et un tissu orchestral voluptueux.

Bien des détails rhétoriques révèlent ce que les concertos de Mozart doivent à sa musique vocale — par exemple les passages en récitatif dans les mouvements lents de nombreux concertos pour piano (K. 451, 466, 467, 537, 595 ; cf. également le récitatif vocal dans le mouvement lent de K. 271, peut-être inspiré de Joseph Haydn ou Ignaz von Beecke). La diversité des formules d'accompagnement à l'orchestre — jusqu'à trois parfois au sein d'une seule phrase — et la vivacité avec laquelle l'ensemble répond au soliste et le provoque sont à mettre en parallèle avec l'emploi de l'orchestre dans les airs et les récitatifs accompagnés, où il est l'alter ego du soliste.

On sait que Mozart écrivait sur mesure en fonction des facultés spécifiques de ses chanteurs et instrumentistes. Ainsi la partie de flûte du concerto pour flûte et harpe K. 299 (297c) descend jusqu'au $ré^3$ bémol et au do^3 graves,

car le comte de Guines avait sur son instrument un corps du bas qui lui permettait d'obtenir ces notes. Les œuvres tardives pour clarinette (le quintette en la majeur K. 581, l'aria « Non più di fiori » de La $clemenza$ di $Tito$, le concerto en la majeur K. 622, ainsi que plusieurs fragments) furent écrites pour l'instrument spécial d'Anton Stadler, qui outrepassait de quatre demi-tons l'étendue normale de la clarinette, jusqu'au do^2 noté. Les œuvres pour cor solo destinées à Joseph Leutgeb, du quintette en mi bémol majeur K. 407 (386c) (1782 ?) au concerto en $ré$ majeur K. 412 + 514 (386b) (inachevé, 1791) témoignent du déclin progressif de la technique de Leutgeb : les notes aiguës notées si^4 et do^5 que l'on trouve dans les concertos K. 417 (1783) et 495 (1786) sont absentes de K. 447 (1787) ; en 1791, Leutgeb, qui avait alors cinquante-neuf ans, ne pouvait de toute évidence plus jouer de notes en dessous du sol^3 noté (qui furent éliminées du brouillon de l'œuvre, dont l'ambitus corrigé se limite à sol^2-la^4 ; voir liste des œuvres ci-dessous).

C'est dans les concertos (et les opéras), non dans les symphonies, que se dessine l'évolution de l'écriture orchestrale de Mozart au cours des années viennoises. L'émancipation des instruments à vent — d'une importance capitale pour le développement de ses concertos pour piano — parvient à un tournant avec K. 450 (1784), qui s'ouvre par un passage destiné aux instruments à vent obligés. Dès lors, Mozart hisse l'ensemble d'instruments à vent au rang d'entité privilégiée au sein de l'orchestre : dans les concertos K. 482 et 491, il leur arrive parfois de pousser les cordes complètement de côté. Cette transformation ne se manifeste dans les symphonies qu'avec « Prague », K. 504 (1786).

Des auteurs comme Girdlestone (1948), Landon (1956) et Forman (1971) ont examiné l'influence sur Mozart des concertos des années 1760 et 1770, et récemment des musicologues comme Jane Stevens se sont penchés sur les descriptions de la forme concerto du XVIIIe siècle. Malheureusement, on a négligé l'influence de l'évolution de Mozart en tant que compositeur d'opéras sur la gestation de la forme concerto chez lui, alors que cette parenté entre les œuvres vocales et instrumentales de Mozart mérite attention.

Mozart écrivit ses premiers concertos en ajoutant des accompagnements orchestraux à des mouvements de sonate pour clavier seul de compositeurs comme Raupach, Honauer, Schobert, Eckard et C.P.E. Bach, dans quatre concertos pastiches de 1767 (K. 37, 39, 40, 41). La partie de piano de chacun des concertos reproduit pour l'essentiel le texte de l'œuvre d'origine, seules les ritournelles instrumentales étant conçues par Mozart. Dans les premiers mouvements, la forme sonate bipartite de l'original est transformée par l'interpolation de quatre ritournelles de ce type : la première précède l'exposition, avec un tutti introductif dans le ton principal ; la deuxième souligne l'arrivée dans le ton de la dominante au milieu, et enfin deux ritournelles dans le ton principal viennent après la réexposition, l'une qui prépare et l'autre qui suit la cadence du soliste. La manière dont Mozart construit ces ritournelles témoigne de sa faculté, dès son plus jeune âge, à extraire le contenu thématique et structurel adéquat de son matériau d'origine. Ses premières arias — telle la *licenza* « Or che il dover — Tali e cotanti sono » K. 36 (33i) — montrent elles aussi qu'il avait bien compris la fonction de la ritournelle orchestrale — présenter sous une forme raccourcie les principaux gestes thématiques et cadentiels du mouvement. Dans la section A de cette aria, les ritournelles orchestrales font apparaître un modèle hiérarchique et un contenu analogues à ceux des concertos pastiches, reflétant la relation formelle entre sonate, concerto et aria. (La forme sonate a du reste rapidement étendu son hégémonie à toutes les autres structures — premier mouvement, mouvement lent, menuet, rondo.)

L'archétype formel employé par Mozart dans les arias de ses *opere serie* montre qu'il savait parfaitement utiliser l'organisation du texte comme base de la conception structurelle. La situation dramatique typique de ces arias est statique, obligeant Mozart (ou lui permettant) de faire croître l'intensité par d'autres moyens, notamment la syntaxe des thèmes et des proportions.

Les arias statiques imposent à l'efficacité dramatique des contraintes intrinsèques qui semblent avoir conduit Mozart à chercher une dramaturgie plus dynamique dans ses livrets. La hiérarchie thématique bien ordonnée mise au point pour ses airs *seria* ne convient pas à une situation dramatique en évolution constante. Ces contraintes n'existent cependant pas dans les œuvres instrumentales, où le développement cohérent d'une hiérarchie des idées constitue un idéal. Peut-être Mozart a-t-il compris que la structure qu'il était sur le point d'abandonner dans sa musique dramatique pouvait s'appliquer efficacement au concerto instrumental. Ce qui expliquerait la proximité dans le temps entre les premières œuvres originales de Mozart dans ce genre — le concerto pour violon en *si* bémol K. 207, le concerto pour piano en *ré* K. 175, le *concertone* pour deux violons en *ut* K. 190 (166b, 186E) et le concerto pour basson en *si* bémol K. 191 (186e), écrits entre avril 1773 et mai 1774 — et le passage de l'*opera seria* à l'*opera buffa* (*La finta giardiniera* K. 196, 1774-1775). Les expériences du second voyage en Italie de Mozart pourraient expliquer à la fois cette nouvelle orientation dans l'intrigue et la structure de l'aria et l'éveil de son intérêt pour le concerto instrumental. En tout cas, Mozart semble n'avoir pas écrit de concertos instrumentaux tant qu'il avait l'occasion de composer des *opere serie* : de 1768 à 1773 ses seuls essais dans le domaine du concerto

furent d'autres transcriptions (K. 107) de trois sonates de Johann Christian Bach (v. fin 1770).

A ce moment, Mozart avait mis au point dans ses *opere serie* une hiérarchie de structure thématique et une cohérence des proportions qui devaient lui servir de modèle pour ses concertos instrumentaux le reste de sa vie durant. Il semble avoir perçu qu'une plus grande complexité de l'exposition thématique dans ses œuvres instrumentales pouvait constituer un équivalent de la situation dramatique spécifique dictée par un texte. Le caractère et la texture des motifs thématiques de Mozart, et l'ordre de leur présentation répondent à des fins rhétoriques spécifiques (exposition, progression dynamique, cadence, par exemple). Ce principe est révélé par toute l'œuvre concertante de Mozart, et se manifeste avant tout dans les premiers mouvements, qui respectent tous la forme dite du premier mouvement de concerto. (En affirmant que les concertos de Mozart recourent à des archétypes structurels variés, Denis Forman (1971) se fonde sur des distinctions de caractère plutôt que de structure ; ni les ressemblances ni les différences de contenu entre les concertos pris isolément ne peuvent s'expliquer de manière adéquate par ses modèles.) Du premier concerto original que l'on connaisse de Mozart — celui pour violon en *si* bémol majeur, K. 207 — à son dernier — le concerto pour clarinette en *la* majeur, K. 622 — on retrouve une structure commune qui distingue chacun d'eux de toutes les autres œuvres de ce type. (Sur la datation du concerto pour violon en *si* bémol majeur (avril 1773) et du concerto pour piano en *ré* majeur K. 175 (décembre 1773), voir la liste des œuvres.) Même Beethoven, qui chercha à bien des égards à imiter Mozart, ne choisit pas de reproduire son modèle de concerto — peut-être en raison de sa grande complexité motivique. On admet généralement que la construction et l'emploi des motifs chez Beethoven reflètent la pratique de Haydn ; la pléthore d'idées mélodiques chez Mozart lui paraissait peut-être excessive.

On ne distingue pas moins de sept idées structurelles, dont certaines peuvent être constituées de matériau motivique semblable, dans la ritournelle initiale typique de Mozart. La hiérarchie à laquelle recourt Mozart lui permet donc de construire des mouvements au contenu élaboré sans sacrifier pour autant la cohésion, évitant ainsi les deux écueils qui menacent les œuvres de ses contemporains : le formalisme mécanique et l'absence de rigueur structurelle. Les concertos de ses contemporains proposent souvent des enchaînements d'idées musicales de caractère semblable, dans un discours lâche et épisodique. Même les plus grands compositeurs de son temps (Viotti, Haydn) ne semblent pas être parvenus à cette symbiose entre rhétorique et forme. Alors que deux sections adjacentes dans l'exposition ou la réexposition d'un concerto de Mozart n'ont

jamais la même fonction structurelle ou expressive, une œuvre comme le concerto pour violoncelle en *ré* majeur (Hob. VIIb :2, 1783) de Haydn comporte plusieurs répétitions de ce genre dans la présentation du matériau (mes. 41 *sq.*, 65 *sq.*) durant lesquelles le discours n'est plus focalisé ; loin de cette constance formelle du concerto mozartien, les différents concertos de Haydn et de Viotti varient considérablement en longueur, en contenu et en proportions.

S'agissant des sources des concertos, le compte rendu qu'en donne Blume (1956) est généralement exact, si ce n'est que les manuscrits provenant de la Staatsbibliothek prussienne, qui avaient disparu après la Seconde Guerre mondiale, sont maintenant à la Biblioteka Jagiellonska de Cracovie. Les autographes des concertos pour flûte, hautbois, basson, une partie du concerto pour cor K. 495, le rondo pour violon K. 373 et la symphonie concertante pour violon et alto K. 364 (320d) demeurent perdus. Les autographes eux-mêmes posent certains problèmes de texte. Les concertos pour piano destinés à l'usage personnel de Mozart comportent en effet des passages où la notation est incomplète (par exemple K. 482, troisième mouvement, mes. 164-172). Il arrivait à Mozart de noter les parties solistes et orchestrales à des moments différents, si bien qu'on trouve parfois des divergences harmoniques entre solo et tutti qui empêchent d'établir une version définitive.

En outre, les musicologues comprennent peu à peu que les matériels d'exécution authentiques (tels ceux de Saint-Pierre à Salzbourg) peuvent nous donner des renseignements sur la pratique d'exécution qu'on ne peut tirer des manuscrits autographes. Ces autographes ont néanmoins permis à Wolfgang Plath et Alan Tyson de revoir la chronologie de la production de Mozart grâce aux études de son écriture et des types de papier employés.

Concertos pour piano
(Les instruments solistes sont omis de la liste des instruments.)

K. 37, 39-41 (n°s 1-4)
Voir « Arrangements, additions, transcriptions » et « Concertos » (introduction).

K. 107/1-3
Voir « Arrangements, additions, transcriptions » et « Concertos » (introduction).

K. 175
Ré majeur
AMA XVI/1 (concerto pour piano n° 5) ; NMA V :15/1.
Salzbourg, déc. 1773 (autographe).
Allegro ; andante ma un poco adagio ; allegro.
2 htb., [bsn *ad lib.*], 2 cors, 2 trp., timb., cordes.
Premier concerto pour piano original de Mozart, joué par lui à Mannheim (13 février 1778) puis à Vienne. L'étendue de l'instrument soliste (la^{-1}-$ré^5$) est plus restreinte que pour les autres concertos (fa^{-1}-fa^5). Flothuis estime que Mozart pourrait avoir songé à une exécution à l'orgue (NMA V :15/1). Il existe deux versions différentes des parties de hautbois et de premier cor. La possibilité d'employer un (ou des) basson(s) pour doubler la ligne de basse, même lorsque la partition ne le pré-

cise pas (mention « bsn *ad. lib* », ci-dessus et ailleurs dans cette liste), reflète la pratique d'exécution de la période classique. Finale remplacé en février (?) 1782 par le rondo en *ré* majeur K. 382.

K. 238
Si bémol majeur
AMA XVI/1 (concerto pour piano n° 6) ; NMA V :15/1.
Salzbourg, janv. 1776 (autographe).
Allegro aperto ; andante un poco adagio ; rondeau (allegro).
2 htb., (= 2 fl. dans le deuxième mouvement), [bsn *ad lib.*], 2 cors, cordes.
Exécutions ultérieures par Mozart : 4 octobre 1777 (Munich), 22 octobre 1777 (Augsbourg).

K. 242
Fa majeur
AMA XVI/1 (concerto pour piano n° 7) ; NMA V :15/1.
Salzbourg, févr. 1776 (autographe).
Allegro ; adagio ; rondeau (tempo di menuetto).
2 htb., [bsn *ad lib.*], 2 cors, cordes.
« Lodron » ; concerto pour trois pianos destiné à la comtesse Antonia Lodron et ses deux filles, Aloisia et Josepha. Autres exécutions à trois pianos à Augsbourg (22 octobre 1777) et Mannheim (12 mars 1778), cette dernière sans la participation de Mozart. Il existe également une transcription pour deux pianos (1779 ?) (NMA). Cette version fut donnée par Wolfgang et Nannerl à Salzbourg le 3 septembre 1780.

K. 246
Ut majeur
AMA XVI/1 (concerto pour piano n° 8) ; NMA V :15/2.
Salzbourg, avril 1776 (autographe).
Allegro aperto ; andante ; rondeau (tempo di menuetto).
2 htb., [bsn *ad lib.*], 2 cors, cordes.
« Lützow » ; écrit pour la comtesse Antonia Lützow. Mozart le joua à Munich (4 octobre 1777) et s'en servit comme pièce didactique. Trois jeux de cadences subsistent. La partie de continuo autographe était apparemment destinée à une exécution à deux

pianos et ne doit donc pas être considérée comme caractéristique de la manière dont Mozart jouait *col basso* (voir Ferguson 1984/85).

K. 271
Mi bémol majeur
AMA XVI/2 (concerto pour piano n° 9) ; NMA V :15/2.
Salzbourg, janv. 1777 (autographe).
Allegro ; andantino ; rondeau (presto).
2 htb., [bsn *ad lib.*], 2 cors, cordes.
« Jeunehomme » ; écrit pour Mlle Jeunehomme, virtuose française, à l'occasion de son passage à Salzbourg. Le troisième mouvement comporte un menuet *(cantabile)* interpolé. Exécuté par Mozart à Munich (4 octobre 1777) avec K. 238 et K. 246, et peut-être à Vienne le 3 avril 1781 et au printemps 1783. Il existe deux jeux de cadences et trois jeux d'« entrées » (*Eingänge*) pour le finale.

K. 365 (316a)
Mi bémol majeur
AMA XVI/2 (concerto pour piano n° 10) ; NMA V :15/2.
Salzbourg, début 1779 (?) (NMA).
Allegro ; andante ; rondeau (allegro).
2 htb., 2 bsn, 2 cors, cordes.
Datation d'après NMA. Sans doute écrit pour être exécuté avec Nannerl, qui joua probablement la première partie, il fut également donné par Mozart avec Josepha Barbara Auernhammer à Vienne le 23 novembre 1781 et le 26 mai 1782. L'authenticité des parties complémentaires pour 2 clarinettes, 2 trompettes et timbales (prétendument ajoutées par la suite, peut-être pour les exécutions viennoises de 1781-1782) n'est pas incontestable. Les parties de clarinette s'intègrent habilement à l'écriture des parties d'intruments à vent existantes.

K. 382
Rondo ; *ré* majeur
AMA XVI/4, n° 28 ; NMA V :15/1.
Vienne, févr. 1782 (?).
Allegretto grazioso.
Fl., 2 htb., [bsn *ad lib.*], 2 cors, 2 trp., timb., cordes.
Datation d'après NMA. Finale de rempla-

cement pour K. 175, et qu'il serait plus juste de qualifier de thème et variations. Mozart fit peut-être cette substitution pour éviter que les deux mouvements extrêmes de K. 175 n'emploient la forme sonate. (Il semble avoir fait la même chose dans le concerto pour violon K. 207, dont le mouvement de sonate d'origine pourrait avoir été remplacé par le rondo K. 269 (261a).) Une des œuvres de Mozart les plus populaires de son vivant.

K. 414 (386a, 385p)
La majeur
AMA XVI/2 (concerto pour piano n° 12) ; NMA V :15/3.
Vienne, automne 1782 (?).
Allegro ; andante ; rondeau (allegretto).
2 htb., [bsn *ad lib.*], 2 cors, cordes.
Dans une lettre à Leopold (28 décembre 1782), Wolfgang lui explique qu'il lui reste à terminer deux œuvres destinées à une série de concerts par souscription. On suppose généralement que l'œuvre déjà achevée était K. 414 (385p). Parties de vents *ad lib.* : peut se jouer avec accompagnement de quintette à cordes. Il subsiste deux jeux de cadences, le second datant d'avant mars 1786. Deuxième mouvement composé sur un thème de J.C. Bach, mais pas nécessairement à sa mémoire (il est mort le 1er janvier 1782). Mozart donna l'œuvre à Vienne et à Salzbourg. Voir rondo K. 386. Esquisse pour le premier mouvement, mes. 85 *sq.* (K. 385o, 47 mes.).

K. 386
Rondo ; *la* majeur
NMA V :15/8.
Vienne, 19 oct. 1782 (autographe).
Rondeaux (allegretto)
2 htb., [bsn *ad lib.*], 2 cors, cordes (avec vlc. *obbl.*).
Considéré par certains comme la première version du finale de K. 414 (386a, 385p) ou comme une version de substitution (voir Einstein, *Köchel 3*) ; par d'autres comme un mouvement indépendant (voir Tyson 1987). Serait difficile à exécuter avec accompagnement de quintette à cordes, ce qui pourrait expliquer que Mozart l'ait changé. Conclusion d'origine découverte en 1980 par Tyson à la British Library, éga-

rée peu après la mort de Mozart parmi divers manuscrits de Süssmayr. Sterndale Bennett acheta le reste de l'autographe, le découpa (en morceaux de moins d'une page parfois) et le dispersa ; plusieurs fragments ont disparu. Une transcription pour piano seul du XIXe siècle, réalisée par Cipriani Potter, a servi de base aux reconstitutions d'Alfred Einstein et Paul Badura-Skoda/Charles Mackerras ; mais Potter n'avait pas eu accès à la conclusion d'origine. L'hypothèse plus ancienne, selon quoi Mozart n'aurait pas terminé l'instrumentation, semble dépourvue de fondement. Une édition récente de Tyson et Mackerras avec des cadences de Badura-Skoda utilise la conclusion de Mozart.

K. 413 (387a)
Fa majeur
AMA XVI/2 (concerto pour piano n° 11) ; NMA V :15/3.
Vienne, hiver 1782-1783 (?) (avant le 28 déc. 1782).
Allegro ; larghetto ; tempo di menuetto.
2 htb., 2 bsn, 2 cors, cordes.
Datation d'après NMA. Parties de vents *ad lib.* : peut se jouer avec accompagnement de quintette à cordes. Bassons *obbl.* uniquement dans le second mouvement, où ils furent ajoutés plus tard. Premier mouvement à 3/4 — trait que seuls K. 449 et 491 partagent parmi les concertos. Sans doute exécuté par Mozart à Vienne le 11 janvier 1783 ; exécutions ultérieures à Salzbourg.

K. 415 (387b)
Ut majeur
AMA XVI/2 (concerto pour piano n° 13) ; NMA V :15/3.
Vienne, hiver 1782-1783 (?).
Allegro ; andante ; rondeau (allegro).
2 htb., 2 bsn, 2 cors, 2 trp., timb., cordes.
Datation d'après NMA. Parties de bois, cuivres, timbales *ad lib.* : peut se jouer avec accompagnement de quintette à cordes. Les sources montrent que l'œuvre fut également jouée avec bois et cors sans trompettes ni timbales. Exécuté pour la première fois par Mozart le 23 mars 1783, puis le 30 mars, et à Salzbourg le 1er octobre 1783. Fragment de mouvement lent en *ut* mineur (17 mes., rayé, en ébauche de partition) dans autographe.

K. 449
Mi bémol majeur
AMA XVI/2 (concerto pour piano n° 14) ; NMA V :15/4.
Vienne, 9 févr. 1784 (autographe ; *Verzeichnüss*).
Allegro vivace ; andantino ; allegro ma non troppo.
2 htb., [bsn *ad lib.*], 2 cors, cordes.
Premier concerto écrit pour Barbara Ployer ; peut se jouer avec accompagnement de quintette à cordes. Peut-être commencé en 1782, terminé au printemps de 1784 (Tyson 1987). Vraisemblablement exécuté le 17 mars 1784. Premier mouvement à 3/4 — trait que seuls K. 413 (387a) et 491 partagent parmi les concertos. Dans NMA le premier mouvement comporte une mesure de moins que dans toutes les autres éditions.

K. 450
Si bémol majeur
AMA XVI/2 (concerto pour piano n° 15) ; NMA V :15/4.
Vienne, 15 mars 1784 (*Verzeichnüss*).
Allegro ; [andante] ; allegro.
Fl. (dernier mouvement seulement), 2 htb., 2 bsn, 2 cors, cordes.
Premier concerto de Mozart à commencer par un solo de vents. Peut-être le plus exigeant, techniquement, de toute la série. D'après *Köchel 6*, exécution le 24 mars 1784. Deuxième mouvement considérablement révisé. Esquisse pour le thème principal du finale (8 mes.).

K. 451
Ré majeur
AMA XVI/2 (concerto pour piano n° 16) ; NMA V :15/4.
Vienne, 22 mars 1784 (*Verzeichnüss*).
Allegro assai ; andante ; rondeau (allegro di molto).
Fl., 2 htb., 2 bsn, 2 cors, 2 trp., timb., cordes.
La version ornée (Salzbourg, Saint-Pierre)

du récitatif de piano dans le second mouvement est un précieux témoignage sur l'ornementation authentique de ce genre de passages, que l'on retrouve dans K. 466, 467, 537 et 595. D'après *Köchel 6*, exécution le 31 mars 1784.

K. 453
Sol **majeur**
AMA XVI/3 (concerto pour piano n° 17) ; NMA V :15/5.
Vienne, 10 avril 1784 (lettre) ; 12 avril 1784 (*Verzeichnüss*).
Allegro ; andante ; allegretto.
Fl., 2 htb., 2 bsn, 2 cors, cordes.
Deuxième concerto destiné à Barbara Ployer ; joué par elle à Döbling le 13 juin 1784. Le sansonnet de Mozart apprit le thème du finale (noté par Mozart le 27 mai 1784). Deux jeux de cadences subsistent, dont l'une d'authenticité douteuse, ainsi que deux fragments de mouvement lent (K. Anh. 59 (466a, 459a), 39 mes., en ébauche de partition ; K. Anh. 65 (452c), 10 mes., en ébauche de partition).

K. 456
Si **bémol majeur**
AMA XVI/3 (concerto pour piano n° 18) ; NMA V :15/5.
Vienne, 30 sept. 1784 (*Verzeichnüss*).
Allegro vivace (*Verzeichnüss :* allegro) ; andante un poco sostenuto ; allegro vivace.
Fl., 2 htb., 2 bsn, 2 cors, cordes.
Sans doute écrit pour Maria Theresia Paradis (1759-1824). La date donnée par Mozart dans son catalogue thématique est suspecte ; il acheva sans doute l'œuvre plus tôt, en sorte que la pianiste aveugle ait eu le temps de l'apprendre pour son (ou ses) exécution(s) à Paris, dont la dernière eut lieu le 2 octobre 1784 (voir Leeson et Whitwell 1973). Il subsiste trois cadences pour le premier mouvement et deux pour le dernier (aucune en autographe).

K. 459
Fa **majeur**
AMA XVI/3 (concerto pour piano n° 19) ; NMA V :15/5.
Vienne, 11 déc. 1784 (*Verzeichnüss*).
Allegro (*Verzeichnüss :* allegro vivace) ; allegretto ; allegro assai.

Fl., 2 htb., 2 bsn, 2 cors, (2 trp., timb.), cordes.
Les parties de trompettes et timbales citées dans le catalogue thématique de Mozart n'ont pas été retrouvées. Peut-être furent-elles notées sur une feuille séparée perdue par la suite (procédé courant dans certains des concertos de Mozart et dans beaucoup d'opéras), encore qu'il n'existe aucune autre œuvre de Mozart en *fa* majeur avec trompettes et timbales. Aurait été joué avec K. 537 à Francfort le 15 octobre 1790 à l'occasion du couronnement de Léopold II ; parfois baptisé second concerto « du couronnement ».

K. 466
Ré **mineur**
AMA XVI/3 (concerto pour piano n° 20) ; NMA V :15/6.
Vienne, 10 févr. 1785 (*Verzeichnüss*).
Allegro ; romance ; rondo [allegro assai].
Fl., 2 htb., 2 bsn, 2 cors, 2 trp., timb., cordes.
Première exécution par Mozart le 11 février 1785. Il ne subsiste aucune cadence originale, bien qu'il en soit question dans la correspondance familiale. Fragment de finale (39 mes., en ébauche de partition) dans autographe.

K. 467
Ut **majeur**
AMA XVI/3 (concerto pour piano n° 21) ; NMA V :15/6.
Vienne, févr. 1785 (autographe) ; 9 mars 1785 (*Verzeichnüss*).
Allegro maestoso (*Verzeichnüss*) ; andante ; allegro vivace assai.
Fl., 2 htb., 2 bsn, 2 cors, 2 trp., timb., cordes.
Première exécution par Mozart le 10 mars 1785. Il ne subsiste aucune cadence originale. Passages solistes esquissés : premier mouvement, mes. 380 ; deuxième (?), mes. 58-59 ; dans le troisième mouvement, les octaves de main droite des mes. 302 et 304-306 doivent sans doute être brisées ; moins certainement aux mes. 143-144, 149-150, 394-395 et 400-401. Fragment de premier mouvement de concerto K. Anh. 60 (502a) (19 mes., en ébauche de partition) peut-être à rattacher à K. 467.

351

K. 482
Mi bémol majeur
AMA XVI/4 (concerto pour piano n° 22) ;
NMA V :15/6.
Vienne, 16 déc. 1785 (*Verzeichnüss*).
Allegro ; andante ; [rondo] allegro.
Fl., 2 clar., 2 bsn, 2 cors, 2 trp., timb.,
cordes.
Date de première exécution inconnue
(vraisemblablement joué le 23 décembre
1785). Premier concerto de Mozart à
comporter des clarinettes dans l'orchestration d'origine. Le troisième mouvement
comporte un menuet interpolé (*andantino
cantabile*) dont la partie soliste demande à
être ornée. Il ne subsiste pas de cadences
originales. Dans NMA, le premier mouvement comporte deux mesures de plus que
dans toutes les autres éditions. Passages
solistes esquissés : deuxième mouvement,
mes. 181-182, troisième mouvement
mes. 164-172, troisième mouvement
mes. 164-172, 346-347, 353-356.

K. 488
La majeur
AMA XVI/4 (concerto pour piano n° 23) ;
NMA V :15/7.
Vienne, 2 mars 1786 (*Verzeichnüss*).
Allegro ; adagio ; allegro assai.
Fl., 2 clar., 2 bsn, 2 cors, cordes.
Commencé en 1784 avec des hautbois
(Tyson 1987) ; remplacés par des clarinettes
lors de l'achèvement en 1786. La cadence
du premier mouvement est notée, exceptionnellement, dans la partition. (A l'exception du *concertone* K. 190 (166b, 186E), où
les cadences font appel aux instruments de
l'orchestre, Mozart notait toujours celles-ci
sur des feuilles séparées.) Version ornée du
second mouvement, peut-être due à un
élève de Mozart, reproduit dans le compte
rendu critique de NMA. Fragment de mouvement lent en *ré* majeur (K. Anh. 58
(488a), 10 mes., en ébauche de partition) et
trois fragments de finale (K. Anh. 63
(488b), 23 mes., en ébauche de partition ;
K. Anh. 64 (488c), 27 mes., en ébauche de
partition ; K. 488d, 11 mes., en ébauche de
partition).

K. 491
Ut mineur
AMA XVI/4 (concerto pour piano n° 24) ;
NMA V :15/7.

Vienne, 24 mars 1786 (*Verzeichnüss*).
Allegro ; [larghetto] ; [allegretto].
Fl., 2 htb., 2 clar., 2 bsn, 2 cors, 2 trp.,
timb., cordes.
Aurait été joué pour la première fois par
Mozart le 7 avril 1786. Il ne subsiste pas de
cadences originales. Partie soliste esquissée
et retravaillée par la suite. Nombreux passages en notation sténographique (premier
mouvement, mes. 261-262, 467-470, troisième mouvement, mes. 142-145, 155-156,
159-162) ; il manque la version définitive de
certains passages (troisième mouvement,
mes. 45-48 et 61-64). Mozart voulait peut-
être des octaves brisées dans le troisième
mouvement, mes. 191 et 198, et des tierces
brisées mes. 245-247 et 262-264. Certaines
portions du deuxième mouvement
(mes. 67-73) peuvent être ornées. Les
conflits entre l'harmonisation du solo et de
l'orchestre dans le deuxième et le troisième
mouvement posent des problèmes de texte
qui ne sont résolus dans aucune édition.
Premier mouvement à 3/4 — trait que seuls
K. 413 (387a) et 449 partagent parmi les
concertos. Fragment de mouvement lent
(K. Anh. 62 (491a), 3 mes.).

K. 503
Ut majeur
AMA XVI/4 (concerto pour piano n° 25) ;
NMA V :15/7.
Vienne, 4 déc. 1786 (*Verzeichnüss*).
Allegro maestoso ; andante ; [allegretto].
Fl., 2 htb., 2 bsn, 2 cors, 2 trp., timb.,
cordes.
Le concerto le plus long de Mozart (premier mouvement : 432 mes. ; rondo : 382
mes.) ; joué pour la première fois par lui le
5 décembre 1786. Il ne subsiste pas de
cadences originales. Sans doute commencé
à l'hiver 1784-1785 (Tyson 1987).
Deuxième mouvement esquissé aux
mes. 59-62 et nécessitant par ailleurs d'être
orné. L'accord de main gauche dans le troisième mouvement, mes. 60, est en contradiction avec l'orchestre et doit être corrigé,
sans doute en $la^2 + do^3$. Esquisses des
mes. 96-112, 134-138 [= 312-316], 208-214
du premier mouvement.

K. 537
Ré majeur
AMA XVI/4 (concerto pour piano n° 26) ;
NMA V :15/8.

Vienne, 24 févr. 1788 (*Verzeichnüss*).
Allegro ; [larghetto] ; [allegretto].
Fl., 2 htb., 2 bsn, 2 cors, 2 trp., timb. *ad lib.*,
cordes.
Concerto « du couronnement ». Probablement commencé au début de 1787 (Tyson
1987) ; joué (apparemment pour la première fois) par Mozart à Dresde le 14 avril
1789. Doit son surnom à l'exécution donnée par Mozart à l'occasion du couronnement de Léopold II à Francfort le 15 octobre 1790. Il ne subsiste pas de cadences
originales. Rehm (NMA) a certainement
raison d'affirmer que toutes les parties de
bois et cuivres, et non seulement les trompettes et timbales, sont *ad lib.*, ce que la texture de l'œuvre confirme. La décision
d'ajouter les trompettes et timbales a été
prise lors de la composition du premier
mouvement. Main gauche pour de grandes
portions des mouvements extrêmes et pour
la totalité du second mouvement manquant
dans l'autographe ; version de référence,
non sans problèmes stylistiques, tirée de la
première édition (André), peut-être l'œuvre
de Johann André lui-même. Esquisse de
mouvement lent (intitulé « romance », 16
mes.).

K. 595
Si bémol majeur
AMA XVI/4 (concerto pour piano n° 27) ;
NMA V :15/8.
Vienne, 5 janv. 1791 (*Verzeichnüss*).
Allegro ; larghetto ; allegro.
Fl., 2 htb., 2 bsn, 2 cors, cordes.
Peut-être commencé dès 1788 (Tyson
1987). Première exécution par Mozart le 4
mars 1791. « Entrée » du troisième mouve-
ment contestée, omise de NMA, mais dont
l'authenticité a été prouvée avec la redé-
couverte de l'autographe (Rehm 1986[b]).
Dans NMA, le premier mouvement
comporte 7 mes. de plus que dans toutes les
autres éditions.

Concertos pour instruments à cordes

K. 190 (166b, 186E)
Concertone en *ut* majeur pour deux violons,
avec hautbois et violoncelle

AMA XII/1, n° 9 ; NMA V :14/2.
Salzbourg, 31 mai 1774 (autographe).
Allegro spiritoso ; andantino grazioso ;
tempo di menuetto (vivace).
2 htb., [bsn *ad lib.*], 2 cors, 2 trp., cordes.
Date difficile à lire sur l'autographe, autrefois supposée être « 3 mai 1773 ». Leopold
Mozart utilise la désignation peu commune
de *concertone* pour des œuvres de Myslivecek. Comme la symphonie concertante, elle
ne se distingue pas par la forme du
concerto. Outre les deux violons solos,
quelques passages en solo pour hautbois et
violoncelle (cadence du second mouvement). On ne sait rien de la composition ni
de l'exécution de l'œuvre du vivant de
Mozart, encore qu'il l'ait emportée avec lui
lors de son voyage à Mannheim et Paris en
1777-1778.

K. 207
Concerto pour violon n° 1 en *si* bémol
majeur (AMA).
AMA XII/1 ; NMA V :14/1.
Salzbourg, 14 avril 1773 (NMA ; datation
traditionnelle : 14 avril 1775 (autographe),
date modifiée).
[Allegro moderato] ; adagio ; presto.
2 htb., [bsn *ad lib.*], 2 cors, cordes.
Compte tenu de la datation révisée, K. 207
précède le concerto pour piano en *ré*
majeur K. 175 et semble donc être le premier concerto original de Mozart qui subsiste. (La première des sérénades orchestrales à comporter des mouvements
concertants pour violon — la sérénade
« Antretter » en *ré* majeur K. 185 (167a) —
date d'août 1773, et est donc postérieure à
K. 207.) Les concertos pour violon de
Mozart furent sans doute écrits en premier
lieu pour être exécutés par des violonistes
de Salzbourg (Antonio Brunetti, par
exemple), et non par lui-même, encore
qu'on sache qu'il les a joués lui aussi. Le
rondo K. 269 (261a) pourrait être un finale
de substitution pour cette œuvre.

K. 211
Concerto pour violon n° 2 en *ré* majeur
(AMA)
AMA XII/1 ; NMA V :14/1.
Salzbourg, 14 juin 1775 (autographe, date
modifiée en 1780 puis 1775 à nouveau).

[Allegro moderato] ; [andante] ; rondeau (allegro).
2 htb., [bsn *ad lib.*], 2 cors, cordes.

K. 216
Concerto pour violon n° 3 en *sol* majeur (AMA)
AMA XII/1 ; NMA V :14/1.
Salzbourg, 12 sept. 1775 (autographe, date modifiée en 1780 puis 1775 à nouveau).
Allegro ; adagio ; rondeau (allegro).
2 htb. (2 fl. dans le second mouvement), [bsn *ad lib.*], 2 cors, cordes.
La variante pour le violon solo dans le troisième mouvement (mes. 269-271, 276-280, 285-288) a son origine dans l'autographe.

K. 218
Concerto pour violon n° 4 en *ré* majeur (AMA)
AMA XII/1 ; NMA V :14/1.
Salzbourg, oct. 1775 (autographe, date modifiée en 1780 puis 1775 à nouveau).
Allegro ; andante cantabile ; rondeau (andante grazioso — allegro ma non troppo, alternativement).
2 htb., [bsn *ad lib.*], 2 cors, cordes.
On pense qu'il s'agit du concerto « strasbourgeois » auquel Mozart fait référence dans ses lettres, encore que d'autres musicologues penchent pour K. 216. Leopold fait état d'une exécution par Brunetti en octobre 1777.

K. 219
Concerto pour violon n° 5 en *la* majeur (AMA)
AMA XII/1 ; NMA V :14/1.
Salzbourg, 20 déc. 1775 (autographe, date modifiée en 1780 puis 1775 à nouveau).
Allegro aperto ; adagio ; rondeau (tempo di menuetto).
2 htb., [bsn *ad lib.*], 2 cors, cordes.
Concerto « turc » ; l'adagio K. 261 pourrait être un mouvement de substitution pour cette œuvre.

K. 261
Adagio en *mi* majeur pour violon
AMA XII/1, n° 6 ; NMA V :14/1.
Salzbourg, 1776 (autographe).

2 fl., [bsn *ad lib.*], 2 cors, cordes.
Peut-être un mouvement lent de substitution pour K. 219 (destiné à Antonio Brunetti ?).

K. 269 (261a)
Rondo (allegro) en *si* bémol majeur pour violon
AMA XII/1, n° 7 ; NMA V :14/1.
Salzbourg, 1775-1777 (?)
Rondeaux (allegro)
2 htb., [bsn *ad lib.*], 2 cors, cordes.
Datation d'après NMA (Plath). Peut-être un finale de remplacement pour K. 207 (destiné à Brunetti ?) (voir K. 382).

K. 364 (320d)
Symphonie concertante en *mi* bémol majeur pour violon et alto
AMA XII/1, n° 10 ; NMA V :14/2.
Salzbourg, été ou début de l'automne 1779 ?
Allegro maestoso ; andante ; presto.
2 htb., [bsn *ad lib.*], 2 cors, cordes.
Datation d'après NMA. Comme pour le concertone (et à la différence des concertos pour violon et de tous les autres concertos non destinés au clavier), il subsiste des cadences. La partie d'alto est notée en *scordatura* : l'altiste accorde son instrument un demi-ton plus haut et joue en *ré*. L'œuvre a peut-être son origine dans un projet de symphonie concertante abandonné par Mozart, écrite pour violon, alto (*scordatura*, un ton plus haut), violoncelle et orchestre, en *la* majeur, K. Anh. 104 (320e), dont on suppose qu'elle fut entreprise à peu près au même moment (voir « Fragments et esquisses »). On ne connaît pas l'identité des solistes de la première : peut-être Brunetti et le violoniste Joseph Hafeneder (NMA). Le matériel autographe subsistant comprend (outre une copie au net des cadences du premier et du deuxième mouvement) un fragment contenant une première version des mes. 349-357 du premier mouvement (en ébauche de partition), une version esquissée de la cadence du premier mouvement et deux esquisses de la cadence du mouvement lent.

K. 373
Rondo (*allegretto grazioso*) en *ut* majeur
pour violon.
AMA XII/1, n° 8 ; NMA V :14/1.
Vienne, 2 avril 1781 (autographe).
2 htb., [bsn *ad lib.*], 2 cors, cordes.
Ecrit pour Brunetti, qui le joua pour la première fois à Vienne le 8 avril 1785 lors d'un
concert donné chez le prince Rudolph
Joseph Colloredo (1706-1788), père de
l'archevêque.

Concertos pour instruments à vent

K. 313 (285c)
Concerto pour flûte n° 1 en *sol* majeur
(AMA).
AMA XII/2, n° 13 ; NMA V :14/3.
Mannheim, janv. ou févr. 1778 (?).
Allegro maestoso ; adagio ma non troppo ;
rondo (tempo di menuetto).
2 htb (2 fl. dans le second mouvement),
[bsn *ad lib.*], 2 cors, cordes.
Datation d'après NMA. Commande d'un
amateur néerlandais, Ferdinand Dejean, de
même que K. 314 (285d). Dejean paya
Mozart le 14 février 1778. L'andante
K. 315 (285e) pourrait être un mouvement
lent de substitution pour cette œuvre.

K. 314 (285d)
Concerto pour flûte n° 2 en *ré* majeur
(AMA).
AMA XII/2, N° 14 ; NMA V :14/3.
Cette version : Mannheim, janv. ou févr.
1778 (?).
Allegro aperto ; adagio ma non troppo ;
rondeau (allegro).
2 htb., [bsn *ad lib.*], 2 cors, cordes.
Datation d'après NMA. Transcription du
concerto pour hautbois en *ut* majeur
K. 271k (voir ci-dessous) entreprise par
Dejean.

K. 315 (285e)
Andante pour flûte en *ut* majeur
AMA XII/2, n° 15 ; NMA V :14/3.
Mannheim, janv. ou févr. 1778 (?).
2 htb., [bsn *ad lib.*], 2 cors, cordes.
Datation (NMA) confirmée par Plath
(1978). Œuvre indépendante (?), ou peut-
être mouvement central de remplacement
pour K. 313 (285c).

K. 299 (297c)
Concerto pour flûte et harpe en *ut* majeur
AMA XII/2, n° 12 ; NMA V :14/6.
Paris, avril 1778 (?).
Allegro ; andantino ; rondeau (allegro).
2 htb., [bsn *ad lib.*], 2 cors, cordes.
Datation d'après NMA. Composé pour
Adrien-Louis Bonnières de Souastre, comte
(et non duc) de Guines, flûtiste et ancien
envoyé français en Angleterre, et sa fille,
harpiste, à qui Mozart donna également des
leçons de composition. La flûte de Guines
lui permettait de jouer le *ré*³ bémol et le *do*³
(premier et dernier mouvements) — notes
que Mozart n'utilise pas dans ses autres
œuvres pour flûte.

K. 271k (= 314)
Concerto pour hautbois en *ut* majeur.
NMA V :14/3.
Salzbourg, printemps ou été (1ᵉʳ avril-22
sept) 1777 (?).
Allegro aperto ; adagio non troppo ; rondo
(allegretto).
2 htb., [bsn *ad lib.*], 2 cors, cordes.
Datation d'après Paumgartner (NMA).
Composé pour Giuseppe Ferlendis.
D'après les lettres de Mozart, il fut joué par
Friedrich Ramm à Mannheim cinq fois en
1778 ; transcrit cette année en concerto
pour flûte en *ré* majeur K. 314 (285d).
L'authenticité des éléments de la version
pour hautbois découverts à Salzbourg en
1920 n'est pas au-dessus de tout soupçon
(voir NMA). Esquisse pour le premier
mouvement, mes. 51 *sq.* (9 mes.).

K. 622
Concerto pour clarinette en *la* majeur.
AMA XII/2, n° 20 ; NMA V :14/4.
Vienne, début oct. 1791 (?).
Allegro ; adagio ; rondo (allegro).
2 fl., 2 bsn, 2 cors, cordes.
Inscrit dans le *Verzeichnüss* sans date.
Mozart parle de l'orchestration du rondo
dans une lettre à Constanze du 7 octobre
1791. L'allegro initial est une révision d'un
fragment de mouvement de concerto pour
cor de basset en *sol* majeur K. 584b (621b)
(199 mes., en ébauche de partition, continuation perdue ?) sans doute écrit un an ou
deux auparavant, voire dès 1787 (Tyson
1987). Ecrit pour la clarinette de basset de

Stadler, qui descendait jusqu'au *do*² noté (*la*¹ réel), à rattacher peut-être au projet d'un concerto pour clarinette de basset de Süssmayr destiné à Stadler, commencé au cours du voyage à Prague que Süssmayr fit avec Mozart en septembre 1791 pour la représentation de *La clemenza di Tito*. Rien ne prouve que Mozart ait eu à faire avec l'adaptation de la partie soliste pour clarinette normale. NMA publie l'œuvre dans une version pour clarinette de basset reconstituée par Ernst Hess, suivie de la version standard et du fac-similé du fragment pour cor de basset.

K. 191 (186e)
Concerto pour basson en *si* bémol majeur.
AMA XII/2, n° 11 ; NMA V :14/3.
Salzbourg, 4 juin 1774 (autographe d'après André).
Allegro ; andante ma adagio ; rondo (tempo di menuetto).
2 htb., [bsn *ad lib.*], 2 cors, cordes.
Mozart aurait censément composé trois concertos pour basson et une sonate pour basson à l'intention du baron Thaddäus von Dürnitz — pour qui il écrivit certainement la sonate pour piano en *ré* majeur K. 284 (205b). On pense cependant maintenant que K. 191 ne fait pas partie de cette série de trois, qui n'a du reste jamais été retrouvée.

K. 412 + 514 (386b)
Concerto pour cor n° 1 en *ré* majeur (AMA).
AMA XII/2, n° 16 ; NMA V :14/5.
Vienne, 1791 (?).
[Allegro] ; rondò (allegro).
2 htb., 2 bsn, cordes.
Ce concerto qu'on tenait autrefois pour le premier concerto pour cor de Mozart est en fait son dernier. Comme K. 417, 447 et 495, il fut écrit pour Joseph Leutgeb. Les deux mouvements furent ébauchés ; les notes de la partie soliste en dessous du *sol*³ noté (*la*² réel) furent ensuite retirées du premier mouvement une fois le brouillon achevé. Le brouillon du finale, où la partie de cor est marquée « adagio », et qui comporte des insultes en italien dans la marge, est resté inachevé à la mort de Mozart. Il comporte également des notes

en dessous du *sol*³ qui ont été retirées de la version standard du finale, prétendument datée du vendredi saint, 6 avril 1797 (devenu 1787 dans *Köchel 1*, d'où le numéro K. 514), mais qui fut en fait achevée par Süssmayr et datée par lui du 6 avril 1792 (Tyson 1987). Le texte de Süssmayr diffère de celui de Mozart : modifications dans l'accompagnement des cordes, coupures de certains passages, suppression de notes graves et notamment introduction d'un passage soliste citant les Lamentations de Jérémie, normalement chantées à l'office du vendredi saint. Il comporte en outre six mesures de plus. Les parties de hautbois et de basson du premier mouvement sont notées sur des feuilles séparées. Süssmayr s'est mépris sur les intentions de Mozart et a omis les bassons en achevant la partition.

K. 417
Concerto pour cor n° 2 en *mi* bémol majeur (AMA).
AMA XII/2, n° 17 ; NMA V :14/5.
Vienne, 27 mai 1783 (autographe).
[Allegro] ; andante ; [rondo (allegro)].
2 htb., [bsn *ad lib.*], 2 cors, cordes.
Premier concerto pour cor de Mozart à l'intention de Joseph Leutgeb. La première page de l'autographe comporte l'inscription « Wolfgang Amadé Mozart a pris pitié de Leutgeb, âne, bœuf et fou, à Vienne le 27 mai 1783 ».

K. 447
Concerto pour cor n° 3 en *mi* bémol majeur (AMA).
AMA XII/2, n° 18 ; NMA V :14/5.
Vienne, 1787 (?).
[Allegro] ; romance (larghetto) ; allegro.
2 clar., 2 bsn, cordes.
Datation d'après Tyson, Plath, NMA. Troisième concerto pour cor de Mozart destiné à Leutgeb (le second étant K. 495). Ne figure pas dans *Verzeichnüss* (d'où la datation de 1781 dans *Köchel 1*). Une romance pour cor et quintette à cordes de Michael Haydn (1795, publiée en 1802), dont la partie de cor, identique pour l'essentiel au second mouvement de K. 447, est dotée

d'un autre accompagnement, semblerait une reconstitution faite par Haydn à partir d'une partie soliste de cor. (Voir Ramussen 1966-1967, Plath 1971/72).

K. 495
Concerto pour cor n° 4 en *mi* bémol majeur (AMA).
AMA XII/2, n° 19 ; NMA V :14/5.
Vienne, 26 juin 1786 (*Verzeichnüss*).
Allegro maestoso (*Verzeichnüss* : allegro) ; romance (andante cantabile) ; rondo (allegro vivace).
2 htb., [bsn *ad lib.*], 2 cors, cordes.
Second concerto de Mozart pour Leutgeb. Autographe (partiellement perdu) noté en encres de quatre couleurs différentes. D'après Franz Giegling (NMA), il ne s'agi-rait pas d'une simple plaisanterie, mais d'un code qui traduit des raffinements de nuances et de couleurs. Il existe en fait trois versions différentes de K. 495, où le premier mouvement diffère chaque fois en longueur : 218 mes. (version de référence, édition Contore delle arti e d'industria, Vienne, 1803) ; 175 mes. (édition André, 1802) ; et 229 mes. (copie de Prague, début XIXe siècle ?) (voir NMA).

K. Anh. 9 (297b, Anh. C14.01)
Symphonie concertante pour hautbois, clarinette, basson et cor
Voir « Attributions douteuses et œuvres apocryphes ».

ROBERT LEVIN

Œuvres instrumentales diverses

Cette section regroupe principalement les œuvres intitulées sérénade, cassation, divertimento et marche, composées, à quelques exceptions près, pour être exécutées à Salzbourg.

Entre 1769 et 1779 Mozart écrivit neuf grandes œuvres pour orchestre portant le titre de cassation ou de sérénade, toutes destinées à être jouées à Salzbourg au cours des mois d'été, généralement en plein air, et conçues pour accompagner et célébrer une occasion particulière. L'une des fêtes annuelles du calendrier salzbourgeois marquait la fin de l'année universitaire, au début d'août, au moment où les étudiants en logique et en sciences naturelles fêtaient la fin de leurs études préliminaires. Tantôt ces deux groupes d'étudiants organisaient leurs festivités séparément ; tantôt ils joignaient, semble-t-il, leurs forces. On réunissait un orchestre et on choisissait ce qu'on appelait une *Finalmusik*. En 1776, par exemple, ce fut une symphonie de Joseph Haydn, complétée par une marche d'un compositeur local inconnu, tandis qu'en 1777 on commanda une œuvre nouvelle au compositeur salzbourgeois Joseph Hafeneder. Mais le plus apprécié des compositeurs de *Finalmusiken* à cette époque était Mozart, dont des œuvres furent jouées en 1769, 1772 (?), 1173, 1774, 1775, 1777 (?) et 1779 (?). L'exécution se déroulait de la manière suivante : les musiciens s'assemblaient au crépuscule, défilaient au son de la musique jusqu'à la résidence d'été de l'archevêque au château Mirabell, jouaient leur sérénade, repassaient le pont Salzach pour gagner la Kollegienplatz (aujourd'hui Universitätsplatz) et donnaient leur sérénade une deuxième fois devant les professeurs et étudiants réunis. Deux entrées dans le journal de Nannerl en août 1775 font référence à la répétition et à l'exécution de la *Finalmusik* de l'année, K. 204 (213a) : « 8 : répétition de la musique finale de mon frère composée pour les logiciens [...] 9 : ce fut la musique finale, partie d'ici à 8 heures 30 ; au Mirabell elle dura jusqu'à 9 heures 45, de là à l'université où elle dura jusqu'après 11 heures. »

Les sérénades orchestrales de Mozart comportent jusqu'à sept ou huit mouvements construits autour d'un cadre de base que constituent un mouvement initial de forme sonate, au moins deux menuets et un finale vif. Sur la partition autographe, Mozart (ou parfois son père) appelait cette partie *serenata*, mais à chaque œuvre était également associée une marche jouée par le petit orchestre tandis qu'il se rendait d'un lieu à l'autre ainsi que pour conclure le divertissement. La plupart des marches ont survécu, mais comme elles étaient généralement composées séparément par Mozart, elles sont considérées comme des œuvres indépendantes par Köchel et AMA, telles qu'elles figurent dans la liste ci-dessous.

Comme le laisse entrevoir le journal de Nannerl, les exécutions de sérénades étaient des moments de détente, sans doute avec de longues pauses entre les mouvements. L'insertion de plusieurs mouvements concertants, généralement pour violon, mais destinées à un petit groupe de solistes dans certaines sérénades, montre elle aussi qu'on jouait ces pièces tout à loisir.

Carl Bär (1960/61) fut le premier à attirer l'attention une particularité de la pratique d'exécution des sérénades : conformément à l'usage, Mozart marque la partie la plus grave de la partition « basso », qui désigne la partie de basse, mais non un instrument spécifique. Dans le cas de ces sérénades, Bär a montré de façon convaincante que le pupitre de cordes de l'orchestre était composé de premiers et seconds violons, altos, contrebasses, mais sans violoncelles. L'absence d'un instrument à cordes dans un registre de huit pieds est partiellement compensée par les bassons, et, à l'occasion, par les cors ; mais elle accentue certainement la sonorité déjà brillante du *ré* majeur — tonalité de toutes les sérénades et cassations sauf deux. C'est ce « quatuor de sérénade », selon l'expression de Bär, que l'on retrouve comme groupe soliste dans la *serenata notturna* K. 239.

Mis à part les mouvements concertants, les marches et les grandes structures en plusieurs mouvements, les sérénades orchestrales se caractérisent par d'autres traits qu'on ne retrouve pas régulièrement dans les symphonies du compositeur. L'introduction lente, absente des symphonies de Mozart avant « Linz », est la norme, et celles de K. 250 (248b) et K. 320 anticipent sur le contenu du premier mouvement qui suit. (K. 320 est particulièrement intéressant en ceci que l'*adagio maestoso* est cité littéralement dans l'*allegro con spirito*, en valeurs plus longues au début de la réexposition.) Conséquence probable de leur durée, trois sérénades comportent également une introduction lente avant le finale — procédé qu'on ne rencontre pas dans le répertoire orchestral traditionnel avant Beethoven. Le schéma tonal de certaines sérénades est en outre très audacieux — là encore, conséquence possible de leur ampleur ; la sérénade K. 185 (167a), en *ré* majeur, comporte ainsi deux mouvements en *fa* majeur, et le premier menuet de K. 250 (248b) n'est pas dans la tonalité principale de *ré* majeur, mais en *sol* mineur. Les mouvements comme ce dernier et l'andante en *ré* mineur de K. 320 sont les rares instants (si remarquables soient-ils pour qui étudie l'ensemble de l'œuvre de Mozart) à s'écarter de l'atmosphère cordiale, raffinée et brillante qui prédomine. Quelques-unes des sérénades furent ensuite transformées par Mozart en symphonies en quatre mouvements ; l'exemple le plus connu en est la symphonie « Haffner », qui, avec une marche K. 408/2 (385a), est tout ce qui reste d'une deuxième sérénade « Haffner » de Mozart. Aucune des sérénades ne fut publiée du vivant de Mozart.

Les œuvres d'un deuxième

groupe composé à Salzbourg dans les années 1770 furent baptisées « divertimento ». Ce sont des œuvres de chambre, généralement destinées à des ensembles mixtes de cordes et de vents, dont le plus courant est le quatuor à cordes augmenté de deux cors, employé dans trois divertimenti. La lettre adressée le 13 avril 1778 par Leopold Mozart à son fils montre que ces œuvres étaient normalement exécutées par des solistes, et qu'en outre la partie de *basso* était jouée par un violone dans un registre de seize pieds ; l'œuvre dont il est question est le divertimento en *si* bémol majeur K. 287 (271H) : « [Kolb jouait le premier violon,] je jouais le second violon, l'élève de Kolb l'alto, Cassel la basse [*Bass*], et les deux musiciens de la tour qui ont souvent joué chez Kolb les cors. »

Comme les sérénades, ces divertimenti sont des œuvres de divertissement comportant jusqu'à six mouvements, auxquels s'ajoute habituellement une marche. L'ensemble composé d'un quatuor avec cors était une formation courante à l'époque, notamment dans la musique de Joseph et Michael Haydn ; les cors se taisent normalement dans les mouvements lents. Compte tenu du rôle secondaire des cors, les œuvres de Mozart destinées à cette formation, ajoutées aux divertimenti K. 136-138 (125a-c), vraiment écrits pour quatuor, furent pour lui la seule occasion qu'il eut à Salzbourg d'écrire de la musique de chambre pour cordes. Les chroniqueurs (et les exécutants) de la musique de chambre de Mozart ont souvent délaissé ce recoin de la production du compositeur. Le *notturno* K. 286 (269a), sans doute écrit en 1776-1777, emploie quatre sextuors de ce type, chacun répondant à son tour en écho aux phrases du premier groupe.

Comme pour les sérénades, chaque œuvre est associée à une occasion spécifique, le plus souvent une fête de saint. K. 247 fut ainsi composé en juin 1776 pour la fête de la comtesse Antonia Lodron ; sa demeure accueillait souvent des concerts privés, et le divertimento fut donc peut-être donné à l'intérieur de sa maison, avec les musiciens marchant en cortège jusqu'à leur place respective.

A Vienne, dans les années 1780, Mozart ne composa aucune sérénade orchestrale et n'écrivit que quelques œuvres dans la tradition du divertimento salzbourgeois, à la fois parce que Vienne ne connaissait pas cette tradition de la *Finalmusik* et parce qu'on préférait l'ensemble d'instruments à vent (*Harmoniemusik*) pour les festivités mondaines. Deux œuvres seulement de la période viennoise font appel aux cordes, et ni l'une ni l'autre ne fut intitulée divertimento ou sérénade par Mozart. *Ein musikalischer Spass* (*Une plaisanterie musicale*) est écrit pour la formation habituelle de quatuor et deux cors ; lorsque l'œuvre fut publiée pour la première fois par André en 1820, la vignette de la page de titre montrait un ensemble de six musiciens avec un violone, et non un violoncelle. *Eine kleine*

Nachtmusik (Une petite musique de nuit) est explicitement écrit pour deux violons, alto, violoncelle et contrebasse, et sans aucun doute conçu comme une musique de chambre.

K. 32
Gallimathias musicum
AMA XXIV, n°12 ; NMA IV :12/1.
La Haye, mars 1766.
Molto allegro ; andante ; allegro ; pastorella ; allegro ; allegretto ; allegro ; molto adagio ; allegro ; largo ; allegro ; andante ; menuet ; adagio ; presto ; fuga.
Clvn, 2 htb., 2 cors, 2 bsn, cordes.
Leopold Mozart, dans son catalogue des œuvres de Wolfgang, qualifiait cette œuvre de « Quodlibet intitulé Gallimathias musicum ». Les deux termes désignent un mélange musical utilisant des airs préexistants. Composé pour célébrer l'installation du prince Guillaume d'Orange comme héritier de la couronne néerlandaise (11 mars). Citations d'airs populaires, dont certains ne peuvent être identifiés, et de pièces d'Eberlin, compositeur de la cour salzbourgeoise.
  Il ne subsiste que les brouillons autographes pour seize des dix-sept numéros, de la main à la fois de Leopold et de Wolfgang (Plath, 1960/61) ; le n° 16 manquant (presto) est transmis dans une copie du matériel d'origine perdu. L'ébauche de fugue finale de Mozart (92 mes.) est rayée mes. 45-86 ; la copie du matériel suit l'élaboration plus longue de Leopold : cinq numéros du manuscrit (NMA n°ˢ 2a, 6a, 11a-c) sont omis de la copie du matériel ; on conserve également les premières ébauches des n°ˢ 5 et 8.

K. 62
Marche en *ré* majeur
NMA IV :12/1.
Salzbourg, probablement été 1769.
Maestoso.
2 htb., 2 cors, 2 trp., cordes.
Probablement pour la sérénade K. 100 (62a) ; citée par Mozart dans une lettre à sa sœur écrite de Bologne le 4 août 1770 ; utilisée (avec partie de timbales ajoutée) dans *Mitridate*, K. 87 (74a).

K. 100 (62a)
Sérénade en *ré* majeur
AMA IX/1, n° 3 ; NMA IV :12/1.
Salzbourg, probablement été 1769.
Allegro ; andante ; menuetto ; allegro ; menuetto ; andante ; menuetto ; allegro.
2 htb./fl., 2 cors, 2 trp., cordes.
Circonstances d'exécution inconnues ; peut-être donnée comme *Finalmusik* le 6 ou 8 août (voir K. 63 et 99) ; plus vraisemblablement en une occasion que l'on ignore. Voir également entrée précédente.

K. 63
Cassation en *sol* majeur
AMA IX/1, n° 1 ; NMA IV :12/1.
Salzbourg, 1769.
Marche ; allegro ; andante ; menuet ; adagio ; menuet ; finale (allegro assai).
2 htb., 2 cors, cordes.
Sans doute donnée comme *Finalmusik* le 6 ou 8 août.

K. 99 (63a)
Cassation en *si* bémol majeur
AMA IX/1, n° 2 ; NMA IV :12/1.
Salzbourg, 1769.
Marche ; allegro molto ; andante ; menuet ; andante ; menuet ; allegro ; marche da capo.
2 htb., 2 cors, cordes.
Sans doute donnée comme *Finalmusik* le 6 ou 8 août.

K. 113
Divertimento en *mi* bémol majeur
AMA IX/2, n° 15 ; NMA IV :12/2.
Milan, nov. 1771.
Allegro ; andante ; menuetto ; allegro.
2 clar., 2 cors (ou 2 htb., 2 clar. (?), 2 cors angl., 2 bsn, 2 cors), 2 vln., alto, basse [cb. ou vlc. et cb. (?)]
Existe en deux versions : version 1 marquée sur l'autographe « Concerto ò sia Divertimento a 8 » (premier titre ajouté plus tard ?), peut-être donné en concert le 22 ou 23 novembre 1771 à Milan ; version 2 : parties de vents révisées, mais rôle des clarinettes incertain ; date sans doute de début 1773.

K. 136-138 (125a-c)
3 divertimenti
AMA XIV, n°ˢ 24-26 ; NMA IV :12/6.

Salzbourg, [début] 1772 (autographe).
« N° 1 » en *ré* majeur : allegro ; andante ; presto.
« N° 2 » en *si* bémol majeur : andante ; allegro di molto ; allegro assai.
« N° 3 » en *fa* majeur : [allegro] andante ; [presto].
2 vln., alto, basse [vlc. (?)].
Conçues comme un ensemble, ces pièces sont à considérer comme une musique soliste (avec violoncelle plutôt que contrebasse) de caractère libre ; le titre divertimento utilisé presque exclusivement en ce sens par les Mozart après K. 131 (mi-1772) (Webster 1983). Ce sont peut-être les quatuors que Leopold Mozart proposa sans succès pour publication à Breitkopf (lettre du 7 février 1772).

K. 131
Divertimento en *ré* majeur
AMA IX/2, n° 16 ; NMA IV :12/2.
Salzbourg, juin 1772.
[Allegro] adagio ; menuetto ; allegretto ; menuetto ; adagio — allegro molto — allegro assai.
Fl., htb., bsn, 4 cors, 2 vln, alto, basse [cb. ou vlc. et cb. (?)].
Titre « Divertimento » sur l'autographe d'une main inconnue ; il s'agit peut-être d'une sérénade orchestrale qui servit de *Finalmusik* en 1772 plutôt qu'une œuvre de chambre. On trouve également quatre cors dans la symphonie en *mi* bémol majeur K. 132, contemporaine de ce divertimento.

K. 205 (173a, 167A)
Divertimento en *ré* majeur
AMA IX/2, n° 21 ; NMA VII :18.
Salzbourg, juil. 1773 (?)
Largo — allegro ; menuetto ; adagio ; menuetto ; finale (presto).
2 cors, bsn, vln., alto, basse (solo).
Autographe non daté et titre « Divertimento » d'une main non identifiée. Destination inconnue ; peut-être pour célébrer la fête de Maria Anna Elisabeth von Antretter (26 juillet 1773) (?). Voir également entrée suivante.

K. 290 (173b, 167AB)
Marche en *ré* majeur
AMA X, n° 7 ; NMA VII :18.

Salzbourg, été 1772 (?).
2 cors, vln., alto, basse.
Traditionnellement associée au divertimento K. 205 (167A) ; l'écriture semble indiquer une date de composition antérieure ; destination première inconnue.

K. 185 (167a)
Sérénade en *ré* majeur
AMA IX/1, n° 5 ; NMA IV :12/2.
Vienne, juil.-août 1773.
Allegro assai ; andante ; allegro ; menuetto ; andante grazioso ; menuetto ; adagio — allegro assai.
2 htb./fl., 2 cors, 2 trp., vln solo, cordes.
Composée à Vienne, sans doute comme *Finalmusik* pour les étudiants de l'université de Salzbourg, au nombre desquels comptait probablement Judas Thaddäus von Antretter, dont la famille était amie des Mozart. Voir également entrée suivante.

K. 189 (167b)
Marche en *ré* majeur
AMA X, n° 1 ; NMA IV :12/2.
Vienne, juil.-août 1773.
Andante.
2 fl., 2 cors, 2 trp., 2 vln, basse.
Pour la sérénade K. 185 (167A) ; autrefois reliée avec l'autographe de celle-ci.

K. 203 (189b)
Sérénade en *ré* majeur
AMA IX/1, n° 6 ; NMA IV :12/3.
Salzbourg, août 1774.
Andante maestoso — allegro assai ; [andante ;] menuetto ; [allegro ;] menuetto ; [andante ;] menuetto ; prestissimo.
2 htb./fl., bsn, 2 cors, 2 trp., vln solo, cordes.
Sans doute écrite en 1774 comme *Finalmusik*, et non pour la fête de l'archevêque Colloredo comme on le pensait autrefois. Voir également entrée suivante.

K. 237 (189c)
Marche en *ré* majeur
AMA X, n° 4 ; NMA IX :12/3.
Salzbourg, été 1774.
2 htb., 2 bsn, 2 cors, 2 trp., 2 vln, basse.
Cette marche est traditionnellement ratta-

chée à la sérénade K. 203 (189b), ce qui n'est contredit ni par l'écriture ni par le papier.

K. 204 (213a)
Sérénade en *ré* majeur
AMA IX/1, n° 7 ; NMA IV :12/3.
Salzbourg, 5 août 1774 (autographe).
Allegro assai ; andante moderato ; allegro ; menuetto ; [andante ;] menuetto ; andantino [grazioso] — allegro.
2 htb./fl., bsn, 2 cors, 2 trp., vln solo, cordes.
Finalmusik donnée pour la première fois le 9 août d'après le journal de Nannerl. En 1783 Mozart transforma l'œuvre en symphonie en quatre mouvements. Voir également entrée suivante.

K. 215 (213b)
Marche en *ré* majeur
AMA X, n° 3 ; NMA IV :12/3.
Salzbourg, août 1775 (autographe).
2 htb., 2 cors, 2 trp., cordes.
Pour la sérénade K. 204 (213a).

K. 214
Marche en *ut* majeur
AMA X, n° 2 ; NMA IV :13/2.
Salzbourg, 20 août 1775 (autographe).
2 htb., 2 cors, 2 trp., cordes.
Circonstances de composition inconnues. Peut-être pour précéder une sérénade d'un autre compositeur.

K. 239
Serenata notturna
AMA IX/1, n° 8 ; NMA IV : 12/3.
Salzbourg, janv. 1776 (autographe).
Marcia (maestoso) ; menuetto ; rondeau (allegretto).
2 vln, alto, cb. (solo), cordes, timb.
Titre écrit de la main de Leopold. Circonstances de composition inconnues ; vu le moment de l'année, l'œuvre fut sans doute jouée à l'intérieur.

K. 247
Divertimento en *fa* majeur
AMA IX/2, n° 24 ; NMA VII :18.

Salzbourg, juin 1776 (autographe).
Allegro ; andante grazioso ; menuetto ; adagio ; menuetto ; andante — allegro assai.
2 cors, 2 vln, alto, basse (solo).
Ecrit pour la fête de la comtesse Antonia Lodron (13 juin), épouse du maréchal héréditaire (Erbmarschall) de Salzbourg ; leur maison était un haut lieu de la pratique musicale à Salzbourg. Voir également entrée suivante. Fragment d'allegro initial (K. 288 (246c), 77 mes., continuation perdue ?).

K. 248
Marche en *fa* majeur
AMA X, n° 5 ; NMA VII :18.
Salzbourg, juin 1776 (autographe).
2 cors, 2 vln, alto, basse.
Pour le divertimento K. 247.

K. 250 (248b)
Sérénade en *ré* majeur (« Haffner »)
AMA IX/1, n° 9 ; NMA IV :12/4.
Salzbourg, juil. 1776 (autographe).
Allegro maestoso ; andante ; menuetto ; rondeau (allegro) ; menuetto galante ; andante ; menuetto ; adagio — allegro assai.
2 htb./fl., 2 bsn, 2 cors, 2 trp., vln solo, cordes.
Commandée par Siegmund Haffner fils, dont le père avait été un homme d'affaires salzbourgeois respecté et un personnage public, pour célébrer le mariage d'une de ses sœurs, Marie Elisabeth (1753-1784), avec Franz Xaver Späth (1750-1808). Le mariage eut lieu le 22 juillet, la sérénade ayant été donnée la veille. Nombreuses exécutions au cours des années suivantes, y compris sous forme raccourcie en symphonie. A ne pas confondre avec la seconde sérénade « Haffner », partiellement perdue, qui servit de base à la symphonie « Haffner » K. 385. Voir également entrée suivante.

K. 249
Marche en *ré* majeur
AMA X, n° 6 ; NMA IV : 12/4.
Salzbourg, 20 juil. 1776 (autographe).
Maestoso.
2 htb., 2 bsn, 2 cors, 2 trp., cordes.
Pour la sérénade K. 250 (248b).

K. 251
Divertimento en *ré* majeur
AMA IX/2, n° 25 ; NMA VII :18.
Salzbourg, juil. 1776 (autographe).
Molto allegro ; menuetto ; andantino ;
menuetto ; rondeau (allegro assai) ; marcia
alla francese.
Htb., 2 cors., 2 vln, alto, basse (solo).
Sans doute écrit pour la fête de Nannerl
Mozart (26 juillet). Peut-être donné en ver-
sion orchestrale comme *Finalmusik* en
1777, mais il n'en existe aucune preuve
directe.

K. 286 (269a)
Notturno **en *ré* majeur**
AMA IX/1, n° 10 ; NMA IV :12/5.
Salzbourg, probablement déc. 1776-janv.
1777.
Andante ; allegretto grazioso ; menuetto.
4 ensembles, consistant chacun en 2 cors, 2
vln, alto, basse.
Circonstances de composition inconnues.
Trio du menuet ajouté plus tard (Wyzewa
et Saint-Foix 1912). Webster (1983) estime
peu probable que Mozart ait eu l'intention
d'ajouter un finale et que l'œuvre telle
qu'elle est conservée soit inachevée, car bon
nombre d'œuvres autrichiennes de cette
époque ont une forme semblable en trois
mouvements.

K. 287 (271b, 271H)
Divertimento en *si* bémol majeur
AMA IX/2, n° 29 ; NMA VII :18.
Salzbourg, probablement juin 1777.
Allegro ; andante grazioso con variazioni ;
menuetto ; adagio ; menuetto ; andante —
allegro molto.
2 cors, 2 vln, alto, basse.
Chef-d'œuvre de la période salzbourgeoise,
écrit pour la fête de la comtesse Lodron (13
juin), donné pour la première fois le 16
juin. Il ne subsiste aucune marche y affé-
rente. Mélodies populaires employées dans
les variations et le finale. Exécution à
Munich, sous la direction de Mozart, le 4
octobre 1777.

K. 320
Sérénade en *ré* majeur (« Posthorn »)
AMA IX/1, n° 11 ; NMA IV ;12/5.

Salzbourg, 3 août 1779 (autographe).
Adagio maestoso — allegro con spirito ;
menuetto (allegretto) ; concertante
(andante grazioso) ; rondeau (allegro ma
non troppo) ; andantino ; menuetto ; finale
(presto).
2 fl./picc., 2 htb., 2 bsn, 2 cors, cor de postillon, 2 trp., timb., cordes.
Finalmusik pour l'année 1779. Les appels
du cor de postillon saluent la fin de l'année
universitaire (mais le surnom n'est pas
contemporain). Voir également entrée suivante, sur les deux marches traditionnellement associées à K. 320. En 1783, les mouvements marqués *concertante* et *rondeau*
furent joués sous le titre *Concertant-Sim-
phonie* lors du concert donné par Mozart
au Burgtheater le 23 mars (lettre du 29
mars 1783).

K. 335 (320a)
2 marches en *ré* majeur
AMA X, n° 8 ; NMA IV :13/2.
Salzbourg, probablement début août 1779.
N° 1 : 2 htb., 2 cors, 2 trp., cordes.
N° 2 : 2 fl., 2 cors, 2 trp., cordes.
Maestoso assai (n° 2).
Toutes deux à rattacher à K. 320 (?). Probablement une marche seulement à chaque
exécution. La n° 1 cite le début de l'aria
« Non sò d'onde viene » d'*Alessandro nel-
l'Indie* de J.C. Bach. La n° 2 cite, semble-
t-il, un air populaire qui comporte les
paroles « lustig sein die Schwobemedle »
(voir Plath, NMA).

K. 334 (320b)
Divertimento en *ré* majeur
AMA IX/2, n° 31 ; NMA VII :18.
Salzbourg, 1779-1780.
Allegro ; tema con variazioni (andante) ;
menuetto ; adagio ; menuetto ; rondo (alle-
gro).
2 cors, 2 vln, alto, basse (solo).
Probablement écrit pour un membre de la
famille Robinig à Salzbourg, dont les
Mozart étaient les amis. En juillet 1787
Sigismund von Robinig (1760-1823) passa
ses examens finaux à la faculté de juris-
prudence de l'université ; l'œuvre était

peut-être destinée à une célébration privée (Bär 1960). Voir également entrée suivante.

K. 445 (320c)
Marche en *ré* majeur
AMA X, n° 21 ; NMA VII :18.
Salzbourg, probablement été 1780.
2 cors, 2 vln, basse.
Probablement pour le divertimento K. 334 (320b). Datation d'après l'écriture.

K. 408/1 (383e/1, 383e)
Marche en *ut* majeur
AMA X, n° 9 ; NMA IV :13/2.
Probablement Vienne, 1782.
2 htb., 2 cors, 2 trp., cordes.
Arrangée par la suite pour clavier à l'intention de Constanze. Voir également entrée suivante.

K. 408/3 (383e/3, 383F)
Marche en *ut* majeur
AMA X, n° 9 ; NMA IV :13/2.
Vienne, 1782 (?).
2 fl., 2 bsn, 2 cors, 2 trp., timb. cordes.
Cette marche et la précédente sont les seules que l'on connaisse de la période viennoise de Mozart ; elles étaient peut-être destinées à ses propres concerts.

K. 409 (383f)
Menuet en *ut* majeur
AMA X, n° 11 ; NMA IV :11/10.
Vienne, 1782 (?).
2 fl., 2 htb., 2 bsn, 2 cors, 2 trp., timb. cordes.
Considéré par Einstein (*Köchel 3*) comme un ajout ultérieur à la symphonie K. 338 ; compte tenu de son style et de son ampleur (c'est le plus long des menuets symphoniques de Mozart), il s'agissait probablement d'une pièce autonome, peut-être destinée à l'un des concerts dominicaux de l'Augarten, auxquels Mozart participa pour la première fois le 26 mai 1782.

K. 408/2 (385a)
Marche en *ré* majeur
AMA X, n° 9 ; NMA IV :13/2.
Vienne, probablement début août 1782.

2 htb., 2 bsn, 2 cors, 2 trp., timb., cordes.
Avec un menuet (aujourd'hui perdu) et les quatre mouvements de la symphonie « Haffner » (K. 385), formait à l'origine une sérénade donnée à Salzbourg en août 1782 pour célébrer l'anoblissement de Siegmund Haffner (1756-1787). L'autographe montre que Mozart était pressé par le temps pour composer l'œuvre ; seules les huit premières mesures de la partie de timbales sont notées dans la partition.

K. 477 (479a)
Maurerische Trauermusik (*Musique funèbre maçonnique*)
AMA X, n° 12 ; NMA IV :11/10.
Vienne, nov. 1785.
2 htb., clar., 3 cors de basset, cbsn, 2 cors, cordes.
Ecrite pour une tenue funèbre à la mémoire du comte Franz Esterházy von Galantha et du duc Georg August von Mecklenburg-Strelitz. Une partie du large ensemble d'instruments à vent fut ajoutée au dernier moment. Mozart cite le *tonus peregrinus* du plain-chant, qui fait référence aux lamentations de la semaine sainte et au Miserere de la cérémonie du Requiem. Autexier (1984/85) avance cependant l'hypothèse d'une composition en trois versions successives. 1° une version vocale pour l'initiation d'un nouvel apprenti dans la loge *Zur wahren Eintracht*, le 12 août 1785. 2° une version instrumentale donnée le 17 novembre lors d'une tenue funèbre. 3° une version instrumentale amplifiée (effectifs ci-dessus), sans doute donnée le 9 décembre 1785.

K. 522
Ein musikalischer Spass (*Une plaisanterie musicale*)
AMA X, n° 13 ; NMA VII :18.
Vienne, 14 juin 1787 (*Verzeichnüss*).
Allegro ; menuetto (maestoso) ; adagio cantabile ; presto.
2 cors, 2 vln, alto, basse (solo).
Satire des compositeurs et instrumentistes incompétents. La fugue maladroite du finale est fondée sur un exercice de Thomas Attwood, qui fut l'élève de Mozart (Heartz 1973/74). Tyson (1987) montre que Mozart a sans doute commencé à rédiger les parties du premier mouvement avant fin

365

1785, achevant toutes les parties de ce mouvement, vraisemblablement avec une exécution en vue, au plus tard avant 1786 ; autres mouvements achevés en 1787. Fragment de finale (K. Anh. 108 (522a), allegretto, 24 mes., en ébauche de partition).

K. 525
Eine kleine Nachtmusik (Une petite musique de nuit)
AMA XIII, n° 9 ; NMA IV :12/6.
Vienne, 10 août 1787 (*Verzeichnüss*).
Allegro ; romance (andante) ; menuetto (allegretto) ; rondo (allegro).
2 vln, alto, vlc., cb. (solo).
Circonstances de composition inconnues. Le catalogue de Mozart indique que l'autographe comportait à l'origine cinq mouve-

ments ; un autre menuet avec trio formaient le second mouvement. Fragment de mouvement lent (K. Anh. 69 (525a), larghetto, 16 mes., en ébauche de partition).

K. 546
Adagio et fugue en *ut* mineur
AMA XIV, n° 27 ; NMA IV :11/10.
Vienne, 26 juin 1788 (*Verzeichnüss*).
Adagio ; [fuga (allegro)].
Fugue écrite pour clavier à quatre mains en 1783 (voir K. 426). Dans cette version pour orchestre à cordes (dont on ignore la destination), Mozart ajouta ce qu'il appelle dans son catalogue « un bref adagio ». L'œuvre se rattache à la tradition viennoise des sonates d'église en deux mouvements.

DAVID WYN JONES

Musique de danse et de ballet

Mozart composa de la musique de danse tout au long de sa vie. Ses premières danses que l'on connaisse, une série de menuets composés à Salzbourg, datent de 1769 ; il en composa jusqu'en 1791 plus de trente séries, ainsi qu'un certain nombre de pièces indépendantes, plus de deux cents danses isolées au total, pour Prague et Vienne, mais aussi pour Salzbourg. Mozart lui-même était un danseur passionné et accompli : plusieurs témoignages le confirment. On lit ainsi dans le journal de Johann Ferdinand von Schiedenhofen, proche ami de la famille Mozart à Salzbourg : « 18 février [1776]. A 7 heures du soir chez le maréchal des logis, où j'ai soupé. Puis avec la compagnie à la Redoute, en voiture avec le grand échiquier en dame, le maréchal en cavalier [...] le compagnon du baron Lilien en coiffeur, Mozart l'aîné en portier et son fils en garçon coiffeur [*Friseurbub*], le comte Überacker en maure et moi-même en laquais [...] il y avait une remarquable compagnie de dieux parmi les masques. Environ 420 personnes étaient présentes aujourd'hui. Je suis resté jusqu'à 4 heures du matin. » Dans les mémoires du ténor irlandais Michael Kelly, qui avait chanté les rôles de Don Basilio et de Don Curzio lors de la première représentation de *Le nozze di Figaro* à Vienne en 1786, il est question d'un dîner chez Leopold Kozeluch où Kelly et Mozart étaient présents : « Après souper les jeunes invi-

tés de notre hôte dansèrent, et Mozart se joignit à eux. Mme Mozart me confia que, si grand que fût son génie, il était passionné de danse, et disait souvent que son goût le portait vers cet art plutôt que vers la musique. »

A Vienne, dans les années 1780, l'enthousiasme de Mozart pour la danse coïncidait avec une grande vogue de ce passe-temps — début d'une longue relation entre la capitale et la danse. On dansait dans les auberges, les parcs et les salles de bal, mais le point culminant du calendrier était le carnaval, avec la série de bals donnés sous les auspices de la cour dans la Redoutensaal (qui regroupait en fait deux salles, une petite et une grande) avant le carême. Le carnaval durait de l'Epiphanie au mardi-gras, et les bals masqués étaient l'un des grands moments de cette période de divertissement et de fête. Conséquence directe des idées libérales de Joseph II, ces bals étaient ouverts aux personnes de tout rang, qui, cachant leur identité et leur personnalité derrière un masque et un costume parfois très élaboré, pouvaient se mêler librement. En tant que musicien de la chambre impériale, à partir de décembre 1787, le seul devoir de Mozart était de composer des danses pour ces bals de carnaval. Jusqu'à sa mort il passa la plus grande partie de décembre et janvier à écrire des menuets, des danses allemandes et des contre-danses pour la saison suivante. Le processus de composition se déroulait en deux étapes distinctes. Il écrivait tout d'abord les danses

367

pour trio à cordes (et parfois les exécutait, voire les vendait, sous cette forme), puis les orchestrait selon les besoins. Ce sont des œuvres qui comptent parmi les pièces de danse les plus joyeuses et les plus charmantes de toute l'histoire de la musique ; la remarque qu'on prête à Mozart, au reçu du paiement pour cette tâche, trahit néanmoins son amertume : « Trop pour ce que j'ai fait ; trop peu pour ce que je pourrais faire. » (Cette remarque fut rapportée pour la première fois dans l'*Allgemeine musikalische Zeitung* du 6 février 1799, parmi une collection d'anecdotes sur son époux fournie par Constanze.) Outre le traitement qu'il recevait de la cour, Mozart retirait également certains revenus de la vente des danses, en manuscrits ou en éditions imprimées. L'éditeur Artaria vendait normalement les danses en arrangement pour clavier, tandis qu'on pouvait acheter les parties orchestrales complètes ainsi que des arrangements pour clavier et pour trio à cordes sous forme manuscrite.

Le trio à cordes composé de deux violons et basse représentait la formation de base pour la musique de danse, et les premières danses de Mozart que l'on connaisse, K. 65a (61b), sont écrites pour cet ensemble. Les danses ultérieures font appel à une formation plus vaste, avec d'amples parties de bois, mais le pupitre de cordes resta à trois parties, sans altos — tradition que Beethoven poursuivit en écrivant ses danses de carnaval dans les années 1790. Les danses que Mozart composa en tant que musicien de la chambre impériale sont d'une instrumentation alerte, avec piccolo, flûtes, hautbois, clarinettes, bassons, cors, trompettes, timbales et cordes à trois parties. Au sein de chaque série de danses, l'instrumentation de chacune d'elles est différente, et une grande partie de leur charme tient à la manière dont Mozart tire parti de ces changements de timbre. L'orchestration en tutti, avec trompettes et timbales, correspond aux points culminants de ces enchaînements de danses, tandis que le piccolo donne un scintillement caractéristique à bon nombre de mouvements. (Ces parties de piccolo se jouaient sur un flageolet et non sur un piccolo traversier moderne.) Certains des trios font appel à des instruments plus inhabituels : la vielle à roue dans K. 601 n° 2 et K. 602 n° 3, les deux cors de postillon et cinq clochettes de traîneau dans K. 605 n° 3, pour évoquer la promenade en traîneau. Les danses comportent parfois des allusions à des événements artistiques et politiques d'actualité. A Prague, Mozart se rendit à l'un des bals donnés régulièrement le jeudi par l'avocat et professeur d'université Johann Freiherr von Bretfeld, notant : « Ces personnes-là tournoyaient joyeusement sur la musique de mon *Figaro* arrangée en contredanses et allemandes. » Lui-même écrivit une contredanse sur « Non più andrai » de Figaro, dans une série de cinq contredanses K. 609, qui date probablement de 1787-1788. Deux danses lui furent inspirées par la guerre de l'Autriche contre les Turcs en 1788-1791 : *La bataille* K. 535 et *Der Sieg vom Helden Coburg* K. 587.

Mozart composa essentiellement des danses de trois formes : menuet, danse allemande et contredanse. Le menuet était depuis près de deux siècles la danse de prédilection de l'aristocratie. Du temps de Mozart, c'était encore une danse relativement solennelle ; la grâce du couple qui dansait en parcourant la figure en S caractéristique était autant goûtée par les exécutants qu'admirée par les spectateurs. Le menuet dansé par Don Ottavio et Donna Anna (tous deux masqués) à l'acte I de *Don Giovanni* témoigne bien du statut social de cette danse raffinée et traditionnelle de l'aristocratie. Si le menuet a connu une vogue aussi durable, c'est en grande partie parce qu'il était à même d'intégrer des pas provenant d'autres danses, et, dans les danses viennoises de Mozart, les menuets ne se distinguent parfois guère des danses allemandes.

La danse allemande était une danse de couple beaucoup plus vigoureuse. D'origine populaire, elle supposait des sauts, des frappements de pied, des mouvements circulaires rapides et un contact physique bien plus étroit que le menuet. C'était également une danse relativement récente, et Mozart n'en écrivit ses premiers exemples qu'en 1787, pour Prague ; mais elle devient ensuite, et de loin, la plus répandue dans les danses composées pour Vienne

— quarante-neuf danses allemandes, contre trente-six menuets et beaucoup moins de contredanses. La vogue de cette nouvelle danse à Vienne est le reflet de la société plus diversifiée qui fréquentait les bals impériaux et royaux depuis que Joseph avait assoupli la hiérarchie sociale dans les années 1780. Une fois encore, on en trouve un témoignage dans la scène du festin de *Don Giovanni*, où la danse allemande est dansée par Don Giovanni, l'aristocrate, et Zerlina, la paysanne. Autre indice de la nature moins rigoureuse de la danse allemande en comparaison avec le menuet : on y rencontre plus souvent des instruments inhabituels et des allusions extra-musicales.

Comme le menuet, la contredanse est une danse ancienne, dont le nom vient de l'anglais *country dance*, devenu contredanse dans le franglais du XVIIe siècle. La danse est habituellement de mesure binaire, notée *alla breve*, à 6/8 ou à 2/4 ; on trouve les trois indications de mesure chez Mozart, mais le 2/4 est de loin la plus courante, et toutes les contredanses viennoises sauf une l'utilisent. La danse, exécutée par un ensemble plutôt que par un couple, avait conservé la faveur des classes inférieures tout en permettant à la société raffinée d'affecter la rusticité. Dans la Vienne de Mozart et de Joseph II, la rencontre des classes au sein de la contredanse était plus réelle. En tant que danse de mesure binaire elle fournissait en outre un contraste avec la mesure ternaire du menuet de la danse allemande.

L'importante contribution de Mozart au répertoire de la danse et son propre enthousiasme pour ce divertissement nous rappellent à quel point l'ensemble de sa musique est imprégné de l'esprit de la danse ; les menuets de sa musique instrumentale sont notamment à replacer sur cette toile de fond pour produire leur plein effet. Pour prendre l'exemple des trois dernières symphonies de Mozart, le menuet de la symphonie en *mi* bémol majeur est clairement une danse allemande, celui de « Jupiter » un authentique menuet, tandis que le finale de la symphonie en *mi* bémol est dans l'esprit d'une contredanse. Mais comment les auditeurs — et les instrumentistes aussi, du reste — ont-ils reçu les phrases irrégulières, les syncopes, la concentration du matériau thématique, le contrepoint et l'implacable mode mineur du *menuetto* de la symphonie en *sol* mineur ?

En comparaison avec la musique de danse, la musique de ballet ne forme qu'une partie mineure de la production de Mozart, dont les partitions les plus significatives sont *Les petits riens* et le ballet pour l'opéra *Idomeneo*, la première d'entre elles n'étant que partiellement de lui. La musique de ballet au milieu du XVIIIe siècle était presque toujours indissociablement liée aux représentations d'opéras et identifiée au goût français. Il s'agissait souvent d'un divertissement séparé, supplémentaire, donné en même temps qu'un opéra, avec une série de danses qui mettait en valeur les talents indivi-

duels et de groupe, généralement dans un décor pastoral, mais avec une intrigue mince, voire inexistante ; il était exceptionnel que le compositeur du ballet et de l'opéra soit le même.

Le ballet *Les petits riens* est tout ce que donna un projet d'opéra en langue française formé par Mozart alors qu'il était à Paris en 1778 ; l'opéra devait s'intituler *Alexandre et Roxane*, et la chorégraphie du ballet sans doute être réglée par le célèbre Jean-Georges Noverre. L'opéra ne dépassa jamais le stade du projet et le seul travail théâtral à émerger du voyage à Paris fut la composition, relativement peu gratifiante, de musique de ballet pour faire suite aux représentations de *Le finte gemelle* de Piccinni, avec là encore une chorégraphie de Noverre. Environ un tiers du ballet fut écrit par un autre compositeur (ou peut-être plusieurs), non encore identifié.

Deux ans plus tard, en décembre 1780, Mozart était à Munich pour préparer la première représentation, après la saison du carnaval, de son opéra *Idomeneo*. On lui demanda de composer également le ballet traditionnel, ce qu'il accepta aussitôt, « car maintenant, écrit-il à son père le 30 décembre 1780, toute la musique sera du même compositeur ». Il n'y a pas d'argument dans les mouvements achevés par Mozart et on ne sait pas au juste à quel moment de la soirée le divertissement, ainsi que le compositeur l'appelait (témoignage de l'influence française), prit place ; sans doute cette place variait-elle d'une représentation à l'autre, ainsi que le nombre de mouvements.

(* = sans trio)

K. 65a (61b)
7 menuets
AMA XXIV, n° 13 ; NMA IV :13/1/1.
Salzbourg, 26 janv. 1769.
N° 1 en *sol* majeur, n° 2 en *ré* majeur, n° 3 en *la* majeur, n° 4 en *fa* majeur, n° 5 en *ut* majeur, n° 6 en *sol* majeur, n° 7 en *ré* majeur.
2 vln, basse.
Probablement composés pour des bals de carnaval à Salzbourg.

K. 103 (61d)
19 menuets
NMA IV :13/1/1.
Salzbourg, printemps-été 1772.
N° 1 en *ut* majeur, n° 2 en *sol* majeur, n° 3 en *ré* majeur, n° 4 en *fa* majeur, n° 5 en *ut* majeur, n° 6* en *la* majeur, n° 7 en *ré* majeur, n° 8 *fa* majeur, n° 9 en *ut* majeur, n° 10 en *sol* majeur, n° 11 en *fa* majeur, n° 12 en *ut* majeur, n° 13 en *sol* majeur, n° 14 en *si* bémol majeur, n° 15 en *mi* bémol majeur, n° 16* en *mi* majeur, n° 17* en *la* majeur, n° 18 en *ré* majeur, n° 19 en *sol* majeur.
2 htb./fl., 2 cors/trp., 2 vln, basse.
Datation de ces pièces (qu'on situait autrefois en 1769) d'après l'étude graphologique de Plath. 20 menuets à l'origine (comme l'indique NMA, qui comporte une variante pour l'ordre des tonalités) ; refondus ensuite en une série de 12.

K. 104 (61e)
6 menuets
NMA IV :13/1/1.
Probablement automne 1770.
N° 1 en *ut* majeur, n° 2 en *fa* majeur, n° 3 en *ut* majeur, n° 4 en *la* majeur, n° 5 en *sol* majeur, n° 6 en *sol* majeur.
Picc., 2 htb., 2 cors/trp., 2 vln, basse.
Datation d'après l'étude graphologique de Plath. N°s 1 et 2 fondés sur les menuets

P. 79 n°s 1, 3 de Michael Haydn (voir Senn 1964). Au cours de l'été Nannerl avait envoyé de nombreux menuets de M. Haydn à Mozart en Italie afin qu'il en fasse des arrangements pour clavier.

K. 61g
2 menuets
NMA IV :13/1/1.
Début 1770.
N° 1* en *la* majeur, n° 2 en *ut* majeur.
2 fl., cordes.
Le n° 1 (2 fl. et cordes, dont alto) est peut-être d'authenticité douteuse ; le second ne subsiste que dans une version pour clavier ; il utilise le même trio que K. 104 (61e) n° 3.

K. 123 (73 g)
Contredanse en *si* bémol majeur
AMA XI, n° 14 ; NMA IV :13/1/1.
Rome, 14 avril 1770.
2 htb., 2 cors, 2 vln, basse.
Envoyé de Rome à Salzbourg par Leopold Mozart avec une lettre d'accompagnement (14 avril 1770) comportant des indications de Wolfgang sur la manière dont elle devait se danser.

K. 122 (73t)
Menuet* en *mi* bémol majeur
AMA XXIV, n° 13a ; NMA IV :13/1/1.
Bologne, 24-27/28 mars 1770 (?).
2 htb., 2 cors, 2 vln, basse.
On en a contesté l'authenticité et dit qu'il pourrait être fondé sur une musique de Florian Johann Deller ou Joseph Starzer (Senn 1961ᵃ).

K. Anh. 207 (Anh. C27.06)
Musique de ballet pour *Ascanio in Alba*
NMA IX :27/2.
Milan, fin 1771 (?).
D'après Plath (1965), K. Anh. 207 (Anh. C27.06) est probablement la version définitive de la musique de ballet, arrangée (par Mozart?) pour piano ; 9 numéros. De la première version probable, seule subsiste une partie de basse (copie).

K. Anh. 109 (135a)
Le gelosie del serraglio
Voir *Lucio Silla* K. 135 (« Opéras »).

K. 164 (130a)
6 menuets
AMA XXIV, n°s 14a, 57 ; NMA IV :13/1/1.
Salzbourg, juin 1772 (autographe).
N°s 1-3 en *ré* majeur, n°s 4-6 en *sol* majeur.
Fl., 2 htb., 2 cors/trp., 2 vln, basse.
L'autographe des n°s 3 et 4 a appartenu à Clara Schumann, puis à Brahms.

K. 176
16 menuets
NMA IV :13/1/1.
Salzbourg, déc. 1773 (autographe).
N° 1 en *ut* majeur, n° 2 en *sol* majeur, n° 3* en *mi* bémol majeur, n° 4* en *si* bémol majeur, n° 5 en *fa* majeur, n° 6 en *ré* majeur, n° 7* en *la* majeur, n° 8 en *ut* majeur, n° 9 en *sol* majeur, n° 10* en *si* bémol majeur, n° 11 en *fa* majeur, n° 12 en *ré* majeur, n° 13 en *sol* majeur, n° 14 en *ut* majeur, n° 15 en *fa* majeur, n° 16 en *ré* majeur.
2 htb./fl., bsn, 2 cors/trp., 2 vln, basse.
Probablement pour des bals de carnaval à Salzbourg en 1774.

K. 101 (250a)
4 contredanses
AMA IX, n° 4 ; NMA IV :13/1/1.
Salzbourg, 1776 (?).
N° 1 en *fa* majeur [gavotte], n° 2 en *sol* majeur (andantino), n° 3 en *ré* majeur [presto], n° 4 en *fa* majeur [gavotte].
2 htb./fl., bsn, 2 cors, 2 vln, basse.
L'autographe non daté porte également le titre *Ständchen* inscrit par Leopold Mozart. La datation proposée ci-dessus est confirmée par l'écriture et étayée par les filigranes. Dans la partition autographe, la partie de premier violon, à partir du troisième quart du n° 1, est notée par Leopold.

K. 267 (271c)
4 contredanses
AMA XI, n° 15 ; NMA IV :13/1/1.
Salzbourg, début 1777.
N° 1 en *sol* majeur, n° 2 en *mi* bémol majeur, n° 3 en *la* majeur, n° 4 en *ré* majeur.
2 htb./fl., bsn, 2 cors, 2 vln, basse.
Probablement pour des bals de carnaval à Salzbourg en 1777.

K. Anh. 10 (299b)
Musique de ballet : *Les petits riens*
AMA XXIV, n° 10a ; NMA II :6/2.
Paris, mai-juin 1778.
Ouverture, n° 1, n° 2, n° 3, n° 4, n° 5 (agité), n° 6 (menuet), n° 7 (largo), n° 8 (vivo), n° 9 (andantino), n° 10 (allegro), n° 11 (larghetto), n° 12 (gavotte), n° 13 (adagio), n° 14, n° 15 (gavotte gracieuse), n° 16 (pantomime), n° 17 (passepied), n° 18 (gavotte), n° 19 (andante), n° 20 (gigue).
2 fl., 2 htb., 2 clar., 2 bsn, 2 cors, 2 trp., timb., cordes.
Première exécution le 11 juin 1778 à l'Opéra de Paris. Le « nouveau ballet » de Noverre pour lequel Mozart devait fournir de la musique (lettre du 14 mai 1778) était sans doute *Les petits riens*, donné à l'origine à Vienne en 1768 avec une musique sans doute de Franz Asplmayr, d'après Deutsch (1961^b). Mozart dit (lettre du 9 juillet) avoir composé douze numéros, dont l'ouverture. Seule subsiste une partition de copiste (découverte en 1872), qui n'identifie pas les auteurs. Les attributions des différents numéros reposent sur les seuls critères stylistiques. NMA (éd. Harald Heckmann) propose les attributions suivantes : de Mozart : ouverture et n°s 9-12, 15, 16, 18 ; non de Mozart : n°s 1-3, 6, 19, 20 ; non de Mozart (?) : n°s 4, 5, 7, 8, 13, 14, 17. *Köchel* 6 suit cependant AMA et considère uniquement les n°s 1-6 et 20 comme non authentiques.

K. 300
Gavotte en *si* bémol majeur
NMA II :6/2.
Probablement Paris, 1778.
2 htb., 2 bsn, 2 cors, cordes.
Peut-être un mouvement abandonné de *Les petits riens*. Voir chasse en *la* majeur K. Anh. 103 (320f, 299d) (« Fragments et esquisses »).

K. 363
3 menuets
AMA XXIV, n° 14 ; NMA IV :13/1/2.
Salzbourg, été 1783 (?).
N° 1* en *ré* majeur, n° 2* en *si* bémol majeur, n° 3* en *ré* majeur.
2 htb., 2 bsn, 2 cors, 2 trp., timb., 2 vln, basse.

Se fondant sur l'écriture, Plath conteste la datation hypothétique traditionnelle (été 1780) de ces menuets. Tyson (1987), d'après les filigranes, pense qu'ils pourraient dater de la visite de Mozart à Salzbourg en 1783 (fin juillet-fin octobre).

K. 367
Musique de ballet pour *Idomeneo*
AMA V, n° 14 ; NMA II :6/2.
Janv. 1781.
Chaconne [allegro] — larghetto — [allegro] ; pas seul de Mr Le Grand (largo — allegretto — più allegro) ; passepied pour Mad.selle Redwen ; gavotte ; passacaille.
2 fl., 2 htb., 2 clar., 2 bsn, 2 cors, 2 trp., timb., cordes.
On ne peut dire avec certitude quels sont les numéros qui ont servi à l'origine, ni dans quel ordre ou à quelle place. Daniel Heartz (NMA) pense que les trois dernières danses pourraient avoir été supprimées avant la première (la révision de la passacaille est incomplète) ; la chaconne et le pas seul furent sans nul doute exécutés à la fin de l'opéra. La chorégraphie était de Le Grand, maître de ballet à la cour de Munich. Nombreux passages rayés dans l'autographe.

K. 409 (383f)
Menuet en *ut* majeur
Voir « Œuvres instrumentales diverses ».

K. 446 (416d)
[Musique pour une pantomime]
AMA XXIV, n° 18 ; NMA II :6/2.
Vienne, févr. 1783.
Cordes.
Exécutée à Vienne, Hofburg, le 3 mars 1783. Il n'en subsiste qu'une partie incomplète de premier violon (dans deux versions) pour 15 numéros ; les autres parties de cordes, ainsi que l'introduction et le reste de la musique sont aujourd'hui inconnues. Citée par Mozart dans les lettres du 15 février et 12 mars 1783.

K. 461 (448a)
6 menuets
AMA XI, n° 16 ; NMA IV :13/1/2.

Vienne, 1784 (autographe).
N° 1 en *ut* majeur, n° 2 en *mi* bémol majeur, n° 3 en *sol* majeur, n° 4 en *si* bémol majeur, n° 5 en *fa* majeur, n° 6* en *ré* majeur.
2 htb./fl., 2 bsn, 2 cors, 2 vln, basse.
Ne figure pas dans *Verzeichnüss*, et date donc probablement d'avant le 9 février 1784 (?). Le n° 6 subsiste sous forme incomplète. Ecrits pour des bals de carnaval à Vienne (?). Esquisse pour le n° 6 (8 mes.).

K. 462 (448b)
6 contredanses
AMA XI, n° 17 ; NMA IV :13/1/2.
Salzbourg, été 1783 (?).
N° 1 en *ut* majeur, n° 2 en *mi* bémol majeur, n° 3 en *si* bémol majeur, n° 4 en *ré* majeur, n° 5 en *si* bémol majeur, n° 6 en *fa* majeur.
2 htb., 2 cors, 2 vln, basse.
Autographe daté de 1784 par une main inconnue, mais comme celui de K. 463 (448c) comporte une citation de la mélodie de K. 462 (448b) n° 5, les deux sont sans doute proches dans le temps (Tyson 1987). Parties de vents ajoutées ultérieurement. N° 3 publié par Artaria avec K. 534, 535, 535a dans une version pour clavier (Vienne, 1789).

K. 463 (448c)
2 menuets
AMA XI, n° 18 ; NMA IV :13/1/2.
Salzbourg, été 1783 (?).
N° 1* en *fa* majeur, n° 2* en *si* bémol majeur.
2 htb., bsn, 2 cors, 2 vln, basse.
Tyson (1987) estime que Mozart pourrait au moins avoir commencé à travailler à ces pièces à Salzbourg : le menuet 2 et la contredanse 2 sont notés sur du papier salzbourgeois, le menuet 1 et sa contredanse sur du papier viennois. Le trio de chaque menuet est une contredanse plus longue que le menuet dans lequel il est incorporé.

K. 509
6 danses allemandes
AMA XI, n° 6 ; NMA IV :13/1/2.
Prague, 6 févr. 1787 (*Verzeichnüss*).
N° 1 en *ré* majeur, n° 2 en *sol* majeur, n° 3

en *mi* bémol majeur, n° 4 en *fa* majeur, n° 5 en *la* majeur, n° 6 en *ut* majeur.

Picc., 2 fl., 2 htb., 2 clar., 2 bsn, 2 cors, 2 trp., timb., 2 vln, basse.

Ecrites à Prague pour un bal de carnaval, probablement au palais du comte Johann Pachta. Chaque danse est reliée à la suivante par un passage de transition. Mozart nota sur l'autographe : « Chaque danse allemande a son trio, ou plutôt *alternativo* ; après l'*alternativo* on doit répéter la danse allemande, puis à nouveau l'*alternativo*, puis l'entrée [*Eingang*] de la danse allemande suivante. » On considère que la version pour clavier autographe est légèrement antérieure.

K. 534
Contredanse en *ré* majeur
AMA XXIV, n° 27 ; NMA IV :13/1/2.
Vienne, 14 janv. 1788 (*Verzeichnüss*).
Picc., 2 htb., 2 cors, caisse claire, 2 vln, basse.
Instrumentation d'après *Verzeichnüss*. Version orchestrale publiée pour la première fois dans NMA, mais sans les parties de piccolo et de caisse claire, qui semblent manquer dans la nouvelle source. La danse est intitulée *La tempesta* dans cette source, alors que *Verzeichnüss* donne le titre allemand, *Das Donnerwetter* ; l'une des deux versions pour clavier qui subsiste, publiée par Artaria en 1789, est intitulée *La tempête*.

K. 535
Contredanse en *ut* majeur
AMA XI, n° 20 ; NMA IV :13/1/2.
Vienne, 23 janv. 1788 (*Verzeichnüss*).
Picc., 2 clar., bsn, trp., caisse claire, 2 vln, basse.
Pour la Redoutensaal. Intitulée *La bataille* (en français) dans l'autographe et *Die Batallie* (*sic*) dans *Verzeichnüss*, où l'instrumentation diffère. Version pour clavier annoncée dans le *Wiener Zeitung* du 19 mars 1788, intitulée *Die Belagerung Belgrads* — allusion au siège de Belgrade par les troupes autrichiennes à la suite de la déclaration de guerre officielle contre les Turcs le 9 février ; le siège ne se termina qu'en octobre 1789. Voir K. 462 (448b).

K. 535a
3 contredanses
Vienne, début 1788 (?).
N° 1 en *ut* majeur, n° 2 en *sol* majeur, n° 3 en *sol* majeur.
Ne subsiste qu'en version pour clavier. Ne figure pas dans *Verzeichnüss*, si bien qu'on en ignore l'instrumentation. Voir K. 462 (448b). Authenticité considérée comme douteuse d'après la source et le style (NMA).

K. 536
6 danses allemandes
AMA XI, n° 7 ; NMA IV :13/1/2.
Vienne, 27 janv. 1788 (*Verzeichnüss*).
N° 1 en *ut* majeur, n° 2 en *sol* majeur, n° 3 en *si* bémol majeur, n° 4 en *ré* majeur, n° 5 en *fa* majeur, n° 6 en *fa* majeur.
Picc., 2 fl., 2 htb./clar., 2 bsn, 2 cors/trp., timb., 2 vln, basse.
Pour la Redoutensaal. Premières danses allemandes de Mozart en tant que *Kammermusicus*. Publiées avec K. 567 par Artaria (Vienne, 1789). Cette publication, avec l'annotation sur le fragment d'autographe qui subsiste de K. 536 n° 6 et toutes les sources secondaires, laisse à penser que K. 536 et 567 formaient à l'origine un cycle de douze danses : K. 536 n°ˢ 1-5, K. 567 n°ˢ 1-5, K. 536 n° 6, K. 567 n° 6.

K. 567
6 danses allemandes
AMA XI, n° 8 ; NMA IV :13/1/2.
Vienne, 6 déc. 1788 (*Verzeichnüss*).
N° 1 en *si* bémol majeur, n° 2 en *mi* bémol majeur, n° 3 en *sol* majeur, n° 4 en *ré* majeur, n° 5 en *la* majeur, n° 6 en *ut* majeur.
Picc., 2 fl., 2 htb./clar., 2 bsn, 2 cors, 2 trp., timb., 2 vln, basse.
Pour la Redoutensaal. Voir K. 536.

K. 568
12 menuets
AMA XI, n° 1 ; NMA IV :13/1/2.
Vienne, 24 déc. 1788 (*Verzeichnüss*).
N° 1 en *ut* majeur, n° 2 en *fa* majeur, n° 3 en *si* bémol majeur, n° 4 en *mi* bémol majeur, n° 5 en *sol* majeur, n° 6 en *ré* majeur, n° 7 en *la* majeur, n° 8 en *fa*

majeur, n° 9 en *si* bémol majeur, n° 10 en *ré* majeur, n° 11 en *sol* majeur, n° 12 en *ut* majeur.
2 fl./picc., 2 htb./clar., 2 bsn, 2 cors, 2 trp., timb., 2 vln, basse.
Premiers menuets de Mozart en tant que *Kammermusicus*. Publiés par Artaria (Vienne, 1789).

K. 571
6 danses allemandes
AMA XI, n° 9 ; NMA IV :13/1/2.
Vienne, 21 févr. 1789 (*Verzeichnüss*).
N° 1 en *ré* majeur, n° 2 en *la* majeur, n° 3 en *ut* majeur, n° 4 en *sol* majeur, n° 5 en *si* bémol majeur, n° 6 en *ré* majeur.
2 fl./picc., 2 htb./clar., 2 bsn, 2 cors/trp., timb., perc., 2 vln, basse.
Pour la Redoutensaal. Composées pour trio à cordes peut-être dès 1787 (Tyson 1987). La « musique turque » (caractérisée par la percussion et le piccolo) ajoute du mordant au trio du n° 6 et à la coda. (La guerre de l'Autriche contre les Turcs dura de 1788 à 1791.)

K. 585
12 menuets
AMA XI, n° 2 ; NMA IV :13/1/2.
Vienne, déc. 1789 (*Verzeichnüss*).
N° 1 en *ré* majeur, n° 2 en *fa* majeur, n° 3 en *si* bémol majeur, n° 4 en *mi* bémol majeur, n° 5 en *sol* majeur, n° 6 en *ut* majeur, n° 7 en *la* majeur, n° 8 en *fa* majeur, n° 9 en *si* bémol majeur, n° 10 en *mi* bémol majeur, n° 11 en *sol* majeur, n° 12 en *ré* majeur.
2 fl./picc., 2 htb./clar., 2 bsn, 2 cors, 2 trp., timb., 2 vln, basse.
Pour la Redoutensaal. Les études de papier semblent indiquer que les menuets 1-4 auraient été écrits pour trio à cordes plus tôt, vers 1788 (Tyson 1987). Publiés en version pour clavier par Artaria (Vienne, 1791).

K. 586
12 danses allemandes
AMA XI, n° 10 ; NMA IV :13/1/2.
Vienne, déc. 1789 (*Verzeichnüss*).
N° 1 en *ut* majeur, n° 2 en *sol* majeur, n° 3 en *si* bémol majeur, n° 4 en *fa* majeur, n° 5

en *la* majeur, n° 6 en *ré* majeur, n° 7 en *sol* majeur, n° 8 en *mi* bémol majeur, n° 9 en *si* bémol majeur, n° 10 en *fa* majeur, n° 11 en *la* majeur, n° 12 en *ut* majeur.
Picc., 2 fl., 2 htb./clar., 2 bsn, 2 cors, 2 trp., timb., perc., 2 vln, basse.
Pour la Redoutensaal. Publiées en version pour clavier par Artaria (Vienne, 1791).

K. 587
Contredanse en *ut* majeur
AMA XI, n° 21 ; NMA IV :13/1/2.
Vienne, déc. 1789 (*Verzeichnüss*).
Fl., htb., trp., 2 vln, basse.
Pour la Redoutensaal. Intitulée *Der Sieg vom Helden Coburg* dans *Verzeichnüss*. Cite le chant de guerre relatant les triomphes du général Friedrich Josias von Coburg-Saalfled (1737-1815). Sous son commandement les troupes autrichiennes avaient remporté sur les Turcs, au cours de l'été et l'automne 1789, une série de victoires qui culmina avec l'occupation de Bucarest.

K. 106 (588a)
3 contredanses
AMA XXIV, n° 15.
Janv. 1790 (?).
N° 1 en *ré* majeur, n° 2 en *la* majeur, n° 3 en *si* bémol majeur.
2 htb., 2 bsn, 2 cors, 2 vln, basse.
Ne figurent pas dans *Verzeichnüss*. Précédées d'une ouverture de 34 mes. Peut-être non destinées à la Redoutensaal. Datation hypothétique d'après *Köchel 6*. Estimées d'authenticité douteuse pour des raisons de style et de source (NMA).

K. 599
6 menuets
AMA XI, n° 3 ; NMA IV :13/1/2.
Vienne, 23 janv. 1791 (*Verzeichnüss*).
N° 1 en *ut* majeur, n° 2 en *sol* majeur, n° 3 en *mi* bémol majeur, n° 4 en *si* bémol majeur, n° 5 en *fa* majeur, n° 6 en *ré* majeur.
2 fl./picc., 2 htb./clar., 2 bsn, 2 cors, 2 trp., timb., 2 vln, basse.
Pour la Redoutensaal. Groupés avec K. 601 et 604 pour former un cycle de douze danses. Publiés en versions pour clavier et trio à cordes avec K. 601 et 604 par Artaria (Vienne, 1791).

K. 600
6 danses allemandes
AMA XI, n° 11 ; NMA IV :13/1/2.
Vienne, 29 janv. 1791 (*Verzeichnüss*).
N° 1 en *ut* majeur, n° 2 en *fa* majeur, n° 3
en *si* bémol majeur, n° 4 en *mi* bémol
majeur, n° 5 en *sol* majeur, n° 6 en *ré*
majeur.
Picc., 2 fl., 2 htb./clar., 2 bsn, 2 cors, 2 trp.,
timb., 2 vln, basse.
Pour la Redoutensaal. Trio du n° 5 intitulé
Der Kanarienvogel (*Le canari* — Mozart en
possédait un ; le titre fait peut-être allusion
également à un costume de carnaval).
Publié en versions pour clavier et trio à
cordes par Artaria (Vienne, 1791). Egalement transmis sous forme d'un cycle de
treize danses avec K. 602 et 605.

K. 601
4 menuets
AMA XI, n° 4 ; NMA IV :13/1/2.
Vienne, 5 févr. 1791 (*Verzeichnüss*).
N° 1 en *la* majeur, n° 2 en *ut* majeur, n° 3
en *sol* majeur, n° 4 en *ré* majeur.
2 fl./picc., vielle à roue, 2 htb./clar., 2 bsn,
2 cors, 2 trp., 2 vln, basse.
Pour la Redoutensaal. Voir K. 599.

K. 602
4 danses allemandes
AMA XI, n° 12 ; NMA IV :13/1/2.
Vienne, 5 févr. 1791 (*Verzeichnüss*).
N° 1 en *si* bémol majeur, n° 2 en *fa* majeur,
n° 3 en *ut* majeur, n° 4 en *la* majeur.
2 fl./picc., 2 htb./clar., 2 bsn, 2 cors, 2 trp.,
timb., vielle à roue, 2 vln, basse.
Pour la Redoutensaal. N° 3 intitulé *Die
Leyerer* dans *Verzeichnüss*. Pour n° 3 voir
également K. 611. Voir K. 600.

K. 603
2 contredanses
AMA XI, n° 22 ; NMA IV :13/1/2.
Vienne, 5 févr. 1791 (*Verzeichnüss*).
N° 1 en *ré* majeur, n° 2 en *si* bémol majeur.
Picc., 2 htb., 2 bsn, 2 cors, 2 trp., timb., 2
vln, basse.
Pour la Redoutensaal.

K. 604
2 menuets
AMA XI, n° 5 ; NMA IV :13/1/2.
Vienne, 12 févr. 1791 (*Verzeichnüss*).
N° 1 en *si* bémol majeur, n° 2 en *mi* bémol
majeur.
2 fl., 2 clar., 2 bsn, 2 trp., timb., 2 vln, basse.
Pour la Redoutensaal. Voir K. 599.

K. 605
3 danses allemandes
AMA XI, n° 13 ; NMA IV :13/1/2.
Vienne, 12 févr. 1791 (*Verzeichnüss*).
N° 1 en *ré* majeur, n° 2 en *sol* majeur, n° 3
en *ut* majeur.
2 fl./picc., 2 htb., 2 bsn, 2 cors/trp., 2 cors
du postillon, timb., 5 clochettes de traîneau,
2 vln, basse.
Pour la Redoutensaal. Trio du n° 3 intitulé
Die Schlittenfahrt (*La promenade en traîneau*). Seuls les n°s 1 et 2 figurent dans *Verzeichnüss* ; n° 3 et coda peut-être complétés
pour terminer le cycle de treize danses.
Voir K. 600.

K. 607 (605a)
Contredanse en *mi* bémol majeur
AMA XXIX, n° 17 ; NMA IV :13/1/2.
Vienne, 28 févr. 1791 (*Verzeichnüss*).
Fl., htb., bsn, 2 cors, 2 vln, basse.
Pour la Redoutensaal. Intitulée *Il trionfo
delle donne* dans *Verzeichnüss* ; elle
comporte une citation de l'opéra d'Anfossi
du même nom, qui fut donné dix fois au
Burgtheater entre mai 1786 et janvier 1787.
L'autographe, maintenant perdu, s'inter-
rompt après 53 mes. complètement orches-
trées (continuation perdue ?).

K. 606
6 danses allemandes
AMA XXIX, n° 16 ; NMA IV :13/1/2.
Vienne, 28 févr. 1791 (*Verzeichnüss*).
N°s 1-6 en *si* bémol majeur.
2 vln, basse.
Dans *Verzeichnüss* Mozart les appelle *Land-
lerische (sic)*. Parties de vents (fl., htb., bsn,
2 cors, comme pour K. 607) perdues.

K. 609
5 contredanses
AMA XI, n° 23 ; NMA IV :13/1/2.
Vienne, probablement 1787-1788.
N° 1 en *ut* majeur, n° 2 en *mi* bémol majeur, n° 3 en *ré* majeur, n° 4 en *ut* majeur, n° 5 en *sol* majeur.
Fl., caisse claire, 2 vln, basse.
Ne figure pas dans *Verzeichnüss*. Le n° 5 est une version réorchestrée de K. 610. Datation proposée par Tyson (1987) d'après les filigranes, au lieu de la datation traditionnelle (1791). Peut-être la première contredanse de Mozart en tant que *Kammermusicus*.

K. 610
Contredanse en *sol* majeur
AMA XI, n° 24 ; NMA IV :13/1/2.
Salzbourg, été 1783 (?).
2 fl., 2 cors, 2 vln, basse.
On ignore l'origine du titre qui figure dans l'autographe, *Les filles malicieuses*. Inscrit dans *Verzeichnüss* le 6 mars 1791 seulement, mais les études de papier de Tyson (1987) montrent que l'œuvre fut composée au moment de la visite à Salzbourg de Mozart, ou très peu de temps après.

K. 611
Danse allemande en *ut* majeur
Vienne, 6 mars 1791 (*Verzeichnüss*).
2 fl., 2 htb., 2 bsn, 2 trp., timb., vielle à roue, 2 vln, basse.
Identique à K. 602 n° 3, *Die Leyerer*.
AMA XI, n° 12 ; NMA IV :13/1/2.

Arrangements de musique de danse et de ballet

K. 103 (61d)
12 menuets
NMA IX :27/2.
Version orchestrale, probablement Salzbourg, début-milieu 1772.

K. 176
11 menuets
NMA IX :27/2.
Version orchestrale (de 16 menuets), datée Salzbourg, déc. 1773.

K. 269b
4 contredanses
NMA IX :27/2.
Salzbourg, probablement janv. 1777.
Authenticité douteuse (?). Ecrites pour le comte Johann Rudolf Czernin. 12 numéros à l'origine.

K. Anh. 207 (Anh. C27.06)
9 pièces pour piano
NMA IX :27/2.
Probablement Milan, sept. 1771.
Arrangement d'authenticité douteuse. Arrangement pour piano de ballets d'*Ascanio in Alba* (Plath 1965).

DAVID WYN JONES

Musique de chambre

Harmoniemusik et autres œuvres pour ensembles d'instruments à vent

Aucune combinaison d'instruments à vent ne possède les qualités d'ensemble parfaitement équilibrées du quatuor à cordes. On a essayé de nombreuses configurations, des plus homogènes aux plus hétérogènes : les unes offrent une superbe fusion sonore, mais peu de contraste ; les autres du contraste, mais une fusion limitée. C'est la *Harmoniemusik* qui se rapprochait le plus de l'idéal du compositeur classique, avec son noyau constitué de deux cors, des bassons pour jouer la basse et une ou plusieurs autres paires d'instruments de dessus dans l'aigu. Ces groupes, particulièrement adaptés au jeu en plein air, servirent pendant de nombreuses années pour les formations militaires. L'aristocratie estimait elle aussi que ces ensembles convenaient de manière idéale à ses grands palais et jardins.

La *Harmoniemusik* milanaise et salzbourgeoise

La *Harmoniemusik* de Mozart se divise naturellement en trois périodes de son existence. Les premières pièces, les divertimenti K. 186 (159b) et 166 (159d) semblent le fruit d'une commande que Mozart aurait reçue alors qu'il était à Milan en 1773. Musicalement, ces pièces ne sont pas d'une grande densité : ce qui est remarquable, c'est leur combinaison instrumentale exceptionnelle, qui fait appel à trois paires d'instruments aigus au-dessus des cors et des bassons, à une époque où la *Harmoniemusik* se limitait presque toujours à une seule paire. Mais en fait la musique est rarement à plus de trois parties réelles : l'écriture thématique est le plus souvent en tierces mélodiques jouées par les hautbois et les cors anglais, tandis que les clarinettes jouent les notes de liaison plus généralement confiées aux cors. Les bassons jouent normalement ensemble une ligne de basse unique. L'évolution du style de Mozart dans ces pièces et dans la série de cinq divertimenti en sextuor qu'il écrivit pour l'archevêque de Salzbourg au milieu des années 1770 est tout à fait remarquable. Ces œuvres d'instrumentation plus traditionnelle ont en effet, sur la production des contemporains, cette supériorité à laquelle Mozart nous a habitués. Il y libère les paires d'instruments de l'écriture généralement parallèle, et y transforme notamment la partie de premier basson, dont la fonction prioritaire n'est plus d'assurer la ligne de basse, mais de jouer son rôle plus naturel d'instrument ténor, devenant une nouvelle voix de l'ensemble.

La *Harmoniemusik* viennoise

Avant 1782, la *Harmoniemusik* jouait un rôle étonnamment limité dans la vie musicale viennoise. C'était une musique de taverne et une musique militaire, pour laquelle un seul membre de la cour, le prince Schwarzenberg, avait manifesté un quelconque intérêt. Vers la fin de 1781, Mozart semble avoir eu vent de rumeurs disant que l'empereur songeait à suivre l'exemple de Schwarzenberg. En octobre il écrivit la sérénade en *mi* bémol majeur K. 375, destinée à la formation traditionnelle en sextuor, avec clarinettes en guise d'instruments de dessus. Il raconta à son père, le 3 novembre 1781, qu'il l'avait composée avec beaucoup de soin dans l'espoir de faire bonne impression sur la cour. Mais sa composition n'était déjà plus au goût du jour en avril 1782, car l'empereur forma son harmonie en octuor, avec une seconde paire d'instruments de dessus. Cet ensemble composé de deux hautbois, deux clarinettes, deux cors et deux bassons devint la norme que les autres s'empressèrent de suivre. Mozart, désireux apparemment d'alimenter le répertoire de ce nouvel ensemble, réagit promptement et passa une partie de l'été de 1782 à composer la sérénade en *ut* mineur K. 388 (384a) et à ajouter des parties de hautbois à son sextuor en *mi* bémol, afin qu'il puisse être joué par l'harmonie impériale. Là encore, ce fut peine perdue, car l'empereur avait pour son ensemble une autre idée révolutionnaire : renoncer aux compositions originales au profit de transcriptions d'opéras et de ballets. Mozart tenta de s'imposer sur ce terrain aussi. Il travailla à une transcription de *Die Entführung aus dem Serail*, mais qui ne réussit pas faire impression sur l'empe-

reur, sans doute parce que Johann Went, ancien hautboïste du prince Schwarzenberg qui jouait maintenant pour l'empereur, termina sa transcription de l'opéra avant le compositeur. Pour autant qu'on sache, aucune *Harmoniemusik* de Mozart ne trouva jamais accès à la bibliothèque impériale.

Si les sérénades sont devenues les œuvres les plus connues de leur genre, c'est en partie grâce aux belles éditions qu'André en publia en 1811 ; on ne peut cependant pas les considérer comme des octuors typiques. La sérénade en *mi* bémol, malgré certaines imperfections de sa forme en sextuor, est une œuvre idéale pour cette formation, et il est regrettable qu'elle soit à ce point méconnue sous cette forme (la principale raison en étant qu'André et Breitkopf n'ont publié dans leurs éditions critiques que la version pour octuor). Mozart semble avoir arrangé l'œuvre pour octuor à une vitesse vertigineuse, comme en témoigne l'écriture de l'autographe. Il prit néanmoins grand soin d'intégrer complètement les parties de hautbois à la texture de l'ensemble, à l'exception du menuet où il ajouta tout simplement les parties de hautbois à l'autographe du sextuor.

La « Nacht Musique » écrite en toute hâte et à laquelle il fait allusion dans une lettre du 27 juillet 1782 (il avait du reste utilisé la même expression pour le sextuor le 3 novembre 1781) est sans doute celle-ci, et non, comme on le pense traditionnellement, la sérénade en *ut* mineur, qui ne révèle aucune trace de hâte, ni dans la musique, ni sur le papier. L'œuvre est imprégnée des tensions émotionnelles si caractéristiques de la musique écrite par Mozart dans cette tonalité ; avec la forme en quatre mouvements, elles en font une œuvre de conception plus symphonique que la sérénade. La composition est d'une gravité intense, presque implacable, tout à fait déplacée dans le répertoire de musique de fond que jouait normalement l'harmonie. Peut-être Mozart l'écrivit-il pour une occasion spéciale aujourd'hui oubliée. Même les deux derniers mouvements, où l'écriture se fait normalement plus détendue, sont d'une grande rigueur, car Mozart introduit des procédés canoniques tant dans le menuet que dans le trio, et préserve impitoyablement, à l'exception d'un bref interlude dans le relatif majeur, coloré par les sonorités plus chaudes des clarinettes et des cors, le strict régime du mode mineur et du timbre des anches doubles, jusqu'aux dernières mesures de la superbe série de variations qui forme le finale.

Autre originalité de l'harmonie impériale : elle n'admettait dans ses rangs que des instrumentistes de première classe, qui étaient simultanément employés au Burgtheater. C'est ainsi que l'empereur put inciter les frères Stadler à rester à Vienne et à y devenir les premiers clarinettistes professionnels à plein temps. Mozart avait manifestement des liens d'amitié avec l'aîné des Stadler, Anton, témoin le concert à bénéfice que celui-ci donna au Burgtheater le

23 mars 1784. Ce fut la première exécution connue, quoique incomplète, de la sérénade en *si* bémol majeur K. 361 (370a), que beaucoup considèrent comme la plus belle pièce de *Harmoniemusik* jamais écrite. Ses proportions sont stupéfiantes. Elle est en sept grands mouvements, avec une introduction lente au premier, un second trio ajouté aux deux menuets et deux mouvements supplémentaires entre le second menuet et le finale. Et — fait sans précédent — Mozart n'y utilise pas moins de treize instruments : il emploie deux paires de cors, dans des tons différents, pour pouvoir bénéficier de leur soutien plus pleinement dans les tonalités éloignées ; il fait à nouveau appel à trois paires d'instruments de dessus — hautbois, clarinettes et cors de basset ; il conserve les deux bassons habituels ; et il donne du poids à la basse en ajoutant un instrument de seize pieds — choisissant sans doute la contrebasse parce que c'était la seule possibilité qui s'offrait à lui à l'époque. En 1785, au moment où Theodor Lotz arriva à Vienne avec son contrebasson rudimentaire, le compositeur aurait peut-être changé d'avis. Du reste, la date de la sérénade n'a jamais été établie avec certitude : si elle a pu être composée pour l'exécution de 1784, la date de 1781-1782 paraît plus probable à la lumière des analyses de papier ; peut-être même l'écrivit-il pour son mariage, comme le laisse à penser un passage douteux de la biographie de Nissen.

Musique pour cor de basset, duos pour instruments à vent

La solennité de l'adagio canonique pour deux cors de basset et basson K. 410 (440d, 484d) et de l'adagio en *si* bémol pour deux clarinettes et trois cors de basset K. 411 (440a, 484a) incite à croire que Mozart aurait composé ces pièces pour une cérémonie, tandis que les trios pour cor de basset K. Anh. 229 (439b) sont plus probablement destinés au divertissement des exécutants. Deux d'entre eux étaient vraisemblablement les frères Stadler, auxquels s'adjoignaient peut-être (s'ils étaient encore à Vienne), selon les besoins, un ou plusieurs instrumentistes nommés Griessbacher, sans doute parents. Anton et Raymond Griessbacher étaient employés par le prince Nikolaus Esterházy en 1776-1778 comme clarinettistes, tandis que les frères Stadler eux-mêmes disent en novembre 1781 avoir joué des trios pour cor de basset (sans citer le compositeur) avec Jakob, qui était aussi bassoniste.

Il faut également citer ici les incursions de Mozart dans un type de musique pour instruments à vent particulièrement apprécié en Italie à son époque : le duo pour deux instruments identiques. La sonate en *si* bémol majeur K. 292 (196c) sans doute écrite pour deux bassons, se rattacherait à ce type, bien qu'on ne la connaisse aujourd'hui que sous sa forme publiée, pour basson accompagné d'un violoncelle. Mozart l'écrivit probablement pour Thaddäus von Dürnitz, bassoniste amateur de Munich. On s'est longtemps interrogé sur l'instrumentation des douze duos K. 487 (496a), mais le fait qu'ils soient tous écrits en *ut* majeur laisse à penser qu'ils sont destinés à un cuivre. Leur ambitus exceptionnel et l'emploi de notes chromatiques qu'on ne trouve que rarement, ou jamais, dans les parties de cor de Mozart sembleraient tout naturellement exclure le cor. Or ce sont précisément ces caractéristiques de l'écriture qui prouvent qu'ils lui sont destinés. Les notes chromatiques employées sont toutes à la portée d'un joueur habile de cor à main, tandis que Mozart évite d'autres notes tout simplement parce qu'elles sont pratiquement injouables sur un cor sans pistons, en particulier *la*^{2} et *ré*^{3}, qui feraient partie du vocabulaire courant de tout bois ou instrument à cordes. Quant aux notes de l'extrême-aigu — jusqu'au *sol*^{4}, Mozart les aborde toujours de la seule manière possible pour un cuivre : au moyen d'un passage en gamme ascendante. Ces pièces n'étaient pas destinées à être jouées en public, mais, comme la plupart des duos analogues et des ensembles plus grands généralement écrits par des instrumentistes, pour le divertissement des exécutants eux-mêmes — en l'occurrence probablement Joseph Leutgeb, ami intime de Mozart depuis son enfance à Salzbourg, à qui Mozart dédia sans doute toutes ses œuvres pour cor solo.

Pour conclure, il faut évoquer brièvement le divertimento en *ut* majeur K. 188 (240b), dont l'instrumentation est assez remarquable : deux flûtes, cinq trompettes et quatre timbales. Le parallèle est évident avec l'instrumentation des dix pièces qui constituaient K. 187, avant que Ernst Fritz Schmid ne démontre en 1937 qu'il s'agissait d'arrangements de mouvements de Starzer et de Gluck. Les intentions de Mozart en écrivant cette œuvre demeurent énigmatiques, et même la datation a suscité des controverses. Les analyses graphologiques de Plath donnent comme date probable le milieu de 1773, et avec elle la possibilité qu'il s'agisse d'une commande italienne.

K. 186 (159b)
Divertimento en *si* bémol majeur
AMA IX/2, n° 18 ; NMA VII :17/1.
Milan et/ou Salzbourg, probablement mars 1773.
Allegro assai ; menuetto ; andante ; adagio ; allegro.
2 htb., 2 clar., 2 cors angl., 2 cors, 2 bsn
Inédit avant AMA. Pour le cinquième mouvement, Mozart utilise un thème de *Le gelosie del serraglio* K. Anh. 109 (135a) n° 31. Datation d'après l'écriture. Trio réinstrumenté avec deux cors anglais. L'autre face de la feuille ajoutée comportant la version définitive du trio contient 16 mes. rayées de musique en *sol* dièse mineur à 3/8 (2 htb., 2 cors, cordes) datant de v. 1764-1765 (Plath, NMA, Kritischer Bericht).

K. 166 (159d)
Divertimento en *mi* bémol majeur
AMA IX/2, n° 17 ; NMA VII :17/1.
Salzbourg, 24 mars 1773 (autographe).
Allegro ; menuetto ; andante grazioso ; adagio ; allegro.
2 htb., 2 clar., 2 cors angl., 2 cors, 2 bsn
Inédit avant AMA. Troisième mouvement tiré du mouvement lent de la symphonie en

ré majeur de Paisiello (1772), quatrième de *Le gelosie del serraglio* K. Anh. 109 (135a) n° 30. Menuet mes. 12 *sq.* réécrit ; trio réécrit.

K. 188 (240b)
Divertimento en *ut* majeur
AMA IX/2, n° 20 ; NMA VII :17/1.
Salzbourg, milieu 1773 (?).
Andante ; allegro ; menuetto ; andante ; menuetto ; (gavotte).
2 fl., 3 trp. en *ut*, 2 trp. en *ré*, 4 timb.
Inédit avant AMA. Datation d'après l'écriture.

K. 292 (196c)
Sonate en *si* bémol majeur
AMA X, n° 14 ; NMA VIII :21.
Munich, probablement début 1775.
Allegro ; andante ; rondo (allegro).
2 bsn (?) (bsn, vlc.).
Dietrich Berke (NMA) estime que l'œuvre est plus vraisemblablement destinée à deux bassons. Publiée pour la première fois pour basson et violoncelle par J.J. Hummel, Berlin (cotage 1299 ; avant 1800, selon Berke, bien que l'œuvre ne figure pas dans le catalogue de 1802). Uri Toeplitz (1978) considère que l'œuvre est apocryphe.

K. 213
Divertimento en *fa* majeur
AMA IX/2, n° 22 ; NMA VII :17/1.
Salzbourg, juil. 1775 (autographe).
Allegro spiritoso ; andante ; menuetto ; contredanse en rondeau (molto allegro).
2 htb., 2 cors, 2 bsn
Écrit pour l'archevêque Colloredo, probablement en guise de musique de table.

K. 240
Divertimento en *si* bémol majeur
AMA IX/2, n° 23 ; NMA VII :17/1.
Salzbourg, janv. 1776 (autographe).
Allegro ; andante grazioso ; menuetto ; allegro.

2 htb., 2 cors, 2 bsn
Voir K. 213. 32 mes. suivant la mes. 66 du finale rayées et réécrites.

K. 252 (240a)
Divertimento en *mi* bémol majeur
AMA IX/2, n° 26 ; NMA VII :17/1.
Salzbourg, probablement entre janv. et août 1776.
Andante ; menuetto ; polonaise (andante) ; presto assai.
2 htb., 2 cors, 2 bsn
Voir K. 213.

K. 253
Divertimento en *fa* majeur
AMA IX/2, n° 27 ; NMA VII :17/1.
Salzbourg, août 1776 (autographe).
Thème et variations (andante) ; menuetto ; allegro assai.
2 htb., 2 cors, 2 bsn
Voir K. 213.

K. 270
Divertimento en *si* bémol majeur
AMA IX/2, n° 28 ; NMA VII :17/1.
Salzbourg, janv. 1777 (autographe).
Allegro molto ; andantino ; menuetto (moderato) ; presto.
2 htb., 2 cors, 2 bsn
Voir K. 213.

K. 361 (370a)
Sérénade en *si* bémol majeur [*Gran partitta*]
AMA IX/1, n° 12 ; NMA VII :17/2.
Vienne, probablement 1781-1782.
Largo — molto allegro ; menuetto ; adagio ; menuetto (allegretto) ; romance (adagio — allegretto — adagio) ; [thème et variations (andante)] ; finale (molto allegro).
2 htb., 2 clar., 2 cors de basset, 2 cors en *fa*, 2 cors en *si* bémol, 2 bsn, cb.
D'après les analyses de papier de Tyson (1987), la datation ci-dessus est la plus probable, bien que la première exécution connue ait été donnée lors du concert à bénéfice d'Anton Stadler au Burgtheater le 23 mars 1784. Pas de partition imprimée avant Breitkopf & Härtel 1861. Jusqu'à NMA 1979, toutes les publications sauf la première (où les interventions éditoriales sont excessives) utilisent comme source principale la première édition corrompue des parties (1803). La plupart des éditions anciennes divisaient l'œuvre et l'arrangeaient pour d'autres combinaisons instrumentales. Le sixième mouvement figure également, sous une forme légèrement modifiée, dans le quatuor pour flûte K. Anh. 171 (285b). Le fragment K. *deest* (8 mes.) conservé sur fol. 6r du premier mouvement de la sérénade K. 375, version 1, faisait peut-être partie de la première ébauche des variations de K. 361 (?).

K. 375
Sérénade en *mi* bémol majeur
AMA IX/1, n° 13 — version 2 seulement ; NMA VII :17/2.
1 : Vienne, avant 15 oct. 1781 ; 2 : Vienne, probablement juil. 1782.
Allegro maestoso ; menuetto ; adagio ; menuetto ; finale (allegro).
1 : 2 clar., 2 cors, 2 bsn
2 : 2 htb., 2 clar., 2 cors, 2 bsn
Première version donnée pour la première fois chez le peintre de la cour Joseph von Hickel ; la seconde est une révision hâtive, sans doute réalisée à l'intention de la nouvelle harmonie impériale, constituée en octuor. Il s'agit peut-être de la « Nacht Musique » à laquelle Mozart fait référence dans sa lettre du 27 juillet 1782. Toutes les éditions de la version 1 utilisent des sources défectueuses jusqu'à OUP 1979. Fragment du premier mouvement, version 2 (5 mes.).

K. 388 (384a)
Parthia (sérénade) **en *ut* mineur**
AMA IX/1, n° 14 ; NMA VIII :17/2.
Vienne, 1782 (autographe).
Allegro ; andante ; menuetto in canone ; allegro.
2 htb., 2 clar., 2 cors, 2 bsn
Arrangé par la suite en quintette à cordes K. 406 (516b). Le fragment (2 mes.) conservé sur le fol. 8v de la partition autographe est peut-être la première ébauche pour le finale (?).

K. 410 (440d, 484d)
Adagio en *fa* majeur
AMA X, n° 15 ; NMA VIII :21.

Vienne, probablement 1782.
2 cors de basset, bsn
Destination inconnue. Datation étayée par les analyses de papier (Tyson 1987).

K. 411 (440a, 484a)
Adagio en *si* bémol majeur
AMA X, n° 16 ; NMA VII :17/2.
Vienne, probablement 1782-1783.
2 clar., 3 cors de basset.
Destination inconnue. Datation étayée par les analyses de papier (Tyson 1987).

K. Anh. 229 (439b)
25 pièces (toutes en si bémol majeur sauf la dernière) se répartissant naturellement en 5 divertimenti
AMA XXIV, n° 62 ; NMA VIII :21.
Vienne, 1781-1782, ou v. 1785 (?).
N° 1 : allegro ; menuetto (allegretto) ; adagio ; menuetto ; rondo (allegro).
N° 2 : allegro ; menuetto ; larghetto ; menuetto ; rondo (allegro).
N° 3 : allegro ; menuetto ; adagio ; menuetto ; rondo (allegro assai).
N° 4 : Allegro ; larghetto ; menuetto ; adagio ; allegretto.
N° 5 : adagio ; menuetto ; adagio ; romance (andante) ; polonaise.
3 cors de basset.
Manuscrit autographe perdu. Datation précise impossible. Sans doute écrites pour les frères Stadler (Constanze dit qu'Anton possédait certains trios pour cor de basset dans une lettre à André datée du 31 mai 1800), qui les aurait peut-être jouées avec Jakob Griessbacher en 1781-1782, ou Anton David ou Vincent Springer en 1785 environ. (NMA, d'après des critères stylistiques, propose 1788 comme limite supérieure.) Les premières versions imprimées sont destinées à des formations comme 2 clar., bsn ; 2 clar., 2 cors, bsn ; ou 2 cors de basset, bsn Il existe une autre version, peut-être authentique, du dernier mouvement du divertimento n° 2. Voir Whevell (1962), qui démontra le premier que l'œuvre est vraisemblablement écrite pour trois cors de basset.

K. *deest*
Transcription pour harmonie de *Die Ent-führung aus dem Serail*, K. 384

Vienne, en cours le 20 juil. 1782.
Probablement pour 2 htb., 2 clar., 2 cors, 2 bsn
Selon Bastiaan Blomhert (1987), la transcription en seize mouvements conservée à Donaueschingen (D-DO Mus Ms 1392) pourrait être celle de Mozart.

K. 487 (496a)
12 duos
AMA XV, n° 3 ; NMA VIII :21.
Vienne, 27 juil. 1786 (autographe).
Allegro ; menuetto (allegretto) ; andante ; polonaise ; larghetto ; menuetto ; adagio ; allegro ; menuetto ; andante ; menuetto ; allegro.
2 cors.
Le manuscrit autographe des n°ˢ 1, 3 et 6 subsiste, daté comme ci-dessus. Sur ces pages Mozart n'indique aucune instrumentation ; malgré la tessiture extraordinairement aiguë et l'emploi généreux de notes chromatiques, les spécialistes pensent maintenant qu'ils sont écrits pour deux cors.

ROGER HELLYER

Instruments à vent avec cordes et piano
Quatuors pour vents et cordes

C'est dans le catalogue Breitkopf de 1782-1784 que parurent les annonces pour le prototype de quintette à vent qui devint ensuite la formation instrumentale de référence dans le domaine de la musique de chambre avec vents. Même si Mozart la connaissait, il négligea complètement cette combinaison, ainsi du reste que les trios et quatuors de la même veine. Il était fermement convaincu qu'en utilisant des instruments à vent en musique de chambre isolément plutôt qu'en paires, il ne pouvait garantir l'homogénéité qu'il estimait essentielle à son ensemble qu'au moyen d'instruments d'accompagnement — instrument à clavier ou groupe de cordes. Accompagner un instrument à vent avec des cordes n'était nullement une innovation, et la pratique de loin la plus courante consistait à remplacer le premier violon d'un quatuor à cordes par un instrument à vent soliste. Les quatre quatuors pour flûte de Mozart et son quatuor pour hautbois sont de ce type. Les deux premiers quatuors pour flûte sont sans doute le fruit d'une commande reçue par le compositeur alors qu'il était à Mannheim en 1777-1778, et si le premier quatuor, K. 285, fut achevé rapidement, le second, K. 285a, n'atteint pas le même niveau, laissant à penser que Mozart se lassa rapidement de cette tâche. Le troisième quatuor, K. Anh. 171 (285b), semble dater de la première année à Vienne ; le quatuor K. 298 est lui aussi viennois, sans doute écrit en 1786 en guise de *Hausmusik* pour la famille Jacquin. Les idées thématiques de ses trois mouvements sont empruntées à des œuvres de ses contemporains et, comme le fait observer Alfred Einstein (1945), il s'agit d'une parodie du style insipide et négligé qui caractérise si souvent ce genre de pièces.

Le quatuor pour hautbois et cordes K. 370 (386b), que Mozart écrivit à Munich au début de 1781 pour Friedrich Ramm, premier hautbois de l'orchestre de l'électeur de Bavière, surpasse de beaucoup les œuvres pour flûte. Mozart avait rencontré Ramm à Mannheim à la fin de 1777 et avait été aussitôt subjugué par la qualité de sa sonorité, qui lui paraissait

d'une pureté ravissante. Il découvre dans cette œuvre l'intimité de la musique de chambre : il évite l'écriture concertante en trouvant de nombreuses manières subtiles d'intégrer les voix, notamment en emboîtant soigneusement mélodie et contre-mélodie. Le second mouvement est une aria en *ré* mineur d'une grande force émotionnelle, longue de trente-huit mesures seulement. Le rondeau final comporte un épisode extraordinaire où le hautboïste joue à 4/4 tandis que les cordes poursuivent leur accompagnement à 6/8 comme si elles ne s'en rendaient pas compte. Cette section commence de manière très menaçante en mineur, et la tension ne se relâche qu'au retour simultané du mode majeur et de la mesure composée. La reprise du thème du rondo témoigne du goût de Mozart pour le registre aigu du hautbois, tout aussi manifeste par moments que sa prédilection notoire pour le registre grave de la clarinette.

Quintettes pour vents et cordes
Pour accompagner le cor dans le quintette K. 407 (386c), Mozart choisit les quatre instruments d'un quintette à cordes privé de premier violon (remplacé par l'instrument à vent soliste). Cet emploi de deux altos était très probablement sans précédent, mais les couleurs sombres de l'accompagnement de Mozart semblent avoir trouvé au moins un imitateur en Franz Krommer, qui employa des ensembles de cordes analogues pour accompagner des œuvres

pour basson, clarinette et même flûte. L'autographe de ce quintette est perdu depuis sa vente aux enchères à Londres en mars 1847, si bien qu'on ne sait pas avec certitude à qui l'œuvre était destinée ; elle fut vraisemblablement écrite au cours des premières années à Vienne, sans doute pour Joseph Leutgeb ou Jakob Eisen, second corniste de l'empereur. Une lettre de Constanze Mozart adressée le 31 mai 1800 à André, éditeur de musique à Offenbach, laisse à penser que les deux instrumentistes possédaient peut-être une copie de l'œuvre.

La plus vaste de toutes les pièces de musique de chambre pour instruments à vent de Mozart est le quintette pour clarinette K. 581, où l'instrument soliste est allié au quatuor à cordes au complet. Cette pièce magnifique possède la grandeur et la stature des dernières œuvres de musique de chambre de Mozart — genre auquel elle se rattache à part entière puisqu'on n'y trouve aucune trace de ce style concertant qui prévaut généralement dans les œuvres pour instrument à vent soliste et cordes. Mozart lui donne la forme classique en quatre mouvements, le mouvement supplémentaire étant un menuet avec deux trios, dont l'un pour cordes seules, qui offre un peu de répit au clarinettiste. L'œuvre est une des plus inspirées de Mozart, mais on ne la connaît malheureusement aujourd'hui que dans une version corrompue, puisque le dédicataire, Anton Stadler, toujours à court d'argent, aurait, pense-t-on,

engagé ou vendu l'autographe lors d'une tournée en Europe effectuée entre 1791 et 1796. Les éditions modernes doivent donc s'appuyer sur la première édition publiée par André en 1802, destinée à une clarinette standard plutôt qu'à l'instrument pour lequel Mozart l'écrivit, construit spécialement pour Stadler avec un corps inférieur allongé qui permettait de produire dans le grave des notes jusqu'au do^2 noté. L'esprit inventif de Mozart était toujours prêt à relever ce genre de défi, et les reconstitutions modernes du quintette et du concerto pour clarinette témoignent de l'usage habile qu'il fait de cette extension nouvelle d'un ambitus déjà très étendu, comparé à celui des autres instruments à vent.

Instruments à vent et piano

La tâche la plus ardue que Mozart s'est assignée, et sa réalisation la plus saisissante, fut la composition d'un quintette pour piano et quatre instruments à vent K. 452. Il avait parfaitement conscience des difficultés supplémentaires que supposait l'écriture pour instruments à vent uniques et non par paires, s'en expliquant notamment dans une lettre à son père du 10 avril 1784 : « J'ai composé [...] un quintette qui a suscité le plus vif applaudissement [...] Il est écrit pour un hautbois, une clarinette, un cor, un basson et le pianoforte. » L'absence de fusion entre les quatre instruments à vent différents exigeait que les passages en accords non soutenus par le piano soient brefs. Il fallait donc opposer les instruments, dans des permutations variées, au piano, sans qu'aucun d'eux ne prenne une prééminence disproportionnée. Pour construire des thèmes d'une certaine longueur, Mozart a adopté une méthode consistant à coudre ensemble une succession de motifs courts, soutenus par des combinaisons instrumentales sans cesse changeantes. Cette méthode, malgré le risque d'instabilité superficielle, donne en dernier ressort son unité fondamentale à l'œuvre. Le résultat impressionna le compositeur lui-même, qui y voyait la meilleure œuvre qu'il eût jamais écrite. Pour autant qu'on sache, c'était le premier quintette pour instruments à vent et piano jamais composé, ce qui rend la réalisation de Mozart d'autant plus remarquable.

Les problèmes à surmonter étaient de nature différente dans le trio en *mi* bémol majeur K. 498, écrit pour un représentant de trois familles — cordes, vents et instruments à clavier. En choisissant l'alto plutôt que le violoncelle, Mozart refusait l'expédient simple consistant à ajouter du poids à la basse ; il l'associa à la clarinette, instrument à vent d'étendue comparable, aux caractéristiques solistes analogues, bien que plus puissantes. Le choix des mouvements est également inhabituel — aucun n'est lent, mais on notera l'absence de vivacité et de virtuosité dans les deux mouvements extrêmes. Le premier est en outre essentiellement monothématique. Le résultat est donc d'autant plus exceptionnel : une composition

parfaitement intégrée contenant certaines de ses mélodies les plus délicieuses, et un jeu entre les instruments empli de mélanges et de contrastes subtils. L'ensemble est unifié par l'un des cadres formels les plus novateurs qu'il ait jamais conçus. L'œuvre devient de plus en plus inspirée à mesure qu'elle se rapproche de sa conclusion :

> Comme Mozart comprend non seulement comment terminer une œuvre mais aussi la conclure, en distillant la beauté mélodique et contrapuntique d'une manière qui ne satisfait pas simplement l'auditeur, mais le laisse enchanté ! Le dernier mot que la musique puisse prononcer, en tant qu'expression du sentiment de la forme, est ici dit. (Einstein 1945.)

K. 285
Quatuor en *ré* majeur
AMA XIV, n° 28 ; NMA VIII :20/2.
Mannheim, 25 déc. 1777 (autographe).
Allegro ; adagio ; rondeau.
Fl., vln, alto, vlc.
Ecrit pour Ferdinand Dejean (1731-1797), chirurgien de la compagnie des Indes orientales néerlandaise, qui commanda également le concerto pour flûte en *sol* majeur K. 313 (285c). 38 mes. du finale après la mes. 56 réécrites.

K. 285a
Quatuor en *sol* majeur
NMA VIII :20/2.
Mannheim, entre le 25 déc. 1777 et le 14 févr. 1778.
Andante ; tempo di menuetto.
Fl., vln, alto, vlc.
Fait probablement partie de la commande de Dejean (voir K. 285). Ne subsiste que dans l'édition d'Artaria de 1792, qui l'amalgame avec l'allegro de K. 285 pour produire une œuvre unique, hybride, en trois mouvements.

K. 370 (368b)
Quatuor en *fa* majeur
AMA XIV, n° 30 ; NMA VIII :20/2.
Munich, début 1781.
Allegro ; adagio ; rondeau (allegro).
Htb., vln, alto, vlc.
Ecrit pour Friedrich Ramm, principal hautboïste de l'électeur de Bavière.

K. Anh. 171 (285b)
Quatuor en *ut* majeur
NMA VIII :20/2.
Vienne, 1781-1782.
Allegro ; [thème et variations (andantino)].
Fl., vln, alto, vlc.
Premier mouvement authentifié grâce à l'esquisse autographe des mes. 149-158 de l'allegro, notée sur la feuille utilisée pour l'equisse du n° 2 de l'acte I de *Die Entführung aus dem Serail*. Les analyses de papier (Tyson 1987) révèlent que celui-ci est d'un type utilisé par Mozart pour des œuvres écrites en 1781, ainsi que pour la sérénade en *si* bémol majeur K. 361 (370a), dont le sixième mouvement est pour l'essentiel identique au second ici (arrangé, non par Mozart ?).

K. 407 (386c)
Quintette en *mi* bémol majeur
AMA XIII, n° 3 ; NMA VIII :19/2.
Vienne, peut-être fin 1782.
Allegro ; andante ; rondo (allegro).
Cor, vln, 2 altos, vlc.
Probablement écrit pour Joseph Leutgeb.

K. 452
Quintette en *mi* bémol majeur
AMA XVII/1 ; NMA VIII :22/1.
Vienne, avant le 21 mars 1784 *[Verzeichnüss*, 30 mars].
Largo — allegro moderato ; larghetto ; allegretto.
Pf., htb., clar., cor, bsn
Ecrit pour être exécuté lors du concert à bénéfice de Mozart au Burgtheater prévu le 21 mars 1784, mais reporté au 1er avril en raison d'une représentation d'opéra au palais Leichtenstein ce même soir. Esquisse pour le premier mouvement, mes. 71 sq. (20 mes.).

K. 498
Trio en *mi* bémol majeur
AMA XVII/2, n° 7 ; NMA VIII :22/2.
Vienne, 5 août 1786 (*Verzeichnüss*).
Andante ; menuetto ; rondeaux (allegretto).
Pf., clar., alto.
Trio dit « Kegelstatt ». D'après Karoline von Pichler, écrit pour Franziska von Jacquin. Sans doute joué en privé par elle, avec Mozart à l'alto et Stadler à la clarinette.

K. 298
Quatuor en *la* majeur
AMA XIV, n° 29 ; NMA VIII : 20/2.
Vienne, probablement fin 1786 ou 1787.
[Thème et variations (andante)] ; [menuetto] ; rondieaoux (allegretto grazioso, mà non troppo presto, però non troppo adagio. Così — così — con molto garbo, ed espressione)
Fl., vln, alto, vlc.
Le thème du finale, fondé sur une ariette de *Le gare generose* de Paisiello (première représentation Vienne, automne 1786), fournit la limite antérieure de la date de composition. On sait que Mozart entendit l'opéra de Paisiello à Prague en janvier 1787. Œuvre parodique, sans doute écrite pour la famille Jacquin ; autographe autrefois en possession du baron (Gottfried ?) Jacquin.

K. 581
Quintette en *la* majeur
AMA XIII, n° 6 ; NMA VIII :19/2.
Vienne, 29 sept. 1789.
Allegro ; larghetto ; menuetto ; allegretto con variazioni.
Cl., 2 vln, alto, vlc.
Ecrit pour Anton Stadler, qui en donna la première exécution le 22 décembre 1789 au Burgtheater, lors d'un concert de la Tonkünstler-Societät de Vienne.

ROGER HELLYER

Clavier et cordes

Les œuvres de cette catégorie se rattachent solidement à la tradition de la sonate pour clavecin ou piano avec accompagnement (*ad libitum*) de violon ou flûte et, parfois, violoncelle. Le moule formel, le contenu et les exigences techniques du genre furent conditionnés, pendant la plus grande partie du siècle, par le lucratif marché des amateurs auquel il était directement destiné. L'écriture était caractéristique de la période rococo qui la nourrissait : simple, mélodieuse, confinée au mode majeur, implacablement diatonique et homophone — une conversation au vrai sens « galant », où l'on a peu de chose à dire mais où tout se dit avec charme et politesse. La partie de clavier devait se suffire à elle-même, au cas où aucun « accompagnement » n'était disponible, et la musique était destinée moins à l'auditeur qu'aux instrumentistes eux-mêmes.

Les premières œuvres
Ecrites alors que Mozart avait entre six et huit ans, les deux séries de sonates pour violon K. 6-7 et 8-9 constituent ses premières publications (op. 1 et 2, Paris, 1764). Les mouvements dont on conserve les manuscrits sont notés par Leopold, pour clavier seulement, d'où les doutes quant à leur authenticité. Les séjours à Londres (1764-1765) et aux Pays-Bas (1765-1766) donnèrent naissance à deux autres séries de sonates

K. 10-15 et 26-31, publiées sousles numéros d'opus 3 (avec violoncelle *ad libitum*) et 4. Toutes ces œuvres de jeunesse ont des caractéristiques stylistiques et techniques communes avec les œuvres des contemporains alors en vogue, tels Eckard, Schobert, Honauer et J.C. Bach : mélodie et accompagnement sont clairement séparés ; le violon joue en tierces, sixtes ou octaves avec la mélodie et le violoncelle, lorsqu'il est présent, doublant les notes de basse essentielles, assiste en spectateur à ce tête-à-tête animé (voir K. 15, deuxième mouvement). Le phrasé est d'une carrure régulière, et l'harmonie confinée le plus souvent aux accords parfaits principaux en position fondamentale. Dans les œuvres ultérieures, l'harmonie gagne en audace, avec d'occasionnels accords chromatiques, et l'on sent qu'elle sert de plus en plus à des fins structurelles, si rudimentaires soient-elles ; le phrasé et la texture jouent également un rôle plus prépondérant.

Les sonates pour violon de la maturité
Après un intervalle de douze ans qui vit naître plusieurs chefs-d'œuvre dans les formes plus grandes (le concerto pour piano en *mi* bémol majeur K. 271, les symphonies en *sol* mineur K. 183 (173dB) et *la* majeur K. 201 (186a)), ces œuvres furent écrites dans la première moitié de 1778 à Mannheim et à Paris, où elles furent publiées sous le trompeur numéro d'opus 1 au cours de la même année. Ceux qui cherche-

raient ici la qualité des chefs-d'œuvre écrits dans le domaine des grandes formes seraient déçus ; Mozart continuait de se ranger à l'opinion la plus courante, selon laquelle ces pièces étaient destinées au marché des amateurs. K. 301 (293a) témoigne cependant d'une plus grande maturité, dans les détails de la présentation des thèmes, l'instauration de tensions qui se résolvent ensuite sur des laps de temps plus vastes et une relation plus étroite entre figuration et structure ; en outre, Mozart sait maintenant utiliser la texture comme composant du processus de développement. Dans la sonate en *mi* mineur K. 304 (300c), on est proche de l'univers pré-romantique, avec la présentation de matériau thématique et mélodique revêtu de couleurs différentes et l'intégration plus poussée des sections de la forme sonate, témoin la *codetta* (mes. 59 *sq.*), qui incorpore des éléments de toutes les régions. Le premier mouvement de K. 305 (293d) est le plus satisfaisant pour ce qui est du traitement de la forme sonate, tandis que le mouvement central de K. 306 (300l) devient une *scena* dans le finale — proche de la musique de la conspiration dans *Figaro* — avec une cadence en toutes notes destinée aux deux instruments.

La seconde série de sonates pour violon de la maturité de Mozart fut publiée en 1781, peu après son arrivée à Vienne. L'une d'entre elles (K. 296, en *ut* majeur) fut cependant composée à Mannheim en même temps que la série précédente ; son mouvement lent, avec son inclinaison marquée vers la sous-dominante et son pentatonisme voilé, fait songer à l'aura celtique où baignent certains des mouvements lents de Field.

Malgré leur supériorité sur la série précédente et le compte rendu enthousiaste paru dans le *Magazin der Musik* de Cramer peu de temps après leur publication, la comparaison avec les quatuors dédiés à Haydn, qui leur sont contemporains, ne leur est pas très favorable, bien qu'ils puissent parfois respirer le même air. La subtilité du phrasé dans le mouvement initial de K. 376 (374d) en *fa* majeur et l'exploration des thèmes en dehors de la section de développement en sont des exemples, bien que la structure soit affaiblie par l'indécision harmonique de la transition. Le finale, dans la veine populaire haydnienne, est néanmoins irrésistible.

La texture joue un rôle crucial dans K. 377 (374e) (également en *fa* majeur), dans le développement beethovénien et la réexposition, qui s'enchaîne avec lui de manière imperceptible. Ce qui distingue cette œuvre des autres pièces du recueil est le thème varié central dans le relatif mineur, d'où se dégage cette même impression de sombre introspection que l'on trouve dans le finale du quatuor en *ré* mineur K. 421 (417b) ; du reste la sicilienne qui constitue la dernière variation pourrait être inspirée par le thème du finale du quatuor. Le dernier mouvement de la sonate, malgré une section centrale plus vive, ne renonce jamais à cette espèce d'éloquence tranquille et mesurée que l'on retrouve aussi dans la sonate en *si* bémol majeur K. 378 (317d), où elle s'allie à une ampleur du discours qui fait songer aux concertos pour piano des premières années viennoises de Mozart. Le matériau et les instruments sont à ce point entremêlés dans le mouvement central, aux penchants romantiques, de K. 380 (374f) en *mi* bémol majeur, qu'il est difficile de distinguer les sections formelles principales et secondaires. Le recueil « op. 2 » se termine par un rondeau dont le thème enjoué et les aspects lyriques ne nous préparent guère aux tensions que Mozart suscite dans les deux épisodes.

Les variations pour piano et violon

Seules six des vingt-six sonates pour violon comportent des mouvements à variations, chacun avec six variations ou l'équivalent. Des deux séries indépendantes, écrites à peu près à la même époque que les sonates dont il était question ci-dessus, celle en *sol* mineur sur la chanson française « Au bord d'une fontaine » (également intitulée « Hélas, j'ai perdu mon amant ») K. 360 (374b) est composée de six variations d'une mélancolie quasi sans partage. K. 359 (374a), fondé sur une autre chanson française, « La bergère Célimène », en *sol* majeur, comporte douze variations et est plus intéressante, permettant au compositeur d'explorer différentes sonorités (variation XI) et textures (IV et VIII).

Les dernières sonates

Dans ces quatre œuvres, les justifications fondées sur des considéra-tions de genre ou de marché deviennent superflues : toutes sont également dignes de prendre place aux côtés des trois dernières symphonies et des quintettes à cordes.

K. 454, en *si* bémol majeur, comporte une introduction *largo* où le piano se plaît à rendre son thème *cantabile*, et un finale qui est l'un de ces rondos faciles, composés de longues sections, que la tonalité de *si* bémol majeur semble susciter de Mozart, tandis que le développement du premier mouvement de K. 481 (*mi* bémol majeur) combine la quintessence des thèmes et synthétise le thème principal de la symphonie « Jupiter » ; celui-ci réapparaît dans la coda, également fondé sur un processus de développement. Le caractère essentiellement antiphonique de l'adagio devient un jeu entre le grave et l'aigu dans les variations qui concluent l'œuvre. Des contrastes plus subtils sont intégrés au début de K. 526 en *la* majeur, avec une discrète impression d'hémiole 6/8-3/4 et une anacrouse brouillée par la cadence initiale V-I. L'andante, d'une grande profondeur de sentiment, comporte des doublures en octaves d'une maigreur brahmsienne et les mêmes sortes d'enchaînements harmoniques elliptiques qu'on trouve dans les derniers quintettes. Le presto final, qui a la coupe et les caractéristiques d'une gavotte rapide, réunit le matériau mélodique du premier mouvement (dont les ambiguïtés de l'ana-crouse) et l'écriture en octaves et les enchaînements harmoniques de l'andante.

La dernière sonate, K. 547 en *fa* majeur (« eine kleine Klavier Sonate für Anfänger mit einer Violine »), est effectivement un plaisant duo pour débutants, qui néanmoins, comme la sonate pour piano en *ut* majeur K. 545, contemporaine, recèle nombre de détails caractéristiques du dernier Mozart.

Les trios pour piano de la maturité
Il s'agit de six œuvres, la plus ancienne étant le « divertimento à 3 » en *si* bémol majeur K. 254, composé en août 1776. Comme dans le recueil K. 10-15, les violoncelles doublent presque continuellement la partie de clavier, encore que le violon s'émancipe davantage. Le grave adagio central n'a rien de « divertissant », même si le clavier et le violon s'engagent dans une succession de monologues plutôt que de dialogues.

Dans K. 496 en *sol* majeur, postérieur de dix années, les trois instruments disputent plus ou moins sur un pied d'égalité dans la section de développement du premier mouvement et dans l'andante, tandis que la contribution du violoncelle à la variation *minore* est d'une lugubre éloquence. Sa grande émancipation est célébrée au début de K. 502 (*si* bémol majeur), avec un bouillonnant arpège et des mélodies croisées d'une délicate insistance ; l'écriture pour clavier fait songer aux concertos pour piano de Mozart de cette même période, en particulier dans le larghetto.

Malgré toutes les qualités qu'il partage avec son prédécesseur, K. 542 en *mi* majeur est d'une étrange retenue. Le premier thème sans coutures du piano ressemble plus à un habillage harmonique qu'à une mélodie mozartienne, ce que confirme sa répétition ornée. L'*andante grazioso* est imprégné d'une sérénité schubertienne, avec par la suite des nuances chromatiques dans les harmonies qui font également songer à Schubert. L'allegro s'inscrit dans la meilleure tradition de la musique de chambre mozartienne — fluide, sans encombres, avec des textures et des éléments disparates parfaitement équilibrés. Issu de l'étonnant été des trois dernières symphonies (1788), il se situe, avec K. 502 en *si* bémol majeur, au sommet des trios pour piano.

Achevé trois semaines plus tard, le trio en *ut* majeur K. 548, n'est pas qu'un simple précurseur de « Jupiter », comme on le laisse parfois entendre. L'exposition du premier mouvement, quelque peu stéréotypée, est moins un déploiement de bonnes manières musicales qu'un faire-valoir du développement varié. Dans l'*andante cantabile*, on sent que l'on se rapproche des mouvements lents de la musique de chambre du début du XIXe siècle, et cette impression persiste dans le finale, bien agencé, où l'éclat paraît parfois quelque peu métallique. L'adieu de Mozart au genre est une œuvre moins aboutie, le trio en *sol* majeur K. 564, encore que l'ingénuité enfantine, quasi populaire, du matériau, de la musette initiale à l'humour sautillant du finale, en passant par le thème soigneusement agencé des variations, donne toujours à réfléchir dans le cas d'un compositeur parvenu à un tel stade.

Les quatuors pour piano

Mozart n'avait que peu de modèles avec lesquels rivaliser dans ces deux chefs-d'œuvre, et le fait qu'il ait renoncé au format traditionnel du piano avec accompagnement explique, selon Nissen, que l'éditeur Hoffmeister ait annulé, avec l'accord du compositeur, le contrat pour les trois œuvres en projet. L'austérité épigrammatique de K. 478 en *sol* mineur était certainement excessive pour les amateurs viennois. D'emblée on est dans le climat de la musique de chambre avec piano pré-romantique — celle de Hummel, Moscheles, Mendelssohn. Le quatuor semble allier avec aisance une écriture pianistique concertante à l'intimité de la musique de chambre pour cordes, dans une juxtaposition qui n'est jamais incongrue. Ravi des couleurs instrumentales dont il dispose, Mozart montre dans la section de développement du premier mouvement que l'emploi des timbres n'a rien d'un phénomène superficiel, en l'associant à une élaboration motivique, aux nuances, à la texture et à la dissonance pour explorer en profondeur le matériau du mouvement. La tragédie tempérée par le lyrisme (caractéristique de toutes les œuvres de Mozart en *sol* mineur), ne donne pas une musique confortable, et cette impression plane au-dessus du bel andante central ; de même, le finale est loin des confections vides de bien des compositeurs moindres.

Les cordes, en inclinant vers le registre de ténor et de basse, et prenant des couleurs sombres et puissantes dans K. 478, donnent à K. 493 en *mi* bémol majeur une certaine douceur qu'on perçoit d'emblée, quoique le piano se préoccupe bientôt de ses propres figurations, faisant souvent des réponses ornées au discours plus simple des cordes. Le second des trois mouvements, larghetto, fait par moments apparaître un profond dialogue entre piano et cordes, où les silences sont aussi éloquents que les sons. L'échange de matériau entre piano et cordes joue également un rôle prépondérant dans le finale et rend compte dans une large mesure de son climat vif et enjoué, malgré l'indication *allegretto*.

Clavier et violon

K. 6
Sonate pour violon en *ut* majeur
AMA XVII/1, n° 1 ; NMA VIII :23/1.
Salzbourg, Bruxelles, Paris, 1762-1764.
Allegro ; andante ; menuet I et II ; allegro molto.
Publié avec K. 7 comme op. 1 (Paris, 1764). Les trois premiers mouvements subsistent séparément (en version pour clavier, de la main de Leopold Mozart) dans le cahier dit *Nannerl Notenbuch* : allegro daté Bruxelles, 14 octobre 1763 ; menuet II daté [Salzbourg,] 16 juillet 1762.

K. 7
Sonate pour violon en *ré* majeur
AMA XVIII/1, n° 2 ; NMA VIII :23/1.
Paris, 1763-1764.
Allegro molto ; adagio ; menuet I et II.
Publié avec K. 6 comme op. 1 (Paris, 1764). Le menuet I subsiste (en version pour clavier, de la main de Leopold Mozart) dans le cahier dit *Nannerl Notenbuch* daté Paris, 30 novembre 1763.

K. 8
Sonate pour violon en *si* bémol majeur
AMA XVIII/1, n° 3 ; NMA VIII :23/1.
K. 8 et K. 9 composés à Paris, 1763-1764,
et publiés là, 1764, comme op. 2.
Allegro ; andante grazioso ; menuet I et II.
L'allegro subsiste (en version pour clavier,
de la main de Leopold Mozart) dans le
cahier dit *Nannerl Notenbuch*, daté Paris,
21 novembre 1763

K. 9
Sonate pour violon en *sol* majeur
AMA XVIII/1, n° 4 ; NMA VIII :23/1.
Voir K. 8.
Allegro spiritoso ; andante ; menuet I et II.

K. 10-15
6 sonates pour clavecin, violon (flûte), violoncelle
Voir « Trios pour piano », ci-dessous.

K. 26
Sonate pour violon en *mi* bémol majeur
AMA XVIII/1, n° 11 ; NMA VIII :23/1.
K. 26-31 composés à La Haye, févr. 1766 et
publiés là et à Amsterdam comme op. 4.
Dédiée à la princesse de Nassau-Weilburg.
Allegro molto ; adagio poco andante ; rondeaux (allegro).
Il ne subsiste pas de manuscrits de ce
recueil.

K. 27
Sonate pour violon en *sol* majeur
AMA XVIII/1, n° 12 ; NMA VIII :23/1.
Voir K. 26.
Andante poco adagio ; allegro.

K. 28
Sonate pour violon en *ut* majeur
AMA XVIII/1, n° 13 ; NMA VII :23/1.
Voir K. 26.
Allegro maestoso ; allegro grazioso.

K. 29
Sonate pour violon en *ré* majeur
AMA XVIII/1, n° 14 ; NMA VIII :23/1.
Voir K. 26.

Allegro molto ; menuetto et trio.

K. 30
Sonate pour violon en *fa* majeur
AMA XVIII/1, n° 15 ; NMA VIII :23/1.
Voir K. 26.
Adagio ; rondeaux (tempo di menuetto).

K. 31
Sonate pour violon en *si* bémol majeur
AMA XVIII/1, n° 16 ; NMA VIII : 23/1.
Voir K. 26.
Allegro ; tempo di menuetto (moderato).
Le dernier mouvement est une série de six
variations.

K. 301 (293a)
Sonate pour violon en *sol* majeur
AMA XVIII/2, n° 25 ; NMA VIII :23/1.
Mannheim, début 1778.
Allegro con spirito ; allegro.
K. 301 destiné à l'origine au clavier avec
accompagnement de flûte.
6 sonates de l'« opus 1 » dédiées à Maria
Elisabeth, électrice Palatine. Publiée avec
K. 302-306 (293b-c, 300c, 293d, 300l) à
Paris, 1778, comme op. 1 n°s 1-6.

K. 302 (293b)
Sonate pour violon en *mi* bémol majeur
AMA XVIII/2, n° 26 ; NMA VIII :23/1.
Mannheim, début 1778.
Allegro ; rondeau (andante grazioso).
Voir K. 301 (293a).

K. 303 (293c)
Sonate pour violon en *ut* majeur
AMA XVIII/2, n° 27 ; NMA VIII :23/1.
Mannheim, début 1778.
Adagio — molto allegro ; tempo di
menuetto.
Voir K. 301 (293a).

K. 305 (293d)
Sonate pour violon en *la* majeur
AMA XVIII/2, n° 29 ; NMA VIII :23/1.
Paris, été 1778.
Allegro di molto ; thema (andante grazioso).

Voir K. 301 (293a). Pour la datation voir Plath 1976/77. Papier acheté à Mannheim (Tyson 1987). Thème suivi de six variations.

K. 296
Sonate pour violon en *ut* majeur
AMA XVIII/2, n° 24 ; NMA VIII :23/1.
Mannheim, 11 mars 1778 (autographe).
Publiée à Vienne par Artaria, 1781, comme n° 2 d'une série de six sonates op. 2, préparée (assez mal) pour l'édition par la dédicataire du recueil, Josepha Auernhammer, pianiste élève de Mozart.
Allegro vivace ; andante sostenuto ; rondeau (allegro).
L'autographe soigneusement écrit nous apprend que Mozart composa la sonate pour « Mademoiselle Therese » [Pierron], son élève et la belle-fille du conseiller aulique Serrarius, chez qui il séjourna plusieurs mois avant de partir pour Mannheim le 14 mars 1778.

K. 304 (300c)
Sonate pour violon en *mi* mineur
AMA XVIII/2, n° 28 ; NMA VIII :23/1.
Mannheim-Paris, 1778.
Allegro ; tempo di menuetto.
Voir K. 301 (293a). Premier mouvement composé à Mannheim (Plath 1976/77), où le papier fut acheté (Tyson 1987). Avec le quatuor pour piano en *sol* mineur K. 478, seule œuvre achevée pour piano et cordes dans le mode mineur.

K. 306 (300l)
Sonate pour violon en *ré* majeur
AMA XVIII/2, n° 30 ; NMA VIII :23/1.
Paris, été 1778.
Allegro con spirito ; andantino cantabile ; allegretto.
Voir K. 301 (293a).
Premières versions fragmentaires du premier mouvement (68 mes.) et du finale (andante grazioso con moto, 77 mes. ; pour partie en ébauche de partition).

K. 378 (317d)
Sonate pour violon en *si* bémol majeur
AMA XVIII/2, n° 34 ; NMA VIII : 23/1.
Probablement Salzbourg, 1779-1780, ou

début 1781, avant l'arrivée de Mozart à Vienne. Publiée (voir K. 296) comme op. 2 n° 4.
Allegro moderato ; andantino sostenuto e cantabile ; rondeau (allegro).

K. 379 (373a)
Sonate pour violon en *sol* majeur
AMA XVIII/2, n° 35 ; NMA VIII :23/2.
Vienne, probablement avril 1781, publiée (voir K. 296) comme op. 2 n° 5.
Adagio ; allegro ; thema (andantino cantabile).
Thème avec cinq variations suivies d'une reprise du thème et d'une coda. On pense que ce serait l'œuvre composée (d'après une lettre à Leopold du 8 avril 1781) un soir entre onze heures et minuit afin d'être exécutée le lendemain à un concert pour l'archevêque Colloredo, où il avoue avoir joué la partie de clavier entièrement de mémoire, n'ayant pas eu le temps de la noter.

K. 376 (374d)
Sonate pour violon en *fa* majeur
AMA XVIII/2, n° 32 ; NMA VIII :23/2.
Vienne, été 1781 ; publiée (voir K. 296) comme op. 2 n° 1.
Allegro ; andante ; rondeau (allegretto grazioso).

K. 377 (374e)
Sonate pour violon en *fa* majeur
AMA XVIII/2, n° 33 ; NMA VIII :23/2.
Vienne, été 1781 ; publiée (voir K. 296) comme op. 2 n° 3.
Allegro ; [thema (andante)] ; tempo di menuetto.
Dans l'ébauche de mouvement lent (16 mes., rayée), qui subsiste dans la partition autographe, le thème est joué par le clavier seul.

K. 380 (374f)
Sonate pour violon en *mi* bémol majeur
AMA XVIII/2, n° 36 ; NMA VIII :23/2.
Vienne, été 1781 ; publiée (voir K. 296) comme op. 2 n° 6.
Allegro ; andante con moto ; rondeau (allegro).

K. 359 (374a)
12 variations en *sol* majeur sur la chanson française « La bergère Célimène »
AMA XVIII/2, n° 44 ; NMA VIII :23/2.
Vienne, juin 1781 ; publiées là par Artaria en 1786.
Thema (allegretto).
Selon *Köchel 6*, K. 359 (374a) et K. 360 (374b) seraient probablement à rapprocher des variations écrites pour la comtesse Thiennes de Rumbeke (1755-1812), évoquées par Mozart dans une lettre à son père du 20 juin 1781. Il est cependant possible que l'allusion de Mozart se rapporte à des variations pour piano seul, telles que K. 265 (300e).

K. 360 (374b)
6 variations en *sol* mineur sur la chanson française « Hélas ! j'ai perdu mon amant »
AMA XVIII/2, n° 45 ; NMA VIII :23/2.
Vienne, probablement début de l'été 1781 ; publiées là par Artaria en 1786.
Thema (andantino).
Chanson également connue sous le titre « Au bord d'une fontaine ». Voir K. 359 (374a).

K. 454
Sonate pour violon en *si* bémol majeur
AMA XVIII/2, n° 40 ; NMA VIII :23/2.
Datée Vienne, 21 avril 1784 (*Verzeichnüss*) ; publiée là la même année par Torricella (avec deux sonates pour piano, K. 284 (205b) et 333 (315c), comme op. 7 n° 3.
Largo — allegro ; andante (à l'origine : adagio) ; allegretto (à l'origine : allegro).
La première exécution de cette œuvre (par Mozart et la violoniste italienne Regina Strinasacchi), lors d'un concert donné au Kärntnerthortheater de Vienne le 29 avril 1784 en présence de Joseph II, se serait déroulée, dit-on, dans des circonstances analogues à celle de K. 379 (373a), telle que décrite par Mozart lui-même. Cette fois-ci, l'empereur demanda à voir la partie de piano vide. L'autographe, où l'écriture est serrée, avec des encres de couleurs différentes, confirme dans une certaine mesure ce récit. La date donnée dans *Verzeichnüss* est l'une des dates légèrement inexactes notées après coup dans les premières pages du catalogue de Mozart (Leeson et Whit-

well 1973). Un fragment de sonate pour violon en *ut* majeur (2 mes., rayé) précède dans la partition autographe le premier mouvement de K. 454.

K. 481
Sonate pour violon en *mi* bémol majeur
AMA XVIII/2, n° 41 ; NMA VIII :23/2.
Vienne, 12 déc. 1785 (*Verzeichnüss*).
Molto allegro ; adagio ; [thema] (allegretto).
Le finale comporte six variations, dont la dernière, *allegro*, est plus longue.

K. 526
Sonate pour violon en *la* majeur
AMA XVIII/2, n° 42 ; NMA VIII :23/2.
Vienne, 24 août 1787 (*Verzeichnüss*).
Molto allegro ; andante ; presto.
Rondo final modelé sur le finale de la sonate pour clavier, violon et violoncelle op. 5 n° 5 de K. F. Abel, décédé le 20 janvier 1787. Fragment de ce qui semble un premier mouvement de sonate pour violon K. Anh. 50 (526a) (16 mes.), sans doute à rattacher à K. 526.

K. 547
Sonate pour violon en *fa* majeur
AMA XVIII/2, n° 43 ; NMA VIII :23/2.
Vienne, 10 juil. 1788 (*Verzeichnüss*).
Andantino cantabile ; allegro ; [thema] andante.
Seul un autographe incomplet subsiste de ce qui paraît être la partie de clavier de six variations K. 54 (138a,547a-b). Version modifiée du deuxième mouvement utilisée comme premier mouvement de la sonate pour clavier K. Anh. 135 (547a), d'authenticité douteuse.

Trios pour clavier

K. 10
Sonate en *si* bémol majeur
AMA XVIII/1, n° 5 ; NMA VIII :22/2.
Londres, 1764 ; publiée là l'année suivante avec K. 11-15 comme op. 3.
Allegro ; andante ; menuetto I et II.
Clvn avec acc. de vln (ou fl.) et vlc. (*ad lib.*).

Pour la dédicace du recueil à la reine Charlotte, Wolfgang reçut 50 guinées. Annoncée en mars 1765 par le *Public Advertiser* (« Ce jour sont publiés [...] »). Gravée aux frais de Leopold Mozart ; exemplaire de l'op. 3 (avec les sonates op. 2 et 3) offert au British Museum avant le départ de Mozart d'Angleterre en août 1765 (King 1984 [1985]).

K. 11
Sonate en *sol* majeur
AMA XVIII/1, n° 6 ; NMA VIII :22/2.
Voir K. 10.
Andante ; allegro ; menuetto (da capo allegro).
Clvn avec acc. de vln (ou fl.) et vlc. (*ad lib.*).

K. 12
Sonate en *la* majeur
AMA XVIII/1, n° 7 ; NMA VIII :22/2.
Voir K. 10.
Andante ; allegro.
Clvn avec acc. de vln (ou fl.) et vlc (*ad lib.*).

K. 13
Sonate en *fa* majeur
AMA XVIII/1, n° 8 ; NMA VIII :22/2.
Voir K. 10.
Allegro ; andante ; menuetto I et II.
Clvn avec acc. de vln (ou fl.) et vlc. (*ad lib.*).

K. 14
Sonate en *ut* majeur
AMA XVIII/1, n° 9 ; NMA VIII :22/2.
Voir K. 10.
Allegro ; allegro ; menuetto I et menuetto II en carillon.
Clvn avec acc. de vln (ou fl.) et vlc. (*ad lib.*).

K. 15
Sonate en *si* bémol majeur
AMA XVIII/1, n° 10 ; NMA VIII :22/2.

Voir K. 10.
Andante maestoso ; allegro grazioso.
Clvn avec acc. de vln (ou fl.) et vlc. (*ad lib.*).

K. 254
Divertimento à 3 en *si* bémol majeur
AMA XVII, n° 4 ; NMA VIII :22/2.
Salzbourg, août 1776 (autographe) ; publié par Heina à Paris en 1782 (?) comme op. 3.
Allegro assai ; adagio ; rondeau (tempo di menuetto).
Pf., vln, vlc.
Annoncé le 15 janvier 1783 dans le *Magazin der Musik* de Cramer, Hambourg.

K. 496
Trio en *sol* majeur
AMA XVII, n° 6 ; NMA VIII :22/2.
Vienne, 8 juil. 1786 (*Verzeichnüss*) ; publié là par Hoffmeister la même année.
Allegro ; andante ; [thema] allegretto.
Pf., vln, vlc.
Thema suivi de six variations, dont la dernière est une double variation avec coda. La première page de l'autographe est marquée « Sonata ». Voir deuxième des trois mouvements de trio K. 442 (« Fragments et esquisses »).

K. 502
Trio en *si* bémol majeur
AMA XVII, n° 8 ; NMA VIII :22/2.
Vienne, 18 nov. 1786 (*Verzeichnüss*) ; publié là par Artaria en 1788, avec K. 542 et K. 548, comme op. 15 n° 1.
Allegro ; larghetto ; allegretto.
Pf., vln, vlc.

K. 542
Trio en *mi* majeur
AMA XVII, n° 9 ; NMA VIII :22/2.
Vienne, 22 juin 1788 (*Verzeichnüss*) ; publié là la même année comme op. 15 n° 2 (voir K. 502).
Allegro ; andante grazioso ; allegro.
Pf., vln, vlc.
Sans nul doute le nouveau trio dont parle Mozart dans une lettre à Michael Puchberg d'avant le 17 juin 1788. Voir K. 563. Fragment de finale à 6/8 (65 mes.) dans partition autographe.

K. 548
Trio en *ut* majeur
AMA XVII, nº 10 ; NMA VIII :22/2.
Vienne, 14 juil. 1788 (*Verzeichnüss*) ; publié
là la même année comme op. 15 nº 3 (voir
K. 502).
Allegro ; andante cantabile ; allegro.
Pf., vln, vlc.

K. 564
Trio en *sol* majeur
AMA XVII, nº 11 ; NMA VIII :22/2.
Vienne, 27 oct. 1788 (*Verzeichnüss*) ; publié
dans *Storace's Collection of Original Harpsichord Music*, Birchall et Andrews (Londres,
1789).
Allegro ; [thema] (andante) ; allegretto.
Pf., vln, vlc.
Le thème est suivi de six variations et d'une
brève coda. Stephen Storace et sa sœur
Nancy, qui ont bien connu Mozart dans les
années 1780, partirent en 1787 pour
Londres avec leur ami Thomas Attwood,
qui était élève de Mozart. Outre qu'il
publia la première édition de K. 564, Storace avait fait figurer en 1787 dans son
anthologie la première édition anglaise du
quatuor avec piano en *mi* bémol majeur
K. 493, quelques mois après la première
édition viennoise. Edition imprimée
d'après une source différente, peut-être une
copie manuscrite obtenue avec l'aide de
Mozart (King 1984).

Quatuors avec piano

K. 478
Quatuor avec piano en *sol* mineur
AMA XVII, nº 2 ; NMA VIII :22/1.
Vienne, 16 oct. 1785 (*Verzeichnüss*) ; publié
là par Hoffmeister en 1785-1786.
Allegro ; andante ; [rondo].
Pf., vln, alto, vlc.
D'après Nissen, K. 478 devait être la première de trois œuvres de ce type que Hoffmeister s'était engagé à publier ; l'éditeur
renonça au projet en voyant que le public
n'achetait pas l'œuvre, la trouvant trop difficile. Il semble qu'il ait fait cadeau àMozart
de l'avance à condition qu'il n'écrive pas les
deux autres quatuors prévus par le contrat.

K. 493
Quatuor avec piano en *mi* bémol majeur
AMA XVII, nº 3 ; NMA VIII :22/1.
Vienne, 3 juin 1786 (*Verzeichnüss*) ; publié
là par Artaria en 1787 comme op. 13.
Allegro ; larghetto ; allegretto.
Pf., vln, alto, vlc.
Voir K. 478 et K. 564. Fragment de finale
(K. Anh. 53 (493a), 11 mes.) et esquisse
pour la version définitive du finale (47
mes.).

DEREK CAREW

Cordes seules

Mozart a composé trente-cinq
œuvres pour cordes seules (dont
un arrangement), entre l'âge de
douze ans et l'été de 1791. A une
exception près, il ne fut pas un
novateur dans ce domaine, s'appuyant plutôt sur la musique de
quelques autres compositeurs et
sur l'inspiration de son propre
génie, et combinant souvent une
merveilleuse maîtrise de la forme
et de la technique avec l'expression
de sentiments intimes et profonds.
Il commença par deux petits duos,
K. 46d en *ut* majeur et K. 46e en *fa*
majeur, tous deux achevés le 1er
septembre 1768 et destinés à un
instrument mélodique (sans doute
le violon) et une basse. Chacun
comporte un charmant allegro
auquel succèdent deux menuets.
Le premier quatuor de Mozart,
K. 80 (73f) en *sol* majeur, suivit le
15 mars 1770. Composée à Lodi,
alors qu'il était en route pour
Milan, cette pièce vive et joyeuse

prend peut-être pour modèle G.B. Sammartini.

Les six quatuors qu'il écrivit ensuite, entre l'automne de 1772 et le début de 1773, sont également d'influence italienne : K. 155 (134a) en *ré* majeur, K. 156 (134b) en *sol* majeur, K. 157 en *ut* majeur, K. 158 en *fa* majeur, K. 159 en *si* bémol majeur et K. 160 (159a) en *mi* bémol majeur. Le premier fut composé à Bolzano ou à Vérone, et tous les autres à Milan ; tous sont en trois mouvements. Mozart numérota lui-même les œuvres de 1 à 6, et la succession des tonalités, à intervalle de quarte, semble faire de ce recueil un cycle véritable. On y trouve par endroits une musique saisissante, tel l'allegro passionné en *ut* mineur dans K. 159 ou l'écriture canonique dans le premier mouvement de K. 155. Ce recueil fut très bientôt suivi d'une autre série de six quatuors, composés à Vienne en août et septembre 1773 : K. 168 en *fa* majeur, K. 169 en *la* majeur, K. 170 en *ut* majeur, K. 171 en *mi* bémol majeur, K. 172 en *si* bémol majeur et K. 173 en *ré* mineur. (On retrouve ici l'idée de cycle, avec des tonalités qui se succèdent à intervalle de tierce, à une exception près.) Mozart avait vraisemblablement entendu les quatuors op. 17 et 20 de Haydn, composés en 1771 et 1772. Outre les ressemblances mélodiques et stylistiques, chacun des quatuors de Mozart est en quatre mouvements, tels ceux de Haydn. On trouve aussi d'autres liens formels. Comme Haydn, Mozart utilise un thème varié en guise de premier mouvement dans

K. 170, et dans K. 173 il écrit une remarquable fugue pour le finale, procédé de prédilection de son aîné, qu'il n'avait sans doute pas encore rencontré. Dès après K. 173, Mozart composa son premier quintette à cordes, K. 174 en *si* bémol majeur, qu'il data de décembre 1772. Cette œuvre salzbourgeoise a peut-être été inspirée, à différents stades de son évolution, par les quintettes en *ut* majeur et *sol* majeur que Michael Haydn composa à cette époque sous le titre de *notturno*. L'œuvre de Mozart est de toute évidence expérimentale, d'une grande richesse d'invention mélodique, mais l'emploi du second alto y reste limité et le traitement du violoncelle peu novateur.

Au cours des trois années suivantes, les formes instrumentales plus grandes semblent avoir éloigné Mozart de la musique de chambre pour cordes, vers laquelle il ne revint probablement pas avant le début de 1777, à Salzbourg. Ce fut encore une fois une œuvre expérimentale, le divertimento en *si* bémol majeur K. 266 (271f), pour deux violons et basse. Mais si proche qu'il soit, semble-t-il, du prophétique concerto pour piano en *mi* bémol majeur, K. 271, ce trio paraît en même temps étrangement démodé. Composé uniquement d'un adagio et d'un menuet, c'est une pièce sans audace, qui rappelle le type de sonates que Leopold Mozart avait composées, et gravées lui-même, en 1740.

L'existence de Mozart est alors marquée par un certain

nombre de diversions : ses grands voyages en France et en Allemagne (ce dernier culminant avec la splendeur visionnaire d'*Idomeneo*), son départ pour Vienne, son mariage avec Constance. Tout cela se traduisit par un délai de près de cinq ans avant qu'il ne revienne à la musique de chambre pour cordes. Lorsqu'il le fit, vers la fin de 1782, ce fut sans doute sous l'influence de deux facteurs essentiels : la publication des quatuors op. 33 de Haydn en 1781, et l'amitié qui s'est nouée entre les deux compositeurs, vraisemblablement aux alentours de cette période. Cependant, en terminant son quatuor en *sol* majeur K. 387, le 31 décembre 1782, Mozart ne le concevait probablement pas comme le premier d'une série dédiée à Haydn. Ses intentions n'ont sans doute pris forme qu'un an plus tard, au moins. Il avait alors saisi encore plus pleinement les implications stylistiques de l'opus 33 de son ami — notamment l'art d'un discours musical réparti entre quatre partenaires égaux et une manière nouvelle d'engendrer le mouvement thématique. Mozart développa et accentua ces qualités à mesure qu'il composa ses cinq nouveaux quatuors : K. 421 (417b) en *ré* mineur (juin 1783) ; K. 428 (421b) en *mi* bémol majeur (juin-juillet 1783) ; K. 458 en *si* bémol majeur (9 novembre 1784) ; K. 464 en *la* majeur (10 janvier 1785) et K. 465 en *ut* majeur (14 janvier 1785). Dans son émouvante et célèbre dédicace, il en parle comme du « fruit d'un long et laborieux effort », ce que confirme la chronologie de la série ainsi peut-être que les types de papier employés. Alors même qu'il semble maîtriser sans le moindre effort les formes instrumentales, Mozart n'a jamais trouvé facile la composition de quatuors.

Il laissa un autre témoignage de son génie dans ce domaine de la musique de chambre pour cordes avec les deux merveilleux duos pour violon et alto, K. 423 en *sol* majeur et K. 424 en *si* bémol majeur, qu'il écrivit probablement en octobre 1781. Il les aurait, dit-on, composés à la place de son ami Michael Haydn, que la maladie empêchait de terminer la série de six duos commandés par l'archevêque de Salzbourg. Les deux pièces complémentaires de Mozart sont des chefs-d'œuvre d'audace harmonique, d'ingéniosité contrapuntique et de variété rythmique, dont l'écriture est en outre enrichie par la technique des doubles cordes, qui donne parfois l'illusion d'entendre plus de deux instrumentistes. L'expérience acquise avec la composition de K. 387 est tout à fait manifeste. Le quatuor isolé en *ré* majeur K. 499, achevé le 19 août 1786 à la demande de l'éditeur Franz Anton Hoffmeister, s'il n'a pas toute l'intimité et le charme du recueil dédié à Haydn, n'en demeure pas moins un chef-d'œuvre à part entière, puissant et troublant.

Ces mêmes qualités troublantes sont bien plus présentes dans les deux quintettes à cordes qui suivirent en 1787 : K. 515 en *ut* majeur, le 19 avril, et K. 516 en *sol* mineur, le 16 mai. Tous deux bénéficient de l'autonomie que Mozart avait maintenant acquise pour le violoncelle et d'une utilisation ingénieuse du second alto. Le caractère passionné et mélancolique de K. 516 est notoire, mais la prépondérance des tonalités mineures fortement contrastées et la violence de certains de ses rythmes ne sont pas moins remarquables dans K. 515. Lorsque Mozart voulut faire mieux connaître ces chefs-d'œuvre, en 1788, il en mit des copies en vente avec son propre arrangement pour quintette à cordes (qui porte maintenant le numéro K. 406 (516b)) de la sombre sérénade pour instruments à vent en *ut* mineur K. 388.

Mozart lui-même qualifie le merveilleux trio en *mi* bémol majeur K. 563, achevé le 27 septembre 1788, de « divertimento a sei pezzi ». Son infaillible excellence montre qu'il n'eut aucun mal à maîtriser cette formation gauche, et qu'en dépit des efforts que lui avaient demandé ses deux dernières symphonies ses facultés d'invention étaient encore intactes. Des pièces aussi diverses que le quintette pour clarinette et *Così fan tutte* en témoignent constamment. Toute difficulté que Mozart pourrait avoir rencontrée en commençant le quatuor K. 575, conçu comme le premier d'une série de six écrite pour le roi de Prusse, pourrait bien être due dans une large mesure à la passion de son mécène pour le violoncelle. Lorsqu'en juin 1790 Mozart disait lui-même que la tâche était encore « difficile », il faisait certainement

allusion, entre autres, au déséquilibre causé par la nécessité d'accorder une certaine prépondérance au violoncelle, ainsi qu'à ses propres innovations en matière de texture et de densité, puisqu'il donnait beaucoup de poids aux finales. Les trois quatuors qu'il acheva sont K. 575 en *ré* majeur (inscrit dans son catalogue en juin 1789), K. 589 en *si* bémol majeur (mai 1790) et K. 590 en *fa* majeur (juin 1790).

Les innovations de Mozart n'étaient pas éphémères, comme en témoignent plusieurs aspects de ses dernières œuvres pour cordes, les deux superbes quintettes : K. 593 en *ré* majeur (décembre 1790) et K. 614 en *mi* bémol majeur (12 avril 1791). La nouveauté formelle du premier mouvement de K. 593 (larghetto — allegro — larghetto — allegro) est unique dans toute la musique instrumentale de Mozart, et l'étonnant finale, avec son éclat contrapuntique, est dans le prolongement stylistique du finale de K. 590, de même que le finale de K. 614, où l'écriture fuguée est par moments d'une extraordinaire virtuosité. Le tout début de K. 614, avec les altos qui jouent en tierces sans accompagnement, reprend certainement l'idée des quatuors « prussiens » — accorder de l'importance aux instruments généralement moins favorisés. Par ces aspects formels et stylistiques, on peut considérer que ces quintettes couronnent une continuité unique dans toute la musique de Mozart. Il faut rappeler que, si grands que soient les meilleurs des quatuors, c'est dans les quintettes que Mozart, grand novateur dans la musique de chambre de cette espèce, domine tous ses contemporains.

ALEC HYATT KING

Sonates, duos, trios pour instruments à cordes

K. 46d
Sonate en *ut* majeur
NMA VIII :21.
Vienne, 1er sept. 1768 (autographe).
Allegro ; menuetto I, II.
Vln, basse.
Indication de tempo du premier mouvement de la main de Leopold Mozart dans l'autographe.

K. 46e
Sonate en *fa* majeur
NMA VIII :21
Vienne, 1er sept. 1768 (autographe).
Allegro ; menuetto I, II.
Vln, basse.
En-têtes des deux mouvements de la main de Leopold Mozart dans l'autographe.

K. 266 (271f)
Trio en *si* bémol majeur
AMA XXIV, n° 23a ; NMA VIII :21.
Probablement Salzbourg, début 1777.
Adagio, menuetto (allegretto).
2 vln, basse.

K. 423
Duo en *sol* majeur
AMA XV, n° 1 ; NMA VIII ;21.
Salzbourg, juil.-oct. 1783 (?).
Allegro ; adagio ; rondeau (allegro).
Vln, alto.

K. 424
Duo en *si* bémol majeur
AMA XV, n° 2 ; NMA VIII :21.
Salzbourg, juil.-oct. 1783 (?).

Adagio — allegro ; andante cantabile ; thema [con variazioni] (andante grazioso).
Vln, alto.

K. 563
Trio en *mi* bémol majeur
AMA XV, n° 4 ; NMA VIII :21.
Vienne, 27 sept. 1788 (*Verzeichnüss*).
Allegro ; adagio ; menuetto (allegretto) ; andante ; menuetto (allegretto) ; allegro.
Vln, alto, vlc.
Inscrit dans *Verzeichnüss* sous le titre « Ein Divertimento [...] di sei Pezzi ». Selon Berke (1982), les preuves ne suffisent pas pour établir avec certitude l'identité du trio dit « Puchberg » (K. 563 ou trio pour piano en *mi* majeur K. 542 ?), auquel Mozart fait allusion dans des lettres écrites le 16 avril 1789 et le 8 avril (ou avant) 1790.

Quatuors à cordes

K. 80 (73l)
***Sol* majeur**
AMA XIV, n° 1 ; NMA VIII :20/1/1.
Lodi, 15 mars (« alle 7. di sera ») 1770 (autographe).
Adagio ; allegro ; minuetto ; rondeau.
Quatuor composé à l'origine de trois mouvements ; rondeau ajouté ultérieurement : Vienne, 1773 ou Salzbourg, début 1774 (*Köchel 6*) (?). L'analyse du papier utilisé pour le rondeau situerait la date de composition dans la période 1773-1775 (Tyson 1987). Trio rayé et noté dans une forme révisée par Leopold Mozart (*Köchel 6*).

K. 136-138 (125a-c)
Trois divertimenti
Voir « Œuvres instrumentales diverses ».

K. 155 (134a)
***Ré* majeur**
AMA XIV, n° 2 ; NMA VIII :20/1/1.
Probablement Bolzano, Vérone, fin oct.-début nov. 1772.
[Allegro] ; andante ; molto allegro.

Indication de tempo du dernier mouvement de la main de Leopold Mozart dans l'autographe. K. 155-160 forment un cycle de quatuors.

K. 156 (134b)
Sol majeur
AMA XIV, n° 3 ; NMA VIII :20/1/1.
Probablement Milan, fin 1772.
Presto ; adagio ; tempi di menuetto.
En-têtes des deux derniers mouvements de la main de Leopold Mozart dans l'autographe. Mouvement lent d'origine (adagio, 24 mes.) abandonné et remplacé par un mouvement de rythme et de texture plus élaborés.

K. 157
Ut majeur
AMA XIV, n° 4 ; NMA VIII :20/1/1.
Probablement Milan, fin 1772 ou début 1773.
[Allegro] ; andante ; presto.
Indication de tempo du second mouvement de la main de Leopold Mozart dans l'autographe.

K. 158
Fa majeur
AMA XIV, n° 5 ; NMA VIII :20/1/1.
Probablement Milan, fin 1772 ou début 1773.
Allegro ; andante un poco allegretto ; tempo di minuetto.
Indication de tempo des deux premiers mouvements de la main de Leopold Mozart dans l'autographe.

K. 159
Si bémol majeur
AMA XIV, n° 6 ; NMA VIII : 20/1/1.
Probablement Milan, début 1773.
Andante ; allegro (rayé : assai) ; rondo (allegro grazioso).
Indication de tempo des mouvements extrêmes, et peut-être du second mouvement, de la main de Leopold Mozart dans l'autographe.

K. 160 (159a)
Mi bémol majeur
AMA XIV, n° 7 ; NMA VIII :20/1/1.

Probablement Milan, Salzbourg, début 1773.
Allegro ; un poco adagio ; presto.
Indication de tempo des deux premiers mouvements de la main de Leopold Mozart dans l'autographe.

K. 168
Fa majeur
AMA XIV, n° 8 ; NMA VIII :20/1/1.
Vienne, août 1773 (autographe).
Allegro ; andante ; menuetto ; allegro.
Date et indication de tempo du premier et dernier (?) mouvement de la main de Leopold Mozart dans l'autographe. K. 168-173 forment un cycle.

K. 168a
Menuet en *fa* **majeur**
NMA VIII :20/1/1.
Début 1775 (?).
Sans trio. Datation d'après Plath (1976/77).

K. 169
La majeur
AMA XIV, n° 9 ; NMA VIII :20/1/1.
Vienne, août 1773 (autographe).
Molto allegro ; andante ; menuetto ; rondeaux (allegro).
Date de la main de Leopold Mozart dans l'autographe.

K. 170
Ut majeur
AMA XIV, n° 10 ; NMA VIII :20/1/1.
Vienne, août 1773 (autographe).
[Thema] andante ; menuetto ; un poco adagio ; rondeaux (allegro).
Date et indication de tempo des premier, troisième et dernier mouvements de la main de Leopold Mozart dans l'autographe.

K. 171
Mi bémol majeur
AMA XIV, n° 11 ; NMA VIII :20/1/1.
Vienne, août 1773 (autographe).
Adagio — allegro assai — adagio ; menuetto ; andante ; allegro assai.
Date de la main de Leopold Mozart dans l'autographe.

K. 172
Si bémol majeur
AMA XIV, n° 12 ; NMA VIII :20/1/1.
Vienne, sept. 1773 (?).
[Allegro spiritoso] ; adagio ; menuetto ;
allegro assai.

K. 173
Ré mineur
AMA XIV, n° 13 ; NMA VIII :20/1/1.
Vienne, [sept. ?] 1773 (autographe).
Allegro ma molto moderato ; andantino
grazioso ; menuetto ; allegro.
Date et indication de tempo du premier
mouvement de la main de Leopold Mozart
dans l'autographe. Il subsiste une version
plus ancienne du finale fugué (83 mes.)

K. 387
Sol majeur
AMA XIV, n° 14 ; NMA VIII :20/1/2.
Vienne, 31 déc. 1782 (autographe).
Allegro vivace assai ; menuetto (première
édition : allegretto ; autographe : allegro) ;
andante cantabile ; molto allegro.
Mes. 125-142 du finale révisées. Premier
quatuor de la célèbre série de six dédiée à
Haydn et publiée par Artaria comme op. X
(Vienne, 1785). L'affectueuse dédicace en
italien de Mozart est datée « il p.^{mo} Septembre 1785 ». K. 387 parut comme n° 1 de
cette série ; pour les autres quatuors du
recueil, voir ci-dessous K. 421 (417b), 428
(421b), 458, 464 et 465. Lors d'une exécution privée des trois derniers, le 12
février 1785, Haydn déclara à Leopold
Mozart (en visite chez Wolfgang à
Vienne) : « Je vous le dis devant Dieu et en
tant qu'honnête homme : votre fils est le
plus grand compositeur que je connaisse,
en personne ou de nom. Il a du goût et, qui
plus est, la plus profonde connaissance de
la composition. »

K. 421 (417b)
Ré mineur
AMA XIV, n° 15 ; NMA VIII :20/1/2.
Vienne, juin 1783 (?).
Allegro moderato (moderato : rayé dans
l'autographe, mais présent dans la première
édition) ; andante ; menuetto (allegretto) ;
allegretto ma non troppo (à l'origine : allegretto ; puis : andante).

D'après Constanze (voir Rochlitz 1798-
1799), K. 421 (417b) fut écrit pendant sa
première grossesse (l'enfant, Raimund Leopold, est né le 17 juin 1783). Fragment de
mouvement lent (1 mes., partie de violon I
uniquement) dans autographe. Publié par
Artaria (Vienne, 1785) comme op. X n° 2.
Voir quatuor à cordes en *sol* majeur K. 387.

K. 428 (421b)
Mi bémol majeur
AMA XIV, n° 16 ; NMA VIII :20/1/2.
Vienne, juin-juil. 1783 (?).
Allegro non troppo ; andante con moto ;
menuetto (première édition : allegretto ;
autographe : allegro) ; allegro vivace.
Publié par Artaria (Vienne, 1785) comme
op. X n° 4. Voir quatuor à cordes en *sol*
majeur K. 387.

K. 458
Si bémol majeur (« La chasse »)
AMA XIV, n° 17 ; NMA VIII :20/1/2.
Vienne, 9 nov. 1784 (*Verzeichnüss*).
Allegro vivace assai ; menuetto (moderato) ;
adagio ; allegro assai.
Le surnom de ce quatuor lui vient du début
du premier mouvement, dont le caractère
évoque une sonnerie de chasse. Mozart
commença apparemment le premier mouvement à Vienne, au printemps ou à l'été de
1783 (Tyson 1987), où il écrivit jusqu'à la
mes. 106 (à en juger d'après l'encre) ; le
mouvement fut sans doute achevé quelque
temps plus tard, peut-être dans la seconde
moitié de 1784, au moment où il composa
semble-t-il le mouvement lent et le finale
(Tyson 1987). Le menuet et trio, une version fragmentaire antérieure du menuet (10
mes.) et un fragment de finale en rythme de
polonaise (K. Anh. 68 (589a), 65 mes., en
ébauche de partition à partir de la mes. 9)
peuvent également être datés de 1784
(Tyson 1987). Un autre fragment de finale
prestissimo à (13 mes., rayé) subsiste dans
l'autographe fol. 29v ; la version définitive
révisée commence fol. 30r. Publié par Artaria (Vienne, 1785) comme op. X n° 3. Voir
quatuor à cordes en *sol* majeur K. 387.

K. 464
La majeur
AMA XIV, n° 18 ; NMA VIII : 20/1/2.

Vienne, 10 janv. 1785 (*Verzeichnüss*).
Allegro ; menuetto ; andante (rayé : cantabile) ; allegro non troppo (première édition ; autographe : allegro).
A en juger d'après les autographes qui subsistent des quatuors dédiés à Haydn, il semble que la composition de K. 464 soit celle qui ait posé le plus de difficultés à Mozart : on relève dans l'autographe des changements de structure de l'andante (série de variations) et des modifications mes. 9-17 du menuet. Le fragment en *la* majeur K. Anh. 72 (464a) (170 mes.), rondo à 6/8, doit sans doute également être considéré comme un essai rejeté pour le finale. Publié par Artaria (Vienne, 1785) comme op. X n° 5. Voir quatuor à cordes en *sol* majeur K. 387.

K. 465
Ut majeur (« Les dissonances »)
AMA XIV, n° 19 ; NMA VIII :20/1/2.
Vienne, 14 janv. 1785 (*Verzeichnüss*).
Adagio — allegro ; andante cantabile (à l'origine : adagio) ; menuetto (première édition : allegretto ; autographe : allegro) ; allegro molto (première édition ; autographe : allegro).
Le surnom vient des audaces harmoniques de l'introduction lente. Publié par Artaria (Vienne, 1785) comme op. X n° 6. Voir quatuor à cordes en *sol* majeur K. 387.

K. 499
Ré majeur (« Hoffmeister »)
AMA XIV, n° 20 ; NMA VIII :20/1/3.
Vienne, 19 août 1786 (*Verzeichnüss*).
Allegretto ; menuetto (allegretto) ; adagio ; molto allegro (molto : ajouté ultérieurement dans l'autographe, figure également dans l'édition).
Publié par Hoffmeister (Vienne, 1786).

K. 546
Adagio et fugue en *ut* mineur
Voir « Œuvres instrumentales diverses ».

K. 575
Ré majeur (« prussien »)
AMA XIV, n° 21 ; NMA VIII :20/1/3.
Vienne, juin 1789 (*Verzeichnüss).*

Allegretto (*Verzeichnüss* : allegro) ; andante ; menuetto (allegretto) ; allegretto.
Fragment de finale (« rondeaux », 8 mes., partie de violon I uniquement, rayé) dans partition autographe. Inscription dans *Verzeichnüss* : « Pour Sa Majesté le roi de Prusse » (à la suite d'une commande ?) ; Mozart avait été reçu par Frédéric-Guillaume II, qui était violoncelliste, au printemps de 1789. Il composa ensuite trois quatuors dits aujourd'hui « prussiens » (publiés par Artaria, sans dédicace, juste après la mort de Mozart). Sur l'ordre de composition probable des mouvements de K. 575, 589 et 590, voir Tyson (1987). Voir quatuor en *mi* mineur K. 417d (« Fragments et esquisses »).

K. 589
Si bémol majeur (« prussien »)
AMA XIV, n° 22 ; NMA VIII :20/1/3.
Vienne, mai 1790 (*Verzeichnüss).*
Allegro ; larghetto ; menuetto (moderato) ; allegro assai.
Fragment de menuet (K. Anh. 75 (458a), 9 mes.) et deux fragments de finale (K. Anh. 71 (458b), 10 mes. ; allegretto, 18 mes., dans partition autographe, rayé, partie de violon I uniquement). Voir quatuor à cordes en *ré* majeur K. 575.

K. 590
Fa majeur (« prussien »)
AMA XIV, n° 23 ; NMA VIII :20/1/3.
Vienne, juin 1790 (*Verzeichnüss).*
Allegro moderato ; andante (autographe ; première édition : allegretto) ; menuetto (allegretto) ; allegro.
Esquisse pour menuet (42 mes., en particelle) et fragment de finale (K. Anh. 73 (589b), 16 mes., parties incomplètes de violon I et violoncelle uniquement). Voir quatuor à cordes en *ré* majeur K. 575.

Quintettes à cordes (2 violons, 2 altos, violoncelle)

K. 174
Si bémol majeur
AMA XIII, n° 1 ; NMA VIII :19/1.
Salzbourg, déc. 1773 (autographe).
Allegro moderato ; adagio ; menuetto ma allegretto (autographe) ; allegro.

Probablement composé au début de 1773 sous l'influence du *notturno* en *ut* majeur Perger 108 (daté du 17 février 1783) de Michael Haydn, puis révisé (et doté d'un nouveau trio et finale) à la lumière du *notturno* en *sol* majeur Perger 109 (daté du 1er décembre 1783).

K. 515
Ut majeur
AMA XIII, n° 4 ; NMA VIII :19/1.
Vienne, 19 avril 1787 (*Verzeichnüss*).
Allegro ; menuetto (allegretto) ; andante (à l'origine : larghetto) ; [allegro].
L'ordre des mouvements centraux donnés ci-dessus suit la première édition d'Artaria (Vienne, 1789) ; dans l'état actuel de l'autographe, les mouvements s'enchaînent dans l'ordre inverse (adopté par NMA). Copies manuscrites des quintettes K. 515, 516 et 406 (516b) proposées en souscription par Mozart dans le *Wiener Zeitung* les 2, 5 et 9 avril 1788 ; devant le peu de réponses, il prolongea la souscription, le 25 juin, jusqu'au 1er janvier 1789. Passage supprimé dans le finale (après la mes. 212, en ébauche de partition) conservé dans la partition autographe.

K. 516
Sol mineur
AMA XIII, n° 5 ; NMA VIII :19/1.
Vienne, 16 mai 1787 (autographe ; *Verzeichnüss*).
Allegro ; menuetto (allegretto) ; adagio ma non troppo ; adagio -allegro.
Le fragment K. Anh. 86 (516a) (*sol* mineur, 6/8, 8 mes., en ébauche de partition) est une ébauche de finale de style tzigane ; il subsiste également deux esquisses mélodiques pour le finale : a) *sol* mineur, 6/8, 6 mes., ressemblant au thème initial de la symphonie en *sol* mineur K. 550 ; b) *sol* majeur, 6/8, 8 mes. Il existe en outre un arrangement pour piano fragmentaire du mouvement lent (6 mes.), suivi sur la même feuille, d'un papier également employé pour K. 516 (Tyson, communication personnelle) de *Musikalisches Würfelspiel* K. 516f. Publié par Artaria (Vienne, 1790).

Voir quintette à cordes en *ut* majeur K. 515.

K. 406 (516b)
Ut mineur
AMA XIII, n° 2 ; NMA VIII :19/1.
Vienne, probablement 1788.
Allegro ; andante ; menuetto in canone ; [allegro].
Arrangement de la sérénade pour instruments à vent en *ut* mineur K. 388 (384a). 10 des 13 feuilles de la partition (fol. 3-11, 13) correspondent à un type de papier apparemment utilisé par Mozart à partir de décembre 1787 et pour la plupart des partitions de 1788 (Tyson 1989) ; bien que les deux premières feuilles soient sur un papier d'un type que Mozart n'emploie par ailleurs que pour l'acte I de *Don Giovanni* (Tyson 1990), l'encre qui a servi pour l'allegro initial et l'andante (fol. 1-7r) semble indiquer que ces deux mouvements ont été notés au même moment (probablement en 1788). (Les différences d'encre dans les mouvements suivants pourraient s'expliquer par une rédaction étalée sur une période plus longue.) Voir quintette à cordes en *ut* majeur K. 515.

K. 593
Ré majeur
AMA XIII, n° 7 ; NMA VIII :19/1.
Vienne, déc. 1790 (*Verzeichnüss*).
Larghetto (autographe ; *Verzeichnüss* : adagio) — allegro ; adagio ; menuetto (allegretto) ; allegro.
Une grande partie des premier, second et quatrième mouvements a sans doute été écrite avant le voyage de Mozart à Francfort en septembre 1790 (Tyson 1987). Les arpèges de violoncelle qui figuraient à l'origine dans le trio (mes. 14-28) ont été réécrits (plus graves). La figure en gamme chromatique descendante du finale est modifiée dans l'autographe par une autre main ; les variantes, avec des mouvements en dents de scie, simplifient l'exécution mais altèrent le caractère et la structure du mouvement ; elles sont probablement le fait de la maison d'édition, Artaria (Hess 1961). Voir mouvement de quintette fragmentaire en *ré* majeur K. Anh. 83 (592b) (« Fragments et esquisses »).

K. 614
Mi bémol majeur
AMA XIII, n° 8 ; NMA VIII :19/1.
Vienne, 12 avril 1791 (*Verzeichnüss*).
Allegro di molto ; andante ; menuetto (allegretto) ; allegro.

Voir mouvements de quintette fragmentaires en *mi* bémol majeur K. Anh. 81 (613a) et K. Anh. 82 (613b) (« Fragments et esquisses »).

JOHN ARTHUR

Piano : sonates et autres œuvres

Sonates

Il subsiste de la production de Mozart pour piano seul dix-huit sonates (dont la sonate composite K. 533 (594)), dix-sept séries de variations et approximativement soixante-cinq autres pièces, outre une série de variations et six sonates pour deux pianistes. De ces pièces, on peut penser que le mélomane moyen ne connaît guère que le rondo *alla turca* de K. 331 (300i), le thème qui ouvre la même sonate, les fantaisies en *ut* mineur et *ré* mineur K. 475 et 397 (385 g), et éventuellement la charmante sonate en *ré* majeur à quatre mains K. 448. Les plus avertis connaîtront peut-être, sans pouvoir leur donner de nom précis, les pièces et les mouvements de sonate qu'ils ont travaillés dans leur jeunesse. Une bonne partie de la musique de piano de Mozart n'est que trop tentante pour les professeurs de piano : on y trouve toujours une ligne mélodique claire et satisfaisante, ainsi qu'un accompagnement sans complication à portée d'une main enfantine ; on peut parvenir à un résultat plaisant sans un travail trop déprimant ; et, comme l'aurait dit Joseph II, il n'y a pas trop de notes.

Il arrive encore que les professeurs ignorent cette évidence qui transparaît avec éclat dès qu'un instrumentiste mûr et talentueux daigne jouer l'une de ces œuvres « faciles » : le jeune compositeur était prodigieusement doué. Terni tout à la fois par son usage didactique et par l'injuste et plate comparaison avec Beethoven, le meilleur de ce riche corpus est trop souvent négligé au profit d'œuvres de compositeurs-pianistes plus tardifs, dont l'expression et la technique sont plus ostentatoires. L'étude la plus sommaire des sonates montre cependant à l'évidence que leur « simplicité » est en fait de la retenue : le respect des convenances de la forme musicale. Les envolées de passion et la franche virtuosité des concertos, et même de certaines des fantaisies et des variations ultérieures, paraissaient manifestement inadaptées au climat plus intime (et peut-être plus académique) de la sonate.

Variations et autres pièces

« J'aimerais mieux, pour ainsi dire, négliger le piano que la composition ; pour moi le piano n'est qu'un à-côté, mais, Dieu merci, un à-côté très important » : c'est ce que Mozart dit à son père dans une lettre du 7 février 1778, et l'ensemble de ses variations et de ses pièces brèves illustre cette attitude ambivalente. Pendant au moins la première moitié de sa courte carrière, il gagna sa vie tout autant comme instrumentiste que comme compositeur, et les dix-sept séries de variations, ingénieuses élaborations de thèmes souvent très populaires ou choisis avec diplomatie, étaient des pièces de concert idéales. Certaines, comme la charmante série pour

Fischer, devinrent en quelque sorte les « signatures musicales » du jeune exécutant et furent par conséquent très demandées. Il est significatif que les variations soient parmi ses rares œuvres pour clavier à avoir été publiées de son vivant. La condamnation prononcée dans Grove (1889) par Parry, pour qui Mozart, n'étant pas « un homme d'intellectualité ou de sentiment profonds », écrivait des variations « ni impressionnantes, ni vraiment intéressantes », est trop générale, ignorant les forces de K. 455, 460 et les séries de variations des sonates K. 284 et 331.

La première série de pièces courtes (le cahier d'esquisses de Londres, K. Anh. 109b (151a-ss)) fut couchée sur le papier lors d'un séjour à Londres en 1764-1765. Mozart en écrivit en fait peut-être beaucoup plus que ces pièces simples qu'il eut le temps ou l'envie de noter. Elles se divisent en deux groupes, composés en avril-décembre 1764 et janvier-juillet 1765, dont le premier est particulièrement intéressant, car il fut noté tandis que Leopold souffrait d'une esquinancie, et alors que Wolfgang n'avait pas de piano à sa disposition.

Mozart n'avait pas besoin d'un clavier pour l'aider à composer, mais il utilisa néanmoins le piano pour des essais de contrepoint, comme en témoignent un certain nombre d'œuvres inachevées du début des années 1780. Il est tout à fait possible qu'il n'ait pas voulu se donner la peine de les noter toutes. Il faut se souvenir de son goût enfantin des mathématiques : le plaisir était pour lui dans l'exécution.

Pièces à quatre mains et à deux pianos

La musique pour deux pianistes était extrêmement peu courante lorsque Mozart composa sa sonate à quatre mains en *ut* majeur K. 19d en 1765. Leopold prétendait même, dit-on, qu'il s'agissait de la première sonate de ce type. Dans une lettre adressée à Breitkopf & Härtel en 1800, Nannerl disait que son frère en avait écrit d'autres, encore en sa possession. Elles sont malheureusement perdues aujourd'hui, mais elles comprenaient peut-être une sonate à quatre mains encore plus ancienne que K. 19d. Deux autres sonates à quatre mains, K. 381 (123a) et 358 (186c), furent composées avant la publication des quatre sonates de Charles Burney en 1777 et des deux sonates à quatre mains de J.C. Bach l'année suivante. W.F. Bach écrivit lui aussi des pièces à quatre mains et Johann Christian une suite à son opus 15, mais aucune de ces œuvres ne fut publiée.

Le quatre mains a toujours passé pour une curiosité — ce qui est étrange, puisqu'il n'est pas moins difficile, et certainement pas plus amusant, pour deux pianistes de se réunir que pour quatre instrumentistes à cordes. Pour Mozart, son attrait était bien entendu limité par l'absence de variété dans le timbre (il n'y a rien de tel que quatre mains qui s'affairent sur un clavier pour rappeler que le piano est un instrument à percussion), mais au moment d'écrire K. 448 et 497 il avait suffisamment d'expérience de l'écriture orchestrale et vocale pour tirer le meilleur parti de cette quasi-conversation qu'il permettait de nouer. C'est incontestablement en écrivant pour deux pianos, où les plaisanteries « vocales » peuvent être moins nombreuses et les possibilités mécaniques tellement plus vastes, qu'il fut le plus heureux. La sonate pour deux pianos en *ré* majeur K. 448 (375a) n'est pas sans un certain raffinement galant, et la sombre fugue pour deux pianos en *ut* mineur K. 426 est sans égale. Il est néanmoins significatif qu'il ait arrangé cette dernière pour cordes, comme si les deux pianos étaient essentiellement une formation sociable, humoristique, voire anti-académique. On ne peut écouter de bout en bout, et à plus forte raison jouer, K. 448 ou le concerto pour deux pianos K. 365 sans sourire.

Le piano de Mozart

Mozart écrivait à une époque où le piano évoluait à une allure stupéfiante vers ce que nous appelons aujourd'hui de ce nom, et lors de ses voyages professionnels il fut certainement appelé à jouer sur des instruments à clavier de nature diverse. Le musée Mozart de Salzbourg conserve un piano viennois d'Anton Walter. Son étendue est de deux octaves inférieure à celle du piano moderne, et il est muni d'un mécanisme de genouillère actionnant l'équivalent d'une pédale de résonance ainsi que d'un bouton permettant de jouer *una corda*. Le piano de Beethoven à Vienne comporte cinq pédales, qui permettent de relever les étouffoirs, de placer un feutre entre le marteau et la corde, de placer un parchemin au-dessus des cordes pour donner un effet de « clavecin », d'obtenir un effet de *sostenuto* dans le registre grave, et de jouer *una corda*. Un registre sur le côté droit de l'instrument permet en outre de choisir entre des effets *una* ou *due corde*. Dix ans après la mort de Mozart, Erard construisit pour Napoléon un piano avec « sourdine », « janissaire », « basson », « céleste », entre autres effets.

Quiconque a eu la chance de jouer Mozart sur un forte-piano de Longman et Broderip ou du même type, ou encore sur un instrument de facture viennoise, témoignera de l'impression immédiate de clarté, en particulier dans les octaves graves. Alors qu'un passage en basse d'Alberti (arpèges) dans le grave risque de produire une sorte de bouillie sonore sur un piano à queue moderne à cadre métallique, sur le forte-piano chaque note se détache de la suivante aussi clairement que sur un clavecin. Il est facile d'atteindre à une vélocité régulière sur un instrument dont les touches ne demandent que quelques grammes de force pour être actionnées et dont l'enfoncement n'est que de 6 à 7 millimètres. La sonorité étrange du jeu *una corda* est elle aussi une découverte saisissante : mince, pâle, mais jamais étouffée. Les Mozart possédaient un instrument de l'atelier de

Franz Jakob Spaeth, mais une lettre à Leopold du 17 octobre 1777 nous apprend que les pianos préférés de Mozart étaient ceux du facteur d'Augsbourg, Johann Andreas Stein. Cette lettre mérite d'être longuement citée :

> Je dois cette fois commencer tout de suite par les piano-forte de Stein. Avant que je n'eusse rien vu du travail de Stein, c'étaient les claviers de Spaeth que je préférais. Mais maintenant je dois donner la préférence à ceux de Stein, car ils étouffent bien mieux que ceux de Ratisbonne. Lorsque je joue fort, que je laisse le doigt sur la touche ou que je le relève, le son cesse dans l'instant où je le fais entendre. Je peux enfoncer les touches comme je veux, et le son est toujours égal. Il ne tinte jamais, il n'est jamais plus fort ou plus faible, voire inexistant ; en un mot, tout est égal. Il est vrai qu'il ne cède pas pareil piano-forte à moins de 300 florins : mais la peine et l'application qu'il y met n'ont pas de prix. Ses instruments ont sur les autres l'avantage d'être construits avec un échappement. Or pas un facteur sur cent ne s'en soucie. Pourtant, sans échappement, il est impossible qu'un piano-forte ne tinte ou ne résonne après coup. Lorsqu'on frappe les touches, les marteaux retombent dès qu'ils ont touché les cordes, qu'on les tienne ou qu'on les relâche.

La technique de clavier
Les exigences techniques des sonates de Mozart varient peu des premières aux dernières, laissant à penser que sa technique prodigieuse et précoce n'évolua guère.

Ses lettres donnent souvent des aperçus sur les idées bien arrêtées qu'il avait dans ce domaine. Ecrivant à Leopold le 7 juin 1783, il recommande à sa sœur de jouer avec une main calme et souple, et déplore les excès de rapidité. « Qu'elle arrive à exécuter les sixtes et octaves avec la dernière vélocité (ce dont personne n'est capable, pas même Clementi), elle aura produit un effroyable hachis et rien de plus. » Ailleurs il préconise une attention précise aux nuances et à la rigueur du tempo de la main gauche lorsque la droite joue *tempo rubato* dans un adagio.

Ses critiques sur le jeu mécanique de Clementi, sur l'exécution précipitée de l'un des concertos par Vogler, ajoutées à une lettre drôle et cruelle du 23 octobre 1777, qui décrit les affectations grossières de Maria Stein, nous donnent de Mozart l'image d'un pianiste plus soucieux de « goût » (24 avril 1784), de « sentiment » (28 avril 1784), de « précision » (13 novembre 1777) que de démonstration technique. Le 22 janvier 1777 il écrit à Leopold : « Vous savez que je ne suis pas grand amateur de difficultés. » Sans nul doute parce qu'il avait maîtrisé les difficultés techniques dès son plus jeune âge, il avait plus d'estime pour les mouvements lents, dont on peut penser qu'ils sont les plus grands défis pour l'exécutant. « Il est bien plus facile de jouer une chose rapidement que lentement : dans les passages difficiles on peut laisser de côté quelques notes sans que personne ne le remarque. Mais est-ce de la belle musique ? »

411

Influences et héritages

J.C. Bach

On peut estimer que J.C. Bach était le plus proche de l'idéal pianistique de Mozart dans son alliance des styles italien et allemand. L'admiration que lui vouait Mozart apparaît à l'évidence dans les citations : du quintette en *ré* majeur op.11 n° 6 de Bach dans le rondo K. 485 et de la quatrième sonate d'un recueil de six, op. 17, dans l'allegro de K. 333. « Je l'aime, ainsi que vous le savez bien, de tout cœur, et j'ai pour lui la plus haute estime ; quant à lui, il est certain qu'il a vraiment fait mon éloge, non seulement devant moi, mais auprès d'autres personnes, et sans exagération, comme certains, mais avec sérieux. » (Lettre du 27 août 1778.)

J.S. Bach

Si les œuvres pour clavecin et orgue de Bach père étaient encore méconnues à Vienne à cette époque, Mozart les découvrit en 1781 en participant, en tant qu'exécutant et « arrangeur », aux concerts privés donnés le dimanche matin par le baron van Swieten. Cette rencontre donna ses fruits non seulement dans la musique d'église de Mozart, mais également dans son extraordinaire prélude et fugue en *ut* majeur K. 394 (383a) et dans le parfum contrapuntique des dernières sonates.

Haydn

Pour Einstein, l'influence de Joseph Haydn sur Mozart est la seconde en importance, après celle de J.C. Bach ; mais son legs le plus considérable est dans le domaine du quatuor à cordes, dont il lui montra toutes les possibilités. On peut penser que la tradition de la sonate pour piano, dont il fut à l'origine, s'est transmise à Beethoven par l'intermédiaire de Clementi sans passer par Mozart. A leur manière discrète, les sonates pour piano de Haydn sont révolutionnaires, alors que celles de Mozart cherchent la perfection au sein d'une structure qu'elles respectent. Les six sonates de Haydn de 1773 trouvent peut-être un écho dans l'irrégularité de K. 282 (189 g) et, n'était le ton purement mozartien de son rondo, K. 281 (189f) pourrait être considéré comme un hommage. Si l'œuvre du frère cadet de Haydn, Michael, a influencé Mozart dans sa musique pour clavier, ce fut uniquement dans le cadre du mouvement lent méditatif : « une sorte de rêverie qui atteignait souvent le sommet de sa création artistique » (Saint-Foix 1932).

Leopold Mozart

On ne saurait surestimer l'influence de Leopold Mozart sur le développement de la technique de jeu et de composition de son fils. Compositeur typiquement salzbourgeois, il fournit à Wolfgang ses premiers modèles dans le domaine de la musique de clavier : Telemann, C.P.E. Bach, Hasse et Kirchoff.

Eckard

C'est à Bruxelles que Mozart découvrit les sonates de Johann

Eckard, compositeur et élève de C.P.E. Bach. Il en hérita la forme sonate, alors nouvelle, qu'il développa en une forme en trois mouvements. Il était également un adepte de la basse d'Alberti (accompagnement en accords brisés), qui prévaut dans les premières œuvres pour clavier de Mozart.

Schobert

Johann Schobert, claveciniste et compositeur établi à Paris, plus populaire qu'Eckard, contribua lui aussi au développement de la forme sonate. Malgré les craintes de Leopold, qui redoutait une influence de mauvais goût, l'emploi chez Schobert des tonalités mineures et du *tempo rubato* à des fins expressives laissa une empreinte bénéfique sur K. 310 (300d).

Clementi

Parce qu'il représentait tant de ce que Mozart prétendait détester, Clementi contribua involontairement à définir l'esthétique pianistique de Mozart. Bien que les sonates de Clementi manquent de grâce et de subtilité jusqu'en 1780 et qu'il n'ait rien écrit de vraiment abouti avant 1791, c'était un musicien avec qui compter sur le plan professionnel. Les premières sonates de Clementi sont synonymes de renommée et d'argent facile : on comprend que Mozart, s'adressant à sa sœur dans une lettre à son père (7 juin 1783), se montre à la fois irrité par son confrère et envieux :

> Quiconque les joue ou les entend doit sentir de soi-même que leur composition ne signifie rien. On n'y trouve aucun passage remarquable ou frappant à l'exception des sixtes et des octaves. Et je prie ma sœur de ne pas trop s'y adonner, afin de ne pas gâter sa main si calme et si bien posée, de ne pas perdre par là sa naturelle légèreté, sa souplesse.

Après le concours qui les opposa la veille de Noël 1781, les propos de Mozart sur son rival se firent de plus en plus vénéneux, qu'il s'agisse du pianiste (un « *mechanicus* ») ou du compositeur (un « *ciarlatano* »). Un an et demi plus tard, il écrivait encore : « Cela mis à part, il ne peut rien faire, absolument rien, car il n'a pas la moindre expression ou goût, encore moins de sentiment. »

Si l'on ne peut dire que Clementi exerça une influence sur Mozart, celui-ci n'en cultiva pas moins un goût analogue pour la virtuosité mécanique dans certaines séries de variations et œuvres à quatre mains.

Tonalités

Les progressions tonales dans les œuvres pour clavier de Mozart sont remarquablement restreintes comparées à celles de Haydn. Dans ses sonates, Haydn module pour les simples besoins de diversité et de surprise, et il arrive même que ses procédés enharmoniques conduisent à des changements d'armure au sein d'un mouvement. Les modulations de Mozart, en revanche, répondent toujours à la logique structurelle de la sonate ; il emploie des tonalités de base simples, neutres, comme *ut, ré, fa, si* bémol et *mi*

413

bémol majeur, et les effets de surprise y sont d'autant plus surprenants précisément qu'ils sont rares. Les tonalités de départ sont suffisamment neutres pour que les excursions, sans être révolutionnaires, paraissent saisissantes : ainsi l'accord de septième diminuée aux mesures 15-16 de l'andante de K. 283 (189 h).

Il y a bien entendu des exceptions. Les fantaisies ont par nature un caractère quasi improvisé qui réserve davantage de surprises. La sonate K. 310 (300d) emploie la tonalité « tragique » de *la* mineur, et son climat ténébreux et extrêmement dramatique a incité certains commentateurs à la rapprocher des sombres événements de la vie de Mozart en 1778. La sonate K. 331 (300i) explore le pôle opposé, avec une tonalité, *la* majeur, qui convient à la nature hybride de l'œuvre. L'*ut* mineur de la sonate K. 457 et de la fantaisie K. 475 est l'exemple le plus manifeste de tonalité « expressive », encore que même K. 457 soit centré sur un adagio en *mi* bémol majeur.

Piano seul : sonates

K. 279 (189d)
Ut majeur
AMA XX, n° 1 ; NMA IX :25/1.
Munich, début 1775.
Allegro ; andante ; allegro.
Mozart composa K. 279-283 alors qu'il était à Munich pour la première représentation de *La finta giardiniera*, sans doute afin de les jouer en voyage, et pouvoir les copier facilement à l'intention d'éventuels mécènes.

K. 280 (189e)
Fa majeur
AMA XX, n° 2 ; NMA IX :25/1.
Munich, début 1775.
Allegro assai ; adagio ; presto.

K. 281 (189f)
Si bémol majeur
AMA XX, n° 3 ; NMA IX :25/1.
Munich, début 1775.
Allegro ; andante amoroso ; rondeau ; allegro.
L'influence de Haydn est perceptible dans cette sonate qui pourrait être un hommage. Dans le rondo, où Mozart, dit-on, se soustrait pour la première fois à l'influence de J.C. Bach, la bonne humeur le dispute à la virtuosité.

K. 282 (189 g)
Mi bémol majeur
AMA XX, n° 4 ; NMA IX :25/1.
Munich, début 1775.
Adagio ; menuetto I et II ; allegro.
Avec K. 331, c'est la seule sonate pour piano dont le premier mouvement ne soit pas de forme sonate.

K. 283 (189 h)
Sol majeur
AMA XX, n° 5 ; NMA IX :25/1.
Munich, début 1775.
Allegro ; andante ; presto.

K. 284 (205b)
Ré majeur
AMA XX, n° 6 ; NMA IX :24/1.
Munich, début 1775.
Allegro ; rondeau en polonaise : andante ; thema : andante (et 12 variations).
Composée pour le baron Thaddäus von Dürnitz (1756-1807), cette sonate est la première pour laquelle Wyzewa et Saint-Foix ne trouvent pas de modèle. C'est la première fois que Mozart emploie des variations dans une sonate (et la seule, avec celles qui ouvrent K. 331) ; c'est aussi la première série de variations qui ait à la fois profondeur et diversité. Fragment de premier mouvement (71 mes.) en tête de la partition autographe.

K. 309 (284b)
Ut **majeur**
AMA XX, n° 7 ; NMA IX :25/1.
Mannheim, oct.-nov. 1777.
Allegro con spirito ; andante un poco adagio ; rondeau : allegretto grazioso.
Ecrite pour Rosina [Rosa] (* 1764), fille du compositeur et musicien de la cour de Mannheim Christian Cannabich. Mozart a conçu l'andante comme un portrait de Rosa (lettre du 6 décembre 1777). On y trouve également des échos de l'impression que fit sur lui l'orchestre de Mannheim.

K. 311 (284c)
Ré **majeur**
AMA XX, n° 9 ; NMA IX :25/1.
Mannheim, oct.-nov. 1777.
Allegro con spirito : andante con espressione ; rondo : allegro.

K. 310 (300d)
La **mineur**
AMA XX, n° 8 ; NMA IX :25/1.
Paris, été 1778.
Allegro maestoso ; andante cantabile con espressione ; presto.
Tire parti, comme K. 309, des possibilités dynamiques et du *sostenuto* du nouveau piano.

K. 330 (300 h)
Ut **majeur**
AMA XX, n° 10 ; NMA IX :25/2.
Salzbourg, 1783 (?).
Allegro moderato ; andante cantabile ; allegretto.
K. 330-333 sont sans doute des pièces que Mozart destinait à l'exécution et à l'enseignement et qu'il composa avant de quitter Salzbourg pour rentrer à Vienne. Pour la première édition de K. 330, Mozart ajouta, entre autres modifications, une coda de quatre mesures à l'andante.

K. 331 (300i)
La **majeur**
AMA XX, n° 11 ; NMA IX :25/2.
Salzbourg, 1783 (?).
Andante grazioso ; menuetto et trio ; alla turca : allegretto.

Morceau de bravoure qui cède à la vogue de la musique « turque » et qui ne fait aucun usage de la forme sonate.

K. 332 (300k)
Fa **majeur**
AMA XX, n° 12 ; NMA IX :25/2.
Salzbourg, 1783 (?).
Allegro ; adagio ; allegro assai.
La première édition donne pour l'adagio une reprise extrêmement ornée.

K. 333 (315c)
Si **bémol majeur**
AMA XX, n° 13 ; NMA IX :25/2.
Linz, 1783 (?).
Allegro ; andante cantabile ; allegretto grazioso.
Sans nul doute une pièce de concert destinée à l'usage personnel de Mozart.

K. 457
Ut **mineur**
AMA XX, n° 14 ; NMA IX : 25/2.
Vienne, 14 oct. 1784 (*Verzeichnüss*).
Molto allegro ; adagio ; allegro assai (première édition ; copie : [allegro] agitato).
Publiée et généralement exécutée avec la fantaisie en *ut* mineur K. 475 (voir ci-dessous). Dédiée à Therese von Trattner, élève de Mozart et épouse de Johann Thomass von Trattner, éditeur et imprimeur.

K. 533 + 494
Fa **majeur**
AMA XXII, n° 8 et XXII, n° 14 ; NMA IX :25/2.
Rondo : Vienne, 10 juin 1786 (autographe). Allegro et andante : Vienne, 3 janv. 1788 (*Verzeichnüss*).
Allegro ; andante ; rondo : allegretto (autographe : andante).
Au rondo K. 494, dans une forme augmentée (avec une nouvelle cadence de 27 mes.), Mozart ajouta ensuite un allegro et un andante pour former une sonate, publiée par Hoffmeister (Vienne, 1788). Les passages contrapuntiques de l'allegro, qui semblent ne lui demander aucun effort, nous rappellent que Mozart avait arrangé des fugues de Bach pour les ensembles de

415

cordes de van Swieten. L'étendue relativement restreinte de K. 494 a conduit Einstein à penser qu'il pourrait avoir été composé pour un piano plus ancien que K. 533.

K. 545
Ut majeur
AMA XX, n° 15 ; NMA IX :25/2.
Vienne, 26 juin 1788 (*Verzeichnüss*).
Allegro ; andante ; rondo : allegretto grazioso.
Inscrite dans le catalogue de Mozart avec la mention : « pour les débutants ». Inédite du vivant de Mozart.

K. 570
Si bémol majeur
AMA XX, n° 6 ; NMA IX :25/2.
Vienne, févr. 1789 (*Verzeichnüss*).
Allegro ; adagio ; allegretto.
Il pourrait peut-être s'agir d'un ouvrage didactique. Accompagnement de violon de la première édition (Vienne, 1796) probablement apocryphe. Fragment de premier mouvement de sonate (K. Anh. 31 (569a), 19 mes.) sans doute à rattacher à K. 570 (Tyson 1987).

K. 576
Ré majeur
AMA XX, n° 17 ; NMA IX :25/2.
Vienne, juil. 1789 (*Verzeichnüss*).
Allegro ; adagio ; allegretto.
Sonate traditionnellement rattachée à une supposée commande que Mozart aurait reçue de « six sonates faciles pour la princesse Frédérique » de Prusse (lettre à Puchberg des 12-14 juillet 1789). Mais aucun document n'atteste la réalité de cette commande et le caractère musical de K. 576 semble contredire cette hypothèse.

Piano solo : variations

K. Anh. 208 (24)
8 variations en *sol* majeur
sur « Laat ons Juichen » de C.E. Graaf (1723)
AMA XXI, n° 1 ; NMA IX :26.
La Haye, janv. 1766.

Fondées sur une chanson néerlandaise et publiées à La Haye, 1766.

K. 25
7 variations en *ré* majeur
sur « Willem van Nassau »
AMA XXI, n° 2 ; NMA IX :26.
Amsterdam, févr. 1766.
Fondées sur un chant national néerlandais, peut-être du début du XVIIᵉ siècle.

K. 180 (173c)
6 variations en *sol* majeur
sur « Mio caro adone » de *La fiera di Venezia* de Salieri (Vienne 1772)
AMA XXI, N° 4 ; NMA IX :26.

K. 179 (189a)
12 variations en *ut* majeur
sur le menuet final du concerto pour hautbois n° 1 de J.C. Fischer
AMA XXI, n° 3 ; NMA IX :26.
Salzbourg, été 1774.
Cette série — qui servit à Mozart de morceau de bravoure à Munich en 1774 et à Paris en 1778, et dont Leopold confirme la popularité — illustre bien le goût contemporain.

K. 354 (299a)
12 variations en *mi* bémol majeur
sur « Je suis Lindor » de la musique de scène d'A.L. Baudron pour *Le barbier de Séville* de Beaumarchais
AMA XXI, n° 9 ; NMA IX :26.
Paris, printemps/été 1778.
L'une des pièces de concert les plus estimées de Mozart, qui la joua par la suite souvent à Vienne.

K. 265 (300e)
12 variations en *ut* majeur
sur « Ah vous dirai-je maman » (chanson française)
AMA XXI, n° 6, NMA IX :26.
Vienne, 1781-1782.
Datation traditionnelle (1778, au moment de la maladie et de la mort de sa mère à Paris) maintenant considérée comme erronée. Nouvelle datation étayée par les études graphologiques de Plath.

Portrait de Mozart par Barbara Kraft, 1819. Vienne, Société des amis de la musique.
Ph. G. Dagli Orti.

Leopold Mozart. Vienne, Société des amis de la musique. Ph. G. Dagli Orti.

Maria Anna Mozart, née Pertl. Anonyme, vers 1770. Salzbourg, maison natale de Mozart. Ph. G. Dagli Orti.

*Maria Anna, connue sous le nom de Nannerl. Soeur de Mozart. Salzbourg,
maison natale de Mozart. Ph. G. Dagli Orti.*

Constanze Mozart, née Weber. Vienne, maison de Mozart. Ph. G. Dagli Orti.

Karl et Franz Xaver Mozart, fils de Wolfgang Amadeus. Peinture de Hans Hansen, vers 1789. Salzbourg, maison natale de Mozart. Ph. G. Dagli Orti.

Réunion à Vienne de la loge maçonnique Zur gekrönten Hoffnung *en 1790. Mozart est assis à droite, au premier plan. Vienne, musée historique. Ph. G. Dagli Orti.*

Mozart au pianoforte, par Joseph Lange, 1789-90. Salzbourg international Stiftung Mozarteum.

K. 353 (300f)
12 variations en *mi* bémol majeur
sur « La belle Françoise »
AMA XXI, n° 8 ; NMA IX :26.
Vienne, 1781-1782.

K. 264 (315d)
9 variations en *ut* majeur
sur « Lison dormait » de la *Julie* de N.
Dezède (Paris, 1772)
AMA XXI, n° 5 ; NMA IX :26.
Paris, fin été/automne 1778.

K. 352 (374c)
8 variations en *fa* majeur
sur « Dieu d'amour » (marche), chœur de
Les mariages samnites de Grétry (Paris,
1776).
AMA XXI, n° 7 ; NMA IX :26.
Vienne, juin 1781.

K. 398 (416e)
6 variations en *fa* majeur
sur « Salve tu, Domine » de *I filosofi imma-
ginarii* de Paisiello (Vienne, 1781)
AMA XXI, n° 10 ; NMA IX :26.
Vienne, mars 1783.
Morceau de bravoure avec trois cadences.

K. 460 (454a)
8 variations en *la* majeur
sur « Come un agnello » de *Fra i due litiganti* de Sarti (Milan, 1782)
AMA XXI, n° 12.
Voir « Fragments et esquisses ».

K. 455
10 variations en *sol* majeur
sur « Les hommes pieusement » (« Unser
dummer Pöbel meint ») de *La rencontre
imprévue* de Gluck (Vienne, 1764)
AMA XXI, n° 11 ; NMA IX :26.
Vienne, 25 août 1784 (*Verzeichnüss*).
Mozart improvisa des variations sur cet air,
sans doute en présence de Gluck, lors d'un
concert donné le 23 mars 1783. Le fragment de près de cinq variations complètes
(dans lequel les variations V et VIII de la
version définitive suivent la variation III)
date probablement de cette même époque.

K. 500
12 variations en *si* bémol majeur
sur un allegretto anonyme (de Mozart ?).
AMA XXI, n° 13 ; NMA IX :26.
Vienne, 12 sept. 1786 (*Verzeichnüss*).

K. 54 (547a, 547b)
5 variations en *fa* majeur
NMA IX :26.
Vienne, juil. 1788.
Thème probablement original. La première
édition de Hoffmeister (Vienne, 1793)
comporte une quatrième variation apocryphe et une coda qui manque dans l'autographe. Elaborées d'après la sonate pour
violon K. 547.

K. 573
9 variations en *ré* majeur
sur le menuet de la sonate pour violoncelle
op. 4 n° 6 de J.P. Duport
AMA XXI, n° 14 ; NMA IX :26.
Potsdam, 29 avril 1789 (*Verzeichnüss*).
Peut-être écrites en l'honneur de Duport,
directeur de la musique de la chambre de
Frédéric Guillaume II, qui reçut Mozart à
cette époque. Le catalogue thématique de
Mozart ne fait état que de six variations.

K. 613
8 variations en *fa* majeur
sur « Ein Weib ist das herrlichste Ding » de
B. Schack ou F. Gerl, extrait de la pièce *Der
dumme Gärtner* de Schikaneder (Vienne,
1789)
AMA XXI, n° 15 ; NMA IX :26.
Vienne, mars 1791.

Divers

K. 1a
Andante en *ut* majeur
NMA IX :27/1.
Salzbourg, début 1761.

K. 1b
Allegro en *ut* majeur
NMA IX :27/1.
Salzbourg, début 1761.

K. 1c
Allegro en *fa* **majeur**
NMA IX :27/1.
Salzbourg, 11 déc. 1761.

K. 1d
Menuet en *fa* **majeur**
NMA IX :27/1.
Salzbourg, 16 déc. 1761.

K. 1 (1e)
Menuet en *sol* **majeur**
AMA XXII/1, n° 1 ; NMA IX :27/1.
Salzbourg, déc./janv. 1761/62.

K. 1f
Menuet en *ut* **majeur**
NMA IX :27/1.
Salzbourg, déc./janv. 1761/62.

K. 2
Menuet en *fa* **majeur**
AMA XXII, n° 2 ; NMA IX :27/1.
Salzbourg, janv. 1762.

K. 3
Allegro en *si* **bémol majeur**
AMA XXII, n° 12 ; NMA IX :27/1.
Salzbourg, 4 mars 1762.

K. 4
Menuet en *fa* **majeur**
AMA XXII, n° 3 ; NMA IX :27/1.
Salzbourg, 11 mai 1762.

K. 5
Menuet en *fa* **majeur**
AMA XXII, n° 4 ; NMA IX :27/1.
Salzbourg, 5 juil. 1762.

K. 9a (5a)
Allegro en *ut* **majeur**
NMA IX :27/1.
Eté 1763.

K. 33B
Pièce pour piano (sans titre) en *fa* **majeur**
NMA IX :27/2.
Zurich, début oct. 1766.

K. 61gII
Menuet en *ut* **majeur**
NMA IX :27/2.
1770.

K. 94 (73 h)
Menuet en *ré* **majeur**
AMA XXII, n° 5 ; NMA IX :27/2.
Salzbourg, 1769.

K. 284a
Prélude en *ut* **majeur**
AMA XXIV, n° 24 ; NMA IX :27/2.
Munich, début oct. 1777.
Ce prélude en quatre sections (=cappricio
K. 395 (300 g)) fut écrit en réponse au
post-scriptum ajouté par Nannerl dans la
lettre de son père du 28-29 septembre 1777.

K. 315a (315 g)
8 menuets
NMA IX :27/2.
Salzbourg, fin 1773.
Version orchestrale perdue. Le trio du n° 8
n'a rien à voir avec cette série puisqu'il fut
écrit plus tard, vers 1779-1780 (Plath 1976/
77).

K. 394 (383a)
Prélude et fugue en *ut* **majeur**
AMA XX, n° 18 ; NMA IX :27/2.
Vienne, avril 1782.
Œuvre composée pour satisfaire au désir de
Constance de voir Mozart écrire des
fugues. Dans une lettre à Nannerl (20 avril
1782), Mozart s'explique sur son origine et
raconte comment il composa le prélude
tout en notant la fugue.

K. 408/1 (383e)
Marche en *ut* **majeur**
NMA IX :27/2.
Vienne, probablement 1782.
Arrangement de l'une des marches pour
orchestre K. 408.

K. 396 (385f)
Fantasie en *ut* mineur
AMA XX, n° 19 ; NMA IX :27/2.
Voir mouvement de sonate en *ut* mineur
pour piano et violon K. 396 (385f) (« Fragments et esquisses »).

K. 397 (385 g)
Fantaisie en *ré* mineur
AMA XX, n° 20 ; NMA IX :27/2.
Vienne, début 1782 ou plus tard (?).
Fragment à l'origine (?). Dix premières
mesures manquantes dans la première édition (Vienne, 1804) ; ajoutées probablement par A.E. Müller pour l'édition ultérieure de Breitkopf & Härtel (Hirsch
1944).

K. 399 (385i)
Suite en *ut* majeur
AMA XXII, n° 10 ; NMA IX :27/2.
Vienne, probablement 1782.
Ouverture ; allemande ; courante.
Sarabande incomplète (6 mes.). Œuvre
écrite dans le style de Haendel.

K. 453a
Marche funèbre del Sig.^r Maestro Contrapunto
NMA IX :27/2.
Vienne, 1784.
Marche funèbre parodique dans l'esprit de
l'acte I de *Così*.

K. 475
Fantaisie en *ut* mineur
AMA XX, n° 21 ; NMA IX :25/2.
Vienne, 20 mai 1785 (*Verzeichnüss*).
Adagio ; allegro ; andantino ; più allegro ;
tempo primo.
Publiée avec la sonate en *ut* mineur K. 457
(Vienne, 1785) comme op. 11, bien qu'elle
puisse prétendre à une existence autonome,
avec ses idées à la fois nombreuses et pleinement développées.

K. 485
Rondo en *ré* majeur
AMA XXII, n° 7 ; NMA IX :27/2.
Vienne, 10 janv. 1786 (autographe).

Ne figure pas dans le catalogue thématique
de Mozart. Dédicace (à Charlotte von
Würben ?) effacée sur l'autographe.

K. 509
6 danses allemandes
NMA IX :27/2.
Prague, 6 févr. 1787.
Contrairement à son habitude, Mozart
semble avoir écrit les arrangements pour
clavier avant la version orchestrale (Flothuis
1980[3]).

K. 511
Rondo en *la* mineur
AMA XXII, n° 9 ; NMA IX :27/2.
Vienne, 11 mars 1787 (autographe et *Verzeichnüss*).

K. 540
Adagio en *si* mineur
AMA XXII, n° 16 ; NMA IX :27/2.
Vienne, 19 mars 1788 (*Verzeichnüss*).
Seule pièce autonome en *si* mineur que l'on
connaisse. Fragment (K. *deest*, 6 mes.) dans
copie d'Aloys Fuchs.

K. 574
Eine kleine Gigue en *sol* majeur
AMA XXII, n° 7 ; NMA IX :27/2.
Leipzig, 16 mai 1789 (autographe).
Modelée sur la gigue de la huitième suite,
en *fa* mineur, de Haendel. Ecrite impromptue dans le cahier de K. I. Engel, organiste
de la cour à Leipzig.

K. 355 (576b)
Menuet en *ré* majeur
AMA XXII, n° 6 ; NMA IX :27/2.
Vienne, v. 1789-1791 (?).
Autographe inconnu ; publié par Mollo
(Vienne, 1801) avec un trio en *si* mineur de
l'abbé Stadler.

K. 236 (588b)
Andantino en *mi* bémol majeur
AMA XXII, n° 15.
Vienne, v. 1790 (?).
Thème de Gluck ; destiné à des variations (?).

Quatre mains : sonates

K. 19d
Sonate en *ut* majeur
NMA IX :24/2.
Londres, été 1765.
Sur le portrait de famille de 1780-1781, Nannerl et Wolfgang jouent peut-être cette pièce : la main gauche de Nannerl et la main droite de Wolfgang se croisent, comme ici dans le rondo.

K. 381 (123a)
Sonate en *ré* majeur
AMA XIX, n° 3 ; NMA IX :24/2.
Salzbourg, milieu 1772.
Allegro ; andante ; allegro molto.
Cette « réduction d'une symphonie italienne » (Einstein) fut jouée par Nannerl et Wolfgang à Paris et à Vienne.

K. 358 (186c)
Sonate en *si* bémol majeur
AMA XIX, n° 2 ; NMA IX :24/2.
Salzbourg, 1773-1774.
[Allegro] ; [adagio] ; molto presto.
Jouée par Nannerl et Wolfgang à Paris et à Vienne. Brillant finale.

K. 497
Sonate en *fa* majeur
AMA XIX, n° 4 ; NMA IX :24/2.
Vienne, 1er août 1786 (*Verzeichnüss*).

Adagio ; allegro di molto ; andante ; [allegro].

K. 521
Sonate en *ut* majeur
AMA XIX, n° 5 ; NMA IX :24/2.
Vienne, 29 mai 1787 (*Verzeichnüss*).
Ecrite pour Franziska von Jacquin.

Quatre mains : variations

K. 501
Andante avec 5 variations en *sol* majeur
AMA XIX, n° 6 ; NMA IX :24/2.
Vienne, 4 nov. 1786 (*Verzeichnüss*).
Thème d'origine inconnue (probablement de Mozart). Destiné au départ à deux claviers, mais publié sous forme de quatre mains traditionnel.

Deux pianos

K. 426
Fugue en *ut* mineur
AMA XIX, n° 7 ; NMA IX :24/1.
Arrangée en 1788 (K. 546) pour quatuor à cordes ou orchestre à cordes, avec introduction *adagio* (qui à son tour fut arrangée pour deux pianos).

K. 448 (375a)
Sonate en *ré* majeur
AMA XIX, n° 8 ; NMA IX :24/1.
Vienne, nov. 1781.
Il s'agit peut-être de l'œuvre jouée par Mozart et son élève Josepha Auernhammer lors du concert privé donné le 23 novembre 1781. Pour Einstein, cette sonate marque l'apogée de l'évolution du style concertant.

PATRICK GALE

Orgue mécanique et armonica de verre

L'orgue mécanique

Les compositions pour orgue mécanique ont ceci de particulier qu'elles sonnent exactement telles que le compositeur les a conçues, pour autant que l'instrument en question subsiste ; pour une fois, le créateur est à l'abri des interprétations personnelles, des erreurs humaines et des caprices des éditeurs. A une époque qui ne connaissait pas la gravure sur cire ou l'enregistrement électrique, et où la publication et la diffusion de la musique restaient erratiques, les compositeurs étaient certainement séduits par ce témoignage exact et relativement durable que promettait la machine, si chétive et peu digne qu'en ait été la sonorité. Deux des cylindres d'orgue (ou des reproductions) de Mozart étaient encore en la possession de l'horloger de Haydn, Pater Primitivus Niemecz, en 1801.

Dans cet instrument, maudit par Mozart, une horloge faisait tourner à intervalles réguliers un cylindre à goupilles qui à son tour actionnait un jeu de flûtes. Les tuyaux étaient cachés derrière l'horloge, ou placés dans un coffrage sous celle-ci. Le moteur mécanique de l'orgue était généralement séparé de celui qui actionnait l'horloge, sans nul doute parce que l'instrument demandait à être remonté bien plus souvent et qu'on ne perdait pas l'heure chaque fois qu'il s'arrêtait. On y introduisit des tuyaux bouchés pour obtenir des sons plus graves, mais à en juger d'après les récriminations de Mozart, l'instrument du comte Deym n'en comportait pas. Depuis qu'Elisabeth Ire en avait offert un au sultan de Turquie en 1599, les orgues mécaniques étaient pour l'aristocratie et la bourgeoisie allemande des cadeaux diplomatiques très appréciés — et très onéreux. De grands personnages aussi différents que Frédéric le Grand, Marie Antoinette, le cardinal Richelieu et Napoléon ont alimenté cette mode. L'industrie de la *Flötenuhr* était florissante à Breslau, Dresde, Vienne et Augsbourg, mais surtout à Berlin, où Frédéric avait fait venir des horlogers suisses dans les années 1760, sous la férule de Abram-Louis Hugue. Parmi les meilleurs facteurs d'orgue viennois on peut citer les frères Johann Nepomuk et Leonnard Maelzel, amis de Beethoven, et parmi les facteurs de mécanique, Joseph Hain, Johann Adolf Heyer et Johann Georg Strasser. pour le gigantesque orgue à cylindre de Strasser — qui était en réalité un véritable orchestre mécanique — il existait des cylindres de deux des concertos pour piano de Mozart et de l'un de ses quatuors à cordes.

Le musée de cire du comte Deym

Le *Wiener Zeitung* du 26 mars 1791 rend compte de l'inauguration par le collectionneur d'objets d'art Herr Müller (alias Joseph comte Deym von Strzitéz — il avait changé de nom à la suite d'un duel) de son mausolée situé au rez-de-chaussé du 1355 Himmelpfortgasse, à la mémoire du feld-maréchal baron von Laudon :

> Ce monument [...] est magnifiquement illuminé jusqu'à dix heures de la nuit [...] La vue en étonnera certainement quiconque visitera ce mausolée et ravivera ainsi la mémoire de ce grand homme méritant [...] Les places sont disposées au mieux, et la personne paye 1 florin pour la première place mais 30 kreuzer pour la deuxième ; au coup de chaque heure une musique funèbre se fait entendre, qui chaque semaine sera différente. Cette semaine là la composition est de M. le maître de chapelle Mozart.

Une chronique publiée six ans plus tard indique que la composition de Mozart, qui « surpasse, en précision et en clarté, tout ce qu'on a jamais essayé ou conçu pour ce genre de produit artistique », servait encore en public.

Sous le nom de Müller, Deym dirigea un *Kunstkabinett* (cabinet d'art) sur la Stock-im-Eisen-Platz, transporta sa collection (y compris, sans doute, l'instrument avec la musique de Mozart) sur le Kohlmarkt, puis dans la Rotenturmstrasse sur le canal du Danube en 1798. Après la mort de Mozart, un masque de cire du compositeur rejoignit celui de Joseph II dans la collection. Le tintamarre devait y être infernal, à moins que les exécutions n'aient été soigneusement programmées, puisqu'il y avait parmi les objets exposés une horloge musicale, un piano automa-

tique, une flûte de pan mécanique, une pyramide musicale, deux jeunes flûtistes espagnols (mécaniques, sans doute), la « Chambre à coucher des Grâces » et une serinette.

L'œuvre

Laudon mourut le 14 juillet 1790, et on suppose traditionnellement que K. 594 est l'œuvre commandée par Müller plus tard cette même année. Rien ne prouve que Deym ait également commandé K. 608 et 616 ; mais le fait qu'il s'agisse de musique mécanique et que la maison de Deym fût le seul endroit dans Vienne où l'on pouvait exécuter ce genre de pièces étaye évidemment cette hypothèse. Une lettre à Constanze, du 3 octobre 1790, montre que Mozart était loin d'être ravi par cette commande :

> J'y travaille tous les jours, mais je dois sans cesse m'interrompre, car cela m'ennuie. [...] Si elle était destinée à un grand instrument, l'œuvre ressemblerait à une pièce d'orgue, et alors je pourrais y prendre du plaisir. Mais la mécanique ne consiste qu'en petits tuyaux, qui sont tous aigus et trop enfantins pour moi.

De toute évidence, à ce stade de sa carrière, Mozart était capable d'écrire une œuvre substantielle même s'il n'y portait qu'un intérêt limité. La solennelle complexité de K. 594 et 608 va bien au-delà de la description grandiloquente qu'en donne Deym. L'extraordinaire réexposition de l'adagio de K. 594 incite King (1955) à déclarer : « Il est peu de passages dans toute sa musique qui surpassent en puissance et en pathos ces trente-sept mesures. Leur chromatisme soutenu, dont on ne trouve aucun équivalent dans toute sa musique, est d'un modernisme remarquable en 1790. » La sévère fugue cérébrale de K. 608 (qui exerça sur Beethoven un tel attrait qu'il la copia) est tout simplement subversive, lorsqu'on songe que cette musique était destinée à une exposition de figurines de cire.

Il est tentant de suivre l'hypothèse de Deutsch et de penser que l'andante K. 616, avec son écriture transparente qui semble évoquer les sonorités d'un carillon, était destiné à l'automate de Deym. Ce petit ouvrage ne serait du reste pas déplacé dans une scène de *Die Zauberflöte*.

Les instruments

On suppose que les instruments de Deym, et avec eux les cylindres de Mozart, ont été détruits, mais l'andante K. 616 est joué dans une version raccourcie par un bel instrument autrefois au musée Heyer et maintenant conservé à l'Institut de musicologie de l'université Karl Marx de Leipzig (voir illustration dans Ord-Hume 1982). Ord-Hume fait également état d'un orgue mécanique au Nationaal Museum van Speelklok tot Pierement à Utrecht qui joue un arrangement par « Mozart » d'un chant tyrolien.

L'armonica de verre

Le premier témoignage sur les verres musicaux en Europe se trouve dans la *Theorica musicae* de Gaffurius (Milan, 1492). Un inventaire de 1596 de la collection Ambras, actuellement conservé au Kunsthistorisches Museum de Vienne, comprend « Ain Instrument von Glaswerck » d'une étendue de trois octaves et demie. Mais c'est seulement au XVIIIe siècle qu'on commença à utiliser les verres pour de véritables exécutions musicales. Au milieu du siècle, un Irlandais, Richard Pockrich, avait mis au point une technique permettant de faire sonner les verres par friction du doigt sur leur bord, au lieu de les frapper avec une baguette. Gluck donna au Haymarket Theatre de Londres, en avril 1746, un concerto pour vingt-six verres qu'il rejoua à Copenhague en 1749. En 1761 une certaine Ann Ford publia un manuel où il était conseillé de s'humecter les doigts. La même année, Benjamin Franklin, après avoir vu jouer Edmund Delaval à Cambridge, perfectionna l'instrument. Il fixa une « gamme » de coupes sur une tige horizontale unique actionnée par un système de pédale et baptisa son invention « armonica » (sans *h*) ; l'instrument de Franklin fut manufacturé par Charles James.

On apporta par la suite d'autres améliorations, dont un réservoir permettant d'humecter automatiquement les coupes, un clavier et une table d'harmonie. Goethe prétendait déceler dans le son de l'armonica « das Herzblut der Welt » (« le sang du cœur du monde »), tandis qu'à cette même époque l'instrument était interdit dans certaines villes par la police allemande, sous prétexte qu'il produisait des effets dangereux et troublants.

L'adagio en *ut* majeur K. 356 (617a) fut composé pour une virtuose aveugle de l'armonica, la célèbre Marianne Kirchgässner ; elle n'était du reste pas la première instrumentiste de son genre que Mozart rencontra ; l'Anglaise Marianne Davies, partie en tournée européenne avec sa sœur Cecilia en 1768, fit la connaissance des Mozart à Vienne en 1773.

The Morning Chronicle rendit compte de l'exécution par Marianne Kirchgässner d'un « quintetto » (vraisemblablement K. 617), lors d'un concert Haydn-Salomon aux Hanover Square Rooms, le 17 mars 1794, qui donne une idée à la fois des charmes et des limites de l'instrument :

> Son goût est châtié, et, plus puissantes et plus articulées, les suaves notes de l'instrument seraient en effet ravissantes ; mais nous pensons que l'exécution la plus parfaite ne saurait les rendre ainsi. Dans une salle plus petite et devant un auditoire moins nombreux, l'effet doit en être charmant. Bien que les accompagnements aient été maintenus très doux, ils étaient encore parfois trop forts.

Orgue mécanique et armonica de verre

K. 594
Adagio et allegro en *fa* mineur
Orgue mécanique.
AMA XXIV, n° 27a ; NMA IX :27/2.

Vienne et ailleurs, oct.-déc. 1790.
Adagio ; allegro ; adagio.
Inscrit dans le catalogue de Mozart sous le titre « Ein Stück für ein Orgelwerk in einer Uhr » (« Une pièce pour un orgue dans une horloge »). Subsiste, comme K. 608, sous forme de transcription sur quatre portées faite au début du XIXe siècle.

K. 608
Fantaisie en *fa* majeur
Orgue mécanique.
AMA X, n° 19 ; NMA IX :27/2.
Vienne, 3 mars 1791.
Allegro ; andante ; tempo primo.
Inscrit dans le catalogue de Mozart sous le titre « Ein Orgel Stück für eine Uhr » (« Une pièce d'orgue pour une horloge »).

K. 616
Andante en *fa* majeur
Orgue mécanique.
AMA X, n° 20 ; NMA IX :27/2.
Vienne, 4 mai 1791 (*Verzeichnüss*).
Inscrit dans le catalogue de Mozart sous le titre « Ein Andante für eine Walze in einer kleine Orgel » (« Un andante pour un cylindre dans un petit orgue »). Voir aussi K. 615a (« Fragments et esquisses »).

K. 617
Adagio et rondo
Armonica de verre, fl., htb., alto, vlc.
AMA X, n° 18 ; NMA VIII :22/1.
Vienne, 23 mai 1791 (*Verzeichnüss*).
Œuvre composée pour la virtuose aveugle Marianne Kirchgässner (1769-1808), qui la joua au Kärntnerthortheater le 19 août 1791. Le fragment de fantaisie (adagio) en *ut* majeur K. Anh. 92 (616a) (13 mes., pour une part en ébauche de partition) est sans doute un premier essai pour K. 617.

K. 356 (617a)
Adagio en *ut* majeur
Armonica de verre.
AMA X, n° 17 ; NMA IX :27/2.
Vienne, 1791.
Certainement à rattacher à K. 617.

PATRICK GALE

Musique religieuse

Messes

On considère actuellement seize messes de Mozart comme authentiques, outre deux chefs-d'œuvre inachevés, la messe en *ut* mineur K. 427 (417a) et le Requiem K. 626. Il subsiste également deux Kyrie isolés complets — une œuvre de jeunesse pour quatre voix et cordes, K. 33, et une pièce bien plus belle pour chœur et orchestre en *ré* mineur, K. 341 (368a). On conserve aussi un certain nombre de mouvements fragmentaires, pour la plupart très courts.

Bien entendu, beaucoup des premières messes de Mozart étaient le fruit de ses fonctions à la cour de Salzbourg, encore que certaines, comme en témoigne la correspondance familiale, furent écrites pour servir lors de ses voyages d'enfant prodige. Le premier Kyrie cité plus haut fut composé à Paris et daté du 12 juin 1766. La première messe complète connue de Mozart est la messe en *ut* mineur K. 139 (47a), dont on sait maintenant que c'est l'œuvre qu'il dirigea devant la cour impériale à Vienne le 7 décembre 1768, lors de la consécration de la nouvelle église de l'orphelinat (Waisenhauskirche) ; l'œuvre s'inscrit dans la tradition de la *missa solemnis*, avec des sections fuguées pour conclure le Gloria et le Credo. Des trois autres messes de cette période, deux, K. 49 (47d) en *sol*

majeur et K. 65 (61a) en *ré* mineur, sont des œuvres sans prétentions musicales, dans la tradition de la *missa brevis*. La troisième, K. 66 en *ut* majeur (dite « Dominicus »), l'une des plus connues des messes de jeunesse de Mozart, est une messe solennelle, plus ambitieuse, qui fut donnée pour la première fois le 15 octobre 1769 en l'église Saint-Pierre de Salzbourg, lors de la première messe célébrée par Cajetan Hagenauer, ami d'enfance de Mozart. A l'automne de 1773 l'œuvre fut redonnée sous la direction de Leopold Mozart dans l'église jésuite « Am Hof » de Vienne.

Les trois voyages en Italie entrepris par les Mozart entre décembre 1769 et mars 1773 permirent à Wolfgang d'observer les usages italiens en matière de liturgie. Entre-temps, après la mort de son ancien employeur, Siegmund, comte von Schrattenbach, en 1771, une conception nouvelle de la musique religieuse se fit jour à Salzbourg, qui allait affecter Mozart jusqu'à son départ pour Vienne en 1781. Son successeur, Hieronymus Colloredo, même s'il ne mérite guère certaines des épithètes dont l'ont accablé les dévots mozartiens au fil des années, était incontestablement plus influencé que Schrattenbach par les idées des Lumières sur la musique d'église et aspirait à une conception rationnelle et fonctionnelle, qui mettait l'accent sur la concision et subordonnait les considérations musicales à l'intelligibilité du texte. Dans une lettre célèbre adressée au

425

Padre Martini le 4 septembre 1776, Mozart explique qu'« une messe, avec tout le Kyrie, le Gloria, le Credo, la *sonata all'epistola*, l'offertoire ou motet, le Sanctus et l'Agnus Dei [...] ne doit pas durer plus de trois quarts d'heure ». Colloredo chercha également à introduire des hymnes allemands dans la liturgie à Salzbourg ; en revanche, la prétendue interdiction des fugues dont il est souvent question dans la littérature mozartienne est purement fictive. Il faut également noter que les messes des prédécesseurs salzbourgeois de Mozart, tel Eberlin, n'excédaient souvent pas les limites imposées par Colloredo.

Il n'en demeure pas moins que la plupart des messes de la période salzbourgeoise suivante (1773-1777, entrecoupée de séjours à Vienne et à Munich) sont concises et font grand usage d'une déclamation chorale sans complications, avec peu de répétitions de phrases. La première d'entre elles est la *missa brevis* en *sol* majeur K. 140 (235d, Anh. C1.12), estimée d'authenticité douteuse par les auteurs de *Köchel 6* (1964), aujourd'hui considérée comme authentique. La messe « Sanctissimae Trinitatis » K. 167 est une œuvre plus ambitieuse de la même année (1773), dont l'instrumentation avec quatre trompettes laisse à penser qu'elle fut exécutée lors d'un office solennel. Mozart revint à la forme de la *missa brevis* l'année suivante avec K. 192 (186f) en *fa* majeur et K. 194 (186 h) en *ré* majeur. Ce sont des œuvres sans prétentions, fonctionnelles, qui accordent une large place à la déclamation chorale, avec peu de répétitions du texte et sans fugues finales pour le Gloria et le Credo. Le Credo de K. 192 utilise le motif de quatre notes qui servira plus tard pour le finale de la symphonie « Jupiter » ; il s'agit du reste d'une figure traditionnelle, et non d'une innovation. Les restrictions et les frustrations de la vie salzbourgeoise expliquent en partie le langage stéréotypé de certaines de ces pages.

Six autres messes datent de la période de deux ans et demi qui sépare pour Mozart le retour de Munich, le 7 mars 1775, de son départ pour Paris en compagnie de sa mère le 23 septembre 1777. La plus élaborée est K. 262 (246a), probablement composée à Salzbourg en juin ou juillet 1775, pour une occasion non encore identifiée (voir Tyson 1987). Les autres, qui sont des messes brèves, ont toutes des aspects intéressants. La *missa brevis* en *ut* majeur K. 220 (196b), dite « Spatzenmesse » (« messe des moineaux »), en raison du gazouillis des figures de violon dans le Sanctus, est un bon exemple de cette convention consistant à reprendre la musique du Kyrie pour le « Dona nobis pacem » de l'Agnus Dei. Trois autres messes, K. 257 (novembre 1776), K. 258 (décembre 1775) et K. 259 (décembre 1775 ou 1776) (Tyson 1987) sont toutes des messes brèves et en *ut* majeur (comme K. 262). Le choix de cette tonalité pour tant de messes salzbourgeoises s'explique, semble-t-il, par l'emploi de trompettes en *ré* avec l'orgue accordé au diapason d'église, ce que confirme dans certains cas l'existence de parties de bois supplémentaires, écrites en *ré* majeur, un ton au-dessus des cordes et de l'orgue. On notera dans ce groupe d'œuvres la réapparition du motif traditionnel de quatre notes (également employé dans K. 192) dans le Credo de K. 257 (messe dite « du Credo ») et dans la partie d'orgue obligé de K. 259 (messe dite « du solo d'orgue »). La dernière messe de cette période est K. 275 (272b) en *si* bémol majeur, qui fut donnée à Saint-Pierre le 21 décembre 1777. Il s'agit d'une *missa brevis* sans trompettes, exclues par le choix de la tonalité (encore que Michael Haydn utilise des trompettes en *si* bémol dans sa musique d'église salzbourgeoise).

Les dernières années de Mozart à Salzbourg (1779-1781), après le malheureux voyage à Mannheim et à Paris, furent marquées par un nouveau regain de tension avec son employeur qui culmina avec sa démission et sa décision de s'établir à Vienne. Le mécontentement qu'inspirait à Mozart la vie à Salzbourg était profond et durable ; mais d'aucuns ont pensé que l'attitude réformatrice de Colloredo en matière de musique d'église aurait pu contribuer à faire éclater la crise. Une lettre de l'archevêché du 29 juin 1780 (que Mozart commenta dans sa langue haute en couleur) exigeait en effet une musique d'église moins élaborée et l'introduction d'hymnes allemands. Les deux dernières messes salzbourgeoises de Mozart, K. 317 et 337 (toutes deux en *ut* majeur) montrent certainement qu'il aurait trouvé inacceptables de telles restrictions imposées à sa liberté artistique. La première des deux, la plus célèbre de ses messes salzbourgeoises, est appelée « messe du couronnement », non pas, comme on l'a souvent dit, parce qu'elle fut chantée lors du couronnement solennel d'une statue de la Vierge Marie, mais parce que Salieri la dirigea lors du couronnement de Léopold II en 1791 à Prague, où la cour la qualifia de *Krönungsmesse*. Elle respecte pour l'essentiel les conventions de la *missa brevis*, mais avec des retours de certains éléments thématiques, et plus de liberté que de coutume. Le bel Agnus Dei, solo de soprano orné en style d'aria, est particulièrement connu aujourd'hui.

A Vienne, Mozart n'était pas tenu par ses fonctions d'écrire de la musique d'église, pour laquelle il n'aurait du reste sans doute pas trouvé de climat plus propice qu'à Salzbourg. Joseph II partageait en effet les aspirations de Colloredo à une musique d'église rationaliste, où l'élaboration musicale soit solidement contenue, et semble s'être trouvé en accord avec la *Gravanima* (1769) de Coblence et la *Nuntiatur* (1785) de Munich, qui cherchaient à définir une musique d'église nationale contre toute opposition papale. Il est significatif que Haydn n'ait pas composé de messes entre 1782 et 1796, c'est-à-dire jusqu'à ce que les restrictions imposées par les joséphistes aient peu à peu commencé

427

à être levées. Il n'est donc pas surprenant que Mozart n'ait écrit que
deux autres messes au cours des
dix dernières années de sa vie : la
messe en *ut* mineur et le Requiem,
qu'on peut considérer comme des
œuvres de circonstance, et qui sont
toutes deux restées inachevées.

La messe en *ut* mineur K. 427
(417a) était apparemment conçue
comme une action de grâces après
le mariage de Mozart avec
Constanze Weber, ainsi qu'il l'indique dans une lettre du 4 janvier
1783, où il dit que l'œuvre repose
à moitié achevée sur sa table de
travail. Le Kyrie et le Gloria sont
complets, mais le Credo s'interrompt après le « Et incarnatus »,
dont les parties de cordes manquantes demandent elles aussi à
être reconstituées. Mozart semble
avoir achevé le Sanctus et le Benedictus, mais la copie qui subsiste
est corrompue et les intentions du
compositeur ne sont pas claires.
H.C. Robbins Landon a démontré
que le Sanctus était à l'origine écrit
pour double chœur, et non pour
les chœurs à quatre voix et cinq
voix de la version qui subsiste. Il
n'y a pas d'Agnus Dei. Bien qu'i-
nachevée, l'œuvre fut donnée en
l'église Saint-Pierre de Salzbourg,
le 26 octobre 1783, sous la direction de Mozart et avec la participation de Constanze, à qui les airs
ornés de soprano étaient peut-être
destinés. L'œuvre, une *missa solemnis* conçue à une échelle bien plus
vaste que la plupart des messes
salzbourgeoises, se rattache à la
tradition de la messe-cantate, dans
laquelle les sections successives du
texte sont disposées comme des

mouvements séparés plutôt que
continûment. Bien qu'il s'agisse
d'une œuvre incomparablement
plus grande que les premières
messes salzbourgeoises, on lui a
parfois reproché son manque de
cohésion stylistique. L'intérêt de
Mozart pour le style ancien ou
« savant », né à la faveur de ces réunions musicales chez le baron van
Swieten auxquelles il participait,
transparaît dans l'emploi d'une
archaïque écriture avec continuo
dans certains des mouvements en
solo, dans le double chœur et dans
l'instrumentation haendelienne du
début du Credo. Rien dans l'écriture fuguée en *stile antico* ne va au-
delà de la stricte discipline contrapuntique qu'il avait déjà maîtrisée
à Salzbourg. L'œuvre comporte un
certain nombre d'airs ornés qui
témoignent d'une influence italienne, dont le célèbre « Et incarnatus », qui déploie une partie de
soprano d'une exubérance quasi
baroque dans un sinueux dialogue
avec les instruments à vent. En
1785 Mozart reprit huit numéros
de l'œuvre inachevée pour la cantate *Davidde penitente* K. 469
(livret attribué à Lorenzo Da
Ponte), donnée pour la première
fois au Burgtheater le 13 mars.
L'origine du magnifique Kyrie
en *ré* mineur K. 341 (368a)
demeure l'un des mystères de la
musicologie mozartienne. On l'a
hypothétiquement datée de la période 1780-1781, passée par
Mozart à Munich, avant tout parce
que l'orchestre comporte des clarinettes, dont le compositeur ne
disposait pas à Salzbourg. L'autographe est malheureusement perdu

et aucune preuve concrète ne permet d'étayer cette hypothèse ; il est même possible que l'œuvre soit restée à l'état de fragment pour n'être achevée qu'après la mort de Mozart. On a également pensé (Tyson 1987) que ce Kyrie pourrait avoir été composé aux alentours de 1788, dans un effort pour maîtriser le type de musique qu'on attendait d'un maître de chapelle à Saint-Etienne (par analogie avec les nombreux fragments et copies de musique d'église de cette époque), ou encore après qu'il eut été nommé maître de chapelle adjoint auprès de Leopold Hofmann le 9 mai 1791 (Landon 1988) ; ces datations paraissent contredites par les considérations stylistiques (John Arthur, communication personnelle).

K. 33
Kyrie en *fa* majeur
AMA III/1, n° 1.
Paris, 12 juin 1766 (autographe).
S.a.t.b., cordes.

K. 139 (47a)
Missa solemnis en *ut* mineur (« Waisenhausmesse »)
AMA III/1, n° 4 ; NMA I :1/1/1.
Vienne, automne 1768 (?).
S., a., t., b., s.a.t.b., 2 htb., 4 trp., 3 trb., timb., cordes, orgue.
Exécutée pour la consécration de la Waisenhauskirche de Vienne, le 7 décembre 1768.

K. 49 (47d)
Missa brevis en *sol* majeur
AMA I/1, n° 1 ; NMA I :1/1/1.
Vienne, 1768 (autographe).
S., a., t., b., s.a.t.b., [3 trb.], cordes, orgue.
Ebauche pour le Gloria (s., s.a.t.b., basse, orgue, 18 mes.) et variante du Credo,

mes. 182-195 (K. Anh. 20a (626b/25), 15 mes.).

K. 65 (61a)
Missa brevis en *ré* mineur
AMA I/1, n° 2 ; NMA I :1/1/1.
Salzbourg, 14 janv. 1769 (autographe).
S., a., t., b., s.a.t.b., cordes, orgue.
Exécutée en l'église collégiale de Salzbourg, le 5 février 1769. Esquisse pour Kyrie (4 mes.) et trois ébauches abandonnées du Benedictus dans partition autographe (9 mes. ; 8 mes. ; 13 mes.).

K. 66
Messe en *ut* majeur (« Dominicus »)
AMA I/1, n° 3 ; NMA I :1/1/1.
S., a., t., b., s.a.t.b., 2 htb., 2 cors, 2 [+2] trp., [3 trb.], timb., cordes, orgue.
Salzbourg, oct. 1769 (autographe).
Composée pour la première messe célébrée par Cajetan Hagenauer (père Dominicus) et donnée pour la première fois en l'église Saint-Pierre de Salzbourg le 15 octobre 1769, puis sous la direction de Leopold en l'église jésuite « Am Hof » de Vienne, automne des mes. 310-343 du Gloria (s.a.t.b.) et début et fin de la version d'origine abandonnée du Credo, mes. 134 *sq.* (8 mes., 6 mes.) dans partition autographe.

K. 140 (235d, Anh. C1.12)
Missa brevis en *sol* majeur
NMA I :1/1/1.
Salzbourg, 1773 (?).
S., a., t., b., s.a.t.b., 2 vln, basse.
Attribution considérée comme douteuse dans *Köchel 6*, alors que l'œuvre est aujourd'hui estimée authentique. (Voir Senn, NMA I :1/1/1, p. xiii *sq.*) Corrections autographes dans les parties.

K. 167
Messe en *ut* majeur (« in honorem Sanctissimae Trinitatis »)

AMA I/1, n° 5 ; NMA I :1/1/2.
Salzbourg, juin 1773 (autographe).
S.a.t.b., 2 htb., 4 trp., [3 trb.], timb., 2 vln,
basse, orgue.

K. 192 (186f)
Missa brevis en *fa* majeur
AMA I/1, n° 6 ; NMA I :1/1/2.
Salzbourg, 24 juin 1774 (autographe).
S., a., t., b., s.a.t.b., 2 trp. (ajoutées plus tard
par Mozart), [3 trb.], 2 vln, basse, orgue.

K. 194 (186 h)
Missa brevis en *ré* majeur
AMA I/1, n° 7 ; NMA I :1/1/2.
Salzbourg, 8 août 1774 (autographe).
S., a., t., b., s.a.t.b., [3 trb.], 2 vln, basse,
orgue.

K. 220 (196b)
Missa brevis en *sol* majeur (« Spatzenmesse », « messe des moineaux »)
AMA I/1, n° 8 ; NMA I :1/1/2.
1775-1776.
S., a., t., b., s.a.t.b., 2 trp., [3 trb.], timb., 2
vln, basse, orgue.

K. 262 (246a)
Missa longa en *ut* majeur
AMA I/2, n° 12 ; NMA I :1/1/2.
Salzbourg, 1775 (juin ou juil. : voir Tyson
1987).
S., a., t., b., s.a.t.b., 2 htb., 2 cors, 2 trp., [3
trb., timb.], 2 vln, basse, orgue.

K. 257
Messe en *ut* majeur (« Credo »)
AMA I/1, n° 9 ; NMA I :1/1/3.
Salzbourg, nov. 1776 (autographe).
S., a., t., b., s.a.t.b., 2 htb., 2 trp., [3 trb.],
timb., 2 vln, basse, orgue.
Esquisse peut-être destinée à un Gloria (30
mes., à rattacher à K. 257 ?) et diverses
esquisses pour le Credo conservées sur une
unique feuille séparée.

K. 258
Missa brevis en *ut* majeur (« Spaur » ou
« Piccolominimesse »)

AMA I/2, n° 10 ; NMA I :1/1/3.
Salzbourg, déc. 1775 (voir Tyson 1987)
(autographe).
S., a., t., b., s.a.t.b., 2 htb., 2 trp., timb., 2
vln, basse, orgue.

K. 259
Missa brevis en *ut* majeur (« solo d'orgue »)
AMA I/2, n° 11 ; NMA I :1/1/3.
Salzbourg, déc. 1775 ou 1776 (Tyson 1987)
(autographe).
S., a., t., b., s.a.t.b., 2 htb., 2 trp., timb., 2
vln, basse, orgue.
Fragment de Sanctus (21 mes., rayé) dans
partition autographe.

K. 275 (272b)
Missa brevis en *si* bémol majeur
AMA I/2, n° 13 ; NMA I :1/1/4 [à
paraître].
Salzbourg, fin 1777.
S., a., t., b., s.a.t.b., 2 vln, basse, orgue.
Donnée en l'église Saint-Pierre de Salzbourg le 21 décembre 1777 ; il s'agit probablement de la messe en *si* bémol majeur à
laquelle Mozart fait référence dans sa lettre
du 12 juillet 1791 à Anton Stoll, maître de
chœur à Baden.

K. 317
Messe en *ut* majeur (« couronnement »)
AMA I/2, n° 14 ; NMA I :1/1/4 [à
paraître].
Salzbourg, 23 mars 1779 (autographe).
S., a., t., b., s.a.t.b., 2 htb., 2 cors, 2 trp., 3
trb., timb., 2 vln, basse, orgue.

K. 337
Missa solemnis en *ut* majeur
AMA I/2, n° 15 ; NMA I :1/1/4 [à
paraître].
Salzbourg, mars 1780 (autographe).
S., a., t., b., s.a.t.b., 2 htb., 2 bsn, 2 trp., 3
trb., timb., 2 vln, basse, orgue.
Fragment de Credo (tempo di ciacconna,
136 mes.) dans partition autographe.

K. 341 (368a)
Kyrie en *ré* mineur
AMA III/1, n° 5.

Munich, nov. 1780-mars 1781 (?).
S.a.t.b., 2 fl., 2 htb., 2 clar., 2 bsn., 4 cors, 2 trp., timb. cordes, orgue.
Circonstances de composition inconnues. Datation proposée par Otto Jahn suivie par toutes les éditions de *Köchel*. Voir ci-dessus.

K. 427 (417a)
Messe en *ut* mineur
AMA XXIV, n° 29 ; NMA I :1/1/5.
Vienne, v. fin 1782- v. oct. 1783, Salzbourg.
2 s., t., b., s.s.a.a.t.t.b.b., fl., 2 htb., 2 bsn, 2 cors, 2 trp., 3 trb., timb., cordes, orgue.
Fragment. Kyrie et Gloria complets ; Credo incomplet, seuls le « Credo in unum Deum » et le « Et incarnatus est » étant écrits (substance complète en ébauche de partition). Reconstitution du Sanctus (dont seules les parties de vents et de timbales subsistent de la main de Mozart) et du Benedictus (aucun élément autographe) possible d'après des sources secondaires. Agnus Dei non composé. Fragment de Gratias (1 mes., en ébauche de partition) dans partition autographe ; deux esquisses pour un « Dona nobis pacem » (3 mes., 8 mes. ; Mozart avait peut-être l'intention d'achever la messe après son retour de Salzbourg). Exécutée en l'église Saint-Pierre de Salzbourg le 26 octobre 1783. Pour les dates de composition, voir Tyson (1987).

Requiem

La plus célèbre de toutes les œuvres religieuses de Mozart est le Requiem K. 626, composé à la fin de 1791 et resté inachevé à sa mort. L'historique de la composition est entouré de quantité d'anecdotes plus ou moins véridiques. Il est certain que Mozart a reçu une commande au cours de l'été 1791 émanant du comte Walsegg-Stuppach (1763-1827), franc-maçon, qui lui demandait de composer un Requiem à la mémoire de son épouse décédée le 14 février à l'âge de vingt ans. Walsegg, qui passe aujourd'hui pour un inoffensif excentrique plutôt que pour le vil faussaire dépeint par les biographes de Mozart du XIXe siècle, était un amateur passionné de musique, qui donnait des œuvres de divers compositeurs à l'occasion de concerts privés dans son château de Stuppach. Walsegg copiait lui-même les parties et invitait les auditeurs à deviner le nom du compositeur (rapport d'Anton Herzog, découvert par O.E. Deutsch et traduit dans Landon (1988)). On n'a aucune raison de croire qu'il avait sérieusement l'intention de se faire passer pour l'auteur du Requiem de Mozart.

Un certain nombre des premiers biographes de Mozart (dont Rochlitz (1798), Niemetschek (1798) et l'auteur anonyme d'un article publié dans le *Salzburger Intelligenzblatt* du 7 janvier 1792) donnent des détails sur les transactions financières qui ont eu lieu et racontent comment Mozart, de plus en plus souffrant et déprimé, voyant dans l'émissaire vêtu de gris le messager de la mort, travailla fébrilement au Requiem, convaincu qu'il l'écrivait pour lui-même. Si naïve et inacceptable que soit la vision du caractère de Mozart que nous présentent ces récits, leurs aspects hoffmannesques ont séduit l'imagination des romantiques et conservent encore leur emprise sur le public d'aujourd'hui. Malgré ses difficultés financières et ses ennuis de santé, Mozart ne donne dans les lettres de cette époque aucune raison de penser qu'il était hanté par l'idée de la mort. On a en outre souligné que l'autographe, avec son écriture à la fois coulante et robuste, ne paraît nullement l'œuvre d'un malade (Hildesheimer 1977).

Le travail sur le Requiem fut retardé par deux projets importants : les opéras *La clemenza di Tito* (qui l'obligea à se rendre à Prague en août-septembre 1791) et *Die Zauberflöte*, puis à nouveau par le concerto pour clarinette K. 622 et *Eine kleine Freimaurerkantate* K. 623. A la mort de Mozart, le 5 décembre 1791, des suites de la maladie dont il avait commencé à souffrir vers le 20 novembre, la partition était inachevée. Selon le célèbre récit de ses derniers instants laissé par sa belle-sœur Sophie Haibel en 1825, Mozart aurait supervisé une lecture de la partition faite à son chevet et aurait donné des indications pour son achèvement à son élève Franz Xaver Süssmayr, dont on pense généralement qu'il avait composé les récitatifs *secco* de *La clemenza di Tito*. D'autres auteurs confirment que Mozart s'était entretenu de la partition avec Süssmayr. Après la mort de Mozart, Constanze la confia cependant à un autre ancien élève, Joseph Eybler, pour qu'il l'achève. Lorsqu'on lui demanda plus tard pourquoi elle ne s'était pas adressée d'emblée à Süssmayr, Constanze répondit qu'elle était « fâchée » avec lui pour des raisons qu'elle avait entre-temps oubliées. Eybler

avait commencé à instrumenter la partition de Mozart, mais ne put aller au bout de la tâche. D'après l'un des récits, c'est seulement après avoir sollicité plusieurs autres compositeurs que Constanze se tourna vers Süssmayr, lequel mit au point la partition qui fit ensuite autorité, bien qu'elle soit aujourd'hui de plus en plus contestée. Süssmayr contrefit également la signature de Mozart sur la partition autographe qu'il data de 1792, alors qu'il était notoire que Mozart n'était plus en vie. Landon (1988) donne un facsimilé de la signature contrefaite par Süssmayr avec des signatures authentiques de Mozart pour comparaison.

La controverse sur l'importance de la contribution de Süssmayr à la partition s'est poursuivie sans relâche jusqu'à nos jours, et on ne pourra guère en donner ici qu'un résumé. A l'époque, bien des déclarations étaient le fait de parties intéressées. Süssmayr prétendait avoir « préparé » le Sanctus, le Benedictus et l'Agnus Dei, qui ne se trouvent pas dans l'autographe de Mozart. Nombreux furent ceux qui pensèrent (peut-être à tort) qu'il revendiquait l'entière paternité de ces sections. Constanze et ses fidèles contestèrent ce point de vue, attribuant à Süssmayr un rôle minime et de pure routine. Les recherches sur les types de papier employés dans la partition autographe (Tyson 1987) montrent que rien ne fut noté avant le retour de Mozart de Prague à Vienne en septembre. L'autographe révèle que Mozart composa l'introït et l'essentiel du Kyrie, dont l'instrumentation fut achevée par Süssmayr et F.J. Freystädtler. Mozart composa également, dans les grandes lignes, les six sections de la séquence (encore que le « Lacrimosa » final s'interrompe au bout de huit mesures) et les deux sections de l'offertoire (« Domine Jesu Christe » et « Hostias et preces »). L'ébauche incomplète de ces huit mouvements contient toutes les parties vocales, une basse continue soigneusement chiffrée et certaines indications importantes relatives à l'instrumentation. Une bonne partie du travail de Süssmayr sur ces sections peut à bon droit être considéré comme un remplissage de routine des parties d'accompagnement. Il y ajouta quelques touches personnelles, telle l'entrée du trombone au milieu du « Tuba mirum », encore que la mélodie du début du mouvement, plus importante d'un point de vue thématique, soit de Mozart. Pour les sections conclusives (Sanctus, Benedictus, Agnus Dei, communion), rien ne subsiste de la main de Mozart, mais la musique y est souvent d'un tel niveau que la plupart des commentateurs estiment qu'elle comporte du moins certains éléments authentiques. Bien que Süssmayr prétende être le seul auteur du Sanctus, du Benedictus et de l'Agnus Dei, leur point de vue est conforté par une intéressante déclaration de Constanze, qui raconta à Maximilian Stadler (1826) que Süssmayr avait pris de petits bouts de papier (« Zettelchen ») sur la table de travail de

Mozart après sa mort. La communion finale reprend simplement l'introït et le Kyrie de Mozart, conformément à l'usage traditionnel pour les messes concertantes viennoises, et, d'après l'un au moins des premiers biographes, à la demande de Mozart. Une feuille d'esquisses découverte par Wolfgang Plath (Plath 1963) montre que Mozart avait l'intention de terminer le « Dies irae » par un « Amen » fugué, au lieu de la simple cadence plagale de la version de Süssmayr. Cette esquisse a été complétée dans l'édition de Richard Maunder.

Les travaux récents sur le Requiem se sont efforcés pour une grande part de démêler les contributions de Süssmayr et de Mozart et de concevoir des versions plus proches des intentions de Mozart. La version de Franz Beyer (1971), qui a été préférée à celle de Süssmayr pour plusieurs enregistrements récents, supprime une bonne partie de l'instrumentation ajoutée par Süssmayr et effectue un certain nombre d'autres changements, dont l'ajout d'une brève coda orchestrale à l'« Osanna » fugué. Beyer a également critiqué la conduite des voix chez Süssmayr, en particulier sa tendance à adoucir les formules cadentielles archaïques de Mozart en ajoutant des septièmes de dominante et en complétant avec la tierce des accords où Mozart voulait des quintes à vide. Richard Maunder propose quant à lui une solution encore plus radicale (enregistrée en 1983 par Christopher Hogwood et l'Academy of Ancient

433

Music pour *L'oiseau-lyre*). Maunder rejette le Sanctus, le Benedictus et la continuation du « Lacrimosa » qu'il tient pour des ajouts apocryphes de Süssmayr, fondant ses arguments sur leur prétendue ineptie et leurs fautes de syntaxe musicale ; Maunder tente également, non sans courage, de compléter le projet d'« Amen » fugué de Mozart. De manière générale, la musicologie du XXe siècle a tendance à penser que le rôle de Süssmayr fut moins important qu'on ne le supposait communément au siècle dernier. Pour beaucoup, la beauté de l'Agnus Dei semble difficilement conciliable avec la médiocrité de la musique d'église de Süssmayr, et certains aspects du Sanctus et du Benedictus incitent fortement à croire qu'ils sont eux aussi fondés sur des éléments authentiques. En 1989, Landon a préparé une nouvelle édition, utilisant tout le matériau existant d'Eybler, mais en conservant les autres ajouts de Süssmayr tels quels. Cette nouvelle version, enregistrée sur disque (Nimbus), a été donnée pour la première fois au festival de Cheltenham en 1990.

Les études stylistiques du Requiem ont également montré dans quelle mesure Mozart s'est appuyé sur des modèles conventionnels. L'œuvre dans son ensemble opère une fusion entre des éléments empruntés au style savant, à l'opéra et à la franc-maçonnerie, mieux intégrés cette fois-ci que dans la messe en *ut* mineur. Parmi les modèles que l'on cite communément figurent le Requiem du collège salzbourgeois de Mozart, Michael Haydn (1771), et un Requiem de Florian Gassmann, qui semble avoir influencé l'introït de Mozart. La citation d'un ton psalmodique (en l'occurrence le *tonus peregrinus*, ou ton pérégrin) dans le verset de l'introït (« Te decet hymnus ») était un procédé conventionnel, présent dans les introït de Georg Reutter le Jeune. On le retrouve dans le Requiem de Michael Haydn et dans la *Maurerische Trauermusik* K. 477 (499a) de Mozart, qui ressemble par la forme à un introït de messe. Le célèbre solo de trombone du « Tuba mirum » était également un trait conventionnel des messes composées dans la tradition de la Hofkapelle. D'autres mouvements sont dans ce style « savant » que Mozart maîtrisait parfaitement, ainsi qu'il l'affirma lui-même à maintes reprises. Le Kyrie est écrit sous forme de double fugue sur un sujet conventionnel en mode mineur, tel qu'on en trouve chez Bach, Haendel et Haydn. Les deux autres mouvements fugués sont l'« Osanna » (conformément à la tradition de la messe viennoise) et le projet d'« Amen » fugué destiné probablement à la séquence. Les nombreux passages canoniques (« Recordare », « Confutatis maledictis » et surtout le début de l'introït) et les multiples formules cadentielles néo-baroques sont également à rattacher à la facette archaïque du Requiem. Parmi les éléments maçonniques, on peut citer le rôle prépondérant confié aux cors de basset, qui figuraient dans les ensembles d'instruments à vent ou « colonnes d'harmonie » qu'on entendait normalement lors des tenues maçonniques à cette époque. Le « Hostias et preces » est lui aussi un mouvement aux couleurs maçonniques, écrit à la manière d'un hymne dans la tonalité de la « sagesse » — *mi* bémol majeur. Le solo de basse du « Tuba mirum », avec ses calmes dixièmes ascendantes et descendantes, fait songer à la musique de Sarastro dans *Die Zauberflöte*, et le mouvement se termine par un chœur solennel dans le style maçonnique de Mozart. Le début du « Dies irae », qui rappelle l'air « Der hölle Rache kocht in meinem Herzen » de *Die Zauberflöte*, confirme l'association de la tonalité de *ré* mineur avec l'idée de perte et de vengeance divine — surface lisse d'où le *mi* bémol majeur du « Hostias » se détache comme l'un des sommets émotionnels de l'œuvre. D'un point de vue analytique, le Requiem est une œuvre d'une cohésion exceptionnelle, avec la figure initiale de cinq notes (*ré-do* dièse-*ré-mi-fa*) qui revient sous diverses formes dans la plupart des mouvements (notamment dans l'Agnus Dei tant contesté). La mélodie initiale du « Dies irae », adaptée au mode majeur, forme la base du Sanctus, et sa conclusion est réutilisée comme sujet de fugue pour l'« Osanna ».

K. 626
Requiem en *ré* mineur
AMA XXIV, n° 1 ; NMA I :1/2/1-2.
Vienne, fin 1791.
S., a., t., b., s.a.t.b., 2 cors de basset, 2 bsn, 2 trp., 3 trb., timb., cordes, orgue.

Inachevé. Musique conservée en autographe : introït : « Requiem aeternam » (complet) ; Kyrie ; séquence : « Dies irae », « Tuba mirum », « Rex tremendae », « Recordare », « Confutatis » (pour toutes ces pièces, substance complète en ébauche de partition), « Lacrimosa » (interrompu après 8 mes., en ébauche de partition) ; Offertoire : « Domine Jesu » (substance complète en ébauche de partition), « Hostias » (substance complète en ébauche de partition). Pas d'éléments autographes pour le Sanctus, le Benedictus et l'Agnus Dei. Esquisse des mes. 7 *sq.* du « Rex tremendae » (5 mes.) et esquisse d'un « Amen » fugué (16 mes.), probablement pour conclure la séquence. Achevé par F.X. Süssmayr.

Œuvres religieuses diverses

Une grande partie des œuvres religieuses de Mozart, outre les messes, date de la période salzbourgeoise, encore que certaines remontent aux voyages qu'il fit en Europe en tant qu'enfant prodige. Les œuvres les plus substantielles sont les vêpres et les litanies, toutes composées au titre de ses fonctions de musiciens d'église auprès de la cour salzbourgeoise. Des trois séries de vêpres que l'on connaît, la première, K. 193 (186 g) (achevée en juillet 1774) ne comprend qu'un seul psaume (« Dixit Dominus ») et un Magnificat. Avec ses parties de cordes actives, sa déclamation chorale entremêlée de bref passages en style « savant » et son instrumentation d'« église », sans bois aigus ni altos, la musique rappelle bon nombre des mouvements de messes écrits par Mozart à la même époque.

Les deux autres séries de vêpres (K. 321 et 339), qui datent toutes deux de 1779-1780, sont plus substantielles, comprenant chacune un ensemble complet de cinq psaumes (les mêmes dans les deux œuvres) et un Magnificat. Le fait qu'elles suivent l'une et l'autre la liturgie romaine montre que ces œuvres étaient destinées à la cathédrale, puisque Saint-Pierre suivait l'ordre bénédictin, avec seulement quatre psaumes de vêpres. On a souligné (NMA, commentaire critique), que la description liturgique *Vesperae de dominica* appliquée à K. 321 est, en toute rigueur, inexacte, puisque les vêpres dominicales comprennent le psaume 113 (« In exitu Israel ») au lieu du psaume 116 (« Laudate Dominum ») mis en musique par Mozart. Comme nous le disions plus haut, K. 321 et 339 contiennent les mêmes psaumes. Peut-être les usages du XVIIIe siècle autorisaient-ils cependant à s'écarter des strictes exigences de la liturgie. Le recueil le plus connu, qui se situe parmi les plus grandes compositions religieuses de Mozart, est K. 339, les *Vesperae solennes de confessore* de 1780. L'ensemble des psaumes permet ici à Mozart d'employer une palette stylistique plus large, de l'austère écriture fuguée du « Laudate pueri » au « Laudate Dominum », radieuse aria de soprano, célèbre à juste titre, qui alterne avec des sections chorales et une partie de basson obligé *ad libitum* (dans K. 321 ce même texte est également composé en forme d'aria, cette fois avec orgue obligé). Mozart

conserva son intérêt pour ces deux recueils après son départ de Salzbourg et, songeant à les faire exécuter lors des concerts privés de van Swieten, écrivit à son père (le 12 mars 1783) pour lui en demander des copies.

Les quatre ensembles de litanies de Mozart que l'on connaît furent tous composés, apparemment, pour être exécutés lors de cérémonies et de processions, conformément aux coutumes locales. Les litanies sont des chants processionnels responsoriaux, qui s'adressent le plus souvent à la Vierge et aux saints (dont éventuellement les saints traditionnellement vénérés dans la localité) ou au saint sacrement. Les différentes sections sont ponctuées par la réponse « Ora pro nobis » ou « Miserere nobis ». Le Kyrie et l'Agnus Dei de l'ordinaire de la messe en font également partie. Deux des œuvres sont composées sur les litanies de Lorette, dont l'emploi avait reçu l'approbation officielle du pape Sixte V en 1557, tandis que les deux autres sont écrites sur les litanies du saint sacrement. Les quatre pièces répondent aux usages ecclésiastiques en vigueur à Salzbourg, tels que les illustrent une longue lignée de musiciens d'église salzbourgeois (Biechteler, H.I.F. et C.H. Biber, Eberlin, Adlgasser et Leopold Mozart) ainsi que les œuvres de musiciens plus connus de tradition viennoise (Fux, Caldara, Georg Reutter le Jeune et Bonno). Le calendrier religieux salzbourgeois pour 1772 prescrit l'exécution de litanies avec musique concertante pour la « prière de quarante-huit heures » de la semaine sainte (commençant le dimanche des Rameaux à environ six heures et demie dans le chœur principal de la cathédrale) ainsi que pour les fêtes de saint Nepomucène, saint Roch et saint Michel et leurs octaves. Les litanies de Mozart, dont les trois dernières compositions sont d'une certaine ampleur, emploient la forme de la cantate en plusieurs mouvements mise au point par les compositeurs napolitains de la fin du XVIIe siècle. Les textes tirés de la messe (Kyrie, Agnus Dei) sont souvent mis en musique d'une manière qui rappelle ses propres compositions sur l'ordinaire de la messe, avec de nombreux passages de déclamation homorythmique, d'actives figurations d'accompagnement des cordes et peu de répétitions du texte. D'autres portions du texte sont écrites en forme d'arias, parfois assez élaborées (telle la pièce ornée pour ténor, « Panis vivus », dans K. 125, ou encore l'aria de soprano dans l'Agnus Dei de K. 243). Les longs textes, avec leurs refrains qui reviennent constamment, posent des problèmes de composition que Mozart surmonte au moyen d'une écriture concise, encore qu'il trouve la place dans K. 243 pour une quasi-fugue dans la section finale.

Les premières litanies de Lorette, K. 109 (74e), œuvre sans prétentions en cinq mouvements qui date de mai 1771, sont fondées sur les litanies mariales en *fa* majeur de Leopold Mozart.

Mozart les remit en musique sous une forme plus ample en 1774 (K. 195 (186d)). Les deux œuvres écrites par Mozart sur les litanies du saint sacrement (*Litaniae de venerabili altaris sacramento*) ont une relation analogue. La version en *si* bémol majeur de mars 1772 (K. 125) est étroitement modelée sur des litanies en *ut* majeur de Leopold, qu'elle surpasse néanmoins. Elle fut suivie quatre années plus tard d'une plus belle composition en *mi* bémol majeur, K. 243. Le 20 novembre 1777, Mozart demanda à son père de lui envoyer à Mannheim le matériel d'exécution de cette œuvre qu'il projetait de donner à Augsbourg ; la correspondance échangée par Wolfgang, son père et sa sœur fait référence à plusieurs reprises à des exécutions de ces œuvres.

Les œuvres religieuses plus courtes — un peu plus d'une vingtaine au total — se répartissent en plusieurs catégories. Certaines ont récemment été rejetées comme apocryphes, ce qui a modifié la vue d'ensemble qu'on en avait. On sait maintenant que deux psaumes de la main de Mozart, « De profundis clamavi » K. 93 (Anh. A22) et « Memento Domine David » K. Anh. 22 (93a, Anh. A23) et un autre de la main de Leopold, « Justum deduxit Dominus » K. 326 (93d, Anh. A4) sont des copies d'œuvres de Georg Reutter le Jeune et de Johann Ernst Eberlin (voir Pfannhauser 1954), et que l'attribution de deux autres pièces, « Cibavit eos » K. 44 (73u) et le fragment « In te Domine speravi » K. Anh. 23 (166 h), longtemps

437

acceptées comme authentiques, est désormais considérée comme douteuse. Deux compositions substantielles se sont apparemment trouvées perdues : un « Stabat Mater » de 1766, K. 33c, et un Miserere K. Anh. 1 (297a), que Mozart disait avoir écrit lors de son séjour à Paris (lettre à Leopold du 5 avril 1778). La moitié environ des œuvres brèves connues ont été composées à Salzbourg, les autres à différentes étapes de ses voyages d'adolescent. Sept des pièces qui subsistent sont destinées au propre de la messe (six offertoires et un graduel), à quoi s'ajoutent un « Veni Sancte Spiritus » K. 47 et un Te Deum K. 141 (66b).

Le motet sur *cantus firmus* « Quaerite primum », K. 86 (73v), est un exercice académique dans le contrepoint de *stile antico* que Mozart composa pour sa candidature à l'Accademia filarmonica de Bologne le 9 octobre 1770. Il en subsiste une version améliorée par le Padre Martini, à qui Mozart soumit le motet. Parmi les œuvres plus substantielles, le motet « Exultate, jubilate » K. 165 (158a), composé pour le castrat Venanzio Rauzzini, qui avait tenu l'un des rôles principaux de *Lucio Silla*, mérite une mention spéciale. Il emprunte la forme d'une cantate en trois mouvements proche de la *sinfonia*, avec un *recitativo secco* pour relier les deux premiers mouvements, dont le second est une chaleureuse et expressive aria en *la* majeur, dans une relation peu courante de médiante avec la tonalité principale, *fa* majeur. Le dernier mouvement est le célèbre « Alle-luia ». On a décelé un certain nombre d'influences évidentes dans les œuvres de jeunesse, notamment celles des musiciens salzbourgeois — Michael Haydn, Eberlin et Leopold Mozart. Le « Benedictus sit Deus » K. 117 (66a), en trois mouvements, cite le huitième ton grégorien à quatre reprises, dans l'ordre soprano, ténor, alto, basse — procédé que Mozart a peut-être emprunté à son père, qui l'utilise dans son « Convertentur sedentes », tandis que le Te Deum cité plus haut est modelé sur le même psaume mis en musique par Michael Haydn. Le beau motet à double chœur, « Venite populi » K. 260 (248a), de 1776, est une œuvre peu connue, admirée à juste titre par Brahms, qui la dirigea à Vienne le 8 décembre 1872. La plus célèbre de toutes les pièces religieuses brèves de Mozart est l'« Ave verum corpus » K. 618, pour chœur, cordes et orgue, petit joyau composé tandis que Constanze prenait les eaux à Baden, le 17 juin 1791, et probablement destiné à Anton Stoll, musicien d'église et maître d'école, qui la donna vraisemblablement le jour de la Fête-Dieu. Certains auteurs ont cru déceler une influence maçonnique dans le style de cette œuvre, qui rappelle quelque peu les grands chœurs panthéistes et la musique de cérémonie de *Die Zauberflöte*.

Les dix-sept sonates d'église (*sonate all'epistola*), destinées à être jouées entre la lecture de l'épître et celle de l'évangile lors des grands-messes, sont également le fruit des fonctions de musicien d'église que

Mozart occupait à Salzbourg. La concision de ces pièces en un mouvement répond aux exigences de la liturgie salzbourgeoise, que Mozart explique dans une célèbre lettre adressée au Padre Martini le 4 septembre 1776 : « une messe, avec tout le Kyrie, le Gloria, le Credo, la *sonata all'epistola*, l'offertoire ou motet, le Sanctus et l'Agnus Dei (y compris la plus solennelle, lorsque le prince[-archevêque] dit lui-même la messe) ne doit pas durer plus de trois quarts d'heure ». C'est lorsqu'il fut nommé *Konzertmeister* à la cathédrale de Salzbourg le 9 août 1772 que Mozart eut pour la première fois l'occasion de composer des œuvres de ce genre. Ces sonates d'église (ou « sonates à l'épître ») sont parfois appelées à tort sonates pour orgue, alors que dans la plupart des cas l'orgue ne joue qu'une partie de continuo, la notation variant d'une œuvre à l'autre. Elles sont le plus souvent écrites pour deux violons et basse (marquée « organo e basso »), l'orgue jouant une basse généralement chiffrée (les premières sonates, K. 67-69, ne sont pas chiffrées). La plupart de ces sonates de jeunesse sont des allegros de sonate brefs et brillants (K. 67 (41 h) est de tempo moins vif). On y relève quelques concessions au style savant, notamment dans les passages d'écriture canonique de K. 68 (41i), mes. 14 *sq.*, et K. 225 (241b), mes. 51 *sq.*, mais ailleurs le ton est généralement galant, l'écriture en *tremolando* des cordes et le martèlement des basses préservant l'impulsion rythmique.

Trois sonates légèrement postérieures (K. 244, 245 et 263) comportent des parties d'orgue écrites en toutes notes, et bien que le rôle de ces parties n'aille guère au-delà du remplissage harmonique, elles ajoutent parfois quelques touches intéressantes, tel l'emploi de notes tenues. Une pédale sur le *la* grave dans K. 245 (mes. 44-48) nécessite l'emploi du pédalier. K. 274 (271d) et 278 (271e) reviennent aux parties d'orgue chiffrées, mais la seconde fait appel à un orchestre plus étoffé, comprenant hautbois, trompettes et timbales. Les cinq autres sonates composées au terme des années salzbourgeoises (avant le départ pour Vienne en 1781) regroupent certaines des pièces les plus ambitieuses et les plus éminentes de ce genre. L'une d'elles, K. 329 (317a), ajoute également des parties de vents et de timbales à la formation de cordes à trois voix, avec par endroits d'intéressants passages indépendants confiés à l'orgue (dont le pédalier est exigé aux mes. 50-58). K. 336 (336d) comporte en fait deux parties d'orgue (marquées « solo » et « ripieno ») et prend le caractère d'un mouvement de concerto miniature, avec une partie d'orgue soliste élaborée.

Pièces religieuses brèves

K. 20
« God is our Refuge » (chœur)
Voir « Lieder, ensembles vocaux et canons ».

K. 34
« Scande cœli limina » (offertoire) ; *ut majeur*

AMA III/2, n° 17 ; NMA I :3.
Kloster Seeon, Bavière, probablement fin 1766/début 1767 (pour la fête de saint Benoît).
S., s.a.t.b., 2 trp., timb., 2 vln, basse, orgue.

K. 47
« Veni Sancte Spiritus » ; *ut* majeur
AMA III/1, n° 7 ; NMA I :3.
Vienne, (automne ?) 1768.
S., a., t., b., s.a.t.b., 2 htb., 2 cors, 2 trp., timb., cordes, orgue.

K. 117 (66a)
« Benedictus sit Deus » (offertoire) ; *ut* majeur
AMA III/2, n° 20 ; NMA I :3.
Vienne, oct.-nov. 1768 (?).
Peut-être s'agit-il de la même œuvre que le grand offertoire K. 47b (considéré comme perdu dans *Köchel 6*) ; donné à la Waisenhauskirche de Vienne le 7 décembre 1768.
S., s.a.t.b., 2 fl., 2 cors, 2 trp., timb., cordes, orgue.

K. 141 (66b)
Te Deum ; *ut* majeur
AMA III/1, n° 13 ; NMA I :3.
Salzbourg, probablement fin 1769.
S.a.t.b., 4 trp., [timb.], 2 vln, basse, orgue.

K. 143 (73a)
« Ergo interest » (motet) ; *sol* majeur
AMA III/2, n° 21 ; NMA I :3.
Salzbourg, fin 1773.
S., cordes, orgue.

K. 85 (73s)
Miserere ; *la* mineur
AMA III/1, n° 8 ; NMA I :3.
Bologne, juil.-août 1770.
A.t.b., orgue (basse chiffrée).

K. 86 (73v)
« Quaerite primum » (antienne) ; *ré* mineur
AMA III/1, n° 9 ; NMA I :3.
Bologne, 9 oct. 1770.
S.a.t.b.
Exercice pour l'Accademia filarmonica, Bologne.

K. 108 (74d)
« Regina cœli » (antienne votive à la Bienheureuse Vierge Marie) ; *ut* majeur
AMA III/1, n° 10 ; NMA I :3.
Salzbourg, mai 1771.
S., s.a.t.b., 2 htb./fl., 2 cors, 2 trp., timb., cordes, orgue.

K. 72 (74f)
« Inter natos mulierum » (offertoire) ; *sol* majeur
AMA III/2, n° 18 ; NMA I :3.
Salzbourg, mai-juin 1771, ou fin 1770 (voir « Copies manuscrites »).
S., 2 vln, basse, orgue.
Pour la fête de saint Jean-Baptiste, le 24 juin.

K. 127
« Regina cœli » (antienne votive à la Bienheureuse Vierge Marie) ; *si* bémol majeur
AMA III/1, n° 11 ; NMA I :3.
Salzbourg, mai 1772.
S., s.a.t.b., 2 htb./fl., 2 cors, cordes, orgue.

K. 165 (158a)
« Exsultate, jubilate » (motet) ; *fa* majeur
AMA III/2, n° 22 ; NMA I :3.
Milan, janv. 1773.
S., 2 htb., 2 cors, cordes, orgue.
Pour Rauzzini, exécuté à Milan le 17 janvier 1773 ; révision ultérieure à Salzbourg (avec flûtes) (1779 ?).

K. 197 (Anh. C3.05)
« Tantum ergo » ; *ré* majeur
AMA III/1, n° 15 ; NMA I :3.
Salzbourg, 1772 (?).
S.a.t.b., 2 trp., cordes, orgue.
Attribution douteuse (Münster 1963).

K. 198 (158b, Anh. C3.08)
« Sub tuum praesidium » (offertoire) ; *fa* majeur
AMA III/2, n° 24 ; NMA I :3.
Salzbourg, 1774 (?).
S., s., cordes, orgue.
Attribution douteuse ; autographe manquant ; copie fin XVIIIᵉ siècle et autres copies plus tardives divergentes. Voir Ferderhofer, NMA, p. x.

K. 222 (205a)
« Misericordias Domini » (offertoire) ; *ré mineur*
AMA III/2, n° 25 ; NMA I :3.
S.a.t.b., 2 vln, [alto], basse, orgue.
Munich, début 1775.

K. 260 (248a)
« Venite populi » (offertoire *de venerabili sacramento*) ; *ré majeur*
AMA III/2, n° 26 ; NMA I :3.
S.s.a.a.t.t.b.b., 2 vln *ad lib.*, basse, orgue.
Salzbourg, 1776.

K. 277 (272a)
« Alma Dei creatoris » (offertoire) ; *fa majeur*
AMA III/2, n° 28 ; NMA I :3.
Salzbourg, 1777.
S., a., t., s.a.t.b., 2 vln, basse, orgue.

K. 273
« Sancta Maria, mater Dei » (graduel) ; *fa majeur*
AMA III/2, n° 27 ; NMA I :3.
Salzbourg, 9 sept. 1777 (autographe).
S.a.t.b., cordes, orgue.
Pour la fête de la Bienheureuse Vierge Marie, 12 septembre.

K. 146 (317b)
« Kommet her, ihr frechen Sünder » (aria) ; *si bémol majeur*
AMA VI/1, n° 10 ; NMA I :4/4.
Salzbourg, mars-avril 1779 (?).
S., cordes, orgue.

K. 276 (321b)
« Regina cœli » (antienne votive à la Bienheureuse Vierge Marie) ; *ut majeur*
AMA III/1, n° 12 ; NMA I :3.
Salzbourg, 1779 (?).
S., a., t., b., s.a.t.b., 2 htb., 2 trp., timb., 2 vln, basse, orgue.

K. 343 (336c)
« O Gottes Lamm » ; *fa majeur*
« Als aus Ägypten » ; *ut majeur* (chants spirituels allemands)

AMA III/1, n° 16 ; NMA III :8.
S., basse.
Prague ou Vienne, début 1787 (?). Sur la datation voir Ballin (NMA, commentaire critique, p. 116-117).

K. 618
« Ave verum corpus » (motet) ; *ré majeur*
AMA III/2, n° 31 ; NMA I :3.
Baden, 17 juin 1791 (autographe).
S.a.t.b., cordes, orgue.

Sonates d'église

K. 67 (41 h)
Mi bémol majeur
AMA XXIII, n° 1 ; NMA VI :16.
Salzbourg, 1772 (?).
2 vln, basse, orgue.

K. 68 (41i)
Si bémol majeur
AMA XXIII, n° 2 ; NMA VI :16.
Salzbourg, 1772 (?).
2 vln, basse, orgue.

K. 69 (41k)
Ré majeur
AMA XXIII, n° 3 ; NMA VI :16.
Salzbourg, 1772 (?).
2 vln, basse, orgue.

K. 144 (124a)
Ré majeur
AMA XXIII, n° 4 ; NMA VI :16.
Salzbourg, 1774.
2 vln, basse, orgue.

K. 145 (124b)
Fa majeur
AMA XXIII, n° 5 ; NMA VI :16.
Salzbourg, 1774.
2 vln, basse, orgue.

K. 212
Si bémol majeur
AMA XXIII, n° 6 ; NMA VI :16.
Salzbourg, juil. 1775 (autographe).

2 vln, basse, orgue.

K. 241
Sol majeur
NMA VI :16.
Salzbourg, janv. 1776 (autographe).
2 vln, basse, orgue.

K. 224 (241a)
Fa majeur
AMA XXIII, nᵒ 7 ; NMA VI :16.
Salzbourg, début 1780.
2 vln, basse, orgue.

K. 225 (241b)
La majeur
AMA XXIII, nᵒ 8 ; NMA VI :16.
Salzbourg, début 1780.
2 vln, basse, orgue.

K. 244
Fa majeur
AMA XXIII, nᵒ 9 ; NMA VI :16.
Salzbourg, avril 1776 (autographe).
2 vln, basse, orgue (solo).

K. 245
Ré majeur
AMA XXIII, nᵒ 10 ; NMA VI :16.
Salzbourg, avril 1776 (autographe).
2 vln, basse, orgue (solo).

K. 263
Ut majeur
NMA VI :16.
Salzbourg, déc. 1776 (?).
2 trp., 2 vln, basse, orgue (solo).
Peut-être destinée à la messe en *ut* majeur
K. 259.

K. 274 (271d)
Sol majeur
AMA XXIII, nᵒ 11 ; NMA VI :16.
Salzbourg, 1777 (autographe).
2 vln, basse, orgue.

K. 278 (271e)
Ut majeur
AMA XXIII, nᵒ 12 ; NMA VI :16.

Salzbourg, probablement carême 1777.
2 htb., 2 trp., timb., 2 vln, vlc., basse, orgue.
Sur l'autographe : « Sonata pro festis Palii ».

K. 329 (317a)
Ut majeur
AMA XXIII, nᵒ 14 ; NMA VI :16.
Salzbourg, mars 1779 (?).
2 htb., 2 cors, 2 trp., timb., 2 vln, vlc., basse, orgue (solo). Peut-être destinée à la messe en *ut* majeur K. 317.

K. 328 (317c)
Ut majeur
AMA XXIII, nᵒ 13 ; NMA VI :16.
Salzbourg, début 1779 (?).
2 vln, basse, orgue (solo).

K. 336 (336d)
Ut majeur
AMA XXIII, nᵒ 15 ; NMA VI :16.
Salzbourg, mars 1780 (autographe).
2 vln, basse, orgue (solo).
Probablement pour la messe en *ut* majeur
K. 337 (mars 1780, autographe).

Litanies, vêpres, psaumes de vêpres

K. 109 (74e)
Litaniae Lauretanae (à la Bienheureuse Vierge Marie) ; *si* bémol majeur
AMA II, nᵒ 1 ; NMA I :2/1.
Salzbourg, mai 1771 (autographe).
S., a., t., b., s.a.t.b., [3 trb.], 2 vln, basse, orgue.

K. 125
Litaniae de venerabili altaris sacramento ; *si* bémol majeur
AMA II, nᵒ 2 ; NMA I :2/1.
Salzbourg, mars 1772 (autographe).
S., a., t., b., s.a.t.b.,, 2 htb./fl., 2 cors, 2 trp., [3 trb.], cordes, orgue.
Première version du « Viaticum » (9 mes., rayée) dans partition autographe ; « Pignus » raccourci pour une exécution ultérieure (NMA).

K. 195 (186d)
Litaniae Lauretanae (à la Bienheureuse Vierge Marie) ; *ré* majeur

AMA II, n° 3 ; NMA I :2/1.
Salzbourg, [au plus tard mai (?)] 1774
(autographe).
S., a., t., b., s.a.t.b., 2 htb., 2 cors, [3 trb.],
cordes, orgue.

K. 193 (186 g)
« Dixit Dominus », Magnificat ; *ut* **majeur**
AMA II, n° 5 ; NMA I :2/2.
Salzbourg, juil. 1774 (autographe).
S., a., t., b., s.a.t.b., 2 trp., 3 trb., timb., 2
vln, basse, orgue.

K. 243
Litaniae de venerabili altaris sacramento ;
mi **bémol majeur**
AMA II, n° 4 ; NMA I :2/1.
Salzbourg, mars 1776 (autographe).
S., a., t., b., s.a.t.b., 2 htb./fl., 2 bsn, 2 cors,
3 trb., cordes, orgue.

Kyrie commencé fin 1774/début 1775 ; le
reste un an plus tard (?) (Tyson 1987).

K. 321
Vesperae de dominica ; *ut* **majeur**
AMA II, n° 6 ; NMA I :2/2.
Salzbourg, 1779.
S., a., t., b., s.a.t.b., [bsn], 2 trp., [3 trb.],
timb., 2 vln, basse, orgue.
Voir Magnificat fragmentaire en *ut* majeur,
K. 321a (« Fragments et esquisses »).

K. 339
Vesperae solennes de confessore ; *ut* **majeur**
AMA II, n° 7 ; NMA I :2/2.
Salzbourg, 1780 (autographe).
S., a., t., b., s.a.t.b., [bsn], 2 trp., [3 trb.],
timb., 2 vln, basse, orgue.

Davⁱᴅ Humphreys

443

Oratorios, drames sacrés et cantates

Mozart composa au cours de ses années de jeunesse un petit nombre d'œuvres dans les formes dramatiques. L'une des curiosités de sa période d'apprentissage est sa contribution au drame allégorique *Die Schuldigkeit des ersten Gebots* K. 35, donné pour la première fois dans la Rittersaal de la résidence de l'archevêque le 12 mars 1767, alors que le compositeur était âgé de onze ans. Mozart en composa la première partie (probablement avec l'aide de son père, dont on retrouve l'écriture dans l'autographe) ; les deuxième et troisième parties, composées par Michael Haydn et Anton Cajetan Adlgasser, sont perdues. L'œuvre prolonge la tradition du drame scolaire jésuite du XVIIᵉ siècle, conformément à une vieille coutume salzbourgeoise, selon laquelle les élèves du Gymnasium donnaient une pièce tous les ans, soit à la résidence de l'archevêque soit en la cathédrale. Le livret, dont on sait maintenant qu'il fut écrit par le Salzbourgeois Ignaz Anton Weiser, marchand de tissus et conseiller, est un drame religieux peuplé de figures allégoriques (Chrétien, Esprit du monde, Esprit du Christ, Merci, Justice) et moulé dans la forme de l'opéra. Ce mélange n'inspira guère Mozart, qui écrivit l'une de ses partitions de jeunesse les moins prometteuses. Aucune des arias, entrecoupées de *recitativo secco*

d'opéra, n'a de véritable caractère, et l'écriture vocale est souvent anguleuse et sans grâce.

Presque aussitôt après, Mozart écrivit la *Grabmusik* K. 42 (35a), cantate qui reprend une tradition d'origine médiévale : les dévotions faites pendant la semaine sainte devant une image ou une sculpture du saint sépulcre (le *heilige Grab*, situé dans l'une des chapelles latérales ou à côté du maître-autel de l'église). Ces pièces, qui à l'origine prenaient la forme de mystères, avaient évolué à l'époque de Mozart sous l'influence de la *rappresentazione sacra* baroque. Le livret confié au jeune Mozart de onze ans, qu'on attribue hypothétiquement à J.A. Wimmer ou J.A. Schachtner, est un dialogue en forme de cantate entre une âme qui est passée devant le tombeau et un ange, avec un chœur de louange conclusif. Les deux chanteurs se voient confier un récitatif et un air, avec un long duo avant le chœur final. La musique, bien qu'elle n'échappe pas à l'influence des collègues salzbourgeois de Mozart, montre un certain progrès par rapport à *Die Schuldigkeit des ersten Gebots*, notamment dans l'aria expressive en *sol* mineur, avec altos divisés, « Betracht dies Herz », et dans un solennel duo en *mi* bémol majeur. Quelques années plus tard (on ignore la date exacte), Mozart composa un simple air strophique, « Kommet her » K. 146 (317b), qui devait peut-être s'insérer dans une autre cantate ou un autre oratorio allemand (voir « Pièces religieuses brèves »).

Deux autres œuvres de plus grande envergure furent destinées au concert plutôt qu'à l'église. La première était l'oratorio italien *La Betulia liberata* K. 118 (74c), composée au cours de l'été de 1771. Il y est fait allusion dans deux lettres de Leopold Mozart (14 mars et 19 juillet 1771), où il est question d'un oratorio sur un livret de Metastasio commandé à Wolfgang par Don Giuseppe Ximenes, prince d'Aragon, membre d'une famille de la noblesse espagnole vivant à Padoue. Amateur de musique, le prince donnait des concerts dans sa résidence privée et correspondit avec le Padre Martini (il subsiste vingt et une lettres de lui à Martini pour la période 1770-1781). Il n'est plus jamais fait mention de cette œuvre dans la correspondance familiale, et on peut donc penser que l'exécution n'eut jamais lieu ; certains pensent que Ximenes aurait remplacé la pièce de Mozart par une musique écrite sur le même texte par Giuseppe Calegari (Callegari), compositeur de Padoue, dont un livret fut publié en 1771. Mozart continua néanmoins de s'intéresser à l'œuvre. Dans une lettre du 21 juillet 1784, il en demanda une copie à son père, songeant à employer une partie de la musique pour un oratorio destiné à la Tonkünstler-Societät, encore que cette exécution semble elle non plus n'avoir jamais pris place. *La Betulia liberata*, qui témoigne des immenses progrès accomplis par Mozart en quatre ans, doit beaucoup à ses premières expériences dans le domaine de l'opéra (notamment avec *Mitridate*) et comporte certains aspects étonnamment prophétiques. On retrouve les types conventionnels d'aria dans l'air de rage d'Achior (« Terribile d'aspetto ») et l'air de bravoure (« D'ogni colpa la colpa maggiore »), élaborés avec une assurance bien plus grande que dans les partitions antérieures. On y trouve aussi quelques chœurs d'une grande puissance, ainsi qu'une remarquable aria en *ut* mineur entrecoupée d'interjections chorales (« Pietà, se irato sei »), sur un accompagnement instrumenté avec beaucoup de sensibilité, dont les cordes pizzicato rappellent presque Gluck. L'œuvre est précédée d'une orageuse ouverture en *ré* mineur sans section contrastante en mode majeur, et qui fait appel à quatre cors et deux trompettes.

Pour deux concerts de bienfaisance au profit des veuves de musiciens, donnés les 13 et 15 mars 1785, Mozart écrivit la cantate *Davidde penitente* en reprenant, pour huit de ses dix mouvements, la musique de sa messe inachevée en *ut* mineur, K. 427 (417a). Le public fut peu nombreux à venir écouter l'œuvre, dont on entend généralement la musique dans sa version première de nos jours ; la cantate mérite néanmoins d'être entendue, notamment pour les deux belles arias nouvelles (nos 6 et 8).

Parmi les œuvres de circonstance qu'on lui demanda en tant que franc-maçon, Mozart composa trois cantates complètes (outre une quatrième qui resta inachevée), dont deux destinées à des loges viennoises. La cantate *Die Maurerfreude* K. 471, sur un livret de Franz Petran, fut exécutée en présence de Leopold Mozart à la loge *Zur gekrönten Hoffnung* (*A l'espérance couronnée*) le 24 avril 1785, avec Johann Valentin Adamberger dans la partie de ténor solo. Elle fut donnée en l'honneur d'Ignaz von Born, vénérable maître de la loge *Zur wahren Eintracht* (*A la vraie concorde*). La musique, écrite sur un texte à la louange de Joseph II, protecteur des francs-maçons, dans la tonalité de la « sagesse » maçonnique, *mi* bémol majeur, est de caractère cérémoniel ; elle comporte deux amples airs de ténor, dont le second s'achève par un chœur d'hommes (ténor, ténor, basse), qui reprend la louange de Joseph. On sait que Mozart fut accueilli par une exécution de cette même cantate lors de sa visite à la loge pragoise *Zur wahrheit und Einigkeit* (*A la vérité et l'unité*) en août 1791. La deuxième cantate maçonnique, « Laut verkünde unsre Freude » K. 623, est sa dernière œuvre achevée, inscrite dans son catalogue thématique le 15 novembre 1791, trois jours avant sa première exécution à la loge nouvellement reconstituée *Zur neugekrönten Hoffnung* (*A l'espérance nouvellement couronnée*). En 1792, après la mort de Mozart, une édition en fut publiée au profit de sa veuve. Elle est écrite pour le chœur d'hommes traditionnel à trois voix, ténor solo et basse solo, dont la partie est moins importante. Il n'est pas surprenant d'y trouver des échos de *Die Zauberflöte*, dans le caractère du chœur initial, en style de marche (repris à la fin de l'œuvre) et dans un délicat duo en *fa* majeur à 3/8 qui rappelle la piété de « Bei Männern, welche Liebe fühlen ». L'air de ténor, qui fut sans doute chantée encore une fois par Adamberger, évoque également *Die Zauberflöte*. La cantate pour voix et piano, « Die ihr des unermesslichen Weltalls Schöpfer ehrt » K. 619, était semble-t-il une commande du poète F.H. Ziegenhagen, marchand de Hambourg, qui était également membre d'une loge maçonnique de Ratisbonne. Bien qu'il ait écrit l'accompagnement pour piano, Mozart aborda le texte de Ziegenhagen dans l'esprit d'une cantate, alternant les sections en récitatif, air et arioso, et avec une partie de piano qui est manifestement de caractère orchestral.

K. 35
Die Schludigkeit des ersten Gebots
AMA V, n° 1 ; NMA I :4/1.
Début 1767 (exécution Salzbourg, 12 mars 1767).
Première partie d'un drame sacré sur un livret de I.A. Weiser. Deuxième partie de M. Haydn, troisième partie de A.C. Adlgasser.
3 s., 2 t., 2 htb./fl., 2 bsn, 2 cors, trb., cordes.
Ebauche de récitatif (mes. 1-3), abandonnée, après aria n° 7.

K. 42 (35a)
Grabmusik (cantate)
AMA IV, n° 1 ; NMA I :4/4.

Salzbourg, 1767 (exécution cathédrale de Salzbourg, 7 avril 1767 (?), dernier récitatif et chœur ajoutés v. 1772) (voir Rehm 1986ᵃ).
S., b., s.a.t.b., [2 htb.], 2 cors, cordes.

K. 118 (74c)
La Betulia liberata (oratorio)
AMA IV, n° 4 ; NMA I :4/2.
Texte de Metastasio.
Achevé Salzbourg, été 1771.
Commandé au mois de mars à Padoue, mais apparemment jamais exécuté.
3 s., a., t., b., s.a.t.b., 2 htb./fl., 2 bsn, 4 cors, 2 trp., cordes.

K. 429 (468a)
« Dir, Seele des Weltalls » (cantate)
AMA XXIV, n° 36a-b ; NMA I :4/4.
Texte de L.L. Haschka.
Vienne, v. 1785-1791 (?).
T., t.t.b., fl., 2 htb., clar., 2 cors, bsn, cordes.
Fragment. Deux premiers mouvements achevés en ébauche de partition ; le troisième, également en ébauche de partition, s'interrompt après 17 mes. Deux premiers mouvement complétés et arrangés par M. Stadler. Sur la datation, voir Zeileis (1985).

K. 469
Davidde penitente (oratorio)
AMA IV, n° 5 ; NMA I :4/3.
Texte attribué à L. Da Ponte.
Vienne, mars 1785 (exécution Burgtheater, 13 et 15 mars 1785).
Musique empruntée à la messe en *ut* mineur K. 427 (417a), sauf deux arias (n°ˢ 6 et 8), datées des 6 et 11 mars (*Verzeichnüss*).

2 s., t., s.a.t.b., 2 fl., 2 htb., clar., 2 bsn, 2 cors, 3 trb., cordes.

K. 471
Die Maurerfreude (cantate)
AMA IV, n° 2 ; NMA I :IV/4.
Texte de F. Petran.
Vienne, 20 avril 1785 (*Verzeichnüss*) (exécution à la loge *Zur gekrönten Hoffnung*, Vienne, 24 avril 1785).
T., t.t.b., 2 htb., clar., 2 cors, cordes.

K. 619
« Die ihr des unermesslichen Weltalls Schöpfer ehrt » (cantate)
AMA VII/1, n° 40 ; NMA I :4/4.
Texte de F.H. Ziegenhagen.
Vienne, juil. 1791 (*Verzeichnüss*).
S., pf.
Esquisse des mes. 151 *sq.*(?) et première version rejetée des mes. 128 *sq.* (31 mes.).

K. 623
« Laut verkünde unsre Freude » (cantate)
AMA IV, n° 3 ; NMA I :4/4.
Texte probablement de Johann Georg Karl Ludwig Giesecke (1761-1833).
Vienne, 15 nov. 1791 (*Verzeichnüss*) (exécution à la loge *Zur neugekrönten Hoffnung*, Vienne, 18 nov. 1791).
2 t.,b., fl., 2 htb., 2 cors, cordes.

K. 623 (623a)
« Lasst uns mit geschlungnen Händen »
Voir « Attributions douteuses et œuvres apocryphes ».

DAVID HUMPHREYS

Voix et orchestre

La production de Mozart pour voix et orchestre est formée pour l'essentiel de près de cinquante airs qu'il composa, par intermittence, à partir de son enfance et jusque dans la dernière année de sa vie (les pièces que l'on conserve couvrent une période de vingt-six ans, de 1756 à 1791). Ces airs étaient destinés à divers usages. Nombre d'entre eux étaient conçus pour être insérés dans des opéras d'autres compositeurs, généralement lorsqu'on estimait que l'original ne convenait pas, pour telle ou telle raison. Ces œuvres, intégrées à des *opere buffe* d'une dizaine de petits maîtres, dont Anfossi, Paisiello, Bianchi et Martín y Soler (voir liste ci-dessous), mais qu'on n'entend jamais aujourd'hui dans leur contexte d'origine, jettent une lumière nouvelle et passionnante sur les activités de Mozart dans le domaine de l'opéra. D'autres, qu'on appelle à plus juste titre « airs de concert » aujourd'hui, furent écrits pour des concerts donnés par des chanteurs professionnels, le plus souvent des sopranos ou des castrats, ou encore (notamment les œuvres de son adolescence) pour illustrer les facultés du jeune compositeur à représenter en musique les « passions » traditionnelles — amour, fureur, jalousie (voir ci-dessous). Les destinataires de ces airs isolés (entre autres le soprano Nancy Storace, le ténor Johann Valentin Adamberger et les basses Ludwig Fischer et Franz Gerl) créèrent des rôles importants dans les opéras de la maturité de Mozart, et ces airs nous offrent également un aperçu de leurs facultés techniques et expressives.

Ces airs, dont la composition s'est étalée sur un quart de siècle, permettent d'observer l'évolution du goût dans la musique vocale de cette époque. Les airs de jeunesse sont solidement attachés aux conventions de l'*opera seria* métastasien dans sa forme du milieu du XVIIIe siècle, illustrée par Johann Adolf Hasse et Nicolò Jommelli, compositeurs prolifiques dont la réputation s'étendait dans presque toute l'Europe occidentale. Ces airs de bravoure héroïques le cèdent peu à peu à des pièces destinées aux *opere buffe* donnés dans les théâtres viennois au cours des années 1780. Malgré une évolution progressive de l'aria *da capo* conventionnelle vers les formes en rondo ou le type bipartite lent-vif de la période viennoise, la prédominance des grandes arias traditionnelles demeure le fil conducteur qui relie l'ensemble de ces œuvres. La plupart des premières arias sont écrites pour soprano (voix de femme ou castrat), tandis que les airs d'insertion des années 1780 sont destinés à des voix plus diverses, y compris certains ensembles. Bien que seuls quelques-uns de ces airs gardent de nos jours la faveur du public, bon nombre des pièces viennoises nous montrent Mozart au faîte de ses capacités, notamment certains airs d'une grande profondeur qui ne seraient déplacés dans aucun des opéras de la maturité. Les dimensions d'une aria isolée l'empêchaient néanmoins de développer la caractérisation dans toute son ampleur — ce qui est précisément l'un des traits les plus hautement estimés de ses grands opéras. Outre la distinction entre les styles sérieux et bouffe, il n'est pas inutile de faire la différence entre les pièces écrites pour des chanteurs professionnels, telle Aloisia Lange (née Weber) (pour qui Mozart écrivit toute une série d'airs à partir de 1778), et celles destinées à des voix d'amateurs, telle la comtesse Paumgarten (K. 369), ou aux dilettantes aristocrates qui prirent part à la reprise d'*Idomeneo* en 1786. Ces dernières sont en général moins exigeantes techniquement. Mozart affirmait pouvoir adapter une aria à un chanteur tel « un habit bien coupé » : les égards qu'il manifesta au ténor sexagénaire Anton Raaff (K. 295) ou à la tessiture restreinte du castrat Francesco Ceccarelli (K. 374) en témoignent largement. Les lettres de Mozart sont riches de renseignements sur la genèse des airs qui lui furent commandés comme pièces de concert par les chanteurs, lesquels choisissaient parfois le texte.

Bon nombre des airs de jeunesse de Mozart furent le fruit de ses voyages d'enfant prodige à travers les capitales musicales de l'Europe. Le plus ancien air connu, « Va dal furor portata » K. 21 (19c) date de son séjour à Londres en 1764-1765 et illustre maintes caractéristiques communes aux premières pièces de ce genre. Comme pour beaucoup d'entre

elles, le texte est tiré des livrets classiques de Metastasio, dont *Demofoonte*, *Artaserse* et *Ezio* sont une source constante d'airs d'amour et de fureur sur lesquels le jeune prodige se fit les dents. Une lettre écrite par Leopold Mozart de Vienne le 30 juillet 1768, à Lorenz Hagenauer à Salzbourg, révèle que, pour démontrer les facultés de son fils, il tirait consciemment parti des facilités que manifestait Wolfgang dans la composition d'airs exprimant les « passions » conventionnelles du théâtre métastasien :

> Je fis prendre n'importe quel volume des œuvres de Metastasio, ouvrir le livre et mettre devant Wolfgang la première aria qui tombât entre les mains. Celui-ci prit la plume et, sans hésiter, en présence de plusieurs personnes de qualité et avec une rapidité étonnante, en écrivit la musique, avec de nombreux instruments. Cela, il le fit chez le maître de chapelle Bonno, chez l'abbé Metastasio, chez Hasse, chez le duc de Bragance et le prince de Kaunitz.

La même impression se dégage du célèbre rapport que l'avocat Daines Barrington soumit à la Royal Society le 28 septembre 1769, et où il raconte que Mozart improvisa un « récitatif en jargon » et une *sinfonia* pour un air d'amour sur le mot « affetto », suivis d'un autre récitatif et d'une *sinfonia* pour un « air de rage » sur le mot « perfido ». Malgré quelques angulosités et incohérences dans K. 21 (19c), la musique elle-même est une bonne illustration de l'air de fureur dans le style du milieu du siècle. Parmi les autres airs de jeunesse, deux, K. 36 (33i) et K. 70 (61c), sont du type qu'on appelle « licence » — c'est-à-dire des airs supplémentaires, avec ou sans chœur conclusif, ajoutés à la fin ou au milieu d'une représentation d'opéra, sur un texte sans lien avec l'intrigue et composé spécialement à la louange d'une personne de rang parmi l'auditoire. K. 36 (33i) et K. 70 (61c) sont l'un et l'autre à la gloire de l'archevêque von Schrattenbach.

Les arias que Mozart composa pendant le voyage en Italie de 1770 comprennent une série de pièces sur des textes extraits de *Demofoonte*. La correspondance familiale des Mozart permet une fois encore de replacer ces œuvres dans le contexte de la vie musicale italienne de l'époque. Le 13 mars 1770, Leopold Mozart écrit de Milan : « Samedi dernier je n'ai absolument pas pu écrire, car Wolfgang a dû composer trois arias et un récitatif avec violons [*accompagnato*] pour le concert qui a eu lieu hier chez le comte Firmian, et j'ai été obligé de copier les parties de violon moi-même puis d'en faire faire des doubles afin qu'elles ne soient pas volées. » L'air avec récitatif (« Misero me ») auquel Leopold fait allusion est K. 77 (73e), qui est qualifié de *scena*, comme c'est l'usage pour un air précédé d'un récitatif introductif ; selon la convention métastasienne, la fin d'un grand air était suivie de la sortie du chanteur et constituait donc une scène. La section *accompagnato* de K. 77 est un passage remarquable, dans lequel le héros se plaint de son destin sur fond de modulations outrées, de changements brusques de tempo et des traditionnelles figurations des cordes, nerveuses ou dramatiques. Comme si souvent dans les plus anciennes pièces, l'air qui suit, « Misero pargoletto », est quelque peu conventionnel en comparaison, restant fidèle à la forme *da capo* qui avait déjà été en partie abandonnée dans les opéras « réformés » de Gluck. L'œuvre se détache néanmoins vivement comme l'une des plus éminentes arias de l'adolescence de Mozart.

Trois autres arias, K. 209, 210 et 217, furent presque certainement composées pour des *opere buffe* donnés à la cour de Salzbourg au cours des années suivantes (1772-1777), que Mozart passa pour l'essentiel chez lui. « Con ossequio, con rispetto » K. 210, air pour ténor destiné à *L'astratto, ovvero Il giocator fortunato* de Piccinni, est manifestement une aria bouffe, avec ses triolets précipités aux cordes et le style *parlante* de la partie vocale ; en revanche, le bel air « Voi avete un cor fedele » K. 217 (probablement destiné à *Le nozze di Dorina* de Galuppi) est de style sérieux, opposant une mélodie initiale d'une expressivité chaleureuse à des changements de tempo dramatiques, suivant les alternances de climat. Le rondeau du récitatif et air « Ombra felice — Io ti lascio » K. 255, composé pour le castrat Francesco Fortini, est en partie modelé sur une pièce écrite sur le même texte par J.C. Bach, qui pourrait donc avoir joué un rôle dans le réveil de l'intérêt de Mozart pour cette forme.

Les arias de la période suivante montrent que Mozart a repris contact avec la grande tradition de l'*opera seria*, qui culmina pour lui avec la composition d'*Idomeneo* en 1780. L'expérience de l'orchestre de Mannheim, dont il parle avec enthousiasme dans ses lettres, puis de la tradition musicale munichoise en 1780-1781, porta ses facultés d'invention vers de nouveaux sommets. Cette période vit naître d'authentiques airs de concert, apparemment composés à la demande de certains chanteurs, et des airs écrits pour des opéras antérieurs d'autres compositeurs. « Ah, lo previdi » K. 272, d'août 1777, fut composé avant que Mozart ne quitte Salzbourg pour son funeste voyage à Mannheim et Paris, à l'intention de la cantatrice Josepha Duschek, pour qui il écrivit ensuite « Bella mia fiamma » K. 528. Mozart avait pour le premier de ces deux airs une haute estime — témoin plusieurs références dans la correspondance familiale ; les audacieuses excursions harmoniques et les rapides changements de tempo la justifient largement.

La plupart des airs suivants ont des aspects intéressants, et nombre d'entre eux atteignent des sommets de virtuosité. La composition d'« Alcandro lo confesso » K. 294 (Mannheim, 24 février 1778) est étroitement liée à celle de K. 295. Ainsi que Mozart l'explique dans une lettre à son père (28 février 1778), il avait à l'origine l'intention d'écrire l'aria pour

le ténor Anton Raaff, mais changea ensuite d'avis et la réécrivit pour le soprano Aloisia Weber, qu'il songea pendant un temps à épouser. Il y fait souvent allusion dans ses lettres de 1778, où il dit combien son interprétation le ravissait. L'écriture des bois (avec clarinettes, que Mozart regrettait de ne pas avoir à sa disposition à Salzbourg) est expressive, et la musique témoigne du prodigieux ambitus de la voix d'Aloisia, puisqu'elle monte jusqu'au *mi*[5]. Ce texte avait déjà été mis en musique par J.C. Bach, comme Mozart le fait lui-même remarquer. Il subsiste une version ornée de la partie de soprano (dont il est question dans une lettre du 12 avril 1783), et on sait aussi qu'Aloisia en donna une nouvelle exécution à Vienne le 11 mars de la même année. Pour Raaff, Mozart écrivit finalement K. 295, également évoqué dans la lettre du 28 février 1778, qui relate l'enthousiasme du ténor à la réception de l'œuvre et les égards que Mozart lui manifesta en raccourcissant et simplifiant à sa demande certains passages difficiles : la partie vocale montre combien le compositeur était soucieux de ne pas outrepasser les ressources vocales de son chanteur de soixante-trois ans. L'aria est écrite dans la forme en deux sections avec *prima* et *seconda parte*, que Mozart commençait à préférer de plus en plus à la forme *da capo* démodée.

Le récitatif et air K. 486a (295a) fut composé pour Dorothea Wendling, épouse du flûtiste de la cour de Mannheim. Cette œuvre d'une délicate expression, en *mi* bémol majeur, semble à nouveau destinée à une voix aux facultés limitées. Mozart rapporte que Frau Wendling choisit elle-même le texte, et que « elle et sa fille sont tout à fait folles de l'air ». Le contraste est vif avec « Popoli di Tessaglia » K. 316 (300b), air de bravoure d'une extraordinaire virtuosité, avec une partie de soprano montant jusqu'au *sol*[5]. Mozart était satisfait de cette pièce (comme il le dit dans une lettre écrite le 30 juillet 1778, avant même qu'elle ne soit achevée), bien que certains critiques ultérieurs ne partagent pas tous son point de vue ; d'aucuns lui reprochent en effet un style ampoulé et insipide. Deux autres arias sont à peu près contemporaines d'*Idomeneo*. « Ma che vi fece » K. 368 est une aria pour soprano en plusieurs sections, précédée d'un récitatif introductif, d'une certaine ampleur et d'une grande virtuosité. On ignore à qui elle était destinée, mais on a avancé le nom d'Elisabeth Wendling (fille de Dorothea), créatrice du rôle d'Elettra dans *Idomeneo*. « Misera, dove son ! » K. 369, composé sur un texte de Metastasio, était destiné à la comtesse Paumgarten, favorite de l'électeur Karl Theodor.

Les airs et les ensembles de la période viennoise de Mozart sont de caractère plus varié, les pièces composées pour des *opere buffe* italiens l'emportant maintenant sur les airs commandés pour des concerts par des chanteurs. Si la plupart des airs sont d'une grande ampleur et marqués par un ton d'une intensité grave, l'écriture a cette nouvelle chaleur et intimité de sa manière viennoise, et rares sont les pièces dans l'ancien style héroïque. Trois seulement des airs viennois, K. 432 (421a), K. 512 et K. 538, sont écrits sur des textes de Metastasio, le deuxième étant une nouvelle musique sur un texte que Mozart avait déjà employé dans K. 294. Parmi les arias de cette période figurent un certain nombre de groupes de pièces destinés à une production unique. Trois furent ainsi composées pour *Il curioso indiscreto* d'Anfossi — opéra où la participation de Mozart donna lieu à une intrigue théâtrale (lettre du 2 juillet 1783). L'opéra fut un échec, à l'exception de ses deux airs : « il a fallu bisser le second, qui est un air de bravoure ». Mozart écrivit des airs pour des productions d'œuvres de Cimarosa, Anfossi, Paisiello et Bianchi (voir liste ci-dessous), ainsi que deux pièces pour *Il burbero di buon cuore* de son rival Martín y Soler, dont la seconde, « Vado, ma dove ? » K. 583, est à juste titre l'un de ses airs isolés les plus célèbres — mouvement lent où les bois graves jouent un rôle important, dans un style qui rappelle souvent la musique d'Elvira dans *Don Giovanni*.

D'autres airs virent le jour à la faveur de représentations d'opéras de Mozart lui-même, notamment la production viennoise de *Don Giovanni* en 1788, la reprise de *Figaro* en 1789, et une remarquable exécution en concert d'*Idomeneo* qui eut lieu le 13 mars 1786 dans le palais du prince Johann

Adam Auersperg. L'une des particularités de certains des airs viennois est l'emploi d'instruments obligés. « Ch'io mi scordi di te » K. 505 (intitulé « *scena con rondo*») comporte une partie de piano obligé composée pour Mozart lui-même, ainsi qu'il l'indique dans son catalogue thématique. Cet air bien connu était destiné à Nancy Storace, qui créa le rôle de Susanna dans *Figaro*. « Per questa bella mano » K. 612, avec sa partie élaborée de contrebasse obligée, est une pièce encore plus inhabituelle ; elle fut composée pour Franz Gerl (le premier Sarastro de *Die Zauberflöte*) et le contrebassiste Friedrich Pischelberger, qui jouait dans l'orchestre du Freihaustheater d'Emanuel Schikaneder. De manière générale, les airs viennois s'éloignent de la virtuosité parfois extravagante des périodes munichoise et mannheimoise, mais on trouve des exceptions, tel que « No, che non sei capace » K. 419, pour l'opéra d'Anfossi cité plus haut. Le style de bravoure démodé de « Ah, se in ciel » K. 538, sur un texte de Metastasio, peut paraître surprenant dans une œuvre aussi tardive ; mais la nouvelle datation (1778 au lieu de 1788, voir liste des œuvres) rend mieux compte de cette manière sensiblement plus ancienne, qui reflète le style brillant, quelque peu distant, et la technique d'Aloisia Weber. « Ich möchte wohl der Kaiser sein » K. 539, air comique pour basse sur un texte allemand, et « Nehmt meinen Dank » K. 383, écrit semble-t-il pour un concert à bénéfice d'Aloisia Lange en 1782,

se situent en dehors de l'authentique tradition de l'aria.

Arias et scènes

K. 21 (19c)
« **Va, dal furor portata** »
AMA VI/I, nº 1 ; NMA II :7/1.
Texte de Metastasio *(Ezio)*.
Londres, 1765.
T., 2 htb., 2 bsn, 2 cors, cordes.
Subsiste en deux copies de la main de Leopold Mozart, dont l'une est sans aucun doute une version révisée par lui.

K. 23
« **Conservati fedele** »
AMA VI/I, nº 2, et XXIV, nº 54 ; NMA II :7/1.
Texte de Metastasio *(Artaserse)*.
La Haye, oct. 1765.
S., cordes.
Révision janv. 1766 (?) ; publication La Haye, 1766 (?).

K. 36 (33i)
« **Or che il dover — Tali e cotanti sono** »
AMA VI/1, nº 3 ; NMA II :7/1.
Salzbourg, déc. 1766.
T., 2 htb., 2 bsn, 2 cors, 2 trp., timb., cordes.
Licenza donnée pour l'anniversaire du couronnement de Siegmund von Schrattenbach, archevêque de Salzbourg, le 21 décembre 1776.

K. 70 (61c)
« **A Berenice — Sol nascente** »
AMA VI/1, nº 4 ; NMA II :7/1.
Salzbourg, déc. 1766 (?).
S., 2 htb., 2 cors, cordes.
Licenza à la louange de Siegmund von Schrattenbach, archevêque de Salzbourg, peut-être écrite pour la production de *Vologeso* de Sarti donnée le 28 février 1767, ou pour être exécutée en 1769.

K. 71
« **Ah più tremar non voglio** »
AMA XXIV, nº 39 ; NMA II :7/4.

Texte de Metastasio (*Demofoonte*).
Probablement Italie, printemps 1770.
T., 2 htb., 2 cors, cordes.
Seules 48 mes. (entièrement orchestrées)
subsistent ; continuation perdue (?).

K. 78 (73b)
« **Per pietà, bell'idol mio** »
AMA VI/1, n° 6 ; NMA II :7/1.
Texte de Metastasio (*Artaserse*).
V. 1766.
S., 2 htb., 2 cors, cordes.

K. deest
« **Cara, se le mie pene** »
NMA II :7/1.
Salzbourg, v. 1769.
S., 2 cors, vln, alto, basse.

K. 88 (73c)
« **Fra cento affanni** »
AMA VI/1, n° 9 ; NMA II :7/1.
Texte de Metastasio (*Artaserse*).
Milan, 1770.
S., 2 htb., 2 cors, 2 trp., cordes.

K. 79 (73d)
« **O temerario Arbace — Per quel paterno
amplesso** »
AMA VI/1, n° 7 ; NMA II :7/1.
Texte de Metastasio (*Artaserse*).
V. 1766.
S., 2 htb., 2 bsn, 2 cors, cordes.
Fragment de *scena* (K. 73D, 3 mes.)

K. 77 (73e)
« **Misero me — Misero pargoletto** »
AMA VI/1, n° 5 ; NMA II :7/1.
Texte de Metastasio (*Demofoonte*).
Milan, mars 1770.
S., 2 htb., 2 bsn, 2 cors, cordes.

K. 82 (73o)
« **Se ardire, e speranza** »
AMA XXIV, n° 48a ; NMA II :7/1.

Texte de Metastasio (*Demofoonte*).
Rome, 25 avril 1770 (autographe).
S., 2 fl., 2 cors, cordes.

K. 83 (73p)
« **Se tutti i mali miei** »
AMA VI/1, n° 8 ; NMA II :7/1.
Texte de Metastasio (*Demofoonte*).
Rome, avril-mai 1770.
S., 2 htb., 2 cors, cordes.
Importantes coupures dans le manuscrit (à
la demande du soliste ?).

K. 74b
« **Non curo l'affetto** »
NMA II :7/1.
Texte de Metastasio (*Demofoonte*).
Probablement Milan ou Pavie, début 1771.
S., 2 htb., 2 cors, cordes.

K. 209
« **Si mostra la sorte** »
AMA VI/1, n° 11 ; NMA II :7/1.
Salzbourg, 19 mai 1775 (autographe).
T., 2 fl., 2 cors, cordes.
Probablement destiné à un opera *buffa* non
identifié.

K. 210
« **Con ossequio, con rispetto** »
AMA VI/1, n° 12 ; NMA II :7/1.
Salzbourg, mai 1775 (autographe).
T., 2 htb., 2 cors, cordes.
Sans doute destiné à *L'astratto, ovvero Il
giocatore fortunato* de Piccinni (voir
K. 256).

K. 217
« **Voi avete un cor fedele** »
AMA VI/1, n° 13 ; NMA II :7/1.
Texte d'après *Le nozze di Dorina* de Gol-
doni.
Salzbourg, 26 oct. 1775 (autographe).
S., 2 htb., 2 cors, cordes.
Sans doute destiné à *Le nozze di Dorina* de
Galuppi.

K. 256
« **Clarice cara mia sposa** »
AMA VI/1, n° 15 ; NMA II :7/2.

Salzbourg, sept. 1776 (autographe).
T., 2 htb., 2 cors, cordes.
Pour Antonio Palmini ; sans doute destiné
à *L'astrato, ovvero Il giocatore fortunato* de
Piccinni (voir K. 210). Esquisse en *sol*
majeur, 6/8 (K. 626b/35, 72 mes.).

K. 255
« Ombra felice — Io ti lascio »
AMA VI/1, n° 14 ; NMA II :7/2.
Texte attribué à G. de Gamerra (*Arsace* ;
opéra de M. Mortellari).
Salzbourg, sept. 1776 (autographe).
A., 2 htb., 2 cors, cordes.
Pour Francesco Fortini.

K. 272
« Ah, lo previdi — Ah, t'invola agl'occhi
miei »
AMA VI/1, n° 16 ; NMA II :7/2.
Texte de V.A. Cigna-Santi (*Andromeda* ;
opéra de Giovanni Paisiello).
Salzbourg, août 1777 (autographe).
S., 2 htb., 2 cors, cordes.
Pour Josepha Duschek.

K. 294
« Alcandro, lo confesso — Non sò d'onde
viene »
AMA VI/1, n° 17 ; NMA II :7/2.
Texte de Metastasio (*L'Olimpiade*).
Mannheim, 24 févr. 1778 (autographe).
S., 2 fl., 2 clar., 2 bsn, 2 cors, cordes.
Pour Aloisia Weber (voir texte). Esquisse
des mes. 72 *sq.* NMA reconstitue une
variante de l'aria, sur la base d'une partie
vocale différente pour la troisième section
de l'aria.

K. 295
« Se al labbro mio non credi »
AMA VI/1, n° 18 ; NMA II :7/2.
Texte tiré d'*Artaserse* (opéra de Hasse). (Ce
texte, qui ne figure pas dans le livret de
Metastasio, est attribué à A. Salvi.)

Mannheim, 27 févr. 1778 (autographe).
T. 2 fl., 2 htb., 2 bsn, 2 cors, cordes.
Le manuscrit porte les traces de nombreuses coupures et modifications faites à la
demande du chanteur, Anton Raaff.

K. 486a (295a)
« Basta vincesti — Ah, non lasciarmi »
AMA XXIV, n° 61 ; NMA II :7/2.
Texte de Metastasio (*Didone abbandonata*).
Mannheim, 27 févr. 1778.
S., 2 fl., 2 bsn, 2 cors, cordes.
Pour Dorothea Wendling ; datation d'après
la lettre de Mozart à son père du 28 février
1778. Inspiré d'une pièce de Galuppi sur le
même texte (voir Plath 1975).

K. 316 (300b)
« Popoli di Tessaglia — Io non chiedo »
AMA VI/1, n° 19 ; NMA II :7/2.
Texte de Calzabigi (*Alceste*).
Probablement commencé juil. 1778 ;
Munich, 8 janv. 1779 (autographe).
S., htb., bsn, 2 cors, cordes.
Pour Aloisia Weber ; dans une lettre qu'il
lui écrivit de Paris, le 30 juillet 1778,
Mozart lui dit que l'air est déjà à moitié
achevé.

K. 368
« Ma che vi fece — Sperai vicino »
AMA VI/1, n° 20 ; NMA II :7/2.
Texte de Metastasio (*Demofoonte*).
Salzbourg, 1779-1780.
S., 2 fl., 2 bsn, 2 cors, cordes.
Datation d'après Plath (1976/77).

K. 369
« Misera, dove son !... Ah ! non son io »
AMA VI/1, n° 21 ; NMA II :7/2.
Texte de Metastasio (*Ezio*).
Munich, 8 mars 1781 (autographe).
S., 2 fl., 2 cors, cordes.
Pour la comtesse Josepha Paumgarten.

K. 374
« A questo seno — Or che il cielo »
AMA VI/1, n° 22 ; NMA II :7/2.
Texte de G. de Gamerra (*Sismano nel
Mogol*).

455

Vienne, avril 1781.
S., 2 htb., 2 cors, cordes.
Exécuté à Vienne, le 8 avril 1781, d'après une lettre de ce même jour de Wolfgang à Leopold ; pour Francesco Ceccarelli.

K. 119 (382 h)
« Der Liebe himmlisches Gefühl »
AMA XXIV, n° 40 ; NMA II :7/3.
Vienne, 1782 (?).
S., [2 htb., 2 cors, cordes].
L'accompagnement n'existe que sous forme de réduction pour clavier.

K. 383
« Nehmt meinen Dank »
AMA VI/1, n° 23 ; NMA II :7/3.
Vienne, 10 avril 1782 (autographe).
S., fl., htb., bsn, cordes.
Pour un concert à bénéfice d'Aloisia Lange (née Weber).

K. 416
« Mia speranza adorata — Ah, non sai, qual pena »
AMA VI/2, n° 24 ; NMA II :7/3.
Texte de G. Sertor (Zemira).
Vienne, 8 janv. 1783 (autographe).
S., 2 htb., 2 bsn, 2 cors, cordes.
Pour Aloisia Lange ; donné lors d'un concert à la Mehlgrube, le 11 janvier, puis au concert de Mozart au Burgtheater le 23 mars.

K. 178 (417e)
« Ah, spiegarti, oh Dio »
AMA XXIV, n° 41 ; NMA II :7/3.
Vienne, juin 1783 (?).
S.
L'accompagnement n'existe que sous forme de réduction pour clavier ; autre version de K. 418 (?).

K. 418
« Vorrei spiegarvi, oh Dio »
AMA VI/2, n° 25 ; NMA II :7/3.
Vienne, 20 juin 1783 (autographe).
S., 2 htb., 2 bsn, 2 cors, cordes.
Composé à l'intention d'Aloisia Lange pour une production de Il curioso indiscreto

d'Anfossi au Burgtheater, le 30 juin 1780. Une esquisse (77 mes.) subsiste en copie.

K. 419
« No, che non sei capace »
AMA VI/2, n° 26 ; NMA II :7/3.
Vienne, juin 1783.
S., 2 htb., 2 cors, 2 trp., timb., cordes.
Comme K. 418. Esquisses (des mes. 1-29 et mes. 93-97).

K. 420
« Per pietà, non ricercate »
AMA VI/2, n° 27 ; NMA II :7/3.
Vienne, 21 juin 1783 (autographe).
T., 2 clar., 2 bsn, 2 cors, cordes.
Composé à l'intention de Johann Valentin Adamberger pour une représentation de Il curioso indiscreto d'Anfossi, mais non exécuté. Deux esquisses mélodiques divergentes pour le début de l'air (14 mes. ; 33 mes.).

K. 432 (421a)
« Così dunque tradisci — Aspri rimorsi atroci »
AMA VI/2, n° 29 ; NMA II :7/3.
Texte de Metastasio (Temistocle).
Vienne, 1783 (?).
B., 2 fl., 2 htb., 2 bsn, 2 cors, cordes.
Pour Ludwig Fischer (?).

K. 431 (425b)
« Misero ! o sogno — Aura, che intorno spiri »
AMA VI/2, n° 28 ; NMA II :7/3.
Vienne, déc. 1783 (?).
T., 2 fl., 2 bsn, 2 cors, cordes.
Pour Johann Valentin Adamberger. Exécuté aux concerts de la Tonkünstler-Societät de Vienne les 22 et 23 décembre 1783 (?) ; Mozart qualifie cependant l'œuvre chantée par Adamberger lors de ces concerts de « rondeaux » (sic) (lettre à Leopold du 24 décembre 1783).

K. 490
« Non più tutto ascoltai — Non temer, amato bene »
AMA V/13, app. 13 ; NMA II :5/11.

Vienne, 10 mars 1786 (*Verzeichnüss*).
S., 2 clar., 2 bsn, 2 cors, vln solo, cordes.
Pour une exécution en concert *d'Idomeneo*,
le 13 mars 1786, au palais d'Auersperg ;
destiné à une voix de ténor.

K. 505
« Ch'io mi scordi di te — Non temer, amato
bene »
AMA VI/2, n° 34 ; NMA II :7/3.
Texte de l'ajout de 1786 à *Idomeneo* (K. 490
ci-dessus).
Vienne, 26 déc. 1786 (autographe ; *Ver-
zeichnüss*: 27 déc.).
S., 2 clar., 2 bsn, 2 cors, pf., cordes.
Pour Nancy Storace ; partie de piano écrite
pour Mozart lui-même.

K. 512
« Alcandro, lo confesso — Non sò, d'onde
vienne »
AMA VI/2, n° 35 ; NMA II :7/4.
Texte de Metastasio (*L'Olimpiade*).
Vienne, 19 mars 1787 (autographe ; *Ver-
zeichnüss*: 18 mars).
B., fl., 2 htb., 2 bsn, 2 cors, cordes.
Pour Ludwig Fischer.

K. 513
« Mentre ti lascio »
AMA VI/2, n° 36 ; NMA II :7/4.
Texte de Sant'Angioli-Morbilli (*La disfatta
di Dario*).
Vienne, 23 mars 1787 (*Verzeichnüss*).
B., fl., 2 clar., 2 bsn, 2 cors, cordes.
Pour Gottfried von Jacquin.

K. 528
« Bella mia fiamma — Resta, o cara »
AMA VI/2, n° 37 ; NMA II :7/4.
Texte de D.M. Sarcone (*Cerere placata*).
Prague, 3 nov. 1787 (autographe ; *Verzeich-
nüss*).
S., fl., 2 htb., 2 bsn, 2 cors, cordes.
Pour Josepha Duschek.

K. 538
« Ah se in ciel, benigne stelle »
AMA VI/2, n° 38 ; NMA II :7/4.
Texte de Metastasio (*L'erœ cinese*).

Vienne, 4 mars 1788 (autographe ; *Verzeichnüss*).
S., 2 htb., 2 bsn, 2 cors, cordes.
Pour Aloisia Lange. La partition de 1786
est une version révisée d'une composition
de 1778 (Tyson 1987) ; une partie vocale
avec ligne de basse, que le type de papier et
l'écriture permettent de dater de 1778, correspond aux mes. 24-193 (1er temps) de la
version de 1788 ; le reste de la partie vocale
(jusqu'à la mes. 207) semble être un ajout
de 1788. Peut-être donné pendant l'entracte d'une exécution de *Die Auferstehung*
de C.P.E. Bach dirigée par Mozart le 4
mars 1788 (Landon 1989).

K. 539
« Ich möchte wohl der Kaiser sein »
AMA VI/2, n° 39 ; NMA II :7/4.
Texte de J.W.L. Gleim.
Vienne, 5 mars 1788 (autographe ; *Ver-
zeichnüss*).
B., picc., 2 htb., 2 bsn, 2 cors, cymb., grosse
caisse, cordes.
Chant de guerre allemand, pour Friedrich
Baumann (exécuté au Leopoldstadttheater
le 7 mars 1788).

K. 540a
« Dalla sua pace »
AMA V/18 ; NMA II :5/17.
Texte attribué à Lorenzo Da Ponte.
Vienne, 24 avril 1788 (autographe ; *Ver-
zeichnüss*).
T., fl., 2 htb., 2 bsn, 2 cors, cordes.
Composé à l'intention de Francesco
Morella pour la production viennoise de
Don Giovanni.

K. 540c
« In quali eccessi — Mi tradi »
AMA V/18 ; NMA II :5/17.
Texte de Lorenzo Da Ponte.
Vienne, 30 avril 1788 (autographe ; *Ver-
zeichnüss*).
S., fl., 2 clar., bsn, 2 cors, cordes.
Composé à l'intention de Catarina Cava-
lieri pour la production viennoise de *Don
Giovanni*.

K. 541
« Un bacio di mano »
AMA VI/2, n° 40 ; NMA II :7/4.
Texte attribué à Lorenzo Da Ponte.
Vienne, mai 1788 (*Verzeichnüss*).
B. fl., 2 htb., 2 bsn, 2 cors, cordes.
Composé à l'intention de Francesco Alber-
tarelli pour une représentation de *Le gelosie
fortunate* de Anfossi donnée au Burgthea-
ter, le 2 juin 1788. Mozart réutilise le thème
principal de cette ariette dans le premier
mouvement de la symphonie « Jupiter »
K. 551.

K. 577
« Al desio, di chi t'adora »
AMA V/17, app. 3 ; NMA II :5/16.
Texte attribué à Lorenzo Da Ponte.
Vienne, juil. 1789 (*Verzeichnüss*).
S., 2 cors de basset, 2 bsn, 2 cors, cordes.
Ajout ultérieur à *Le nozze di Figaro*, qui
remplace le « Deh vieni » de Susanna ; pour
Adriana Gabrieli (« la Ferrarese »).

K. 578
« Alma grande e nobil core »
AMA VI/2, n° 42 ; NMA II :7/4.
Texte de G. Palomba.
Vienne, août 1789 (*Verzeichnüss*).
S., 2 htb., 2 bsn, 2 cors, cordes.
Composé à l'intention de Louise Villeneuve
pour une représentation de *I due baroni* de
Cimarosa donnée au Burgtheater en sep-
tembre 1789.

K. 579
« Un moto di gioia »
AMA V/17, app. 2, et VII/1, n° 36 ; NMA
II :5/16.
Texte attribué à Lorenzo Da Ponte.
Vienne, août 1789.
S., fl., htb., bsn, 2 cors, cordes.
Ajout ultérieur à *Le nozze di Figaro*, rem-
plaçant le « Venite inginocchiatevi » de
Susanna ; pour Adriana Gabrieli (« la Fer-
rarese »). Ne figure pas dans *Verzeichnüss*.
Il subsiste également un arrangement pour
piano dans l'autographe.

K. 582
« Chi sà qual sia »
AMA VI/2, n° 43 ; NMA II :7/4.

Texte attribué à Lorenzo Da Ponte.
Vienne, oct. 1789 (*Verzeichnüss*).
S., 2 clar., 2 bsn, 2 cors, cordes.
Composé à l'intention de Louise Villeneuve
pour une représentation d'*Il burbero di
buon cuore* de Martín y Soler donnée au
Burgtheater le 9 novembre 1789.

K. 583
« Vado, ma dove ? »
AMA VI/2, n° 44 ; NMA II :7/4.
Texte attribué à Lorenzo Da Ponte.
Vienne, oct. 1789.
S., 2 clar., 2 bsn, 2 cors, cordes.
Comme K. 582 ci-dessus.

K. 584
« Rivolgete a lui lo sguardo »
AMA VI/2, n° 45.
Texte attribué à Lorenzo Da Ponte.
Vienne, déc. 1789 (*Verzeichnüss*).
B., 2 htb., 2 bsn, 2 trp., timb., cordes.
Composé à l'intention de Francesco
Benucci pour *Cosi fan tutte* ; remplacé par
« Non siate ritrosi ».

K. deest
« Non caro fà corragio »
Vienne, pour une représentation de *La
quacquera spiritosa* de Pietro Guglielmi
(1728-1804) donnée au Burgtheater le 13
août 1790. Le récitatif de Mozart introduit
un air d'insertion de Domenico Cimarosa
(1749-1801). (Biba 1980, p.659 (n° 1563)).

K. 612
« Per questa bella mano »
AMA VI/2, n° 46 ; NMA II :7/4.
Vienne, 8 mars 1791 (*Verzeichnüss*).
B., fl., 2 htb., 2 bsn, 2 cors, cb. solo, cordes.
Pour Franz Gerl (le premier Sarastro) et
Friedrich Pischelberger (contrebassiste au
Freihaustheater).

K. Anh. 245 (621a)
« Io ti lascio »
NMA II :7/4.
Vienne, v. 1788 (?).
B., cordes.
La datation traditionnelle (Prague, sep-

tembre 1791) semblerait inexacte : la seule feuille qui subsiste (contenant les 17 dernières mes.) est sur un papier viennois utilisé par Mozart presque exclusivement en 1788 (Tyson 1987). Le fragment manuscrit ne permet ni de confirmer ni d'infirmer les dires de Constance (lettre à Breitkopf & Härtel du 25 mai 1799), selon qui seules les parties de violon étaient de Mozart, le reste étant de Jacquin ; l'existence d'une copie d'une version en *sol* majeur avec parties de vents ajoutées, attribuée à Jacquin, laisse ouvert le débat sur la nature d'une éventuelle contribution de Jacquin.

Duos et ensembles

K. 479
« **Dite almeno in che mancai** »
AMA VI/2, n° 32 ; NMA II :7/3.
Texte de G. Bertati.
Vienne, 5 nov. 1785 (autographe ; *Verzeichnüss*).
S., t., b., b., 2 htb., 2 clar., 2 bsn, 2 cors, cordes.
Pour une représentation de *La villanella rapita* de F. Bianchi donnée au Burgtheater le 28 novembre 1785.

K. 480
« **Mandina amabile** »
AMA VI/2, n° 33 ; NMA II :7/3.

Texte de G. Bertati.
Vienne, 21 nov. 1785 (autographe ; *Verzeichnüss*).
S., t., b., 2 fl., 2 htb., 2 clar., 2 bsn, 2 cors, cordes.
Comme K. 479 ci-dessus. Publié par Sieber, Paris, 1789.

K. 489
« **Spiegarti non poss'io** »
AMA V/13, app. 7 ; NMA II :5/11.
Vienne, 10 mars 1786 (*Verzeichnüss*).
S., t., 2 htb., 2 bsn, 2 cors, cordes.
Pour version de concert d'*Idomeneo* donnée le 13 mars 1786 au palais d'Auersperg.

K. 540b
« **Per queste due manine** »
AMA V/18 ; NMA II :5/17.
Texte attribué à Lorenzo Da Ponte.
Vienne, 28 avril 1788 (*Verzeichnüss*).
S., b., 2 fl., 2 htb., 2 bsn, 2 trp., cordes.
Ajout pour la production viennoise de *Don Giovanni*.

K. 625 (592a)
« **Nun liebes Weibchen** »
S., b.
Voir « Arrangements, additions, transcriptions ».

DAVID HUMPHREYS

Lieder, ensembles vocaux et canons

Les lieder de Mozart pour voix seule et piano, au nombre d'une trentaine, sont antérieurs à la grande floraison du lied allemand au début du XIXᵉ siècle et restent attachés à l'idéal stylistique plus simple du XVIIIᵉ siècle. De manière générale, Mozart leur accordait sans doute peu d'importance, mais dans les lieder de sa maturité il sut tirer le plus grand parti de ce genre, y compris de la forme limitée qu'était la chanson de salon strophique ; et souvent, même dans les exemples les plus brefs, sa personnalité musicale transparaît de manière incontestable. Les quelques lieder plus ambitieux, *durchkomponiert*, qui datent pour la plupart de la période 1785-1787, recèlent des œuvres d'une distinction et d'une portée véritables, qui transcendent la sphère de la miniature et annoncent de manière saisissante l'évolution du lied vers une forme artistique plus élevée sous la plume de Schubert.

Les trois lieder de jeunesse qui subsistent sont sans grand mérite artistique. Le plus ancien, *An die Freude* K. 53 (43b, 47e), sur un texte de Johann Peter Uz, composé à Vienne à l'automne de 1768, est une pièce strophique en style d'aria, dont seules sont notées la partie vocale et une basse non chiffrée. Deux autres lieder de son adolescence, « Wie unglücklich bin ich nit » K. 147 (125 g) et « O heiliges Band » K. 148 (125 h),

sont encore plus simples. Le premier comporte un accompagnement de clavier écrit en toutes notes, à la manière d'une réalisation de continuo, tandis que le second, sur un hymne en neuf strophes de Ludwig Friedrich Lenz en l'honneur de la loge johannite de Salzbourg, revient à la mélodie avec ligne de basse. La mélodie se termine par un bref refrain pour chœur à l'unisson. (Pour la datation de K. 147 et 148, voir liste des œuvres.)

Les deux ariettes françaises, « Oiseaux si tous les ans » K. 307 (284d) et « Dans un bois solitaire » K. 308 (295b), composées à Mannheim à la fin de 1777 ou au début de 1778, sont des œuvres plus substantielles et plus caractéristiques. Malgré leur modeste désignation, la seconde notamment est une œuvre d'une certaine portée, qui révèle, dans le traitement dramatique et déclamatoire de la ligne vocale et les figures d'accompagnement quasi orchestrales du piano, un mode de pensée formé à l'opéra. On y trouve des changements de tempo, un bref passage de récitatif et des pauses dramatiques, mais sans la virtuosité vocale qu'on attendrait d'un authentique air d'opéra ou de concert. Les textes français, de Ferrand et de La Motte respectivement, sont traités avec assurance.

Les lieder à voix seule du reste de la carrière de Mozart varient considérablement en caractère et en complexité. Deux des pièces qu'on qualifie généralement de lieder sont en réalité des hymnes allemands avec accompagnement de basse chiffrée pour orgue, écrits sous l'influence de la philosophie des Lumières, qui exigeait des formes de musique d'église plus simples et plus « rationnelles » (« O Gottes Lamm » et « Als aus Ägypten », K. 343 (336c)) (voir « Pièces religieuses brèves »). Deux autres mélodies, « Die Zufriedenheit » K. 349 (367a) et « Komm, liebe Zither » K. 351 (367b), sont écrites pour voix et mandoline, encore qu'il existe aussi du premier une autre version avec piano ; quant au *Lied zur Gesellenreise* K. 468, son accompagnement est marqué pour orgue dans l'autographe de Mozart. Bon nombre des lieder à voix seule et piano sont de forme strophique. Les plus simples d'entre eux (tels « Sei du mein Trost » K. 391 (340b) et « Verdankt sei es dem Glanz der Grossen » K. 392 (340a)) ne dépassent pas une douzaine de mesures de long. En général, le caractère de la partie de piano donne une bonne indication sur le niveau de complexité de la pièce. Quelques-uns des lieder les plus simples n'ont ni introduction ni coda pour le piano (*Lied der Freiheit* K. 506) ; mais souvent le piano conclut avec une petite phrase finale ou une répétition de la fin de la mélodie vocale (*Die Verschweigung* K. 518). Il arrive parfois qu'une brève cadence de piano ponctue le milieu de la strophe (*Das Traumbild* K. 530). Ailleurs le piano se confine à un rôle d'accompagnement discret mais approprié, employant des figurations pianistiques caractéristiques. La doublure de la partie vocale par la main droite du piano (*Sehnsucht nach dem Frühlinge* K. 596, bien connu pour la ressemblance de sa mélodie avec le thème principal du finale du concerto pour piano en *si* bémol majeur K. 595) est un trait archaïque qui renvoie aux compositeurs d'une génération plus ancienne, tel Johann Adam Hiller.

Si modestes soient-elles, ces miniatures sont des exemples aboutis de l'art de Mozart. Son expérience dans le domaine de l'opéra lui fut d'un constant secours, lui permettant de caractériser un poème avec justesse dans les limites d'un simple air strophique. Dans *Die Alte* K. 517 (dont la partie de piano n'est qu'esquissée), Mozart recourt à un langage néo-baroque parodique pour dépeindre la nostalgie grommelante de la vieille femme du poème de Hagedorn, demandant qu'on chante la partie vocale « un peu par le nez ». *Das Traumbild* K. 530 est écrit dans la tonalité de la « sagesse » maçonnique, *mi* bémol majeur, sur une mélodie qui rappelle de manière frappante « Bei Männern, welche Liebe fühlen » dans *Die Zauberflöte*, dont la mélodie ample et hymnique du *Lied zur Gesellenreise*, chant maçonnique cité plus haut, évoque également le souvenir. *Das Kinderspiel* K. 598 et le chant patriotique *Lied beim Auszug in das Feld* K. 552 méritent aussi d'être cités.

Les plus connus des lieder de Mozart sont les pièces *durchkomponiert* de la période viennoise, qui dépassent le cadre de la miniature. Le plus célèbre de tous est *Das*

Veilchen K. 476, sur le poème de Goethe, qui illustre à nouveau sa maîtrise de la caractérisation à une échelle réduite. La petite violette et la hautaine bergère du poème de Goethe s'expriment chacune clairement dans les deux premiers paragraphes de Mozart, et le lied comporte une section médiane, en mode mineur, d'une intensité inattendue, avec un retour à l'écriture en récitatif au point culminant (mes. 44-51). Dans les dernières mesures la voix déclame « Das arme Veilchen » (ajout de Mozart) sur un accord de piano tenu. *Das Lied der Trennung* K. 519 est d'une certaine ampleur — composition chaleureuse et sensible sur un poème de K.E.K. Schmidt, qui compromet le principe strophique en répétant la première strophe sous une forme variée après une section médiane, laquelle, une fois encore, culmine ensuite avec un passage déclamé. Le style et la tonalité de *fa* mineur du lied évoquent la cavatine de Barbarina à l'acte IV de *Figaro*. *Als Luise die Briefe ihres ungetreuen Liebhabers verbrannte* K. 520, autre lied *durchkomponiert*, est très ouvertement influencé par l'opéra, notamment dans les figures d'accompagnement violonistiques et les octaves chromatiques expressives de la partie de piano. L'un des plus beaux lieder de Mozart est *Abendempfindung an Laura* K. 523, pièce plus longue sur un poème de J.H. Campe (?), dans laquelle un amant déçu médite sur l'inconstance et la mort inéluctable. La musique *durchkomponiert* de Mozart emploie un schéma tonal très

vaste, utilisant une brève phrase de piano entendue pour la première fois aux mesures 11-12 pour donner une impression d'unité. Le lied, imprégné d'une douce mélancolie, et qui doit peu à la tradition de l'opéra, est peut-être le plus prophétique de Mozart. *An Chloe* K. 524, qui jouit également d'une certaine renommée, est une pièce plus extravertie, plus proche de l'aria, encore que l'écriture vocale évite la virtuosité.

Les canons de Mozart, malgré leur importance inévitablement mineure dans sa production, sont des pièces abouties et souvent extrêmement divertissantes. Ils se divisent en deux genres, tous deux consacrés par la tradition : les exercices pédagogiques de contrepoint et les rondes récréatives à chanter en société.

La composition de canons, dans la tradition ecclésiastique et « savante », était associée à l'art du contrepoint imitatif dans le style de ce prétendu « âge d'or » qu'incarnaient, pour les pédagogues du XVIIIᵉ siècle, Palestrina et son école. L'étude scolaire du contrepoint dans la tradition « savante », originaire d'Italie, exerça une forte influence sur la Hofkapelle viennoise, où l'un de ses principaux adeptes, Johann Josef Fux, passa l'essentiel de sa carrière. Les quelques canons de jeunesse de Mozart qui subsistent sont en partie le fruit de ses études de contrepoint avec le Padre Martini. Ils comprennent un Kyrie canonique à cinq voix K. 89 (73k), écrit en toutes notes, ainsi qu'un autre groupe, noté sous la forme plus habituelle d'une ligne unique avec les entrées successives indiquées par le *signum congruentiae*, ou de façon énigmatique par une inscription. Les quatre canons-énigmes avec texte K. 89aII (73r) sont extrêmement ingénieux ; le premier (marqué *Sit trium series una*) prend pour modèle un canon de la *Storia della musica* de Martini (Bologne, 1770). Le deuxième, « Cantate Domino omnis terra » est une ronde à neuf parties également dotée d'une inscription : *Ter ternis canite vocibus*. Les troisième et quatrième sont respectivement à trois voix (canon à la douzième avec une *pars ad placitum*) et à six voix (canon perpétuel, *Ter voce ciemus*). La série de canons écrits plus tard sous la tutelle de Mozart par le jeune compositeur anglais Thomas Attwood, qui vint prendre des cours avec lui pendant l'été de 1785, se rattache aussi à la tradition didactique du canon en tant qu'exercice de contrepoint. Son cahier d'exercices, fascinant témoignage sur les méthodes d'enseignement de Mozart, comporte des canons à trois et quatre voix de Mozart (K. 508a n°s 1-2 et K. *deest*), ainsi que K. 507 et 508, dans ce qu'on tient pour la copie par Attwood des versions de Mozart avec des variantes. Quatorze canons du cahier apparemment composés par Attwood avec les conseils de son maître (K. 508a n°s 3-8 et K. *deest*) sont des exercices traditionnels conçus pour améliorer l'écriture en imitation d'Attwood. Le double canon K. 228 (515b), que Mozart nota dans l'album de Joseph Franz von Jacquin, est un exemple de canon-dédicace copié par Attwood. Comme certains autres canons, il fut ensuite publié avec un texte ajouté (« Ach, zu kurz ist unsers Lebens Lauf »).

Comme son collègue salzbourgeois Michael Haydn, Mozart composa des rondes récréatives destinées à être chantées en société. C'est l'emploi exclusif de la forme ronde qui distingue du reste, sur le plan musical, cette catégorie de celle que nous venons d'examiner, laquelle comprend d'autres types. Bien entendu, elles sont toutes munies d'un texte. Les paroles varient en caractère, des textes sacrés (Alleluia K. 553, Ave Maria K. 554) aux textes comiques, dialectaux ou obscènes, dont certains furent censurés dans les premières éditions. « V'amo di core » K. 348 (382 g) est un cas à part : il s'agit d'un canon en écho pour trois chœurs à quatre voix, qui serait modelé sur un canon de Martini. Les rondes sont parfois tributaires elles aussi du *stile antico*, qui peut former un contraste délibérément incongru avec le texte. « Leck mich im Arsch » K. 231 (382c) est fondé sur une formule traditionnelle de cantus firmus en rondes, orné, de façon humoristique, de figures en notes répétées rapides alternant à toute allure entre les différentes voix. Une œuvre comme « Caro bell'idol mio » K. 562 de 1788, qui partage la tonalité et les caractéristiques du canon nuptial de *Così fan tutte*, composé un an plus tard, replace éloquemment les canons de Mozart dans leur contexte social.

« God is our refuge » K. 20, pièce profane non liturgique pour chœur à quatre voix, est une intéressante curiosité. Ecrite à Londres en juin 1765 et offerte par Leopold au British Museum, elle fait maintenant partie des collections de la British Library. Suivant une mode anglaise de l'époque, elle emploie un texte religieux pour une composition profane ; il s'agit non seulement de la seule musique connue composée par Mozart sur un texte anglais, mais aussi sa première pièce vocale qui subsiste (voir King 1984[a], 1985[b]).

Les quelques œuvres restantes pour voix et ensemble sont des pièces légères, de caractère essentiellement « domestique » elles aussi. Elles comprennent les six nocturnes pour trois voix et trois instruments (trois cors de basset ou deux clarinettes et cor de basset), chants d'amour charmants sur des textes italiens. Gottfried von Jacquin joua un rôle déterminant dans leur diffusion, ce qui, ajouté à d'autres indices, a conduit certains musicologues à penser qu'il pourrait avoir contribué à la composition de certains d'entre eux (Plath 1971).

Lieder
(pour voix et accompagnement de clavier en l'absence d'indication contraire)

K. 53 (47e)
« Freude, Königin der Weisen » (*An die Freude*) ; *fa* majeur
AMA VII/1, n° 2 ; NMA III :8.
Texte de Johann Peter Uz (1720-1796).
Vienne, automne 1768.
Accompagnement de basse non chiffrée.

K. 147 (125 g)
« Wie unglücklich bin ich nit » ; *fa* majeur
AMA VII/1, n° 5 ; NMA III :8.
Texte d'auteur inconnu.
Salzbourg, 1772 (?) ou 1775-1776 (?), ou Vienne, v. 1784 (?).
La datation de cette mélodie et de K. 418 (125 h) est controversée. L'étude graphologique de Plath (1976/77) semble exclure la date plus tardive ; d'un autre côté, il est très peu probable que Mozart ait composé un chant strictement maçonnique tel que K. 148 (125 h) avant de devenir lui-même franc-maçon en décembre 1784. Partie de clavier marquée « cembalo » dans l'autographe.

K. 148 (125 h)
« O heiliges Band » (*Lobgesang auf die feierliche Johannisloge*) ; *ré* majeur
AMA VII/1, n° 4 ; NMA III :8.
Texte de Ludwig Friedrich Lenz (1717-1780).
Salzbourg, 1772 (?), ou 1775-1776 (?), ou Vienne, v. 1784 (?).
Voir entrée précédente.
Voix soliste, avec refrain pour chœur à l'unisson ; accompagnement de basse non chiffrée.

K. 307 (284d)
« Oiseaux, si tous les ans » (ariette) ; *ut* majeur
AMA VII/1, n° 9 ; NMA III :8.
Texte d'Antoine Ferrand (1678-1719).
Mannheim, entre le 30 oct. 1777 et les 13-14 mars 1778.
Ecrit pour Augusta Wendling, fille du flûtiste mannheimois J.B. Wendling.

K. 308 (295b)
« Dans un bois solitaire » (ariette) ; *la* bémol majeur
AMA VII/1, n° 10 ; NMA III :8.
Texte de Antoine Houdart de La Motte (1672-1731).
Mannheim, entre le 30 oct. 1777 et les 13-14 mars 1778.
Ecrit pour Augusta Wendling ; voir entrée précédente.

K. 349 (367a)
« Was frag' ich viel nach Geld und Gut »
(*Die Zufriedenheit*) ; *sol* majeur
AMA VII/1, n° 11a ; NMA III :8.
Texte de Johann Martin Miller (1750-1814).
Munich, hiver 1780-1781 (?).
Voix, mand. (autre version avec pf.)
Peut-être pour le même destinataire que le lied suivant K. 351 (367b).

K. 351 (367b)
« Komm, liebe Zither » ; *ut* majeur
AMA VII/1, n° 13 ; NMA III :8.
Texte d'auteur inconnu.
Munich, hiver 1780-1781 (?).
Voix, mand.
Autographe perdu ; selon une copie ancienne, composé en 1780 pour un certain Herr Lang, corniste munichois. Authenticité contestée par E.A. Ballin dans NMA.

K. 392 (340a)
« Verdankt sei es dem Glanz der Grossen » ;
fa majeur
AMA VII/1, n° 16 ; NMA III :8.
Texte de Johann Timotheus Hermes (1738-1821).
Vienne, fin 1781 ou début 1782 (ou Salzbourg, v. 1780 ?).

K. 391 (340b)
« Sei du mein Trost » (*An die Einsamkeit*) ;
si bémol majeur
AMA VII/1, n° 15 ; NMA III :8.
Texte de Johann Timotheus Hermes (1738-1821).
Vienne, fin 1781 ou début 1782 (ou Salzbourg, v. 1780 ?).

K. 390 (340c)
« Ich würd' auf meinem Pfad mit Tränen »
(*An die Hoffnung*) ; *ré* mineur
AMA VII/1, n° 14 ; NMA III :8.
Texte de Johann Timotheus Hermes (1738-1821).
Vienne, fin 1781 ou début 1782 (ou Salzbourg, v. 1780 ?).

K. 468
« Die ihr einem neuen Grad » (*Lied zur Gesellenreise*) ; *si* bémol majeur
AMA VII/1, n° 18 ; NMA III :8.
Texte de Joseph Franz von Ratschky (1757-1810).
Vienne, 26 mars 1785 (*Verzeichnüss*).
Accompagnement marqué pour orgue dans autographe, pour pf. dans *Verzeichnüss*.
Exécuté dans la loge *Zur wahren Eintracht* le 16 avril lors de la cérémonie qui vit l'accession de Leopold Mozart au grade de compagnon (*Geselle*) (?).

K. 472
« Ihr Mädchen, flieht Damöten ja ! » (*Der Zauberer*) ; *sol* mineur
AMA VII/1, n° 19 ; NMA III :8.
Texte de Christian Felix Weisse (1726-1804).
Vienne, 7 mai 1785 (*Verzeichnüss*).

K. 473
« Wie sanft, wie ruhig fühl' ich hier » (*Die Zufriedenheit*) ; *si* bémol majeur
AMA VII/1, n° 20 ; NMA III :8.
Texte de Christian Felix Weisse (1726-1804).
Vienne, 7 mai 1785 (*Verzeichnüss*).

K. 474
« Der reiche Tor, mit Gold geschmükke »
(*Die betrogene Welt*) ; *sol* majeur
AMA VII/1, n° 21 ; NMA III :8.
Texte de Christian Felix Weisse (1726-1804).
Vienne, 7 mai 1785 (*Verzeichnüss*).

K. 476
« Ein Veilchen auf der Wiese stand » (*Das Veilchen*) ; *sol* majeur
AMA VII/1, n° 22 ; NMA III :8.
Texte de Johann Wolfgang von Goethe (1794-1832).
Vienne, 8 juin 1785 (*Verzeichnüss*).
Publié avec K. 519 par Artaria (Vienne, 1789).

K. 506
« Wer unter eines Mädchens Hand » (*Lied der Freiheit*) ; *fa* majeur

AMA VII/1, n° 25 ; NMA III :8.
Texte de Johannes Aloys Blumenauer
(1755-1798).
Vienne, fin 1785 (?).

K. 517
« Zu meiner Zeit » (*Die Alte*) ; *mi* mineur
AMA VII/1, n° 26 ; NMA III :8.
Texte de Friedrich von Hagedorn (1708-
1754).
Vienne, 18 mai 1787 (*Verzeichnüss*).
Mozart indique que ce lied doit se chanter
« ein bischen [*sic*] durch die Nase » (« un
peu à travers le nez ») (*Verzeichnüss*).

K. 518
« Sobald Damötas Chlœn sieht » (*Die
Verschweigung*) ; *fa* majeur
AMA VII/1, n° 27 ; NMA III :8.
Texte de Christian Felix Weisse (1726-
1804).
Vienne, 20 mai 1787 (*Verzeichnüss*).

K. 519
« Die Engel Gottes weinen » (*Das Lied der
Trennung*) ; *fa* mineur
AMA VII/1, n° 28 ; NMA III :8.
Texte de Klamer Eberhard Karl Schmidt
(1746-1824).
Vienne, 23 mai 1787 (*Verzeichnüss*).

K. 520
« Erzeugt von heisser Phantasie » (*Als Luise
die Briefe ihres ungetreuen Liebhabers verbrannte*) ; *ut* mineur
AMA VII/1, n° 29 ; NMA III :8.
Texte de Gabriele von Baumberg (1766-
1839).
Vienne, 26 mai 1787 (autographe ; *Verzeichnüss*).

K. 523
« Abend ist's, die Sonne ist verschwunden »
(*Abendempfindung an Laura*) ; *fa* majeur
AMA VII/1, n° 30 ; NMA III :8.
Texte de Joachim Heinrich Campe (?)
(1746-1818).
Vienne, 24 juin 1787 (*Verzeichnüss*).
Publié avec K. 524 par Artaria (Vienne,
1789).

K. 524
« Wenn die Lieb' » (*An Chloe*) ; *mi* bémol
majeur
AMA VII/1, n° 31 ; NMA III :8.
Texte de Johann Georg Jacobi (1740-
1814).
Vienne, 24 juin 1787 (*Verzeichnüss*).

K. 529
« Es war einmal ihr Leutchen » (*Des kleinen
Friedrichs Geburtstag*) ; *fa* majeur
AMA VII/1, n° 32 ; NMA III :8.
Texte de Johann Eberhard Friedrich Schall
(1742-1790).
Prague, 6 nov. 1787 (*Verzeichnüss*).
Dernière strophe de Joachim Heinrich
Campe (1746-1818).
Le titre fait allusion au prince héritier Frie-
drich d'Anhalt-Dessau, dont le poème
célèbre le neuvième anniversaire (27
décembre 1778).

K. 530
« Wo bist du, Bild » (*Das Traumbild*) ; *mi*
bémol majeur
AMA VII/1, n° 33 ; NMA III :8.
Texte de Ludwig Heinrich Christoph Hölty
(1748-1776).
Prague, 6 nov. 1787 (*Verzeichnüss*).
Publié sous le nom de Gottfried von Jac-
quin.

K. 531
« Was spinnst du ? » (*Die kleine Spinnerin*) ;
ut majeur
AMA VII/1, n° 34 ; NMA III :8.
Texte : première strophe d'auteur inconnu ;
deux dernières strophes de Daniel Jäger
(édition Breitkopf).
Vienne, 11 déc. 1787 (*Verzeichnüss*).
Chanson enfantine.

K. 552
« Dem hohen Kaiser-Worte treu » (*Lied
beim Auszug in das Feld*) ; *la* majeur
NMA III :8.
Texte d'auteur inconnu.
Vienne, 11 août 1788 (*Verzeichnüss*).

K. 596
« Komm, lieber Mai » (*Sehnsucht nach dem
Frühlinge*) ; *fa* majeur

AMA VII/1, n° 37 ; NMA III :8.
Texte de Christian Adolf Overbeck (1755-1821).
Vienne, 14 janv. 1791 (*Verzeichnüss*).
Publié avec les deux lieder suivants, K. 597-598, par Alberti (Vienne, 1791).

K. 597

« **Erwacht zum neuen Leben** » (*Im Frühlings anfang*) ; *mi* bémol majeur
AMA VII/1, n° 38 ; NMA VII :8.
Texte de Christian Christoph Sturm (1740-1786).
Vienne, 14 janv. 1791 (*Verzeichnüss*).
Voir K. 596.

K. 598

« **Wir Kinder, wir schmecken der Freuden recht viel** » (*Das Kinderspiel*) ; *la* majeur
AMA VII/1, n° 39 ; NMA III :8.
Texte de Christian Adolf Overbeck (1755-1821).
Vienne, 14 janv. 1791 (*Verzeichnüss*).
Voir K. 596.

Ensembles vocaux

K. 20

« **God is our refuge** » (« chœur ») ; *sol* mineur
AMA III/1, n° 6 ; NMA III :9.
Texte ; psaume 46, vers. 1.
Londres, juin 1765.
S.a.t.b.
Autographe en partie de la main de Leopold Mozart, offert par lui au British Museum en juin 1765.

K. 436

« **Ecco quel fiero istante** » (*notturno*)
AMA VI/2, n° 30 ; NMA III :9.
Texte de Metastasio (*canzonette*).
Vienne, 1787 (?), ou probablement plus tard.
S., s., b., 3 cors de basset.
Datation d'après Tyson (1987). C.-G. Stellan Mörner (NMA) propose l'ordre suivant pour les six *notturni* : K. 439, 438, 436, 437, 346 (439a), 549. Partie d'une série de G. von Jacquin (Plath 1971/72) (?). Fragment de parties vocales (2 mes.) dans partition autographe.

K. 437

« **Mi lagnerò tacendo** » (*notturno*)
AMA VI/2, n° 31 ; NMA III :9.
Texte de Metastasio (*Siræ*).
Vienne, 1787 (?), ou probablement plus tard.
S., s., b., 2 clar., cor de basset.
Voir K. 436. Fragment d'accompagnement, écrit pour 2 clarinettes en *ut* et cor de basset en *sol* (12 mes., rayé, parties de clarinette I (12 mes.) et II (3 mes.) uniquement) dans l'autographe des parties instrumentales.

K. 438

« **Se lontan, ben mio** » (*notturno*)
AMA XXIV, n° 46 ; NMA III :9.
Texte de Metastasio (*Strofe per musica*).
Vienne, 1787 (?), ou probablement plus tard.
S., s., b., 2 clar., cor de basset.
Voir K. 436.

K. 439

« **Due pupille amabili** » (*notturno*)
NMA III :9.
Vienne, 1787 (?), ou probablement plus tard.
S., s., b., 3 cors de basset.
Voir K. 436.

K. 346 (439a)

« **Luci care, luci belle** » (*notturno*)
NMA III :9.
Vienne, 1787 (?), ou probablement plus tard.
S., s., b., 3 cors de basset.
Voir K. 436.

K. 441

« **Liebes Mandel, wo ist's Bandel?** »
AMA VII/1, n° 17 ; NMA III :9.
Texte (en dialecte viennois) de Mozart (?).
Vienne, 1786 (?).
S., t., b., cordes.
Datation d'après Tyson (1987). Trio comique destiné à Constanze, Wolfgang et Jacquin, dont le sujet est un ruban de Constanze perdu puis retrouvé. De la main de Mozart ne subsistent qu'une partition d'orchestre pour soprano, ténor, basse et

basse instrumentale (sans introduction) et un fragment partiellement instrumenté (18 mes., continuation perdue?) de partition d'orchestre.

K. 549
« Più non si trovano » (*notturno*) (*Verzeichnüss*: **« Eine kleine Canzonette »**)
AMA VI/2, n° 41 ; NMA III :9.
Texte de Metastasio (*L'Olympiade*).
Vienne, 16 juil. 1788 (*Verzeichnüss*).
S., s., b., 3 cors de basset (accompagnement non cité dans *Verzeichnüss*, d'authenticité douteuse).

Canons

K. 89aI (73i)
Canon à 4 ; *la* majeur
AMA XXIV, n° 53 ; NMA III :1O.
1772.
Datation d'après Plath (1976/77).

K. 89 (73k)
Kyrie a cinque con diversi canoni (à 5) ; *sol* majeur
1772.
Datation d'après Plath (1976/77). Esquisse autographe.

K. 89aII (73r)
4 canons-énigmes
1. *Sit trium series una* (à 3) ; *fa* majeur
2. *Ter ternis canite vocibus* (à 9) ; *sol* majeur
3. *Clama ne cesses* (à 2 avec *tertia pars si placet*) ; *ut* majeur
4. *Ter voce ciemus/Voce ter insonuit* (à 6) ; *si* bémol majeur
NMA III :1O.
1772.
Datation d'après Plath (1976/77). Il subsiste des esquisses.

K. Anh. 109d (73x)
14 études en canon
1772.

Datation d'après Plath (1976/77). Il subsiste des esquisses.

K. Anh. A 33
« Cantemus Domino » à 3
1772.
Copie au net ; il subsiste également des ébauches de solution antérieures.

K. *deest*
Canon à 8 ; *la* mineur
1774 (?).
Datation d'après Plath (1976/77). Noté sur une feuille qui comporte d'autres contrepoints, ainsi qu'une esquisse de mélodie de contredanse K. 626b/44 (16 mes.) (Zaslaw 1971/72).

K. 229 (382a)
Canon à 3 ; *ut* mineur
AMA VII/2, n° 42 ; NMA III :10.
Vienne, v. 1782 (?)
Incipit texte ajouté (Hölty) : « Sie ist dahin » (Breitkopf).

K. 230 (382b)
Canon à 2 ; *ut* mineur
AMA VII/2, n° 43 ; NMA III :10.
Vienne, 1782 (?).
Incipit texte ajouté (Hölty) : « Selig, selig » (Breitkopf).

K. 231 (382c)
« Leck mich im Arsch » (Mozart) (à 6) ; *si* bémol majeur
AMA VII/2, n° 44 ; NMA III :10.
Vienne, v. 1782 (?).
Incipit texte de substitution : « Lasst froh uns sein » (Breitkopf).

K. 233 (382d)
« Leck mir den Arsch fein recht schön sauber » (Mozart) ; *si* bémol majeur
AMA VII/2, n° 46 ; NMA III :10.
Vienne, v. 1782 (?).
Incipit texte de substitution : « Nichts labt mich mehr als Wein » (Breitkopf).

K. 234 (382e)
« Bei der Hitz' im Sommer ess ich » (Mozart) ; *sol* majeur (à 3)

AMA VII/2, n° 47 ; NMA III :10.
Vienne, v. 1782 (?).
Incipit texte de substitution : « Essen, Trinken » (Breitkopf).

K. 347 (382f)
Canon à 6 ; *ré* majeur
AMA VII/2, n° 48 ; NMA III :10.
Vienne, v. 1782 (?).
Incipit texte ajouté : « Wo der perlende Wein » (Breitkopf) ; « Lasst uns ziehn » (Köchel).

K. 348 (382 g)
« V'amo di core » (à 12) ; *sol* majeur
AMA VII/2, n° 49 ; NMA III :10.
Vienne, v. 1782 (?).
Une solution à seize voix est également possible techniquement.

K. 507
Canon à 3 ; *fa* majeur
AMA VII/2, n° 50 ; NMA III :10.
Vienne, après le 3 juin 1786.
Incipit texte ajouté : « Heiterkeit und leichtes Blut » (Härtel).

K. 508
Canon à 3 ; *fa* majeur
AMA VII/2, n° 51 ; NMA III :10.
Vienne, après le 3 juin 1786.
Incipit texte ajouté : « Auf das Wohl aller Freunde » (Härtel).
K. 508A
Canon à 3 ; *ut* majeur
NMA III :10.
Vienne, après le 3 juin 1786.
Transmis sous forme de trois esquisses.

K. 508a/1-2
2 canons
NMA III :10.
1. Canon à 3 (*canone a tre soprani*) ; *fa* majeur
2. Canon à 3 ; *fa* majeur
Vienne, après le 3 juin 1786.

K. 508a/3-8 et K. *desunt*
14 canons à 2
Vienne, après le 3 juin 1786.

Ont servi pour les cours donnés par Mozart à Attwood à Vienne. Deux canons à tous les intervalles de l'unisson à la septième.

K. *deest*
Canon à 4 ; *fa* majeur
NMA III :10.
Eté 1786 (?)
Du cahier d'Attwood.

K. 232 (509a)
« Lieber Freistädtler, lieber Gaulimauli » (Mozart) (à 4) ; *sol* majeur
AMA VII/2, n° 45 ; NMA III :10.
Vienne, après le 4 juil. 1787.
Incipit texte de substitution : « Wer nicht liebt Wein » (Härtel).

K. 228 (515b)
Canon à 4 ; *fa* majeur
AMA VII/2, n° 41 ; NMA III :10.
Vienne, 24 avril 1787 (autographe).
Noté par Mozart dans un album appartenant à Joseph Franz von Jacquin, avec la remarque (en anglais) : « dont never forget your true and faithfull friend [*sic*] ». Esquisse et variante dans le cahier d'Attwood. Incipit texte ajouté : « Ach ! zu kurz » (Härtel).

K. 553
Alleluia (à 4) ; *ut* majeur
AMA VII/2, n° 52 ; NMA III :10.
Vienne, 2 sept. 1788 (*Verzeichnüss*).
Il subsiste des esquisses.

K. 554
Ave Maria (à 4) ; *fa* majeur
AMA VII/2, n° 53 ; NMA III :10.
Vienne, 2 sept. 1788 (*Verzeichnüss*).

K. 555
« Lacrimoso son'io » (à 4) ; *la* mineur
AMA VII/2, n° 54 ; NMA III :10.

Vienne, 2 sept. 1788 (*Verzeichnüss*).
Incipit texte de substitution : « Ach zum Jammer » (Breitkopf).

K. 556

« **Grechtelt's enk** » (Mozart) (à 4) ; *sol* **majeur**
AMA VII/2, n° 55 ; NMA III :10.
Vienne, 2 sept. 1788 (*Verzeichnüss*).
Incipit texte de subsitution : « Alles Fleisch » (Breitkopf).

K. 557

« **Nascoso e il mio sol** » (à 4) ; *fa* **mineur**
AMA VII/2, n° 56 ; NMA III :10.
Vienne, 2 sept. 1788 (*Verzeichnüss)*.
Il subsiste des esquisses.

K. 558

« **Gehn wir im Prater** » (Mozart) (à 4) ; *si* **bémol majeur**
AMA VII/2, n° 57 ; NMA III :10.
Vienne, 2 sept. 1788 (*Verzeichnüss*).
Incipit texte de substitution : « Alles ist eitel hier » (Breitkopf). Il subsiste des esquisses.

K. 559

« **Difficile lectu mihi mars** » (Mozart) (à 3) ; *fa* **majeur**
AMA VII/2, n° 58 ; NMA III :10.
Vienne, 2 sept. 1788 (*Verzeichnüss*).
Incipit texte de substitution : « Nimm, ist's gleich warm » (Breitkopf). Il subsiste une esquisse.

K. 560a (559a)

« **O du eselhafter Peierl** » (à 4) ; *fa* **majeur**
AMA VII/2 ; NMA III :10.
1785-1787.

K. 560b

« **O du eselhafter Martin** » (Jakob) (à 4) ; *sol* **majeur**
Vienne, 2 sept. 1788.
La musique est pratiquement identique à celle de K. 560a, mais un ton plus haut. Incipit texte de substitution : « Gähnst du » (Breitkopf).

K. 561

« **Bona nox ! bist a rechta Ox** » (à 4) ; *la* **majeur**
AMA VII/2, n° 60 ; NMA III :10.
Vienne, 2 sept. 1788 (*Verzeichnüss*).
Incipit texte de substitution : « Gute Nacht » (Breitkopf). Il subsiste une esquisse.

K. 562

« **Caro bell'idol mio** » (à 3) ; *la* **majeur**
AMA VII/2, n° 61 ; NMA III :10.
2 sept. 1788 (*Verzeichnüss*).
Incipit texte de substitution : « Ach süsses teures Leben » (Breitkopf).

K. 562a

Canon à 4 ; *si* **bémol majeur**
NMA III :10.
Vienne (?)
Sans texte.

K. Anh. 191

Canon à 4 (*canone a due violini, viola e basso***) ;** *ut* **majeur**
AMA XXIV, n° 51 ; NMA III :10.
Vienne, date incertaine (?).
Il subsiste également une autre version (antérieure ?), notée une quinte plus bas.

DAVID HUMPHREYS

Arrangements, additions, transcriptions d'œuvres d'autres compositeurs

Mozart fit des transcriptions à différentes fins. Outre un certain nombre de pièces diverses, on peut distinguer deux principaux groupes d'œuvres — l'un qui est le fruit de sa carrière de pianiste, et l'autre associé à ses activités viennoises, tant dans les cercles musicaux privés que les concerts publics. Le premier de ces groupes, les concertos dit « pastiches », comprend sept concertos pour piano de jeunesse qui sont des transcriptions de mouvements de sonates pour clavier d'un certain nombre de contemporains de Mozart. Ils étaient destinés à sa carrière d'enfant prodige. Quatre des concertos, écrits en 1767 alors qu'il avait sept ans, sont des pièces composites réalisées à partir de mouvements de sonates de Raupach, Honauer, Schobert, C.P.E. Bach et un compositeur non identifié. Trois autres concertos, cette fois-ci tirés de sonates complètes de J.C. Bach, suivirent en 1772. Les autographes des deux groupes sont en partie de la main de Leopold, et il faut donc se demander s'il n'a pas collaboré à ces transcriptions. Simples curiosités aujourd'hui, ces concertos pastiches ont néanmoins un intérêt musicologique en ce qu'ils nous révèlent quels sont les influences et les modèles conduisirent à la formation du style pianistique de Mozart, outre que les enseignements techniques qu'il en tira lui furent certainement utiles au moment où il composa les concertos salzbourgeois des années 1770 et les chefs-d'œuvre viennois des années 1780. Les mouvements de sonate sont ornés d'un discret accompagnement orchestral et complétés de ritournelles qui sont apparemment l'œuvre de Mozart, encore que Leopold l'ait peut-être aidé. On conserve également des cadences de Mozart pour deux des concertos (K. 40 et K. 107/1).

Deux autres exemples de la période salzbourgeoise ne méritent qu'une rapide mention. Mozart fit ainsi diverses modifications aux litanies du saint sacrement composées par son père, comme le révèle l'autographe de Leopold, récemment découvert (Senn 1971/72), utilisant ensuite l'œuvre comme modèle pour sa propre version (K. 125). Quant à la transcription pour deux flûtes, cinq trompettes et timbales d'une gavotte extraite de *Paride ed Elena* de Gluck, elle faisait presque certainement partie d'une suite de dix transcriptions d'œuvres de Joseph Starzer et Gluck destinées à ces instruments et dont on conserve l'autographe de la main de Leopold (K. 187 (Anh. C17.12)).

Le second groupe de transcriptions vit le jour à la faveur des célèbres concerts organisés par le baron van Swieten, amateur enthousiaste de la musique

471

de Bach et Haendel et du style « savant ». Mozart était régulièrement reçu chez le baron, comme il le dit lui même dans une lettre à Leopold du 10 avril 1782 : « Je vais chez le baron van Swieten tous les dimanches à douze heures — et on n'y joue rien que du Bach et du Haendel. Je fais une collection des fugues de Bach, aussi bien celles de Sebastian que d'Emanuel et Friedemann ». Un an plus tard il allait encore chez van Swieten « tous les dimanches de douze heures à deux heures » (lettre à Leopold du 4 janvier 1783), et à la fin de la même année (6 décembre 1783) il pria son père de lui envoyer de Salzbourg quelques fugues de Bach. C'est sans aucun doute pour le cercle de van Swieten que Mozart prépara une série de cinq transcriptions pour quatuor à cordes de fugues à quatre voix de J.S. Bach (K. 405). On a aussi attribué à Mozart une série de six transcriptions de fugues de J.S. et W.F. Bach pour trio à cordes (K. 404a), avec de nouvelles introductions pour remplacer les préludes d'origine, mais on considère maintenant qu'elles sont d'authenticité douteuse (Kirkendale 1964). L'attribution à Mozart d'autres transcriptions de Bach pour quatuor ou quintette à cordes (également avec de nouvelles introductions), émanant presque certainement du cercle de van Swieten elles aussi, est encore plus contestable.

Van Swieten avait découvert les oratorios de Haendel pendant les années passées en Angleterre, et à son retour à Vienne il fonda la Gesellschaft der Associierten Cavaliers, société de concert vouée à l'exécution d'oratorios. A la mort du directeur précédent, Joseph Starzer, le 22 avril 1787, Mozart reprit la direction de ces concerts, tantôt privés et tantôt publics. Son premier engagement avec la société fut pour une exécution de *Auferstehung und Himmelfahrt Jesu* de C.P.E. Bach le 26 février 1788. L'œuvre fut redonnée le 4 mars, en public au Burgtheater le 7 mars, puis à nouveau en privé quatre jours plus tard. La partition de C.P.E. Bach nécessitait peu de modifications, mais Mozart compléta l'instrumentation de l'un des airs, « Ich folge dir, verklärter Held » (K. Anh. 109g nº 19 (537d)).

Les accompagnements « supplémentaires » écrits par Mozart pour *Acis and Galatea, Messiah, Ode for St Cecilia's Day* et *Alexander's Feast* de Haendel, inscrits dans son catalogue thématique entre novembre 1788 et juillet 1790, étaient eux aussi des commandes de van Swieten destinées à divers concerts qui eurent lieu dans les dernières années de la vie de Mozart, avec des traductions allemandes des textes anglais de Haendel. Nous sommes particulièrement bien renseignés sur la première exécution de la transcription de *Messiah*, qui eut lieu le 6 mars 1789 dans les salons du comte Johann Esterházy, Mozart dirigeant l'orchestre et Ignaz Umlauf les chanteurs (douze choristes et quatre solistes). A l'époque de Mozart, le déclin du continuo faisait paraître l'orchestration de Haendel maigre et incomplète aux musiciens, et Mozart la compléta donc en ajoutant des parties d'instruments à vent pour la rendre plus acceptable aux auditoires contemporains. Il fait notamment appel aux clarinettes, qui ne figuraient pas régulièrement dans l'orchestre de Haendel. Le plus souvent les instruments à vent doublent les parties de cordes ou les redoublent à l'octave, renforçant les tuttis ; mais parfois Mozart leur confie des lignes mélodiques autonomes. L'accompagnement de « The people that walked in darkness » (« Das Volk, das im Dunkeln wandelt ») est enrichi de lignes chromatiques pour les bois dans la manière viennoise de Mozart, montrant qu'il a mal compris la fonction expressive des simples octaves des cordes chez Haendel. Le solo de « The trumpet shall sound » (« Sie schallt, die Posaun ») est confié au cor (les modifications et les ratures dans ce mouvement montrent qu'il lui posa des difficultés considérables). Ces adaptations de Haendel jouissaient d'un grand prestige au XIXe siècle, et certains éléments des accompagnements écrits par Mozart pour *Messiah*, intégrés à l'édition d'Ebenezer Prout, étaient connus du public anglais ; mais depuis qu'une certaine rigueur historique s'est imposée dans l'exécution des œuvres de Haendel au XXe siècle, on les entend moins souvent. Avant de les condamner au

nom de cette rigueur, il faut se rappeler le rôle que joua la société de van Swieten dans la renaissance de l'oratorio allemand, qui conduisit notamment aux deux grands oratorios de Haydn, *Die Schöpfung* (*La création*) et *Die Jahreszeiten* (*Les saisons*), dont van Swieten écrivit les livrets.

K. 37
Concerto pour clavier en *fa* majeur
AMA XVI/1, n° 1 ; NMA X :28/2.
Salzbourg, avril 1767.
Clvr, 2 htb., 2 cors, cordes.
Source :
I H.F. Raupach op. 1 n° 5.
II (?).
III H.F. Honauer op. 2 n° 3.

K. 39
Concerto pour clavier en *si* bémol majeur
AMA XVI/1, n° 2 ; NMA X :28/2.
Salzbourg, juin 1767.
Clvr, 2 htb., 2 cors, cordes.
Source :
I H.F. Raupach op. 1 n° 1.
II J. Schobert op. 17 n° 2.
III H.F. Raupach op. 1 n° 1.

K. 40
Concerto pour clavier en *ré* majeur
AMA XVI/1, n° 3 ; NMA X :28/2.
Salzbourg, juil. 1767.
Clvr, 2 htb., 2 cors, cordes.
Source :
I J. Honauer op. 2 n° 1.
II G. Eckard op. 1 n° 4.
III C.P.E. Bach W.117.
Avec cadence K. 624 (626IIa, C).

K. 41
Concerto pour clavier en *sol* majeur
AMA XVI/1, n° 4 ; NMA X :28/2.
Salzbourg, juil. 1767.
Clvr, 2 htb., 2 cors, cordes.

Source :
I J. Honauer op. 1 n° 1.
II H.F. Raupach op. 1 n° 1.
III J. Honauer op. 1 n° 1.

K. 107, 1
Concerto pour clavier en *ré* majeur
NMA X :28/2.
1772.
Clvr, 2 vln, basse.
Source : J.C. Bach op. 5 n° 2.
Datation d'après Plath (1976/77).
Avec cadences K. 624 (626aII, A-B).

K. 107, 2
Concerto pour clavier en *sol* majeur
NMA X :28/2.
1772.
Clvr, 2 vln, basse.
Source : J.C. Bach op. 5 n° 3.

K. 107, 3
Concerto pour clavier en *mi* bémol majeur
NMA : 28/2.
1772.
Clvr, 2 vln, basse.
Source : J.C. Bach op. 5 n° 4.

K. 284e
J.B. Wendling, concerto pour flûte (parties de vents supplémentaires ?)
Mannheim, nov. 1777.
Perdues, citées dans une lettre du 21 novembre 1777.

K. deest
Arrangement pour clavier de musiques de ballet de Christian Cannabich
Mannheim, déc. 1777.
Cité dans *Köchel 6* sous le numéro K. 284e.
Mozart y fait allusion dans une lettre à son père du 6 décembre 1777. Des six recueils connus d'arrangements de musiques de ballet de Cannabich publiés par J.M. Götz, seuls les n°s 1, 3, 4, 6 ont été retrouvés jusqu'à présent. Le n° 4, qui contient 6 numéros du ballet *Ulisse et Orphée* (arrangés pour pf., vln, alto, vlc.,) est peut-être de Mozart. Les n°s 2 et 5, (respectivement pour pf., vln, alto, vlc. et pf., vln) pourraient également être de Mozart (Münster 1975).

K. 404a
Six préludes et fugues en *ré* mineur, *sol* mineur, *fa* majeur, *fa* majeur, *mi* bémol majeur, *fa* mineur
Vienne, 1782.
Vln, alto, vlc.
Sources :
1 prélude original (?), fugue J.S. Bach BWV 853.
2 prélude original (?), fugue J.S. Bach BWV 883.
3 prélude original (?), fugue J.S. Bach BWV 882.
4 prélude J.S. Bach 527/2, fugue J.S. Bach BWV 1080 n° 8.
5 prélude et fugue, J.S. Bach BWV 526/2 et 3.
6 prélude original (?), fugue W.F. Bach fugue n° 8 (attribution douteuse) (Kirkendale 1964, Holschneider 1964, Kirkendale 1965).

K. 405
5 fugues en *ut* mineur, *mi* bémol majeur, *mi* mineur, *ré* mineur, *ré* majeur
Vienne, 1782.
2 vln, alto, vlc.
Sources : J.S. Bach BWV 871, 876, 878, 877, 874.
Transcription dans Kirkendale (1962/63). Sur une sixième fugue, en *ut* mineur (d'après BWV 891), voir K. deest (« Fragments et esquisses »).

K. 293e
Cadences pour des arias de J.C. Bach
Pour une étude des différents autographes (des mains de Leopold, Wolfgang et Nannerl) groupés sous K. 293e, voir Plath 1960/61, 1971/72 et 1976/77.

K. 592
G.F. Haendel, *Ode for St Cecilia's Day*
NMA X :28/1/4.
Vienne, juil. 1790.
Original : s., t., s.a.t.b., fl., 2 htb., 2 trp.,
timb., luth, cordes (complément : fl., 2
clar., 2 bsn, 2 cors, parties trp. révisées).

K. 625 (592a)
B. Schack (?), « Nun, liebes Weibchen »
(duo extrait de *Der Stein der Weisen* **de**
E. Schikaneder)
AMA VI/2, n°s 6 et 7.
Vienne, août 1790.
Original : s., b., pf. (?) (accompagnement
réécrit pour fl., 2 htb., 2 bsn, 2 cors,
cordes).

K. 624 (626IIa, D-O, voir ci-dessous)
Cadences pour concertos pour clavier
d'autres compositeurs
NMA X :28/2.
H, D (Anh. 61a), F-G, respectivement
pour op. 3 n°s 1, 4, 6, de J.S. Schrœter.
K pour concerto en *ré* majeur de I. von
Beecke.
N, O pour concerto non identifié.
L perdu.
E (Anh. C15.10) non authentique.
I (Anh. C15.11) fragment de prélude ; v.
1777 (NMA IX :27/2).

K. 626b/28
C.W. von Gluck, gavotte de *Paride ed*
Elena **(1769)**
V. 1773.
2 fl., 5 trp., timb.
Original pour orchestre. Datation d'après
Köchel 6. Partie du divertimento K. 187
(Anh. C17.12). Autographe de la main de
Leopold Mozart, comme celui de K. 187
(Anh. C17.12) (Tyson 1987).

K. *deest*
L. Mozart, *Litaniae de venerabili altaris*

sacramento **(1762)**
NMA X :28/3-5/1.
Original : s., a., t., b., s.a.t.b., 2 cors,
cordes (diverses modifications).

K. *deest*
J. Haydn, *Armida* **(1783)**
Vienne, (?).
Adaptation et révision de la conclusion du
duo final de l'acte I, « Cara, sarò fedele »
(voir Landon 1989).

K. 470a
G.B. Viotti, concerto pour violon en *mi*
mineur, n° 16 (parties de trompettes et
timbales supplémentaires)
Vienne, avril 1785.
L'andante pour violon et orchestre K. 470
(perdu) était peut-être destiné à cette
œuvre (hypothèse contestée dans *Köchel*
6). Datation hypothétique d'après *Köchel*
6.

K. Anh. 109g n° 19 (537d)
C.P.E. Bach, « Ich folge dir », de *Auferste-*
hung und Himmelfahrt Jesu **(1787)**
Vienne, févr. 1788.
Original : t., trp., cordes (complément : fl.,
htb., trp.).

K. 566
G.F. Haendel, *Acis and Galatea* **(1718)**
NMA X :28/1/1.
Vienne, nov. 1788.
Original : s., t., t., b., s.a.t.t.b., fl. à bec, 2
htb., bsn, 2 vln, alto, b.c., (complément : 2
fl., 2 clar., bsn, 2 cors).

K. 572
G.F. Haendel, *Messiah* **(1742)**
Vienne, mars 1789.
Original : s., a., t., b., s.a.t.b., 2 htb., 2
trp., timb., cordes (complément : 2 fl., 2
clar., 2 bsn, 3 trb., parties trp. révisées).

K. 591
G.F. Haendel, *Alexander's Feast* **(1736)**
Vienne, juil. 1790.
Original : s., t., b., s.a.t.b., 2 fl. à bec, 2 htb., 3 bsn, 2 cors, 2 trp., timb., cordes (complément : 2 fl., 2 clar., parties trp. révisées).

David Humphreys

Divers

K. Anh. 109b, 15a-ss (15a-ss)
Cahier de Londres
Londres, 1765.
Petites pièces sur deux portées ou esquisses pour orchestre. Plusieurs d'entre elles ressemblent à des versions pour clavier de musiques d'orchestre ou de chambre. Fragments : n°s 38 (K. 15nn, 3 mes.) ; 42 (K. 15rr, 12 mes.) ; 43 (K. 15ss, 23 mes.).

K. 393 (385b)
Solfeggios pour voix
AMA XXIV, n° 49.

Vienne, août 1782 (?).
Datation d'après *Köchel* 6 ; le n° 1 (« per la mia cara Costanza ») s'interrompt après 62 mes. ; n° 5 : pas de musique notée sur la portée de basse.

K. 453b
Cahier d'exercices pour Barbara Ployer
Fac-similé dans Lach, *Mozart als Theoretiker* (Vienne, 1918).

K. 485a (506a)
Etudes d'Attwood
NMA X :30/1.
Vienne, 1785-1786.

K. Anh. 294d (516f)
Musikalisches Würfelspiel
Vienne, 1787.

Fragments et esquisses

Dans la liste qui suit ne sont détaillés que les fragments et esquisses indépendants. Les renseignements sur les fragments et esquisses qui se rattachent à des œuvres achevées, réunis par John Arthur, sont ajoutés aux entrées qui leur sont consacrées dans les listes d'œuvres ; ils font ici l'objet d'un simple renvoi à leur numéro de Köchel. Certains fragments indépendants substantiels (notamment le Requiem et la messe en *ut* mineur) figurent eux aussi, non pas ci-dessous, mais dans les listes d'œuvres, également avec un renvoi. Mis à part les quelques « esquisses » désignées comme telles ici, les œuvres citées ci-dessous sont toutes des fragments — c'est-à-dire des pièces laissées inachevées par Mozart, pour quelque raison que ce soit, ou parfois des pièces qui ont peut-être été terminées par Mozart mais qui nous sont parvenues sous une forme incomplète. Le matériel d'étude ainsi qu'un certain nombre d'éléments dont la destination n'est pas claire sont omis.

Opéras

Voir K. 87 (74a), K. 344 (336b), K. 366, K. 384, K. 422, K. 430 (424a), K. 486, K. 492, K. 527, K. 588, K. 620, K. 621.

Symphonies

K. Anh. 100 (383 g)
Premier mouvement d'une symphonie en *mi* bémol majeur
Vienne, mai 1782 (?).
Fl., 2 htb., bsn, 2 cors, cordes.
Adagio — allegro.
97 mes. Perdu. Cité dans Nissen (1828). Datation hypothétique d'après *Köchel 3, Köchel 6*.

K. 467a (383i)
Esquisse ; *ut* majeur
1782 (?).
22 mes., ligne unique, en clef de *sol*, peut-être destinée à un concerto pour piano, une symphonie ou, plus vraisemblablement, compte tenu du style, à une ouverture (*Die Entführung* ?) ; suivie sur la même feuille d'une esquisse pour le concerto pour piano en *la* majeur K. 414 (385p), sans doute achevé dans les derniers mois de 1782 (Tyson 1987).
Voir K. 130, K. 183 (173dB), K. 297 (300a), K. 338, K. 504, K. 551.

Concertos

Concertos pour piano

K. Anh. 57 (537a)
Mouvement de concerto pour piano en *ré* majeur
NMA V :15/8.
Peut-être été 1786 (?).
Pf., cordes [+ ? : autres instruments non indiqués].
21 mes., partie de piano uniquement. Datation d'après Tyson (1987).

K. Anh. 61 (537b)
Mouvement lent (?) *(ré* mineur) de concerto pour piano
NMA V :15/8.
Fin 1786 (?).
Pf., fl., 2 htb., 2 cors de basset, 2 bsn, 2 cors, cordes.
6 mes., en ébauche de partition. Datation d'après Tyson (1987).
Voir K. 414 (385p), K. 415 (387b), K. 450, K. 453, K. 466, K. 467, K. 488, K. 491, K. 503, K. 537.

Concertos pour instruments à cordes

K. Anh. 56 (315f)
Premier mouvement d'un concerto pour violon et piano en *ré* majeur
AMA XXIV, n° 21a ; NMA V :14/2.
Mannheim, [commencé nov.] 1778 (autographe).
Allegro.

Vln, pf., 2 fl., 2 htb., 2 cors, 2 trp., timb., cordes.
120 mes., en ébauche de partition à partir de l'entrée du soliste. Destiné à une « academie des amateurs » (*sic*) dirigée par Ignaz Franzl (lettre de Wolfgang à Leopold du 12 novembre 1778).

K. Anh. 104 (320e)
Premier mouvement d'une *sinfonia concertante* en *la* majeur pour violon, alto et violoncelle
NMA V :14/2.
1779-1780.
Allegro.
Vln, alto, vlc., 2 htb., 2 cors, cordes.
134 mes., entièrement orchestré jusqu'à l'entrée du soliste, ensuite en ébauche de partition. Datation d'après Tyson (1987). Plath (1976/77) accepte la datation de *Köchel 6* : « été ou automne 1779 ».
Voir K. 364 (320d).

Concertos pour instruments à vent

K. 293 (416f)
Premier mouvement d'un concerto pour hautbois en *fa* majeur
AMA XXIV, n° 20 ; NMA V :14/3.
Mannheim, nov. 1778.
Htb., 2 clar., 2 bsn, 2 cors, cordes.
70 mes., entièrement orchestré jusqu'à l'entrée du soliste, ensuite en ébauche de partition. Datation d'après NMA.

K. 370b
Premier mouvement d'un concerto pour cor en *mi* bémol majeur
NMA V :14/5.
1781 (?).
Cor, 2 htb., 2 cors, cordes.
Les portions subsistantes de l'autographe discontinu transmettent 127 mes., en ébauche de partition. D'après Tyson (1989ᵃ) (à la suite de l'étude de H. Jeurissen dans Pizka 1980), il pourrait manquer certaines feuilles entre le fol. 4 et le fol. 5 actuel (c'est-à-dire entre les mes. 71 et 72 ; les numéros de mesure sont ceux de la reconstitution de NMA, laquelle, tout en acceptant la version de Jeurissen dans Pizka, ne dit rien de la musique qui pour-

rait manquer après mes. 71) ; il manque également de la musique entre les mes. 95 et 96 (env. 9 mes.) et mes. 122 et 123 (env. 8 mes.) ; continuation perdue (?). Datation d'après Tyson (1987). Destiné à Leutgeb (?) ; ou au corniste de la Hofkapelle viennoise Jacob Eisen (?) (NMA). A rattacher peut-être au rondo pour cor fragmentaire K. 371 (*q. v.*).

K. 371
Rondo pour cor en *mi* bémol majeur
AMA XXIV, n° 21 ; NMA V :14/5.
Vienne, 21 mars 1781 (autographe).
Rondeau (allegro).
Cor, 2 htb., 2 cors, cordes.
279 mes., substance complète en ébauche de partition. Les transcriptions de AMA et NMA comportent 219 mes. ; les 60 mes. manquantes (mes. 27-86) sont conservées sur un bifolium autrefois inconnu (Tyson 1989ᵃ). Relié au mouvement fragmentaire de concerto pour cor K. 370b (?) ; ou œuvre indépendante (?). Destiné à Leutgeb (?) ; ou au corniste de la Hofkapelle viennoise Jacob Eisen (?) (NMA).

K. 494a
Premier mouvement d'un concerto pour cor en *mi* majeur
NMA V :14/5.
Milieu-fin 1785, ou plus tard (?).
Cor, 2 htb., 2 cors, cordes.
91 mes. ; certains passages incomplètement orchestrés ; continuation perdue (?). Datation d'après Tyson (1987). Destiné à Leutgeb (?) ; ou au corniste de la Hofkapelle viennoise Jacob Eisen (?) (NMA).
Voir K. 271k, K. 622, K. 412 + 514 (386b).

Œuvres instrumentales diverses

K. 246b (320B)
Mouvement de divertimento en *ré* majeur
NMA VII :18.
1773 (?).
2 cors, cordes.
41 mes. D'après le type de papier, la date se situerait entre environ mars 1773 et mai 1775 (Tyson 1987) ; d'après l'écriture, entre fin 1772 et début 1773 (Plath 1976/77). Le

fragment correspond aux 27 dernières mes. d'une exposition et à 14 mes. après la double barre.
Voir K. 247, K. 522, K. 525.

Musique de danse et ballet

K. 299c
Esquisses pour un ballet
NMA II :6/2.
Paris, 1778 (?).
Ligne unique. Esquisses pour 16 numéros (numérotés 12-27).

K. Anh. 103 (299d)
Chasse en *la* majeur
NMA II :6/2.
Paris, 1778 (?).
2 fl., 2 htb., 2 bsn, 2 cors, cordes.
32 mes. ; section en mineur en ébauche de partition. Datation d'après Tyson (1987).

K. Anh. 107 (535b)
Contredanse en *si* bémol majeur
NMA IV :13/1/2.
1790-1791 (?).
Fl., htb., bsn, cor, 2 vln, basse.
24 mes. ; partie de violon I uniquement. Datation d'après Tyson (1987). Reliée aux autres contredanses tardives, telles que K. 603 n° 2 (?).
Voir K. 367, K. 446 (416d), K. 461 (448a), K. 607 (605a) ; voir aussi « Opéras », K. 135.

Musique de chambre

Harmoniemusik et autres œuvres pour ensembles d'instruments à vent

K. 384B
Mouvement lent en *mi* bémol majeur
NMA VII :17/2.
1782 (?).
2 htb., 2 clar., 2 bsn, 2 cors.
19 mes. (et non 18 comme le dit *Köchel 6*). Sur la datation voir NMA. Ebauche de mouvement lent pour une sérénade en *si* bémol majeur (Flothuis 1969) (?), ou à rattacher à la composition du mouvement lent

pour la sérénade en *ut* mineur K. 388 (384a) (?). Voir fragments K. 384b, K. Anh. 96 (196 g, 384c).

K. 384b
Marche en *si* bémol majeur
NMA VII :17/2.
1782 (?).
2 htb., 2 clar., 2 bsn, 2 cors.
4 mes. Partie d'un projet de sérénade en *si* bémol majeur (Flothuis 1969) (?). Voir fragments K. 384B, K. Anh. 96 (196 g, 384c).

K. Anh. 96 (196 g, 384c)
Mouvement en *si* bémol majeur
NMA VII :17/2.
1781-1783 (?).
2 htb., 2 clar., 2 bsn, 2 cors.
16 mes. Allegro initial (?). Datation d'après Tyson (1987). Partie d'un projet de sérénade en *si* bémol majeur (Flothuis 1969) (?). Voir fragments K. 384B, K. 384b.

K. Anh. 95 (440b, 484b)
Allegro assai en *si* bémol majeur
NMA VII :17/2.
Vienne, fin 1785 (?).
2 clar., 3 cors de basset.
22 mes. Datation hypothétique d'après NMA. Les 6 premières mes. de la partie de clarinette I sont cependant notées sur le fol. 3 de l'adagio en *si* bémol majeur K. 411 (440a, 484a) (également pour 2 clar., 3 cors de basset), qui daterait, d'après le type de papier, de 1782-1783 (Tyson 1987).

K. Anh. 93 (440c, 484c)
Adagio en *fa* majeur
NMA VII :17/2.
1787-1789 (?).
Cl., 3 cors de basset.
6 mes. Datation d'après Tyson (1987). Voir adagio en *fa* majeur K. Anh. 94 (580a).

K. 484e
Allegro en *fa* majeur
NMA VII :17/2.
Vienne, fin 1785 (?).

32 mes. On ne connaît de cette œuvre (complète à l'origine?) que la partie fragmentaire du cor de basset I. Datation hypothétique d'après NMA.

K. Anh. 94 (580a)
Adagio en *fa* majeur
NMA VII :17/2.
1788 (?).
Probablement clar., 3 cors de basset.
73 mes.; ligne mélodique complète; en ébauche de partition à partir de la mes. 29. L'instrumentation probable correspond à celle de l'adagio en *fa* majeur K. Anh. 93 (440c, 484c), et les deux fragments pourraient donc dater de la même époque (Tyson 1987).
Voir K. 361 (370a), K. 375, K. 388 (384a).

Instruments à vent avec cordes

K. Anh. 91 (516c)
Premier mouvement d'un quintette en *si* bémol majeur
AMA XXIV, n° 22a ; NMA VIII :19/2.
1790-1791.
Allegro.
Cl., 2 vln, alto, vlc.
93 mes.; continuation perdue (complet à l'origine?). Datation d'après Tyson (1987). Voir ci-dessous rondo en *mi* bémol majeur K. 516d.

K. 516d
Rondo en *mi* bémol majeur
NMA VIII :19/2.
Cl., 2 vln, alto, vlc.
8 mes. Einstein (*Köchel 3*) considérait l'allegro en *si* bémol majeur K. Anh. 91 (516c) et le rondo en *mi* bémol majeur K. 516d comme les ébauches respectives du mouvement initial et du mouvement lent d'un quintette en *si* bémol majeur. Il ne paraît cependant guère vraisemblable que Mozart ait noté une partie d'une autre œuvre, ni même une ébauche sérieuse de mouvement

indépendant, au verso d'une feuille d'esquisses (contenant des entrées de 1787); peut-être s'agit-il d'une pièce didactique (?).

K. Anh. 90 (580b)
Premier mouvement d'un quintette en *fa* majeur
NMA VIII :19/2.
Probablement 1787.
Allegro.
Cl., cor de basset, vln, alto, vlc.
102 mes., pour partie en ébauche de partition. S'interrompt à la double barre. Datation d'après Tyson (communication personnelle).

K. Anh. 88 (581a)
Mouvement de quintette en *la* majeur
NMA VIII :19/2.
1790 (?).
Cl., 2 vln, alto, vlc.
110 mes., en ébauche de partition. NMA et *Köchel 6* ne connaissaient pas les 21 dernières mes. Mélodie principale pratiquement identique à celle de l'air de Ferrando « Ah! lo veggio » dans *Così*. Fragment écrit après l'opéra pour Anton Stadler (?) (Tyson 1987).
Voir (« Instruments à vent avec cordes et piano ») K. Anh. 171 (285b).

Piano et cordes

Piano et violon

K. 372
Premier mouvement d'une sonate en *si* bémol majeur
AMA XVIII/2, n° 31 ; NMA VIII :23/2.
Vienne, 24 mars 1781 (autographe).
« Sonata I ».
Allegro.
65 mes.; terminé par M. Stadler (au total 198 mes.).

K. 403 (385c)
Sonate en *ut* majeur
AMA XVIII/2, n° 38 ; NMA VIII :23/2.
1784 (?); « Sonate Premiere. Par moi

W :A : Mozart pour ma très chère Epouse ».
Allegro moderato ; andante — allegretto.
Allegretto inachevé (20 mes.), terminé par M. Stadler (au total 144 mes.). Datation d'après Tyson (1987). Voir mouvement de sonate pour violon en *la* majeur K. Anh. 48 (480a, 385E).

K. 404 (385d)
Andante et allegretto en *ut* majeur
[Deux mouvements probablement indépendants publiés ensemble après la mort de Mozart ; *Köchel 1* considérait que les deux mouvements faisaient partie d'une sonate fragmentaire de 1782, ce qui n'est pas contesté dans *Köchel 6*.]
AMA XVIII/2, n° 39 ; NMA VIII :23/2.
a) Andante en *ut* majeur
Fin des années 1780 (?).
Fragment ou pièce de 18 mes. complète (?).
Autographe perdu. Datation d'après des critères stylistiques.
b) Allegretto en *ut* majeur
Déc. 1785 — déc. 1786 (?).
Fragment ou pièce de 24 mes. complète (?).
Datation d'après Tyson (communication personnelle).

K. Anh. 48 (480a, 385E)
Premier mouvement d'une sonate en *la* majeur
NMA VIII :23/2.
1784 (?).
Allegro.
34 mes. Probablement écrit vers la même époque que la sonate en *si* bémol majeur K. 454 (datée du 21 avril 1784) (Tyson 1987), notée sur le même type de papier (Tyson, communication personnelle) ; le fragment de sonate pour violon en *ut* majeur K. 403 (385c) utilise également le même type de papier (Tyson 1987).

K. 402 (385e)
Sonate en *la* majeur
AMA XVIII/2, n° 37 ; NMA VIII :23/2.
Août ou sept. 1782 (?) ; « Sonata II^da ».
Andante, ma un poco adagio — [fuga] allegro moderato.
Fugue inachevée, terminée par M. Stadler (autographe perdu ; Kirkendale (1979), se

fondant sur des critères stylistiques, pense que le travail d'achèvement pourrait débuter après l'entrée en *fa* majeur mes. 51-55). Datation hypothétique d'après *Köchel 3*, *Köchel 6*.

K. 396 (385f)
Mouvement de sonate en *ut* mineur
NMA VIII :23/2.
Août ou sept. 1782 (?).
27 mes. ; partie de violon notée mes. 23-27. Terminé pour clavier seul par M. Stadler (72 mes. au total). Datation hypothétique d'après *Köchel 3*, *Köchel 6*.

K. Anh. 47 (546a)
Premier mouvement d'une sonate en *sol* majeur
NMA VIII :23/2.
1790-1791 (?).
31 mes., pour partie en ébauche de partition. Datation d'après Tyson (1987).
Voir K. 306 (300l), K. 377 (374e), K. 454, K. 526.

Piano et violoncelle

K. Anh. 46 (374 g)
Andantino en *si* bémol majeur
1782-1783 (?).
Andantino sostenuto e cantabile.
31 mes., pour partie en ébauche de partition. Datation d'après Tyson (1987). Destiné au musicien qui joua la partie de violoncelle obligé dans le rondo pour piano en *la* majeur K. 386 (?).

Piano et plusieurs instruments

K. 442
Trois mouvements de trio
[Trois mouvements séparés ; publiés ensemble après la mort de Mozart.]
AMA XVII/2, n° 5 ; NMA VIII :22/2.
Pf., vln, vlc.
a) Mouvement de trio en *ré* mineur.
1786-1787 (?).
[Allegro].
55 mes. ; terminé par M. Stadler (230 mes. au total). Datation d'après Tyson (communication personnelle).

b) Mouvement de trio en *sol* majeur.
1786-1787 (?).
Tempo di menuetto.
151 mes. ; continuation perdue (?) ; terminé par M. Stadler (248 mes. au total). Datation d'après Tyson (communication personnelle). Peut-être destiné à servir de finale au trio pour piano en *sol* majeur K. 496 (?).
c) Mouvement de trio en *ré* majeur.
1790-1791 (?).
Allegro.
133 mes. ; terminé par M. Stadler (228 mes. au total). Datation d'après Tyson (communication personnelle).

K. Anh. 54 (452a)
Mouvement de quintette en *si* bémol majeur
Début 1784 (?).
Pf. htb., clar., cor de basset, bsn
35 mes. Perdu ; cité dans Nissen (1828). Datation d'après *Köchel 6*. Plath (1965/66) estime que la romance pour clavier en *la* bémol majeur K. Anh. 205 (Anh. C27.04) (première édition : Mollo, Vienne, 1802) transmet ce fragment dans une version transposée, arrangée et achevée (67 mes. au total).

K. Anh. 55 (387c, 452b)
Mouvement en *ré* majeur
1784-1786 (?).
Pf., 2 cors, 2 vln, basse.
29 mes., pour partie en ébauche de partition. Datation d'après Tyson (1987). Pour orchestre (?).

K. Anh. 52 (495a)
Mouvement de trio en *sol* majeur
NMA VIII :22/2.
1787-1788 (?).
Pf., vln, vlc.
19 mes., pour partie en ébauche de partition. Vraisemblablement un premier mouvement. Datation d'après Tyson (1987).

K. Anh. 51 (501a)
Premier mouvement d'un trio en *si* bémol majeur
NMA VIII :22/2.
1784-1785 (?).
Pf., vln, vlc.

25 mes. Datation d'après Tyson (1987).
Voir (« Instruments à vent avec cordes et piano ») K. 452 ; (« Quatuors pour piano ») K. 493 ; (« Trios pour clavier ») K. 542 ; (« Orgue mécanique et armonica de verre ») K. 617.

Cordes seules

Trios à cordes

Köchel 6, p.281, sous K. 266 (271f)
Mouvement de trio en *ut* majeur
NMA VIII :21.
1784-1785 (?).
2 vln, vlc.
12 mes., partie de violon I uniquement. Le fragment semble être un mouvement lent. La datation proposée (d'après Tyson, communication personnelle) correspond aux autographes datés de Mozart utilisant le même type de papier. Sans lien avec le trio en *si* bémol majeur K. 266 (271f) ; à rattacher au fragment suivant K. *deest* (*q.v.*).

K. *deest*
Mouvement de trio en *ut* majeur
Peut-être fin 1785-fin 1786 (?).
2 vln, vlc.
16 mes. Caractère de finale. Datation d'après Tyson (communication personnelle). Mélodie de violon proche du thème principal du finale du quatuor à cordes en *ut* majeur K. 465. Autographe vendu par Sotheby's, New York, 7 juin 1988. A rattacher au fragment précédent (*q.v.*) (?).

K. Anh. 66 (562e)
Premier mouvement d'un trio en *sol* majeur
NMA VIII :21.
1790-1791 (?).
Allegro.
Vln, alto, vlc.
100 mes., en ébauche de partition à partir

de la mes. 98 ; le fragment s'interrompt après 9 mes. de développement ; « œuvre en progrès » (?). Datation d'après Tyson (1987).

Quatuors à cordes

K. deest
Premier mouvement d'un quatuor en *mi* majeur
NMA VIII :20/1/3 (Kritischer Bericht).
Seconde moitié 1782 (?).
10 mes. Datation d'après Tyson (voir « Bibliographie sélective : éditions », Mozart, 1985). Modelé sur l'op. 17 n° 1 de Haydn. Ebauche de véritable quatuor, ou peut-être pièce d'étude (?).

K. deest
Fugue en *sol* mineur
NMA VIII :20/1/3.
Fin 1783-début 1784, ou plus tard (?).
12 mes. ; musique à caractère d'esquisse. Sur fol. 15r du cahier d'exercices de Barbara Ployer K. 453b. Cette feuille est un papier de Steyr que Mozart s'est sans doute procuré lors de son voyage de Vienne à Salzbourg en 1783 (Tyson 1987). La fugue suit, sur cette même feuille, une esquisse vocale non identifiée et une esquisse pour le menuet en *ré* majeur K. 461 (448a) n° 6.

K. deest
Fugue en *ut* mineur
NMA VIII :20/1/3.
Vienne, 1782-1784 (?).
10 mes. Conservée dans une copie de Fuchs. Datation hypothétique d'après NMA. Etude ou pièce didactique (?).

K. Anh. 77 (385 m, 405a)
Fugue en *ut* majeur
NMA VIII :20/1/3.
1790-1791 (?).
12 mes. Datation d'après Tyson (1987). Etude ou pièce didactique (?).

K. Anh. 76 (417c)
Fugue en *ré* mineur
NMA VIII :20/1/3.

1786-1789 (?).
11 mes. Datation d'après Tyson (1987). Etude ou pièce didactique (?).

K. 417d
Premier mouvement d'un quatuor en *mi* mineur
NMA VIII :20/1/3.
C. 1790 (?).
Allegro.
50 mes., pour partie en ébauche de partition. Probablement une ébauche de quatuor en mode mineur pour la série des « quatuors prussiens » (Tyson 1987).

K. Anh. 74 (587a)
Premier mouvement d'un quatuor en *sol* mineur
NMA VIII :20/1/3.
1786-1787 (?).
25 mes. Datation d'après Tyson (1987). Le fragment a été abandonné au plus tard vers la fin de 1789, puisque le verso de la feuille comporte des esquisses pour le finale de l'acte II de *Così*. Plath propose comme datation 1782-1783 (voir Wolf 1980).
Voir K. 421 (417b), K. 458, K. 464, K. 575, K. 589, K. 590.

Quintettes à cordes (2 violons, 2 altos, violoncelle)

K. Anh. 80 (514a)
Premier mouvement d'un quintette en *si* bémol majeur
AMA XXIV, n° 55 ; NMA VIII :19/1.
Probablement 1787.
122 mes., pour partie en ébauche de partition ; s'interrompt à la double barre. Datation d'après Tyson (communication personnelle). Abandonné pour des raisons musicales (?).

K. Anh. 87 (515a)
Mouvement de quintette en *fa* majeur
NMA VIII :19/1.
1791 (?).
Andante.
10 mes., pour partie en ébauche de partition ; « œuvre en progrès » (?). Datation

d'après Tyson (1987). Constitue peut-être, avec le fragment de mouvement de quintette en *la* mineur K. Anh. 79 (515c) (*q.v.*), les ébauches du mouvement initial et du mouvement lent d'un quintette en *la* mineur (Tyson 1987).

K. Anh. 79 (515c)
Premier mouvement d'un quintette en *la* mineur
NMA VIII :19/1.
1791 (?).
Allegro moderato.
72 mes., pour partie en ébauche de partition ; « œuvre en progrès » (?). Datation d'après Tyson (1987). L'un des fragments les plus significatifs de Mozart, qui donne un aperçu intéressant sur son style instrumental tardif : début en style de récitatif, inflexion vers le deuxième degré bémolisé (mes. 10 *sq.*) et passage en pizzicato pour le violoncelle (mes. 17 *sq.*). Voir ci-dessus mouvement de quintette en *fa* majeur K. Anh. 87 (515a).

K. Anh. 83 (592b)
Premier mouvement d'un quintette en *ré* majeur
NMA VIII :19/1.
1787-1789 (?).
19 mes. Datation d'après Tyson (1987). Sans lien avec le quintette à cordes en *ré* majeur K. 593 (?).

K. Anh. 81 (613a)
Premier mouvement d'un quintette en *mi* bémol majeur
NMA VIII :19/1.
1785-1788 (?).
71 mes., pour partie en ébauche de partition. Datation d'après Tyson (1987). Sans lien avec le quintette à cordes en *mi* bémol majeur K. 614 (?). Abandonné pour des raisons musicales. Voir fragment suivant K. Anh. 82 (613b).

K. Anh. 82 (613b)
Premier mouvement d'un quintette en *mi* bémol majeur
NMA VIII :19/1.
1786-1791.

19 mes., pour partie en ébauche de partition. Datation d'après Tyson (1987). A rattacher au quintette à cordes en *mi* bémol majeur K. 614. Voir fragment précédent K. Anh. 81 (613a).
Voir K. 516.

Piano : sonates et autres œuvres

Sonates pour piano seul

K. deest
Mouvement de sonate en *ut* majeur
NMA IX :25/2.
Salzbourg, 1771 (?).
25 mes. Datation d'après Plath (voir Rehm 1986).

K. 400 (372a)
Mouvement de sonate en *si* bémol majeur
AMA XXIV, n° 26 ; NMA IX :25/2.
1782-1783 (?).
Allegro.
91 mes. ; terminé par M. Stadler (148 mes. au total). Datation d'après Tyson (communication personnelle). Les noms « Costanza » et « Sophie » sont cités au-dessus d'une musique faussement pathétique dans la section de développement.

K. Anh. 29 (590a)
Premier mouvement d'une sonate en *fa* majeur
NMA IX :25/2.
1787-1789 (?).
8 mes. Datation d'après Tyson (1987) : même type de papier que les fragments pour clavier K. Anh. 30 (590b), K. Anh. 37 (590c) (tous destinés à la même œuvre ?) et K. Anh. 33 et 40 (383b) (*q.v.*). Sans rapport avec les six « sonates faciles » que Mozart disait écrire pour la princesse Frédérique dans une lettre à Michael Puchberg du 12-14 juillet 1789 (?). Voir fragment de mouvement de sonate en *sol* mineur K. 312 (189i, 590d).

K. Anh. 30 (590b)
Mouvement de sonate en *fa* majeur
NMA IX :25/2.

1787-1789 (?).
Allegro [à l'origine presto].
15 mes. Finale (?). Datation d'après Tyson (1987). Voir ci-dessus fragment K. Anh. 29 (590a).

K. Anh. 37 (590c)
Rondo en *fa* majeur
NMA IX :25/2.
1787-1789 (?).
33 mes. Datation d'après Tyson (1987). Voir ci-dessus fragment K. Anh. 29 (590a).

K. 312 (189i, 590d)
Premier mouvement d'une sonate en *sol* mineur
AMA XXII, n° 13 ; NMA IX :25/2.
1790-1791 (?).
Allegro.
106 mes. ; suite écrite dans l'autographe par une main inconnue (145 mes. au total) ; 178 mes. (version complétée) dans la première édition (Vienne, 1805). Datation d'après Tyson (1987). Sonate pour la princesse Frédérique (?) (voir ci-dessus fragment K. Anh. 29 (590a)) ou pièce composée pour gagner un peu d'argent (voir lettre à Puchberg du 12 juin 1790).
Voir K. 284 (205b), K. 570.

Variations

K. Anh. 38 (383c)
Thème en *ut* majeur
NMA IX :26
1783 (?) ; « Thema Man[ualiter] ».
Orgue (?).
Fragment (?) : thème complet de 16 mes. Datation d'après Tyson (1987). Suivi sur la même feuille de la fugue fragmentaire en *ut* mineur K. Anh. 39 (383d) ; les deux pièces ont été écrites hâtivement. Matériel didactique (?).

K. 460 (454a)
Variations en *la* majeur sur « Come un agnello » de *Fra i due litiganti* de Sarti (Milan, 1782)
NMA IX :26.
Vienne, juin 1784 (?).
56 mes. ; l'autographe comporte le thème et

seulement 2 variations ; notation fragmentaire d'une œuvre exécutée intégralement par Mozart (voir lettre du 9-12 juin 1784). Version avec 8 variations d'authenticité douteuse (Fischer 1958, 1959) ; Paul et Eva Badura-Skoda (1959) la considèrent comme authentique ; peut-être notée par Sarti d'après la version jouée par Mozart (Fischer 1978/79).
Voir K. 455.

Divers

K. 9b (5b)
[Sans titre] ; *si* bémol majeur
NMA IX :27/1.
1764 (?).
43 mes. Datation d'après Plath (NMA IX :27/1).

K. 72a
Molto allegro en *sol* majeur
NMA IX :27/2.
Vérone, avant le 6 janv. 1770.
35 mes. Ecrit par Mozart (?). L'unique source est le portrait de S. dalla Rosa.

K. 73w
Fugue en *ré* majeur
NMA IX :27/2.
Début 1773 (?) ; « Fuga septimi toni ».
7 mes. Datation d'après Plath (NMA IX :27/2).

K. 401 (375e)
Fugue en *sol* mineur
AMA XXII, n° 11 ; NMA IX :27/2.
Salzbourg, 1773 (?).
Orgue.
95 mes ; terminé par M. Stadler (103 mes. au total). Datation d'après Plath (NMA IX :27/2).

K. deest
Fugue en *mi* mineur
NMA IX :27/2.
1782 (?).
6 fragments (ressemblant à des esquisses) subsistent : 15, 11, 4, 4, 3, 20 mes. Datation d'après Tyson (communication personnelle). Dans le style de Bach.

K. 153 (375f)
Fugue en *mi* bémol majeur
AMA XXIV, n° 25/1 ; NMA IX :27/2.
Salzbourg, 1783 (?).
27 mes. ; terminée par S. Sechter (66 mes. au total). Datation d'après Tyson (1987). Il subsiste également un fragment apparenté de 6 mes.

K. Anh. 41 (375 g)
Fugue en *sol* majeur
NMA IX :27/2.
Salzbourg, v. 1776-1777.
27 mes. Datation d'après Plath (1976/77). Etude « in modo plagali » (*ibid.*).

K. 375h
Fugue en *fa* majeur
NMA IX :27/2.
Salzbourg, 1783 (?).
13 mes. Datation d'après Tyson (1987).

K. Anh. 33 et 40 (383b)
Fugue en *fa* majeur
NMA IX :27/2.
1787-1789 (?).
17 mes. Datation d'après Tyson (1987). Relié aux fragments de sonate pour piano K. Anh. 29, 30, 37 (590a-c) (*q.v.*) (?).

K. Anh. 32 (383c)
Fantaisie en *fa* mineur
NMA IX :27/2.
1789 (?).
Adagio.
14 mes. Datation d'après NMA IX :27/2.

K. Anh. 39 (383d)
Fugue en *ut* mineur
NMA IX :27/2.
1783 (?).
8 mes. Datation d'après Tyson (1987). Voir ci-dessus thème en *ut* majeur K. Anh. 38 (383c) (« Variations »). Pièce didactique (?).

K. Anh. 34 (385 h)
Adagio en *ré* mineur
NMA IX :27/2.

1786-1791 (?).
4 mes. Datation d'après Tyson (1987). Transcription incomplète dans NMA : la noire *ré*³ sur le temps 4 de la mes. 3 est liée, dans l'autographe, par-dessus la barre de mesure ; la mes. 4 de l'autographe comporte un *fa*⁴ (lié au temps 4 de la mes. 3).

K. 154 (385k)
Fugue en *sol* mineur
AMA XXIV, n° 25/2 ; NMA IX :27/2.
1782 (?).
30 mes. ; terminée par S. Sechter (54 mes. au total). Datation d'après Tyson (communication personnelle).

K. Anh. 34 (385h/II, 576a)
Menuet en *ré* majeur
NMA IX :27/2.
1786-1791 (?).
8 mes. Datation d'après Tyson (1987).

Köchel 6, p.738 (sous K. Anh. 20a (626b/25)
[Sans titre] ; *mi* bémol majeur
NMA IX :27/1.
18 MES.

K. Anh. 39a (626b/27)
Fugue en *ut* mineur
NMA IX :27/2.
Fin des années 1780.
27 mes. Datation d'après Plath (NMA IX :27/2).

K. Anh. C27.10
Fugue en *mi* majeur
NMA IX :27/2.
10 mes. (?) ; terminée par A.A. Klengel (48 mes. au total). De Mozart ?

K. *deest*
Fugue en *ré* mineur
NMA IX :27/2.

31 mes. De Mozart?
Voir K. 397 (385 g), K. 399 (385i), K. 540.

Quatre mains (un piano)

K. 357 (497a)
Allegro en *sol* majeur
AMA XIX, n° 1 ; NMA IX :24/2.
1788 (?).
98 mes. Datation d'après Tyson (communication personnelle). Avec le fragment de mouvement (andante) en *sol* majeur pour piano à quatre mains K. 357 (500a) (*q.v.*), publié comme sonate en 1853, dans une version achevée par Julius André.

K. 357 (500a)
Mouvement en *sol* majeur
AMA XIX, n° 1 ; NMA IX :24/2.
1791 (?).
[Andante].
160 mes. (et non 158 comme le dit *Köchel* 6). Datation d'après Tyson (communication personnelle). Composition humoristique (?). Sans rapport avec le fragment d'allegro en *sol* majeur pour piano à quatre mains K. 357 (497a) (*q.v.*) ; c'est à tort que *Köchel* 6 qualifie ce fragment de « variation et coda » et le rapproche des variations en *sol* majeur K. 501 pour piano à quatre mains.

Deux pianos

K. Anh. 42 (375b)
Premier mouvement d'une sonate en *si* bémol majeur
AMA XXIV, n° 60 ; NMA IX :24/1.
1782-1783 (?).
Grave — presto.

K. Anh. 43 (375c)
Premier mouvement d'une sonate en *si* bémol majeur

NMA IX :24/1.
1782-1783 (?) ; « per la sig :ʳᵃ Costanze Weber — ah - »
16 mes. Datation d'après Tyson (1987).

K. *deest*
Larghetto et allegro en *mi* bémol majeur
NMA IX :24/1, supplément.
1782-1783 (?).
108 mes., pour partie en ébauche de partition ; terminé par M. Stadler (226 mes. au total). Outre la partition, il subsiste également une partie *primo* fragmentaire (70 mes.). Datation d'après Tyson (1987).

K. Anh. 45 (375d)
Fugue en *sol* majeur
NMA IX :24/1.
Déc. 1785 — déc. 1786 (?).
23 mes. Datation d'après Tyson (1987).

K. Anh. 44 (426a)
Allegro en *ut* mineur
NMA IX :24/1.
Déc. 1785 — déc. 1786 (?).
22 mes. Datation d'après Tyson (1987).

Orgue mécanique

K. Anh. 35 (593a)
Adagio en *ré* mineur
NMA IX :27/2.
1790-1791 (?).
9 mes. Datation d'après Tyson (1987). A rattacher aux œuvres achevées pour orgue mécanique de 1790-1791 (K. 594 ou K. 608) (?).

K. 615a
[Sans titre] ; *fa* majeur
1791.
Orgue mécanique (?).
4 mes. Associé par *Köchel* 3 (supplément) et *Köchel* 6 à l'andante pour orgue mécanique K. 616. Le fragment est conservé en tête du recto d'une feuille comportant des esquisses pour *Die Zauberflöte*, sur un papier de même type que K. 616 (Tyson, communication personnelle). Plath considère que la pièce pourrait être écrite pour instruments à vent (voir NMA VII :17/2, p. xiv).

Musique religieuse

Messes

K. Anh. 18 (166f)
Kyrie en *ut* majeur
Probablement première moitié 1772.
Adagio — allegro.
S.a.t.b., 2 htb., 2 cors, 2 trp., timb., cordes.
49 mes. Datation d'après Plath (1976/77).

K. Anh. 19 (166 g)
Kyrie en *ré* majeur
Probablement Salzbourg, première moitié 1772.
S.a.t.b., 2 htb., 2 cors, cordes, orgue.
12 mes. ; copie (?). Datation d'après Plath (1976/77).

K. Anh. 16 (196a)
Kyrie en *sol* majeur
1788 ou plus tard (?).
Adagio — andante.
S.a.t.b., 2 trp., timb., cordes, orgue.
13 mes., avec 21 autres mes. de M. Stadler. Le papier est d'un type qu'on retrouve dans plusieurs partitions datées d'entre décembre 1787 et février 1789 (Tyson 1987). Ce type de papier est également utilisé par Mozart pour trois copies fragmentaires d'œuvres d'église de Georg Reutter le Jeune : Kyrie en *ré* majeur K. 91 (186i) ; « De profundis clamavi » (psaume) K. 93 (Anh. A22) ; « Memento Domine David » (psaume), K. Anh. 22 (93a, Anh. A23). Autres fragments d'œuvres d'église tardives (voir ci-dessous) : Kyrie en *ut* majeur K. Anh. 13 (258a) ; Kyrie en *ut* majeur K. Anh. 15 (323) ; Gloria en *ut* majeur K. Anh. 20 (323a) ; Kyrie en *ré* majeur K. Anh. 14 (422a).

K. Anh. 13 (258a)
Kyrie en *ut* majeur
1787-1791 (?).
S.a.t.b., 2 trp., timb., 2 vln, basse, orgue.
9 mes. Type de papier que l'on trouve, à une exception près de 1787, semble-t-il, uniquement dans les partitions de 1790-1791 (Tyson 1987).

K. 322 (296a)
Kyrie en *mi* bémol majeur
AMA III/1, n° 3.
Début 1779 (?).
Largo.
S., a., s.a.t.b., 2 htb., 2 bsn, 2 cors, 2 trp., timb., cordes, orgue.
24 mes. (en partie instrumentées par M. Stadler) ; terminé par M. Stadler (34 mes. au total). Datation d'après Plath (1976/77). Type de papier qu'on ne retrouve que dans le fragment de concerto pour violon et piano K. Anh. 56 (315f), commencé en novembre 1778 (Tyson, communication personnelle). K. Anh. 12 (296b) et K. 322 (296a) sont une seule et même pièce.

K. 296c
Esquisse pour Sanctus (?) en *mi* bémol majeur
1777-1779 (?).
S.a.t.b., htb., vln, basse (?).
18 mes. Datation d'après Tyson (1987).

K. Anh. 15 (323)
Kyrie en *ut* majeur
AMA III/1, n° 4.
1788 ou plus tard (?).
Allegro moderato.
S.a.t.b., 2 htb., 2 cors, 2 trp., timb., cordes, orgue.
37 mes. ; continuation perdue (?) ; terminé par M. Stadler (53 mes. au total). Le papier des fol. 1 et 2 est d'un type utilisé dans des partitions datées entre décembre 1787 et février 1789 (Tyson, communication personnelle ; voir aussi Tyson 1987).

K. Anh. 20 (323a)
Gloria en *ut* majeur
1788 ou plus tard (?).
S.a.t.b., 2 htb. (?), 2 bsn (?), 2 trp., timb., cordes, orgue.
26 mes. ; instrumentation incomplète. Type de papier utilisé dans des partitions datées entre décembre 1787 et février 1789 (Tyson 1987).

K. Anh. 14 (422a)
Kyrie en *ré* majeur
1788 ou plus tard (?).

S.a.t.b., 2 htb., bsn, cordes, orgue.
11 mes. Type de papier utilisé dans des partitions datées entre décembre 1787 et février 1789 (Tyson 1987).
Voir K. 49 (47d), K. 65 (61a) : K. 66, K. 257, K. 259, K. 337, K. 427 (417a).

Requiem

Voir K. 626.

Œuvres religieuses diverses

K. Anh. 23 (166 h)
« In te Domine speravi » (fugue vocale)
1774 (?).
S.a.t.b. Datation d'après Plath (1976/77). Attribution douteuse : copie d'étude (?) (Federhofer 1958).

K. 321a
Magnificat en ut majeur
NMA I :2/2.
Salzbourg, 1779 (?).
Allegro con spirito.
S., t., s.a.t.b., [bsn], 2 trp., [3 trb.], timb., 2 vln, basse, orgue.
7 mes. ; autographe perdu. Datation d'après *Köchel 6*. Fragment du Magnificat des *Vesperae de dominica* K. 321 (?).
Voir (« Litanies, vêpres, psaumes ») : K. 125.

Oratorios, drames sacrés et cantates

Voir K. 35, K. 429 (468a), K. 619.

Voix et orchestre

Arias

K. 209a
« Un dente guasto e gelato »
NMA II :7/4.
Salzbourg, été 1772 (?).
B., cor, vln, basse.
16 mes. ; continuation perdue (?). Datation d'après Plath (1976/77).

K. 440 (383 h)
« In te spero, o sposo amato »
Texte de Metastasio (*Demofoonte*).
AMA XXIV, n° 47 ; NMA II :7/4.
1782 (?).
S., basse.
81 mes. ; disposé sur deux portées. Type de papier employé par Mozart pour la première fois en 1781 (Tyson, communication personnelle). Ecrit pour Constanze, si l'on en croit sa lettre du 25 février 1799 à Breitkopf & Härtel. Mozart s'identifiait sans nul doute au prince de Metastasio (Thimantes), secrètement marié à Dirce (=Constanze), contre le gré de son père Demophoon (=Leopold). Dans son air Dirce exprime sa confiance en Thimantes.

K. 435 (416b)
« Müsst' ich auch durch tausend Drachen »
AMA XXIV, n° 45 ; NMA II :7/4.
Début 1783 (?).
T., fl., htb., clar., 2 bsn, 2 cors, 2 trp., timb., cordes.
143 mes. ; substance complète en ébauche de partition. Datation d'après Tyson (1987). Il subsiste également une esquisse de ligne vocale de plus de 60 mes.

K. 433 (416c)
« Männer suchen stets zu naschen »
AMA XXIV, n° 43 ; NMA II :7/4.
1783 (?).
B., 2 htb., 2 cors, cordes.
76 mes. ; substance complète en ébauche de partition.

K. 580
« Schon lacht der holde Frühling »
AMA XXIV, n° 48 ; NMA II :7/4.
Vienne, 17 sept. 1789 (*Verzeichnüss*).
S., 2 clar., 2 bsn, 2 cors, cordes.
195 mes., en ébauche de partition ; dernière ritournelle non notée dans l'autographe. Pour Josepha Hofer ; destiné à la version allemande de *Il barbiere di Siviglia* de Paisiello, qui ne fut cependant pas donnée à Vienne du vivant de Mozart (*Köchel 6*).

Voir (« Arias et scènes ») : K. 71, K. 79 (73d), K. 256, K. 294, K. 418, K. 419, K. 420.

Ensembles

K. 434 (424b, 480b)
Del gran regno delle amazoni
Texte de G. Petrosellini (*Il regno del amazoni*).
AMA XXIV, n° 44 ; NMA II :7/4.
Seconde moitié 1786 (?).
T., b., b., 2 htb., 2 bsn, 2 trp., cordes.
106 mes., en ébauche de partition. Datation d'après Tyson (1987). Deux esquisses (K. 626b/33) subsistent également : a) t., b., b., htb., bsn, vln ; pour mes. 31-97 ; b) s., s., t., b., htb., vln (?) ; 24 mes. ; idées pour section médiane (?) (non réalisée dans le fragment).
Voir (« Opéras ») K. 384.

Lieder, ensembles vocaux et canons

Lieder

K. Anh. 25 (386d)
Bardengesang auf Gibraltar
Texte de J.N.C.M. Denis.
NMA III :8.
Vienne, fin 1782.
S., [et chœur ?], pf. [réduction d'orchestre].
58 mes. ; continuation perdue (?). Le fragment qui subsiste de cette esquisse en particelle ne comporte que trois strophes complètes sur les onze que compte l'ode. Commande d'une Hongroise en l'honneur du poète ; abandonné en raison du caractère pompeux de la poésie (?) : voir lettre de Wolfgang à Leopold du 28 décembre 1782.

K. 441a
« Ja ! grüss dich Gott »
Vienne, 1783 (?).
B.

20 mes., partie vocale uniquement. Subsiste en copies de Fuchs. Datation hypothétique d'après *Köchel 3, Köchel 6*. Authenticité contestée par Ballin (1964).

K. Anh. 26 (475a)
« Einsam bin ich meine Liebe »
NMA III :8.
1785 (?).
S., pf. [réduction d'orchestre ?].
8 mes. ; la musique semble notée hâtivement. Datation hypothétique d'après *Köchel 3, Köchel 6*.

K. deest
[Composition vocale]
Années 1780 (?).
S., pf.
8 mes. ; portées de soprano et de piano réunies en système avec une portée supérieure vide (pour une autre partie vocale ?). Le fragment comporte le texte suivant : « Freude ! O welche Freude ! Naide ! Sprich, was fehlet mir ? » Autographe vendu aux enchères par J.A. Stargardt, Marbourg, juin 1980.

Ensembles vocaux

K. Anh. 24a (43a)
« Ach, was müssen wir erfahren »
NMA III :9.
Vienne, après le 15 oct. 1767 (?).
S., s.
31 mes. ; parties vocales pour une strophe. Considéré comme fragment par NMA en raison de l'absence d'accompagnement. Composé pour la mort de l'archiduchesse Maria Josepha, victime de la variole.

K. 532
[« Grazie agl'inganni tuoi »]
Texte de Metastasio (*La libertà di Nice*).
AMA VII/1, n° 35 ; NMA III :9.
Vienne, 1787 (?).
S., t., b., fl., 2 clar., 2 bsn, 2 cors, basse.
26 mes. ; parties vocales complètes ; instrumentation partielle (mes. 1-10 seulement). Fondé sur la même canzonnette mise en musique par Michael Kelly, publié sous

forme de duo (forme d'origine ?) pour deux sopranos et piano dans ses *Reminiscences* (1826). Kelly fait état de variations écrites par Mozart sur sa mélodie : elles sont perdues, pour autant qu'elles aient été notées.

K. Anh. 5 (571a)
« Caro mio Druck und Schluck »
Texte de Mozart.
AMA XXIV, n° 50 ; NMA III :9.
1789 (?).
S., t., t., b., [pf.(?)].
54 mes. Fragment. Complet à l'origine (?) ; édition NMA fondée sur une copie aujourd'hui perdue. Les parties vocales de ce quatuor comique sont destinées à Constanze (« C »), Mozart (« M ») et à deux chanteurs non identifiés (« F » et « H »). Ecrit avant le voyage du printemps 1789 à la cour de Prusse (?) : l'expression « schluck und druck » apparaît dans une lettre écrite par Mozart de Dresde le 13 avril 1789.
Voir K. 436, K. 437.

Canons

Voir K. 89 (73k), K. 89aII (73r), K. Anh. 109d (73x), K. Anh. A 33, K. 508A, K. 228 (515b), K. 553, K. 557, K. 558, K. 559, K. 561, K. Anh. 191 (562c).

Arrangements, etc.

K. *deest*
J.S. Bach, fugue en *si* bémol mineur, BWV 891, *Das wohltemperirte Clavier*, II ; *ut* mineur
Seconde moitié 1782 (?).
Original : clvn.

Instrumentation de Mozart : 2 vln, alto, vlc. 39 mes. ; terminée par M. Stadler.

K. *deest*
G.F. Haendel, fugue de la suite pour clavecin n° 2 en *fa* majeur (1720)
1782-1783 (?) ; « Fuga i :^ma del sig : Haendel ».
Original : clvn.
Instrumentation de Mozart : 2 vln, alto, vlc. 20 mes. Datation d'après Tyson (communication personnelle). Autographe vendu chez Sotheby's, New York, 27 juin 1989. Divers

K. 385n
Fugue a 4 en *la* majeur
1782 (?).
12 mes. Datation d'après *Köchel 6*.

K. 443 (404b)
Fugue (mouvement de sonate en trio) en *sol* majeur
1782 (?).
37 mes. ; terminée par M. Stadler (122 mes. au total). Type de papier utilisé par Mozart essentiellement dans les premières années viennoises (jusqu'à fin 1783), et occasionnellement par la suite (Tyson, communication personnelle).

K. Anh. 78 (620b)
[Etude contrapuntique] ; *si* mineur
NMA II :5/19.
V. 1783 (?).
18 mes. L'encre et le type de papier utilisés semblent indiquer que cette pièce n'a sans doute aucun lien direct avec *Die Zauberflöte*, K. 620.
Voir K. 15a-ss, K. 393 (385b).

JOHN ARTHUR

Attributions douteuses et œuvres apocryphes

Si dans l'ensemble Mozart pose à la musicologie moins de problèmes d'attribution que beaucoup d'autres compositeurs de la seconde moitié du XVIIIᵉ siècle — les frères Haydn étant parmi les plus redoutables à cet égard -, il reste d'intéressantes questions à résoudre dans ce domaine. Depuis la publication de la sixième édition de *Köchel* en 1964, le nombre de ces œuvres apocryphes ou d'authenticité douteuse a considérablement augmenté, notamment depuis que les sources pragoises (et tchécoslovaques de façon générale) sont accessibles aux musicologues occidentaux : nombre d'entre elles n'ont été cataloguées que dans les années 1960.

Tout compositeur célèbre vivant entre 1750 et 1800 voyait son nom usurpé au cours de sa carrière. Il n'existait pas de copyright (même si en Angleterre les auteurs avaient certains droits — limités — en matière de réimpression), et des compositeurs comme Dittersdorf, Reutter le Jeune, J.C. Bach et bien d'autres furent victimes d'éditeurs et de copistes sans scrupules, prêts à substituer un nom connu à un moins connu. La cas du père Roman Hoffstetter et des quatuors à cordes « op. 3 » de Haydn est aujourd'hui célèbre : l'éditeur parisien Huberty effaça tout simplement le nom de Hoffstetter pour le remplacer par celui de Haydn sur les planches gravées

de cette œuvre. Les copistes faisaient de même. Les erreurs d'attribution s'expliquent parfois par d'autres raisons, telles les lectures fautives par le copiste du nom du compositeur : à l'abbaye de Lambach (Haute-Autriche), on voit écrit « Jœsky » pour « Tœschi ». Il arrivait aussi que circulent des manuscrits anonymes. A Lambach on conserve ainsi un manuscrit où, en guise de nom de compositeur, est inscrit « woas neamt recht » (« personne ne sait », en dialecte) ; d'autres sont marqués « Autore : Italico » ou « Autore : Signore Dilettante ». Il existe une symphonie en *mi* bémol majeur attribuée tour à tour à Anton Filtz, Ignaz Franzl, J.C. Bach, Wenzel Pichl et Joseph Haydn (Hob. I : Es13). On trouve une messe en *ut* majeur sous les noms de Joseph Haydn (Hob. XXII : C43), Michael Haydn, Aumann, Krottendorfer, Reidinger et Schneider. Il sera extrêmement difficile, sinon impossible, de jamais démêler le vrai du faux dans le cas de ces attributions multiples.

Les musiciens de cette époque étaient parfaitement conscients des problèmes d'attribution, témoin par exemple la postface du catalogue de musique thématique publié en 1762 par Breitkopf & Härtel, Leipzig :

> Quels conflits ne faudrait-il pas régler, quelles luttes secrètes emporter, si l'on devait tenter de donner à chaque auteur son dû et trouver l'auteur véritable de pièces qui paraissent sous des *noms divers* ! Et si dans de tels cas douteux, qui ne se présentent que

bien trop souvent, on ne pouvait rien régler par des enquêtes, comme il serait facile au jugement de se laisser induire en erreur au lieu de suivre la bonne voie !

Puis, douze ans plus tard, dans le neuvième supplément du catalogue Breitkopf, on lit la post-face suivante :

La publication de ce neuvième supplément a été considérablement retardée contre toute attente : on a voulu éviter qu'il lui fût reproché de mêler d'ancienne musique à la nouvelle, ou de faire figurer des pièces sous des noms erronés ; et pour ces raisons il a été nécessaire de redoubler de prudence. Cette accusation a toujours visé *la musique manuscrite* ; mais l'amateur est-il toujours mieux loti si pour cette raison il s'en tient à la musique *gravée et imprimée* ? Il suffit d'examiner les pages 11, 16, 24 et 35 du présent supplément pour s'en rendre compte : Monsieur le Cammerm[usicus] Eichner à Berlin nous assure que les deux concertos pour clavier qui figurent en cette dernière page ne sont pas de lui. Nous assurons au public [...] que nous n'y plaçons pas de telles inexactitudes exprès et qu'au contraire nous nous efforcerons de les découvrir au lieu d'en tirer profit.

Au cours des vingt-cinq années qui ont suivi, la situation n'a fait qu'empirer. Les copies manuscrites diffusées par des copistes professionnels — ce qui était l'usage en Europe centrale — furent peu à peu remplacées par des éditions imprimées. A Paris les éditeurs continuèrent d'imprimer des séries d'œuvres de compositeurs inconnus sous les noms des musiciens qui avaient la faveur du public — Haydn, Pleyel, Vanhal, Carl Stamitz ou Rosetti. Le nom de Mozart ne se répandit que lentement à l'extérieur de Vienne, si bien qu'à sa mort les éditions apocryphes étaient dans son cas encore peu nombreuses ; mais en l'espace de quelques années sa renommée grandit avec une rapidité fulgurante, incitant les éditeurs à faire paraître des œuvres de compositeurs peu connus sous son nom. Dès 1798, dans la biographie de Niemetschek, on lit ces quelques phrases révélatrices qui furent ensuite reprises par Köchel en guise d'épigramme à ses « Œuvres apocryphes » :

Les transcripteurs et les marchands de musique se livrent avec ses œuvres à des pratiques proprement scandaleuses, par lesquelles le public est souvent trompé et le nom du grand maître galvaudé. On utilise le nom de Mozart pour servir de recommandation à des productions absolument indignes de son génie.

Il nous a semblé peu utile de donner ici la liste de toutes les œuvres douteuses et apocryphes attribuées à tort à Mozart, d'autant que plusieurs dizaines d'entre elles ne figurent même pas dans la sixième édition de *Köchel* et que cette liste aurait occupé une place considérable (il manque ainsi dans *Köchel 6* une cinquantaine de lieder, quarante messes et Requiem, soixante œuvres religieuses plus courtes, etc.) Nous avons donc adopté une autre solution. Un certain nombre d'œuvres douteuses et apocryphes attribuées à Mozart, particulièrement intéressantes, connues et aimées du public, sont encore entourées de mystère : la célèbre symphonie concertante pour quatre instruments à vent K. Anh. 9 ; la messe K. 140 ; l'ouverture « parisienne » K. Anh. 8 ; la « douzième messe », si appréciée en Grande-Bretagne et aux Etats-Unis, dont nous avons découvert le véritable compositeur (voir ci-dessous). Il nous a semblé que ces œuvres, et d'autres du même type, méritaient de figurer ici avec plus de détails.

Les œuvres sont classées ici dans le même ordre que dans *Köchel* (c'est-à-dire en commençant par les messes, etc.) Sont exclues de cette liste toutes les œuvres d'autres compositeurs que Mozart a simplement copiées.

A. Musique vocale

I. Messes

K. 115 (166d). *Missa brevis* en *ut* majeur. Probablement une copie incomplète d'une œuvre d'autrui.

K. 116 (90a). *Missa brevis* en *fa* majeur. Probablement une copie incomplète d'une œuvre d'autrui réalisée par Leopold Mozart.

K. 140 (234d, C1.12). *Missa brevis* en *sol* majeur. La plus célèbre des messes d'authenticité douteuse ; Walter Senn (1959 ; voir aussi NMA I :1/1/1, 1968) a récemment essayé d'en démontrer l'authenticité grâce à des parties manuscrites provenant de la bibliothèque de Leopold Mozart à la Heilig-Kreuz-Kirche (aujourd'hui Stadtarchiv, Augsbourg), qui comportent des corrections de la main de Mozart mais dont la page de titre (couverture), où aurait figuré le nom du compositeur, est aujourd'hui manquante. L'attribution n'en demeure pas moins douteuse.

K. Anh. 232 (C1.04) en *sol* majeur et (Gloria) *ut* majeur. Œuvre particulièrement célèbre dans les pays anglo-saxons, notamment le Gloria (« de la célèbre douzième messe »), grâce à l'édition de Novello. D'après l'inventaire de Litomysl (Tchécoslovaquie), l'œuvre est de Wenzel Müller (1767-1835), célèbre compositeur d'opéras allemands légers. Il existe une autre source (Pfannhauser 1971/72).

K. Anh. 233 (C1.06) en *si* bémol majeur. Constanze pensait que l'œuvre était de Süssmayr, mais à l'abbaye de Göttweig elle est attribuée à Pichler.

K. 233a (C1.07) en *ré* majeur. Probablement de Johann Michael Demmler († 1784), organiste à la cathédrale d'Augsbourg.

K. 235c (C1.11) en *ut* majeur. De Franz Novotny, organiste de Haydn à Eisenstadt.

K. C1.20 en *ut* majeur. Egalement attribué à Leopold Mozart ; Benedictus identique au « Salve Regina » de K. 92 (*q.v.*).

K. C1.21 en *ut* majeur. Egalement attribué à J. Haydn (Prague) ; de Martin Heimerich, Graz 1795 (op. 2) (Pfannhauser, 1971/72).

K. C1.24 en *si* bémol majeur. Probablement de F.X. Süssmayr (abbaye de Kremsmünster).

K. C1.29 en *mi* bémol majeur. Attribué à J. Haydn (Hob. XXII : Es 11) ainsi qu'à Mozart (Prague, Harburg) — authenticité douteuse.

K. C1.34. *Missa solemnis* en *ut* majeur. De Johann Neubauer (Pfannhauser, 1971/72).

II. Œuvres religieuses brèves

« Salve Regina » en *fa* majeur, K. 92 (Anh. 186c, C3.01). Authenticité douteuse ; identique au Benedictus de la messe en *ut* majeur (C1.20) (*q.v.*).

Antienne (introït) en *ré* mineur : « Cibavit

eos » ; chœur « Ex adipe », K. 44
(73u). Probablement une copie
autographe par Wolfgang d'une
œuvre d'un maître de la polyphonie.
« Tantum ergo » en *si* bémol majeur,
K. 142 (Anh. 196d, C3.04).
Authenticité douteuse ; bien que
figurant dans NMA, cette pièce et la
suivante pourraient être de Johann
Zach (1699-1773) (Münster 1965).
Offertorium sub expositio venerabili
« Convertentur sedentes » en *ré*
majeur, K. 177 et 342 (chœur final
« Benedicite angeli ») (Anh. 240a-b,
C3.09). De Leopold Mozart.
« Tantum ergo » en *ré* majeur, K. 197
(Anh. 186e, C3.05). Comme K. 142
ci-dessus.
Offertoire « Sub tuum praesidium »,
K. 198 (158b, C3.08). Authenticité
douteuse dans l'état actuel, peut-être
une contrafacture.
Offertoire en *sol* majeur « Exaudi
Domine », K. Anh. 186g (C3.07).
Authenticité douteuse.
Offertoire en *ut* majeur « O supremum
cœli numen » (K. *deest*). Ms.
Stadtpfarrkirche Wels
(Haute-Autriche), première exécution
15 nov. 1771. Authenticité douteuse.
Miserere en *ut* mineur, 11 mouvements,
K. Anh. 241 (C3.10). Authenticité
douteuse.

III. Oratorios

Abramo ed Isacco, K. Anh. 241a. De
Joseph Mysliveček, composition
1776, exécution Munich, 1777.
Egalement attribué à J. Haydn
(Hob. XXI :A).

IV. Cantates, etc.

Cantate en *la* bémol majeur pour le
prince Alois Liechtenstein
« Durchlauchtigster », K. Anh. 242
(C4.01). Authenticité douteuse.
Deux chœurs de *Thamos*, « Schon
Weichet » et « Gottheit »,
K. Anh. 243. Versions différentes de
celles de Mozart, faisant peut-être
partie de la musique d'origine écrite

par J.T. Sattler, remplacée par celle
de Mozart.
Chœur final pour *Eine kleine
Freymaurer-Kantate*, K. 623 (623a)
« Lasst uns mit geschlungnen
Händen ». Ce chœur marque la fin
de la tenue, au moment où les frères
forment un cercle en se tenant par la
main. Il figure dans la première
édition publiée au bénéfice de
Constanze, mais non dans
l'autographe de Mozart, est dans une
autre tonalité (*fa* majeur) et
n'emploie pas l'orchestre mais
uniquement un orgue. Il servit sans
aucun doute lors de la première
exécution de la cantate que Mozart
dirigea en novembre 1791, mais fut
probablement composée par l'un des
frères musiciens de la loge de
Mozart.

V. *Arias, duos et trios italiens avec orchestre*

Trio pour soprano, ténor et basse et
orchestre en *sol* mineur « Tremer mi
sento in petto », K. Anh. 243a
(C7.03). Authenticité douteuse ; les
personnages (Circe, Anassandro,
Ulisse) laissent à penser qu'il était
destiné à un opéra sur le sujet de
Circe, mais le livret n'en a pas encore
été identifié.
Recitatif « Perche t'arresti ? » et aria en *mi*
bémol « Per te nel carcer nero » pour
soprano et orchestre, K. Anh. 187
(C7.01). Authenticité douteuse.

VI. *Lieder (voir introduction)*

Berceuse « Schlafe, mein Prinzchen »,
K. 350. De Bernard Flies.

B. Musique instrumentale

VII. *Symphonies* (par ordre chronologique supposé).

La mineur, K. Anh. 220 (16a). Découverte
au Danemark dans les années 1970,
mais d'authenticité très douteuse.

Ut majeur, K. Anh. 291d (16b, C.11.01).
De Leopold Mozart (catalogue
Breitkopf 1766).

Si bémol majeur, K. 17 (Anh. 223a,
C11.02). Authenticité douteuse.

Mi bémol majeur, K. 18 (Anh. 109[1],
Anh. A51). De K.F. Abel (Mozart a
substitué des clarinettes aux parties de
hautbois imprimées dans l'édition
anglaise d'Abel, mais celui-ci pourrait
avoir utilisé des clarinettes pour
l'exécution).

Si bémol majeur, K. Anh. 216 (74 g, A51).
Authenticité douteuse.

Fa majeur, K. 98 (223b, C11.04).
Authenticité douteuse ; également
attribuée à J.Haydn.

Sol majeur, K. *deest* « Neue Lambacher
Sinfonie ». De Leopold Mozart.

Ré majeur, K. Anh. 219 (291b). De
Leopold Mozart.

Sol majeur, K. Anh. 293 (C11.09). De
Leopold Mozart.

Fa majeur, K. Anh. 293c (C11.10).
Pastiche : I. Pleyel ; II. Gyrowetz ;
III. Gyrowetz.

VIII. Symphonie concertante

Mi bémol majeur, Anh. 9 (297b, C14.01)
pour hautbois, clarinette, cor, basson
et orchestre. Authenticité douteuse.
L'œuvre est conservée dans une copie
unique du XIXe siècle. Dans son état
présent l'œuvre ne peut guère avoir
été écrite par Mozart. Selon l'une des
hypothèses récentes, les sections
orchestrales seraient authentiques et
les sections en solo des adaptations
(Leeson et Levin 1978, Levin 1986,
1988). Absolument rien ne prouve
que cette version ait aucun lien avec
la symphonie concertante pour flûte,
hautbois, cor et basson que Mozart
écrivit pour ses amis de Mannheim.

IX. Ouvertures

Si bémol majeur, K. Anh. 8 (311a,
C11.05). Authenticité douteuse. Cette
extraordinaire ouverture,
instrumentée pour un grand
orchestre (2 fl., 2 htb., 2 clar., 2 bsn,
2 cors, 2 trp. timb., cordes) est écrite
par un compositeur qui connaissait
les dernières œuvres de Mozart
(notamment l'ouverture de *La
clemenza di Tito*), avec une certaine
intuition dramatique. Elle semble
avoir paru pour la première fois à
Paris vers 1802, puisqu'elle y fut
jouée par des élèves du
Conservatoire, d'après la première
édition, le 16 fructidor an X (3
septembre 1803).

X. Concertos

Concerto pour violon en *ré* majeur,
K. 271a (271i). Authenticité douteuse.

Concerto pour violon en *mi* bémol
majeur, K. 268 (365b, C14.04).
Authenticité douteuse.

Concerto pour violon en *ré* majeur,
K. Anh. 294a (C14.05) « Adelaïde ».
Apocryphe. D'Henri Casadesus,
1930.

Concerto pour basson en *si* bémol
majeur, K. Anh. 230a (C14.03).
Apocryphe. La musique elle-même
laisse fortement à penser qu'il est de
François Devienne (Hess 1957).

XI. Divertimenti, etc.

Ut majeur (2 fl., 5 trp., 4 timb.), K. 187
(159c, C17.12). Apocryphe. De
Leopold Mozart, Starzer et Gluck,
mais l'un des numéros (Gluck :
gavotte de *Paride ed Helena*, 1769)
pourrait avoir été adapté par
Wolfgang.

Mi bémol majeur (sextuor à vent), K. 289
(271 g). Authenticité douteuse.

Mi bémol majeur (octuor à vent),
K. Anh. 224 (C17.04). Authenticité
douteuse.

Fa majeur (octuor à vent), K. Anh. 225
(C17.05). Authenticité douteuse.

Si bémol majeur (octuor à vent),
K. Anh. 182 (C17.01). Arrangement
d'authenticité douteuse de
mouvements de la sérénade K. 361
(370a) et du divertimento
K. Anh. 226 (deuxième mouvement).

Si bémol majeur (sextuor à vent),
K. Anh. 227 (C17.02). Authenticité
douteuse.

Mi bémol majeur (octuor à vent),
K. Anh. 228 (C17.03). Authenticité
douteuse.

Mi bémol majeur (octuor à vent),
K. Anh. 225 (C17.07). Authenticité
douteuse.

De nombreux autres divertimenti pour
instruments à vent se trouvent à
Prague et dans d'autres bibliothèques
de Tchécoslovaquie.

XII. Quatuors à cordes

4 quatuors (*si* bémol majeur, *ut* majeur, *la*
majeur, *mi* bémol majeur),
K. Anh. 210-213 (C20.01-04).
Apocryphes. De Joseph Schuster
(1748-1812), autographe à Padoue.

6 quatuors (*ut* majeur, *sol* majeur, *mi*
bémol majeur, *fa* mineur, *ré* majeur,
si bémol majeur), K. Anh. 291a
(C20.05). Authenticité douteuse.

XIII. Sonates

6 sonates pour violon (*fa* majeur, *ut*
majeur, *fa* majeur, *mi* bémol majeur,
ut mineur, *mi* mineur) K. 55-60
(Anh. 209c-209 h, C 23.01-6).
Authenticité douteuse.

XIV. Musique de danse

1. Menuets

6 menuets pour orchestre (*ré* majeur, *ré*
majeur, *ré* majeur, *sol* majeur, *sol*
majeur, *sol* majeur), K. 105 (61f).
Authenticité douteuse. Bien qu'ils
figurent dans NMA, on considère
maintenant qu'ils sont de Michael
Haydn (Plath 1971/72)

6 menuets pour orchestre (*ut* majeur, *fa*
majeur, *ut* majeur, *la* majeur, *sol*
majeur, *sol* majeur), K. 104 (61e).
Authenticité douteuse. Les deux
premiers (et peut-être les autres) sont
des arrangements de menuets de
Michael Haydn.

6 menuets pour orchestre (*ut* majeur, *la*
majeur, *ré* majeur, *si* bémol majeur,
sol majeur, *ut* majeur). Authenticité
douteuse. Peut-être également de
Michael Haydn.

2. Danses allemandes

9 contredanses ou quadrilles pour grand
orchestre (*ré* majeur, *ré* majeur, *ré*
majeur, *si* bémol majeur, *ré* majeur,
ré majeur, *fa* majeur, *si* bémol
majeur, *ut* majeur), K. 510
(K. Anh. 293b, C13.02).
Probablement non authentiques.

Ouverture en *ré* majeur et 3 contredanses
(*ut* majeur, *la* majeur, *si* bémol
majeur), K. 106 (588a). Authenticité
douteuse.

3 contredanses pour orchestre (?) ou pour
piano (?) (*ut* majeur, *sol* majeur, *sol*
majeur), K. 535a. Authenticité
douteuse.

Pour d'autres danses d'authenticité
douteuse, dont beaucoup K. *desunt*,
voir NMA IV :13/1/2 (Flothuis
1988).

H.C. Robbins Landon

Œuvres perdues

A. Musique vocale

Musique religieuse

K. 33c « Stabat Mater ». Catalogue de Leopold Mozart, 1768.

K. 47b (= 117(66a)) offertoire pour la Waisenhaus, Vienne, 1768. N'est *pas* identique à K. 117 (66a) ; K. 47b est perdu.

K. Anh. 1 (297a) Miserere pour Paris, 1778. Huit mouvements.

Musique profane

K. Anh. 11 (315e) *Semiramis.* Jamais commencé (?).

K. 416a opéra allemand. Probablement jamais commencé.

K. 615 « Viviamo felice », chœur final pour l'opéra *Le gelosie villane* de G. Sarti, Vienne, 20 avril 1791.

K. *deest* « Quel destrier », 1765-1766. L'un des « quinze airs italiens » qui figurent dans le catalogue de Leopold Mozart. Voir Zaslaw (1983), p. 334-335.

Environ dix autres airs (pas nécessairement pour soprano), 1764-1765, cités dans le catalogue de Leopold Mozart.

K. *deest* aria, Olmütz, 1767, pour la fille du docteur Joseph Wolf, médecin d'Olmütz, (lettre de Leopold Mozart du 28 mai 1779) : sans rapport avec le lied « An die Freude » K. 53 (47e) (Pfannhauser, 1954[b]).

K. *desunt* 5 pièces de Metastasio, Vienne, avant le 30 juil. 1768. Ecrites par Mozart chez Bonno, Metastasio, Hasse, le duc de Bragance et le prince Kaunitz pour démontrer ses facultés musicales (lettre de Leopold du 30 juillet 1768). K. 45c-g, Kunze, NMA II :7/1.

K. Anh. 2 (72b, 73A) aria « Misero tu non sei », Milan, 26 janv. 1770.

K. Anh. 3 (315b) *scena*, Saint-Germain, août 1778, (s., 2 htb., 2 clar., 3 cors, pf., cordes). Pour Tenducci ; voir Oldman (1961) sur une éventuelle relation de cette œuvre avec J.C. Bach. Les circonstances de la composition de la *scena* sont décrites dans une lettre de Mozart à Leopold du 27 août 1778, dans laquelle il dit que l'œuvre est écrite pour piano, hautbois, cor et basson. Burney, cité par Daines Barrington dans ses *Miscellanies* de 1781, donne une description plus détaillée de l'orchestration dans un bref compte rendu (Deutsch 1961)

K. Anh. 11a (365a) récitatif et air « Warum, O Liebe... Zittre, töricht Herz », Munich, nov. 1780.

K. 569 air « Ohne Zwang, aus eignem Treibe », avec orchestre.

K. *deest* « Ein kleines Liedchen », NMA III :8 (K. 13), p.40.

K. Anh. 11a (477a) « Per la ricuperata salute di Ophelia ». Voir King (1955), p.224.

K. *desunt* deux chants maçonniques : « Des Todes Werk » ; « Vollbracht ist die Arbeit der Meister ». Voir Autexier (1984), p. 36 *sq.*

K. Anh. 255a (Anh. CB.16) lied « Meine weise Mutter spricht ».

K. *deest* lied, Vienne v. 1785. D'après une anecdote rapportée dans l'autobiographie d'Adalbert Gyrowetz, un contemporain de Mozart, ce lied fut composé dans une taverne pour une réception donnée chez Franz Bernard von Kees, conseiller privé et mécène. *Biographie des Adalbert Gyrowetz* (Vienne, 1848), p.10.

K. Anh. 4 (572a) Double canon « Lebet wohl, wir sehen uns wieder » et « Heult noch gar, wie alte Weiber ». Voir Rochlitz, *AMZ*, III (1800-1801), col. 450 *sq.*

B. Musique instrumentale

Symphonies

K. Anh. 222 (19b) symphonie en *ut* majeur : authenticité douteuse.

K. Anh. 215 (66c) symphonie en *ré* majeur : authenticité douteuse.

K. Anh. 217 (66d) symphonie en *si* bémol majeur : authenticité douteuse.

K. Anh. 218 (66e) symphonie en *si* bémol majeur : authenticité douteuse.

K. Anh. 8 (311A) deuxième symphonie « parisienne » : jamais écrite. Voir Zaslaw (1978).

Œuvres instrumentales diverses

K. 41a 6 divertimentos.

K. 41c marches.

K. *deest* cassation en *ut* majeur.

K. 544 marche en *ré* majeur.

K. 33a solos pour différents instruments.

K. 33h pièce pour ensemble d'instruments à vent.

K. 41b nombreuses pièces pour ensemble d'instruments à vent.

K. 41d nombreux menuets.

K. 565 contredanses.

Concertos

K. 260a concerto pour violoncelle.

K. 470 andante en *la* majeur pour un concerto pour violon.

K. 47c concerto pour trompette, 1768, pour la Waisenhaus, Vienne. Lettre de Leopold Mozart du 23 novembre 1768.

K. Anh. 9 (297B) : voir « Attributions douteuses et œuvres apocryphes » (l'œuvre originale dans son état premier est en tout cas perdue).

K. *desunt* concertos pour basson en *ut* majeur, *si* bémol majeur, *si* bémol majeur : voir *Köchel 3*, p.254.

K. *desunt* différents solos pour le violon. Probablement K. 46d et 46e.

K. 33b solos pour violoncelle, composés pour le prince Joseph Wenzeslaus zu Fürstenberg.

K. *deest* solo pour viole de gambe et basse, pour le prince Joseph Wenzeslaus zu Fürstenberg, voir *Köchel 3*, p.51 (sous K. 33b).

K. 41g *Nachtmusik* pour 2 violons et basse. Lettre de Maria Anna Mozart à Breitkopf & Härtel du 8 février 1800.

K. *desunt* 6 trios pour 2 violons et violoncelle. Catalogue de Leopold Mozart ; voir *Köchel 3*, p. xxiv.

K. Anh. 199-202 (33d-g) sonates pour piano en *sol* majeur, *si* bémol majeur, *ut* majeur, *fa* majeur.

K. Anh. 206 (21a) variations pour piano en *la* majeur (Londres, 1765).

K. 41e fugue pour piano. Catalogue de Leopold Mozart.

K. 284f rondo pour piano, pour la fille de l'électeur Karl Theodor. Lettre de Mozart du 29 novembre 1777.

K. 32a *capricci* pour piano. Lettre de Constanze Mozart à Breitkopf & Härtel du 2 mars 1799.

K. 41f fugue à 4. Catalogue de Leopold Mozart.

K. 284e accompagnements pour concertos pour flûte de J.B. Wendling.

H.C. ROBBINS LANDON

11

MOZART ET LE THÉÂTRE DE SON TEMPS

Le lundi 15 juillet 1782, les affiches à l'extérieur du Burg-theater de Vienne annonçaient la cinquième représentation (sur un total de vingt-six du vivant de Mozart) de *Die Lästerschule*, une comédie adaptée par Friedrich Ludwig Schröder. Ce détail, qui peut sembler trivial, n'en est pas moins un bon point de départ pour évoquer les liens très étroits qui unissaient le théâtre parlé et l'opéra à Vienne, dans le dernier quart du XVIIIe siècle. La significa-tion de la date n'aura pas échappé à ceux qui savent que le premier des opéras viennois de Mozart, *Die Entführung aus dem Serail*, devait y recevoir sa première représentation tardive le lendemain, 16 juillet. Le lien précis entre la pièce donnée le lundi et le nouveau *Singspiel* du mardi tient à ceci que Johann Ernst Dauer, l'acteur qui incarnait Karl Denholm dans *Die Lästerschule* — l'intrépide mais chaleureux Charles Surface de *The School for Scandal* de Sheri-dan —, devait créer le rôle de Pedrillo pour Mozart. Dauer n'était du reste pas le seul acteur de la pièce de Sheridan qui fit une impor-tante carrière de chanteur : Johann Joseph Nouseul, le Werling de *Die Lästerschule*, devait créer le rôle de Monostatos neuf ans plus tard dans *Die Zauberflöte*.

Cette juxtaposition de la comédie anglaise et de l'opéra alle-mand permet de tirer d'autres enseignements. Pedrillo n'avait sans doute pas la moindre soirée libre avant le nouvel opéra ; les machinistes n'avaient pas pu travailler tranquillement aux décors de l'opéra ; et la répétition générale devait être programmée de manière à ne pas interrompre la longue série continue de représen-tations en soirée. En outre, sur un plan plus général, la charmante scène centrale de *The School for Scandal* sert pratiquement de modèle à deux scènes d'un opéra ultérieur de Mozart. Ce qui ne veut pas dire que le librettiste de Mozart ait copié Sheridan, mais que le fonds commun de la comédie parlée et de l'*opera buffa* comtemporains brouillait la distinction entre les deux genres. Joseph, le frère scélérat de Charles Surface, essaye de séduire Lady Teazle ; l'arrivée de son mari l'oblige à se cacher derrière un paravent, d'où elle apprend quelques vérités sur son compte. L'arrivée de Charles contraint Sir Peter Teazle à se cacher à son tour, et, à ce qu'il entend, il comprend qu'il s'est mépris sur Charles. Joseph quitte la pièce, tandis que Sir Peter et Charles regardent derrière le paravent, pour y découvrir non pas la « petite marchande française », comme le prétendait Joseph, mais bien entendu Lady Teazle. On voit la ressemblance générale avec la scène de *Le nozze di Figaro* où Cherubino et le comte se cachent dans et derrière le fauteuil à l'acte I, et celle où Susanna réussit à prendre la place de Cherubino dans le placard à l'acte II. Ce sont là des scènes comiques traditionnelles, tout aussi courantes au théâtre qu'à l'opéra, et sur de nombreuses scènes européennes.

Dans la Vienne de l'époque de Mozart, les pièces pouvaient être transformées en opéras et les opéras en pièces. Parfois, comme ce fut le cas pour *Le barbier de Séville* de Beaumarchais, les deux genres cœxistaient. L'adaptation de G.F.W. Grossmann, *Der Barbier von Sevilla*, fut donnée dix fois entre 1781 et le 2 août 1783 (son prédécesseur, la traduction de Joseph Raditschnigg, avait été vu vingt fois au cours des cinq années précédentes). Puis, du 13 août 1783 jusqu'en octobre 1788, il n'y eut pas moins de soixante et une représentations d'*Il barbiere di Siviglia* de Paisiello. La pièce revint ensuite au répertoire en 1791, pour être rejointe par l'opéra en 1793 ; sous une forme ou une autre, et jusqu'au cœur du siècle suivant, l'œuvre fut rarement absente pendant longtemps.

Mozart et sa famille au théâtre

« Nous sommes arrivés ici hier au soir, et une heure plus tard, savoir à six heures, nous sommes allés à l'opéra. » C'est ainsi, avant même de donner des nouvelles de leur santé, de leurs connaissances ou des difficultés rencontrées pendant le voyage, que Leopold Mozart commence une lettre envoyée de Mantoue à sa femme le 11 janvier 1770. De nombreuses remarques dans la correspondance familiale témoignent de l'enthousiasme du père et du fils pour le théâtre en général, et pour l'opéra en particulier. Lors de leur premier séjour à Vienne entre septembre 1762 et janvier 1763, Leopold raconte qu'il se rendit seul à l'opéra (pour l'*Orfeo* de Gluck, le 10 octobre), puis, dans une lettre du 24 novembre, que toute la famille fut au théâtre et à l'opéra. Il n'est pas sûr que les Mozart soient allés au théâtre à Londres, mais le ton de la lettre de Leopold du 8 février 1765, où il rend compte des opéras représentés, laisse supposer qu'il s'appuie sur son expérience personnelle. Même à

Olmütz (Olomouc), où les Mozart s'étaient réfugiés en 1767 dans le vain espoir d'échapper à l'épidémie de variole qui sévissait à Vienne, Leopold fréquenta le théâtre malgré l'inquiétude que lui inspirait la santé de ses enfants.

A mesure que Mozart grandissait, il se rendit de plus en plus souvent au théâtre — les lettres écrites lors de leurs trois voyages en Italie nous apprennent qu'ils firent de nombreuses visites aux théâtres d'opéra, mais nous relatent aussi les remarques sagaces, souvent spirituelles, du jeune compositeur sur les œuvres qu'ils entendaient, dues tantôt aux plus célèbres compositeurs de l'époque, comme Hasse et Piccinni, tantôt à des inconnus comme Michelangelo Valentini.

Bien entendu, la correspondance familiale s'attarde moins sur le théâtre parlé que sur l'opéra ; mais les lettres échangées par Leopold et Nannerl à Salzbourg, et Wolfgang à Munich, de novembre 1780 à janvier 1781, puis à nouveau par Leopold et Nannerl en mai 1786, alors que Schikaneder était à Salzbourg avec sa troupe d'opéra, montrent à l'évidence que Mozart voulait être au fait des représentations données par la compagnie de Schikaneder lors de ses saisons salzbourgeoises.

Salzbourg n'avait pas grand-chose à offrir — « Si seulement il y avait là-bas un théâtre digne de ce nom, car c'est ici toute ma distraction », dit Mozart à son père dans une lettre du 26 mai 1781, dès les premiers mois de son indépendance à Vienne. Quelques semaines plus tard (le 4 juillet), il répète la même chose à sa sœur, poursuivant : « Je te souhaiterais de voir une tragédie ici ! Je ne connais aucun autre théâtre où l'on représente *excellemment* tous les genres de spectacles ; mais c'est le cas ici pour chaque rôle, jusqu'au plus petit et au plus mauvais, qui est bien tenu, et doublé. » Puis à nouveau, neuf ans après, lors de son malheureux voyage à Francfort pour le couronnement de Léopold II, il emploie pratiquement les mêmes mots dans une lettre à Constanze : « Mon seul divertissement est le théâtre » (3 octobre 1790).

Même si, dans bien des cas, on ignore quelles sont les pièces que vit Mozart, ses goûts étaient suffisamment orthodoxes pour couvrir tous les genres, de la tragédie et de l'opéra classiques jusqu'aux productions plus frustes des théâtres des faubourgs, en passant par la grande comédie, le ballet et la pantomime — non seulement il aimait aller voir les farces, que ce soit en Italie, à Munich ou à Vienne, mais il commença aussi à écrire lui-même deux comédies de polichinelle. Si la plupart des opéras qu'on lui commandait étaient sur des textes italiens, il préférait se considérer comme un compositeur allemand (lettre du 5 février 1783). Il avait été déçu en novembre 1777 de découvrir combien les chanteurs étaient médiocres au célèbre Théâtre national allemand de Mannheim (lettre du 14 novembre). Et pourtant, en l'espace de quelques semaines, on le voit mettre ses espoirs dans une autre entreprise patriotique, le National-Singspiel allemand que Joseph II avait l'intention de fonder à Vienne. Dans un post-scriptum à la lettre envoyée par sa mère de Mannheim le 10-11 janvier 1778, il demande à son père d'engager les services de ses amis à Vienne pour essayer de lui obtenir le poste de maître de chapelle de la nouvelle compagnie. Sans perspective de nomination officielle, le reste de la vie de Mozart fut néanmoins largement marqué par son désir de trouver un emploi auprès de la compagnie allemande de Vienne, même si les résultats pratiques devaient se limiter aux commandes (et aux honoraires) de *Die Entführung* en 1782 et *Der Schauspieldirektor* en 1786.

La principale raison de l'échec du National-Singspiel est la qualité médiocre des œuvres qui lui étaient destinées, à quelques exceptions près. Malgré le succès éphémère remporté par certains des *Singspiele* d'Umlauf, Ulbrich, et plus tard Dittersdorf, les seuls succès exceptionnels furent *Die Entführung* de Mozart, et des œuvres traduites et adaptées d'originaux français (dont *La rencontre imprévue* de Gluck).

Les théâtres viennois dans les années 1780

Jusqu'en 1766, la vie théâtrale de Vienne était excessivement complexe — et, aux yeux de la cour, excessivement onéreuse. Quatre types d'activités se disputaient l'approbation de la cour, les acclamations du public et les subsides : le théâtre parlé français (abandonné en 1772), le ballet, sous la direction de Noverre (qui travailla à Vienne de 1767 à 1774, puis à nouveau, brièvement, en 1776), l'opéra italien — auquel on renonçait parfois provisoirement pour des raisons financières, mais toujours pour y revenir — et le théâtre parlé allemand. La faillite de plusieurs aristocrates décida finalement Joseph II à prendre directement le théâtre allemand sous le contrôle de la cour ; celui-ci devait se produire dans le théâtre impérial et royal près de la Hofburg (Burgtheater), en face de la Michaelerkirche, et prendre le nom de Théâtre national allemand. L'empereur décréta en même temps qu'un préavis de trois mois devait être notifié à l'orchestre, aux chanteurs italiens et aux membres du ballet qui subsistaient (l'orchestre et les chanteurs obtinrent un délai de grâce). Désormais l'autre théâtre de la cour, le théâtre impérial et royal de la Porte de Carinthie (Kärntnerthortheater), situé derrière l'actuel Staatsoper, sur le site de l'hôtel de Sacher, devait être concédé à tout directeur prêt à proposer un programme d'opéras et de *Singspiele*. Le Burgtheater était normalement occupé par sa compagnie uniquement le dimanche, le mardi, le jeudi et le samedi, dans un répertoire d'opéras italiens et de pièces allemandes, et les locataires du Kärntnerthortheater (dont la cour reprit le contrôle complet en 1785) furent autorisés à utiliser le Burgtheater sans paiement supplémentaire le lundi et le mercredi (le théâtre était fermé le vendredi).

En janvier 1778, l'empereur réalisa une ambition personnelle avec la fondation du National-Singspiel allemand. Il apparut cependant bientôt que les organisateurs devraient compter dans une très large mesure sur des traductions d'opéras français et italiens ; même *Die unvermutete Zusammenkunft, oder die Pilgrime von Mekka* de Gluck, qui avec un total de cinquante et une représentations fut l'œuvre la plus jouée, après *Zemire und Azor* de Grétry (cinquante-six), était une traduction de l'œuvre donnée à l'origine à la cour en 1764 sous le titre *La rencontre imprévue*. Le National-Singspiel resta actif jusqu'en février 1787, avec une interruption de mars 1783 à octobre 1785. Sur les quelque soixante-dix œuvres représentées, *Die Bergknappen* et *Die pücefarbenen Schuhe* d'Umlauf, *Die Entführung aus dem Serail* de Mozart et *Der Apotheker und der Doctor* de Dittersdorf sont les seules productions locales qui eurent du succès.

Après l'abandon de cette expérience, les représentations des plus grands succès du *Singspiel* ne s'interrompirent pas aussitôt, même si elles étaient confinées pour l'essentiel au Kärntnerthortheater. A partir de cette époque, les Viennois désireux d'entendre un opéra dans leur langue maternelle étaient généralement obligés de se rendre dans les théâtres des faubourgs.

Jusqu'à l'assouplissement des lois sur l'organisation des spectacles théâtraux en 1776 (la *Spektakel-Freiheit*, liberté de spectacle), il n'y avait de théâtre qu'appartenant à la cour. En 1781, un directeur de théâtre talentueux, Karl Marinelli (qui fut ensuite anobli), ouvrit un théâtre dans le faubourg de la Leopoldstadt, au-delà du canal du Danube. Avec Wenzel Müller, bientôt rejoint par Ferdinand Kauer, pour diriger la partie musicale des représentations, Marinelli était bien placé au printemps de 1784 pour combler le vide laissé par la fermeture définitive du National-Singspiel. Il inscrivit plusieurs opéras (deux de Martín, trois de Dittersdorf et ceux de Schenk et de Gassmann cités à la fin du tableau 1) à son répertoire, composé essentiellement de farces qui employaient les talents d'une troupe habile dirigée par Johann La Roche dans le rôle de Kasperl. L'autre grand théâtre des faubourgs ouvrit dans le faubourg de Wieden en 1787, au-delà de la Karlsplatz, au sud de la capitale, et joua un rôle important à partir du printemps de 1790, lorsque Emanuel Schikaneder devint directeur de ce Freihaustheater auf der Wieden. C'est lui qui, au printemps de 1791, offrit à Mozart ce qui aurait pu être l'occasion d'un nouveau départ dans sa carrière, en l'invitant à composer *Die Zauberflöte*.

D'autres théâtres — dans les faubourgs de la Josephstadt et de la Landstrasse — eurent une vogue plus tardive ou éphémère, et la cour donnait des représentations privées dans ses palais de Schönbrunn et Laxenburg. Il y avait également un grand nombre de théâtres privés, souvent d'un haut niveau, dont celui du prince Auersperg, pour lequel Gluck dirigea son *Alceste* en février 1786 et Mozart révisa et dirigea *Idomeneo* en mars 1786. Un commentateur par ailleurs assez fiable estimait qu'il existait dans les années 1790 environ quatre-vingt-dix théâtres d'amateurs, outre les cinq compagnies professionnelles à Vienne, qui selon le recensement de 1790 comptait une population de 207 014 habitants.

Le théâtre parlé à Vienne dans les années 1780

Le répertoire des théâtres de la cour, durant les années viennoises de Mozart, était dominé par les pièces de second rang, et fortement tributaire des spectacles importés. Parmi les grands dramaturges allemands, Lessing était représenté par quatre pièces. *Minna von Barnhelm* était donné depuis 1767, au départ avec le célèbre vieux polichinelle, Gottfried Prehauser, jouant un rôle de valet. Mais dans les années 1780 seule la tragédie bourgeoise *Emilia Galotti* dépassa les dix représentations. Goethe était encore moins populaire, avec quelques représentations seulement de trois pièces mineures (*Clavigo* fut donné cinq fois en 1786) au cours des années viennoises de Mozart. Schiller, de trois ans le cadet de Mozart, ne figurait au répertoire qu'avec *Fiesco*, mutilé pour satisfaire la censure, et donné onze fois entre 1787 et la mort de Mozart.

Ce fut une période de transition pour la scène allemande : les grands dramaturges classiques ne devaient s'imposer à Vienne que bien plus tard, et même les écrivains de second rang, prolixes et populaires, que furent Iffland (* 1759) et Kotzebue (* 1761) avaient à peine commencé leur règne à la mort de Mozart. Trois des premiers drames bourgeois d'Iffland, *Das Verbrechen aus Ehrsucht*, *Die Jäger* et *Die Mündel*, totalisaient néanmoins près de cinquante représentations à la fin de 1791 ; et les trois premiers succès importants de Kotzebue à Vienne, *Menschenhass und Reue*, *Die Indianer in England* et *Die Sonnenjungfrau* atteignirent la cinquantaine de représentations encore plus rapidement. Le principal fournisseur du théâtre viennois dans les années 1780 était Friedrich Ludwig Schröder (* 1744). Natif de Schwerin, il fut directeur du théâtre de Hambourg de 1771 à 1780, puis à nouveau de 1785 à 1800. A partir de 1780 il passa cinq saisons à Vienne, travaillant comme acteur et auteur. Peu de ses pièces sont originales — il traduisait et adaptait avec beaucoup de facilité et d'habileté des œuvres du théâtre italien, français et surtout anglais. Les nombres de représentations de ses ouvrages, à Vienne et ailleurs, sont la meilleure mesure de son succès contemporain : alors que pratiquement aucun de ses rivaux n'écrivit plus de deux ou trois pièces qui atteignirent les vingt représentations à cette époque, on peut facilement en citer vingt de Schröder qui dépassèrent ce nombre ; huit d'entre elles, dont son adaptation de *Hamlet*, devaient dans les années à venir totaliser ensemble huit cent trente représentations. Nous reviendrons bientôt sur Schröder en tant qu'adaptateur de pièces anglaises, mais il faut également citer ses mémoires (*Friedrich Ludwig Schröder. Beitrag zur Kunde des Menschen und des Künstlers*, publiées par F.L.W. Mayer, 2 vol., Hambourg, 1819), qui rendent compte avec beaucoup de vivacité de l'état des théâtres viennois au début de l'été de 1791, avec des commentaires détaillés sur certains des chanteurs de la compagnie de Schikaneder, qui devaient quelques mois plus tard créer certains rôles de *Die Zauberflöte*.

Les grands dramaturges originaires d'Autriche furent rares. Même Schikaneder et ses principaux collègues et rivaux du Volkstheater étaient pour la plupart des Allemands établis à Vienne. Gottlieb Stephanie (le Jeune) était lui aussi allemand — de Breslau — mais après avoir été fait prisonnier au cours de la guerre de Sept Ans, il devint l'une des principales figures de la scène nationale viennoise, écrivant une série de comédies (dont *Der Deserteur aus Kindesliebe* de 1773 fut le plus souvent donné ; durant les années viennoises de Mozart ses quatre pièces les plus populaires dépassèrent les soixante représentations) ; il atteignit une plus vaste renommée en tant que librettiste de *Singspiele* d'Umlauf et de Dittersdorf, et l'immortalité en écrivant le livret de *Die Entführung* et *Der Schauspieldirektor* de Mozart. Les frères Weidmann comptent parmi les auteurs qui triomphèrent avec une ou deux pièces : Joseph avec *Der Dorfbarbier* — pièce qui, après un succès modéré en 1785, devint un *Singspiel* immensément populaire en 1796, transformé en livret pour Johann Schenk ; et Paul, qui avec des pièces comme *Der Bettelstudent* et *Die schöne Wienerinn* a joui d'une relative célébrité pendant de nombreuses années. Deux aristocrates, un Allemand, le comte Törring, avec *Agnes Bernauerin*, qu'on s'empressa de parodier, et un Autrichien, le comte Brühl, avec les comédies *Das Findelkind* et *Der Bürgermeister*, surent préserver l'honneur du dramaturge amateur ; C.H. von Ayrenhoff écrivit lui aussi deux brèves comédies à succès, *Der Postzug* et *Die Batterie*. Parmi les autres auteurs qui remportèrent des succès significatifs avec un ou deux titres, on peut citer Engel, Spiess, Schletter, le poète et parodiste Alois Blumauer (la tragédie *Erwine von Steinheim*), Möller, avec la pièce militaire *Der Graf von Walltron*, Rautenstrauch avec la comédie *Der Jurist und der Bauer*, Brandes avec la tragédie *Olivie*, et Ziegler avec deux pièces illustrant chacune des deux veines, tragique et comique, toutes deux données pour la première fois à Vienne en 1790 : *Liebhaber und Nebenbuhler in einer Person* et *Mathilde, Gräfin von Giesbach*.

Jusqu'ici nous n'avons parlé que de pièces qui prétendaient, à plus ou moins juste titre, être des œuvres originales allemandes. Mais les généreuses récompenses promises n'avaient pas réussi à dénicher beaucoup d'authentiques talents locaux. L'essentiel du répertoire, dans les années 1780, mais aussi au cours des périodes précédente et suivante, consistait en pièces traduites et adaptées pour la scène viennoise. Les traductions d'ouvrages français étaient nombreuses. On donnait assez souvent *Les fausses confidences* de Marivaux (traduit par Gotter sous le titre *Die falschen Vertraulichkeiten*) et *La veuve du Malabar* de Lemierre, adapté par Plümicke sous le titre *Lanassa* ; ailleurs il fut représenté avec la symphonie en *mi* bémol majeur K. 184 (161a) de Mozart et des fragments de la partition de *Thamos*. *Le père de famille* de Diderot, dans la traduction de Lessing (*Der Hausvater*), fut un succès populaire, qui servit de point de départ à la suite proposée par le baron Gemmingen, *Die Familie*, encore plus populaire à partir de 1781 dans l'arrangement de Schröder que la pièce de Diderot ; l'un des personnages y apparaît en oiseleur — on n'a donc pas besoin de remonter jusqu'aux masques de carnaval et aux bouffons d'intermezzi de l'époque baroque pour découvrir un prédécesseur immédiat de Papageno, d'autant que ces pièces étaient inscrites au répertoire lorsque Schikaneder était membre du théâtre de la cour, au milieu des années 1780. Mis à part la double existence du *Barbier de Séville*, que nous avons déjà évoquée, Beaumarchais était régulièrement représenté avec *Eugénie*, sans oublier bien entendu *Le mariage de Figaro* sous forme d'opéra.

Les pièces italiennes étaient elles aussi régulièrement inscrites au répertoire. Deux adaptations de Gozzi se partagèrent environ vingt-cinq représentations, et dans les années 1780 Goldoni était présent avec une douzaine d'œuvres, à peu près équitablement réparties entre livrets d'opéra et comédies ; ses quatre pièces les plus populaires furent données plus de soixante fois.

La source la plus prolifique de pièces à succès sur la scène viennoise à cette époque était néanmoins le théâtre anglais. Pas moins de sept pièces de Shakespeare furent montées par les théâtres de la cour durant ces années, outre *The Comedy of Errors*, adapté en opéra par Stephen Storace sous le titre *Gli equivoci*. Parmi les titres de Shakespeare, *Coriolanus*, *Henry IV* et *Othello* ne totalisèrent ensemble que onze représentations ; *Romeo and Juliet*, dans une adaptation terriblement libre de Weisse, fut donné dix fois, *Cymbeline* (sous le titre *Imogen*) dix-huit fois, *King Lear* vingt-deux fois et *Hamlet*, éternel succès, avait été donné à trente-six reprises au moment de la mort de Mozart. Shakespeare aurait eu quelques difficultés à reconnaître ses tragédies lors de ces représentations viennoises, qui, dans des versions allemandes perverties fondées sur les adaptations de David Garrick, dotées d'une conclusion heureuse, n'étaient rien moins qu'authentiques. Les productions de plus d'une douzaine de dramaturges britanniques étaient nettement plus populaires, de *Rule a Wife and Have a Wife* de Beaumont et Fletcher (adapté par Schröder sous le titre *Stille Wasser sind betrüglich*), *The Country Wife* (*Das Landmädchen*, donné vingt-trois fois entre 1776 et 1791) de Wycherley, *Sir Courtly Nice* de John Crowne (*Die unmögliche Sache*) et *The Unhappy Favourite* (*Die Gunst der Fürsten, oder Elisabeth und Essex*) de John Banks, datant tous du XVIIe siècle, en passant par les pièces de Farquhar — *The Beaux' Strategem* (*Die Glücksritter*, vingt représentations 1783-1791), *The Recruiting Officer* (*Die Werber*) et surtout *The Constant Couple* (*Der Ring*, vingt-quatre représentations entre 1783 et 1789, année où Schröder lui donna une suite, *Die unglückliche Ehe durch Delicatesse* ; les deux parties restèrent au répertoire jusqu'au milieu du XIXe siècle, totalisant près de deux cents représentations au seul Burgtheater) -, jusqu'aux auteurs de langue anglaise plus ou moins contemporains : *The West Indian* (*Der Westindier*) et *The Brothers* (*Das Blatt hat sich gewendet*) de Richard Cumberland, *The Jealous Wife* (*Die eifersüchtige Ehefrau*) et *The Clandestine Marriage* (*Die heimliche Heyrath*, vingt et une représentations 1781-1791) de George Colman, *She Stoops to Conquer* (*Irrthum auf allen Ecken*, vingt-deux représentations 1784-1791) et *The Good-natur'd Man* (*Zu gut, ist nicht gut*) de Goldsmith, *The Rivals* (*Die Nebenbuhler*) et, nous l'avons vu, *The School for Scandal* de Sheridan ; mais aussi *The Chapter of Accidents* (*Glück bessert Thorheit*) de Sophia Lee, *The Careless Husband* (*Der flatterhafte Ehemann*) et *The Double Gallant* (*Der doppelte Liebhaber*) de Colley Cibber, et — particulièrement apprécié des Viennois — *All in the Wrong* (*Alle irren sich*) d'Arthur Murphy, bien qu'il ne soit revenu au répertoire qu'à la fin de 1791. Les traces de *The Deaf Lover* (*Der taube Liebhaber*, arrivé au répertoire en novembre 1782, deux ans après sa première à Londres, et atteignant rapidement les trente-six représentations) de Frederick Pilon et de *Who's the Dupe ?* (*Der Schulgelehrte*) de Hannah Cowley sont plus difficiles à retrouver, mais les deux œuvres sont désormais solidement identifiées. Schröder dramatisa même le roman *Evelina* de Fanny Burney, sous le titre *Viktorine* (1784), avec lequel il remporta un de ses grands succès. Avec le ballet comique de Muzzarelli, *Il capitaneo Cook alli Ottaiti*, très populaire à la fin de 1791 et au début de 1792, on voit que l'influence anglaise sur le répertoire viennois s'étendait à tous les genres.

L'opéra à Vienne dans les années 1780

La vie musicale de la cour dans les années 1780 s'organisait autour d'un certain nombre de personnages officiels, en premier lieu Joseph II, empereur de 1780 jusqu'à sa mort le 20 février 1790, après quoi son frère Léopold, grand-duc de Toscane, lui succéda. Le grand chambellan et directeur des théâtres de la cour (*Hofmusikgraf*) d'avril 1776 jusqu'en janvier 1791 était Franz Xaver, comte (puis prince à partir de septembre 1791) Orsini-Rosenberg, à qui succéda (jusqu'en 1796) Johann Wenzel, comte Ugarte. (Curieusement, Köchel omet et le nom et les fonctions de Rosenberg dans sa liste précieuse.)

Le *Hofkapellmeister* de 1774 jusqu'au 1er mars 1788 (où il reçut une pension officielle, six semaines seulement avant sa mort) était

Giuseppe Bonno. Antonio Salieri lui succéda (jusqu'au 1er juin 1824). En 1789 Ignaz Umlauf devint l'adjoint de Salieri. Les compositeurs officiels de la cour étaient Gluck (1774-1787), Salieri (jusqu'à sa nomination à la succession de Bonno) et, à partir du 7 décembre 1787, Mozart (*Kammermusicus*).

En 1778, la musique théâtrale à Vienne fut marquée par la fondation d'une compagnie allemande de *Singspiel* au Burgtheater ; depuis 1776, l'opéra italien était pour l'essentiel confiné au Kärntnerthortheater et ne fonctionnait qu'à une échelle relativement modeste. A partir du carême de 1783, avec l'interruption des activités du National-Singspiel, une belle troupe fut constituée qui, avec des étoiles déjà confirmées comme Catarina Cavalieri, Therese Teyber, Aloisia Lange et Johann Valentin Adamberger (jusqu'au milieu des années 1780 il chanta surtout le répertoire allemand), devait assurer la création des trois opéras de Mozart sur des textes de Da Ponte. Parmi les nouvelles recrues de 1783 figuraient Nancy Storace, Rosa Manservisi, Michael Kelly, Francesco Bussani, Francesco Benucci et Maria et Stefano Mandini, avec Lorenzo Da Ponte comme librettiste, alors pratiquement sans la moindre expérience.

Comme le montrent à l'évidence les nombres de représentations qui figurent dans le tableau 1, le répertoire de l'opéra de la cour durant les années 1780 était dominé par les compositeurs italiens de naissance. Paisiello arrive largement en tête, tant par le nombre d'œuvres représentées que par la popularité de quatre d'entre elles en particulier ; pourtant, sur ses quinze opéras donnés dans les années 1780, seul *Il rè Teodoro in Venezia* fut commandé pour Vienne et y fut monté pour la première fois. Salieri doit sans doute sa confortable seconde place à sa position influente dans l'institution musicale, notamment à partir de 1788 (du reste la plupart de ses œuvres tardives n'ajoutèrent pas beaucoup à sa réputation), mais ce serait une erreur et une injustice de nier les qualités plaisantes de nombre de ses opéras. Néanmoins, seul *Axur, rè d'Ormus*, la version italienne révisée de son opéra français *Tarare*, d'après Beaumarchais (Paris, 8 juin 1787) connut une popularité durable (cent représentations jusqu'en 1805). La troisième place est occupée par l'Espagnol Martín y Soler, qui, arrivé à Vienne en 1785, à l'âge de trente et un ans, après six années de succès en Italie écrivit pour le Burgtheater trois opéras très appréciés ; la renommée de *Una cosa rara*, notamment, rend la citation qu'en fait Mozart dans le finale de l'acte II de *Don Giovanni* à la fois naturelle et ironique. Cimarosa, bien que son unique opéra écrit pour Vienne, *Il matrimonio segreto*, au succès retentissant, date de deux mois après la mort de Mozart, est le quatrième compositeur par le nombre d'œuvres jouées du vivant de Mozart, grâce tant à la qualité qu'au nombre de ses œuvres données au Burgtheater (comme dans la plupart des grands théâtres européens). Pietro Alessandro Guglielmi, autre compositeur d'opéra prolifique et très estimé en son temps, était représenté à Vienne par sept opéras dans les années 1780 et au début des années 1790, tous sauf un dans la veine comique ; il appartenait à la génération précédant celle de Mozart, mais ses œuvres restèrent au répertoire à Vienne jusqu'au siècle suivant. La sixième place de Sarti s'explique presque entièrement par son unique succès international, *Fra i due litiganti il terzo gode*, qui après sa première représentation au Burgtheater en mai 1789 fut donné soixante-deux autres fois en l'espace de six ans ; il n'y a donc rien de surprenant à ce que Mozart l'ait cité lui aussi dans *Don Giovanni*.

On pourrait croire que la septième place de Mozart dans cette liste de représentations données de son vivant (voir tableau 2) est extrêmement modeste ; il était pourtant le compositeur non italien le plus souvent joué, et l'on pourrait même dire que son relatif succès est inattendu dans une ville aussi notoirement inconstante et conservatrice dans ses goûts que Vienne. Grétry doit sa bonne place dans cette liste, loin devant les autres compositeurs français, à *Zémire et Azor*, l'un des plus grands succès donnés par la compagnie du National-Singspiel, encore que ses autres opéras-comiques aient connu une popularité plus éphémère.

Parmi les autres compositeurs d'opéra de la scène viennoise entre 1781 et 1791, Dittersdorf et Umlauf, musiciens autrichiens, méritent une mention honorable pour leur réussite, tandis que le jeune Joseph Weigl (* 1766) avait déjà remporté son premier succès avec *Il pazzo per forza* (vingt-quatre représentations 1788-1791). L'autre grande figure, Gluck, vers la fin de sa vie, et dans les années qui ont suivi sa mort en 1787, n'était pas à la mode ; sa position relativement forte dans la liste est due presque entièrement à l'immense popularité du temps du National-Singspiel de son opéra français de 1764, *La rencontre imprévue*, dans une version allemande. Il faut également citer le succès de l'Anglais Stephen Storace en 1785 et au cours des saisons suivantes avec *Gli sposi malcontenti* et l'estime durable mais discrète que suscitèrent les mélodrames de Georg Benda, le seul compositeur de Bohême ou d'Allemagne du Nord à avoir quelque succès à Vienne.

Les changements imposés à l'opéra de la cour par le nouvel empereur en 1791 ne devaient pas avoir beaucoup de conséquences pour Mozart, encore que la préférence de l'impératrice Marie-Louise pour l'*opera seria* ait pu jouer dans la décision des Etats de Bohême de commander *La clemenza di Tito*. Quoi qu'il en soit, un castrat — Angelo Testori — comptait parmi les nouveaux chanteurs engagés à Vienne. Il fit ses débuts dans *Teseo a Stige* de Nasolini le 24 novembre 1791, le jour de l'anniversaire de l'impératrice, et il chanta dans deux autres œuvres sérieuses au cours de la même saison. Léopold II installa également un corps de ballet sous la direction d'Antonio Muzzarelli (dont le ballet comique sur le Captain Cook à Tahiti, nous l'avons dit, fut l'un des événements théâtraux des dernières semaines de Mozart). On projetait en outre d'ouvrir un nouveau théâtre d'opéra, qui devait être construit sur le site de la Stallburg. Ces innovations avaient cependant à peine vu le jour à la mort de Mozart.

Tableau 1

Compositeurs d'opéras exécutés dans les théâtres de la cour, 1781-1791, par ordre décroissant de succès (mesuré en nombre de représentations).

* (avant une date) = monté pour la première fois avant 1781
+ (après une date) = resté au répertoire après 1791
* = écrit pour Vienne

Œuvres les plus représentées :

Compositeur : Paisiello
Nombre total de représentations : 294
Il barbiere di Siviglia (13.08.1783-10.10.1788+)
61 représentations
Il rè Teodoro in Venezia (23.08.1784-19.02.1791)
59 représentations
Gli astrologi immaginari (Die eingebildeten Philosophen), outre 4 représentations en italien en 1783 (22.05.1781-10.11.1786)
40 représentations
La molinara (13.11.1790-10.12.1791+)
31 représentations
La contadina di spirito (6.04.1785-10.02.1786+)
21 représentations
Onze autres opéras de Paisiello, dont aucun ne fut écrit pour Vienne, reçurent 82 représentations au total. En outre, **Das Mädchen von Frascati** (= La frascatana) fut donné 9 fois au Leopoldstadttheater, 1787-1788, et **Die eingebildeten Philosophen** au Theater auf der Wieden, 24.01.1789.

Compositeur : Salieri
Nombre total de représentations : 185
Axur, rè d'Ormus (8.01.1788-3.12.1790+)
50 représentations
La scuola de' gelosi (22.04.1783-13.12.1786)
27 représentations

La grotta di Trofonio (12.10.1785-4.01.1788)
26 représentations
Il talismano (10.09.1788-22.05.1791)
21 représentations
Sept autres opéras de Salieri, tous écrits pour Vienne, reçurent 61 représentations au total : **Der Rauchfangkehrer** fut donné 7 fois, 1786-1787, **Die Zauberhöhle des Trofonius**, 8 fois, 1789, **Der Jahrmarkt von Venedig** (= La fiera di Venezia), 9 fois, 1791, tous au Leopoldstadttheater.

Compositeur : Martín y Soler
Nombre total de représentations : 141
L'arbore di Diana (1.10.1787-3.03.1791+)
66 représentations
Una cosa rara (17.11.1786-25.02.1791+)
55 représentations
Il burbero di buon cuore (4.01.1786-20.01.1790)
20 représentations
En outre **Una cosa rara, der seltne Fall** fut donné 87 fois en 1787-1791 (soit 121 fois en tout), **Der Baum der Diana** 47 fois, 1788-1791 (78 en tout) au Leopoldstadttheater, **Der Fall ist noch weit seltner** (Schikaneder/Schack) fut donné au Theater auf der Wieden le 10.05.1790.

Compositeur : Cimarosa
Nombre total de représentations : 124
Il falegname (25.07.1783-6.01.1790)
23 représentations
Le trame deluse (7.05.1787-1.09.1791)
20 représentations
Sept autres opéras de Cimarosa, dont aucun ne fut écrit pour Vienne, reçurent 81 représentations au total.

Compositeur : Guglielmi
Nombre total de représentations : 112
La pastorella nobile (24.05.1790-13.12.1791+)
36 représentations

516

La bella pescatrice (26.04.1791-29.12.1791$^+$)

27 représentations

Le vicende d'amore (16.06.1784-31.05.1786)

21 représentations

Quatre autres opéras de Guglielmi, dont aucun ne fut écrit pour Vienne, reçurent 28 représentations au total. En outre, **Robert und Kalliste** (= La sposa fedele) fut donné au Theater auf der Wieden le 2.09.1790.

Compositeur : Sarti
Nombre total de représentations : 108
Fra i due litiganti il terzo gode (28.05.1783-30.05.1789$^+$) (à partir du 14.09.1787 en allemand, sous le titre **Im Trüben ist gut fischen**)

63 représentations

Le gelosie villane ($^\cdot$17.09.1783-17.01.1785$^+$)

25 représentations

Trois autres opéras de Sarti, dont aucun ne fut écrit pour Vienne, reçurent 20 représentations au total.

Compositeur : Mozart
Nombre total de représentations : 105
Die Entführung aus dem Serail$^\cdot$ (16.07.1782-4.02.1788$^+$)

38 représentations

Le nozze di Figaro$^\cdot$ (1.05.1786-9.02.1791$^+$)

38 représentations

Trois autres opéras de Mozart, tous écrits pour Vienne, reçurent 29 représentations au total ; voir tableau 2.

Compositeur : Grétry
Nombre total de représentations : 100
Zemire und Azor ($^\cdot$19.07.1781-30.12.1787)

38 représentations

Sept autres opéras de Grétry, dont aucun ne fut écrit pour Vienne, reçurent 62 représentations au total. En outre **Zemire und Azor** fut donné 31 fois en 1790-1791 (soit 54 fois en tout) au Leopoldstadttheater, et une suite intitulée **Der Ring der Liebe** (Weidmann/Umlauf) reçut 3 représentations en 1786-1787 au Kärntnerthortheater.

Compositeur : Dittersdorf
Nombre total de représentations : 72
Der Apotheker und der Doctor$^\cdot$ (11.07.1786-9.09.1787$^+$)

33 représentations

Trois autres opéras de Dittersdorf, tous écrits pour Vienne, reçurent 39 représentations au total. En outre, **Der gefoppte Bräutigam** fut donné 9 fois en 1786-1787, **Der Apotheker und der Doctor** 17 fois en 1788-1789 et **Hieronymus Knicker** 12 fois en 1789, tous au Leopoldstadttheater ; **Im Dunkeln ist nicht gut munkeln** fut donné en février 1789, et **Der Gutsherr oder Hannchen und Gürge** le 2(?).03.1791, au Theater auf der Wieden.

Compositeur : Gluck
Nombre total de représentations : 70
Die unvermuthete Zusammenkunft$^\cdot$ (= La rencontre imprévue) ($^\cdot$12.02.1781-19.10.1787$^+$).

42 représentations

Trois autres opéras de Gluck, dont deux écrits pour Vienne, reçurent 28 représentations au total. En outre, **Die unvermuthete Zusammenkunft**, sous le titre **Die Pilgrime von Mekka**, fut donné 23 fois en 1789-1791 au Leopoldstadttheater.

Compositeur : Umlauf
Nombre total de représentations : 70
Das Irrlicht$^\cdot$ (17.01.1782-6.08.1787$^+$)

32 représentations

Cinq autres opéras d'Umlauf, tous écrits pour Vienne, reçurent 38 représentations au total.

Compositeur : Anfossi
Nombre total de représentations : 56
Six opéras d'Anfossi, dont aucun ne fut écrit pour Vienne, y furent donnés ; son plus grand succès, avec 16 représentations en 1788-1789, fut **Le gelosie fortunate**. En outre, **Die Eifersucht auf der Probe** (= Il geloso in cimento) fut donné 12 fois en 1787-1789 au Leopoldstadttheater.

Compositeur : Storace
Nombre total de représentations : 40
Gli sposi malcontenti$^\cdot$ (1.06.1785-27.07.1788)

29 représentations

Gli equivoci$^\cdot$ fut donné 11 fois 1786 et 1791.

Compositeur : Benda
Nombre total de représentations : 37
Medea ($^\cdot$20.02.1781-5.12.1791$^+$)

20 représentations

517

Ariadne auf Naxos fut donné 17 fois entre 1781 et 1791. **Ariadne auf Naxos** fut également donné au Theater auf der Wieden en mai 1790.

Compositeur : Joseph Weigl
Nombre total de représentations : 33
Il pazzo per forza* (14.11.1788-4.11.1791)
24 représentations
Trois autres opéras de Weigl, tous écrits pour Vienne, reçurent 9 représentations au total.

Compositeur : Monsigny
Nombre total de représentations : 33
Quatre opéras de Monsigny, dont aucun ne fut écrit pour Vienne, y furent donnés ; son plus grand succès, avec 17 représentations entre 1782 et 1786, fut **Röschen und Colas**.

Compositeur : [Philidor]
Nombre total de représentations : 21
Deux opéras attribués à Philidor, dont aucun ne fut écrit pour Vienne, y furent donnés ; **Der Fassbinder** (16 représentations, 1781-1788), une adaptation du **Tonnelier** de Audinot n'est sans doute pas de Philidor ; le second, **Das Rosenfest zu Salenci** (**La rosière de Salenci**), était une production collective.

Compositeur : Gazzaniga
Nombre total de représentations : 20
Il finto cieco* (20.02.1786, 3 représentations) fut un échec ; **La dama incognita**, version révisée de **La vendemmia** (Florence, 1778), reçut 17 représentations en 1784-1785.

Dans la période considérée ici, aucun autre compositeur ne compta plus de 16 représentations (Ruprecht et Tritto) dans les théâtres de la cour. Schenk, représenté uniquement par **Im Finstern ist nicht gut tappen** (11 représentations, 1787), était plus sollicité dans les théâtres des faubourgs : **Die Weinlese**, 61 représentations, 1785-1791 et **Die Weihnacht auf dem Lande** 39 représentations, 1786-1791, tous deux au Leopoldstadttheater ; **Das unvermutete Seefest** (9.12.1789) et **Der Erntekranz** (9(?).07.1791), au Theater auf der Wieden. De même, deux des opéras de Gassmann reçurent au total 11 représentations dans les théâtres de la cour, tandis qu'au Leopoldstadttheater **Die Gräfinn** (=**La contessina**) reçut 16 représentations en 1786-1788 et **Die Liebe unter den Handwerksleuten** (=**L'amore artigiano**) 5 en 1790.

Tableau 2

Représentations des opéras de Mozart à Vienne, 1782-1791

Opéra

Opéra	année	janv.	févr.	mars	avril	mai	juin	juil.	août	sept.	oct.	nov.	déc.
Die Entführung	1782							4	4	2	1		1
	1783	1	1	*									
	1784												
	1785											3	
	1786	2	1	**		2		1	1			2	2
Der Schauspieldirektor	1786		4										
Le nozze di Figaro	1786					4		1	1	1		1	1
Die Entführung	1787	1	1				1	2	1			2	1
	1788		1			6	2	3	1		1	1	1
Don Giovanni	1788												
Le nozze di Figaro	1789									2	3	3	3
	1790	1	1			5	2	2	1		2	1	
Così fan tutte	1790	3	2				2	2	1				
Le nozze di Figaro	1791	2	1										
Die Zauberflöte	1791									1	20 ? ***		

 * Le 3 mars 1783 Mozart et quelques amis exécutèrent une pantomine d'une composition de Mozart (K. 416d) pendant l'entracte du bal du carnaval à la Redoutensaal.
 ** Le 13 mars 1786 Mozart dirigea une représentation privée de la partition révisée
 d'**Idomeneo, rè di Creta** au palais Auersperg.
 *** Le 26 novembre on annonçait la vingt-quatrième représentation de **Die Zauberflöte**;
 au moment de la mort de Mozart, on en était peut-être arrivé à environ quanrante-
 cinq représentations.

PETER BRANSCOMBE

12
PRATIQUE D'EXÉCUTION

Pour parvenir à une « authenticité » substantielle, l'exécutant se doit d'avoir des connaissances approfondies sur l'histoire sociale, l'organologie, l'iconographie et les écrits théoriques (notamment les traités instrumentaux) de l'époque, qui viendront s'ajouter à une étude détaillée de la musique de Mozart. Il est essentiel, dans ce domaine, de bien comprendre l'idéal expressif et les techniques de jeu de la fin du XVIIIe siècle, et notamment toutes les données relatives aux instruments de cette époque : instruments de la famille du violon munis de cordes en boyau et dotés d'un manche court, avec leurs archets, cuivres sans pistons, bois sans le clétage et la perce introduits par Boehm (y compris la clarinette de Stadler au registre grave plus étendu, pour laquelle Mozart écrivit le concerto K. 622), pianos viennois, notamment ceux de Stein, au toucher, à la sonorité et à l'articulation caractéristiques. Il est indispensable de connaître également les cas où la notation de Mozart ne correspond pas précisément à ses intentions — par exemple pour l'arpègement des accords, l'ajout d'ornements, la réalisation du continuo, ou encore le registre des parties de cor ou de violoncelle/contrebasse (ainsi dans le mouvement lent de K. 482, où les indications de Mozart semblent contredire l'unisson violoncelle-contrebasse noté).

Expression

Traditionnellement, le rôle de l'exécutant consiste à rendre fidèlement, et néanmoins de manière personnelle, les intentions du compositeur, en accord avec le climat, le caractère et le style de la musique. Le XVIIIe siècle vit l'apogée de la « théorie des passions », dont l'objectif ultime était l'expression musicale d'émotions spécifiquement humaines, rendue par des procédés musicaux qui, dans une certaine mesure, sont stéréotypés et identifiables. Les indications placées en tête d'une pièce, d'un mouvement ou d'une partie de mouvement en donnaient à la fois le climat et le tempo approximatif : le grave, pour Leopold Mozart (1756), se joue « tristement et sérieusement, et par conséquent très lentement », tandis que l'allegro demande un « mouvement gai, mais sans précipitation ». Le tempo, la mesure, le rythme, le choix de l'accompagnement, les nuances, l'harmonie, la mélodie et la tonalité — certaines tonalités semblent en effet revêtir des significations expressives particulières dans la musique de Mozart (voir Steblin 1983) — étaient pour le compositeur les principaux moyens de créer un tel langage des passions (Sulzer 1771-1774).

Tempo

La plupart des compositions de Mozart comportent des indications de tempo simples — *andante*, *adagio*, *allegretto* ou *allegro* —, sans termes supplémentaires pour décrire l'expression et le climat prédominants, et qui correspondent rarement à des tempi extrêmes comme *largo* ou *prestissimo*. Mozart notait néanmoins ses tempi de manière très méticuleuse (voir les nombreuses corrections qu'il fit dans les six quatuors dédiés à Haydn), surtout en faisant la distinction entre 4/4 et *alla breve* pour les besoins de l'accentuation. Badura-Skoda (1957) fait observer que la Alte Mozart-Ausgabe comporte plusieurs exemples (notamment les mouvements lents de K. 466 et 595) où le signe *alla breve* de l'original est omis des mouvements marqués *andante* ou *larghetto*, suggérant ainsi un tempo plus lent que celui voulu sans aucun doute par Mozart et faussant les contours mélodiques et l'accentuation du texte.

A la différence de Quantz (1752) et de Türk (1789), Mozart ne semble pas fonder ses tempi sur le pouls de l'homme ; mais, à en juger d'après ses lettres, il préconisait des tempi qui permettaient une articulation claire, et critiquaient les exécutants qui adoptaient des mouvements excessivement vifs. La valeur des notes (et notamment des notes les plus brèves), ou encore telle phrase particulière au sein d'un mouvement, déterminait le tempo idéal, suivant le terme italien employé pour le caractériser (voir L. Mozart 1756, Türk 1789). Les mouvements (à l'exception des variations) se jouaient généralement à un tempo uniforme, même s'il fallait préserver une certaine souplesse, qu'elle fût notée ou non, pour rendre le caractère et le climat de certaines phrases, périodes ou paragraphes du texte musical.

Tempo rubato

On employait à l'époque de Mozart quatre types de tempo rubato, dont le plus courant était une flexibilité naturelle du rythme mélodique prescrit au sein d'un tempo constant, essentiellement dans les mouvements lents (Türk 1789). Mozart était réputé pour le parti qu'il tirait de cette technique (voir Anderson 1938). Les autres types de rubato d'un emploi courant recouvraient des modifications des nuances, des décalages écrits des accents naturels, et l'introduction d'accelerandos ou de ritardandos non écrits qui, assouplissant le tempo véritable, clarifient la structure des phrases.

Altérations rythmiques

Le style du XVIIIe siècle se caractérisait entre autres par une conception souple du rythme, notamment du rythme pointé — une note pointée étant toujours allongée et la note complémentaire raccourcie (L. Mozart 1756). Si Mozart notait les rythmes de manière relativement précise, il reste des exemples de rythmes pointés qui doivent être alignés sur des rythmes doublement pointés, ainsi que des cas où la longueur d'une croche ou le rythme d'une figure pointée demande à être modifiée pour concorder avec un mouvement de triolets de croches dans d'autres voix.

Nuances

Mozart est parcimonieux dans les indications de nuances de ses premières œuvres, et ne fait que rarement appel à des nuances extrêmes comme le *pianissimo* ou le *fortissimo*, ou à des indications comme *mezzo-forte* ou *mezzo-piano*. Ses indications de base (*forte* et *piano*) ne correspondent pas à des changements dynamiques soudains, en « paliers », mais à des modifications plus progressives. Les théoriciens faisaient souvent des comparaisons entre les instruments et la voix humaine (parlée ou chantée) pour expliquer les formes et les couleurs à donner aux phrases. Les inflexions dynamiques étaient inhérentes au chant, et ces indications de nuances fondamentales étaient considérées comme un cadre sur lequel bâtir une interprétation expressive. Les nuances servaient donc de manière générale (qu'elles soient ou non notées) à définir les contours et les points culminants des phrases, de même que leur contenu expressif, outre qu'elles étaient librement employées pour souligner les dissonances, les cadences (notamment les cadences rompues), les ornements, les chromatismes, et ainsi de suite.

De façon générale, les œuvres plus tardives de Mozart font un usage plus libre des dynamiques (par exemple le rondo K. 511), mais l'exécutant doit néanmoins ajouter les nuances appropriées — le pianiste pourrait jouer *forte* les passages en octaves ou en accords, les passages en accords brisés sur plusieurs octaves, les trilles cadentiels dans les allegros, les traits virtuoses dans les développements, les figures en tremolo, ou qui s'y apparentent, telles les octaves brisées, et tous les traits de main gauche. Ces exemples ne sont néanmoins pas sans exceptions (Badura-Skoda 1957).

Badura-Skoda souligne la présence fréquente de l'indication *calando* dans les autographes de Mozart, et pense qu'elle correspond à un adoucissement, et non (comme plus tard) à un ralentissement.

Pour les instruments à cordes, les divisions de l'archet, qui correspondent à quatre types de coups d'archet (division 1 = < > ; division 2 = > ; division 3 = < ; division 4 = < > < >) aidait le musicien à « appliquer force et faiblesse dans toutes les parties de l'archet » (L. Mozart 1756). Ces coups d'archet étaient une pratique tellement courante que c'est le coup d'archet soutenu, sans nuances, qui était considéré comme l'exception. La plupart des archets de cette époque ne permettaient pas d'obtenir des accents au sens moderne. Les indications *sf*, *fp* et *mfp* qu'emploie Mozart au lieu de > exigent une subtile différenciation dans l'intensité de l'accent initial ; il faut sans aucun doute distinguer aussi le *fp* d'une autre indication qu'il emploie souvent — « *for[te] :pia[no]* » -, qui invite à soutenir le *forte* plus longuement.

Articulation

L'art de l'articulation recouvre les nombreux aspects de la technique vocale et instrumentale qui régissent la manière dont les notes se succèdent l'une à l'autre — les doigtés sur la plupart des instruments, les coups de langue pour les instruments à vent, le toucher des instruments à clavier, la respiration et la diction pour la voix, et les coups d'archet pour les instruments à cordes.

Pour les instruments à cordes, le coup d'archet fondamental était non legato. Le staccato supposait une articulation encore plus marquée, obtenue en relevant l'archet après chaque coup, en fonction du tempo. Le coup d'archet vraiment legato n'était employé qu'en présence de liaisons, lesquelles étaient de plus en plus usitées à cette époque, notamment dans les mouvements lents, pour imiter les qualités de la voix humaine.

Les théoriciens de la fin du XVIIIe siècle distinguaient trois types de toucher au piano — staccato, legato et « ordinaire ». C.P.E. Bach (1753/62), Marpurg (1755), Türk (1789) conseillent, pour le toucher « ordinaire », de relever le doigt de la touche avant de jouer la note suivante (dans le legato, le doigt reste sur la touche pour toute la valeur de la note), mais les opinions divergent sur le degré d'articulation souhaitable. On dit souvent que le toucher legato ne s'employait que lorsqu'il était indiqué (par un terme italien adéquat ou par des liaisons), mais cette règle n'était pas universelle, même si elle s'est imposée bien avant 1800 (voir Milchmeyer 1797) ; Türk (1789) fait quant à lui une distinction entre liaisons d'articulation et de legato, et précise que des liaisons notées en début de mouvement supposent un jeu legato jusqu'à l'indication contraire (traits ou silences). Traditionnellement, la première note sous une liaison était légèrement accentuée ; la liaison des appoggiatures et autres dissonances à leur résolution (à l'exception peut-être des cas où la résolution était retardée) était une convention tacitement admise.

Mozart emploie les liaisons sans grande rigueur, pour indiquer l'articulation ou pour requérir le legato (et rarement comme liaisons de phrasé) ; il les note généralement par mesure, et n'entend pas qu'elles soient séparées l'une de l'autre. Pourtant, si le jeu legato s'imposait de plus en plus au XVIIIe siècle, celui de Mozart était « subtil mais haché, non legato » selon Beethoven, tandis que pour Czerny l'école de Mozart se caractérisait par un « jeu brillant, plus proche du staccato que du legato » (Badura-Skoda 1957). En outre, malgré son enthousiasme pour le mécanisme de pédales des pianos de Stein, Mozart ne fournit aucune indication sur leur emploi, laissant leur usage au gré de l'exécutant, suivant les possibilités de l'instrument dont il dispose.

Les liaisons d'articulation, relativement peu nombreuses chez Mozart, doivent souvent être complétées par l'exécutant (voir L. Mozart 1756) ; elles sont toujours accompagnées de points ou traits de staccato (qui deviennent généralement des « coins », une fois imprimés), entre lesquels il est impossible de faire une distinction cohérente tout au long de son œuvre. Türk, pour qui les points correspondent à un staccato moins prononcé que les traits, fut l'un des premiers théoriciens à faire cette distinction ; elle s'applique sans aucun doute aux œuvres tardives de Mozart, qui utilisent davantage le point, et où le trait garde sa double signification de staccato et d'accent, généralement (mais non exclusivement) dans un passage *forte*.

Phrasé

Le phrasé était généralement considéré comme l'équivalent des signes de ponctuation de la langue, ou des respirations d'un chanteur. La musique de Mozart tend à s'articuler en une série d'événements — motifs et phrases (*Einschnitte*) au niveau le plus bas, et sections au plus haut. Bien que la division en phrases équilibrées et complémentaires soit rarement indiquée, elle est parfois sous-entendue par la notation (par le groupement des notes sous les barres transversales). Ce phrasé était soigneusement rendu dans l'exécution, par une brève pause sur la dernière note d'une phrase suivie d'un nouveau départ pour la première note de la suivante, accompagnée d'une diminution de l'intensité sonore sur la dernière note (Sulzer 1771-1774), ou encore, le cas échéant, par un raccourcissement de la dernière note d'une phrase afin de la séparer de la première note de la suivante (Türk 1789).

Accentuation

Une accentuation intelligente et, dans certains cas, le prolongement des notes importantes étaient indispensables pour faire bien comprendre les intentions de l'exécutant et, partant, du compositeur. Les musiciens du XVIIIe siècle employaient les trois catégories d'accent utilisées dans la langue de tous les jours — grammatical, rhétorique et pathétique (voir Rousseau 1768, Sulzer 1771-1774). Les notes importantes, rythmiquement (les *note buone*) — la première note d'une phrase, une note plus longue ou sensiblement plus aiguë que les précédentes, une dissonance — sont autant de cas où la prolongation offrait toujours une solution à la fois flexible et musicale. Ces « accents grammaticaux » n'avaient pas tous la même emphase. Le premier accent de la mesure était traditionnellement le plus fort (Sulzer 1771-1774), rendu sur les instruments à cordes par un tiré ; selon ce principe établi de longue date, on jouait donc les temps forts en tirant l'archet, et les temps faibles en poussant (L. Mozart 1756). Ce jeu « inégal » n'était jamais indiqué dans la musique, malgré les efforts de certains théoriciens. Sulzer (1771-1774) indique les accents au moyen d'un petit trait (-) et le degré d'emphase par le nombre de traits, tandis que Türk (1789) expose la hiérarchie des accents dans un tableau, en utilisant les nuances pour indiquer le degré d'emphase.

Les exécutants avaient besoin de solides connaissances harmoniques ainsi que d'une bonne oreille pour les timbres s'ils voulaient mettre en œuvre les théories du XVIIIe siècle en matière d'accentuation et de phrasé. Sur les instruments à cordes, on préconisait l'emploi d'une couleur unique au sein de la phrase, et les positions hautes de la main gauche étaient de plus en plus exploitées à des fins expressives. En outre, les marches d'harmonie se jouaient dans la mesure du possible avec les mêmes doigtés, coups d'archet et changements de cordes, et on évitait autant que faire se pouvait les cordes à vide dans les gammes decendantes sur plusieurs cordes (surtout en présence de liaisons), dans les trilles (sauf les trilles doubles, pour lesquels il n'y avait pas d'autre solution), les appoggiatures et autres ornements de cette espèce, et dans la plupart des contextes mélodiques ou expressifs. Sur l'emploi du portamento, les témoignages sont contradictoires : le fait même que quelques théoriciens le condamnent laisse à penser que certains violonistes et chanteurs n'hésitaient pas à y recourir, notamment dans les solos.

Vibrato

Le vibrato s'employait parcimonieusement, comme un ornement expressif, à l'époque de Mozart. Leopold Mozart (1756) évoque néanmoins ces violonistes qui « tremblent continuellement sur chaque note, comme s'ils avaient la fièvre perpétuelle », ce qui laisse supposer que Geminiani (1751), qui recommandait un vibrato continu à la manière moderne, avait lui aussi ses disciples. On l'appliquait généralement à de longues notes soutenues ou à la dernière note d'une phrase, adaptant sa vitesse aux nuances, au tempo et au caractère de la musique. (Leopold Mozart distingue trois allures de vibrato — lent, accéléré et vif.) Les témoignages sont rares concernant l'emploi du vibrato sur les autres instruments, mais si l'on en juge d'après les lettres de Mozart où il évoque Meissner et Ramm, il faisait incontestablement partie de la technique des instrumentistes à vent et des chanteurs contemporains.

Ornementation

Si l'ornementation de la période classique devait beaucoup aux théories de C.P.E. Bach (1753/62), qui considérait les ornements comme « indispensables », et de Türk (1789), Mozart fut également influencé par la tradition du sud de l'Allemagne (L. Mozart 1756). Les ornements que l'on rencontre le plus souvent dans sa musique sont le trille, le mordant, le doublé, l'appoggiature, les différents *gruppetti* et l'arpègement. Les trilles commençaient généralement sur le temps et avec la note supérieure, sauf si le contexte — par exemple des successions de trilles, ou la nécessité de préserver un mouvement mélodique — dicte une autre exécution. On en modifiait toujours la réalisation en ajoutant une préparation ou une terminaison, en variant le rythme, le nombre, la vitesse et les nuances des battements qui le composaient. Les terminaisons étaient parfois incorporées au texte musical, soit intégrées au rythme, soit en petites notes, mais pouvaient aussi être ajoutées par l'exécutant en fonction de son goût et du contexte. La vitesse de battement du trille devait se conformer au tempo et au caractère de la musique ; L. Mozart (1756) donne quatre mouvements pour le trille — lent, modéré, vif et « accéléré » ; l'allure devait être régulière (L. Mozart 1756), sauf pour ce dernier type de trille, plus expressif (et accompagné d'un crescendo, la terminaison adoptant la vitesse et la nuance de la fin de l'accélération), normalement réservé aux cadences, ou lorsqu'une articulation était requise entre le trille et la note suivante. De nombreux théoriciens, souhaitant que l'oreille soit bien marquée par la note principale du trille, demandaient que l'on s'y attarde juste avant la terminaison (L. Mozart 1756), surtout dans le cas d'une anticipation.

Les mordants se jouaient normalement sur le temps et consistaient en une alternance rapide de la note principale avec une note auxiliaire un ton ou un demi-ton plus bas, le nombre de battements étant fonction du contexte. Certains auteurs sous-entendent néanmoins qu'il pouvait s'exécuter avant le temps (L. Mozart 1756) ; Leopold Mozart ajoute à la catégorie du mordant deux autres ornements « mordants » analogues, qui ressemblent selon lui à une double appoggiature disjointe et à un coulé.

Les doublés s'exécutaient de manières diverses, mais se jouaient généralement soit sur la note (sur le temps), soit après la note indiquée ; l'anticipation était cependant parfois plus appropriée, d'un point de vue rythmique. Le rythme du doublé était en général régulier, mais on trouvait des doublés accentués et non accentués dans divers rythmes inégaux, suivant le contexte musical.

L'appoggiature, écrite sous forme d'une petite note, se jouait sur le temps et se liait à la note principale qu'elle précédait (même en l'absence de liaison), prenant sa valeur (qui correspond le plus souvent chez Mozart à celle qui est notée) sur celle de la note principale. Il en existait trois types principaux — longue (ou variable), brève et « vocale ». L'appoggiature longue servait d'accent expressif (Türk 1789) et occupait généralement (mais non toujours) la moitié de la valeur de la note principale (un tiers ou deux tiers lorsque la note principale était pointée). L'appoggiature brève, jouée rapidement, légèrement et sans accent, s'employait habituellement sur une note de passage ou une note marquée staccato, ainsi que pour presque toutes les appoggiatures ascendantes. Elle se jouait avant ou sur le temps, suivant les opinions. L'appoggiature dite « vocale » était ajoutée par l'exécutant, notamment pour souligner les syllabes accentuées dans le texte des récitatifs et airs (elle servait cependant aussi dans la musique instrumentale), lorsque la phrase musicale était conclue par deux notes de même hauteur, le plus souvent (mais non toujours) après un intervalle de tierce descendante. La première des deux notes était alors toujours traitée comme une appoggiature « vocale », remplissant ainsi l'intervalle.

La plupart des groupes de petites notes (*grupetti*) se jouaient avant le temps, prenant leur valeur sur la note précédente (voir Milchmeyer 1797) ; Türk (2/1802), citant des exemples empruntés à l'œuvre de Mozart, s'opposait à cette exécution, tandis que Leopold Mozart (1756) proposait une solution de compromis — exécution sur le temps mais sans accent ; si bien qu'il est impossible de formuler de règle absolue. Du reste, beaucoup de ces *grupetti* ressemblent à des ornements spécifiques et le mieux dans ce cas pourrait être de les exécuter comme tels.

Mozart notait l'*arpeggiando* (généralement un arpègement ascendant d'un accord à partir de la note de basse) au moyen d'un trait oblique dans l'accord, mais ce signe est rarement reproduit de nos jours. Türk affirme que de tels arpèges doivent normalement commencer sur le temps, tandis que Milchmeyer conseille de les jouer comme des anticipations, lentement ou rapidement selon le contexte — solution qui a la faveur de Neumann (1986).

Improvisation

Si certains passages des œuvres de Mozart étaient sans aucun doute complétés lors de l'exécution avec des accompagnements, des accords arpégés ou des ornements plus élaborés (par exemple le mouvement lent de K. 466, K. 595 mes. 218-253 ou le finale de K. 482 mes. 164-172), c'est que la notation était restée incomplète faute de temps. Dans la musique de Mozart, l'improvisation était confinée dans une large mesure (la réalisation de la basse continue mise à part) aux solos ou aux passages, dans la musique d'ensemble, où la texture soliste prédomine (L. Mozart 1756), et se pratiquait essentiellement dans les concertos (aux cadences, points d'orgue et *Eingänge*) et les airs (principalement aux points d'orgue et dans les variations mélodiques du *da capo*, avant 1780 environ) (voir Neumann 1986). On tendait certainement à orner tout thème qui revenait sans être orné par le compositeur ; mais Mozart écrivit en toutes notes ses ornementations (par exemple dans le rondo

K. 511) ; l'adjonction de toute autre ornementation (par exemple dans la réexposition d'un mouvement de forme sonate) se révélait superflue, avant tout pour des raisons structurelles (voir Rosen 1971). Si l'un des objectifs premiers de l'ornementation improvisée était d'illustrer l'habileté de l'exécutant, elle était également censée jouer un rôle expressif et rester dans les limites de la modération et de la discrétion (voir Hiller 1780, Türk 1789), comme dans la version ornée par Mozart (L. Mozart 1756) de « Ah se a morir me chiama » (*Lucio Silla*, K. 293c). Mozart laisse peu de place à l'ornementation dans ses opéras de la maturité, les seules concessions qu'il fait étant dans les passages cadentiels, dans l'exécution d'appoggiatures « vocales » ou entre les sections d'un rondo, où un bref passage de transition est toujours requis (voir par exemple « Dove sono » dans *Le nozze di Figaro*).

L'exécution des points d'orgue pouvait consister en une simple prolongation de la note, de l'accord ou du silence, mais aussi en une ornementation improvisée de cette note ou de cet accord, en une *Eingang* (entrée), voire en une grande cadence. Les cadences, de longueur variable et de forme indéterminée, étaient normalement improvisées par l'exécutant, généralement introduites vers la fin d'une composition ou d'un mouvement, lors d'un repos sur la dominante ou, dans le cas des concertos, sur un accord de quarte et sixte de tonique. Elles se terminaient par un trille sur l'accord de (septième de) dominante et permettaient à l'exécutant de déployer son habileté technique — et même un esprit conservateur comme Leopold Mozart (1756) acceptait l'emploi d'effets spéciaux tel le trille en sixtes et le trille accéléré dans les cadences. La musicalité et le bon goût demeuraient néanmoins les considérations premières pour la plupart des théoriciens du XVIIIe siècle.

La cadence avait également une fonction architecturale, permettant au soliste de contrebalancer à ce point culminant l'exposition orchestrale de la structure du concerto, et dramatique, en le laissant donner libre cours à une virtuosité sans entraves. Contrairement aux usages traditionnels, Mozart nota beaucoup de cadences et d'« entrées ». La plupart de ses cadences qui subsistent pour ses concertos pour piano (après 1777 environ), bien que variées dans leur contenu, suivent un schéma tripartite (à l'exception de quelques exemples destinés à des seconds et troisièmes mouvements), unifié par une progression harmonique unique : la première subdivision (la plus vaste) commence par l'un des thèmes principaux du mouvement ou par une figure ornementale vigoureuse (où l'on relève parfois des parentés thématiques) émanant naturellement de l'accord de quarte et sixte. Suit une section plus méditative, recourant toujours à des marches d'harmonie, de tonalité fluctuante, fondée sur du matériau emprunté au corps du mouvement. Une descente jusqu'à un accord soutenu ou à une longue note dans le grave sert ensuite de point de départ à une autre démonstration de technique, comportant des traits en gammes et en arpèges, avant la brève transition conclusive, normalement non thématique, qui conduit au trille cadentiel final.

Les *Eingänge* se plaçaient normalement sur les points d'orgue surmontant une demi-cadence à la dominante de la section suivante. De longueur variée, elles étaient généralement non thématiques et plus courtes que les cadences, composées essentiellement de passages en gammes, de sauts, d'ornements, etc. (voir Türk 1789), avec une transition appropriée menant à la partie suivante du mouvement (habituellement un rondo).

Continuo

Tout au long de la plus grande partie du XVIIIᵉ siècle, un instrument à clavier de continuo — normalement un clavecin en concert, un clavecin ou un piano-forte à l'opéra et un orgue à l'église — fournissait un soutien harmonique à l'orchestre (voir Koch 1802). Un certain nombre d'indices convaincants concordent en outre pour montrer que le soliste était censé jouer aussi le continuo dans les tutti des concertos pour piano de Mozart. L'indication *col basso* que Mozart note dans ses manuscrits sur la partie de piano des concertos, aux passages en tutti (à moins qu'il n'y reproduise la ligne de basse), la présence d'une basse chiffrée pour le piano aux tuttis dans toutes les éditions des concertos du XVIIIᵉ siècle, la réalisation d'une partie de continuo pour K. 238 de la main même de Mozart, et l'ajout de chiffrages, de la main de Leopold Mozart, à certains des manuscrits des premiers concertos, légèrement orchestrés, sont autant d'éléments qui ajoutent du poids à cette théorie (voir Badura-Skoda 1957). L'édition de K. 415 (387b) publiée par Artaria en 1785, l'une des rares à avoir paru avant la mort de Mozart, comporte dans les tuttis une basse chiffrée (ajoutée par l'éditeur) qui « distingue soigneusement les passages où elle ne fait que doubler la basse de ceux où elle consiste en véritables accords de soutien » (Rosen 1971). Selon une théorie plus récente, avancée entre autres par Rosen, le piano n'aurait rempli ces fonctions de continuo qu'en l'absence d'instruments à vent.

Dimensions et proportions de l'orchestre

Les dimensions et les proportions de l'orchestre variaient considérablement suivant les usages locaux, les effectifs disponibles, le genre musical et le lieu d'exécution, mais l'orchestre de la fin du XVIIIe siècle comprenait normalement 2 flûtes, 2 hautbois, 2 clarinettes, 2 bassons, 2 ou 4 cors, 2 trompettes, timbales et cordes. Le nombre d'instruments à cordes était variable : Koch (1802) et Petri (2/1782) préférant une répartition relativement égale, « moderne », tandis que Quantz (1752), Galeazzi (1791-1796) et Petri (1767) préconisaient un ensemble de cordes où les violons prédominaient (voir Stowell 1988). Galeazzi recommandait en outre, en présence de plus de 16 violons, de doubler les instruments à vent, comme ce fut le cas pour une exécution exceptionnelle de l'une des symphonies de Mozart (probablement K. 297 (300a)) à la Tonkünstler-Societät de Vienne, en avril 1781, par un orchestre de 40 violons, 10 altos, 8 violoncelles, 10 contrebasses et effectifs doublés de vents (dont 6 bassons).

La composition des orchestres mozartiens évoluait donc considérablement suivant les saisons et les occasions. Les chiffres peuvent en outre être trompeurs, car les orchestres étaient toujours agrandis par l'adjonction d'amateurs ou d'apprentis qui jouaient quand on avait besoin d'effectifs plus importants, ou diminués du fait des congés, des maladies, etc. ; certains musiciens jouaient en outre de plusieurs instruments. Zaslaw (1977) affirme qu'on ne peut déceler de croissance systématique dans les dimensions des orchestres entre 1774 et 1796. Mais la classification des orchestres suivant les institutions dont ils étaient tributaires révèle une tendance moyenne tout à fait claire : « Les orchestres privés comptaient en moyenne 7 violonistes, les orchestres d'église 12, les orchestres d'opéra et de théâtre 14 et les orchestres de concert 19. » Ces observations sont confirmées par Koch (1802), selon qui 4-5 premiers violons, 4-5 seconds violons, 2-3 altos, 2-3 violoncelles et 2 contrebasses suffisent pour la musique d'église et de théâtre, tandis que, pour les symphonies (où les instruments à vent étaient plus nombreux), un ensemble de cordes de 6.6.4.4.3 représente le minimum permettant d'obtenir un équilibre satisfaisant.

La conception de l'instrumentation laissait inévitablement la place à une certaine souplesse. Certains passages orchestraux, s'ils s'y prêtaient, étaient joués par des cordes solistes, même en l'absence d'indication, variant ainsi la texture et le timbre et donnant peut-être un équilibre plus satisfaisant. Mahling (NMA) affirme du reste que les indications « tutti » et « solo » dans certains des concertos de Mozart, outre qu'elles délimitent la fin des passages solistes, ont trait à la composition de l'ensemble, « solo » impliquant une réduction de l'orchestre aux premiers pupitres de cordes (mais avec uniquement 1 violoncelle et 1 contrebasse) et un seul musicien par partie d'instrument à vent. Mozart fit lui même remarquer que ses concertos K. 413 (387a), 414 (385p) et 415 (387b) « se peuvent jouer à grand orchestre, avec hautbois et cors, ou simplement *à quatro* [*sic*] » et que K. 449 peut se jouer lui aussi *a quattro* (ce qui signifie sans doute sous forme de quintette pour piano, mais peut-être sans les parties de vents). Même en l'absence d'indication spécifique, il était tacitement entendu que les bassons doublaient la ligne de basse des violoncelles et des contrebasses, et que les timbales s'ajoutaient dès que les trompettes étaient présentes (notamment dans K. 318, mais non dans des cas, comme K. 184 (161u), où l'écriture chromatique rend leur emploi moins naturel).

Direction orchestrale

Les méthodes de direction d'orchestre à l'époque de Mozart variaient suivant les usages locaux, le genre musical et le lieu d'exécution. C.P.E. Bach (1753-1762) conseillait de diriger l'opéra et la musique instrumentale du clavier, et selon lui seule la musique chorale exigeait que l'on batte la mesure. On sait que Mozart dirigea certains de ses opéras du clavier, mais lorsque le compositeur ne prenait pas directement part à l'exécution, la direction était partagée, le claveciniste ou pianiste prenant normalement en charge les chanteurs et le premier violon, l'orchestre. Ce partage des responsabilités était également de mise dans la musique instrumentale, mais le premier violon y assumait normalement une part plus grande, surtout à mesure que la basse continue perdit en importance vers la fin du siècle. La disposition des lieux (et notamment la place de l'orgue) avait bien entendu une incidence sur la direction de la musique d'église ; mais ici encore on se partageait la tâche, le premier violon dirigeant l'orchestre dans les pièces instrumentales et les pièces vocales pour solistes, tandis que le chef d'orchestre dirigeait les chœurs, soit de l'orgue, soit, surtout dans les vastes édifices, en battant effectivement la mesure avec les mains, un rouleau de papier ou de parchemin, ou un bâton.

Disposition de l'orchestre

S'il n'existait pas de disposition standard de l'orchestre à l'époque de Mozart, certains principes généraux étaient néanmoins largement adoptés : les principaux instruments mélodiques et les voix étaient placés au premier plan (de même que les instruments peu puissants comme la flûte) ; les premiers musiciens de chaque pupitre et le groupe de basse continue se mettaient au centre, pour être bien en vue et pouvoir communiquer facilement avec les autres, et les instruments les plus puissants étaient bien séparés des plus doux. Pour le reste, la disposition était fonction des caractéristiques visuelles et acoustiques du lieu d'exécution, mais il était courant de placer les premiers et les seconds violons face à face ; les documents iconographiques contemporains montrent que les altos étaient situés, du moins pour certaines symphonies de Mozart, derrière les bois, confirmant les dires de Meude-Monpas (1787), selon qui les instruments à vent étaient toujours disposés en bloc, tandis que pour placer les basses près des violons on reléguait les violons aux emplacements inoccupés. Les témoignages confirment également que la plupart des caractéristiques majeures de la disposition en amphithéâtre que Haydn introduisit à Londres en 1791 étaient déjà d'un emploi courant sur le continent bien avant cette date.

La disposition de l'orchestre dans les églises était plus aléatoire, l'emplacement du grand orgue (lorsqu'on en avait besoin) et les distances entre les musiciens posant inévitablement des problèmes d'ensemble, même si on battait la mesure. On conseillait généralement de placer les chanteurs vers l'avant, avec le premier violon et les instruments de basse près de l'orgue (Koch 1802). Certains théoriciens préconisaient une disposition en amphithéâtre sur plusieurs niveaux, qui outre les avantages sonores qu'elle offrait rendait généralement l'exécution moins difficile (voir Stowell 1988).

Pour l'opéra, la disposition de l'orchestre visait à garantir la fusion et la cohésion de l'ensemble ; il fallait en particulier que chacun puisse bien voir le premier violon et le continuo, ce dernier devant en outre être en étroit contact avec les chanteurs sur scène. Quantz (1752), comme les Italiens et les Anglais, conseille d'employer deux clavecins, mais dans le dernier quart du siècle la plupart des orchestres allemands n'en comportaient qu'un seul, placé au centre, entre les cordes d'un côté et les vents de l'autre (voir Koch 1802).

Diapason, accord et tempérament

Au XVIIIᵉ siècle, le diapason n'était pas uniforme d'un pays à l'autre, non plus qu'au sein d'un même pays, voire d'une même localité (Mendel 1968, 1978). Quantz (1752), comme Praetorius avant lui, fut l'un des premiers théoriciens du XVIIIe siècle à s'élever contre de telles variations dans le diapason et à préconiser l'adoption d'un diapason fixe. Si sa prise de position encouragea la tendance vers une certaine uniformisation des instruments, du moins à l'échelle locale, il n'y eut jamais de diapason moyen en vigueur dans l'Europe du XVIIIe siècle. Le témoignage que constituent les nombreux instruments à vent contemporains, les écrits théoriques et les orgues anglais et allemands permet cependant de supposer raisonnablement que le diapason le plus courant à l'époque de Mozart était environ un demi-ton plus bas que le diapason actuel ($la^3 = 414$ Hz au lieu de 440 Hz).

Divers systèmes d'accord cœxistaient également à cette époque, car bon nombre de théoriciens continuaient de penser qu'un bon tempérament inégal permettait de rendre les qualités particulières des différentes tonalités (voir Steblin 1983), tandis que d'autres, notamment Marpurg (1776), préféraient la plus grande unité de caractère obtenue grâce au tempérament égal. Il est intéressant de noter que la plupart des instrumentistes à cordes adoptaient un tempérament mésotonique modifié, dans lequel une note diésée était un comma (environ 22 cents) plus grave que la note bémolisée enharmonique. L. Mozart (1756) donne deux gammes, respectivement par les dièses et les bémols, en guise d'exercice d'intonation pour distinguer les grands demi-tons diatoniques des petits demi-tons chromatiques.

L'orchestre s'accordait de diverses manières, parfois hasardeuses, du temps de Mozart. Certains théoriciens, dont Quantz (1752), conseillaient au premier violon d'accorder son instrument avec le clavier puis d'inviter les autres instrumentistes à s'accorder avec lui, tandis que d'autres préféraient qu'une trompette (ou un cor) ou un groupe d'instruments à vent s'accorde d'abord sur une note du clavier pour la jouer ensuite afin que ses collègues s'accordent sur elle.

L'exigence la plus importante de Mozart vis-à-vis de ses interprètes était peut-être un style vocal retenu et expressif. Les problèmes techniques spécifiques (doigtés, respirations, changements de position, etc.) qui s'y rattachent outrepassent le cadre de cet ouvrage. Mais les interprètes actuels de Mozart, tout en connaissant les caractéristiques et les techniques des instruments d'époque, devraient toujours se laisser guider par ce principe de Leopold Mozart (1756), repris par Türk (1789) : « La voix humaine passe sans contrainte d'une note à l'autre ; et un chanteur sensé ne fera jamais de coupure à moins qu'une expression particulière, ou encore les divisions ou les césures de la phrase ne l'exigent. Qui ne sait pas que la musique vocale est toujours le point de repère de tout instrumentiste ; car dans toutes les pièces on doit se rapprocher autant que possible du naturel. »

ROBIN STOWELL

13

MOZART ET LA POSTÉRITÉ

Jugements contemporains

Je vous le dis devant Dieu et en tant qu'honnête homme : votre fils est le plus grand compositeur que je connaisse, en personne ou de nom. Il a du goût et, qui plus est, la plus profonde connaissance de la composition. (Lettre de Leopold Mozart à sa fille Nannerl, 16 février 1785.)

Cette célèbre déclaration faite par Haydn à Leopold Mozart, à l'occasion d'une séance de quatuor en février 1785, est le maillon qui ferme le cercle entre l'époque de Mozart et le présent. Notre perspective actuelle, qui place Mozart et Haydn bien au-dessus de leurs contemporains, est en effet confirmée par l'opinion qu'ils avaient l'un de l'autre, et plus particulièrement — dans ce cas précis — par le témoignage de Haydn sur Mozart. Sa réponse est inconditionnelle — ce qui est vrai à l'évidence pour nous l'était donc pour lui. Nombreux étaient ceux qui admiraient Mozart sans plus de réserves — les rapides progrès de sa musique à Prague en témoignent. Mais les cas où la musique de Mozart se révéla difficile à assimiler sont peut-être tout aussi intéressants.

Les critiques formulées par le compositeur Giuseppe Sarti sur les quatuors dédiés à Haydn K. 421 (417b) et 465 sont bien éloignées de l'enthousiasme de Haydn (elles ne nous sont du reste parvenues que sous forme de paraphrases publiées au XIXe siècle dans l'*Allgemeine musikalische Zeitung*, mais Mozart, dit-on, en aurait eu connaissance). Ces critiques sont d'une virulence inhabituelle — énonçant des règles de composition auxquelles les quatuors ne se conforment pas, issues d'une théorie pythagoricienne de l'harmonie naturelle (il cite comme source un certain « mathématicien-physicien » du nom de Gottlob) qui n'était guère applicable à une époque où le compromis du tempérament égal avait ouvert tant de possibilités chromatiques. Sarti prétend que Mozart offensait non seulement sa sensibilité auditive, mais aussi, contre toute vraisemblance, qu'il était ignorant dans le domaine de la théorie. L'aspect le plus significatif de cette position reste qu'elle était isolée. L'attitude de Sarti est incontestablement anachronique, et il est le seul critique à reprocher à Mozart un excès de modernisme.

Les opinions de Ernst Ludwig Gerber, dans son *Historisch-Biographisches Lexicon der Tonkünstler* (1790), sont bien plus caractéristiques :

> Ce grand maître, en se familiarisant précocément avec l'harmonie, en a acquis une connaissance si profonde et si intime qu'il est difficile à une oreille non exercée de le suivre dans ses compositions. Même une oreille exercée doit entendre ses pièces à plusieurs reprises.

Certains fils conducteurs traversent l'ensemble des critiques, mais sans aller toujours dans le même sens : on peut admirer et déplorer tout à la fois la complexité des œuvres. Les difficultés d'exécution ou de compréhension — et même les difficultés éprouvées par un auditoire non averti, par opposition au critique — peuvent passer pour des défauts.

Dittersdorf raconte dans son autobiographie (1799) qu'il s'était entretenu de cet aspect avec Joseph II (v. 1786) :

> C'est incontestablement un des plus grands génies originaux, et je n'ai encore jamais connu de compositeur qui possède une aussi étonnante richesse d'idées. Je souhaiterais qu'il n'en fût pas aussi prodigue. Il ne laisse pas son auditeur souffler ; car à peine veut-on méditer une idée qu'il s'en trouve déjà une autre, plus magnifique encore, qui chasse la première, et cela se poursuit sans cesse, si bien qu'à la fin on ne peut préserver aucune de ces beautés en souvenir.

Au cours de la conversation, il compare ensuite Mozart et Haydn aux poètes Klopstock et Gellert respectivement :

> Il faut lire les œuvres de Klopstock plus d'une fois pour en comprendre toutes les beautés ; tandis que les beautés de Gellert sont toutes dévoilées au premier regard.

Les œuvres de Mozart étaient donc plus difficiles à suivre que les productions courantes, mais aussi que celles de Haydn, pourtant d'un raffinement comparable. Les idées de Gerber et de Dittersdorf sont très proches, si bien qu'il est difficile de faire la part des idées reçues et de l'expérience personnelle — Gerber était certainement d'accord avec Dittersdorf pour trouver la musique de Haydn plus accessible. Ce sont peut-être les difficultés d'exécution de la musique de Mozart qui illustrent le mieux les problèmes qu'elle posait.

Elles sont évoquées par Adolph von Knigge dans ses *Dramaturgische Blätter* (Hanovre, 1788) à propos de *Die Entführung aus dem Serail*, et il s'exprime sur le même registre que Gerber et Dittersdorf : « Une belle pensée en chasse une autre, et l'ôte à l'admiration de l'auditeur. » L'étonnement de Knigge l'avait amené à s'entretenir des difficultés de l'œuvre avec le directeur musical de la compagnie de Hanovre, Bernard Anselm Weber (sans lien de parenté avec la belle-famille de Mozart). Pratiquement toutes les caractéristiques de la partition sont exposées et discutées. Les instruments à vent sont trop « bavards », « obscurcissant » la mélodie et « embrouillant » l'harmonie :

> Le connaisseur sent la valeur de ces passages ; mais pour l'expression populaire cela ne sert à rien. Il en va de même des nombreuses modulations et des multiples progressions enharmoniques, qui, si belles qu'elles sonnent au clavier, ne font aucun effet à l'orchestre, en partie parce qu'elles ne sont jamais rendues avec la pureté suffisante, que ce soit par le chanteur ou par les instrumentistes, notamment les instruments à vent, en partie parce les résolutions alternent trop rapidement avec les dissonances, si bien que seule une oreille exercée peut suivre la marche de l'harmonie.

Pourtant Knigge, après avoir exprimé son trouble, ne peut que revenir sur ses pas : « Mais puissent tous les compositeurs être à même de commettre de telles fautes ! »

Goethe, en entendant *Die Entführung* pour la première fois, souligna que la musique de Mozart, pour être comprise, exigeait une exécution exacte et des auditions répétées. Il écrivit au compositeur Philipp Christoph Kayser, avec qui il collabora à plusieurs projets d'opéras :

> Récemment, on a donné *Die Entführung aus dem Serail*, composé par Mozart. Tout le monde se déclare pour la musique. La première fois ils ont joué médiocrement, le texte lui-même est très mauvais, et même la musique ne me revient pas. La deuxième fois ce fut mal joué et je suis carrément parti. La pièce s'est pourtant maintenue et tout le monde louait la musique. Lorsqu'elle fut donnée pour la cinquième fois, j'y retournai. Ils jouèrent et chantèrent

mieux qu'avant ; je fis abstraction du texte et compris alors la différence entre mon jugement et l'impression produite sur le publique ; je sais maintenant où j'en suis.

A la fin des années 1780, la musique de Mozart commençait certainement à connaître une vogue suffisante du moins chez certains, pour que l'enthousiasme qu'elle suscitait paraisse quelque peu suspect. Un correspondant viennois du *Journal des Luxus und der Moden* (Weimar, juin 1788) raconte — non sans une certaine affectation — qu'il avait été invité, l'hiver précédent, à un certain nombre de réceptions au cours desquelles on avait joué de manière quelconque un quatuor pour piano de Mozart — sans doute K. 493, en *mi* bémol majeur, qui venait d'être publié — et qu'il avait été irrité par ce qui lui semblait le ravissement hypocrite de l'auditoire devant une œuvre qu'il avait trouvée bruyante et ennuyeuse. La grandeur de l'œuvre lui fut pourtant enfin révélée lors d'une réunion plus intime :

> Quelle différence, lorsque cette œuvre d'art très controversée fut jouée dans une salle silencieuse, par quatre musiciens habiles qui l'avaient bien étudiée, où même la suspension de chaque note n'échappe pas à l'oreille à l'affût, et en présence de deux ou trois personnes attentives seulement !

La contrepartie, peut-être inévitable, de la vive impression que produisait la musique de Mozart, c'est cette rhétorique parfois contestable qu'elle suscitait vers la fin de sa vie. On comprend que le ton de tel correspondant de la *Chronik von Berlin* (2 octobre 1790) ait pu provoquer l'indignation :

> Mozart appartient à ces hommes extraordinaires dont la renommée durera des siècles. Son grand génie embrasse pour ainsi dire toute l'étendue de l'art musical ; il est riche en idées ; ses ouvrages sont un fleuve déchaîné, qui emporte toutes les rivières qui s'en rapprochent. Personne, avant lui, ne l'a surpassé, et la postérité ne refusera jamais à ce grand homme une vénération et une admiration profondes. Il faut être encore plus que connaisseur pour pouvoir le juger. Quel chef-d'œuvre que la musique d'aujourd'hui ! Quel intérêt pour le connaisseur ? Quelle harmonie immense, débordante, enchanteresse ! Pour les grandes foules aussi ? C'est une autre question.

La description tourne court — le fleuve emporte-t-il tout un chacun, ou uniquement les personnes au goût le plus raffiné ? Quelques mois plus tard, un autre correspondant du même journal s'éleva contre de tels propos, s'exprimant de façon encore plus pittoresque :

> Divers bons amis de Mozart ne manquèrent pas de prétendre : « Depuis que Mozart a écrit son *Don Juan*, l'Hippocrène et l'Aganippe sont à ce point taries que pour tous les compositeurs à venir il n'y aura plus une goutte d'inspiration à puiser à l'Hélicon. » Si l'on devise ainsi superficiellement, il est facile de distinguer le connaisseur de l'individu sagace et du sot.

De toute évidence, nous sommes entrés dans le domaine de l'hyperbole et de l'invective journalistique. Rares sont les propos intelligents, mais la simple existence de tous ces témoignages est le reflet de la célébrité acquise par Mozart dans les pays de langue allemande au cours des dernières années de sa vie. Quelques années plus tard, Goethe, dans *Le voyage en Italie* (1816), évoque cette période et sa collaboration, au même moment, avec Kayser à l'opéra *Scherz, List und Rache*, dans lequel ils avaient cultivé un style musical délibérément économe :

> Tous nos efforts [...] pour nous en tenir au simple et au restreint furent perdus lorsque Mozart apparut. *Die Entführung aus dem Serail* a tout renversé, et au théâtre il n'a jamais été question de notre pièce si soigneusement travaillée.

Jugements posthumes

Cher Beethoven,
Vous faites maintenant le voyage de Vienne pour satisfaire à vos désirs si longtemps contrariés. Le génie de Mozart déplore et pleure encore la mort de son pupille. Auprès de l'inépuisable Haydn il trouva refuge, mais nulle occupation ; à travers lui il souhaite s'unir encore une fois à quelqu'un. Avec une diligence incessante recevez-le : *l'esprit de Mozart des mains de Haydn.*

Les métaphores auxquelles recourt le comte Waldstein, pour cette célèbre inscription dans l'album de Beethoven (29 octobre

1792), bien qu'un peu confuses, témoignent néanmoins de la réputation de Mozart en Allemagne. Il était devenu une figure proverbiale. Les allusions à Apollon et à Orphée avaient suffi pour l'album de Mozart ; c'est maintenant l'esprit de Mozart qu'il fallait invoquer dans celui du jeune Beethoven. On entrevoit les débuts d'un idéal moderne, au sein duquel Mozart devait toujours occuper une position clef, tandis que son œuvre était souvent définie en relation avec celle de ce grand successeur que Waldstein fut le premier à lui souhaiter.

Comment Beethoven voyait-il cette succession apostolique ? On sait que par tempérament il formulait des réserves sur certaines œuvres (les opéras comiques italiens, comme il l'a dit au poète Rellstab), et qu'il avait aussi des œuvres de prédilection. Carl Czerny rapporte une remarque quelque peu énigmatique de Beethoven :

> Un jour Beethoven vit chez moi la partition des six quatuors de Mozart. Il frappa le cinquième (en *la*) et dit : « Voilà une œuvre ! Mozart disait là au monde : " Regardez ce que je pourrais faire, si le moment était venu pour vous ! " »

Peut-être Beethoven voulait-il dire que le potentiel de Mozart en tant que compositeur ne pouvait se réaliser que partiellement, ou par intermittence, à l'époque où il vivait, ou tout simplement qu'il était plus profondément convaincu par certaines compositions de Mozart que par d'autres. Peut-être se voyait-il lui-même — ou du moins Czerny le voyait-il — comme la réalisation des promesses de Mozart.

Le besoin de voir rétrospectivement entre la musique de Mozart et de Beethoven une dépendance apparaît dans un article écrit par Schumann en 1833 :

> Clarté, tranquillité, grâce : la marque distinctive des œuvres d'art de l'Antiquité est aussi celle de l'école mozartienne [...] Si cette brillante manière de penser et de composer devait un jour être supplantée par une manière informe et mystique, comme elle le sera avec le temps, qui jette même son ombre sur l'art, puisse n'être jamais oublié cet autre art ancien dans lequel Mozart régna, et que Beethoven, surtout, secoua à ses jointures jusqu'à ce qu'il tremble, mais sans doute pas sans l'assentiment de son princier prédécesseur, Wolfgang Amadeus.

Pareille caractérisation globale du style n'était bien entendu pas sans danger. Schumann fut amené à contester le caractère passionné de la symphonie en *sol* mineur K. 550, préférant y voir une « grâce grecque aérienne », comme si la musique de Mozart ne pouvait posséder aucune autre qualité (encore que pour certains interprètes la grâce et la légèreté puissent être des exigences).

Quinze années plus tard, dans son essai *L'œuvre d'art de l'avenir*, Wagner développa une thèse d'apparence analogue :

> Après Haydn et Mozart, il était possible et nécessaire que Beethoven arrivât ; le génie de la musique l'exigeait de manière pressante, et sans attendre il fut là [...]

Dans le schéma historique de Wagner — qui, en dernier ressort, requiert l'unification de tous les arts dans le drame musical — Haydn avait élaboré la symphonie à partir de la danse, Mozart l'avait investie d'un caractère chantant « riche et joyeux », tandis que Beethoven avait développé la musique instrumentale (« pure ») que lui avaient léguée Haydn et Mozart à un tel niveau d'intensité qu'elle ne pouvait que conduire à l'irruption d'une expression véritablement poétique dans le finale de la neuvième symphonie. De là, le chemin — telle qu'il le voyait en 1849 — ne pouvait passer que par le drame musical, et il était désormais inutile de poursuivre l'exploration des genres instrumentaux. Les opéras de Gluck et de Mozart sont considérés comme des jalons, absurdes d'un point de vue historique, sur cette voie vers un avenir glorieux.

C'est peut-être précisément dans ce contexte des constructions de Schumann et de Wagner que Mahler pouvait confier ce lieu commun à Natalie Bauer-Lechner : « C'est seulement quand nous comprendrons la différence entre la symphonie en *sol* mineur de Mozart et la neuvième que nous pourrons évaluer correctement la réalisation de Beethoven. » Mais ce n'est bien entendu pas tant avec les formes compactes de l'écriture symphonique de Mozart que Mahler aurait dû faire sa comparaison qu'avec les finales de ses opéras, si ingénieux dans leur structure.

Delacroix aurait peut-être pu percevoir l'ineptie de pareilles conceptions. Il note dans son journal le 19 février 1847, dix jours après avoir assisté à une représentation de *Don Giovanni* :

> Vu deux actes des *Huguenots* : où est Mozart ? Où est la grâce, l'expression, l'énergie réunies, l'inspiration et la science, le bouffon et le terrible ?

Ces lignes ne sont pas tout à fait caractéristiques de Delacroix, qui incline à voir en Mozart le représentant d'un âge « bien ordonné ». On relève ici une ambivalence : la symétrie que Delacroix prête à la musique de Mozart donne parfois naissance à un sentiment d'impatience qu'il ne peut entièrement justifier, et il la trouve parfois moins captivante que la musique de Beethoven ou de Weber, dont il estime les formes moins banales et prévisibles, mais aussi moins parfaites et achevées. Dans le même temps, la célèbre remarque faite par Mozart au moment de *Die Entführung* (« les passions, violentes ou non, ne doivent jamais être exprimées jusqu'au dégoût ») est citée à maintes reprises. Elle est ainsi invoquée, à une période de grands soulèvements politiques (1849), à l'encontre des barbaries de Meyerbeer, Berlioz et Hugo, et du monde contemporain, comme si Mozart pensait que son époque possédait le même ordre que sa musique et que le sujet de *Figaro* ou de *Don Giovanni* reflétait pareil contentement. A d'autres moments il l'utilise pour prêter à Mozart la croyance (que le passage en question ne justifie pas) en une musique « capable d'exprimer toute passion, toute tristesse, toute souffrance » sans heurter l'oreille. Son intention est manifestement d'extrapoler un principe de base pour tous les arts en se réclamant de l'autorité de Mozart.

Comme c'est souvent le cas au XIXe siècle, Delacroix, au-delà de deux ou trois opéras qu'il connaît très bien, n'a qu'une connaissance très imparfaite de la musique de Mozart ; il est enclin à ranger *Il matrimonio segreto* de Cimarosa — œuvre aujourd'hui quelque peu reléguée — au même plan que les opéras de Mozart, voire à le leur préférer. En cela il n'est pas seul — Goethe, malgré tous ses jugements grandioses sur les opéras de Mozart, préfère ceux de Cimarosa, et la biographie de Nissen témoigne également de l'estime dont bénéficiait *Il matrimonio segreto*, au même titre que les comédies de Mozart. Dans ses *Mémoires*, Berlioz renvoie les deux compositeurs dos à dos, montrant que le plaisir qu'il a jamais pu prendre aux opéras de Mozart n'est pas tributaire de la mesure et de l'équilibre de l'expression :

Mozart, dont les opéras se ressemblent tous, et dont le beau sang-froid fatigue et impatiente... Quant à Cimarosa, j'enverrais au diable son éternel et unique *Mariage secret*, presque aussi ennuyeux que le *Mariage de Figaro*, sans être à beaucoup près aussi musical.

A la fin du XIXe siècle, on découvre une opinion bien éloignée de tout ce qui précède : le jugement musical et historique est porté avec un certain recul. Brahms prend acte du changement de climat expressif qui s'est opéré entre Mozart et Beethoven, mais sans que cela ait aucune incidence sur son opinion quant à la véritable valeur musicale :

> Je comprends très bien que la nouvelle personnalité de Beethoven, la nouvelle conception que l'on prêtait à son œuvre la leur faisaient paraître plus grande, plus importante. Mais, cinquante ans après, l'on doit certainement être capable de rectifier ce jugement. Je reconnais que le concerto [pour piano en *ut* mineur] de Beethoven est plus moderne, mais pas aussi important [que le concerto en *ut* mineur de Mozart] ! Je vois aussi que la première symphonie de Beethoven a fait une impression colossale sur les auditeurs. C'est précisément la nouvelle perspective ! Mais les trois dernières symphonies de Mozart sont encore bien plus importantes ! Ici et là, les gens d'aujourd'hui le sentent déjà !

Si pour ses contemporains la musique de Mozart présentait avant tout des difficultés d'assimilation, le simple fait qu'ils les aient reconnues — fût-ce sous une forme stéréotypée — montre du moins qu'ils s'intéressaient à la substance musicale. Au XIXe siècle, en revanche, alors que la compréhension semble aller de soi pour tous, la réaction à l'œuvre de Mozart est parfois très superficielle. Les formules comme celles de Delacroix (« l'énergie réunie ») sont rares, et, inévitablement, sa juxtaposition de la « comédie » et de la « terreur » montre à l'évidence qu'il songeait à *Don Giovanni* — qui, parmi toutes les œuvres de Mozart, occupait une place spéciale dans l'imagination du XIXe siècle. Peut-être que la situation et la signification historiques accordées à Mozart par le XIXe siècle ont-elles conservé une petite emprise dans le monde contemporain. Les concepts d'« élégance du XVIIIe siècle », de « bienséance » ou de « perfection » ont encore cours, et, bien qu'ils continuent de préserver leur part de vérité, ils peuvent être vulgarisés presque à l'infini (voir « Mythes et légendes » ci-dessous). Inéluctablement, ces notions vagues reflètent moins l'expérience même de la musique que, par exemple, l'image populaire de l'héroïsme de Beethoven ou de la sensibilité romantique de Berlioz.

Peut-être l'élément le plus significatif est-il tout simplement la diffusion de la musique, dont on connaît aujourd'hui une bien plus grande part qu'au XIXe siècle ou au début du XXe. Des centaines d'œuvres qui autrefois paraissaient marginales sont désormais exécutées et enregistrées — et entendues par des millions d'auditeurs sur les six continents. Le phénomène, qui n'est bien entendu pas spécifiquement mozartien, est le reflet du développement de l'industrie musicale et de l'explosion de la communication. Face à cet océan de réactions individuelles, au-delà de tant de frontières culturelles, il serait pratiquement impossible de tenter de discerner des tendances particulières dans l'appréciation de la musique de Mozart.

Mythes et légendes

Les mythes ont toujours deux aspects : les composants fondamentaux du récit, et le sens et la signification que les différents individus y lisent. Dans le cas de Mozart, il est facile de dresser la liste des ingrédients populaires : l'enfant prodige, l'adulte prodige, la mort précoce dans des circonstances macabres — y compris la mystérieuse commande d'une messe de Requiem et la légende de l'empoisonnement (par un musicien rival jaloux, Salieri, encore que la liste des candidats ait été considérablement rallongée par les théoriciens de la conspiration, dont les divagations paranoïdes constituent une industrie florissante).

L'enfant prodige

Il ne fait aucun doute que la carrière du tout jeune Mozart fut brillante, et il fallut bien du temps après sa mort, en dehors des pays de langue allemande, pour que son œuvre d'adulte commence à éclipser l'image de l'enfant précoce. On reste sans doute encore attaché à cette croyance populaire erronée, selon laquelle nombre de grandes œuvres datent de sa première jeunesse — encore que bien des compositions de son adolescence (dont la première à prendre solidement pied dans le répertoire fut sans doute la « petite » symphonie en *sol* mineur K. 183 (173dB), écrite à l'âge de dix-sept ans) soient traversées par des éclairs d'inspiration. L'ombre du « prodige de Salzbourg » en est venue à hanter deux siècles d'enfants musiciens talentueux... et les couvercles de boîtes de chocolats.

L'adulte prodige

Le mythe dans sa forme la plus excessive — mythe aujourd'hui populaire, créé par Peter Shaffer dans sa pièce *Amadeus* et par le film tiré de la pièce — est celui d'un homme tout à fait trivial, qui témoigne, selon les mots de Bernard Levin, d'une « terrible vérité » : « tout canal, fût-il indigne, servira d'aqueduc au travers duquel l'eau pure de l'art peut couler du Ciel vers la terre, sans être gâtée par le vaisseau corrompu qui la transporte ». On serait plus près de la vérité en voyant dans l'art de Mozart la distillation d'une expérience (d'œuvres d'art antérieures, du monde) par une grande et sensible intelligence — intelligence que Mozart est en droit de revendiquer tout autant que Levin. Cela dit, on peut reconnaître que Mozart ne s'est pas toujours conduit de manière sérieuse et digne, qu'il aimait l'humour grossier et scatologique (celui-ci répondait à une norme sociale à laquelle son sévère père a lui aussi sacrifié), et que ses finances étaient rarement saines (malgré une amélioration au moment de sa mort).

Peut-être que le plus grand tort fait à la réputation personnelle de Mozart par l'un de ses contemporains se trouve dans le jugement glacial de la romancière aristocrate Karoline Pichler :

Mozart et Haydn, que j'ai bien connus, étaient des hommes qui ne manifestaient dans leurs relations personnelles pas la moindre autre force spirituelle exceptionnelle, et presque aucune sorte de culture intellectuelle, d'ordre scientifique ou supérieur. Une tournure d'esprit banale, des plaisanteries insipides, et chez le premier une vie d'insouciance ; voilà tout ce qu'ils montraient à leur entourage. Et pourtant, quelles profondeurs, quels mondes de fantaisie, d'harmonie, de mélodie et de sentiment gisaient cachés sous cette insignifiante coquille ! Par quelle révélation intérieure leur est venue cette faculté qui leur permet de savoir produire des effets aussi puissants et exprimer à l'aide de sons des sentiments, des idées et des passions de telle sorte que chaque auditeur soit contraint de les éprouver et soit touché au plus profond de son cœur ?

Cette idée d'une apparence « insignifiante » cachant des attributs divins est presque un thème classique, qui pourrait peut-être même rappeler l'éloge de Socrate par Alcibiade dans *Le banquet* ; elle se mêle néanmoins d'une désagréable impression de condescendance sociale. Le génie de Haydn et de Mozart n'est pas plus paradoxal que l'obscurité posthume où Karoline Pichler, malgré ses quartiers de noblesse, n'a pu empêcher les quatre-vingt-dix volumes de son œuvre complète de sombrer.

C'est de détails tels qu'elle en donne — Mozart sautant pardessus tables et chaises et miaulant comme un chat — que s'est emparé Wolfgang Hildesheimer dans sa biographie du compositeur, les jugeant plus crédibles que les témoignages qui prêtent à Mozart bienséance et dignité dans son comportement. Mais même sa description préférée de Mozart — celle de Joseph Lange — donne une image quelque peu différente de celle qu'il avance :

> Jamais on ne reconnaissait moins le grand homme en Mozart que lorsqu'il était occupé à un ouvrage important. En ces moments, non seulement il s'exprimait de manière confuse et désordonnée, mais faisait aussi des plaisanteries qu'on n'attendait pas de lui, et parfois même il s'oubliait délibérément dans sa conduite.

Ce passage laisse entendre — quoi qu'en dise Hildesheimer — que cette folle excentricité qui s'emparait peut-être de Mozart aux moments de plus intense concentration n'était pas son seul mode de comportement toute sa vie durant.

Fidèles à la tradition, Shaffer et Hildesheimer, dans leur portrait de Mozart, insistent également sur le bas caractère de son épouse Constanze. Or celle-ci était issue d'une famille pauvre, mais cultivée, de musiciens et de gens de théâtre. Elle parlait couramment le français et l'italien, et avait des talents de cantatrice qui lui permettaient de chanter en solo lors de concerts publics. Après la mort de Mozart, elle sut en outre assurer la subsistance de sa famille.

La légende de l'empoisonnement

A mesure que la santé de Mozart déclinait vers la fin de 1791, il fut en proie à des fantasmes paranoïdes — qu'il avait été empoisonné à l'*acqua toffana* (poison lent d'invention italienne), et que le même ennemi qui l'avait empoisonné était également l'auteur de la mystérieuse commande du Requiem auquel il continuait de travailler (celle-ci provenait en fait d'un aristocrate au narcissisme raffiné, le comte Walsegg, qui souhaitait rendre hommage à la mémoire de sa femme récemment disparue tout en faisant passer la composition pour sienne). De toute évidence, c'est Mozart qui était à l'origine de l'accusation portée contre Salieri, comme le note Mary Novello à la suite d'un entretien avec le fils cadet de Mozart en 1829 : « Le fils nie qu'il [Salieri] l'ait empoisonné, bien que son père le pensât. »

On peut hasarder une hypothèse sur l'origine de ces rumeurs. Mozart croyait — non sans raison, vraisemblablement — que Salieri intriguait contre lui depuis qu'il était arrivé à Vienne. Il est question de ces cabales dans les lettres de Mozart à son père (31 août 1782, 7 mai 1783 et 2 juillet 1783) et à Michael Puchberg (fin décembre 1789), ainsi que dans les lettres de Leopold Mozart à sa fille (28 avril 1786). Mais dans la toute dernière lettre de Mozart qu'on conserve, du 14 octobre 1791, adressée à son épouse, qui prenait les eaux à Baden, près de Vienne, il se montre surpris par les effusions de Salieri la veille au soir. Il était passé prendre Salieri et la cantatrice Catarina Cavalieri (la protégée de Salieri) dans sa voiture pour les emmener assister dans sa loge à une représentation de *Die Zauberflöte* :

> Tu ne peux t'imaginer comme tous deux se sont montrés aimables, combien non seulement ma musique, mais aussi le livret et tout l'ensemble, leur ont plu. Tous deux disaient que c'était un opéra digne d'être donné lors de la plus grande fête devant les plus grands monarques, et qu'ils le verraient certainement très souvent, car ils n'avaient jamais vu de spectacle plus beau et plus agréable. Il écouta et regarda avec la plus grande attention et, de la symphonie au dernier chœur, il n'y eut pas un morceau qui ne lui arrachât un « bravo » ou un « bello », et ils pouvaient à peine cesser de me remercier de cette gentillesse.

Les causes de ce rapprochement comique entre Mozart et Salieri demeurent obscures, mais il ne serait pas surprenant, étant donné l'état de santé déclinant de Mozart, que son imagination ait commencé à broder autour de ces flatteries. Le mélodrame de la mort de Mozart fut donc peut-être un mélange de coïncidences malheureuses et de ses propres inventions, mais qui tend finalement plus vers le lieu commun que vers le sublime.

Le thème mozartien dans la littérature

La vie et la mort de Mozart, auxquelles il faut ajouter le statut particulier accordé à *Don Giovanni* par le XIXᵉ siècle, ont suscité un ensemble d'écrits qui méritent d'être regardés de plus près, en raison de l'intérêt littéraire continuel dont ils se font l'écho, et qui sont étroitement liés aux jugements critiques sur Mozart et à l'ensemble des mythes qui l'entourent. Ces textes, dans la manière dont ils abordent certaines traditions, ont de nombreux points communs.

E.T.A. Hoffmann

Le premier texte influent à se faire l'écho de ces thèmes est une nouvelle de E.T.A. Hoffmann. L'imagination de Hoffmann avait été à ce point enflammée par Mozart qu'il changea son troisième prénom de Wilhelm en Amadeus pour s'identifier au grand compositeur. Mais l'excentricité brillante et étudiée de Hoffmann en tant qu'écrivain ne trouva jamais de reflet dans sa carrière musicale, ses compositions étant plutôt marquées par une compétence sans éclat. C'est uniquement par l'intermédiaire de sa prose et de quelques alter egos fictifs — dont le plus célèbre fut le maître de chapelle Johannes Kreisler — qu'il put s'imaginer une certaine grandeur musicale. Les questions d'identité et d'identification sont manifestes dans son conte *Don Juan* (1814), ancêtre évident des interprétations psychanalytiques de l'opéra.

Le narrateur — un compositeur -, en visite dans une ville qu'il ne connaît pas, se trouve dans une loge privée lors d'une représentation de *Don Giovanni*. Assis seul dans la loge, il rencontre, comme dans une hallucination, la cantatrice qui tient le rôle de Donna Anna et qui jette le trouble parmi le public en s'identifiant passionnément à son personnage. Elle en appelle à la sympathie du narrateur — car elle l'a reconnu — et lui dit : « Je vous ai chanté, et suis vos mélodies ». Le narrateur, inspiré par la représentation et par cette apparition, est soudain à même de révéler la signification véritable de l'opéra — dont il considère le texte comme trivial. Don Juan était par naissance un être de nature supérieure, qui utilisa ses dons pour chercher le divin à travers l'amour des femmes. Aucune des femmes qu'il a trouvées ne satisfait à ses aspirations, mais il devient à la longue, à travers la satiété charnelle et la désillusion, un esprit déchu. Donna Anna, autre figure de nature supérieure, aurait pu être la femme en qui il aurait trouvé le salut, mais elle arrive sur scène trop tard — Giovanni est au-delà de la rédemption, et elle-même se damne par son désir pour lui. Elle tergiverse face aux sollicitations, considérées comme indignes, de Don Ottavio (décrit comme « froid, inhumain et ordinaire » — inaugurant ainsi une tradition d'interprétation déshonorante et désobligeante du personnage), sachant fort bien qu'elle sera morte bien avant que l'année de deuil ne soit écoulée. Le narrateur apprend, le lendemain matin de la représentation, la mort de la cantatrice au cours de la nuit.

Pouchkine

Pouchkine travailla à ses deux petites tragédies, *Mozart et Salieri* et *Le convive de pierre*, qui ont de fortes parentés thématiques, dans les années 1826-1830. Mais s'il s'inspire de Mozart et de ses œuvres, les pièces ne sont certainement pas, par essence, des tentatives d'interprétation.

Dans *Mozart et Salieri*, on assiste à la confrontation entre la spontanéité et la créativité de Mozart d'une part, et la sèche industrie de Salieri, qui l'empoisonne par jalousie. Mozart, sincère et innocent, ne réussit pas à percevoir la différence qui inquiète Salieri. Réfutant la légende selon laquelle Beaumarchais aurait empoisonné un homme, il fait observer à Salieri :

> Et puis c'est un génie, comme toi, comme moi. Or le génie et le crime : deux choses incompatibles, n'est-ce pas ?

et c'est cette pensée — allusion à la légende de Michel-Ange, qui aurait tué un modèle pour recréer l'agonie du Christ — qui torture Salieri à la fin :

> Mais se peut-il qu'il ait raison, que je ne sois pas un génie ? Génie et crime, deux choses incompatibles. Ce n'est pas vrai. Et [Michel-Ange] Buonarroti ? Ou bien est-ce une fable que propage une foule grossière, stupide, et l'homme qui créa le Vatican n'a-t-il jamais été un assassin ?

Dans *Le convive de pierre*, Don Juan apparaît non pas comme un froid séducteur et un meurtrier, mais comme un personnage comparable au Mozart fictif de Pouchkine. Poète passionné et insouciant, il ne voit pas à quel point il s'oppose au reste du monde. Son caractère lyrique est expliqué lorsque l'un des personnages répond à quelques-uns de ses vers chantés par l'actrice Laura :

De tous les plaisirs de la vie, l'amour ne le cède qu'à la musique. Et encore l'amour est-il aussi mélodie.

C'est avec la scène du cimetière que la pièce se rapproche le plus dans son déroulement de *Don Giovanni* (le texte est du reste précédé des paroles que Leporello adresse à la statue dans le livret de Da Ponte), mais ce parallèle est ici introduit pour former un important contraste. Don Juan est bouleversé d'entendre la statue répondre, et lorsque celle-ci vient le chercher dans la dernière scène, sa fin est abrupte et brutale — il est la simple victime d'une mesquine vengeance et de l'incompréhension.

Kierkegaard

Dans *Ou bien... ou bien* (1843) de Kierkegaard — discussion philosophique en forme de fiction entre les personnages A et B qui disputent des modes d'existence moral et esthétique — on est en présence d'une évidente tentative d'interprétation de Mozart et de son œuvre. L'essai « Les stades immédiats de l'érotique » forme la première partie de l'exposé de A. Dès le départ, l'on est confronté à la proposition suivante : « Si jamais Mozart me devenait totalement compréhensible, il me deviendrait alors entièrement incompréhensible. » Ce paradoxe signifie que la musique est par essence un plaisir fugace, et s'il était possible de l'imaginer figé et maîtrisable, il perdrait sa signification. L'aspect le plus intéressant de cet essai est peut-être ce concept esthétique ; mais tel qu'il est formulé, il implique un corollaire peu satisfaisant : le musicien averti comprendrait moins que le débutant : le séducteur en sait plus que le séduit et de fait, Kierkegaard, par rapport à Mozart, se considère comme une jeune fille, sans nul doute la « giovin principiante » de l'air du catalogue de *Don Giovanni*.

Dans l'argumentation de Kierkegaard, le médium de la musique, à travers son caractère essentiel, trouve son sujet ultime dans l'histoire de Don Juan. Il voit dans le caractère de Don Juan un « génie sensuel » — le désir et son assouvissement sans réflexion — qualité qu'il considère comme définie historiquement par l'exclusion, dans l'ère chrétienne, du plaisir physique de la notion du spirituel. L'art de la musique tel qu'il s'est développé, selon Kierkegaard, est un un autre produit du même processus d'exclusion et de définition. Mozart, en réunissant les deux, crée donc une œuvre classique — voire l'œuvre classique — aux côtés de laquelle même *Le nozze di Figaro* et *Die Zauberflöte* sont insatisfaisants.

La lecture de l'opéra que propose Kierkegaard butte sur plusieurs contradictions. Tout en favorisant certaines images de Don Juan qui ne proviennent pas du texte de l'opéra, il déplore dans le personnage de Molière les gestes mesquins de violence et de duperie que l'on retrouve également dans celui de Mozart, mais chez qui il réussit à les passer sous silence. Il n'explique pas non plus en dernier ressort comment il est possible pour le commandeur — qui dans son système s'oppose à Don Giovanni en tant que pur esprit — de trouver une expression musicale appropriée.

Möricke

La nouvelle *Mozart auf der Reise nach Prag* (*Le voyage de Mozart à Prague*, 1855) présente Mozart en route pour la première de *Don Giovanni*. Le récit, s'appuyant fortement sur les images traditionnelles qu'on avait de la vie de Mozart au milieu du XIXᵉ siècle, est écrit sur un ton élégiaque. Lors de leur voyage à Prague, au milieu de septembre 1787 (un peu plus de deux semaines avant leur voyage historique), Mozart et son épouse sont reçus par une famille aristocratique, dans le jardin de laquelle Mozart a distraitement dérobé une orange. Mozart raconte comment il fut soudain saisi de frayeur en concevant la scène finale de *Don Giovanni* et craignit de ne pas vivre pour la terminer. La personne la plus sensible de la compagnie, Eugenie, est frappée d'une prémonition, voyant « cet homme rapidement et irrésistiblement consumé par sa propre ardeur » — liant donc sa brève existence à celle de son personnage le plus célèbre.

Shaw

Bernard Shaw est l'auteur de deux textes de fiction sur le thème de Don Juan : la nouvelle *Don Giovanni Explains* (*Don Giovanni explique*, 1887) et la pièce *Man and Superman* (*Homme et surhomme*, 1903). Dans le premier, une jeune femme rencontre dans un train l'ombre de Don Giovanni après une représentation de l'opéra. Dans le second, une comédie moderne, se trouve une longue séquence de rêve dans laquelle les personnages sont transformés en prototypes légendaires. Tous deux sont conçus comme des critiques des institutions sociales, notamment du mariage — c'est en enfer que l'illusion et l'hypocrisie sociale se perpétuent à jamais. L'attirance sexuelle, selon Shaw, ne rend pas le mariage naturel pour autant ; *Man and Superman* culmine par une parodie de la scène finale de *Don Giovanni*, dans laquelle Ann Whitefield, criant « si » tandis qu'il lui répond « non », contraint finalement le héros, Jack Tanner à l'épouser.

Aucun de ces deux textes n'est conçu en premier lieu comme un commentaire sur Mozart ou sur son opéra ; mais dans la mesure où ils recourent tous deux à des moyens fantastiques pour proposer une histoire secrète des événements de l'opéra, il est difficile d'y voir un élément secondaire. Shaw considère finalement Mozart comme un précurseur involontaire de son propre réalisme moral, témoin la remarque que fait le diable dans *Man and Superman* : Mozart était un ancien occupant de l'enfer qui « est allé au ciel ».

L'influence de Mozart

« De Brahms [j'ai appris...] beaucoup de ce que j'avais inconsciemment assimilé de Mozart » (Schoenberg, 1975). Le concept d'influence est problématique. Néanmoins, dans son article *National Music (2)* (1932, publication posthume), Schoenberg, écrivant à l'autre extrémité de l'histoire de la musique austro-allemande et énumérant les compositeurs dont il a tiré un enseignement (d'abord Bach et Mozart, ensuite Beethoven, Wagner et Brahms), apporte à la question de l'influence de Mozart des réponses bien précises :

De Mozart [j'ai appris] :
1. L'inégalité de la longueur des phrases.
2. A coordonner des caractères hétérogènes pour former une unité thématique.
3. A m'écarter des constructions fondées sur les nombres pairs, dans le thème et ses parties constitutives
4. L'art de former des idées secondaires.
5. L'art de l'introduction et de la transition.

Il est intéressant de noter que Schoenberg, en faisant sa sélection, va droit au cœur des aspects de la musique de Mozart — la multiplicité des idées et l'habileté avec laquelle il les déploie et les transforme — qui avaient laissé ses contemporains dans un état d'admiration quelque peu confuse (voir « Jugements contemporains » ci-dessus). Il souligne également toute l'importance de l'exemple donné par Mozart, qui va même au-delà des autres compositeurs (Haydn et Beethoven) ayant comme lui exploité les possibilités formelles de la sonate classique.

La primauté de la musique de Mozart est telle, pour Schoenberg, qu'elle est entrée dans son processus compositionnel de manière plus subliminale (« inconsciente ») que celle de Brahms — encore qu'après réflexion il ne lui soit pas difficile de souligner les relations. Comme Schoenberg le dit lui-même dans son célèbre essai « Brahms the progressive », pour Brahms — au début de sa carrière (alors qu'une grande partie de la musique était beaucoup moins connue) — l'exemple de Mozart ne fut pas aussi prégnant, et Brahms dut même faire des efforts afin de raviver son intérêt pour la musique instrumentale (voir Fellinger 1983), notamment les concertos pour piano. L'attitude de Brahms vis-à-vis de Mozart est assez comparable à celle de Schoenberg vis-à-vis de Brahms : le besoin actif d'assimiler l'exemple y est présent. Il revient à Mozart en réponse à des exigences compositionnelles qu'il a formulées pour lui-même.

La musique de Brahms ne rappelle pratiquement jamais la sonorité ou l'agencement thématique de la musique de Mozart — comme elle fait celle de Beethoven, Schubert ou Schumann — non plus qu'elle ne possède ses structures d'ensemble symétriques. A cet égard son influence n'a rien de superficiel — par opposition à la musique de Hummel, par exemple, que Schumann, une génération auparavant, pouvait rattacher à « l'école de Mozart » ;Brahms reprochait même à Beethoven de n'avoir que superficiellement compris la signification du concerto pour piano en *ut* mineur de Mozart dans son propre concerto pour piano en *ut* mineur, qui incitait de toute évidence à la comparaison (voir « Jugements posthumes » ci-dessus »). L'argumentation de Schoenberg, en revanche, relie Mozart aux objectifs de la fin du XIXe siècle et du début du XXe en matière de composition, et non seulement à Brahms — il cite également des exemples d'émancipation de la structure des phrases et de l'invention des motifs dans les œuvres de Bruckner, Strauss, Mahler et Reger. Du reste les trois derniers — tous trois de la même génération que Schoenberg, qui les connaissait personnellement — se reconnaissaient une filiation particulière avec Mozart.

Schoenberg situe Wagner quelque peu en dehors de la descendance mozartienne, soulignant (parfois à tort), en comparaison avec les ensembles de *Figaro*, les mouvements relativement symétriques (« construction par groupes de deux mesures ») généralement présents dans les partitions de Wagner. Wagner lui-même hésite généralement à voir un lien direct entre la musique de Mozart et la sienne — sa conception officielle de l'histoire de la musique est trop linéaire (voir « Jugements posthumes » ci-dessus »). Néanmoins, le 30 mai 1870, il déclare à propos de *Die Zauberflöte* :

> Mozart est le fondateur de la déclamation allemande — quelle belle humanité résonne dans les réponses du prêtre à Tamino ! Quand on songe à la raideur de tels grands-prêtres chez Gluck.

Il n'en donne pas d'analyse formelle, mais le fait qu'il isole cette scène du finale de l'acte I est intéressant. Wagner lui-même n'a en effet guère égalé cette déclamation avant *Das Rheingold*. Nous trouvons ici réalisée « la possibilité de considérer les thèmes et les motifs comme des ornements complexes, en sorte qu'ils puissent être utilisés contre des harmonies de manière dissonante ». La formulation est à nouveau empruntée à Schoenberg, plus précisément à la liste des enseignements qu'il a tirés de Wagner. Il est vrai que Mozart ne fut pas le premier à élaborer pareille technique, mais il l'a presque certainement développée indépendamment des exemples du XVIIe siècle (notamment Monteverdi), et c'est son modèle que Wagner connaissait. La possibilité qu'entrevoyait Wagner est la dissolution des formes musicales du XVIIIe siècle. Cette discussion sur Mozart, telle que la rapporte Cosima Wagner, se termine par la réflexion suivante : « Il n'a pas achevé son œuvre, et c'est pour cette raison qu'on ne peut pas vraiment le comparer à Raphaël, car il reste encore trop de convention chez lui. » Il est tout à fait possible que Mozart eût désiré explorer plus avant cette technique s'il avait vécu plus longtemps (voir « La pensée de Mozart : opéra », p. 202). Wagner crée ainsi un lien non seulement entre Mozart et lui-même, mais aussi, par voie de conséquence, entre Mozart et une grande partie de l'opéra de l'ère post-wagnérienne.

Cet exemple n'est pas le seul où Mozart anticipe, dans ses opéras, sur l'expansion des structures musicales chez les compositeurs ultérieurs. Schoenberg n'en parle guère (dans « Brahms the progressive », il souligne que les passages traditionnels de récitatif, d'arioso — à quoi on pourrait peut-être ajouter de dialogue parlé — sont sans conséquences sur le plan tonal) ; il serait néanmoins difficile de passer sous silence l'agencement des motifs et l'organisation tonale à long terme dans les opéras, qui atteignent un niveau sans précédent, de plus en plus prononcés à mesure que la carrière de Mozart progresse, pour culminer dans *Così fan tutte* et *Die Zauberflöte*. Dans le premier acte de *Così fan tutte*, on trouve en effet une organisation pré-sérielle : on y compte, ouverture non comprise, seize numéros musicaux substantiels, avec huit tonalités majeures utilisées deux fois chacune et sans qu'aucune tonalité ne revienne avant que toutes n'aient servi au moins une fois. On relève diverses petites anomalies dans cette organisation, mais il semble que l'objectif soit pour Mozart d'éviter qu'aucune tonalité ne supplante l'*ut* majeur de l'ouverture, sans rester pour autant confiné à cet *ut* majeur. Au début de l'acte II Mozart introduit un système élaboré fondé sur l'accord parfait pour éviter la tonique principale jusqu'au neuvième numéro (puisqu'elle doit dominer à la fin) :

accord de *mi* bémol
- 19. *sol* (« Una donna a quindici anni »)
- 20. *si* bémol (« Prenderò quel brunettino »)
- 21. *mi* bémol (« Secondate, aurette amiche »)

accord de *si* bémol
- 22. *ré* (« La mano a me date »)
- 23. *fa* (« Il core vi dono »)
- 24. *si* bémol (« Ah lo veggio »)

accord d'*ut*
- 25. *mi* (« Per pietà »)
- 26. *sol* (« Donne mie, le fate a tanti »)
- 27. *ut* majeur/mineur (« Tradito, schernito »)

Avant l'*ut* majeur du *motto* et du finale (n°s 30 et 31), seuls deux autres numéros s'insèrent. Le duo en *la* majeur (n° 29), « Fra gli amplessi », est en relation symétrique avec « Ah guarda, sorella » (n° 4), également en *la* majeur, et également intégré à une structure en *ut* majeur (celle de l'ouverture et de la scène initiale : *ut-sol-mi-ut*). Seule la tonalité de « E amore un ladroncello » (n° 28, en *si* bémol majeur) n'est pas dictée par le schéma tonal d'ensemble.

Così fan tutte est également empli de renvois entre les motifs qui relient les différentes parties entre elles ; paradoxalement, *Così*, la partition la plus moderne de tous les opéras de Mozart au sens schoenbergien — du moins pour ce qui est de son organisation tonale -, demeura méconnu pendant près d'un siècle après sa composition. Le sujet en irritait Wagner et l'empêcha de voir aucun mérite à la musique ; il fallut attendre Mahler et Strauss pour que la partition soit réhabilitée.

Cet exemple, qui aurait pu être éloquent, tomba apparemment dans les oreilles de sourds. Sans doute les enseignements devaient-ils être tirés d'autres opéras de Mozart. *Die Zauberflöte* et *Don Gio-*

vanni — le tissu motivique de l'un, la gravité de l'autre — plaisaient davantage. Mais même ici la parenté n'est pas directe, ni franchement reconnue. Mahler, en écrivant les vastes mouvements de ses symphonies, s'il songeait à un précédent historique, pensait aux symphonies antérieures plutôt qu'à ces opéras de Mozart qu'il avait passé sa vie à diriger.

Des processus compositionnels analogues se forment en réaction à des exigences analogues. Ce qui est certain, c'est que, pour des générations de compositeurs, ces processus et ces exigences ont pris forme avec la connaissance et l'expérience de l'exemple mozartien.

JOHN STONE

14

LA LITTÉRATURE MOZARTIENNE

Biographies et biographes

Ascendance et généalogie

Les renseignements sur ces passionnants sujets sont pour la plupart disséminés dans divers ouvrages. On trouvera dans les premiers chapitres de Schenk (1975) l'historique sans doute le plus accessible des deux côtés de la famille de Mozart. Il est intéressant de noter que la musicalité a émergé dans la famille de la mère de Mozart, les Pertl, une génération plus tôt que dans celle de son père. Pour le côté paternel, Schmid (1948), qui a effectué de nombreuses recherches sur les origines souabes, comporte plusieurs chapitres pertinents. La planche 2 de cet ouvrage, qui présente la carte d'une petite région située au sud et au sud-ouest d'Augsbourg, est particulièrement intéressante à cet égard, car elle montre une vingtaine de petites villes ou villages, chacun marqué de la date où le nom Mozart y est consigné pour la première fois, et qui au fil des années convergent vers Augsbourg.

Deininger (1942/43) comporte un article d'Erich Valentin sur Maria Anna Viktoria Mozart (1793-1857), descendante du frère cadet de Leopold Mozart, Josef Ignaz, accompagné d'une généalogie de dix générations de la lignée directe des Mozart depuis David Mozart (v. 1620-1685). Celle-ci est particulièrement intéressante, car la descendance de Mozart lui-même s'est éteinte avec ses fils, et elle montre donc que le frère cadet de Maria Anna Viktoria, Aloys Josef Anton, est l'ancêtre de tous les Mozart du XIXe et du XXe siècle ; elle cite en outre les professions de beaucoup des hommes de cette lignée. Ajoutons qu'une note dans le numéro de novembre 1983 d'*Acta mozartiana* précise que le dernier membre de la lignée directe, Caroline Jacobine, est mort à Augsbourg en 1965.

Les talents des ancêtres Mozart — architectes, maîtres-maçons et sculpteurs — sont bien dépeints dans une monographie illustrée d'Adolf Layer (1971). Ludwig Wegele (1969) aborde quant à lui un autre aspect des activités artistiques de la famille, dans une étude sur Anton Mozart, peintre de la fin du XVIᵉ siècle, dont les liens de parenté avec le David Mozart cité plus haut ont jusqu'à présent échappé aux généalogistes. Aucune étude exhaustive n'a encore été consacrée à Leopold Mozart, encore que Schmid (1948) lui réserve un beau chapitre et que Layer (1975) décrive sa jeunesse jusqu'en 1737. L'ouvrage le plus récent sur Leopold est celui d'Erich Valentin (1987), qui, sans être exhaustif, est néanmoins le plus long signé par un auteur unique. Wegele (1969) réunit sur lui un recueil d'essais.

Ouvrages généraux

La première biographie autonome et significative de Mozart fut écrite par Franz Xaver Niemetschek (1798), professeur et critique de musique tchèque qui utilisa de nombreux documents envoyés par la veuve de Mozart. Bien qu'hagiographique, ce livre est précieux en ce qu'il reflète l'attitude générale face à Mozart au cours de cette décennie et qu'il constitue une source de première importance. Il révèle en outre à quel point la musique de Mozart était estimée en Bohême, y compris certains chefs-d'œuvre alors peu connus. Aucune autre biographie substantielle ne parut avant 1828, au moment où Constanze Mozart fit publier l'immense ouvrage rédigé par son second mari, Georg Nikolaus Nissen, diplomate danois qu'elle avait épousé en 1809. Après sa mort, en 1826, son ouvrage fut terminé par J.H. Feuerstein, médecin de Dresde. Avec son appendice, également rédigé en 1828, le livre compte plus de neuf cents pages, dont bon nombre sont consacrées à la transcription d'importants documents originaux et d'autres sources que Constanze avait encore en sa possession. Bien que l'ensemble soit un peu informe et dépourvu d'index, il demeure une source de renseignements utile, parfois négligée par les auteurs ultérieurs.

La première biographie en langue anglaise (1845) fut écrite par Edward Holmes, intime du cercle littéraire et musical formé par Vincent Novello et son épouse Mary Sabilla. Novello avait lui-même projeté d'écrire une biographie de Mozart et à cette fin s'était rendu en 1829 à Salzbourg et à Vienne, où il avait réuni quantité d'informations auprès des parents et amis du compositeur encore en vie. Le journal de voyage tenu par lui et sa femme a été publié par Rosemary Hughes et Nerina Medici di Marignano

(1956). Novello confia finalement toute sa documentation à Holmes, qui en fit bon usage dans son ouvrage élégant et perspicace, où il sut apprécier d'instinct le génie de Mozart. Il fit l'éloge de musiques alors peu connues, dont *Idomeneo*, bien avant que sa valeur véritable ne soit reconnue, fût-ce des musicologues.

C'est à Otto Jahn qu'il revint d'entreprendre la première étude définitive sur la vie et l'œuvre de Mozart, à la faveur du centenaire de sa naissance. Jahn commença, semble-t-il, à travailler à cette tâche colossale dès 1847, et le premier des quatre volumes de sa biographie parut en 1856 (le dernier en 1859). Malgré une formation musicale apparemment limitée, il utilise avec une habileté et une lucidité consommées l'immense matériel qu'il avait accumulé. Alors que beaucoup d'œuvres étaient encore inédites, il a su traiter son sujet de manière très équilibrée, tirant des conclusions qui reflètent assez justement les idées de son temps. S'il donne de Mozart une image quelque peu idéalisée — ce qui était sans doute inéluctable -, sa réalisation n'en demeure pas moins considérable. Pour préparer la seconde édition (1867), il eut l'avantage de pouvoir utiliser le catalogue de Köchel. Hermann Dieters mit plus ou moins à jour les travaux de Jahn dans une troisième (1889-1891) puis une quatrième édition (1905-1907). La cinquième édition, due à Hermann Abert (1919-1921), constituait presque, pour de grandes parties, un ouvrage nouveau. Tout en gardant une bonne part du récit biographique de Jahn, Abert révisa considérablement les datations et ajouta plusieurs longs chapitres de son cru, notamment sur la personnalité de Mozart, sur les concertos pour piano et sur *Don Giovanni*. Anna Abert, sa fille, fit quelques petites révisions dans l'édition de 1955 ; on rendra hommage à la qualité de l'ouvrage en disant qu'il mérite encore d'être lu, encore que toute révision en paraisse désormais impossible. Cet imposant monument est né dans la grande tradition romantique de la biographie musicale du XIXe siècle. (La deuxième édition fut traduite en anglais (1882).)

C'est en 1912 que parut le premier des deux volumes de la « vie musicale » en langue française de Wyzewa et Saint-Foix, l'une des plus extraordinaires aventures dans le domaine de la biographie critique, que ce soit sur Mozart ou sur tout autre compositeur. Les auteurs divisent sa vie en trente-quatre périodes, qui sont chacune précédées d'une biographie relativement détaillée, tandis que chaque œuvre fait ensuite l'objet d'une étude d'une remarquable précision. Après la mort de Wyzewa en 1917, Saint-Foix mena à bien cette tâche avec trois volumes qu'il rédigea seul. Les deux auteurs étaient totalement épris de leur sujet, et leur style reflète cette affection qu'ils lui portaient, avec des jugements perspicaces et tranchants qui se mêlent à d'autres opinions plus conventionnelles. Pour redater bon nombre des compositions non datées de Mozart, ils s'appuient à la fois sur leur intuition, des critères stylistiques, et des indices extérieurs. Si une grande partie de la chronologie est aujourd'hui dépassée, leur ouvrage mérite encore d'être lu, pour sa remarquable analyse de la pensée de Mozart.

La numérotation de Wyzewa et Saint-Foix fut citée dans la troisième et la sixième édition de Köchel. Mais Einstein, dans son propre ouvrage (1945), ne semble guère s'appuyer sur ses deux prédécesseurs, malgré l'hommage qu'il leur rend dans sa préface. Le livre d'Einstein est une étude classique, en cinq parties : « L'homme », « Le musicien », « Les œuvres instrumentales », « Les œuvres vocales », « L'opéra ». Nombre de ses appréciations critiques et de ses jugements historiques sont du plus haut niveau. Il traite la vie de Mozart non pas dans l'ordre chronologique traditionnel, mais par thèmes : « Catholicisme et franc-maçonnerie », « Patriotisme et éducation », et ainsi de suite. La seule faiblesse du livre en est peut-être l'approche excessivement romantique — plutôt surprenante chez un musicologue à l'esprit aussi rigoureux. Il faut donc lire certaines de ses hypothèses avec prudence. Dix ans plus tard, Schenk (1955) proposa, en plus de 750 pages, la plus exhaustive biographie récente en un seul volume ; la révision de 1975 incorpore les résultats des dernières recherches. Bien qu'il pèche par le style, et qu'il reste assez neutre dans ses jugements, son livre est une mine de renseignements, qui a en outre le mérite d'être exceptionnellement détaillé.

L'ouvrage extrêmement accessible de Jean et Brigitte Massin (1959), en langue française, reprend lui aussi la séparation entre la vie et l'œuvre. Leur texte, pénétrant et perspicace, sait prendre une certaine distance par rapport au sujet. La musique y est étudiée œuvre par œuvre, dans l'ordre chronologique, avec profondeur et sensibilité. L'ouvrage comporte des tableaux des tonalités que Mozart a employées et des types de musique composés tout au long de sa vie. Le livre en deux parties d'Arthur Hutchings (1976) lui est un peu comparable. Somptueusement illustré (encore que les illustrations ne soient pas toujours en rapport avec le sujet ou la période), il est écrit avec une réelle perspicacité et comporte quantité d'appréciations pertinentes sur des chefs-d'œuvre méconnus, notamment dans le domaine de la musique d'église. Parmi les autres petites monographies, on peut citer celle d'Ivor Keys (1980), et la biographie critique de Stanley Sadie (1982), version revue et corrigée de son article destiné au *New Grove*, qui constitue une bonne introduction à Mozart. L'approche de Hildesheimer (1977), dans sa longue biographie, n'a en revanche rien de conventionnel. Bien connu comme romancier et dramaturge, Hildesheimer cherche à donner de Mozart une image nouvelle, dans un texte écrit avec un réalisme provocateur, et auquel le film *Amadeus* doit du reste beaucoup. L'étude de Landon (1988), consacrée à l'année 1791, est la seule de son genre qui porte sur une période aussi courte de la vie de Mozart. Ecrite dans un style vivant, s'appuyant sur de nombreux documents d'époque, elle rectifie bon nombre d'erreurs anciennes et tenaces. Tous les célèbres chefs-d'œuvre de la dernière année y sont replacés dans leur contexte social et historique.

Landon (1989) est sans doute le seul ouvrage entièrement consacré à la dernière décennie de Mozart. Il s'agit d'une chronique biographique détaillée, écrite avec panache et perspicacité, où il retrace les circonstances historiques, sociales et personnelles qui ont vu culminer les facultés créatrices de Mozart. Landon s'y penche également sur certains aspects des innovations de Mozart en matière de composition, et jette une lumière nouvelle sur des sujets connus — notamment les relations personnelles et musicales qui unissaient Mozart à Haydn. Le livre est très richement illustré, et apporte beaucoup d'éléments nouveaux ou peu connus.

Parmi les diverses biographies en images, la meilleure est de loin celle proposée par O.E. Deutsch (1961), fondée sur une collection réunie par Maximilian Zenger. Dans cette somptueuse production, le texte, les légendes et les commentaires sont bilingues (allemand-anglais), et bien qu'elle demande maintenant à être révisée, sa sélection et sa présentation restent exemplaires. L'une de ses grandes qualités est de faire clairement la distinction entre les portraits authentiques de Mozart, relativement rares, et le grand nombre de ceux qui sont plus ou moins douteux.

L'un des aspects de la vie de Mozart qui a suscité une littérature considérable est sa dernière maladie, sa mort et son enterrement. Du fait des difficultés auxquelles on se heurte pour interpréter les symptômes de ses nombreuses maladies, qu'ils soient donnés par lui-même ou par d'autres (notamment Leopold), les spécialistes ne pourront sans doute jamais se mettre d'accord. Le résumé le plus équilibré en est probablement donné par Carl Bär (2/1972). Selon lui la maladie fatale de Mozart reflétait nombre de symptômes de l'urémie — conclusion aujourd'hui contestée. La valeur de l'ouvrage repose sur l'objectivité des descriptions et le détachement lucide avec lequel il expose les faits historiques relatifs aux obsèques de Mozart et les exigences légales qui régissaient les funérailles et l'inhumation. Ce sujet est abordé dans un intéressant ouvrage de Peter J. Davies (1989), médecin australien qui s'est livré à une étude détaillée de la santé de Mozart et qui propose un nouveau diagnostic de ses symptômes chroniques à la lumière des connaissances médicales modernes. Davies examine également le caractère complexe et le comportement de Mozart en termes psychanalytiques et, avec l'aide d'un glossaire, explique bien des données qui, jusqu'à présent, paraissaient excentriques ou obscures.

On sait que Mozart était franc-maçon, et membre actif de plusieurs loges viennoises. Deutsch (1932) en donne une étude historique détaillée, dans une monographie objective qui reste indispensable. Les rapports entre la franc-maçonnerie et la musique de Mozart, bien qu'illustrés dans un certain nombre d'œuvres spécifiquement maçonniques et, bien entendu, dans *Die Zauberflöte*, ont parfois donné lieu à des spéculations hasardeuses. L'un des ouvrages intéressants de ce type est celui de Katharine Thomson (1977), dont le titre est significatif : *The Masonic Thread in Mozart* (*Le fil maçonnique chez Mozart*). Elle-même en résume la thèse : « La vie de Mozart illustre la lutte d'un grand artiste pour briser les liens du féodalisme et s'affranchir de toute idée féodale, y compris celles qu'exprime la musique. » Etant donné que la franc-maçonnerie joue un rôle fondamental dans cette « lutte », elle y décèle des allusions musicales, sous forme de nombreux rythmes et mélodies, dans plus de quatre-vingt-dix compositions de tout genre. Les hypothèses de P.A. Autexier (1984) dans son essai s'appuient en revanche sur des documents récemment découverts. Landon (1982), quant à lui, se livre à une étude détaillée d'un tableau anonyme, aujourd'hui conservé à Vienne, représentant une tenue de la loge *Zur gekrönten Hoffnung*, peut-être en 1790, et où il identifie Mozart et d'autres personnalités éminentes parmi les frères présents.

Voyages

Ce type d'ouvrage, qui semble propre à Mozart, a son origine dans ses nombreux voyages. Le premier important est celui de Pohl

(1867), qui donne bien des détails sur le séjour de quinze mois de la famille à Londres. Des livres plus récents couvrent les visites de Mozart dans les villes d'Europe centrale. Tous ont un certain nombre de points communs — ils sont généralement bien illustrés, avec des reproductions de documents, d'édifices où Mozart s'est rendu, de décors scéniques, de chanteurs, d'avis de concerts, et parfois la description d'un instrument, généralement un orgue, sur lequel il a joué. Parmi les ouvrages de ce type on peut citer : Nettl (1938), Bohême ; Kipp (1941), Alsace ; Mohr (1968), Francfort-sur-le-Main ; Gottron (1951), Mayence ; Würtz (1977), Mannheim ; Thies (1941 ?), Munich ; Caflisch et Fehr (1952), Zurich ; Staehelin (1968), Suisse.

Études analytiques et critiques

Ouvrages généraux

L'ouvrage publié sous la direction de Landon et de Mitchell (1956) parut à l'occasion du bicentenaire de la naissance de Mozart. Certains des essais qu'il comporte n'ont aujourd'hui rien perdu de leur valeur, notamment l'analyse par Blume des sources des concertos et la longue étude de leurs origines musicales et de leur évolution par Landon. L'important texte de Paul Hamburger sur les airs de concert apportait de nombreux éléments nouveaux, et mérite encore d'être lu. Blume est également l'auteur du précieux chapitre intitulé « Le style de Mozart et son influence ». Quelques années plus tard fut publié sous la direction de Paul Henry Lang *The Creative World of Mozart* (1963), titre significatif qui regroupe un certain nombre d'articles assez longs destinés à l'origine au *Musical Quarterly*. L'essai de Ernst Fritz Schmid sur Haydn et Mozart est exemplaire, et celui de Blume sur le Requiem est une remarquable enquête policière. La brève introduction rédigée par Lang lui-même, sur l'esprit de Mozart, résume de façon magistrale l'essence quasi métaphysique de sa musique.

Les actes de colloque publiés par André Verchaly (1958) comprennent un peu plus d'une douzaine de contributions sur les influences étrangères dans les compositions de Mozart, où l'on distinguera tout particulièrement ceux de Schmid sur l'héritage souabe de Mozart, celui de Dobias sur Mozart et la musique tchèque, et l'étude de Landon sur les précurseurs romantiques de la symphonie en *sol* mineur K. 183 de Mozart. Un autre ouvrage d'origine comparable, publié par Friedrich Lippmann (1978), couvre bien des aspects des relations entre Mozart et l'Italie. Lippmann lui-même signe une remarquable analyse des subtilités dont fait preuve Mozart dans la mise en musique de ses textes, tandis que Finscher est l'auteur d'une longue étude sur le premier quatuor à cordes de Mozart, K. 80. L'ensemble du volume est une solide contribution à la musicologie.

Les chapitres 4 et 5 de *The Classical Style : Haydn, Mozart, Beethoven* (*Le style classique : Haydn, Mozart, Beethoven*) de Charles Rosen (1971) sont un apport d'une rare qualité. Le plan de cet ouvrage exceptionnel replace Mozart dans le contexte de son grand contemporain et de son successeur. Dans le chapitre 4, sur l'*opera seria*, Rosen voit un Mozart qui, bien que travaillant dans le cadre d'une forme obsolète, doit beaucoup à Gluck. Curieusement, les qualités dramatiques de *La clemenza di Tito* lui échappent. Le chapitre 5 est entièrement consacré à Mozart et témoigne de son génie dans le domaine du concerto, du quintette à cordes et de l'opéra comique.

La première étude exhaustive de l'emploi des tonalités chez Mozart fut écrite par Lüthy (1931). Bien qu'elle date un peu par ses conceptions, elle expose de manière très complète les théories tonales en vigueur pendant l'époque de Mozart et juste après, et analyse l'emploi de toutes les tonalités majeures et mineures dans l'ensemble de son œuvre.

L'enseignement dispensé par Mozart est un sujet qui intéresse depuis longtemps les musicologues ; la première tentative systématique d'analyse de ses méthodes, due au musicologue et compositeur autrichien Robert Lach (1918), est encore précieuse.

Le critique français Jean Chantavoine s'est livré à un examen approfondi de la réutilisation par Mozart de ses propres mélodies (1948). Divisant son ouvrage en chapitres qui correspondent aux grands opéras, et à l'aide de 565 exemples musicaux, il distingue cinq catégories distinctes de réutilisation qui jettent une lumière nouvelle sur l'imagination et la créativité musicale de Mozart. Le propos de Flothuis (1969) est un peu analogue, dans sa recherche sur la réutilisation par Mozart de ses propres compositions et ses arrangements d'œuvres d'autrui.

Etudes comparatives

Un certain nombre de livres, peu volumineux pour la plupart, s'attachent à comparer Mozart à un autre créateur, ou à le présenter vu par le regard d'autrui : Nagel (1904), Goethe ; P. Nettl (1949), Goethe ; Haas (1951), J.S. Bach ; German (1971), Mickiewicz ; Valentin (1960/66), Hermann Hesse.

Les quatre essais réunis sous le titre *Pro AMADEUS contra* (1988), dont plusieurs de Rudolph Angermüller et Otta Biba, peuvent se rattacher à cette catégorie. Ils ont pour origine une exposition organisée à Tokyo en 1987 et se proposent de montrer les affinités et les contrastes entre le mode de vie et le caractère de Mozart et Salieri au cours de leurs années viennoises. Ce livre, qui éclaire également leur relation personnelle, est à recommander fortement pour ce qu'il aborde de manière saine et rigoureuse des questions souvent obscurcies par l'émotion et l'imagination.

Musique vocale

Musique religieuse

L'ouvrage le plus récent et le plus exhaustif sur l'ensemble de la musique d'église de Mozart est celui de K.G. Fellerer (1985). Il comporte une étude bien documentée sur la base liturgique des compositions religieuses de Mozart, nombreuses et très variées, suivie d'un examen œuvre par œuvre des différents genres — messes, litanies, musique d'église allemande et latine, etc. Bien que les opinions critiques y soient rares, il s'agit néanmoins d'un livre très utile, complété par un long essai sur la musique d'église de Mozart telle qu'elle était perçue au XIXe siècle et sur le rôle qu'elle joua dans les réformes liturgiques de cette époque. Depuis la mort de Mozart, le Requiem est joué presque partout dans la version complétée par son élève Süssmayr. Richard Maunder, auteur d'une édition du Requiem d'où toutes les contributions de Süssmayr ont été supprimées, explique et justifie sa démarche dans un ouvrage (1988). Maunder examine la nature du contrepoint de Mozart, ses modèles pour le Requiem et bien d'autres aspects problématiques de l'œuvre ; mais certains de ses arguments ne sont pas sans naïveté sur le plan musical.

Musique profane
Opéras, études générales

L'étude classique de Dent (1913) fut écrite à une époque où ni le public d'opéra, ni les musiciens ne comprenaient vraiment la stature véritable de Mozart en tant que compositeur dramatique. Mis à part *Die Zauberflöte* et *Don Giovanni* (généralement donnés dans des versions défigurées), les premiers chefs-d'œuvre étaient très peu connus. Outre qu'il réhabilite Mozart, Dent s'efforça de faire découvrir le contexte historique des opéras. Dans la préface à la seconde édition, Dent écrit : « J'ai coupé quantité de bois mort [...] J'ai fait de mon mieux pour mettre le livre à jour en accord avec les exigences de la recherche historique moderne, mais je l'ai récrit pour le lecteur moyen plutôt que pour le musicologue. » La comparaison entre les deux éditions montre qu'une grande partie de ce que Dent avait écrit au départ reste encore d'une grande importance. Il avait très peu de choses à dire sur les opéras précédant *Idomeneo*, ce qui est tout à fait compréhensible à son époque. L'équilibre fut joliment redressé par William Mann (1977), qui propose une étude approfondie de chacun des numéros de toutes les œuvres scéniques de Mozart, de *Die Schuldigkeit des ersten Gebots* jusqu'au finale de *La clemenza di Tito*. Avec une grande affection et une profonde compréhension du talent dramatique de Mozart, Mann évoque son emploi infiniment subtil des changements de tonalité pour souligner les changements de situation dramatique, et rend pleinement justice de la grandeur et de la subtilité symphonique des grands ensembles dans les chefs-d'œuvre à partir d'*Idomeneo*. Certains lecteurs seront peut-être irrités par son style relâché.

Le livre de Roland Tenschert (1941) — étude générale incisive, très perspicace, publiée à l'occasion du cent cinquantième annniversaire de la mort du compositeur — est à recommander. Il replace excellemment tous les opéras dans l'ensemble de la production du compositeur et résume l'essence de chacun d'eux avec un sain esprit critique. Les titres de certains chapitres — « La racine commune du tragique et du comique — *Don Giovanni* », « Entre apparence et réalité — *Così fan tutte* », sont caractéristiques de son approche. Tenschert fut pendant quelque temps bibliothécaire et archiviste au Mozarteum, ce qui lui permit sans doute de réunir les 114 illustrations qui forment une précieuse annexe aux 175 pages de son texte. Groupées chronologiquement par opéra, elles comprennent d'intéressantes photos de productions données au début de ce siècle à Berlin, Hambourg, Munich et Dresde ainsi que des dessins réalisés pour elles.

Avec un peu d'avance sur le bicentenaire de la naissance du compositeur, Harold Rosenthal publia le numéro joliment illustré d'*Opera Annual* de 1955-1956, presque entièrement consacré à Mozart. Parmi les signatures célèbres des essais, brefs mais significatifs, on trouve celles de Dent (« Le culte moderne de Mozart »), Pritchard (« Diriger Mozart ») et Böhm (« Problèmes chez Mozart »). Brownlee, Novotna, Helletsgruber, Steuart Wilson et Patzak sont parmi les interprètes qui ont contribué à la section intitulée « Chanter les opéras de Mozart. Souvenirs personnels de quelques-unes des grandes voix mozartiennes de notre temps ». Carolyn Gianturco (1976) est, quant à elle, l'auteur d'une très utile monographie sur les opéras de jeunesse, qui décrit très bien la vie de cour et les circonstances sociales et historiques dans lesquelles un certain nombre d'entre eux ont vu le jour, et décèle les premières lueurs de génie dans les meilleurs numéros de *La finta semplice*, ou encore l'évolution dramatique du jeune compositeur vers le charme de *La finta giardiniera*.

Plusieurs ouvrages utiles sont consacrés à des groupes d'opéras plus restreints, dont celui de Christopher Benn (1946), précieux pour les solutions réalistes et pratiques qu'il propose aux problèmes de mise en scène des quatre derniers opéras, avec une longue introduction de Richard Capell qui explique brillamment comment la stature de Mozart en tant que dramaturge a progressivement évolué dans les années précédant la Première Guerre mondiale. Le livre comprend également des reproductions en couleur de dix des très élégants dessins de costumes réalisés par Kenneth Green pour des productions à Glyndebourne, et pour Sadlers Wells — trois dessins pour *Così fan tutte* juste après la guerre. On trouve une approche pratique comparable chez R.B. Moberley (1967), dans son étude détaillée sur *Figaro*, *Don Giovanni* et *Die Zauberflöte*.

Irving Singer (1977), philosophe américain, a consacré un ouvrage entier au « concept d'amour » dans les opéras de Mozart et de Beethoven (le premier occupant les quatre cinquièmes du livre). Le lecteur aura peut-être l'impression que, dans un style élégant, avec beaucoup d'érudition et de sincérité, le livre va parfois au-delà des limites de la réalité et du bon sens. Les librettistes de Mozart, notamment Da Ponte, seraient sans doute stupéfaits de découvrir les nuances et les subtilités psychologiques que Singer voit dans leurs textes ; ceux-ci furent en effet écrits hâtivement, sans que les poètes aient eu le temps de peindre des portraits de caractères vraiment cohérents.

On pourra également recommander un livre de Janos Liebner (1972), particulièrement intéressant en ce qu'il nous livre les conceptions nourries par l'expérience d'un critique et directeur artistique (de l'opéra de Berlin, 1964-1969). Son chapitre sur *Idomeneo* est d'une exceptionnelle perspicacité. L'ouvrage le plus récent dans ce domaine est celui d'Andrew Steptoe (1988), consacré aux trois opéras de Da Ponte. Steptoe, psychologue de profession, explique le cadre historique qui a vu naître *Figaro*, *Don Giovanni* et *Così fan tutte*, replaçant ces œuvres et leur compositeur dans le contexte social et musical des années 1785-1789. Le chapitre sur « *Così fan tutte* et la moralité contemporaine » ouvre de nouvelles perspectives dans ce passionnant domaine.

Opéras, études particulières

Le deux centième anniversaire de la première représentation d'*Idomeneo* fut marqué par la publication, sous la direction de Rudolph Angermüller et Robert Münster, d'un superbe volume d'essais (1981). Outre le catalogue d'une grande exposition commémorative, on y trouve une vingtaine d'essais sur l'opéra, l'historique de ses productions et son livret. Angermüller y a signé une étude sur les productions jusqu'au XIXe siècle, et Münster un pénétrant essai sur l'orchestre de Mannheim en 1781. S. Köhler évoque quant à lui la production de 1931 due à Wallerstein et Richard Strauss, et Helmut Hell l'arrangement réalisé par Wolf-Ferrari la même année. Ce livre somptueusement illustré est indispensable.

Le livre d'Angermüller sur *Figaro* (1986), lui aussi célébrant un bicentenaire, est de conception analogue. Luxueusement illustré de reproductions en couleur de projets réalisés pour des opéras allemands, le livre étudie en détail les relations entre le texte de Da Ponte et *Le barbier de Séville* et *Le mariage de Figaro* de Beaumarchais, et décrit la genèse de l'opéra de Mozart. Angermüller dresse également la liste des adaptations qui ont suivi le livret d'origine, complétée par la description des sources manuscrites et imprimées de la musique. Wolfgang Pütz y ajoute un chapitre sur l'accueil réservé à l'opéra depuis deux siècles. La bibliographie y occupe treize pages.

Don Giovanni a sans doute plus d'ouvrages qu'aucun autre opéra de Mozart. L'étude très pénétrante d'Abert, extraite de sa version révisée de Jahn et publiée séparément (1976), est un classique. Le bicentenaire de la première représentation à Prague fut lui aussi marqué par un important recueil d'essais dus à des chercheurs tchèques et publiés sous la direction de Jan Kristek (1987). Le plus original est peut-être « Le théâtre du *Don Giovanni* de Mozart » de Jiří Hilmera, qui retrace en détail l'architecture et l'histoire du théâtre de Nostitz, tandis que Vera Ptáčková y signe un essai sur les décors de la première production.

La série Cambridge Opera Handbooks (dont chaque volume, bien illustré, suit un plan à peu près constant — création, antécédents, qualités dramatiques et aspects historiques) propose également un livre sur *Don Giovanni* publié sous la direction de Rushton (1981), avec une bonne contribution d'Edward Forman sur « Don Juan avant Mozart » et un stimulant essai de Bernard Williams sur « Don Giovanni en tant qu'idée ». Rushton lui-même examine les problèmes du livret et évoque les différents types de production du XVIIIe siècle à nos jours. Dans la même série on trouvera des livres de Carter sur *Le nozze di Figaro* (1987) et de Bauman sur *Die Entführung aus dem Serail* (1987). Dans le livre de Carter, le spécialiste Michael Robinson signe un bon aperçu historique sur « Mozart et la tradition de l'*opera buffa* ». Carter lui-même évoque le passage du texte de Beaumarchais à celui de Da Ponte, ainsi qu'une étude pénétrante des subtilités métriques de la poésie du librettiste. Carter complète son ouvrage avec d'admirables essais sur la brillante diversification des personnages que Mozart obtient par des moyens musicaux et un historique des productions depuis deux siècles. Bauman, musicologue américain qui signe seul son livre, couvre toutes les ramifications de *Die Entführung* et, tout en traitant les mêmes sujets que les deux derniers chapitres de Carter, comporte une excellente étude sur l'opéra « oriental » tel que perçu par les musiciens occidentaux avant et pendant la période de Mozart. Deux autres livres, sur *Idomeneo* (Julian Rushton) et *Die Zauberflöte* (Peter Branscombe), sont en préparation dans cette collection.

En français, *L'avant-scène opéra* a consacré huit volumes à des opéras de Mozart, dans lesquels on trouvera le livret de l'opéra ainsi que sa traduction, accompagné d'analyses et commentaires littéraires, historiques et musicaux, et complété par une bibliographie et une discographie détaillées : *Les noces de Figaro*, *Don Juan*, *Mitridate*, *L'enlèvement au sérail*, *Idoménée*, *La clémence de Titus*, *La flûte enchantée*, *Così fan tutte*.

Parmi les autres livres sur *Die Zauberflöte*, celui de Jacques Chailley (1968) est consacré aux aspects maçonniques de l'œuvre, dans une quête du symbolisme qui pourra peut-être paraître excessive, mais avec beaucoup d'éléments nouveaux et convaincants sur l'unité du livret. De nombreux objets employés dans les cérémonies maçonniques sont reproduits en illustration. L'étude générale de Nettl (1932) mérite également d'être citée, car elle contient une analyse détaillée du projet de Goethe pour une suite à *Die Zauberflöte*.

Lieder

Mis à part quelques chefs-d'œuvre reconnus, datant des dernières années de Mozart, ses trente lieder n'ont jamais bénéficié d'une grande estime. Un livre récent (1984) de E.A. Ballin (responsable de l'édition des lieder pour la Neue Mozart-Ausgabe, III :8) s'efforce de redresser l'équilibre. Il montre que Mozart réagissait très fortement aux émotions exprimées dans les poèmes qui l'attiraient. (Leur qualité, en tant que poésie, n'importe généralement guère plus que dans de nombreux poèmes mis en musique par Schubert.) Ballin analyse également la surprenante palette de ressources harmoniques et rythmiques que Mozart déploie dans ces petites pièces, et qu'il compare, en style et en conception, aux essais de Haydn dans le domaine du lied et à ceux de contemporains comme J.A. Steffan, J.C. Hackel et d'autres.

Musique instrumentale

La célébrité relative des deux grandes catégories de la musique de Mozart — vocale et instrumentale — est bien reflétée par l'évolution chronologique de la place qu'elles occupent dans la littérature. Avant la fin des années 1930, le nombre de livres et d'articles sur les opéras et la musique d'église était déjà considérable (encore que beaucoup d'entre eux soient aujourd'hui périmés), tandis que les ouvrages consacrés à la musique instrumentale restaient relativement rares. A une exception près, c'est seulement après 1945 — c'est-à-dire lorsque les concertos pour piano ou les quintettes à cordes commencèrent à être mieux appréciés du public — que l'équilibre se redressa lentement et que des études exhaustives se mirent à paraître.

Symphonies

La première étude vraiment exhaustive, dans quelque langue que ce soit, est due à Neal Zaslaw (1989). L'auteur — musicologue américain — traite l'évolution du style symphonique de Mozart suivant la chronologie, prenant en compte toutes les influences qu'il a subies au cours de son enfance et à l'occasion de tous ses voyages. Zaslaw analyse la musique de chacune des symphonies jusque dans les moindres détails, et décrit les cadres changeants dans lesquels elles s'exécutaient, à Vienne et ailleurs. Il propose un excellent chapitre sur la « Pratique d'exécution », et un autre — plus personnel — sur les « Significations des symphonies de Mozart ». Dans l'un des appendices, il fait le point sur « Le statut de 97 symphonies », notamment quant à leur authenticité. Il s'agit d'un ouvrage magistral, dans la plus grande tradition, peut-être trop riche en détails, mais d'une profondeur exceptionnelle.

Dans des proportions bien plus modestes, l'élégant livre de Saint-Foix (1932) est écrit avec perspicacité et affection, dans le même esprit que sa continuation de la « vie musicale » citée plus haut. Le livre plus court de Stanley Sadie (1986) est bien entendu plus à jour, et a pu intégrer une grande partie des résultats apportés par les recherches récentes sur les problèmes de chronologie et d'authenticité qui touchent nombre des symphonies de jeunesse. Ce guide de l'évolution du style symphonique de Mozart, écrit sur un ton à la fois vif et distingué, ouvre de nouvelles perspectives, y compris sur des merveilles aussi connues que le finale de la symphonie « Jupiter ».

A titre d'exemple des multiples facettes de la musicologie moderne, on peut citer la publication par Larsen et Wedin (1987) des travaux du colloque sur la symphonie en *la* mineur K.16a « del Sigr Mozart ». Les neuf participants examinent minutieusement les origines du texte, les types de papier, la forme, l'harmonie, les lignes mélodiques, les symphonies d'autres compositeurs travaillant au début des années 1760, entre autres questions, avant de conclure que l'œuvre n'est vraisemblablement pas de Mozart.

Sérénades, etc.

Le terme « sérénade » recouvre un nombre variable d'œuvres de Mozart suivant l'acception qu'on lui prête. Hausswald (1951) inclut sous cette désignation, outre les pièces qu'on appelle généralement sérénades, les divertimenti et les cassations, et parmi les divertimenti cite le trio à cordes K.563. De lecture quelque peu rébarbative, il s'agit néanmoins d'une étude approfondie de l'évolution de la musique de divertissement de Mozart, dans toute sa grande diversité de structure, d'écriture mélodique et rythmique. Erik Smith (1982) s'adresse à un plus large public et aborde aussi — curieusement — les danses, la musique de ballet et les marches. Il replace chaque type ou groupe dans son contexte biographique et social, et illustre son propos de nombreux exemples où Mozart, y compris dans des formes éphémères, fait preuve d'une invention brillante. Tout au long de sa musique orchestrale, d'une grande diversité, Mozart expérimenta continuellement de nouvelles combinaisons instrumentales. L'évolution de son sens du timbre fait l'objet d'une étude systématique de Carl Thieme (1936).

Concertos
Piano

La première étude exhaustive des concertos est l'œuvre d'un musicologue anglais bilingue qui l'écrivit en français. L'éminent ouvrage de Girdlestone (1939) est le fruit d'une vingtaine d'années de travail intensif. (En raison de la guerre, la version anglaise, qu'il rédigea lui-même, ne parut qu'en 1948.) Bien que le style ressemble un peu en apparence à celui de Wyzewa et Saint-Foix, l'approche est en fait plus rigoureuse et mieux focalisée. S'il semble parfois s'étonner de l'absence de toute constante dans la forme du premier mouvement des concertos de Mozart, Girdlestone s'exprime avec une vaste connaissance de l'ensemble de son œuvre et des relations entre les concertos et la diversité formelle et tonale des autres chefs-d'œuvre des mêmes périodes. L'ouvrage de Hutchings (1948), bien que tiré d'une thèse, n'a rien de la sécheresse qu'on trouve souvent dans les travaux de ce genre. Écrit d'une plume alerte et enthousiaste, son livre comporte un excellent chapitre d'introduction intitulé « La conception mozartienne », où il témoigne d'une intelligence intuitive face à la richesse quasi inépuisable de l'imagination du compositeur.

Le livre unique de Forman (1971) est confiné aux premiers mouvements. Écrit avec un discernement exceptionnel et une admiration toujours tempérée par une grande clairvoyance, il réussit à définir des schémas formels au sein de la diversité de l'imagination de Mozart. Les analyses et les argumentations de Forman sont illustrées par une brillante série de « références musicales et tableaux de construction », qui occupe les quarante-cinq dernières pages de son livre. La seule grande étude de la musicologie américaine est l'œuvre de Hans Tischler (1966). De lecture difficile mais extrêmement gratifiante, il s'agit d'une analyse structurale, au sens que l'on donnait à ce terme chez les chercheurs de la tradition scientifique allemande de l'entre-deux-guerres.

Le lecteur moins spécialisé dispose du petit livre de Radcliffe (1978), qui étudie les concertos en termes relativement conventionnels et qui explique de façon très intéressante la richesse du langage tonal de Mozart. On n'y sent cependant pas vraiment à quel point les concertos furent continuellement l'un des sommets de la création mozartienne.

Autres concertos

Les quelque deux douzaines de compositions de ce type sont examinées par King (1968) dans un petit livre inévitablement assez décousu, puisque, à part les séries de concertos pour violon et pour cor, tous les autres sont des compositions isolées, ou tout au plus groupées par paires. Malgré ces contraintes, le texte replace les œuvres dans les circonstances et dans le cadre des relations personnelles qui les ont vues naître, tout en soulignant l'infaillible richesse de l'invention formelle et harmonique de Mozart.

Il est regrettable que l'un des concertos pour instruments à vent les plus populaires et les plus enregistrés de Mozart, la symphonie concertante pour hautbois, clarinette, cor et basson, K. Anh. 9 (297b, Anh. C14.01) ne soit pas de lui. (Sur la seule source existante — un manuscrit du milieu du XIXe siècle — voir « Attributions douteuses et œuvres apocryphes ».) L'historique de cette pièce, sa forme, son harmonie, son instrumentation et bien d'autres aspects font l'objet d'une étude très détaillée de Levin (1988). Il en conclut que seules les parties solistes pourraient provenir de la symphonie concertante pour flûte, hautbois, cor et basson K. Anh. 9 (297B) que Mozart écrivit à Paris en 1778.

Musique de chambre

En moins d'une centaine de pages, King (1968, rév. 1986) aborde la soixantaine de compositions de cette catégorie, dont les quatuors à cordes représentent près de la moitié. Il explique comment Mozart a progressivement maîtrisé ce genre, qui lui a toujours paru difficile, et s'efforce de montrer comment, tout en atteignant des sommets dans d'autres œuvres de chambre (notamment les quintettes à cordes) qui se comparent aux meilleurs des quatuors,

Mozart sut maintenir un niveau étonnamment haut dans des genres d'une grande diversité, dont certains, tel le quintette pour piano et instruments à vent, semble pratiquement être de son invention.

Piano-forte

Dennerlein (1951) est apparemment la seule étude chronologique exhaustive écrite depuis celle de Lorenz en 1866. Elle aborde toutes les catégories de la vaste production de Mozart, dont une bonne partie est encore relativement peu connue. Elle couvre toute sa musique pour piano à deux mains, à quatre mains, et pour deux pianos, ainsi que les œuvres pour orgue mécanique et armonica de verre. Dennerlein analyse non seulement les compositions achevées, mais aussi de substantielles pièces fragmentaires, de petits préludes introductifs (tels ceux qu'écrivit Mozart pour un certain nombre de fugues de J.S. Bach), ainsi que certaines œuvres d'authenticité douteuse. Bien que les datations soient pour partie dépassées aujourd'hui, le livre demeure une étude très approfondie sur l'évolution stylistique et formelle de toutes les compositions que Mozart destina à son instrument de prédilection.

Interprétation

Le premier ouvrage significatif à examiner l'univers sonore de la musique de clavier de Mozart fut celui de Brunner (1933), qui tente de rapprocher, si peu que ce soit, la technique d'exécution des qualités sonores et de la facture du piano-forte de l'époque de Mozart. Cette question est également traitée dans le livre beaucoup plus exhaustif d'Eva et Paul Badura-Skoda (1957). Les auteurs abordent non seulement les concertos, mais aussi bon nombre des sonates les plus importantes, les variations ainsi que les œuvres de musique de chambre avec piano. Si quelques aspects sont aujourd'hui un peu datés — par exemple « Le problème de l'Urtext », le livre n'en demeure pas moins la meilleure et la plus rationnelle étude sur un certain nombre de problèmes parfois insolubles. La longue étude récente de Frederick Neumann (1986) peut figurer ici, puisqu'il y est essentiellement question des compositions instrumentales de Mozart. Neumann prétend apporter aux problèmes d'ornementation et d'improvisation des solutions fondées avant tout sur des critères de musicalité, ce qui l'amène souvent à des argumentations subjectives. Bien qu'il s'agisse d'un livre provocateur, il repose sur de vastes connaissances des sources du XVIIIe siècle et une profonde affection pour la musique.

Périodiques

Le siècle dernier a vu paraître un certain nombre de périodiques entièrement consacrés à Mozart. Le plus ancien d'importance fut *Mitteilungen für die Mozartgemeinde in Berlin* (1895-1925), où se trouve défini ce qui allait être la formule de ce genre de productions — le compte rendu des activités de la société augmenté d'un certain nombre d'articles musicologiques de fond. La publication des *Mitteilungen* du Mozarteum de Salzbourg commença en 1918, mais pour s'interrompre dès 1921, reprenant ensuite en 1952 sous le titre *Mitteilungen der Internationalen Stiftung Mozarteum*. Au départ, la revue était essentiellement consacrée à l'une des principales fonctions du Mozarteum — centraliser les données sur l'exécution des œuvres de Mozart dans tous les pays du monde où elles sont jouées — tâche dont elle s'est remarquablement acquittée au fil des années. Ces informations y sont encore données, en résumé. Pendant quelque temps, les *Mitteilungen* ont publié le rapport annuel du Mozarteum (d'abord publié séparément en 1881) et les rapports provenant de nombreuses branches. Depuis quelques années on y trouve un nombre croissant d'articles musicologiques significatifs, ainsi que de précieuses notices nécrologiques et des hommages à ses membres.

Le premier *Mozart-Jahrbuch* a paru en 1923, mais cette série prit fin, sans doute faute de soutien, avec le troisième volume en 1929. La publication finit par reprendre en 1941, sous le titre *Neues Mozart-Jahrbuch*, dans des conditions manifestement difficiles, mais là encore pour trois numéros seulement. Finalement, en 1950, sous les auspices du Mozarteum, l'idée d'une revue annuelle fut reprise sous le titre d'origine, *Mozart-Jahrbuch*, dont la publication se poursuit, plus ou moins régulièrement, depuis lors. Les trois séries sont d'une grande richesse pour la recherche mozartienne, avec de nombreuses contributions de musicologues exceptionnels, encore que la qualité des articles soit plus inégale depuis quelques années. Certains des volumes les plus précieux comprennent les communications faites lors de réunions officielles de membres du Mozarteum, avec un résumé des discussions auxquelles elles ont donné lieu. Parmi ces réunions, les plus fécondes furent celles consacrées à un aspect ou à une période particulière de la vie et de la musique de Mozart. Depuis quelques années, le *Jahrbuch* comporte de longs comptes rendus des ouvrages importants sur Mozart et son temps.

Les *Acta Mozartiana* parurent pour la première fois en 1954, en tant que *Mitteilungen der Deutschen Mozart-Gesellschaft*, trouvant ensuite une audience internationale. Bien que destinée principalement à rendre compte des travaux de cette société, la revue comprend également des articles universitaires, mais davantage consacrés à l'expression d'opinions et d'idées. L'une de ses rubriques les plus précieuses est les comptes rendus de publications à diffusion locale, qui seraient sinon peu connues en dehors de l'Allemagne.

Bibliographie

Le catalogue Köchel

Ludwig Ritter von Köchel (1800-1877), après des études de droit, fut un célèbre minéralogiste qui se passionna toute sa vie durant pour Mozart. Il commença en 1851 environ à réunir la documentation pour son grand catalogue, qui à sa publication était le premier catalogue thématique et chronologique consacré à l'ensemble de l'œuvre d'un compositeur. Pour chaque œuvre, Köchel donnait l'incipit musical (avec les incipit de chaque mouvement le cas échéant), le lieu de conservation de l'autographe lorsqu'il était connu, la première édition, le tout suivi de la mention des éditions de référence de l'œuvre et des plus importantes recherches musicologiques à son sujet. Köchel conçut et réalisa une classification de toute la production de Mozart en vingt-trois groupes qui servirent ensuite de base à l'Alte Mozart-Ausgabe (à laquelle il accorda un important soutien financier).

Ce plan est conservé pour l'essentiel dans les éditions ultérieures, mais considérablement développé pour tenir compte des publications et des recherches en expansion croissante. (voir compte rendu détaillé dans King 1955). La deuxième édition, due au comte Paul Waldersee (1905), apporte peu de changements à la chronologie de Köchel, mais ajoute les références à l'Alte Mozart-Ausgabe. La troisième édition, préparée par Alfred Einstein (1937), comporte en revanche de substantielles modifications, redatant bon nombre de compositions, notamment les œuvres antérieures à 1784, année où Mozart commença à tenir lui-même son catalogue thématique daté (première édition en fac-similé 1938 ; autre fac-similé avec commentaires d'Alan Tyson en 1989). Einstein dresse également la liste de nombreuses éditions de la fin du XVIIIe siècle et du début du XIXe (à partir de renseignements fournis pour la plupart par O.E. Deutsch et C.B. Oldman), dont le principal intérêt est le plus souvent de témoigner de la popularité des œuvres en question. Einstein révise considérablement les annexes de Köchel sur les attributions douteuses. Il réintègre certaines d'entre elles qu'il considère comme authentiques dans le corps du texte, en même temps que de nombreux fragments autographes, auparavant cités en annexe.

Les responsables de la sixième édition (1964) se sont trouvés face à une tâche colossale. Il leur fallait prendre en compte vingt-sept années de recherches mozartiennes (menées assidûment dans toute l'Europe, y compris pendant la Seconde Guerre mondiale, et aux Etats-Unis) et de toutes les nouvelles découvertes faites à la faveur de la préparation de la Neue Mozart-Ausgabe, qui commença à paraître en 1955. De nouveaux problèmes chronologiques se posèrent et il fallut encore une fois réviser les datations de bon nombre d'œuvres qu'Einstein avait déjà redatées. La tâche des auteurs de la septième édition est redoutable, et il leur faudra manifestement repenser les principes mêmes des indications bibliographiques.

En 1951 parut un condensé du Köchel de 1937, sous le titre *Der kleine Köchel* (*Le petit Köchel*), qui présente la liste de toutes les œuvres de Mozart avec leurs titres usuels, d'abord dans l'ordre de la numérotation de Köchel puis répartie dans les vingt-trois groupes de l'Alte Mozart-Ausgabe, avec une vingt-quatrième section intitulée « Verschiedenes » (« Divers »).

Les autographes

La seule étude spécialisée est le magistral recueil d'essais de Tyson (1987), qui réunit les résultats de ses recherches approfondies sur les types de papier employés dans un très grand nombre d'autographes d'œuvres achevées ou fragmentaires. Les conclusions des travaux de Tyson, dans le domaine de la chronologie, sont exposées dans les sections « Autographes » et « Copies manuscrites » du chapitre « Les sources » ; peut-être faut-il préciser que certaines d'entre elles restent hypothétiques.

Littérature musicale

La première liste systématique de livres et d'articles consacrés à Mozart fut établie par Otto Keller (1927), qui s'appuie sur des travaux antérieurs, notamment ceux de Constantin von Wurzbach (1869) et de Henri de Curzon (1906). Mais une grande partie de son ouvrage était originale, car il y a inséré des articles publiés dans plus de cinq cents revues et périodiques et a puisé dans une importante collection d'articles de presse relatifs à des exécutions peu connues d'opéras de Mozart et d'œuvres instrumentales diverses. La liste de Keller comprenait plus de 4 520 entrées, classées par sujets, avec une section spéciale sur l'iconographie. L'index regroupait les noms de personnes, de lieux et les matières.

Plus de quarante ans après parut une autre bibliographie, encore plus vaste, réunie par Rudolph Angermüller et Otto Schneider (1976), comprenant plus de 6 400 entrées classées par ordre alphabétique, avec deux index, le premier analogue à celui de Keller, le second suivant la numérotation de Köchel. Cet immense travail ne comportait aucune publication postérieure à 1970, et si certains de ses principes (notamment la présence d'écrits anonymes) sont contestables, il n'en demeure pas moins un ouvrage de référence. Les deux mêmes auteurs firent paraître deux compléments, le premier couvrant les années 1971 à 1975 (1978), le second les années 1976 à 1980 (1982).

La musique

Les catalogues de la musique de Mozart publiés par les innombrables maisons d'édition sont pour la plupart d'un intérêt limité. Les premières éditions sont en revanche d'une grande importance historique et, dans bien des cas, philologique. La première liste systématique et exhaustive en a été établie par Gertraut Haberkamp (1986). Cet ouvrage, résultat d'une dizaine d'années de recherches intensives, recense les fonds de cent huit bibliothèques du monde entier, dont cent une bibliothèques publiques et sept privées. Publié en deux volumes, l'un de texte, l'autre de pages de titre (qui ne sont malheureusement pas transcrites dans le volume de texte), ce magistral ouvrage de référence couvre toutes les premières éditions publiées jusqu'en 1805. Il définit en outre de nouveaux critères permettant de distinguer une première édition d'éventuelles réimpressions à partir des planches d'origine.

La seule tentative pour décrire le fonds mozartien d'une

grande bibliothèque nationale semble être le fait de King (1984), qui dresse la liste de tous les autographes et copies importantes conservées à la British Library, avec des renseignements sur leur provenance, sur l'intérêt qu'ils présentent, et, à l'aide de cinquante-sept illustrations diverses, s'efforce de décrire le caractère général des collections, y compris la musique imprimée, la littérature musicale et les documents iconographiques.

Le *Mozart-Handbuch*

Cet ouvrage de compilation caractéristique mérite un paragraphe à lui seul, car il comporte une chronologie très détaillée avec un classement spécial du catalogue de Köchel, ainsi qu'une très utile bibliographie. La chronologie présente la vie des deux parents de Mozart et la sienne, cette dernière occupant quelque soixante-dix pages, avec de précieuses références aux sources générales et à la bibliographie. Les auteurs, Otto Schneider et Anton Algatzy (1962), ont groupé toute la production de Mozart en vingt et une sections. Chaque œuvre est identifiée par son numéro de Köchel et par un titre usuel, avec de nombreux renseignements sur la musique sous forme de renvois à des articles de périodiques, *Festschriften* et ainsi de suite. Une section est également consacrée à la chronologie de la vie de l'épouse de Mozart, de ses enfants et de sa cousine Maria Anna, dite la « Bäsle ». Un arbre généalogique des deux parents de Mozart, remontant jusqu'au début du XVIIᵉ siècle, complète cette section. La bibliographie comporte quelque 3 900 titres judicieusement choisis.

ALEC HYATT KING

15

LES ÉDITIONS

Editions anciennes

Les plus anciennes sources imprimées d'œuvres de Mozart datent de 1764. C'est en effet au cours de cette année, au milieu du grand voyage qui conduisit la famille Mozart à travers l'Europe, que Marie Charlotte Vendôme publia à Paris les sonates pour clavier et violon K. 6-9 ; un peu plus tard, à Londres, Leopold Mozart fit paraître à titre privé ces mêmes œuvres. Les éditions imprimées ont ensuite continué de voir le jour jusqu'à la mort du compositeur en 1791 et se sont prolongées jusqu'à la première édition monumentale complète, l'Alte Mozart-Ausgabe (AMA), dont les premières livraisons commencèrent à paraître en janvier 1877.

Avec leur ouvrage collectif, *Mozart-Drucke*, au début des années 1930, Otto Erich Deutsch (1883-1967) et Cecil B. Oldman (1894-1969) ont posé les fondations d'un domaine de recherche jusque-là peu abordé. Les nouvelles éditions du catalogue de Köchel (3/1937, avec supplément, 1947, 6/1964) se sont appuyées sur leurs découvertes, de même que la Neue Mozart-Ausgabe (NMA) dans son enfance, puisqu'elle s'en est servie comme point de départ pour rassembler les sources imprimées de cette nouvelle édition. Pourtant, jusqu'au cœur de la seconde moitié du siècle, il manquait « une classification et une description détaillées des différentes éditions et impressions », comme le dit dans son avant-propos Gertraut Haberkamp, qui a comblé cette lacune avec la publication de ses deux volumes en 1986. Cet ouvrage d'une portée immense (voir « Littérature mozartienne ») a une fois pour toutes donné des bases solides à la recherche sur les sources imprimées de la musique de Mozart. A l'avenir personne, dans ses publications et ses travaux, ne pourra ignorer la contribution de Gertraut Haberkamp (le présent article, notamment dans ses premières pages, doit beaucoup à ses recherches).

Cet ouvrage de référence (à quoi il faut ajouter les efforts continuels faits par la NMA pour donner des informations sur les sources imprimées anciennes) fut précédé par le catalogue international des premières éditions et éditions anciennes de la musique de Mozart jusque vers 1800, publié pour la première fois en 1975 dans le volume 6 de la série A/I du *Répertoire international des sources musicales* (*RISM*), puis à nouveau en 1978 sous forme de tiré à part. Le catalogue du *RISM* comporte près de 3 500 entrées (éditions séparées et recueils), suivant le classement de la NMA ; elle cite les titres sous la forme courte usuelle et indique le lieu de conservation de l'édition, dans la mesure où les propriétaires de ces fonds en ont fait état auprès du *RISM*. « Pour chaque œuvre citée, la première édition est donnée d'abord ; les éditions ultérieures suivent autant que possible dans l'ordre chrono-logique, ou selon l'éditeur [...] La date terminale de 1800 a été dépas-sée plus souvent que d'habitude ; dans de tels cas, cependant, la localisation de la source ne doit pas être considérée comme complète. La tâche (rendue d'au-tant plus difficile par les usages de l'édition aux alentours de 1800) que représente le classement et la localisation systématiques des nombreuses éditions anciennes de Mozart (œuvres originales et arrangements), qu'il s'agisse d'édi-tions isolées, de recueils, d'éditions partielles ou complètes, ne peut être menée à bien qu'avec la patiente et attentive collaboration de tous les utilisateurs de ce cata-logue » (Karlheinz Schlager, avant-propos). Un nouveau volume actuellement en prépara-tion, supplément du *RISM* A/I de 1975, comportera environ 4 000 entrées supplémentaires — non seulement des corrigenda et des renseignements complémentaires sur la localisation des sources, mais aussi des éditions et des tirages qui manquaient dans le catalogue de 1975.

Dans son catalogue, Gertraut Haberkamp décrit 228 premières éditions publiées entre 1764 et 1805, de « 374 œuvres dont on sait qu'elles sont de Mozart, ou attri-buées à lui et à aucun autre compositeur » (par conséquent avec des compositions qui figurent dans Köchel, Anh. C : « Œuvres d'authenticité douteuse et apo-cryphes »). Pour quelques-unes des pièces, elle aborde d'autres types d'éditions — réductions pour piano, parties ou transcrip-tions — si bien que le corpus des œuvres s'augmente encore de dix numéros. Le volume de texte donne des descriptions exhaustives de toutes ces éditions publiées entre 1764 et 1805 : technique d'impression (typographie, gra-vure, lithographie), type d'édition (partition, réduction pour piano, parties), pagination et disposition, contenu, filigranes, année de publication (confirmée par des avis) et enfin, lieu d'impression des différentes éditions et des retirages ultérieurs sur une assez longue pé-riode. Le volume de fac-similés reproduit la page de titre de cha-cun des premiers tirages, tandis que les sections intitulées « Cri-tères » et « Remarques » dans le volume de texte donnent des infor-mations détaillées sur l'édition proprement dite et les traits carac-téristiques qui permettent d'en dis-tinguer les différents tirages. Ce problème, dont on reconnaissait autrefois à peine l'existence, néces-sitait depuis longtemps des expli-cations et des recherches systéma-tiques ; d'où, encore une fois, l'importance de ce catalogue pour les recherches futures. Un seul exemple suffira à en témoigner : La fantaisie et la sonate en *ut* mineur K. 475 et 457 furent publiées pour la première fois par Artaria à Vienne en 1785. Pour le deuxième tirage, douze pages furent regravées ; pour le troisième, neuf pages supplémentaires. Pour le quatrième tirage on retira et remplaça encore une page. Le cinquième et le sixième tirage diffèrent des précédents par la présence d'un numéro d'opus en page 2. Le septième « tirage » fut réalisé d'après une gravure nouvelle, et portait donc la mention « Nouvelle Edition » (le catalogue de Haberkamp cite au moins un propriétaire de chaque tirage, mais généralement plusieurs). Le fait que nous connaissions plusieurs tirages d'une première édition, qui diffèrent plus ou moins l'un de l'autre, a évidemment une incidence sur l'établissement du texte musical, du moins quand l'autographe manque (comme c'est le cas pour K. 475 et 457).

Parmi les 228 premières éditions publiées avant 1805, 78 éditions de 131 œuvres parurent du vivant de Mozart (c'est-à-dire entre 1764 et début décembre 1791), entre autres chez les éditeurs suivants : Ignaz Alberti, Vienne ; Johann André, Offenbach-sur-le-Main ; Artaria & Co., Vienne ; Birchall & Andrews, Londres ; Heinrich Philipp Bossler, Speyer ; Boyer/Le Menu, Paris ; Jean-Pierre de Roullède, Paris ; Rudolph Gräffer, Vienne ; Heina, Paris — Godefroy, Bruxelles ; Hoffmeister & Co.,

Vienne (plus tard aussi Leipzig) ; Burchard Hummel, La Haye, et Johann Julius Hummel, Amsterdam (plus tard aussi Berlin), les deux derniers à la fois indépendamment et conjointement ; Leopold et Anton Kozeluch/Musikalisches Magazin, Vienne ; Normalschul-Buchdruckerei, Prague ; Bernhard Schott, Mayence ; Franz Anton Schrämbel (Institut pour les sourds-muets), Vienne ; Jean Georges Sieber, Paris ; Christoph Torricella, Vienne ; Marie Charlotte Vendôme (*Aux adresses ordinaires de Musique*), Paris ; Georg Philipp Wucherer, Vienne ; et Leopold Mozart (imprimerie privée).

En tête, et de loin, se trouve Artaria à Vienne, avec plus de 60 éditions, suivi de Hoffmeister, également à Vienne, avec quelque 13 éditions. Tous les autres éditeurs firent paraître moins de 10 éditions, et les éditions uniques ne sont pas rares. Plus de la moitié des éditions étaient consacrées à la musique de chambre ou de clavier. Du vivant de Mozart, ce sont sans doute seulement deux des ouvrages scéniques achevés — *Die Entführung aus dem Serail* et *Don Giovanni* — qui furent publiés intégralement (tous deux en réduction pour piano et chant, par Schott, Mayence). Des éditions de pièces tirées de *Die Zauberflöte* parurent également en réduction, certaines du vivant de Mozart, le reste des 38 éditions entre sa mort et 1793 (Koželuch, Vienne). Des 39 symphonies authentiques, seules 3 furent publiées du vivant de Mozart : K. 319, 297 (300a) et

385 ; des 23 concertos pour piano, seuls 6 : K. 175 + 382, 413 (387a), 414 (385p), 415 (387b), 453, 595. Certaines catégories d'œuvres — notamment tous les concertos pour d'autres instruments — restèrent entièrement négligées.

A la différence de son père Leopold, qui dans les premières années s'efforçait de faire publier les œuvres de son fils (avec succès au départ, mais moins par la suite), Mozart ne s'intéressait pas activement à cette question. Il était cependant toujours prêt à encourager la publication de ses œuvres s'il pensait qu'elle était directement utile à sa renommée et à sa réputation, ou, plus tard à Vienne, qu'elle pouvait améliorer sa situation financière. Pour le reste, le nombre modeste des publications du vivant de Mozart est le fait tout autant du compositeur que des éditeurs. Il préférait en effet conserver par-devers soi les œuvres, comme les concertos pour piano (surtout dans les années viennoises), composées expressément pour lui-même et pour ses académies. Ainsi, à propos des concertos pour piano K. 449-451 et 453, il écrit à son père : « Il me paraît plus avantageux de les garder pour moi pendant quelques années et de ne les faire connaître sous forme imprimée qu'alors. » A Vienne, la diffusion des compositions de Mozart par l'intermédiaire des ateliers de copie avait en outre pris une telle ampleur que les éditeurs viennois étaient contraints de limiter leurs propres publications.

Mozart connaissait plus ou moins personnellement ses éditeurs à Paris (et ensuite à Vienne) ; malgré cela (ou peut-être à cause de cela), il ne subsiste pas une seule lettre qu'il leur aurait adressée. Il ne se souciait guère de superviser les publications de ses œuvres, témoin les textes musicaux fautifs de la plupart des premières éditions jusqu'en 1791. Dans les premières années, c'est Leopold Mozart qui s'occupait de la publication, encore que les nombreux voyages de la famille lui aient laissé peu de temps pour les corrections d'épreuves. Ensuite de quoi ce sont les maisons d'édition elles-mêmes, avec leurs relecteurs et correcteurs, qui se chargeaient directement de ces tâches ; Mozart n'intervenait, semble-t-il, qu'occasionnellement (directement, ou par l'intermédiaire de son élève Josepha Auernhammer). C'est peut-être ce qui explique les différences frappantes de texte entre l'autographe et l'édition, encore qu'on n'ait aucune preuve dans ce domaine. A titre d'exemple on peut citer les éditions des six quatuors dédiés à Haydn, K. 387, 421 (417b), 428 (421b), 458, 464 et 465, et de la fantaisie et sonate pour piano en *ut* mineur, K. 475 et 457, publiées en 1785 par Artaria. Pour ces deux dernières pièces, la situation est plus compliquée, car les autographes sont perdus ; mais on possède, du moins pour la sonate, une source principale de remplacement — un exemplaire dédicacé avec des inscriptions autographes.

Outre Artaria, Hoffmeister et Kozeluch à Vienne, Bossler à Speyer, Schott à Mayence et Sieber à Paris, qui tout au long de cette période ne publièrent de telles éditions que de manière sporadique, les maisons d'édition ou les personnes qui suivent ont fait paraître un certain nombre de premières éditions posthumes (jusqu'en 1805) : Johann et Johann Anton André, Offenbach ; Friedrich Gotthelf Baumgärtner, Leipzig ; Johann August Böhme, Hambourg (deux œuvres de K. Anh. C seulement) ; Breitkopf (à partir de 1796 Breitkopf & Härtel), Leipzig ; Bureau des arts et d'industrie, Vienne ; Johann Cappi, Vienne (deux œuvres de K. Anh. C seulement) ; Joseph Eder, Vienne (une œuvre de K. Anh. C seulement) ; Gombart & Co., Augsbourg ; Günther & Böhme, Hambourg ; Hoffmeister & Kühnel, Leipzig ; Joseph Hraschanzky, Vienne ; Imprimerie du Conservatoire, Paris (une œuvre de K. Anh. C seulement) ; Pierre Le Duc, Paris ; J. Hieronymus Löschenkohl, Vienne (œuvres de K. Anh. C seulement) ; Johann Jakob Lotter, Augsbourg ; Mollo & Co., Vienne ; Musikalisches Magazin auf der Höhe, Brunswick ; Mutzenbecher, Hambourg ; Johann Karl Friedrich Rellstab, Berlin (œuvres de K. Anh. C seulement) ; Schmidt (Schmied) & Rau, Leipzig ; Nikolaus Simrock, Bonn ; Soren Sonnichsen, Copenhague ; J.P. Thonus, Leipzig (sur commission de Breitkopf & Härtel) ; Johann Traeg, Vienne ; Johann Wenzl, Prague ; Franz Heinrich Ziegenhagen, Hambourg ; et Constanze Mozart (imprimerie privée).

Enfin, de 1805 jusqu'aux débuts de l'AMA (janvier 1877), 65 autres œuvres authentiques de Mozart (y compris les transcriptions) furent publiées pour la première fois, essentiellement par les éditeurs suivants (outre André et Breitkopf & Härtel) : Joseph Aibl, Munich ; Artaria, Vienne ; Samuel Chappell, Londres ; August Cranz, Hambourg ; Anton Diabelli, Vienne ; Jacques Léopold Heugel, Paris ; Julius Kistner, Leipzig ; Ambrosius Kühnel, Leipzig ; Christopher Lonsdale, Londres ; Carl Friedrich Peters, Leipzig ; Nikolaus Simrock, Bonn ; Carl Anton Spina, Vienne ; et Johann Traeg, Vienne.

Au cours des deux périodes — 1791-1805, 1805-début des années 1870 — ce sont André à Offenbach et Breitkopf & Härtel à Leipzig qui furent les principaux éditeurs de la musique de Mozart, alors qu'ils n'en avaient pas publié beaucoup de son vivant. C'est seulement vers la fin de 1787 qu'André fit paraître une édition du trio pour piano K. 496 (qui n'était en fait qu'une réimpression d'une édition publiée l'été précédent par Hoffmeister à Vienne) ; en 1790 il publia la première réduction du rondo pour soprano K. 577, composé pour *Le nozze di Figaro*. Les efforts de Leopold Mozart étaient restés vains, de même qu'avec Breitkopf & Härtel. Dans les années qui suivirent la mort de Mozart, les deux firmes ne se manifestèrent qu'occasionnelemnt, mais à la fin du siècle la rivalité entre elles s'exacerba. Jusqu'au cœur du XIXe siècle, c'est la firme d'Offenbach qui prit la tête : en 1799-1800 Johann Anton André (1775-1842) avait acquis de Constance la plus grande part de la succession musicale de Mozart (essentiellement des autographes), sur quoi André a pu fonder toute sa politique éditoriale ; il bénéficiait en outre de l'avantage de pouvoir faire figurer sur ses éditions, après 1800, la mention (en français) : « Edition faite d'après la partition en manuscrit » ou (plus souvent, et plus justement) « Edition faite d'après le manuscrit original de l'auteur ».

Breitkopf & Härtel occupait la deuxième place dans les premières décennies du XIXᵉ siècle ; mais dès 1798 (et jusqu'en 1806), la firme eut l'audace d'essayer de publier des *Œuvres complettes* (sic). Vinrent ensuite de nombreuses éditions, dont certaines étaient des premières publications, puis, en 1868, alors que sa production était en plein essor, les éditions en partition des huit grands opéras achevés, en commençant par *Idomeneo*. Le travail éditorial sur ce dernier projet fut mené à bien par Julius Rietz (1812-1877). Ensuite, avec la publication de l'AMA et des nombreuses éditions qui en furent tirées, la maison de Leipzig éclipsa une fois pour toutes André, qui avait néanmoins joué un rôle de première importance.

Le nombre d'éditions imprimées (aussi bien éditions originales qu'arrangements de toute sorte) a atteint des proportions considérables, qu'on a encore du mal à s'expliquer, dans la première moitié du XIXᵉ siècle (un premier survol, mais incomplet, des éditions et éditeurs figure dans *Köchel* Anh. E) ; néanmoins, au départ de l'AMA, quelque deux cents œuvres, ou plutôt un tiers environ de la production totale de Mozart, restait inédite. Cette partie de son œuvre ne fut donc publiée pour la première fois qu'avec cette « édition complète ».

Avant d'aborder les éditions complètes — AMA et NMA -, il convient de préciser le sens que nous donnons ici à « édition ancienne », dans le cadre des sources mozartiennes : il s'agit normalement d'une nouvelle édition, publiée ou non par la même firme que la « première édition », mais parfois d'une édition simplement révisée, due au même éditeur ou à un autre. Ces deux expressions ne correspondent donc qu'à un ordre chronologique, et n'indiquent rien sur la qualité de la source. Si normalement on réserve leur usage à la période comprise entre 1764 et 1805 environ, rien n'interdit de les employer pour des périodes ultérieures, dans la mesure où il continue de paraître des premières éditions d'œuvres de Mozart : par exemple pour la symphonie en *fa* majeur K. Anh. 223 (19a), publiée en 1981 seulement.

La valeur d'une édition ancienne est manifestement tributaire de sa qualité en tant que source, laquelle dépend à son tour, dans une grande mesure, de la source qui a servi à l'établir (autographe, copie autorisée, etc.) ou du contrôle exercé au moment de l'impression par la maison d'édition ou par le compositeur lui-même. Dans la mesure où Mozart a rarement supervisé les éditions de ses œuvres, les éditions publiées après 1791 par un éditeur consciencieux tel André peuvent avoir plus de valeur en tant que source que grand nombre des premières éditions publiées du vivant de Mozart.

L'ancienne édition monumentale de Breitkopf & Härtel (AMA)

Dès après la mort de Mozart, on a tenté de s'emparer de l'héritage musical qu'il laissait et de le rendre accessible au public sous forme d'« édition complète » de l'ensemble de son œuvre, ou du moins d'une catégorie donnée — la musique pour piano par exemple. L'une de ces éditions, les *Œuvres complettes* de Breitkopf & Härtel (1798-1806), fut la première à prétendre présenter la totalité de la production du compositeur. Juste avant cette entreprise, au moment de la foire pascale de 1798, l'éditeur de Brunswick, Johann Peter Spehr (Musikalisches Magazin der Musik), annonçait une « édition et collection complète des œuvres de Mozart », dont cinq livraisons de cinq pièces chacune parurent en 1798-1799 (essentiellement des œuvres pour piano, de la musique de chambre avec clavier et des lieder). Gottfried Christoph Härtel (1763-1827), seul propriétaire de la maison d'édition de Leipzig à partir de 1796 et intéressé dès ses débuts dans la profession par une édition complète des œuvres de Mozart, tira parti de l'annonce faite par l'éditeur de Brunswick,

dont il prophétisait l'échec imminent du projet, annonçant à son tour au public « une collection correcte et complète des compositions authentiques de Mozart ». Le 15 mai 1798 il s'adressa à Constanze Mozart à Vienne pour lui demander son soutien dans ce projet, s'excusant de lui écrire après en avoir fait l'annonce. Constanze lui envoya une réponse réticente le 26 mai, restant prudente pour ce qui était des « compositions authentiques inédites » de Mozart. C'est néanmoins pendant cette période que Constanze (habilement conseillée par Georg Nikolaus Nissen) commença à négocier avec à la fois André et Breitkopf & Härtel — négociations dont Johann Anton André sortit finalement victorieux (voir ci-dessus). Les *Œuvres complettes* de Breitkopf & Härtel étaient conçues pour paraître en trois parties : *I. Klaviersachen* (en 17 volumes, 1798-1806), *II. Partituren grösserer Werke als Opern, Cantaten, Kirchenstücke etc.* et *III. Musik für mehrere Instrumente in Stimmen, als : Sinfonien, Concerte, Quintetten, Quartetten etc.* Ces deux derniers groupes ne furent jamais achevés, encore que plusieurs des œuvres aient été publiées : deux messes (K. 257 et 317), le Requiem, *Don Giovanni* et vingt concertos pour piano (à partir de K. 238).

Ces *Œuvres complettes*, non plus que les autres éditions, tributaires ou indépendantes (voir la liste dans K. Anh. D p. 915-924), ne sont pas en réalité une édition complète des œuvres de Mozart.

La première à pouvoir y prétendre fut l'AMA : *Wolfang Amadeus Mozarts Werke. Kritisch durchgesehene Gesammtausgabe*, publiée par Breitkopf & Härtel à Leipzig. Organisés de façon systématique en vingt-quatre séries, les volumes furent publiés en livraisons de janvier 1877 à décembre 1883 avec des addenda jusqu'en 1910. Les commentaires critiques, dont beaucoup ne furent jamais achevés, furent publiés séparément des volumes musicaux sous le titre *W.A. Mozarts Werke. Kritisch durchgesehene Gesammtausgabe*.

L'initiateur, et le moteur, de cette première édition complète fut Ludwig Ritter von Köchel. Son célèbre catalogue thématique, *Chronologisch-thematisches Verzeichnis sämtlicher Tonwerke Wolfgang Amadé Mozarts* (qu'on appelle tout simplement le *Köchel* aujourd'hui), commencé en 1851, avait été publié en 1862 par Breitkopf & Härtel (voir « Littérature mozartienne »). Quelques années auparavant seulement, en 1856-1859, Breitkopf & Härtel avait publié la biographie en quatre volumes d'Otto Jahn. Cet ouvrage, lui aussi d'un « non-spécialiste », ajouté au monumental index des autographes, copies et éditions établi par Köchel, servit de base à la première édition complète.

Dans un codicille manuscrit ajouté à son testament le 12 avril 1874, Köchel explique que, depuis de nombreuses années, il s'était efforcé de « réaliser une édition complète de l'œuvre de Mozart » ; il résume ses négociations d'abord avec Breitkopf & Härtel (on n'en était à cette époque qu'au stade du projet) et stipule qu'un tiers de l'ensemble des frais de l'éditeur leipzigois seront payés par un don anonyme garanti par Köchel lui-même. Köchel, qui dans son codicille révèle que le donateur anonyme n'est autre que lui-même, explique en quatre points sous quelle forme et à quelle fin la subvention anonyme doit être payée après sa mort. Dans un « post-scriptum » au codicille, il rapporte qu'en avril 1876 Breitkopf avait fait appel à des souscripteurs pour l'édition complète et écrit : « le 4 septembre 1876, je lui ai confirmé par écrit cette subvention garantie : par l'intermédiaire du dr. L.R. von Köchel, un admirateur de Mozart à Vienne enverrait à Leipzig 15 000 florins en monnaie autrichienne (l'équivalent de 10 000 Reichsthaler) en dix versements semestriels de 1 500 florins autrichiens, au début de septembre et au début de mars de chaque année. » Des notes relatives au transfert des deux premiers versements (4 septembre 1876 et 3 mars 1877) concluent le post-scriptum du codicille.

Selon le compte rendu des activités de l'Internationale Stiftung Mozarteum de Salzbourg, le 26 février 1875, « des démarches préliminaires avaient été effectuées avec succès en vue de l'édition complète des œuvres de W.A. Mozart ». Le 10 mars, le président de la fondation, Karl Freiherr von Sterneck-Daublebsky, organisa une réunion pour le lendemain à la Chiemsee-Hof, siège du gouvernement régional de Salzbourg. En tête de l'ordre du jour était inscrite la « question de la publication des œuvres de Mozart ». Le motif de cette réunion décisive était une lettre du 3 mars 1875 de Köchel à Vienne, adressée à l'Internationale Mozartstiftung en réponse à une requête écrite envoyée de Salzbourg une semaine plus tôt (27 février) afin de connaître « l'opinion [de Köchel] sur une édition critique complète des œuvres de Mozart ». Köchel commence sa lettre par une phrase qui n'a rien perdu de sa valeur : « Je suis depuis longtemps intimement persuadé qu'on ne saurait faire de plus grand honneur à un homme de génie immense que de réaliser une édition exacte de ses œuvres complètes. » Après avoir relaté les démarches qu'il a déjà effectuées en vue de cette édition complète, non seulement pour ce qui concerne son contenu mais aussi son financement (sur quoi il entre dans les détails de ses négociations avec Breitkopf), il conclut : « Je ne puis que répéter : je ne vois pas de plus belle ni de plus digne mission pour l'Internationale Mozartstiftung que de soutenir énergiquement la publication des œuvres de Mozart, telle qu'elle a déjà été fort heureusement entreprise par la firme de Breitkopf & Härtel, qui promet les plus grandes réussites dans son évolution future. » Köchel fait sans doute référence ici à la publication déjà évoquée dans sa lettre (ainsi que dans cet essai) — l'édition en partition des opéras importants, à partir d'*Idomeneo*. « Il ne serait pas non plus moins gratifiant pour moi, pour-

suit-il, de penser que par cette présentation des faits j'ai fait de mon mieux pour encourager cette honorable entreprise. » C'est sans aucun doute fort de cette déclaration de Köchel que la Mozartstiftung décida le 11 mars 1875 de parrainer l'AMA. Le projet reçut ensuite le soutien financier, entre autres, des maisons impériales de Vienne et de Berlin, mais le premier volume (série I : messes, volume 1) devait être dédié à la « magnanime patronne » salzbourgeoise.

Comme nous l'avons dit plus haut, l'éditeur Breitkopf & Härtel avait fait paraître en avril 1876 un prospectus appelant à souscrire aux « œuvres de Mozart », puisque le directeur de la firme, Hermann Härtel (* 1803) s'était décidé peu de temps avant sa mort en faveur de l'édition. Si la date officielle de la première publication était « janvier 1877 », la première livraison avait en fait été imprimée dès décembre 1876 (témoin une lettre du 15 décembre de Breitkopf à la Mozartstiftung). Parmi les œuvres qui y figuraient se trouvaient les messes K. 49 (47d) et K. 65 (61a) (série I/1, éd. Franz Espagne) et les lieder (série III, éd. Gustav Nottebohm).

A tous égards, Ludwig Ritter von Köchel fut donc l'initiateur de l'AMA ; mais malgré l'énergie qu'il y consacra et la réussite dont elle fut couronnée, son intention était de rester dans les coulisses. Il prêta des éléments de sa propre collection et mit à la disposition de l'éditeur et des différents responsables éditoriaux plus de cinq cinquante précieuses copies en partition d'œuvres de Mozart, qui servirent à corriger les textes musicaux donnés au graveur. Il collabora également pendant le peu de temps qu'il lui restait à vivre à l'édition comme « inspecteur », ainsi que l'appelaient affectueusement les différents responsables, dont Johannes Brahms, Franz Espagne, Joseph Joachim, Gustav Nottebohm, Carl Reinecke, Julius Retz, Ernst Rudorff, Phlipp Spitta, Paul comte von Waldersee et Franz Wüllner.

Le corps de l'édition fut achevé en sept petites années (Köchel lui-même avait pensé que cinq années suffiraient !) — prodige d'érudition, d'organisation et de technique de premier ordre, à peine concevable de nos jours. Mais ce qui manque avant tout à l'AMA, ce sont des principes éditoriaux unifiés. S'il s'agit manifestement d'une édition qu'il faut qualifier de scientifique et critique, on ne sait pas toujours clairement, dans certains cas précis, ce qui est le texte musical d'origine et ce qui est ajout éditorial. Les comptes rendus critiques (*Revisionsberichte*) ne contribuent pas toujours à clarifier la situation, car tel apport dont l'un des responsables pensait qu'il méritait d'être consigné allait de soi pour un autre, qui se contentait de réviser le texte musical sans autre commentaire. Il est particulièrement regrettable que les comptes rendus critiques des séries VIII (symphonies) et XIII à XXII (musique de chambre et musique pour clavier, dont les concertos pour clavier) ne proposent qu'un « Index des manuscrits originaux consultés », et ce sous forme de liste, ce qui interdit toute vérification critique du texte musical.

La Neue Mozart-Ausgabe (NMA)

Ces insuffisances frustrantes (du moins d'après des critères modernes) mises à part, l'AMA est en retard sur l'état actuel de nos connaissances sur la musique de Mozart, dans la mesure où la recherche n'est pas restée immobile depuis l'achèvement de cette première édition complète. L'œuvre est demeurée essentiellement la même, mais avec des modifications substantielles dans certains cas : des pièces inconnues ont été mises au jour ; d'autres se sont révélées d'authenticité douteuse ou apocryphes. Le statut des sources a lui aussi évolué, tantôt vers le pire — par exemple lorsqu'un autographe n'est plus accessible -, tantôt vers le mieux, lorsque des autographes qu'on croyait perdus ont été retrouvés (en partie à la faveur des recherches suscitées par la NMA). Regardant au-delà des autographes, l'étude critique des sources a jeté une lumière entièrement neuve sur la transmission des œuvres de Mozart par les copies et les éditions anciennes. On a également acquis de nouvelles connaissances sur la chronologie des œuvres, à la suite des éditions successives du catalogue de Köchel, mais aussi grâce aux travaux de pionnier de Wolfgang Plath (analyses graphologiques) et d'Alan Tyson (étude des filigranes et des types de papier). Une nouvelle édition scientifique et critique des œuvres complètes de Mozart en est le fruit.

Les premiers pas dans ce sens ont été faits dès 1940-1941 par l'Internationale Stiftung Mozarteum de Salzbourg, mais ses projets furent entravés par la Seconde Guerre mondiale. Après la guerre, la Stiftung reprit ses travaux et, au terme de longues délibérations, annonça dans le *Mozart-Jahrbuch 1953* (publié en 1954) le début de la Nouvelle Edition Mozart, Neue Mozart-Ausgabe : *Wolfgang Amadeus Mozart. Neue Ausgabe sämtlicher Werke, in Verbindung mit den Mozartstädten Augsburg, Salzburg und Wien, herausgegeben von der Internationalen Stiftung Mozarteum Salzburg.* Avec la Neue Bach-Ausgabe, un peu plus ancienne, la NMA est devenue l'un des modèles de l'« édition complète ». Les premiers volumes ont commencé à paraître en 1955 ; le premier directeur éditorial, jusqu'à sa mort prématurée en 1960, en était le musicologue Ernst Fritz Schmid, spécialiste de Haydn et Mozart.

L'essentiel du travail scientifique et éditorial pour cette édition est mené à bien dans les deux villes mozartiennes que sont Augsbourg et Salzbourg. Chez Bärenreiter-Verlag à Cassel, à qui fut confiée la publication, cette tradition d'Autriche et d'Allemagne du Sud est encore vivace. Le fondateur de la maison d'édition était Karl Vötterle (1903-1975), qui en avait d'abord installé les locaux dans sa ville natale d'Augsbourg (qui était

aussi celle de Leopold Mozart). En 1927 il quitta Augsbourg pour Cassel et conduisit la firme vers la renommée internationale. Travaillant avec des hommes comme Friedrich Gehmacher (1900-1976) et Richard Spängler de l'Internationale Stiftung Mozarteum de Salzbourg, Vötterle devait ensuite guider efficacement les activités de la NMA. Grâce à la collaboration de Bärenreiter-Verlag et de la Stiftung Mozarteum, la NMA partait sur des bases solides. En 1960, la direction éditoriale fut confiée à Wolfgang Rehm, auquel se joignirent en 1973 Rudolph Angermüller (jusqu'en 1980) et Dietrich Berke. Le financement de l'édition a été assuré par la campagne *Pro Mozart* lancée par la Stiftung Mozarteum, qui a reçu le soutien de particuliers et de fondations (au premier rang desquelles, jusqu'au milieu des années 1970, la Fondation Volkswagen) ainsi que d'entreprises publiques en Autriche et en République démocratique d'Allemagne. La République fédérale d'Allemagne joue un rôle encore plus particulier : à travers un programme universitaire, le gouvernement fédéral et l'Etat de Bavière se partagent à parts égales le fardeau financier de la recherche musicologique.

La NMA a pour objectif, en tant qu'édition historique et critique, d'offrir l'état le plus récent des recherches musicologiques et philologiques, ainsi que des connaissances pratiques (notamment pour ce qui regarde l'exécution), sur la production de Mozart. Dès le départ, la nouvelle édition s'est donné pour but de servir à parts égales la théorie et la pratique. Contrairement à son prédécesseur, l'AMA, dont le propos était presque exclusivement d'ordre musicologique, la NMA s'est orientée dans une direction neuve et essentielle : elle satisfait aux exigences nées des conceptions nouvelles qui se sont fait jour au XXe siècle en matière d'exécution — exigence de fidélité à l'œuvre en premier lieu. En tant qu'idéal d'exécution, cette fidélité n'est accessible qu'à condition de disposer d'éditions qui reproduisent sans altérations les souhaits du compositeur.

La NMA, avec 130 volumes prévus divisés en 10 séries représentant 34 catégories d'œuvres, est pour sa plus grande partie achevée (en 1989, 114 volumes, dont 12 volumes du supplément, série X, et 54 comptes rendus critiques, publiés séparément, avaient paru). Pour le bicentenaire de la mort de Mozart en 1991, le corps de l'édition devrait être complet : 105 volumes dans les séries I-IX et 15 des volumes prévus du supplément. Ceux-ci seront suivis au cours de la prochaine décennie des derniers volumes du supplément ainsi que du restant des comptes rendus critiques se rapportant aux volumes déjà publiés.

Le travail d'édition et la réalisation de la NMA (il en va, du reste, de même pour toutes les éditions de pareille ampleur) se font selon le calendrier suivant :

- Définition du contenu de chacun des volumes.

- Formulation de directives détaillées en ce qui concerne le travail d'édition proprement dit. A l'heure actuelle, celles-ci occupent une trentaine de pages serrées, qui servent de principes directeurs à chacun des responsables éditoriaux et visent à assurer le maximum d'uniformité au sein de l'édition elle-même.

- Pour chaque œuvre, toutes les sources accessibles, à savoir les autographes, les copies, les premières éditions, les éditions anciennes et les livrets imprimés, sont répertoriées sur une fiche et des reproductions sont commandées aux bibliothèques, archives ou collectionneurs privés. Lorsque la NMA sera achevée, les musicologues mozartiens disposeront donc d'archives regroupant l'ensemble des sources, sous forme de microfilms et de photocopies, quasi sans lacunes.

- Pour chaque volume une table détaillée des sources est établie à partir de la fiche (dont les informations sont sans cesse mises à jour et augmentées). Celle-ci avec les microfilms et les photocopies y afférents sont alors mis à la disposition du responsable éditorial. Dans la mesure du possible, ce catalogue des sources comporte des renseignements sur leur qualité et sur leurs relations entre elles.

- Avant la gravure du manuscrit, la direction éditoriale l'examine et, si nécessaire, corrige le texte sur la base des sources adéquates.

- Avant la publication, le responsable et le directeur assument tous deux la lourde responsabilité d'une dernière relecture de l'ensemble des épreuves.

Parmi les tâches supplémentaires qui lui incombent, la NMA

doit clarifier un certain nombre de questions scientifiques délicates, telles les questions d'authenticité ou de chronologie, en fonction d'analyses de l'écriture de Mozart et de sa notation musicale à différents moments de sa carrière. Parmi les aspects secondaires de ce travail d'édition, il faut aussi identifier et classer les nombreuses esquisses, fragments et ébauches que Mozart, contrairement à ce que l'on suppose généralement, a laissés.

Le problème de l'authenticité est très vaste, témoin le nombre d'œuvres — environ quatre cents — apocryphes ou d'attribution très douteuse, transmises uniquement dans des sources secondaires, qui vient s'ajouter aux plus de six cents œuvres incontestablement authentiques de Mozart. Dans le cadre de la NMA, cette immense question ne peut être traitée que pour quelques cas choisis, mais significatifs, dans les volumes du supplément expressément réservés aux œuvres d'authenticité douteuse. Ce volumineux supplément abrite des domaines de recherche qui sont longtemps restés dans l'ombre — « Mozart en tant qu'arrangeur d'œuvres d'autres compositeurs », ou « Mozart en tant que professeur ». Les volumes supplémentaires qui ont déjà paru ont placé ces thèmes dans le champ de la théorie et de la pratique, de même que les deux volumes de documents (iconographie et textes) de la NMA ont jeté un peu de lumière sur certains aspects obscurs de la vie de Mozart. Avec les sept volumes de la correspondance

familiale des Mozart, sorte de « compagnons littéraires » de la NMA, les fondations sont donc posées pour une nouvelle approche biographique. Parmi les volumes supplémentaires encore à paraître, trois études exhaustives, en relation avec les autographes, méritent d'être citées : une édition en fac-similé, avec commentaires, du catalogue thématique de ses œuvres tenu par Mozart lui-même (1784-1791) ; un catalogue des filigranes que l'on trouve dans les autographes de Mozart ; et une analyse de l'écriture de Mozart, conçue en fonction de critères chronologiques.

Comme toute entreprise scientifique, le travail à la NMA nécessite de la diligence, de l'intuition, de la perspicacité, de l'imagination, le sens des responsabilités et, avant tout, le courage de prendre position, non seulement en matière d'interprétation philologique, mais aussi dans le domaine du goût musical. Dans le même temps, on risque bien entendu d'être confronté à ses propres insuffisances. Dans « Betrachtungen im Sinne der Wanderer », le premier recueil d'aphorismes qui clôt le livre II de *Wilhelm Meisters Wanderjahre*, Goethe évoque la quête du philologue, abordant ainsi cette question de la lutte intérieure. C'est avec cette « maxime philologique » de Goethe que nous conclurons la présente contribution :

Le philologue est tributaire de l'exactitude de la tradition écrite. Il prend pour point de départ un manuscrit comportant de substantielles lacunes, des erreurs du scripteur qui en obscurcissent le sens, et tous les autres défauts caractéristiques du manuscrit. Il trouve ensuite une deuxième copie, puis une troisième ; en les comparant, il s'approche encore davantage de l'intelligence et du sens du texte transmis. Il va ensuite plus loin, et demande à ses facultés intuitives, indépendamment des ressources secondaires, d'être encore plus à même de saisir et de découvrir la vérité du sujet qu'il traite. Etant donné que cela nécessite un tact spécial, une assimilation particulière de son auteur disparu et un certain degré d'ingéniosité, on ne pourra guère en vouloir au philologue lorsque en matière de goût il risque un jugement qui pourra néanmoins parfois le trahir.

WOLFGANG REHM

Bibliographie sélective

Bibliographies et catalogues

Angermüller, R. et Schneider, O., *Mozart-Bibliographie (bis 1970)*. *(Mozart-Jahrbuch)*, Cassel, 1976. *Mozart-Bibliographie, 1970-1975, mit Nachträgen zur Mozart-Bibliographie bis 1970*. Cassel, 1978. *Mozart-Bibliographie 1976-1980, mit Nachträgen zur Mozart-Bibliographie bis 1975*. Cassel, 1982.

Keller, O., *Wolfgang Amadeus Mozart : Bibliographie und Ikonographie*. Berlin, 1927.

Köchel, L. Ritter von, *Chronologisch-thematisches Verzeichnis sämtlicher Tonwerke Wolfgang Amadé Mozarts*. Leipzig, 1862 ; éd. A. Einstein, avec suppl., 1937 ; 3/1947 ; éd. F. Giegling, A. Weinmann et G. Sievers, 6/1964, rév. 1984.

—— *Der kleine Köchel*. Ed. H. von Hase, Wiesbaden, 1951.

Mozart, W.A., *Verzeichnüss aller meiner Werke*. Fac-similé éd. O.E. Deutsch, Vienne, 1938.

Neue Mozart-Ausgabe, « Verzeichnis der verschollenen Mozart-Autographe der ehemaligen Preussischen Staatsbibliothek Berlin (BB) », in *Bericht über die Mitarbeitertagung in Kassel 29.-30 Mai 1981* (1984).

Périodiques

Acta Mozartiana. Ed. E. Valentin, Augsbourg, 1954-.

Allgemeine musikalische Zeitung. Leipzig, 1798-1849.

Mitteilungen der Internationalen Stiftung Mozarteum. Ed. G. Rech et R. Angermüller, Salzbourg, 1952-.

Mitteilungen für die Mozartgemeinde in Berlin. Berlin, 1895, 1900-1912, 1925-.

Mozart-Jahrbuch. Ed. H. Abert, Munich, 1923-1924, 1929.

Mozart-Jahrbuch des Zentralinstituts für Mozartforschung der Internationalen Stiftung Mozarteum. Ed. G. Rech, 1951- ; éd. R. Angermüller *et alii*, 1976-, Salzbourg, 1951-.

Mozarteums Mitteilungen. Ed. R. Lewicki, Salzbourg, 1918/19-1920/21.

Neues Mozart-Jahrbuch. Ed. E. Valentin, Ratisbonne, 1941-1943.

L'Avant-Scène Opéra : 8 volumes sont consacrés à Mozart (livrets des opéras avec la traduction, analyses, commentaires, discographie, bibliographie) : *Les noces de Figaro* (n° 21 ; nouvelle éd. à paraître), *Don Juan* (n° 24) ; *Mitridate* (n° 54) ; *L'enlèvement au sérail* (n° 59) ; *Idoménée* (n° 89), *La clémence de Titus* (n° 99) ; *La flûte enchantée* (n° 101) ; *Così fan tutte* (n°ˢ 131-132).

Correspondance

Bauer, W.A., Deutsch, O.E., et Eibl, J.H., éd., *Mozart. Briefe und Aufzeichnungen. Gesamtausgabe*. 7 vol., Cassel, etc., 1962-1975. *W. A. Mozart. Correspondance*. Trad. et éd. fr. G. Geffray. 5 vol. (dont 2 à paraître), Paris, 1986-.

Lettres de W.A. Mozart. Traduction nouvelle et complète par Henri de Curzon. 2 vol., Paris, 5/1928 ; fac-similé Plan-de-la-Tour, 1983.

Müller von Asow, E., éd., *Gesamtausgabe der Briefe und Aufzeichnungen der Familie Mozart*. Berlin, 1942.

Schiedermair, L. éd., *Die Briefe W.A. Mozarts und seiner Familie. Erste kritische Ausgabe*. 5 vol., Munich et Leipzig, 1914.

Editions

W.A. Mozart : Neue Ausgabe sämtlicher Werke. Ed. Schmid, E.F., Plath, W. et Rehm, W. Internationale Stiftung Mozarteum Salzburg. Cassel, 1955-.

W.A. Mozart : Neue Ausgabe sämtlicher Werke. Editionsrichtlinien musikalischer Denkmäler- und Gesamtausgaben, Cassel, 1967, p. 99-132 (Gesellschaft für Musikforschung, éd. G. von Dadelsen).

Neue Mozart-Ausgabe, introduction aux éditions des concertos : Flothuis, M. (V :15/1 et 4) ; Wolff, C. (V :15/2-3) ; Badura-Skoda, P. et E. (V :15/7) ; Rehm, W. (V :15/8) ; Mahling, C.H. (V :14/1-2) ; Giegling, F. (V :14/3-6).

Wolfgang Amadeus Mozart, The Six « Haydn » Quartets : Facsimile of the Autograph Manuscripts in the British Library, Add. MS 37763. Introduction

Alan Tyson. British Library Music Facsimiles, 4 (Londres, 1958), p. v-xv.

Livres et articles

Abert, A.A., « Methoden der Mozartforschung », *Mozart-Jahrbuch 1964*, Salzbourg, 1965, p. 22-27.

Abert, H., *W.A. Mozart*. Neu bearbeitete und erweiterte Ausgabe von O. Jahns « Mozart ». Leipzig, 1919 ; éd. E. Kaps, Leipzig, 3/1966.

—— *Mozart's « Don Giovanni »*. Londres, 1976.

Albrecht, H., *Die Bedeutung der Zeichen Keil, Strich und Punkt bei Mozart (Fünf Lösungen einer Preisfrage) = Musikwissenschaftliche Arbeiten*, n° 10, 1957.

Algarotti, F., *Opere*. Livourne, 1763.

Allanbrook, W.J., *Rhythmic Gesture in Mozart : Le nozze di Figaro and Don Giovanni*. Chicago, 1983.

Allroggen, G., « Zur Frage der Echtheit der Sinfonie KV Anh.216=74g », in *Wolfgang Amadeus Mozart*, éd. G. Croll. Darmstadt, 1977, p. 462-473.

Alth, M. von et Obzyna, G., *Burgtheater 1776-1976 : Aufführungen und Besetzungen von zweihundert Jahren*. 2 vol., Vienne, s.d.

Angermüller, R., « Mozart und Metastasio », *Mitteilungen der Internationalen Stiftung Mozarteum*, 26 (1978), p. 12.

—— « Ein grosser Genius kann nicht würdiger geehrtwerden... » : *Die Neue Mozart-Ausgabe der Internationalen Stiftung Mozarteum : Eine Edition des Mainzer Akademien-Programms*. Mayence, 1984.

—— *Figaro : Mit einem Beitrag von Wolfgang Pütz : « Le nozze di Figaro » auf dem Theater*. Salzbourg, 1986.

—— et Biba, O., *pro Amadeus contra : Weiner Musikleben zur Zeit Mozarts und Salieris*. Munich, 1988.

—— et Münster, R., éd. *Bayerische Staatsbibliothek, Wolfgang Amadeus Mozart : Idomeneo 1781-1981*. Essais. Forschungsberichte, Katalog. Munich, 1981.

Arthur, J., et Schachter, C., « *Das Veilchen* : a commentary on the autograph and an analysis of the music ». *Musical Times*, 130 (1989), 149-155.

Autexier, P.A., *Mozart & Liszt sub Rosa*. Poitiers, 1984.

—— « Wann wurde die Maurerische Trauermusik uraufgeführt ». *Mozart-Jahrbuch 1984/5*, Salzbourg, 1985, p. 6-8.

—— « Les quatuors de Mozart dédiés à Joseph Haydn », *L'Education musicale*, 327 (avril) 1986.

—— *Mozart, chronologie, l'œuvre, dictionnaire*. Paris, 1987[a].

—— « La musique maçonnique », *Dix-huitième siècle*, 19 (1987[b]), p. 97-104.

Babitz, S., « Modern errors in Mozart performance », *Mozart-Jahrbuch 1967*, Salzbourg, 1968, p. 62-89.

Bach, C.P.E., *Versuch über die wahre Art das Clavier zu spielen* (Berlin, I, 1753 ; II, 1762 ; I et II fac-similé 1957). *Essai sur la vraie manière de jouer des instruments à clavier*. Trad. D. Collins. Paris, 1979.

Badura-Skoda, Eva et Paul, « Zur Echtheit von Mozarts Sarti-Variationen KV. 460 », *Mozart-Jahrbuch 1959*, Salzbourg, 1960, p. 127-139.

—— *Mozart-Interpretation*. Vienne, 1957. *L'art de jouer Mozart au piano*. Trad. Christiane de Lisle, Paris, 1974.

Ballin, E.A., *Der Dichter von Mozarts Freimaurerlied « O heiliges Band » und das erste erhaltene deutsche Freimaurerliederbuch*. Tutzing, 1960.

—— éd., *Wolfgang Amadeus Mozart : Neue Ausgabe sämtlicher Werke*. Serie III. Werkgruppe 8 : Lieder. Cassel, etc., 1963 ; Kritischer Bericht, 1964.

—— *Das Wort-Ton-Verhältnis in den klavierbegleiteten Liedern W.A. Mozarts*. Cassel, 1984.

Bär, C., « Die " Musique vom Robinig " », *Mitteilungen der Internationalen Stiftung Mozarteum*, 9 (1960), p. 6-11.

—— « Zum Begriff des " Basso " in Mozarts Serenaden », *Mozart-Jahrbuch 1960/61*, Salzbourg, 1961, p. 133-155.

—— *Mozart : Krankheit-Tod-Begräbnis*. Salzbourg, 2/1972.

—— « Er war... kein guter Wirth », *Acta Mozartiana*, 25 (1978), Heft 2, p. 30-53.

Bauer-Lechner, N., *Recollections of Gustav Mahler*. Trad. D. Newlin. Cambridge, 1980.

Bauman, T., *North German Opera in the Age of Goethe*. Cambridge, 1985.

—— *Die Entführung aus dem Serail*. Cambridge, 1987.

Beales, D., *Joseph II : I. In the Shadow of Maria Theresia, 1741-1780*. Cambridge, 1987.

Benn, C., *Mozart on the Stage. With an introduction by Richard Capell*. Londres, 1946.

Berke, D., « Nochmals zum Fragment eines Streichtrio-Satzes in G-dur KV Anh. 66 (562e) », *Acta Mozartiana*, 29 (1982), p. 42-47.

Berlioz, H., *Mémoires*. Rééd. 2 vol., Paris, 1969

Beyer, F., « Mozarts Komposition zum Requiem. Zur Frage der Ergänzung », *Acta Mozartiana* 18 (1971), Heft 2, p. 27-33.

Biba, O., « (W.A.M.) Accompagnato-Rezitativ zu einer Arie von Domenico Cimarosa [...] als Einlage für die Oper " La quacquera spiritosa " von Pietro Guglielmi (1728-1804) " No caro fà corraggio " », n° 1653 cat. *Österreich zur Zeit Kaiser Josephs II*. Melk, 1980.

—— « Par Monsieur François Comte de Walsegg », *Mitteilungen der Internationalen Stiftung Mozarteum*, 29 (1981), p. 34-40.

Bilson, M., « Some general thoughts on ornamentation in Mozart's keyboard works », *Piano Quarterly*, 95 (1976), p. 26.

Blom, E., *Mozart*. Londres, 1955.

Blomhert, B., *The Harmoniemusik of « Die Entführung aus dem Serail » by Wolfgang Amadeus Mozart : study about its authenticity and critical edition*. Thèse, Utrecht, 1987.

Blume, F., « The concertos (I) : their sources », in *The Mozart Companion*, éd. H.C.R. Landon et D. Mitchell. Londres, 1956, p. 200-233. « Les concertos : leurs sources », in *Initiation à Mozart*. Trad. Y. Gauclère. Paris, 1959, p. 258-298.

Branscombe, P., éd., *Die Zauberflöte*. Cambridge, à paraître.

Brook, B.S., éd., *The Symphony, 1720-1840*. Series B, vol. VII ; Franz Asplmayr, trois symphonies, éd. D.C. Monk ; Leopold Hofmann, quatre symphonies, éd. G. Cook Kimball ; Wenzel Pichl, trois symphonies, éd. A. Zakin. Salzbourg Part I, Leopold Mozart, trois symphonies, éd. C. Eisen. New York, 1984.

Brophy, B., *Mozart the Dramatist*. Londres, 1964 ; éd. rév. 1988.

Brown, M., « Mozart's songs for voice and piano », *Music Review*, 17 (1956), p. 19 *sq.*

Bruford, W.H., *Germany in the Eighteenth Century*. Cambridge, 1959.

Brunner, F., *Das Klavierklangideal Mozarts und die Klaviere seiner Zeit*. Augsbourg, 1933.

Caflisch, L. et Fehr, M., *Der junge Mozart in Zürich. Ein Beitrag zur Mozart-Biographie auf Grund bisher unbekannter Dokumente* (140. Neujahrsblatt der allg. Musikgesellschaft Zürich auf das Jahr 1952). Zurich, 1952.

Caldwell, J., *Editing Early Music*. Londres, 1985.

Carse, A., *The Orchestra in the 18th Century*. Cambridge, 1940.

Carter, T., éd., *Le nozze di Figaro*. Cambridge, 1987.

Chailley, J., *Musique et ésotérisme : « La Flûte enchantée », opéra maçonnique*. Paris, 1968 ; éd. rév. 1975 ; nouvelle éd. rév. 1983.

Chantavoine, J., *Mozart dans Mozart*. Paris, 1948.

Chesnut, J.H., « Mozart's teaching of intonation », *Journal of the American Musicological Society*, 30 (1977), n° 2, p. 254-271.

Curzon, H. de, *Essai de bibliographie mozartienne. Revue critique des ouvrages relatifs à W.A. Mozart et ses œuvres*. Paris, 1906.

Da Ponte, L., *An extract from the life of Lorenzo Da Ponte, with the history of several dramas written by him, and among others « Il Figaro », « Il Don giovanni » and « La scuola degli amanti » set to music by Mozart*. New York, 1819.

—— *Mémoires et livrets*. Ed. J.F. Labie. Paris, 1980.

Davies, P.J., « Mozart's illness and death ». *Journal of the Royal Society of Medicine*, 76 (1983), p. 776-785, et *Musical Times*, 125 (1984), p. 437-442, 554-561.

—— « Mozart's manic-depressive tendencies », *Musical Times*, 128 (1987), p. 123-126 et 191-196.

—— *Mozart in Person : his Character and his Health*. Westport, Conn., et Londres, 1989.

Deininger, H.F., *Die Deutsche Schauspieler-gesellschaft unter der Direktion von Johann Heinrich Böhm, einem Freunde der Familie Mozart, in Augsburg in den Jahren 1779 und 1780 = Augsburger Mozartbuch : Zeitschrift des historischen Vereins für Schwaben.* 55/56 (1942/43).

Delacroix, E., *Journal 1822-1863.* Paris, 1981.

Dennerlein, H., *Der unbekannte Mozart. Die Welt seiner Klavierwerke.* Leipzig, 1951.

Dent, E.J., *Mozart's Operas : a Critical Study.* Londres, 1913 ; éd. rév. 1947, 3/1955. *Les opéras de Mozart.* Trad. R. Duchac. Paris, 1958.

Deutsch, O.E., *Mozart und die Wiener Logen. Zur Geschichte seiner Freimaurer-Kompositionen.* Vienne, 1932.

—— *Mozart und seine Welt in zeitgenössischen Bildern.* Commencé par M. Zenger. Cassel, etc., 1961[a].

—— *W.A. Mozart. Neue Ausgabe sämtlicher Werke.* Serie X : Supplement, Werkgruppe 34. *Mozart. Die Dokumente seines Lebens.* Ed. O.E. Deutsch. Cassel, etc., 1961[b].

—— *W.A. Mozart. Neue Ausgabe sämtlicher Werke.* Serie X : Supplement, Werkgruppe 31 : Nachträge Bd. I *Addenda und Corrigenda zu Mozart. Die Dokumente seines Lebens.* Ed. J.H. Eibl. Cassel, etc., 1978.

Dickson, P.G.M., *Finance and Government under Maria Theresia 1740-1780.* Oxford, 1987.

Dies, A.C., *Biographische nachrichten von Joseph Haydn.* Vienne, 1810 ; éd. rév. H. Seeger, Berlin, 1959.

Dunning, A., « Mozart's Kanons », *Mozart-Jahrbuch 1971/72,* Salzbourg, 1973, p. 227-240.

Eckelmeyer, J., « Structure as a hermeneutic guide to The Magic Flute », *Musical Quarterly,* 72 (1986), p. 51-73.

Eibl, J.H., « Süssmayr und Constanze », *Mozart-Jahrbuch 1976/77,* Cassel, etc., 1978, p. 277-280.

—— « Kirchenmusik in den Mozartschen Familienbriefen », *Mozart-Jahrbuch 1978/79,* Cassel, etc., 1979, p. 18-21.

Einstein, A., *Mozart, sein Charakter, sein Werk.* Zurich, 1953. *Mozart, l'homme et l'œuvre.* Trad. J. Delalande. Paris, 1954.

Eisen, C., « Some lost Mozart editions of the 1780s », *Mitteilungen der Internationalen Stiftung Mozarteum,* 32 (1984), p. 64-70.

—— « Contributions to a new Mozart documentary biography », *Journal of the American Musicological Society,* 39 (1986), p. 615-632.

—— « New light on Mozart's " Linz " Symphony, K. 425 », *Journal of the Royal Musical Association,* 113 (1988[a]), p. 81-96.

—— « The symphonies of Leopold Mozart : their chronology, style and importance for the study of Mozart's earliest symphonies », *Mozart-Jahrbuch 1987/88.* Salzbourg, 1988[b], p. 181-193.

—— compte rendu de : Alan Tyson, *Mozart : studies of the autograph scores* (Cambridge, Mass., et Londres, 1987), *Music & Letters,* 70 (1989[a]), p. 101-104.

—— « Salzburg 1750-1803 », in *The Classical Era,* éd. N. Zaslaw, vol. 5 de *Man and Music,* éd. S. Sadie. Londres et Englewood Cliffs, 1989[b], p. 166-187.

—— « Problems of authenticity among Mozart's early symphonies : the examples of K. Anh. 220 (16a) and 76 (42a) », *Music & Letters,* 70 (1989[c]), p. 505-516.

Federhofer, H. « Probleme der Echtheitsbestimmung der kleineren kirchenmusikalischen Werke W.A. Mozarts », *Mozart-Jahrbuch 1958,* Salzbourg, 1959, p. 97 *sq.,* et *Mozart-Jahrbuch 1960/61,* Salzbourg, 1961, p. 43 *sq.*

Federhofer-Königs, R., « Mozarts Lauretanische Litaneien KV 109 (74e) und 195 (186d) », *Mozart-Jahrbuch 1967,* Salzbourg, 1968, p. 111-120.

—— « Mozartiana im Musikaliennachlass von Ferdinand Bischoff », *Mozart-Jahrbuch 1965/66,* Salzbourg, 1967, p. 15-38.

Fehr, M., *Die Familie Mozart in Zürich.* Zurich, 1942.

Feicht, H., « Die Kenntnis Mozarts in Polen », in *Bericht über den Internationalen Musikwissenschaftlichen Kongress Wien Mozartjahr 1956,* éd. Schenk. Graz, 1958, p. 191-194.

Fellerer, K.G., « Mozarts Kirchenmusik und ihre liturgischen Voraussetzungen », *Mozart-Jahrbuch 1978/79,* Cassel, etc., 1979, p. 22-26.

—— *Die Kirchenmusik W.A. Mozarts*. Laaber, 1985.

Fellinger, I., « Brahms' view of Mozart », in *Brahms*, éd. R. Pascall. Cambridge, 1983, p. 41-57.

Ferguson, F., « Mozart's keyboard concertos : tutti notations and performance models », *Mozart-Jahrbuch 1984/85*, Cassel, etc., 1986, p. 32-39.

Ferguson, H., *Keyboard Interpretation from the 14th to the 19th Century, an Introduction*. Londres, 1975.

Finscher, L., « Aspects of Mozart's compositional process in the quartet autographs : I. The early quartets : II. The genesis of K. 387 », in *The String Quartets of Haydn, Mozart and Beethoven; Studies of the Autograph Manuscripts*, éd. C. Wolff. Cambridge, Mass., 1980, p. 121-153.

Fischer, K. von, « Sind die Klaviervariationen über Sartis " Come un'agnello " von Mozart ? », *Mozart-Jahrbuch 1958*, Salzbourg, 1959, p. 18-29.

—— « Sind die Klaviervariationen KV. 460 von Mozart ? », *Mozart-Jahrbuch 1959*, Salzbourg, 1960, p. 140-145.

—— « Come un agnelo — Aria del Sig^r Sarti con variazioni », *Mozart-Jahrbuch 1978/79*, Salzbourg, 1979, p. 112-121.

Flothuis, M., « Mozarts Bearbeitung eigener und fremder Werke », *Mitteilungen der Internationalen Stiftung Mozarteum*, 2 (1969).

—— « Neue Erkenntnisse in Bezug auf Mozarts Tanzmusik », *Mitteilungen der Internationalen Stiftung Mozarteum*, 28 (1980[a]), Doppelheft 3/4, p. 12-15.

—— « A close reading of the autographs of Mozart's ten late quartets », in *The String Quartets of Haydn, Mozart and Beethoven; Studies of the Autograph Manuscripts*, éd. C. Wolff. Cambridge, Mass., 1980[b], p. 154-173.

Forman, D., *Mozart's Concerto Form : the First Movements of the Piano Concertos*. Londres et New York, 1971.

Galeazzi, F., *Elementi teorico-pratici di musica*. 2 vol., Rome, 1791-1796.

Geminiani, F., *The Art of Playing on the Violin*. Londres, 1751 ; fac-similé, éd. D. Boyden, Oxford, 1952.

Gerbert, M., *De cantu et musica sacra a prima ecclesiae aetate usque ad praesens tempus*. Monasterium Sancti Blasii, 1774.

German, F., *Mickiewicz i Mozart*. Katowice, 1971.

Gianturco, C., *Le opere del giovane Mozart*. Pise, 1976 ; éd. rév. 1978.

Girdlestone, C.M., *Mozart et ses concertos pour piano*. Paris, 1939.

Goethe, J.W. von, *Italienische Reise*. Stuttgart et Tübingen, 1816 ; Weimar, 1886.

Gottron, A., *Mozart und Mainz*. Mayence, 1951.

—— « Wie spielte Mozart die Adagios seiner Klavierkonzerte ? », *Musikforschung*, 13 (1960), p. 334.

Grimm, F.M. von, *Correspondance littéraire*, etc. Paris, 1877-1882 ; Munich, 1977.

Haas, R., *Bach und Mozart in Wien*. Vienne, 1951.

Haberkamp, G., *Die Erstdrucke der Werke von Wolfgang Amadeus Mozart*. Musikbibliographische Arbeiten Bd. 10/I. Tutzing, 1986. Vol. I : Textband. Vol. II : Bildband.

Hadamowsky, F., *Die Wiener Hoftheater (Staatstheater) 1776-1966 : I. 1776-1820*. Vienne, 1966.

Harmon, T., « The performance of Mozart's church sonatas ». *Music & Letters*, 34 (1970), p. 51.

Hausswald, G., *Mozarts Serenaden : Ein Beitrag zur Stilkritik des 18. Jahrhunderts*. Leipzig, 1951. *Nachdruck mit einem Vorwort und einer neuen Bibliographie von E. Kroher*. Wilhelmshaven, 1975.

Heartz, D., « The genesis of Mozart's " Idomeneo " », *Mozart-Jahrbuch 1967*, Salzbourg, 1968, p. 150-164 ; réed. in *Musical Quarterly*, 55/1 (1969), p. 1-19.

—— « Thomas Attwood's lessons in composition with Mozart », *Proceedings of the Royal Musical Association*, 100 (1973/74), p. 175-183.

—— « Mozart and his italian contemporaries : La clemenza di Tito », *Mozart-Jahrbuch 1978/79*, Cassel, etc., 1978, p. 275-293.

—— « Goldoni, Don Giovanni and the dramma giocoso », *Musical Times*, 120 (1979), p. 993-998.

—— « La Clemenza di Sarastro », *Musical Times*, 124 (1983), p. 152-157.

Hess, E., « Ist das Fagottkonzert KV Anhang 230a von Mozart ? », *Mozart-Jahrbuch 1957*, Salzbourg, 1958, p. 223-232.

___ « Die " Varianten " im Finale des Streichquintettes KV 593 », *Mozart-Jahrbuch 1960/61*, Salzbourg, 1961, p. 68-77.

Heuberger, R., *Erinnerungen an Johannes Brahms*. Ed. K. Hofmann. Tutzing, 1971.

Hildesheimer, W., *Mozart*. Francfort, 1977. Trad. fr. C. Caillé. Paris, 1979 ; 3/1990.

Hiller, J.A., *Anweisung zum musikalisch-zierlichen Gesange*. Leipzig, 1780 ; fac-similé Leipzig, 1976.

Hirsch, P., « A Mozart problem », *Music & Letters*, 25 (1944), p. 209.

Holmes, E., *The Life of Mozart, Including his Correspondence*. Londres, 1845 ; réed. 1932.

Holschneider, A., « C.Ph.E. Bachs Kantate " Auferstehung und Himmelfahrt Jesu " und Mozarts Aufführung des Jahres 1788 », *Mozart-Jahrbuch 1968/70*, Salzbourg, 1971, p. 264-280.

Hutchings, A., *A Companion to the Mozart Piano Concertos*. Londres, 1948 ; 2/1950 ; réed. 1989.

___ *Mozart : The Man, The Musician*. Londres, 1976.

Jahn, O., *W.A. Mozart*. Leipzig, 1856 ; 2/1867 ; éd. H. Deiters, 3/1889-1891 ; éd. H. Deiters 4/1905-1907.

John, N., éd., *Opera guide 22 : Così fan tutte*. Londres, 1983.

Keller, H., *Phrasierung und Artikulation*. Cassel, 1955.

Kelly, M., *Reminiscences of Michael Kelly*. Londres, 1826 ; nouv. éd. R. Fiske, Londres, 1975.

Keys, I., *Mozart : his Music in his Life*. Londres, 1980.

King, A.H., *Mozart in Retrospect*. Londres, 1955 ; éd. rév. 1970 ; réed. 1976.

___ *Mozart Chamber Music*. Londres, 1968 ; éd. rév. 1986. *La musique de chambre de Mozart*. Trad. P. Rouillé. Arles, 1988.

___ *Mozart Wind and String Concertos*. Londres, 1978 ; 2/1986.

___ *A Mozart Legacy : Aspects of the British Library Collections*. Londres, 1984ᵃ.

___ « The Mozarts at the British Museum », *Festschrift Albi Rosenthal*, éd. R. Elvers (Tutzing, 1984ᵇ [1985]), p. 157-179.

___ compte rendu de : Alan Tyson, *Mozart : Studies of the Autograph Scores*, in *The Journal of Musicological Research*, 8/3-4 (1989), p. 386-395.

Kipp, W., *Mozart und das Elsass*. Colmar, 1941.

Kirkendale, W., « KV 405 : Ein unveröffentlichtes Mozart-Autograph », *Mozart-Jahrbuch 1962/63*, Salzbourg, 1964, p. 140-155.

___ « More slow introductions to fugues of J.S. Bach », *Journal of the American Musicological Society*, 17 (1964), p. 43-65.

___ *Fuge und Fugato in der Kammermusik des Rokoko und der Klassik*. Tutzing, 1966.

Klafsky, A.M., « Michael Haydn als Kirchenkomponist », *Studien zur Musikwissenschaft*, 3 (1915), p. 5.

Koch, H.C., *Musikalisches Lexikon*, Francfort a.M., 1802 ; fac-similé Hildesheim, 1969.

Köchel, L. Ritter von, *Die Kaiserliche Hof-Musikkapelle in Wien von 1543 bis 1867*. Vienne, 1869 ; réed. 1976.

Köhler, K.H., « Die Erwerbung der Mozart-Autographe der Berliner Staatsbibliothek — ein Beitrag zur Geschichte des Nachlasses », *Mozart-Jahrbuch 1962/63*, Salzbourg, 1964, p. 55-67.

Kristek, J., éd., *Mozart's « Don Giovanni » in Prague*. Prague, 1987.

Kunze, S., « Die Vertonungen der Arie " Non so d'onde viene " von J.Chr. Bach und von W.A. Mozart », *Analecta musicologica*, 2 (1965), p. 85.

___ « Die Arie KV 621a von W.A. Mozart und Emilian Gottfried von Jacquin », *Mozart-Jahrbuch 1967*, Salzbourg, 1968, p. 205-228.

Kurth-Voigt, L.E., *Perspectives and Points of View : the Early Works of Wieland and their Background*. Baltimore, 1974.

Lach, R., *Mozart als Theoretiker*. Vienne, 1918.

Landon, H.C.R., « The Concertos (2) ; Their Musical Origin and Development », in *The Mozart Companion*, éd. H.C.R. Landon et D. Mitchell. Londres, 1956, p. 234-282. « Les concertos : leur origine et leur évolution du point de vue musical », in *Initiation à Mozart*. Trad. Y. Gauclère. Paris, 1959, p. 299-356.

—— *Beethoven*. Zurich, 1970.

—— *Haydn : Chronicle and Works*. 5 vol., Londres, 1976-1980.

—— *Mozart and the Masons : New Light on the Lodge « Crowned Hope »*. Londres, 1982.

—— *1791 : Mozart's Last Year*. Londres, 1988. *1791, la dernière année de Mozart*. Trad. D. Collins. Paris, 1988.

—— *Mozart : the Golden Years*. Londres et New York, 1989. *Mozart, l'âge d'or de la musique à Vienne, 1781-1791*. Trad. D. Collins. Paris, 1989.

—— et Mitchell, D., éd., *The Mozart Companion*. Londres, 1956 ; 2/1965. *Initiation à Mozart*. Trad. Y. Gauclère. Paris, 1959.

Lang, P.H., éd., *The Creative World of Mozart : Studies by Eminent Scholars*. New York, 1963.

Langegger, F., *Mozart : Vater und Sohn : Eine psychologische Untersuchung*. Zurich et Fribourg-en-Brisgau, 1978.

—— « Leopold Mozart als Persönlichkeit », *Mozart-Jahrbuch 1987/88*, Salzbourg, 1988, p. 107-114.

Larsen, J.P. et Wedin, K., éd., *Die Sinfonie KV 16a « del Sigr. Mozart »*. Odense, 1987.

LaRue, J., « Symphony » (I/10 ii), in *The New Grove Dictionary of Music and Musicians*, éd. S. Sadie. Londres, 1980, p. 449-452.

Layer, A., *Die Augsburger Künstlerfamilie Mozart*. Augsbourg, 1971.

—— *Eine Jugend in Augsburg : Leopold Mozart 1719/87*. Augsbourg, 1975.

Leeson, D.N., et Levin, R.D., « On the authenticity of K. Anh. C14.01 (297b), a symphonia concertante for four winds and orchestra », *Mozart-Jahrbuch 1976/77*, Cassel, etc., 1978, p. 70-96.

—— « Mozart's thematic catalogue », *Musical Times*, 114 (1973), p. 781-783.

Le Huray, P.G., et Day, J., éd., *Music and Aesthetics in the Eighteenth and Early Nineteenth Centuries*. Cambridge, 1981.

Lesure, F., « L'œuvre de Mozart en France de 1793 à 1810 », in *Bericht über den Internationalen Musikwissenschaftlichen Kongress Wien Mozartjahr 1956*, éd. E. Schenk. Graz, 1958, p. 344-347.

Levin, R.D., « Mozarts Bläserkonzertante KV Anh. 9/297B und ihre Rekonstruction im 19. und 20. Jahrhundert », *Mozart-Jahrbuch 1985/85*, Cassel, etc., 1986, p. 187-207.

—— *Who wrote the Mozart Four-wind Concertante ?*, New York, 1988.

Liebner, J., *Mozart on the Stage*. Londres, 1972.

Lippmann, F., éd., *Mozart und Italien. Colloquium Rom. 1974*. Cologne, 1978.

Lorenz, A., *W.A. Mozart als Klavierkomponist*. Breslau, 1866.

Luin, E.J., « Mozarts Opern in Skandinavien », in *Bericht über den Internationalen Musikwissenschaftlichen Kongress Wien Mozartjahr 1956*, éd. E. Schenk. Graz, 1958, p. 387-396.

Lüthy, W., *Mozart und die Tonartencharacteristik*. Strasbourg, 1931 ; Baden-Baden, 2/1974.

Macartney, C.A., *The Habsburg Empire 1790-1918*. Londres, 1968.

MacIntyre, B.C., « Haydn's doubtful and spurious masses : an attribution update », *Haydn-Studien*, 5 (1982), p. 42 *sq.*

—— *The Viennese Concerted Mass of the Early Classic Period*, in *Studies in Musicology* 89, Ann Arbor, 1984.

Mahling, C.H., « Mozart und die Orchesterpraxis seiner Zeit », *Mozart-Jahrbuch 1967*, Salzbourg, 1968, p. 229-243.

—— « Bemerkungen zum Violinkonzert D-dur KV 271i », *Mozart-Jahrbuch 1978/79*, Cassel, etc., 1979, p. 252-268.

Mann, W., *The Operas of Mozart*. Londres, 1977.

Marguerre, K., « Forte und Piano bei Mozart », *Neue Zeitschrift für Musik*, 128 (1967), p. 153.

Marpurg, F.W., *Die Kunst das Clavier zu spielen*. Berlin, 1750 ; 4/1762 ; rééd. 1969.

—— *Anleitung zum Klavierspielen*. Berlin, 1755 ; 2/1765 ; rééd. 1969.

—— *Versuch über die musikalische Temperatur*. Breslau, 1776.

Massin, J. et B., *Wolfgang Amadeus Mozart*. Paris, 1959.

Matthäus, W., *Johann André Musikverlag zu Offenbach am Main : Verlagsgeschichte und Bibliographie 1772-1800*. Tutzing, 1973.

Maunder, R., *Mozart's Requiem : On Preparing a New Edition*. Oxford, 1988.

Melkus, E., « Zur Auszierung der Da capo-Arien in Mozarts Werken », *Mozart-Jahrbuch 1968/70*, Salzbourg, 1971, p. 159-185.

___ « Über die Ausführung der Stricharten in Mozarts Werken », *Mozart-Jahrbuch 1967*, Salzburg, 1968, p. 244-265.

Mendel, A., éd., *Studies in the History of Musical Pitch*. Amsterdam, 1968.

___ « Pitch in Western music since 1500 : a re-examination », *Acta musicologica*, I (1978), I.

Meude-Monpas, J.J.O. de, *Dictionnaire de musique*. Paris, 1787 ; fac-similé Genève, 1982.

Meusel, J.G., *Teutsches Künstlerlexikon oder Verzeichnis der Jetztlebenden teutschen Künstler*. Lemgo, 1778.

Michtner, O., *Das alte Burgtheater als Opernbühne*. (Theatergeschichte Österreichs, Band III : Wien, Heft I), Vienne, 1970.

Mies, P., « Die Artikulationszeichen Strich und Punkt bei W.A. Mozart », *Musikforschung*, II (1958), p. 428-455.

Milchmeyer, J.P., *Die wahre Art das Pianoforte zu spielen*. Dresde, 1797.

Mishkin, H.G., « Incomplete notation in Mozart's piano concertos », *Musical Quarterly*, 61 (1975), p. 345-359.

Moberley, R.B., *Three Mozart Operas : Figaro — Don Giovanni — The Magic Flute*. Londres et New York, 1967.

Mohr, A.R., *Das Frankfurter Mozart-Buch*. Francfort, 1968.

Moore, J., *A View of Society and Manners in France, Switzerland and Germany*. Londres, 1779.

Morin, G., « Wolfgang Amadeus Mozart und Schweden », in *Bericht über den Internationalen Musikwissenschaftlichen Kongress Wien Mozartjahr 1956*, éd. E. Schenk. Graz, 1958, p. 416-420.

Mozart, L., *Versuch einer gründlichen Violinschule*. Augsbourg, 1756.

Münster, R., « Authentische Tempi zu den sechs letzten Sinfonien W.A. Mozartz », *Mozart-Jahrbuch 1962/63*, Salzbourg, 1964, p. 185-199.

___ « Mozarts " Tantum ergo " KV 142 und KV 197 », *Acta Mozartiana*, 10 (1963), p. 54-61 ; 12 (1965), p. 9 *sq.*

___ « Mozart bearbeitet Cannabich », *Festschrift Walter Senn zum 70. Geburtstag* (Munich et Salzbourg, 1975), p. 142-157.

Murr, C.G., « Entwurf eines Verzeichnisses der besten jetzt lebenden Tonkünstler in Europa », *Journal zur Kunstgeschichte und zur allgemeinen Litteratur*, Nuremberg, 1776.

Nagel, W., *Goethe und Mozart = Musikalisches Magazin*, Heft 8. Langensalza, 1904.

Nettl, P., *Mozart und die königliche Kunst : Die freimaurerische Grundlage der « Zauberflöte »*. Berlin, 1932.

___ *Mozart in Böhmen*. Prague, 1938.

___ *Goethe und Mozart : Eine Betrachtung*. Esslingen, 1949.

Neumann, F., *Ornamentation and Improvisation in Mozart*. Princeton, 1986.

Niemetschek, F.X., *Leben der k.k. Kapellmeisters Wolfgang Gottlieb Mozart nach Originalquellen beschrieben*. Prague, 1798 ; 2/1808. *Vie de W.A. Mozart*. Trad. G. Favier (éd. bilingue). Saint-Etienne, 1976.

Nissen, G.N. von, *Biographie W.A. Mozarts*. Leipzig, 1828 ; rééd. 1964, 1972.

Novello, M. et V., *A Mozart Pilgrimage : Being the Travel Diaries of Vincent and Mary Novello in the Year 1829*. Ed. N. Medici di Marignano et R. Hughes. Londres, 1955 et 1975.

Nowak, L., « Wer hat die Instrumentalstimme in der Kyrie-Fuge des Requiems von W.A. Mozart geschrieben ? Ein vorläufiger Bericht », *Mozart-Jahrbuch 1973/74*, Salzbourg, 1975, p. 191-201.

Oldman, C.B., « J.A. André on Mozart's Manuscripts », *Music & Letters*, 5 (1924), p. 169-176.

___ « Mozart's Scena for Tenducci ». *Mozart & Letters*, 42 (1961), p. 44.

___ « Dr. Burney and Mozart », *Mozart-Jahrbuch 1962/63*, Salzbourg, 1964, p. 75-81.

Ord-Hume, A.W.J.G., *Clockwork Music : an Illustrated Musical History of Mechanical Musical Instruments*. Londres, 1973.

___ *Joseph Haydn and the Mechanical Organ*. Cardiff, 1982.

Paumgartner, B., « Zu Mozarts Oboen-Concert D-Dur », *Mozart-Jahrbuch 1950*, Salzbourg, 1951, p. 24-40.

Payer-von Thurn, R., *Joseph II als Theaterdirektor*. Vienne et Leipzig, 1920.

Petri, J.S., *Anleitung zur practischen Musik*. Lauban, 1767 ; Leipzig, 2/1782.

Pfannhauser, K., « Mozart hat kopiert », *Acta Mozartiana*, I (1954[a]), Heft 2, p. 21.

—— « Zu Mozarts Kirchenwerken von 1768 », *Mozart-Jahrbuch 1954*[b], Salzbourg, 1955, p. 150-168.

—— « Mozarts Krönungsmesse », *Mitteilungen der Internationalen Stiftung Mozarteum*, II (1963), p. 3-11.

—— « Epilogomena Mozartiana », *Mozart-Jahrbuch 1971/72*, Salzbourg, 1973, p. 268-312.

Pizka, H., *Das Horn bei Mozart (Mozart and the Horn), Facsimile-Collection*. Kirchheim bei München, 1980.

Plantinga, L., *Muzio Clementi : His Life and Music*. Londres, 1977.

Planyavsky, A., « Mozarts Arie mit obligatem Kontrabass », *Mozart-Jahrbuch 1971/72*, Salzbourg, 1973, p. 313-336.

Plath, W., « Der Stand der Neuen Mozart-Ausgabe », *Musica*, 14 (1960), p. 46-48.

—— « Beiträge zur Mozart-Autographie I : Die Handschrift Leopold Mozarts », *Mozart-Jahrbuch 1960/61*, Salzbourg, 1961, p. 82-117.

—— « Über Skizzen zu Mozarts "Requiem" », in *Bericht über den Internationalen Musikwissenschaftlichen Kongress Kassel 1961*, Cassel, etc., 1963, p. 184-187.

—— « Der Ballo des "Ascanio" und die Klavierstücke KV Anh. 207 », *Mozart-Jahrbuch 1964*, Salzbourg, 1965, p. 111-129.

—— « Aus der Werkstatt der neuen Mozart-Ausgabe », *Acta Mozartiona*, 12/3 (1965), p. 53-57.

—— « Überliefert die dubiose Klavier-Romanze in As KV Anh. 205 das verschollene Quintett-Fragment KV Anh. 54 (452a) ? », *Mozart-Jahrbuch 1965/66*, Salzbourg, 1967, p. 71-86.

—— « Zur Echtheitsfrage bei Mozart », *Mozart-Jahrbuch 1971/72*, Salzbourg, 1973, p. 19-36, avec une étude du motet « Venti, fulgura, procellae », p. 37 *sq.*

—— « Ein "geistlicher" Sinfoniesatz Mozarts », *Die Musikforschung*, 27 (1974), p. 93-95.

—— « Mozart und Galuppi : Bemerkungen zur Szene "Ah non lasciarmi, no" K. 295a », *Festschrift Walter Senn* (Munich et Salzbourg, 1975), p. 174-178.

—— « Beiträge zur Mozart-Autographie II : Schriftchronologie 1770-1780 », *Mozart-Jahrbuch 1976/67*, Cassel, etc., 1978, p. 131-173.

—— « Bericht über Schreiber und Schriftchronologie der Mozart-Überlieferung », in *Bericht über die Mitarbeitertagung in Kassel 29.-30. Mai 1981* (1984), p. 69-70.

Platoff, J., *Music and Drama in the « Opera buffa »-Finale : Mozart and his Contemporaries in Vienna, 1781-1790*. Diss., University of Pennsylvania, 1984.

Pohl, C.F., *Mozart in London*. Vienne, 1867.

Quantz, J.J., *Versuch einer Anweisung, die Flöte traversiere zu spielen*. Berlin, 1752. *Essai d'une méthode pour apprendre à jouer de la flûte traversière, avec plusieurs remarques pour servir au bon goût dans la musique*. Berlin, 1752 ; fac-similé Paris, 1975.

Radcliffe, P., *Mozart Piano Concertos*. Londres, 1978.

Raeburn, C., « Mozart's operas in England », *Musical Times*, 97 (1956), p. 15-17.

Rasmussen, M., « Mozart, Michael Haydn, and the romance from the Concerto in E-Flat major for horn and orchestra, K. 447 », *Brass and Woodwind Quarterly*, I/I-2 (1966-1967), p. 27-47.

Rees, A., *Cyclopaedia*. 35 vol., Londres, 1819-1820.

Rehm, W., « Ergebnisse der "Neuen Mozart-Ausgabe" Zwischenbilanz 1965 », *Mozart-Jahrbuch 1964*, Salzbourg, 1965, p. 151-171.

—— « Stand und Planung der « Neuen Mozart-Ausgabe » im Zeichen der Krakauer Quellen », in *Ars jocundissima : Festschrift für Kurt Dorfmüller zum 60. Geburtstag*, éd. H. Leuchtmann et R. Münster. Tutzing, 1984[a], p. 267-276.

___ « Hundert Bände " Neue Mozart-Ausgabe " », *Mitteilungen der internationalen Stiftung Mozarteum*, 32 (1984[b]), p. 85-90.

___ « Mozart-Miszelle : Bemerkungen zum Autograph des Schlusschors aus der " Grabmusik " KV 42 (35a) », in *Festschrift Martin Ruhnke zum 65. Geburtstag*. Neuhausen-Stuttgart, 1986[a], p. 321-325.

___ « Der Eingang im 3. Satz... ist authentisch ! Mozarts Kadenzen-Autograph bringt Klarheit », *Mitteilungen der Internationalen Stiftung Mozarteum*, 34 (1986[b]), p. 35-40.

___ « Die neuen Gesamtausgaben », *Modern Music Librarianship : In Honor of Ruth Watanabe*, éd. A. Mann. New York et Cassel, à paraître.

Rellstab, J.C.F., *Anleitung für Clavierspieler*. Berlin, 1790.

Riedel, F.W., « Liturgie und Kirchenmusik », in *Joseph Haydn in seiner Zeit*, éd. G. Mraz, G. Mraz et G. Schlag (catalogue de l'exposition : Eisenstadt, Kulturabteilung des Amtes der Burgenländischen Landesregierung), 1982, p. 121-133.

Rochlitz, F., « Verbürgte Anekdoten aus Wolfgang Gottlieb Mozarts Leben : ein Beitrag zur richtigeren Kenntnis dieses Mannes, als Mensch und Künstler », *AMZ*, I (1798-1799), col. 17-24, 49-55, 81-86, 113-117, 145-152, 177-183, 289-291, 480, 854-856 [854-855 sur K.421 (417b)] ; III (1800-1801), col. 450-452, 493-497, 590-596.

Röhrig, F., « Das religiöse Leben Wiens zwischen barock und Aufklärung », in *Joseph Haydn in seiner Zeit, op. cit.*, p. 114-120.

Rosen, C., *The Classical Style : Haydn, Mozart, Beethoven*. Londres, 1971 ; éd. rév. 1976. *Le style classique : Haydn, Mozart, Beethoven*. Trad. M. Vignal. Paris, 1978.

Rosen, D., « The composer's " standard operating procedure " as evidence of intention : the case of a formal quirk in Mozart's K.595 », *Journal of Musicology*, 5 (1987), p. 79-90.

Rosenthal, C.A., « Der Einfluss der Salzburger Kirchenmusik auf Mozarts kirchenmusikalische Kompositionen », *Mozart-Jahrbuch 1971/72*, Salzbourg, 1973, p. 173-181.

Rosenthal, H., éd., *Opera Annual 1955-1956* (bicentenaire). Londres, 1955.

Rothschild, F., *Musical Performance in the Times of Mozart and Beethoven : The Lost Tradition in Music*. Part II. Londres, 1961.

Rousseau, J.J., éd., *Dictionnaire de musique*. Paris, 1768 ; fac-similé Hildesheim, 1969.

Rushton, J., éd., *Don Giovanni*. Cambridge, 1981.

___ éd., *Idomeneo*. Cambridge, à paraître.

Sadie, S., « Mozart », in *The New Grove*, vol. 12. Londres, 1980, p. 681-752. Ed. rév. : *The New Grove Mozart*. Londres, 1982. *Mozart*. Trad. fr. P. Couturiau. Monaco, 1982.

___ *Mozart Symphonies*. Londres, 1984.

Sagarra, E., *A Social History of Germany 1648-1914*. Londres, 1977.

Saint-Foix, G. de, *Les symphonies de Mozart : étude et analyse*. Paris, 1932.

___ « Les éditions françaises de Mozart (1765-1801) », in *Mélanges de musicologie offerts à M. Lionel de la Laurencie*. Paris, 1933, p. 247-258.

Schenk, E., *Wolfgang Amadeus Mozart : Eine Biographie*. Zurich, 1955. Ed. rév. : *Mozart : Sein Leben, seine Welt*. Munich, 1975.

Schiedermair, L., « A musical traveler : Giacomo Gotifredo Ferrari (1759-1842) », *Musical Quarterly*, 25 (1939), p. 455-465.

Schinn, G.J., et Otter, F.J., *Biographische Skizze von Johann Michael Haydn*. Salzbourg, 1808.

Schlager, K.H, éd., *Wolfgang Amadeus Mozart : Verzeichnis von Erst- und Frühdrucken bis 1800*. Cassel, 1978 (*Répertoire International des Sources Musicales A/I : Einzeldrucke vor 1800 : Band 6 : Montalbano-Pleyel*. Cassel, 1975).

Schmid, E.F., *Ein Schwäbisches Mozart Buch*. Lorch-Stuttgart, 1948.

Schmid, M.H., « Mozart und die Salzburger Kirchenmusik », *Mozart-Jahrbuch 1978/79*, Cassel, etc., 1979, p. 26-29.

Schmitz, H.-P., *Die Kusnt der Verzierung im 18. Jahrhundert*. Cassel et Bâle, 1955.

Schneider, O. et Algatzy, A., *Mozart-Handbuch : Chronik-Werk-Bibliographie*. Vienne, 1962.

Schoenberg, A., *Style and Idea*. Ed. L. Stein. Londres, 1975. D. Newlin, New York, 1950. *Le style et l'idée*. Trad. C. de Lisle. Paris, 1977.

Schubart, C.F.D., *Leben und Gesinnung*. Stuttgart, 1791-1793.

Senn, W., *Missa Brevis* K.140. Bärenreiter-Verlag 4736 (1959), avant-propos.

—— « Das Menuett KV 122 (73t) — eine Komposition Mozarts ? », *Acta Mozartiana*, 8 (1961ᵃ), p. 46-52.

—— « Mozarts Skizze der Ballettmusik zu " Le gelosie del serraglio " KV Anh. 109/135a », *Acta Musicologica*, xxxiii (1961ᵇ), p. 169-192.

—— « Die Menuette KV 104. Nr. 1 und 2 », *Mozart-Jahrbuch 1964*, Salzbourg, 1965, p. 71-82.

—— « Das wiedergefundene Autograph der Sakramentalitanei in D von Leopold Mozart », *Mozart-Jahrbuch 1971/72ᵃ*, Salzbourg, 1973, p. 197-216.

—— « Der Catalogus Musicalis des Salzburger Doms (1788) », *Mozart-Jahrbuch 1971/72ᵇ*, Salzbourg, 1973, p. 182-196.

—— « Mozarts Kirchenmusik und die Literatur », *Mozart-Jahrbuch 1978/79*, Cassel, etc., 1979, p. 14-18.

Singer, I., *Mozart & Beethoven : The Concept of Love in their Operas*. Baltimore, 1977.

Smith, E., *Mozart Serenades, Divertimenti & Dances*. Londres, 1982.

Solomon, M., « Mozart's Zoroastran Riddles », *American Imago*, 42 (hiver 1985), p. 345-369.

Sonneck, O., *Catalogue of Librettos Printed Before 1800 in the Library of Congress*. Washington, 1914.

Spitzer, J. et Zaslaw, N., « Improvised ornamentation in 18th century orchestras », *Journal of the American Musicological Society*, 32 (1986), p. 524.

Staehelin, L.E., *Die Reise der Familie Mozart durch die Schweiz*. Berne, 1968.

Staehelin, M. et Birsak, K., « Konzertante Sinfonie KV 297b/Anh. C14.01 », *Mozart-Jahrbuch 1971/72*, Salzbourg, 1973, p. 56 *sq.*

Steblin, R., *A History of Key Characteristics in the 18th and Early 19th Centuries*. Ann Arbor, 1983.

Steglich, R., « Das Auszierungswesen in der Musik W.A. Mozarts », *Mozart-Jahrbuch 1955*, Salzbourg, 1956, p. 181.

Steinpress, B., « Russische Ausgaben der Mozart-Werke im 18. Jahrhundert », *Mozart-Jahrbuch 1962/63*, Salzbourg, 1964, p. 292-298.

Steptoe, A., « Mozart, Joseph II and social sensitivity », *Music Review*, 43 (1982), p. 109-120.

—— « Mozart and poverty : a re-examination of the evidence », *Musical Times*, 125 (1984), p. 169-201.

—— « Mozart, Mesmer and Così fan tutte », *Music & Letters*, 67 (1986), p. 248-255.

—— *The Mozart Da Ponte Operas : The Cultural and Musical Background to « Le Nozze di Figaro », « Don Giovanni » and « Così fan tutte »*. Oxford, 1988.

Stevens, J.R., « An 18th century description of concerto first-movement form », *Journal of the American Musicological Society*, 24 (1971), p. 85-95.

—— « Theme, harmony and texture in Classic-Romantic descriptions of concerto first-movement form », *Journal of the American Musicological Society*, 27 (1974), p. 25-60.

—— compte rendu de : Ratner, Leonhard G. : *Classic Music : Expression, Form and Style* (New York, 1980), *Journal of Music Theory*, 27 (1983), p. 121-127.

—— « Georg Joseph Vogler and the " second theme " in sonata form », *Journal of Musicology*, 2 (1983), p. 278-304.

Stowell, R., *Violin Technique and Performance Practice in the Late Eighteenth and Early Nineteenth Centuries*. Cambridge, 1985.

—— « Good execution and other necessary skills — The role of the concertmaster in the late 18th century », *Early Music*, 16 (1988), p. 21.

Subira, J., « Un insospechado inventario musical del siglo XVIII », *Annuario Musical*, 24 (1969), p. 227-236.

Sulzer, J., éd., *Allgemeine Theorie der schönen Künste*. Leipzig, 1771-1774.

Tenschert, R., *Mozart : Ein Leben für die Oper*. Vienne, 1941.

Thieme, C., *Der Klangstil des Mozartorchesters*. Leipzig, 1936.

Thies, H.A., *Mozart und München : Ein Gedenkbuch*. Munich, 1941.

Thomson, K., *The Masonic Thread in Mozart*. Londres, 1977.

615

Tischler, H., *A Structural Analysis of Mozart's Piano Concertos*. Musicological Studies, 10. Brooklyn, 1966.

Tœplits, U., *Die Holzbläser in der Musik Mozarts und ihr Verhältnis zur Tonartenwahl*. Baden-Baden, 1978.

Tromlitz, J.G., *Ausführlicher und gründlicher Unterricht, die Flöte zu spielen*. Leipzig, 1791 ; rééd. Amsterdam, 1973.

Türk, D.G., *Klavierschule : oder Anweisung zum Klavierspielen für Lehrer und Lernende mit kritischen Anmerkungen*. Leipzig et Halle, 1789 ; 2/1802 ; rééd. 1967.

Tyson, A., « Mozart's truthfulness », *Musical Times*, 119 (1978), p. 938-939.

—— « A reconstruction of Nannerl Mozart's music book (Notenbuch) », *Music & Letters*, 60 (1979), p. 389-400 ; rééd. in Tyson, 1987, p. 61-72.

—— « Mozart's " Haydn " Quartets : the contribution of paper studies », in *The String Quartets of Haydn, Mozart and Beethoven : Studies of the Autograph Manuscripts*. Ed. C. Wolff, Cambridge, Mass., 1980, p. 179-190 ; rééd. in Tyson, 1987, p. 82-93.

—— « The date of Mozart's Piano Sonata in B flat, KV 333 (315c) : the " Linz " Sonata ? », in *Musik-Edition-Interpretation : Gedenkschrift Günter Henle*. Ed. M. Bente, Munich, 1980, p. 447-454 ; rééd. in Tyson, 1987, p. 73-81.

—— « The origins of Mozart's « Hunt » Quartet, K. 458 », in *Music and Bibliography : Essays in Honour of Alec Hyatt King*. Ed. O. Neighbour. Londres, 1980, p. 132-148.

—— « The Mozart fragments in the Mozarteum, Salzburg : a preliminary study of their chronology and their significance », *Journal of the American Musicological Society*, 34 (1981), p. 471-510 ; rééd. in Tyson, 1987, p. 125-161.

—— « The two slow movements of Mozart's " Paris " Symphony K. 297 », *Musical Times*, 122 (1981), p. 17-21 ; rééd. in Tyson, 1987, p. 106-113.

—— « The dates of Mozart's Missa brevis KV 258 and Missa longa KV 262 (246a) : an investigation into his " Klein-Querformat " papers », in *Bachiana et alia musicologica : Festschrift Alfred Dürr zum 65. Geburtztag*,

éd. W. Rehm. Cassel, 1983, p. 328-329 ; rééd. in Tyson, 1987, p. 162-176.

—— « Mozart's use of 10-stave and 12-stave paper », in *Festschrift Albi Rosenthal*, éd. R. Elvers. Tutzing, 1984, p. 277-289 ; rééd. in Tyson, 1987, p. 222-233.

—— « New dating methods : watermarks and paper-studies », in *Bericht über die Mitarbeitertagung in Kassel 29.-30. Mai 1981*, éd. D. Hannemann. Cassel, 1984, p. 49-65 ; rééd. in Tyson, 1987, p. 1-22.

—— « Notes on the composition of Mozart's " Così fan tutte " », *Journal of the American Musicological Society*, 37 (1984), p. 356-401 ; rééd. in Tyson, 1987, p. 177-221.

—— *Mozart : Studies of the Autograph Scores*. Cambridge, Mass., et Londres, 1987.

—— « Redating Mozart : some stylistic and biographical implications », in Tyson, 1987, p. 21-35.

—— « A feature of the structure of Mozart's autograph scores », in *Festschrift Wolfgang Rehm zum 60. Geburtstag*, éd. D. Berke et H. Heckmann. Cassel, etc., 1989, p. 95-105.

—— « Some features of the autograph score of *Don Giovanni* [...] », *Israel Studies in Musicology*, 5 (1990), p. 1-19.

Valentin, E., « Die goldene Spur : Mozart in der Dichtung Hermann Hesses », in *Festschrift Alfred Orel zum 70. Geburtstag*. Vienne, 1960 ; Augsbourg, 1966.

—— *Leopold Mozart : Porträt einer Persönlichkeit*. Munich, 1987.

—— éd., *Neues Mozart-Jahrbuch*. Ratisbonne, 1941-1943.

Verchaly, A., éd., *Les influences étrangères dans l'œuvre de W.A. Mozart*. Colloque international Paris, 10-13 octobre 1956. Paris, 1958.

Wangermann, E., *From Joseph II to the Jacobin Trials*. Londres, 1959.

—— *The Austrian Achievement 1700-1800*. Londres, 1973.

Webster, J., « Towards a history of Viennese chamber music in the early Classical period », *Journal of the American Musicological Society*, 27 (1974), p. 212-247.

—— « The scoring of Mozart's chamber music for strings », *Essays on Music of the Classic Era in Honor of Barry S. Brook*. New York, 1983, p. 259-296.

Wedin, K., « The discovery of the copy of K. 16a and the orchestral music by Mozart owned by the Odense Club », in *Die Sinfonie KV 16a « del Sigr. Mozart »*, éd. J.P. Larsen et K. Wedin. Odense, 1987, p. 9-24.

Wegele, L., *Der Augsburger Maler Anton Mozart*. Augsbourg, 1969.

Weisstein, U., *The Essence of the Opera*. New York, 1969.

Whewell, M., « Mozart's bassethorn trios », *Musical Times*, 103 (1962) p. 19.

Wilson, B.E., compte rendu de : Hans Günter Klein, *Wolfgang Amadeus Mozart : Autographe und Abschriften. Katalog*, Berlin, 1982, in *Notes*, 39 (1982/1983), p. 841-843.

Wlassak, E., *Chronik des K.K. Hof-Burgtheaters*. Vienne, 1876.

Wolff, C., « Creative exuberance vs. critical choice : thoughts on Mozart's quartet fragments », in *The String Quartets of Haydn, Mozart and Beethoven : Studies of the Autograph Manuscripts*, éd. C. Wolff. Cambridge, Mass., 1980, p. 191-210.

Wraxall, N., *Memoirs of the Courts of Berlin, Warsaw and Vienna*. Dublin, 1799.

Würtz, R., *Das Mannheimer Mozart-Buch*. Wilhelmshaven, 1977.

Wurzbach, C. von, *Mozart-Buch*. Vienne, 1869.

Wyzewa, T. de, et Saint-Foix, G. de, *Wolfgang Amédée Mozart*. Paris, 1912-1946 ; rééd. 2 vol., Paris, 1979.

Zaslaw, N., « A rediscovered Mozart autograph at Cornell University », *Mozart-Jahrbuch 1971/72*, Salzbourg, 1973, p. 419-431.

—— « Mozart's tempo conventions », *International Musicological Society Report of the Eleventh Congress*. Copenhague, 1972, p. 720 *sq.*

—— « Towards the revival of the Classical orchestra », *Proceedings of the Royal Musical Association*, 103 (1977), p. 179.

—— « Mozart's Paris symphonies », *Musical Times*, 119 (1978), p. 753-757.

—— « The size and composition of European orchestras, 1775-95 », in *Haydn Studies : Proceedings of the International Haydn Conference Washington DC (1975)*, éd. J.P. Larsen, H. Serwer et J. Webster. New York, 1981, p. 186.

—— « Leopold Mozart's list of his son's works », in *Essays on Music of the Classic Era in Honor of Barry S. Brook*. New York, 1983, p. 323-358.

—— *Mozart's Symphonies : Context, Performance Practice, Reception*. Oxford, 1989.

—— et Eisen, C., « Signor Mozart's Symphony in A minor K. Anh. 220 = 16a », *Journal of Musicology*, 4 (1985/86), p. 191-206.

Zeilis, F.G., « Bemerkungen zum Fragment von Mozarts Freimaurerkantate KV 429 », *Mitteilungen der Internationalen Stiftung Mozarteum*, 33 (1985), p. 11-16.

Liste des illustrations

Les mesures sont données en centimètres.

Les portraits

1. Portrait anonyme de Mozart, v. 1790 (?). Dessin, 9 x 8. Collection Albi Rosenthal. **2.** Attribué à Pietro Antonio Lorenzoni, Mozart enfant, 1763. Huile, 83,7 x 64. Internationale Stiftung Mozarteum, Salzbourg. **3.** Louis Carrogis de Carmontelle, Leopold Mozart avec Wolfgang et Nannerl, 1777 (copie du tableau de 1763). Aquarelle sur papier, 32,6 x 20,1. National Gallery, Londres. **4.** Michel Barthélemy Ollivier, thé « à l'anglaise » chez le prince de Conti au Temple, 1766. Huile, 53 x 68. Louvre, Paris, photo Bulloz. **5.** Saverio della Rosa, Mozart à Vérone, 1770. Huile, 71 x 58. Collection particulière. **6.** Attribué à Martin Knoller, portrait de Mozart, 1773 (?). Miniature sur ivoire, diam. 5. Internationale Stiftung Mozarteum, Salzbourg. **7.** Anonyme, portrait de Mozart, 1777. Miniature sur ivoire, 4 x 2,8. Mozart Gedenkstätte, Augsbourg. **8.** Anonyme, Mozart en chevalier de l'Eperon d'or, 1777. Huile, 75 x 65. Internationale Stiftung Mozarteum, Salzbourg. **9.** Johann Nepomuk della Croce, portrait de la famille Mozart, 1780-1781. Huile, 140 x 186. Internationale Stiftung Mozarteum, Salzbourg. **10.** Barbara Krafft, portrait de Mozart, 1819. Huile, 54 x 42. Gesellschaft der Musikfreunde, Vienne. **11.** Hieronymus Löschenkohl, silhouette de Mozart, 1785. Gravure, 8,1 x 5. Historisches Museum der Stadt, Vienne. **12.** Joseph Lange, portrait de Mozart publié dans *Biographie W.A. Mozarts nach Originalbriefen* de Georg Nikolaus Nissen, Leipzig, 1828. Lithographie. Photo collection Albi Rosenthal. **13.** Leonard Posch, médaillon en plâtre de Mozart, 1788/89. 8,2 x 6,9.

Kunsthistorisches Museum, Vienne. **14.** Doris Stock, portrait de Mozart, 1789. Dessin à la pointe d'argent, 7,5 x 6,2. Musikbibliothek der Stadt, Leipzig. **15.** Joseph Lange, Mozart au piano-forte, 1789/90 (inachevé). Huile, 34,6 x 29,7. Internationale Stiftung Mozarteum, Salzbourg.

L'écriture de Mozart

16. Lettre de Mozart à sa cousine, la Bäsle, 10 mai 1779. British Library, Londres (collection Stefan Zweig). **17.** « God is our refuge » K. 20, 1765. British Library, Londres. **18.** *Apollo et Hyacinthus* K. 38, 1767. Staatsbibliothek preussischer Kulturbesitz, Berlin. **19.** Quintette à cordes en *si* bémol majeur K. 174, 1773. Biblioteka Jagiellonska, Cracovie, ancienne Preussische Staatsbibliothek, Berlin. **20.** Concerto pour trois pianos et orchestre K. 242, 1776. Biblioteka Jagiellonska, Cracovie, ancienne Preussische Staatsbibliothek, Berlin. **21.** Sérénade en *si* bémol majeur pour treize instruments K. 361, 1781-1782 (?). Library of Congress, Washington. **22.** Messe en *ut* mineur K. 427 (417a), 1782-1783. Biblioteka Jagiellonska, Cracovie, ancienne Preussische Staatsbibliothek, Berlin. **23, 24.** Concerto pour piano en *ut* mineur, K. 491, 1786. Royal College of Music, Londres. **25.** *Der Schauspieldirektor* K. 486, 1786. Pierpont Morgan Library, New York. 26. Esquisses pour le concerto pour piano en *ut* majeur K. 503, 1786. Deutsche Staatsbibliothek, Berlin. **27.** Première des six danses allemandes K. 509, 1787. Staatsbibliothek preussischer Kulturbesitz, Berlin. **28.** Dernière page du « Lacrimosa » du Requiem, 1791. Musiksammlung Österreichische Nationalbibliothek, Vienne. **29.** Dernière page du catalogue thématique de Mozart. British Library, Londres (collection Stefan Zweig). **30.** Signature de Mozart datée du 15 novembre 1791 sur la première page de *Eine kleine Freymaurerkantate* K. 623. Musiksammlung Österreichische Nationalbibliothek, Vienne.

INDEX DES NOMS

Les noms cités dans « Chronologie » ne figurent pas dans l'index.

Index des œuvres de Mozart

Les œuvres citées dans la « Chronologie » ne figurent pas dans l'index. Les nombres en gras renvoient à l'entrée principale de la section 10, « L'œuvre ». Les œuvres sont classées par genre de la manière suivante :

CANTATES

CASSATIONS, SÉRÉNADES, DIVERTIMENTI, ŒUVRES INSTRUMENTALES DIVERSES

LIEDER

K. desunt

TRANSCRIPTIONS

TRIOS VOCAUX

TABLE

Aubin Imprimeur

LIGUGÉ, POITIERS

Achevé d'imprimer en novembre 1990
N° d'édition 04 / N° d'impression L 36265
Dépôt légal novembre 1990
Imprimé en France